Niklas Luhmann
Rechtssoziologie

Niklas Luhmann

Rechtssoziologie

3. Auflage

Westdeutscher Verlag

CIP-Kurztitelaufnahme der Deutschen Bibliothek

Luhmann, Niklas:
Rechtssoziologie/Niklas Luhmann. – 3. Aufl. –
Opladen: Westdeutscher Verlag, 1987.
(WV-Studium; Bd. 1/2)
ISBN 3-531-22001-2

NE: GT

Die beiden ursprünglich getrennt erschienenen Bände wurden für diese Ausgabe zu einem Doppelband vereinigt.

3. Auflage 1987

Umschlaggestaltung: Horst Dieter Bürkle, Darmstadt
Druck und buchbinderische Verarbeitung: W. Langelüddecke, Braunschweig
Printed in Germany

ISBN 3-531-22001-2

INHALTSVERZEICHNIS

VORWORT ZUR 2. AUFLAGE

Als zweite Auflage geht dieses Buch im Haupttext unverändert in den Druck. Die Einarbeitung von Hinweisen auf zwischenzeitliche Literatur hätte eine durchgehende Überarbeitung erfordert. Ich hätte den Text außerdem an vielen Stellen anders formulieren müssen, um ihn der Ausdrucksweise anzupassen, die ich heute verwenden würde. Das alles hätte nach meinem Urteil nicht genug Ertrag für den Leser gebracht, um Aufwand und Kosten zu lohnen. Außerdem wäre dadurch der jetzt wieder vorgelegte Text, auf den andere Publikationen Bezug nehmen, vom Markt verschwunden. Diese Gründe haben mich bestimmt, von einer Umarbeitung abzusehen.

Nur in einem Punkte erschien mir ein Eingriff lohnend. Die Darstellung dieses Buches folgt einer evolutionären und damit einer historischen Perspektive. Diese Entscheidung war im wesentlichen im Blick auf den Stand der rechtssoziologischen Forschung getroffen worden. Es gab und es gibt auch heute keine Rechtssoziologie als systematische Theorie. Dies begünstigt den Eindruck, als ob das systematische Nachdenken über das Recht der Rechtswissenschaft vorbehalten bleiben müßte. Entsprechend hatte die erste Auflage dieses Buches mit ‹Fragen an die Rechtstheorie› geendet. Diese Vorstellung möchte ich korrigieren.

Schon im allgemeinen setzen evolutionäre und systematische Darstellungen einander wechselseitig voraus, da ja Evolution nur auf Grund von abweichender Reproduktion von Systemen möglich ist. Im übrigen hat die allgemeine Systemtheorie auf Grund von Arbeiten im Forschungsbereich selbstreferentieller Systeme im letzten Jahrzehnt erhebliche Fortschritte erzielt. Man kann geradezu von einem Paradigmawechsel sprechen, der das Konzept der Umweltoffenheit durch das Konzept der Selbstreferenz ersetzt, die dann ihrerseits es ermöglicht, Offenheit und Geschlossenheit eines Systems zu kombinieren. Die damit gewonnenen Einsichten geben auch einer soziologischen Theorie des Rechtssystems neue Chancen. Vor allem läßt sich die für dieses Buch zentrale Differenz von normativen und kognitiven Erwartungen benutzen, um zu zeigen, daß und wie ein Rechtssystem seine Autonomie handhabt, indem es zugleich als normativ geschlossenes und als kognitiv offenes System operiert.

Dieser Gedanke verändert auch die soziologische Charakterisierung von Rechtswissenschaft und Rechtstheorie. Um wenigstens anzudeuten, welche Perspektiven sich daraus ergeben, habe ich den bisherigen durch einen neu geschriebenen Schluß zum Thema Rechtssystem und Rechtstheorie ersetzt. Im übrigen ist nur die Bibliographie um einige neuere Titel ergänzt worden.

Bielefeld, im Mai 1983 *Niklas Luhmann*

EINFÜHRUNG

Alles menschliche Zusammenleben wird direkt oder indirekt durch Recht geprägt. Ähnlich wie Wissen ist Recht ein nicht wegzudenkender, alles durchdringender gesellschaftlicher Tatbestand. Kein Lebensbereich – weder die Familie noch die Religionsgemeinschaft, weder die wissenschaftliche Forschung noch die innerparteiliche Pflege politischer Einflußlinien – findet ohne Recht zu einer dauerhaften sozialen Ordnung. Immer steht soziales Zusammenleben schon unter normativen Regeln, die andere Möglichkeiten ausschließen und mit ausreichendem Erfolg verbindlich zu sein beanspruchen. Dabei mag der Grad rechtsatzmäßiger Formuliertheit und verhaltensbestimmender Effektivität von Bereich zu Bereich variieren, ein Mindestbestand an Rechtsorientierung ist überall unerläßlich.

Um so mehr erstaunt, daß diese Tatsache des Rechts Soziologen wenig beschäftigt. Kaum, daß ‹Rechtssoziologie› in den Vorlesungsverzeichnissen der Universitäten auftaucht, und wenn, dann wird die Aufgabe eher von Juristen als von Soziologen wahrgenommen. Ein Zusammenhang dieses Fachs mit der neueren soziologischen Theorieentwicklung fehlt völlig. Eher bestehen Verbindungen zur rechtswissenschaftlichen Grundlagendiskussion. Empirische Forschungen auf dem Gebiete der Rechtssoziologie lassen sich noch an den Fingern abzählen, wenngleich das Interesse in den letzten Jahren zunimmt. Im Vergleich mit anderen Bereichen soziologischer Forschung – etwa Familiensoziologie, Organisationssoziologie, politischer Soziologie, Schichtung und Mobilität, Rollentheorie – liegt die Rechtssoziologie weit zurück. Man kann sich fragen, ob es überhaupt eine soziologische Rechtssoziologie gibt. Rechtssoziologie könne, so hatte HERMANN KANTOROWICZ den auf dem ersten deutschen Soziologentag versammelten Soziologen entgegengehalten, nur von Juristen im Nebenamt fruchtbar betrieben werden.[1] Die Fruchtbarkeit ist ausgeblieben, und noch heute scheint es sich im wesentlichen um ein Desiderat der Juristen zu handeln, die sich Hilfe bei der Urteilsfindung und Begründungserleichterungen, vielleicht auch rechtspolitischen Rat wünschen.

Warum ist die Rechtssoziologie für Soziologen so schwierig?

Für den Soziologen liegt es auf der Hand, auf die Rechtswissenschaft zu verweisen, unter deren begrifflicher Kontrolle das Recht sich zu ungeheurer Kompliziertheit entfaltet hat. Ohne mühselige Spezialstudien sei ein Eindringen in diese Materie nicht möglich. Wer nicht wisse, was zum Beispiel Rechtskrafterstreckung, negatorische Klage, Verwaltungsakt mit Doppelwirkung, Plangewährleistung, Verkehrssicherungspflicht usw. sei, stehe letztlich als Dilettant da und könne über Rechtssachen nicht urteilen. Ohne Verständnis für die Begriffe, Denkfiguren und Argumentationsmittel des Juristen sei auch soziologisch nicht weiterzukommen. Wie solle man zum Beispiel prüfen, ob die soziale Herkunft des Richters seine Recht-

1 Rechtswissenschaft und Soziologie. Verhandlungen des Ersten Deutschen Soziologentages 1910. Tübingen 1911, S. 275–309 (278).

sprechung beeinflusse, wenn man nicht beurteilen könne, ob er seine Argumente und Entscheidungen richtig oder falsch oder mit rechtlich gerade noch tragbarer, aber signifikanter Verbiegung einsetze?

Ein anderes Bedenken geht darauf zurück, daß das Recht unmittelbar oder mittelbar in wohl alle Lebensbereiche ausstrahlt und empirisch daher schwer als Sonderphänomen zu isolieren ist. Eine Rechtssoziologie, die diese Verästelungen verfolgen wollte, müßte nicht nur das rechtswissenschaftliche Wissen in sich aufnehmen; sie müßte auch Soziologie schlechthin sein und gleichsam als allgemeiner Auskunftsschalter der Soziologie für Juristen dienen. Diese Aufgabe ist jedoch praktisch undurchführbar. Nicht zufällig haben gerade die erfolgreichen speziellen Soziologien wie Familiensoziologie, Organisationssoziologie, politische Soziologie und heute zunehmend auch Wissenschaftssoziologie soziale Systeme zum Thema, die sich in der sozialen Wirklichkeit selbst abgrenzen. In anderen Fällen wie in der Jugendsoziologie oder im Forschungsbereich Schichtung und Mobilität sind relativ gut operationalisierbare Gegenstandsbegrenzungen vorgegeben. Wo sich im Forschungsfeld keine Grenzen abzeichnen, befinden sich Spezialsoziologien in der kritischen Lage, entweder dem Anspruch nach allgemeine soziologische Theorie zu sein oder zu verkümmern. Dies ist der Wissenssoziologie widerfahren in dem Versuch, kognitive Orientierung zum Thema einer Spezialsoziologie zu machen. Und dies widerfährt – in genauer Parallele dazu, deren Gründe wir aufdecken werden – einer Rechtssoziologie, sofern sie die normative Orientierung im ganzen zum Thema einer Spezialsoziologie machen will.[2]

Gegenwärtig besteht die Tendenz, diesen Schwierigkeiten auf eigentümliche Weise auszuweichen: Man fordert einerseits für das Spezialfach Rechtssoziologie einen besonderen Bezug zum Recht. Nicht jedes Betreten eines Warenhauses ist rechtssoziologisch interessant, weil beim Ausrutschen auf zu glatt gebohnerter Treppe die Verkehrssicherungspflicht des Eigentümers eine Haftungsgrundlage abgeben würde. Vielmehr muß es sich um Verhalten in oder gegenüber Rollen handeln, die in besonderer Weise thematisch-zentral mit Recht befaßt sind, um Reaktionen auf Gesetzesänderungen, um abfragbare Meinungen zu bestimmten Rechtsfragen und dergleichen. Andererseits eliminiert man gerade dadurch das Recht selbst in seiner Gesamtheit, in seiner Komplexität, in seiner gesellschaftlichen Funktion in seiner allgegenwärtigen Hintergründigkeit als Möglichkeit, auf die man zurückgreifen kann. Das Recht verschwindet aus der Rechtssoziologie.[3] Hierzu gibt es verschiedene Möglichkeiten, von denen einige

2 Mit dieser Begründung bezweifelt z. B. Julius Stone, *Social Dimensions of Law and Justice*. London 1966, S. 28 ff, die Möglichkeit einer eigenständigen Rechtssoziologie.

3 Mit aller Ausdrücklichkeit z. B. bei Paul Trappe in seiner Einleitung zu: Theodor Geiger, Vorstudien zu einer Soziologie des Rechts. Neuwied–Berlin 1964. Vgl. auch ders., Zur Situation der Rechtssoziologie. Tübingen 1968, insbes. S. 19 ff.

sich zu Schwerpunkten einer neuen, empirisch forschenden Rechtssoziologie zu entwickeln beginnen.[4]

Ein Ausweg besteht darin, den Blick vom Recht weg auf den Juristen zu lenken. Damit kommt der Soziologe auf vertrauten Grund. Er kann, anknüpfend an einen Hauptbegriff der neueren Soziologie, die *Rolle* des Juristen untersuchen. Dabei stößt er auf verschiedenartige Ausprägungen, auf Rollen des Richters, des Anwalts, des Verwaltungsjuristen, des Wirtschaftsjuristen, des Verbandssyndikus. Deren Zusammenspiel könnte interessieren, ihr professioneller Zusammenhalt und im einzelnen zum Beispiel die Frage, wieweit darin Gemeinsamkeiten liegen, die ein funktionelles Gegeneinanderspiel ermöglichen, Konflikte entschärfen, wechselseitige Kontrolle versachlichen. Die Rollentheorie legt weiter die Frage nahe, wieweit Rollenerwartungen miteinander konsistent sind und welche Schutzvorkehrungen und Verhaltensstrategien dazu dienen, Widersprüche in den Rollenerwartungen zu überbrücken, es dem Anwalt zum Beispiel ermöglichen, die Interessen seines Klienten und zugleich das Recht würdig zu vertreten.

Diesen Überlegungen stehen Untersuchungen nahe, die den Juristen als *Beruf* sehen. Dabei rückt entweder der Gedanke der *Karriere* in den Vordergrund, die Frage also, wie sich bestimmte Merkmale (gesellschaftliches Herkommen, Ausbildungserfolg, Alter, Bewährung in bestimmten Rollen, Konfession, politische Beziehungen usw.) zeitlich gesehen auf Positionen verteilen; wer, mit anderen Worten, mit welchen Merkmalen wann wohin kommt. Oder man fragt nach dem Grad der *Professionalisierung* des Berufs und meint damit einerseits den Besitz von nicht allgemein zugänglichem Wissen und zum anderen die Frage, wieweit die damit verbundenen Chancen durch ein spezifisches Berufsethos gebunden werden.

Derartige Forschungen[5] sind nach Ansatz, begrifflicher Explikation und

---

4 Als einen internationalen Forschungsüberblick vgl. Renato Treves (Hrsg.), *La sociologia del diritto.* Mailand 1966; engl. Übers. Renato Treves/Jan F. Glastra van Loon (Hrsg.), *Norms and Actions.* Den Haag 1968, sowie Renato Treves (Hrsg.), *Nuovi sviluppi della sociologia del diritto.* Mailand 1968. Vgl. auch die mehr programmatischen Ausführungen von Gottfried Eisermann, Die Probleme der Rechtssoziologie. Archiv für Verwaltungssoziologie – Beilage zum gemeinsamen Amtsblatt des Landes Baden-Württemberg 2 No. 2 (1965), S. 5–8.

5 Einige Beispiele sind: Walter Richter, Die Richter der Oberlandesgerichte in der Bundesrepublik. Eine berufs- und sozialstatistische Analyse. Hamburger Jahrbuch für Wirtschafts- und Gesellschaftspolitik 5 (1960), S. 241–259, und dazu Ralf Dahrendorf, Bemerkungen zur sozialen Herkunft und Stellung der Richter an Oberlandesgerichten. Ein Beitrag zur Soziologie der deutschen Oberschicht. Ebda., S. 260–275; Walter Richter, Zur soziologischen Struktur der deutschen Richterschaft. Stuttgart 1968; Klaus Zwingmann, Zur Soziologie des Richters in der Bundesrepublik Deutschland. Berlin 1966; Johannes Feest, Die Bundesrichter. Herkunft, Karriere und Auswahl der juristischen Elite. In: Wolfgang Zapf (Hrsg.), Beiträge zur Analyse der deutschen Oberschicht. München 1965, S. 95–113; Wolfgang Kaupen, Die Hüter von Recht und Ordnung. Neuwied–Berlin 1969; Walter O. Weyrauch, Zum Gesellschaftsbild des Juristen. Neuwied–Berlin 1970; Wolfgang Kaupen/Theo Rasehorn, Die Justiz zwischen Obrigkeitsstaat und Demo-

Methode nicht auf eine vorherige Klärung des Rechts selbst und seiner gesellschaftlichen Funktion angewiesen. Sie lassen sich in der gleichen Weise auch für Mediziner, Unternehmer, Theologen, Soldaten, Architekten usw. durchführen. Der Bezug auf die besondere Thematik der Rolle oder des Berufs dient nur dem Herausschneiden eines engeren Untersuchungsfeldes und der Vorgabe einiger Randbedingungen – etwa des Problems des Todes für den Mediziner und, in anderer Weise, den Soldaten oder des Konfliktes für den Juristen. Theoretische Verzahnungen verbinden diese Forschungen nicht mit der Rechtssoziologie, sondern mit der Rollentheorie und der Berufssoziologie: Von dort her erhalten sie Anregungen, und dorthin liefern sie generalisierbare Ergebnisse ab.

Ähnlich steht es mit einer zweiten Gruppe von Bemühungen, mit Versuchen, das *Verhalten kleiner, mit Rechtsentscheidungen befaßter Gruppen*, namentlich Richtergremien, zu klären. Dabei werden Fragestellungen und Techniken der Kleingruppenforschung übernommen, die sich in ganz anderen Zusammenhängen (etwa in der Betriebssoziologie und in experimentell gebildeten Gruppen) bewährt haben. Man findet im Richtergremium gleichsam ein ‹natürliches Experiment›, ein relativ isoliert operierendes, überschaubares Kleinsystem, und kann dann die Auswirkung von verschiedenen Faktoren wie gesellschaftlichem Status, Sympathien, Interaktionshäufigkeiten, Kompetenz auf die Überwindung interner Meinungsverschiedenheiten beobachten bzw. durch Fragebogen und Interviews erheben. Das Hauptinteresse gilt bisher einer sehr begrenzten Problemstellung: Wieweit sich gesellschaftliche Schichtungsunterschiede und ideologische Vorurteile auf den gerichtlichen Entscheidungsprozeß auswirken bzw. in ihm neutralisiert werden können.[6] An die Stelle der Frage nach Recht und Unrecht, die die Beteiligten interessiert, wird die Frage gesetzt, wessen Meinung sich von welchen Faktoren getragen in der Entscheidung durchsetzt. Dabei

---

kratie. Neuwied–Berlin 1971. Für Anwälte siehe vor allem amerikanische Untersuchungen, namentlich Jerome E. Carlin, *Lawyers on Their Own. A Study of Individual Practitioners in Chicago.* Brunswick/N. J. 1962; Erwin O. Smigel, *The Wall Street Lawyer. Professional Organization Man?* New York–London 1964.

6 Vgl. für die ältere Literatur die Bibliographie von Glendon Schubert, *Behavioral Research in Public Law.* The American Political Science Review 57 (1963), S. 433–445; ferner vor allem Fred Strodtbeck / Rita M. James / Charles Hawkins, *Social Status in Jury Deliberations.* American Sociological Review 22 (1957), S. 713–719; Fred Strodtbeck, *Social Process, The Law and Jury Functioning.* In: William M. Evan (Hrsg.), *Law and Sociology.* Glencoe/Ill. 1962, S. 144–164; Glendon Schubert, *Quantitative Analysis of Judicial Behavior.* Glencoe/Ill. 1959; ders. (Hrsg.), *Judicial Decision-Making.* New York–London 1963; ders. (Hrsg.), *Judicial Behavoir. A Reader in Theory and Research.* Chigago 1964; ders., *The Judicial Mind.* Evanston 1965; Harry Kalven / Hans Zeisel, *The American Jury.* Boston 1966; Joel B. Grossman / Joseph Tanenhaus (Hrsg.), *Frontiers of Judicial Research.* New York 1969; als Symposien: *Jurimetrics.* Law and Contemporary Problems 28 (1963), S. 1–270, und *Social Science Approaches to the Judicial Process.* Harvard Law Review 79 (1966), S. 1551–1628. Den neuesten Überblick vermittelt Hubert Rottleuthner, Zur Soziologie richterlichen Handelns. Kritische Justiz 1970, S. 282–306, 1971, S. 60–88.

rückt nicht nur das Recht selbst, sondern auch der eigentliche Entscheidungsprozeß, die richterliche Interaktion, das Rechtsgespräch, aus dem Blick.[7]

Eine dritte Möglichkeit besteht darin, anstelle des Rechts *Meinungen über das Recht* zum Forschungsthema zu machen und mit den durchgebildeten Techniken der modernen Meinungsforschung zu erheben. Man hofft, aus solchen Untersuchungen etwas über die Verbreitung von Rechtskenntnissen in der Bevölkerung zu erfahren und ermitteln zu können, welche Einstellungen zum Recht selbst und zu der das Recht betreuenden Organisation, vor allem zur Justiz, vorherrschen.[8] So wäre es wichtig zu wissen, ob Rechtskenntnisse mit Schichtenzugehörigkeit variieren, ob Alter, Erziehung, Geschlecht, Gruppenzugehörigkeit Unterschiede in der Einstellung zu bestimmten Rechtsfragen ergeben, und anderes mehr. Praktische Bedeutung gewinnen solche Untersuchungen im Zusammenhang mit der Frage, wie Rechtsänderungen in der Bevölkerung aufgenommen werden und zur Wirkung kommen – ob sie das beabsichtigte Verhalten erzeugen oder an Unkenntnis oder Traditionalismus oder Gegeninteressen entgleisen.[9] Aber faktisch werden gar nicht Meinungen erhoben, geschweige denn Handlungsbereitschaften, sondern Antworten.[10]

Typisch sieht man hier, daß der Erkenntniswert solcher Untersuchungen stark an die jeweils erfaßten Rechtsthematiken gebunden ist. Die Verbreitung von Wissen über Mietrecht läßt keine Rückschlüsse auf Verbreitung von Wissen über Erbrecht zu. Eine Untersuchung über die sozialen

---

7 Den letzten Gesichtspunkt hat J. Woodford Howard, Jr., *On the Fluidity of Judicial Choice.* The American Political Science Review 62 (1968), S. 43–56, zum Gegenstand einer beachtenswerten Kritik gemacht. Die unzureichende Berücksichtigung des Rechts selbst in seiner vollen Komplexität beanstanden zum Beispiel Wallace Mendelson, *The Neo-Behavioral Approach to the Judicial Process. A Critique.* The American Political Science Review 57 (1963), S. 593–603; Theodore L. Becker, *Political Behavioralism and Modern Jurisprudence. A Working Theory and Study in Judicial Decision-Making.* Chicago 1964, und Lon L. Fuller, *An Afterword: Science and the Judicial Process.* Harvard Law Review 79 (1966), S. 1604–1628.

8 Siehe z. B. Torgny T. Segerstedt u. a., *A Research into the General Sense of Justice.* Theoria 15 (1949), S. 323–338; Arnold M. Rose / Arthur Prell, *Does the Punishment Fit the Crime? A Study in Social Valuation.* The American Journal of Sociology 61 (1955), S. 247–259; Walter F. Murphy/Joseph Tanenhaus, *Public Opinion and the United States Supreme Court.* Law and Society Review 2 (1967), S. 357–384; Don C. Gibbons, *Crime and Punishment. A Study in Social Attitudes.* Social Forces 47 (1969), S. 391–397; ferner die Forschungsberichte in Heft 1 der Acta Sociologica 10 (1966) und die polnischen Untersuchungen, über die Adam Podgórecki, Dreistufen-Hypothese über die Wirksamkeit des Rechts. In: Ernst E. Hirsch / Manfred Rehbinder (Hrsg.), Studien und Materialien zur Rechtssoziologie. Sonderheft 11 der Kölner Zeitschrift für Soziologie und Sozialpsychologie, Köln–Opladen 1967, S. 271–283 (278 ff), berichtet.

9 Ein gutes Beispiel dafür: Vilhelm Aubert, Einige soziale Funktionen der Gesetzgebung. In: Hirsch/Rehbinder, a. a. O., S. 284–309.

10 Diese Kritik an der Meinungsforschung ist bisher vereinzelt, unbeachtet und unwiderlegt geblieben. Vgl. zusammenfassend Irwin Deutscher, *Words and Deeds. Social Science and Social Policy.* Social Problems 13 (1966), S. 235–254.

Auswirkungen eines Gesetzes über Hauspersonal ermöglicht es kaum, die Folgen eines Gesetzes gegen Alkoholausschank an Jugendliche vorauszusehen; ja es muß sogar offenbleiben, ob die gleichen Gesetze mit etwas anderen Vorschriften oder Kontrollmechanismen nicht andere Wirkungen gehabt hätten. Daran zeigt sich, wie enge Grenzen der soziologisch-empirischen Forschung gezogen sind durch die Komplexität des Rechtes selbst. Die sachliche Verschiedenartigkeit der Rechtsthematiken erschwert die für soziologische Forschung sonst typische Generalisierungsleistung: die Aufstellung allgemeiner Korrelationen und Hypothesen über Verhaltenszusammenhänge.

Damit kommen wir auf unseren Ausgangspunkt zurück. Die Umgehung des zu schwierigen Rechts in der neueren rechtssoziologischen Forschung ist nicht unfruchtbar geblieben. Sie kann durchaus weitere Früchte tragen. Die in diesen heterogenen Perspektiven derzeit anlaufenden Forschungen sollten nicht entmutigt oder gar als Irrweg abgebrochen werden. Andererseits ist offensichtlich, daß sie als Rechtssoziologie nicht befriedigen können. Es fehlt in ihnen das Recht selbst, und damit fehlt auch der innere Zusammenhang dieser verschiedenen Forschungsansätze.[11] Die Analyse der Berufsrollen trägt nichts zur Meinungsforschung bei, und die Meinungsforschung liefert keine Hypothesen für den richterlichen Entscheidungsprozeß. Nur sehr grobe Verbindungslinien ließen sich ziehen – etwa im Sinne der Hypothese, daß den obersten Schichten entstammende, gelehrte Richter kein Recht liefern, das im Volk Resonanz findet. Eine überzeugende Integration jener empirischen Forschungen wird sich nur durch Wiedereinbau des Rechts in die Rechtssoziologie, durch eine ernstgemeinte Soziologie des Rechts erreichen lassen.

Ein solches Programm führt jedoch nicht aus den angedeuteten Schwierigkeiten hinaus, sondern in sie hinein. Es gilt daher zunächst, sich den Kern dieser Schwierigkeiten deutlich vor Augen zu führen und sie, wenn nicht zu einer einfachen Lösung, so doch in eine klare begriffliche Fassung zu bringen.

Die Rechtsordnung, wie wir sie heute kennen, ist ein Gebilde von hoher und strukturierter Komplexität. Unter *Komplexität* soll hier und im folgenden die Gesamtheit der Möglichkeiten des Erlebens und Handelns verstanden werden, deren Aktualisierung ein Sinnzusammenhang zuläßt – und zwar im Falle des Rechts nicht etwa nur die rechtlich erlaubten, sondern auch die rechtlich verbotenen Handlungen, sofern sie sinngemäß auf das Recht bezogen werden, sich zum Beispiel verbergen[12]. Die Komplexität eines Feldes von Möglichkeiten kann der Zahl, der Verschiedenartigkeit und der Interdependenz nach *groß* oder *klein* sein. Sie kann ferner *unstrukturiert*

---

11 Dies bedauert auch Jack P. Gibbs, *The Sociology of Law and Normative Phenomena.* American Sociological Review 31 (1966), S. 315–325 (315). Siehe dazu auch grundsätzliche Ausführungen bei Heinz Sauermann, Die soziale Rechtsrealität. Archiv für angewandte Soziologie 4 (1932), S. 211–237.

12 Zu dieser wichtigen Klarstellung näher unten S. 121 ff.

oder *strukturiert* sein.[13] Völlig unstrukturierte Komplexität wäre der Grenzfall des Urnebels, der Beliebigkeit und Gleichheit aller Möglichkeiten. Strukturierte Komplexität entsteht in dem Maße, als Möglichkeiten sich wechselseitig ausschließen oder beschränken. Bei strukturierter Komplexität treten mithin Probleme der Vereinbarkeit oder Kompossibilität auf. Die Aktualisierung einer bestimmten Möglichkeit behindert die anderer, ermöglicht aber andererseits auch den Anbau neuer Möglichkeiten, die jene erste als gesichert voraussetzen. So schließt eine ‹rechtsstaatliche Verfassung› zahlreiche Verhaltensweisen mehr oder weniger effektiv aus, erschließt aber eben damit den Zugang zu anderen Verhaltensweisen, etwa Verfassungsklagen, die ohne sie nicht möglich wären, also strukturabhängig (kontingent) sind. Durch Struktur kann mithin die Komplexität eines sozialen Systems gesteigert werden in dem Sinne, daß trotz wechselseitiger Limitierung der Möglichkeiten insgesamt mehr Möglichkeiten für sinnvolle Auswahl zur Verfügung stehen. Gerade die strategisch placierte Ausschließung von Möglichkeiten ist, evolutionär gesehen, das Mittel des Aufbaus höherer Ordnungen, die nicht beliebige, aber eben dadurch mehr verschiedenartige Möglichkeiten zulassen können.

Offensichtlich hat das Recht für das Erreichen hoher und strukturierter Komplexität in sozialen Systemen eine wesentliche, wenn nicht ausschlaggebende Funktion. Sucht man nach einem für solche Systeme geeigneten Forschungsinstrumentarium, stößt man jedoch auf einen ausgesprochenen Mangel. Man übertreibt nicht, wenn man feststellt, daß in bezug auf Systeme mit hoher und strukturierter Komplexität die Wissenschaftsentwicklung sich einem Engpaß gegenübersieht, der sicher nur sehr langsam erweitert werden kann. Das gilt für Wissenschaften jeder Art, am spürbarsten aber für die Sozialwissenschaften.[14] Das heute verfügbare Repertoire an Methoden und Theorien setzt entweder Kleinsysteme, zum Beispiel experimentell gebildete Kleingruppen, von geringer Komplexität voraus, in denen nur wenige Variable korrelieren und die ‹*ceteris-paribus*›-Klausel vertretbar ist, oder es bezieht sich auf große Mengen gleichartiger, zufällig streuender Faktoren, die sich mit statistischen Methoden bearbeiten lassen – also auf Systeme mit geringer und strukturierter oder mit hoher und unstrukturierter Komplexität. Für den vielleicht wichtigsten Forschungsbereich hochkomplex strukturierter Großsysteme fehlt es dagegen an Werkzeug,

---

13 In der systemtheoretischen Literatur findet man häufig die gleichsinnige Unterscheidung von *desorganisierter* und *organisierter* Komplexität, wobei als Prototyp für die letztere der Organismus dient. Vgl. z. B. Ludwig von Bertalanffy, *General System Theory. A Critical Review.* General Systems 7 (1962), S. 1–20 (2). Für eine ausführlichere Erläuterung des Begriffs Komplexität siehe meinen Beitrag in: Jürgen Habermas / Niklas Luhmann, Theorie der Gesellschaft oder Sozialtechnologie – Was leistet die Systemforschung? Frankfurt 1971, S. 292 ff.

14 Vgl. allgemein Warren Weaver, *Science and Complexity.* American Scientist 36 (1948), S. 536–544, und für den engeren Bereich der Sozialwissenschaften z. B. Claude Lévi-Strauss, *Anthropologie structurale.* Paris 1958, S. 350, oder, im ganzen optimistischer, F. E. Emery, *The Next Thirty Years. Concepts, Methods and Anticipations.* Human Relations 20 (1967), S. 199–237.

wenngleich im Funktionalismus und in der Kybernetik zumindest das Problem bewußt geworden ist und einige darauf zugeschnittene Denkversuche vorliegen.

Diese Lage spiegelt sich in den geschilderten Bemühungen um eine empirische Rechtssoziologie deutlich wider und erklärt deren Ungenügen. Sie legen sich mit den Begriffen Rolle, Beruf, Karriere, Entscheidungsprozeß, Meinung oder Einstellung entweder auf strukturierte Kleinsysteme oder auf wenig strukturierte gleichförmige Mengen fest und klammern das Recht als Struktur eines komplexen Großsystems aus. Wir sehen jetzt den Grund, der diese Option zu erzwingen scheint: Er liegt im kurzfristig kaum änderbaren Stand der Wissenschaftsentwicklung, im Fehlen eines auf komplex strukturierte Großsysteme zugeschnittenen Instrumentariums.

Das Problem verschärft sich noch dadurch, daß die methodischen Hilfsmittel in den bisher zugänglichen Forschungsbereichen kleiner Systeme und wenig strukturierter Mengen ausgearbeitet, verfeinert und relativ weit entwickelt worden sind. Von diesen Errungenschaften her wird dann ein Anspruchsniveau definiert, das in dem uns interessierenden Bereich der Großsysteme nicht erreicht werden kann. Im Vergleich mit den Standards des 19. Jahrhunderts, unter deren Regie die klassischen rechtssoziologischen Theorien formuliert werden konnten, sind heute die Anforderungen an ausweisbaren Methodenbezug, begriffliche Genauigkeit und empirische Kontrollierbarkeit beträchtlich gestiegen. Sie finden zum Beispiel Ausdruck in der Forderung nach ‹Operationalisierung› theoretischer Aussagen – einem Anspruch, dem keine der bisher für soziale Großsysteme zur Diskussion gestellten Theorien genügen kann. Welche Möglichkeiten bleiben unter diesen Umständen für die Rechtssoziologie?

Man kann und wir wollen versuchen, das nach dem Stande der Wissenschaft nahezu unlösbar erscheinende Problem hoher strukturierter Komplexität festzuhalten und zum Thema zu machen. Für die Rechtssoziologie heißt das, von der Frage auszugehen, wie Recht als Struktur eines sozialen Systems möglich ist. Nach den oben skizzierten Vorüberlegungen hat die Struktur eines Sozialsystems die Funktion, die Komplexität des Systems zu regulieren. Systemkomplexität ist letztlich immer strukturell ermöglichte (kontingente) Komplexität, aber andererseits hängt auch die Struktur des Systems von seiner Komplexität ab, da unwahrscheinliche riskante Strukturen, etwa gesetzliche Änderbarkeit des Rechts, hohe Systemkomplexität bereits voraussetzen. Einfache Systeme haben andere Strukturbedürfnisse als komplexere Systeme, haben aber auch weniger Möglichkeiten, voraussetzungsvolle Strukturen einzurichten und zu erhalten. Einfache Gesellschaften haben zum Beispiel ein traditional bestimmtes, relativ konkret begriffenes Recht. Im Laufe der gesellschaftlichen Entwicklung zu höherer Komplexität muß das Recht in zunehmendem Maße abstrahiert werden, begrifflich-interpretative Elastizität für verschiedenartige Situationen erhalten und schließlich sogar durch Entscheidung änderbar, also positives Recht werden. Strukturformen und Komplexitätsgrad der Gesellschaft bedingen sich in diesem Sinne wechselseitig.

Recht als Struktur und Gesellschaft als Sozialsystem müssen demnach im Verhältnis wechselseitiger Interdependenz gesehen und erforscht werden. Dieser Zusammenhang hat neben dem sachlichen auch einen zeitlichen Aspekt, führt also auf eine evolutionäre Theorie der Gesellschaft und des Rechts hin. Der Bezug auf dieses Theorem weist Begriffe, Theorien und empirische Forschungen als rechtssoziologisch aus. Darin finden die folgenden Überlegungen ihren Zusammenhalt und ihre Einheit.

In einem *ersten* Kapitel werden wir sehen, daß diese Auffassung in den klassischen Ansätzen zu einer Rechtssoziologie mehr, als wir heute beachten, vorbereitet ist. Sodann müssen wir, um die theoretischen Grundlagen zu gewinnen und zu präzisieren, uns im *zweiten* Kapitel den elementaren Mechanismen der Rechtsbildung zuwenden, namentlich klären, was unter Norm zu verstehen ist und welche Funktion normatives Sollen im sozialen Leben erfüllt. Hier erlauben es neuere psychologische, sozialpsychologische und soziologische Forschungen, wesentlich über das hinauszugehen, was üblicherweise in der Rechtsquellenlehre und in der Unterscheidung verschiedener vorrechtlicher und rechtlicher Normtypen dargeboten wird. Auf Grund der Problemstellungen, die so gewonnen werden, können wir im *dritten* Kapitel einen kursorischen Überblick über Grundzüge der gesellschaftlichen Evolution und Rechtsentwicklung skizzieren. Dessen Leitfaden wird die Hypothese bilden, daß die Steigerung gesellschaftlicher Komplexität Änderungen des Rechtsgefüges erfordert und ermöglicht. Das führt auf die Einsicht, daß die moderne Industriegesellschaft ihr Recht als positives, durch Entscheidung änderbares Recht einrichten muß. Die von der älteren Rechtssoziologie in auffälliger Weise vernachlässigte Positivität des Rechts bildet den Gegenstand des *vierten* Kapitels, in dem zugleich die spezifischen Probleme und Mechanismen moderner Rechtsordnungen und Fragestellungen für aktuelle rechtssoziologische Forschungen behandelt werden. Das *fünfte* Kapitel behandelt die Möglichkeiten, Bedingungen und Schwierigkeiten gesellschaftlicher Strukturveränderung, die durch Positivierung des Rechts eröffnet sind. Wenn uns damit die theoretischen Grundlagen und der Forschungsbereich der Rechtssoziologie vor Augen stehen, können wir abschließend einige Folgerungen für das viel diskutierte Verhältnis von Rechtswissenschaft, Soziologie und Rechtssoziologie ziehen.

I. KLASSISCHE ANSÄTZE ZUR RECHTSSOZIOLOGIE

Von Rechtssoziologie kann man erst sprechen, seitdem es eine Soziologie gibt, also erst seit der zweiten Hälfte des 19. Jahrhunderts. Das ist nicht nur eine äußerliche Feststellung, eine gleichsam terminologische Selbstverständlichkeit. Vielmehr gibt die Soziologie dem wissenschaftlichen Interesse für Recht eine eigentümliche Prägung, die sich deutlich von allem unterscheidet, was in der alteuropäischen Tradition über das Verhältnis von Gesellschaft und Recht gedacht worden ist.

Jene Lehrtradition, aus deren Zusammenbruch an der Wende vom 18. zum 19. Jahrhundert die Soziologie erwuchs, hatte das Verhältnis von Gesellschaft und Recht konkreter gefaßt.[1] Für sie war Recht mit dem Wesen menschlicher Verbände immer schon gegeben; es war ihrer Natur immanent und mit anderen Wesenszügen der Gesellschaft, mit sozialer Nähe (Freundschaft) und mit Rangverhältnissen (Herrschaft) unauflösbar verwoben. Nur dank der natürlich-wahren Vorzeichnung des Rechten war konkrete Freiheit in politischen Institutionen möglich – und nicht etwa umgekehrt abstrakt-beliebige Freiheit das Problem, in bezug auf das Recht erst geschaffen werden mußte. Dem naturrechtlichen Denken schien das Zusammenleben in menschlicher Gesellschaft nicht etwa nur abstrakte Normativität als Sollform für beliebig setzbare Inhalte vorzuzeichnen, nicht also nur die funktionale Unentbehrlichkeit von Normen schlechthin, sondern darüber hinaus auch inhaltlich bestimmbare Normen, für die naturartige Entstehung und Wahrheit in Anspruch genommen wurden. So hatte man keine Bedenken zu formulieren, daß die Gesellschaft ein Rechtsverhältnis oder gar ein Vertrag *sei*[2] – eine Formulierung, die bei aller Einschätzung der Funktion und Unentbehrlichkeit einer Rechtsordnung kein Soziologe sich zu wiederholen getraute.

Daran zeigt sich die Distanz. Immerhin hatte das Naturrecht in seiner letzten Phase als Vernunftrecht, und gerade mit Hilfe der Vertragskategorie, die soziologische Interpretation des Rechts schon vorbereitet. Der Mensch wird zum Subjekt abstrahiert, und der Vertrag wird die Kategorie, in der die soziale Dimension menschlichen Lebens als disponibel, als in jeder ihrer Ausformungen kontingent gedacht wird. Die Kontingenz menschlicher Beziehungen wird noch in einer Form des Rechts, aber zugleich schon mit einer abstrakten Radikalität gedacht, von der aus beliebiges

---

1 Einen guten Überblick vermittelt Manfred Riedel, Zur Topologie des klassisch-politischen und des modern-naturrechtlichen Gesellschaftsbegriffs. Archiv für Rechts- und Sozialphilosophie 51 (1965), S. 291–318. Ferner namentlich Joachim Ritter, Metaphysik und Politik. Studien zu Aristoteles und Hegel. Frankfurt 1969.

2 «Und demnach ist», schreibt noch Christian Wolff, Grundsätze des Natur- und Völkerrechts. Halle 1754, S. 3, «die Gesellschaft nichts anderes als ein Vertrag einiger Personen, mit vereinigten Kräften ihr Bestes worinnen zu befördern.»

Recht möglich ist.[3] Von da aus gibt es kein Zurück in konkreter rechtsgebundene Glaubensformen der Vergangenheit, sondern nur noch die Möglichkeit, die These des Vertrags als einzigen Reduktionsmechanismus zu erweitern auf die Gesellschaft als soziales System – den Weg zur Soziologie.

Verglichen mit dem Naturrecht wird von der Soziologie das Verhältnis von Gesellschaft und Recht auch unlösbar, aber abstrakter gesehen; das heißt: mit mehr Variationsspielraum. Auch die Soziologie kann die These akzeptieren, daß jede Gesellschaft eine Rechtsordnung haben muß;[4] nicht aber die weitere These, daß deshalb gewisse Rechtsnormen für alle Gesellschaften in gleicher Weise gelten. In der Spannweite des historischen und ethnographisch-vergleichenden Blickfeldes, das die Forschungen des 19. Jahrhunderts erschließen, lassen sich normative Invarianten kaum noch und allenfalls in fast sinnleerer Abstraktion festhalten. Recht erscheint nun als eine prinzipiell unentbehrliche, in der jeweiligen Ausführung aber kontingente gesellschaftliche Einrichtung. Und diese Kontingenz, diese Bedingtheit der Auswahl aus anderen Möglichkeiten, wird zum Thema der Rechtssoziologie.

Dies mag zunächst nur als eine Abschwächung erscheinen, als eine etwas abstraktere Fassung der alteuropäischen Sicht. Mit dieser Abstraktion werden aber die Ablösung vom Naturrecht, die Befreiung von der Vorgabe bestimmter allgemeingültiger Rechtsnormen und damit eine distanziertere Perspektive auf das Recht selbst gewonnen. Aus dem Bestehen von Gesellschaft überhaupt kann nicht mehr auf die Geltung bestimmter Normen geschlossen werden, vielmehr müssen Recht und Gesellschaft in vollem Umfange als empirisch erforschbare Variable erfaßt werden, die sich in bestimmter Weise aufeinander einspielen. Um vorurteilsfrei beurteilen zu können, welche Gesellschaften welches Recht haben können, muß man auf die Prämisse verzichten, daß alle Gesellschaften bestimmtes Recht anerkennen müssen. Die Soziologie fühlt sich daher nicht mehr gebunden, ja nicht einmal befugt, die Normorientierung des gesellschaftlichen Lebens selbst zu teilen und den Grund ihrer Geltung in höheren Normen und unbezweifelbaren Prinzipien zu suchen; denn damit erkennte sie, wie EMILE DURKHEIM fast ironisch bemerkt, nicht die Wirklichkeit der Moral bestimmter Gesellschaften, sondern nur die Art und Weise, wie der Moralist sich die Moral vorstellt[5].

---

3 Diese nicht zu überbietende und durch keine Revolution einzuholende Radikalität des ‹bürgerlichen Subjekts› ist ein Thema, das BERNARD WILLMS beschäftigt. Siehe: Revolution und Protest oder Glanz und Elend des bürgerlichen Subjekts. Hobbes, Fichte, Hegel, Marx, Marcuse. Stuttgart 1969, und DERS., Funktion – Rolle – Institution. Zur politiktheoretischen Kritik soziologischer Kategorien. Düsseldorf 1971.

4 Eine andere Frage ist, ob sie einen engeren Rechtsbegriff bildet, von dem aus sie dann gewisse archaische Gesellschaften als vorrechtliche Gesellschaften zu charakterisieren hätte, die nur Gewohnheit und Brauchtum, nicht aber Rechtsnormen im engeren Sinne kennen. Dazu und dagegen unten S. 27 f.

5 EMILE DURKHEIM, *De la division du travail social.* 2. Aufl., Paris 1902, S. 7.

Diese Distanz zur Innenansicht des Rechts und seiner moralischen Begründung zeichnet alle jene Bemühungen aus, die wir als *klassische Ansätze zur Rechtssoziologie* bezeichnen können. In dieser Distanz und in der Messung der Moral an inkongruenten Perspektiven verstehen sie sich als soziologisch. Darüber hinaus lassen sie sich von der Annahme tragen, daß positives, empirisch gesichertes Kausalwissen über die Gesellschaft und ihre Beziehung zum Recht möglich sei. Dieses Wissen wird in einem geschichtlich-evolutionären Bezugsrahmen artikuliert. Der Evolutionsgedanke bietet die Möglichkeit der Relativierung, Säkularisierung und Temporalisierung des Naturrechts. Als Prozeß wird Evolution kausal, ihrem Sinn nach dagegen noch in moralischen Kategorien begriffen als Fortschritt. Dem Recht wird eine zentrale Stellung in der gesellschaftlichen Entwicklung eingeräumt – nicht im Sinne einer treibenden oder gar entwicklungspolitisch geplanten Ursache, wohl aber als Form und Ausdruck des jeweiligen Gesellschaftszustandes. Man kann mithin bei aller Unterschiedenheit der Einzelausführung drei gemeinsame Prämissen der klassischen Rechtssoziologie erkennen, in denen sie sich vom Naturrecht unterscheidet: (1) Das Recht wird als normative Struktur von der Gesellschaft als faktischem Lebens- und Handlungszusammenhang unterschieden. (Das Recht *ist* nicht mehr die Gesellschaft.) (2) Recht und Gesellschaft werden als zwei voneinander abhängige Variable begriffen, und ihr Variationszusammenhang wird evolutionär gedeutet, im 19. Jahrhundert zumeist als gesetzmäßiger Fortschritt der Zivilisation. (3) Über die Beziehung von Recht und Gesellschaft lassen sich unter jenen Voraussetzungen empirisch überprüfbare Hypothesen aufstellen und durch Beobachtung des Variationszusammenhanges verifizieren.

Die theoretischen Grundlagen für die Ausarbeitung dieses Ansatzes blieben jedoch, was die Gesellschaft selbst und ihre Entwicklung angeht, gemessen an heutigen Ansprüchen ungeklärt. So kommt es, daß verschiedenen Forschern verschiedene Teilaspekte der Gesellschafts- und Rechtsentwicklung vor Augen treten und in übersteigernder Isolierung als charakterisierende Merkmale herausgestellt werden. Erst eine Zusammenstellung dieser sehr unterschiedlichen Varianten – wir wählen MARX, MAINE, DURKHEIM, WEBER und als schon nicht mehr typische Grenzfiguren PARSONS und EHRLICH – vermittelt einen Eindruck von den Denkvoraussetzungen, dem Stil und den Grenzen der klassischen Rechtssoziologie.[6]

Die Gesellschaftslehre von *Karl Marx* reagiert auf einen Grundzug der neuzeitlichen Gesellschaftsentwicklung: auf den Übergang des Primats

6 Nur in dieser Abstraktionslage ist eine ‹Geschichte der Rechtssoziologie› heute noch instruktiv. Stärker ins einzelne gehende Darstellungen findet man bei JULIUS KRAFT, Vorfragen der Rechtssoziologie. Zeitschrift für vergleichende Rechtswissenschaft 45 (1930), S. 1–78; NICHOLAS S. TIMASHEFF, *An Introduction to the Sociology of Law.* Cambridge/Mass. 1939, S. 44 ff; oder DEMS., *Growth and Scope of Sociology of Law.* In: HOWARD S. BECKER/ALVIN BOSKOFF (Hrsg.), *Modern Sociological Theory in Continuity and Change.* New York 1957, S. 424–449.

gesellschaftlicher Sinngebung von der Politik auf die Wirtschaft. Sie sieht im Primat der Wirtschaft, indem sie das Wirtschaftliche auf die Materialität menschlicher Bedürfnisse bezieht, eine überhistorisch-anthropologische Wahrheit und formuliert in diesem Rahmen eine Theorie naturgesetzlich-dialektischer gesellschaftlicher Entwicklung. Der Antrieb der Entwicklung liegt in Veränderungen der die Befriedigung materieller Bedürfnisse vermittelnden Produktivkräfte und Produktionsverhältnisse, genauer gesagt: in den gesellschaftlichen Widersprüchen, die sich im Laufe der Entwicklung von Produktion und Bedürfnisbefriedigung ergeben.[7] In der Fixierung solcher Widersprüche durch Zuweisung besonderer, ungleicher Chancen an einzelne spielt das Recht die entscheidende Rolle: Es gewährt und schützt Eigentum. Im Eigentum verschmilzt das Recht Chancen der Bedürfnisbefriedigung mit Familieninteressen an Erbgut und mit Entscheidungskompetenzen zu Kombinationen, die sich mit der Entwicklung der Produktivkräfte ändern müssen. Diese Rechtsänderung kann, wenn das *ganze* Recht auf die Interessen der Eigentümer zugeschnitten ist und durch sie verwaltet wird, nur die Form der *Revolution* annehmen. Im Laufe der gesellschaftlichen Entwicklung wird schließlich eine Vergesellschaftung des Eigentums möglich, die Bedürfnisbefriedigung (Verteilung) und Produktionsentscheidung (Planung) voneinander trennt, objektiviert und interessengebundenes (klassengebundenes) Recht durch Rationalität ersetzt.

Man kann die marxistische Gesellschafts- und Rechtslehre mithin unter dem Aspekt einer Auflösung zu kompakter, subjektiver, lokaler Verknüpfungen von Bedürfnisbefriedigung und Entscheidungsprozeß lesen (wenngleich dieser Gedanke in amtlichen Darstellungen des Marxismus und in der durch sie inspirierten Sekundärliteratur nicht hervortritt). Damit kommt die zutreffende Einsicht ebenso wie die Einseitigkeit der marxistischen Rechtssoziologie heraus. Letztlich geht es ihr um ein *höheres Maß an strukturell zugelassener Variabilität*, für die das Recht verantwortlich zeichnet: Verteilung und Produktionsplanung müssen unabhängig von konkreten Interessenverknüpfungen gegeneinander variiert und so rationalisiert werden können. Der Sache nach geht es darum, eine Rechtsstruktur zu gewinnen, die mit höherer Komplexität und Variabilität der Gesellschaft, also mit einem größeren Selektionsbereich für Problemlösungen vereinbar ist – und im vordergründigen Bild darum, daß nicht einzusehen ist, weshalb Steuerungsfunktionen im Wirtschaftsprozeß in Familien vererblich sein und mit einer Ansammlung von schnellen Wagen und schönen Frauen, Villen und Yachten verbunden sein müssen. Die Frage ist nur, ob dies die einzige Hinsicht ist, in der das Recht die Systemkomplexität der Gesellschaft bedingt. Sicher nicht. Hier liegen die Blickgrenzen der marxistischen

7 Die unüberprüfte Prämisse, daß Widersprüche instabil seien und dadurch zur Ursache von Veränderungen würden, bestimmt noch heute die marxistische Lehre und geht selbst in systemtheoretische Formulierungen ein. Siehe z. B. Oskar Lange, *Wholes and Parts. A General Theory of System Behaviour.* Oxford–Warschau 1965, S. 1 f, 72 ff.

Rechtssoziologie und zugleich ein Problem, das nur in einer abstrakter ansetzenden soziologischen Gesellschaftstheorie angemessen artikuliert werden kann.

Sir Henry Sumner Maine[8] hatte einen anderen Aspekt des gleichen Problems vor Augen, als er die Entwicklung des Rechts von älteren zu modernen Gesellschaften als ‹*movement from status to contract*› kennzeichnete.[9] Mit den Begriffen Status und Kontrakt sind nicht logisch streng exklusive Rechtsinstitute gemeint, sondern verschiedenartige Grundprinzipien des Aufbaus einer Rechtsordnung und der Verteilung von Rechten und Pflichten, die vor dem Hintergrund der jeweiligen Gesellschaftsstruktur zu sehen und durch sie bestimmt sind. In Gesellschaften, die auf dem Verwandtschaftsprinzip beruhen und nach Familien und Stämmen gegliedert sind, hängt die Teilnahme am Recht von der Zugehörigkeit zu diesen Gesellschaften und der statusmäßigen Einordnung in sie ab. Der Status gibt die Rechtsfähigkeit, er gibt sie nicht jedem, gibt sie in unterschiedlicher Weise für je konkret bestimmte Rechts- und Pflichtenkreise und für begrenzte Freiheiten, die durch die Statusdifferenzierung der Gesellschaft verteilt werden. Die familienmäßige, später die ständische Struktur der Gesellschaft regelt daher ziemlich konkret zugleich die Verteilung von Rechten und Pflichten – wer zum Beispiel wen heiraten kann, wer jagen darf, wer einen Wirtschaftsbetrieb eröffnen kann, wer zu Fuß oder zu Pferde dienen muß usw.; und sie hat gerade in dieser Verteilung ihre Realität.

Nach und nach zwingt jedoch die gesellschaftliche Entwicklung von Sozialsystemen mit höherer Komplexität, vor allem die Steigerung der Größenverhältnisse und Interdependenzen der Wirtschaft, zu einer stärkeren Mobilisierung der Rechtsverhältnisse, zur Auflösung allzu kompakter, traditional überlieferter, nur lokal gültiger Kombinationen und zur Entlastung von nicht mehr benötigten gesellschaftsstrukturellen Voraussetzungen für die laufende Verteilung von Rechten und Pflichten. Politische Herrschaft löst sich von der alten Ordnung der Geschlechter und Stämme ab und ist dadurch in der Lage, dem Einzelmenschen größere Freiheit und Mobilität zu gewährleisten. Das *ius connubii ac commercii* wird ausgedehnt, schließlich mit der Rechtsfähigkeit selbst universell gesetzt. Der Mensch wird gegen Ende des 18. Jahrhunderts mit Auflösung der ständischen Ordnung in seiner abstrakten Personalität zum Rechtsträger, «weil er Mensch ist, nicht weil er Jude, Katholik, Protestant, Deutscher, Italiener

---

8 Zu Maines Stellung im denkgeschichtlichen Kontext von Evolution und Gesellschaft vgl. J. W. Burrow, *Evolution and Society. A Study in Victorian Social Theory*. Cambridge/Engl. 1966, S. 137 ff.

9 In: *Ancient Law. Its Connections With the Early History of Society and Its Relation to Modern Ideas*. 1861. Zit. nach der Ausgabe The World's Classics, London–New York–Toronto 1954, S. 141. Als neuere Würdigung der daran sich anschließenden Diskussion vgl. Manfred Rehbinder, Status – Rolle – Kontrakt. Wandlungen der Rechtsstruktur auf dem Wege zur offenen Gesellschaft. In: Festschrift für Ernst E. Hirsch, Berlin 1967, S. 141–169; gekürzt und überarbeitet auch in Hirsch / Rehbinder, a. a. O., S. 197–222.

usw. ist» [10]. Damit entfällt die Anknüpfung der Rechtsverteilung an eine zu konkret fixierte Gesellschaftsstruktur. Das neue Verteilungsmittel heißt Vertrag. Es setzt nach liberaler Auffassung nur noch klare Typen zur Erleichterung rascher Verständigung zwischen Unbekannten, Vorschriften gegen wechselseitige Schädigung und berechenbar funktionierende Gerichtsbarkeit voraus. In diesem Rahmen könne die Gesellschaft Beliebiges tolerieren.

Auch auf die «Bewegung von Status zu Kontrakt» paßt unsere Formel von der Steigerung strukturell zugelassener Variabilität. Die Beziehung zwischen Gesellschaftsstruktur und konkreter Rechtsgestaltung wird gleichsam gelockert, durch Zwischenschaltung freier, nach den Umständen variabler vertraglicher Disposition vermittelt. Das Recht ist nicht mehr so unmittelbar wie früher mit den Hauptlinien gesellschaftlicher Differenzierung verquickt,[11] was höhere Risiken für die Stabilisierung gesellschaftlicher Differenzierung und für die Überzeugungskraft des Rechts mit sich bringt. Dabei betont die Vertragskategorie einseitig, und insofern unzulänglich, die Elastizität durch dezentralisierte Disposition – wiederum also nur einen Ausschnitt aus dem Problem der Anpassung des Rechts an die strukturellen Erfordernisse komplexer werdender Gesellschaften.

Eine Generation später gibt dieses zentrale Thema des Vertrags, der scheinbar ohne jede Verankerung in der Gesellschaftsstruktur individuelles Belieben und Nutzenkalkül in Recht umsetzt, den Anstoß zu einem erneuten und vertieften, erstmals eigentlich soziologischen Aufschwung der Rechtssoziologie. *Emile Durkheim* weist in gezielter Polemik auf die nichtvertraglichen (und damit: gesellschaftlichen!) Grundlagen des Vertrags hin.[12] Die Ausbreitung vertraglicher Regelungen in arbeitsteilig differenzierten Gesellschaften ändere nichts daran, daß das Recht als moralische Regel Ausdruck der ‹Solidarität› einer Gesellschaft sei. Die Art der benötigten Solidarität, und damit auch das Recht, sei durch die jeweilige Form der sozialen Differenzierung bedingt, sie wandele sich mit der Entwicklung der Gesellschaft selbst. Diese Entwicklung sieht Durkheim als allmählichen Umbau der Gesellschaft von *segmentärer* in *funktionale* Differenzierung. Segmentäre Differenzierung unterteile die Gesellschaft in gleiche oder ähnliche Einheiten von sehr geringer Komplexität: in Familien oder Stämme. Funktionale Differenzierung gliedere die Gesellschaft arbeitsteilig in verschiedenartige Teilsysteme, die je spezifischen Funktionen dienen; dadurch

---

10 Wie Georg Wilhelm Friedrich Hegel, Grundlinien der Philosophie des Rechts § 209, formuliert, nicht ohne eine Warnung vor staatsgefährdendem Kosmopolitismus anzufügen.

11 Es gibt natürlich Ausnahmen. Die für die liberale Staats- und Gesellschaftslehre wichtigste Ausnahme liegt in der Institution der *Grundrechte*. Deren unmittelbarer Bezug zur funktionalen Differenzierung der Gesellschaft tritt freilich nicht in der klassischen Dogmatik, sondern erst in der rechtssoziologischen Analyse ans Licht. Vgl. Niklas Luhmann, Grundrechte als Institution. Ein Beitrag zur politischen Soziologie. Berlin 1965.

12 Vgl. Durkheim, a. a. O., hierzu besonders S. 177 ff.

steige die Komplexität der Gesellschaft. Bei vorwiegend segmentärer Differenzierung integriere die Gesellschaft sich durch ein inhaltlich-gemeinsames Kollektivbewußtsein in der Form moralischer Regeln, auf deren Verletzung sie repressiv reagiere. Durch funktionale Differenzierung werde die Gemeinsamkeit der Kollektivvorstellungen aufgelöst, und an ihre Stelle träte eine ‹organische› Solidarität, die nach Art eines Organismus den Zusammenhalt verschiedenartiger Teile ermögliche. Das Recht werde dann von *repressiven* auf *restitutive* Sanktionen umstrukturiert, die nur noch Schaden zu beheben und dadurch die Funktionsfähigkeit der Teile wiederherzustellen, aber nicht mehr Verletzungen des Kollektivbewußtseins zu rächen trachten und keine *colère publique* mehr erfordern, dafür aber soziale Differenzierung und ausreichende Spezifikation der Teilsysteme als Voraussetzung der Schadensbegrenzung und Schadensberechnung. DURKHEIM meint, eine solche Umstrukturierung empirisch feststellen und durch Nachweis der Kovariation von Gesellschaftsstruktur und Recht zugleich deren Zusammenhang verifizieren zu können – dem Anspruch nach empirische Rechtssoziologie auf der Ebene des Großsystems der Gesellschaft.[13]

Empfänglich geworden für das Problem strukturell zugelassener Komplexität, sehen wir auch in DURKHEIMS Rechtssoziologie darin die zentrale Fragestellung. Ausschlaggebend für DURKHEIM ist die Art der Systemdifferenzierung und erst sekundär, mit ihr aber fest verbunden, die Form des Rechts. Das Rechtsproblem wird, ausgehend von der Frage der Abwicklung von Rechtsverstößen, in einem sehr zentralen Aspekt erfaßt,[14] wiederum aber nur einseitig und dadurch unzulänglich behandelt. Restitutive Sanktionen sind zwar variabler, spezifischer dosierbar und damit auch anpassungsfähiger als repressive Sanktionen, sofern sie jeden Rechtsverstoß nach Maßgabe seiner jeweiligen Folgen zu beurteilen erlauben; aber dieser Gewinn an Elastizität und Zulassung von Alternativen ist nur einer von vielen, die das Recht moderner Gesellschaften leisten muß.

Die Zusammenstellung der Ausprägungen, die das rechtssoziologische Interesse bei MARX, MAINE und DURKHEIM erfährt, beruht auf der Einheit einer tiefliegenden, noch unzureichend artikulierten evolutionären Fragestellung. Sie zeigt zugleich, daß das jeweils leitende theoretische (und nicht immer nur theoretische) Interesse nur Teilaspekte belichtet, deren Ergänzungsbedürftigkeit gerade im Vergleich offenkundig wird. Nicht anders geht es, wenn wir weiter Umschau halten und auf *Max Weber* stoßen.

Hält man sich zunächst an die als ‹Rechtssoziologie› herausgegebenen

---

13 In der neueren Forschung hat diese These sich erhebliche Kritik und weitreichende Modifikationen gefallen lassen müssen. Siehe vor allem RICHARD D. SCHWARTZ/JAMES C. MILLER, *Legal Evolution and Societal Complexity.* The American Journal of Sociology 70 (1964), S. 159–169.

14 Wir werden im nächsten Kapitel sehen, daß in der Tat die Frage der Abwicklung von Enttäuschungen für die Rechtsbildung grundlegende Bedeutung hat. Vgl. S. 41 f, 53 ff. Bei DURKHEIM selbst rutscht die Begründung ab in eine rein physiologische Behandlung des Enttäuschungserlebnisses (a. a. O., S. 64 f.)

Bruchstücke des WEBERschen Gesamtwerks,[15] tritt bei aller Fülle des historischen Details eine leitende Erkenntnisabsicht zutage: die Frage nach der Rationalisierung als Grundzug der europäischen und besonders der neuzeitlichen Gesellschaftsentwicklung. Die ‹Entzauberung der Welt›, die Herstellung eines rationaleren Weltverhältnisses und namentlich die Einrichtung einer ‹kapitalistischen› Wirtschaft haben ihre Voraussetzungen und Konsequenzen im Recht. Das Recht muß von primär materialen (ethisch inhaltlich festgelegten, eudaimonistischen oder utilitarischen) auf primär formale (begrifflich abstrakt präzisierte, verfahrensmäßig optimal praktizierbare) Qualitäten umgebaut werden.

Was damit gemeint ist, ergibt sich nicht zureichend aus den etikettierenden Begriffen ‹formal› und ‹material›. Man könnte mit diesen Kennzeichnungen ebensogut eine Gegentendenz behaupten, die im zunehmenden Abbau ritualistischer Formalismen zugunsten eines materiell-elastischen, an unvorhersehbare Situationen besser anpaßbaren Rechts bestehe. WEBER hat dagegen eine Entwicklung im Auge, die das Gefüge der Rechtsnormen zunehmend ausdifferenziert und verselbständigt, das heißt von der Verquickung mit anderen gesellschaftlichen Strukturen und Erwartungen ablöst und im Interesse spezifischer Funktionen präzisiert. Dadurch werden Elemente der persönlichen Willkür in der Rechtshandhabung (Kadijustiz) und Bindungen an traditional überlieferte, für Außenstehende nicht einsichtige Sitten und Moralvorstellungen kleiner Gruppen abgestreift. Nur so ist es möglich, langfristige und weiträumige Investitionen auf rechtlich zuverlässig gesicherte, berechenbare Chancen zu stützen; nur so können lange, komplex verzweigte Ketten von Zweck/Mittel-Beziehungen organisiert und in jedem Glied gegen Ausfälle abgesichert werden. Kurz: dem einzelnen müssen abstrakter berechenbare Chancen gesichert werden, deren Berechenbarkeit auch in einer komplexer werdenden gesellschaftlichen Umwelt noch standhält und für ältere Formen konkreten Vertrauens und enger Situations- und Menschenkenntnis einspringt. Erst in ein so umstrukturiertes Recht können dann sekundär wieder Wohlfahrtszwecke eingebaut werden, deren Erfüllung, wie man heute deutlich sieht, die berechenbare Maschinerie gesetzlich programmierter Verwaltung voraussetzt.

Sehr leicht lassen sich von hier aus Verbindungslinien zu den bereits referierten rechtssoziologischen Analysen ziehen – etwa zum Thema der durch Eigentum zuverlässig gesicherten Entscheidungskompetenz; zum Thema des Vertrags, der Variabilität ohne Präzisionsverlust und Verkehr zwischen relativ Unbekannten ermöglicht; oder zum Thema der sozialen Differenzierung, die zunehmende Spezifikation und Unpersönlichkeit der Rechtsmechanismen und Begrenzung des Sanktionsmechanismus auf Schadensausgleich erfordert. Auch die WEBERschen Analysen, die in ihrem konkreten Material reicher sind, als hier wiedergegeben werden kann,

---

15 Siehe: Rechtssoziologie. (Hrsg. JOHANNES WINCKELMANN) Neuwied 1960; und ferner die entsprechenden Passagen in: Wirtschaft und Gesellschaft. Studienausgabe, Köln–Berlin 1964.

akzentuieren nach Maßgabe ihres leitenden Interesses einseitig und sind überdies in ihrem theoretischen Fundament unzureichend durchdacht. Vor allem fehlt eine von der Einzelhandlung ablösbare Konzeption gesellschaftlicher Rationalität.

Um so mehr beeindruckt, daß *Talcott Parsons* die Möglichkeit sieht, sowohl bei DURKHEIM als auch bei WEBER Ansatzpunkte für eine allgemeine soziologische Theorie aufzudecken, die sich als generalisierte Rechtssoziologie bezeichnen läßt, da sie soziale Systeme von der Unerläßlichkeit ihrer normativen Struktur her zu bestimmen versucht. Es lohnt sich daher, DURKHEIM und WEBER nochmals mit den Augen PARSONS' zu betrachten.[16]

PARSONS betont, daß die gedanklichen Positionen, die DURKHEIM und WEBER vorfanden, allesamt dem Recht nicht hätten gerecht werden können und daß gerade an diesem Problem die ersten Grundlagen einer eigenständigen soziologischen Theorie sich kristallisiert hätten. Der Utilitarismus sei von seinem naturhaft-individualistischen Interessenstandpunkt aus unfähig gewesen, das Problem der ‹Aggregation› sozialer Werte zu lösen. Dem setze DURKHEIM die These der objektiven Realität sozialer Normen entgegen. Weder die materialistische Gesellschaftsauffassung noch die gestalthaft-idiographische Geschichtsauffassung hätten den allgemeinen Zusammenhang von Normen und Interessen begreifen können. Dem setze WEBER eine Analyse des sozialen Handelns und auf ihrer Grundlage gebildete Idealtypen entgegen. In beiden Fällen sei es darauf angekommen, die vorgängige Regelung des Handelns durch Normen zu erkennen und das Recht nicht auf eine minimale Zwangsordnung, auf einen ideologischen Ausdruck materieller (also selbst nicht schon normativ regulierter, sondern ‹ursprünglicher›) Interessen oder auf einen Gegenstand historisch-hermeneutischer Auslegung zu reduzieren.

Über den Befund einer eigenständigen sozialen Realität normativen Sollens, die differenzierte Sozialordnungen integriert und nicht nur das Normalverhalten, sondern auch abweichendes Verhalten, ja sogar ‹anomisches› Verhalten bis zum Selbstmord hin mitbestimmt, ist DURKHEIM nicht hinausgelangt. Vor allem gelang ihm keine Präzisierung des Rechtsbegriffs. Unter dem Einfluß DURKHEIMS verfließen daher besonders bei französischen Autoren (und in anderer Weise bei PARSONS selbst) Rechtssoziologie und allgemeine soziologische Theorie ineinander.[17]

Umgekehrt scheint es bei WEBER zu liegen. Seine Rechtssoziologie hat

---

16 Vgl. als volle Explikation des PARSONSschen Argumentes TALCOTT PARSONS, *The Structure of Social Action.* New York 1937. Ferner DERS., *The Place of Ultimate Values in Sociological Theory.* The International Journal of Ethics 45 (1935), S. 282–316, und mit besonderer Blickrichtung auf die Rechtssoziologie DERS., *Unity and Diversity in the Modern Intellectual Disciplines. The Role of the Social Sciences.* In: DERS., *Sociological Theory and Modern Society.* New York 1967, S. 166–191.

17 Vgl. die aus dem Nachlaß herausgegebene Schrift: EMILE DURKHEIM, *Leçons de sociologie, physique des mœurs et du droit.* Paris 1950; RENÉ HUBERT, *Science du droit, sociologie juridique et philosophie du droit.* Archives de philosophie du

prägnantere Form gewonnen, nimmt aber in dieser engeren Fassung den theoretischen Beitrag WEBERS zu einer soziologischen Konzeption des Rechts nicht auf.[18] WEBERS ‹Rechtssoziologie› ist nicht WEBERS Rechtssoziologie.[19] Seine eigentliche Leistung liegt im radikalen Rückgang auf einen subjektbezogenen Handlungsbegriff. Menschliches Handeln wird nicht mehr ontisch-naturhaft-merkmalsmäßig beschrieben, sondern durch ‹gemeinten Sinn› definiert, also verstanden als etwas, das vom handelnden Subjekt erst identifiziert werden muß. Gewählt vom Subjekt, ist alles Handeln zunächst kontingent; es könnte auch anders sein. Damit wird es möglich und notwendig, soziale Ordnung nicht mehr als Einschränkung einer auf Bedürfnisse bezogenen Freiheit zu begreifen, sondern als Einschränkung eben jener Kontingenz des Handelns, als Reduktion, die sich selbst motiviert, sobald ein Handelnder den gemeinten Sinn seines Handelns auf das Handeln anderer bezieht und dadurch verstehbar festlegt. WEBER aber antwortet auf das Kontingenzproblem in erkenntnistheoretischen Zusammenhängen mit dem neukantianischen Begriff der Kultur, die der Handelnde wertend akzeptiert, und in der Soziologie in alter Weise mit dem Herrschaftskonzept; die Möglichkeit, von hier aus eine soziologische Theorie normativen Sollens zu entwickeln,[20] blieb zunächst ungenutzt.

Um eine solche Entwicklung in Gang zu bringen, war eine seltsame, befremdliche Behauptung nötig, nämlich die, daß DURKHEIM und WEBER im Grunde dieselbe soziologische Theorie verträten. Diesen Einfall hatte PARSONS, und er wußte ihn fruchtbar zu machen. Über die wissenschaftsgeschichtliche Angemessenheit der PARSONSschen DURKHEIM- und WEBER-Interpretation braucht hier nicht geurteilt zu werden. In dem Bemühen, eine Konvergenz nachzuweisen, fand PARSONS Motiv und Material für eine eigene soziologische Theorie, die den DURKHEIMschen Normrealismus und den WEBERschen Sinnsubjektivismus transzendieren, also von vornherein auf einem höheren Abstraktionsniveau angesiedelt werden mußte.

PARSONS bezieht die Objektivität des gesellschaftlichen Normgefüges

---

droit et de sociologie juridique, 1931, S. 43–71 (insbes. 55 ff); ferner kommentierende Bemerkungen zu dieser Tendenz von FRANÇOIS TERRÉ, *La sociologia giuridica in Francia*. In: RENATO TREVES (Hrsg.), *La sociologia del diritto*. Mailand 1966, S. 303–343 (310 ff).

18 Vgl. auch die Kritik der WEBERschen Rechtssoziologie bei GEORGES GURVITCH, Grundzüge der Soziologie des Rechts. Neuwied 1960, S. 37 ff, als zu eng, zu sehr an die Rechtsdogmatik anschließend. Anders urteilt TALCOTT PARSONS, Wertgebundenheit und Objektivität in den Sozialwissenschaften. Eine Interpretation der Beiträge Max Webers. In: Max Weber und die Soziologie heute. Verhandlungen des 15. Deutschen Soziologentages, Tübingen 1965, S. 39–67 (54 ff), der WEBERS Rechtssoziologie eine zentrale Stellung in seinem Gesamtwerk einräumt.

19 Was sich zum Beispiel daran ablesen läßt, daß er in seiner ‹Rechtssoziologie›, a. a. O. (1960), S. 53 ff, an der Trennung von soziologisch-empirischem und juristisch-normativem Rechtsbegriff festhält, die er mit seinem Handlungsbegriff selbst unterläuft.

20 Siehe weiterführend unten S. 40 ff.

à la Durkheim auf die Kontingenz subjektiven Handelns *à la Weber*. Sobald mehrere Handelnde, die je ihren Handlungssinn subjektiv wählen können, in einer Situation in bezug aufeinander handeln wollen, müssen, so lautet die zentrale These, die wechselseitigen Verhaltenserwartungen integriert sein, und dies geschehe mit Hilfe der Stabilität dauerhafter, lernbarer, verinnerlichungsfähiger Normen. Anders könne die ‹doppelte Kontingenz› der Sinnbestimmung zweier Subjekte nicht überwunden, die ‹Komplementarität› der Erwartungen nicht hergestellt werden.[21] Jede dauerhafte Interaktion setze mithin Normen voraus und könne ohne sie nicht System sein.

Wie weit trägt dieses Argument? Und was ist mit der Rechtssoziologie geschehen?

Das Argument überzeugt als funktionale Begründung der Unentbehrlichkeit von Normen in sozialen Systemen. Es wird jedoch überzogen, wenn PARSONS nach anfänglicher Unsicherheit[22] heute behauptet, daß die Struktur sozialer Systeme aus normativen Erwartungen *bestehe*,[23] womit andersartige Strukturen aus dem sozialen System ausgeschlossen sind. Diese Auffassung zwingt zu einem funktional-analytischen, auf normbezogenes Handeln reduzierten Begriff des sozialen Systems, dessen Einseitigkeit nicht mehr in der Soziologie, sondern nur noch in einer allumfassenden Handlungswissenschaft korrigiert werden kann. Die Frage nach dem Verhältnis normativer zu anderen (z. B. kognitiven) Strukturen wird damit aufgelöst in die Frage nach den Beziehungen verschiedener analytischer Teilsysteme (Kultur, Sozialsystem, personales System, Organis-

21 Siehe vor allem die grundsätzlichen Formulierungen in: TALCOTT PARSONS/EDWARD A. SHILS (Hrsg.), *Toward a General Theory of Action*. Cambridge/Mass. 1951, S. 14 ff, 105 ff. Zu kritischen Verfeinerungen dieser These Näheres unten S. 33 ff.

22 Vgl. z. B. PARSONS/SHILS, a. a. O., S. 105: «*. . . this common culture, or symbol system* (das die Komplementarität des Erwartens gewährleiste), *inevitably possesses in certain aspects* (!) *a normative significance for others*» – eine für PARSONS' Stil bezeichnende, strategisch placierte Unschärfe, die die Aussage so weit abschwächt, daß offenbleibt, wie weit die normative Komponente in der Struktur sozialer Systeme reicht.

23 Siehe z. B. TALCOTT PARSONS, *Durkheim's Contribution to the Theory of Integration of Social Systems*. In: KURT H. WOLFF (Hrsg.), *Emile Durkheim, 1858–1917*. Columbus/Ohio 1960, S. 118–153 (121 f): «*The structure of a society, or any human social system, consists in (is not simply influenced by) patterns of normative culture which are institutionalized in the social system and internalized (though not in identical ways) in the personalities of its individual members.*» Der Grund dieser Gleichsetzung von Norm und Struktur wird von Kritikern oft verkannt, z. B. von JOACHIM E. BERGMANN, Die Theorie des sozialen Systems von Talcott Parsons. Eine kritische Analyse. Frankfurt 1967. Er liegt in der Ausarbeitung der allgemeinen Theorie des Handlungssystems, die es PARSONS ermöglicht, sich das soziale System (im Unterschied zur Kultur, zur Persönlichkeit und zum Organismus) als auf integrative Funktionen spezialisiert und deshalb als normativ strukturiert vorzustellen. Andersartige Strukturen gehören für PARSONS in andere Teilsysteme des gesamten Aktionssystems.

mus) des Handlungssystems zueinander – eine für PARSONS bezeichnende Problemverschiebungstechnik. Die im Kontingenzproblem steckenden Möglichkeiten einer Klärung der spezifischen Funktion normativen Sollens, und von da her des Rechts, werden auf diese Weise eher verbaut als entfaltet.

Neben der uns geläufigen unterentwickelten Rechtssoziologie können wir demnach auch eine überentwickelte Rechtssoziologie zur Kenntnis nehmen, die mit der Theorie sozialer Systeme zusammenfällt. Auch in dieser Konzeption gewinnt der Zusammenhang von Struktur und Gesellschaftsentwicklung in den letzten Jahren an Bedeutung, wobei den Generalisierungsleistungen des kulturellen Systems in ihrer symbolfixierten Stabilität die führende Stellung zugewiesen wird.[24] Neben anderen evolutionären Errungenschaften wie Sprache, Schrift, bürokratische Herrschaft, Geldwesen wird dabei auch das Recht (z. B. politisch unabhängige Rechtspflege und universell anwendbare Normen) erwähnt, doch läßt die Ausarbeitung gerade in dieser Beziehung viel zu wünschen übrig. Weder übertrifft noch erreicht die angestrebte Gesamtschau an Präzision und Überzeugungskraft die seit MARX angesammelten Teilerkenntnisse.

Zur Vervollständigung unseres Überblicks müssen wir wieder zurückblenden auf einen Zeitgenossen DURKHEIMS und WEBERS: auf *Eugen Ehrlich*. Für EHRLICH ist die dominierende Einsicht, die er mit fortschrittlichen Juristen seiner Zeit teilt, die Unzulänglichkeit reiner Begriffsjurisprudenz, die angeblich glaube, aus einem lückenlosen regulativen Begriffssystem durch logische Folgerung jeden Rechtsfall entscheiden zu können. Erste Erfahrungen mit der industrialisierten Gesellschaft liegen vor und lassen deutlich werden, daß Erfordernisse der Problemverarbeitung und der laufenden Anpassung an gesellschaftliche Veränderungen auf das Recht zukommen, die allein mit exegetischen, begriffsanalytischen Mitteln nicht bewältigt werden können – eine Erfahrung, die für den in der Bukowina lebenden EHRLICH allerdings weniger typisch war als für andere Vertreter soziologischer Jurisprudenz[25]. Im Unterschied zu anderen Juristen, wie RUDOLF VON JHERING, PHILIPP HECK oder ROSCOE POUND, die sich mit einer soziologisierenden Rechtswissenschaft, die bei der Auslegung von Normen auf Interessen abstellt, begnügen,[26] sucht EHRLICH in seiner ‹Grundlegung der Soziologie des Rechts› (1913)[27] die Rechtswissenschaft

---

24 Vgl. insbes. TALCOTT PARSONS, *Evolutionary Universals in Society*. American Sociological Review 29 (1964), S. 339–357, und DERS., *Societies. Evolutionary and Comparative Perspectives*. Englewood Cliffs/N. J. 1966; DERS., *The System of Modern Societies*. Englewood Cliffs/N. J. 1971.

25 – etwa für zeitgenössische Richter und Rechtstheoretiker des amerikanischen Ostens – für OLIVER W. HOLMES, ROSCOE POUND, LOUIS D. BRANDEIS oder BENJAMIN N. CARDOZO.

26 Als Rückblick auf die deutsche Diskussion vgl. JOHANN EDELMANN, Die Entwicklung der Interessenjurisprudenz. Bad Homburg–Berlin–Zürich 1967.

27 Neudruck Berlin 1967. Als eine Einführung in die systematischen Grundgedanken vgl. auch MANFRED REHBINDER, Die Begründung der Rechtssoziologie durch Eugen Ehrlich. Berlin 1967.

selbst auf Rechtssoziologie zu begründen. Das Recht ist für ihn die faktische Organisation des Verhaltens in gesellschaftlichen Verbänden, es entstehe im gesellschaftlichen Leben, der Schwerpunkt liege daher in der Gesellschaft selbst, in ihren faktischen Veränderungen. Das von Juristen auf Begriffe und Rechtssätze gebrachte und schon gar das staatlich gesetzte Recht sei demgegenüber eine sekundäre, abgeleitete, lückenhaft verbalisierte Erscheinung. Die Handhabung des Juristenrechts und des staatlichen Rechts müsse im Zweifel auf das faktisch gelebte, elementare Recht der Gesellschaft zurückgreifen.

Dieser Vorstoß hat Juristen alarmiert und Soziologen nicht sonderlich beeindruckt. Soziologisch versteht es sich von selbst, daß das Recht Recht der Gesellschaft ist und sich mit ihr verändert. Damit läßt sich keine Frontstellung gegen das Juristenrecht und gegen das Staatsrecht aufbauen, die als Rechtsbildungen in der Gesellschaft, nicht außerhalb ihrer zu begreifen sind. Was EHRLICH unter dem überholten Gesichtspunkt einer Trennung von Staat und Gesellschaft behandelt, ist in Wahrheit eine Rollen- und Systemdifferenzierung in der Gesellschaft. Die soziologisch gemeinte Intention EHRLICHS, seine Forschung über die ‹Rechtstatsachen› des vorjuristischen gesellschaftlichen Lebens, bleibt theoretisch unzulänglich begründet und relativ unergiebig und sein Rechtsbegriff unklar.[28] Dagegen gibt die Durchleuchtung des juristischen Gebrauchs dogmatischer Denkfiguren und der fragwürdigen Autonomie juristischen Spezialistentums[29] interessante Aufschlüsse über Probleme dieser Rollendifferenzierung; sie müßten ergänzt werden durch entsprechende Einsichten über ihre gesellschaftliche Funktion, ihre Leistung und die Gründe ihrer Unentbehrlichkeit für die Steuerung des Rechts komplexer Gesellschaften.

Gerade die relative Autonomie und Eigengesetzlichkeit der juristischen Fachsprache, die Frage ihrer gesetzgeberischen Lenkbarkeit, ihrer funktionalen Spezifizierbarkeit, ihrer Aufgeschlossenheit für soziale Wirkungen, ihres Machtwertes in den Händen bestimmter Gruppen, des für sie erforderlichen Aufwandes an Arbeit, Zeit, Kosten, Intelligenz, ihrer Rationalisierbarkeit und Automatisierbarkeit – das alles wären soziologisch interessante Problemfelder. Indes sind über EHRLICH wesentlich hinausweisende Fortschritte auf diesem Gebiet kaum zu verzeichnen. Am meisten

28 Am bemerkenswertesten dürfte noch der Versuch (Grundlegung, a. a. O., S. 131 ff) sein, das Spezifische des Rechts vom Enttäuschungserlebnis, das heißt von den psychischen und gesellschaftlichen Reaktionen auf Verstöße her zu bestimmen – ein von Juristen wegen seiner Unklarheit mit Hohn und Verachtung empfangener Gedanke. Man vergleiche damit den oben S. 16 referierten Ansatz DURKHEIMS sowie die unten S. 41 f, 53 ff gegebene Begründung.

29 Vgl. dazu vor allem das unabgeschlossene Spätwerk: EUGEN EHRLICH, Die richterliche Rechtsfindung auf Grund des Rechtssatzes. Jherings Jahrbücher für die Dogmatik des bürgerlichen Rechts 67 (1917), S. 1–80, neu gedruckt in DERS., Recht und Leben. Gesammelte Schriften zur Rechtstatsachenforschung und zur Freirechtslehre. Berlin 1967, S. 203 ff, sowie DERS., Die juristische Logik. Tübingen 1918.

beeindruckt noch die Weiterentwicklung der rechtsvergleichenden Dogmatik, die Rechtsinstitute, Rechtsgrundsätze, Normen, Argumentationsregeln usw. als systemgebundene Problemlösungen in ihre Funktion auflöst.[30] Darin findet die Rechtstheorie zu einem funktionalen Abstraktionsstil, der den ‹naiven› Gebrauch der juristischen Dogmatik unterläuft. Aber woher hat die juristische Dogmatik ihre Probleme? In der ‹Zeitschrift für ausländisches und internationales Privatrecht› ist diese Aufgabe einmal der Rechtssoziologie zugewiesen worden; sie sei die ‹Ursprache› des Rechtsvergleichs.[31] Aber die ‹Zeitschrift für ausländisches und internationales Privatrecht› wird von Soziologen nicht gelesen.

Einige durchlaufende Eigentümlichkeiten der klassischen Ansätze zur Rechtssoziologie lassen sich nunmehr abschließend herausarbeiten: Das Recht wird nicht aus sich selbst heraus oder auf Grund höherrangiger Normen und Prinzipien bestimmt, sondern aus dem Bezug zur Gesellschaft. Dieser Bezug wird nicht im traditionellen Sinne einer Hierarchie von Rechtsquellen interpretiert – die Gesellschaft tritt nicht etwa an die Stelle des Naturrechts, wenngleich der Jurist EHRLICH diesem Gedanken bedenklich nahekommt –, sondern er wird als eine Korrelation verstanden, die evolutionären Veränderungen unterliegt und wie ein Verhältnis von Ursachen und Wirkungen empirisch nachgeprüft werden kann. Durchweg wird Evolution als Steigerung gesellschaftlicher Komplexität begriffen (oder zumindest unausgesprochen vorausgesetzt), mag der Akzent im einzelnen mehr auf der Auflösung der Stammesverbände und dem Übergang zu funktionaler Differenzierung oder mehr auf der Komplexität des modernen Wirtschaftsprozesses oder mehr auf den Bedingungen erfolgreich-rationalen Weltverhaltens liegen. Das Recht erscheint dann als mitbedingendes und mitbedingtes Element dieses Entwicklungsprozesses. Es fördert ihn, indem es sich seinen Forderungen anpaßt. Diese Forderungen aber gehen auf Zulassung höherer gesellschaftlicher Komplexität und Variabilität: Die Gesellschaft wird reicher an Möglichkeiten, ihr Recht muß daher mit mehr möglichen Zuständen und Ereignissen strukturell kompatibel sein.

Allerdings war dieser Leitgedanke, der eine Synthese erlaubt hätte, nicht die Theorie der klassischen Rechtssoziologie, sondern mehr ein selbstverständlicher Hintergrund, in den hinein verschiedenartige Theorien expliziert wurden, dem gemeinsamen Grundgedanken mehr oder weniger nahekommend. Für eine ausreichend abstrakte Erörterung des Zusammenhangs von Gesellschaftsentwicklung und Rechtsentwicklung fehlte sowohl in der Gesellschaftstheorie als auch in der Rechtstheorie das geeignete

---

30 Siehe namentlich JOSEF ESSER, Grundsatz und Norm in der richterlichen Fortbildung des Privatrechts. Tübingen 1956.

31 Siehe ULRICH DROBNIG, Rechtsvergleichung und Rechtssoziologie. Zeitschrift für ausländisches und internationales Privatrecht 18 (1953), S. 295–309. Ausführlicher dazu JEROME HALL, *Comparative Law and Social Theory*. O. O. (Louisiana State UP) 1963; ANDREAS HELDRICH, Sozialwissenschaftliche Aspekte der Rechtsvergleichung. Rabels Zeitschrift für ausländisches und internationales Privatrecht 34 (1970), S. 427–442, mit weiteren Hinweisen.

begriffliche Instrumentarium. So kam es zu den erörterten Teilanalysen, die auf Grund je verschiedener Standpunkte einzelne Aspekte, nicht aber das Ganze des neuzeitlichen Rechtsgeschehens freilegten: nicht das Ganze und nicht das Wesentliche. Denn auffälligerweise blieb jenes Phänomen, das mehr als alles andere das Recht der neuzeitlichen Industriegesellschaft auszeichnet, die *Positivität* des Rechts, so gut wie unbeachtet.[32] Erstmals in der Weltgeschichte wird seit dem 19. Jahrhundert Rechtsänderung durch Gesetzgebung als immanenter Bestandteil des Rechts selbst, als laufende Routineangelegenheit behandelt, wird Recht als prinzipiell änderbar gesehen. Diese Umstellung vollzog sich faktisch gleichlaufend mit dem Entstehen der Rechtssoziologie. Und gerade daran ging sie vorbei – mochte sie mit MARX Gesetzgebung nur als Instrument der Klassenherrschaft behandeln, mit DURKHEIM sie kaum beachten,[33] mit WEBER und EHRLICH sie in der Perspektive der rechtsanwendenden Behörden und Gerichte sehen oder gar mit PARSONS die Autonomie des Rechtssystems (also den Gegensatz zur politisch gesteuerten Positivität) für die entscheidende evolutionäre Errungenschaft halten. Das Verhältnis der Rechtssoziologie zur Gesetzgebung ist indifferent, kühl, wenn nicht offen feindselig geblieben.[34] Man begnügte sich mit dem Abbau einer mißverstandenen rechtswissenschaftlichen These von der Allmacht des Gesetzgebers (die im juristischen Denkzusammenhang doch lediglich besagen sollte, daß nur rechtlich fixierte Bedingungen der Gesetzgebung Einwendungen gegen die Gültigkeit von Gesetzen zu begründen vermögen). Bis heute gibt es keinen einzigen nennenswerten Ansatz zu einer soziologischen Theorie der Positivität des Rechts. Die Positivismus-Debatte blieb den Juristen überlassen und in deren Händen unvermeidlich auf die rechtsimmanente Problematik der legitimierenden Grundlagen des positiven Rechts beschränkt.

Die Gründe für dieses Versagen der klassischen Rechtssoziologie vor

---

32 Anzumerken ist, daß bereits HEGEL betont, daß für die bürgerliche Gesellschaft das Recht an sich zum positiven Gesetz wird – und dem wie selbstverständlich anfügt, daß «es nicht darum zu tun sein kann, ein System ihrem *Inhalte* nach *neuer* Gesetze zu machen, sondern den vorhandenen gesetzlichen Inhalt in seiner bestimmten Allgemeinheit zu erkennen, d. i. ihn *denkend* zu fassen» (Grundlinien der Philosophie des Rechts § 211). Die Formulierung zielt konkret gegen SAVIGNYS Zweifel am «Berufe unserer Zeit zur Gesetzgebung», zeigt aber darüber hinaus, daß für HEGEL die Positivität des Gesetzes nicht auch schon laufende Änderbarkeit implizierte.

33 Anzumerken ist, daß LÉON DUGUIT (insbes. in: *L'état, le droit objectif et la loi positive.* Paris 1901) auf der Grundlage der DURKHEIMschen Soziologie zwar eine Theorie des positiven Rechts zu entwickeln sucht, das Phänomen der Positivität aber auf kennzeichnende Weise verfehlt: Positives Recht ist für ihn lediglich *«constatation»* einer vorpositiven *«règle de droit»*, die als unmittelbarer Ausfluß der sozialen Solidarität gesehen wird. Ähnlich JEAN CRUET, *La vie du droit et l'impuissance des lois.* Paris 1908.

34 EHRLICH, Grundlegung, a. a. O., S. 330, bemerkt zum Beispiel zum Vordringen des Gesetzesrechts auf Kosten des Richterrechts: «Womit dies zusammenhängt, ist schwer zu sagen, jedenfalls ist es keine erfreuliche Erscheinung.»

dem, was ihr wichtigstes und aktuellstes Problem hätte sein können, halten wir bereits in der Hand. Sie liegen in der Unzulänglichkeit ihrer theoretischen Grundlagen, im Entwicklungsstand der damaligen soziologischen Theorie. Hätte sie das Problem der Einstellung des Rechts auf steigende Komplexität der Gesellschaft formuliert, hätte sie die Funktion und die Unausweichlichkeit der Positivierung des Rechts erkennen können. Dafür fehlte es jedoch in zwei Richtungen an Grundlagen:

Einmal waren und sind weithin noch immer die elementaren Prozesse der Rechtsbildung, der Sinn des Sollens, die Funktion des Rechts als Komponente der Struktur sozialer Systeme ungeklärt. Systemtheoretische Überlegungen in dieser Richtung, die wir im nächsten Kapitel anstellen werden, führen sofort in Problemfelder, die der klassischen Rechtssoziologie unbekannt waren und die erst mit Hilfe eines abstrakteren begrifflichen Instrumentariums und neuerer Forschungen über Handlung, Erwartung, Interaktion und Systembildung in ihrem höchst komplizierten Aufbau sichtbar gemacht werden können.

Zum anderen ging es gerade in der Zeit, in der die Rechtssoziologie entstand, mit der Gesellschaftstheorie bergab. SPENCER geriet in Mißkredit. Die alteuropäische, im 19. Jahrhundert biologisch aufgefrischte Analogie von Gesellschaft und Organismus wurde kontrovers. Die Kontroverse wurde jedoch mit falschen Frontstellungen und so unglücklich geführt, daß der springende Punkt bis heute unklar geblieben ist. Er liegt nicht in der Zurückweisung unzutreffender Analogien – etwa der von Geldkreislauf und Blutkreislauf oder der von Verbrechen und Krankheit des sozialen Körpers. Er liegt auch nicht allein darin, daß die Metapher des sozialen Organismus der hohen strukturellen Variabilität sozialer Systeme nicht gerecht wird – also etwa die Positivität des Rechts nicht zu begreifen erlaubte. Entscheidend ist vielmehr, daß der Organismus immer verstanden worden war als ein *lebendes* Ganzes, das aus *lebenden* Teilen besteht, das also im Leben des Ganzen und der Teile seine Einheit hat.[35] Das aber hieß: Auch die Gesellschaft wurde als ein lebendes Ganzes gesehen, das aus lebenden Teilen bestehe, nämlich aus konkreten Menschen. Darauf beruhte die Plausibilität und die Humanität der alteuropäischen Gesellschafts- und Rechtsphilosophie, daß sie die Gesellschaft und ihr Recht in bezug auf den konkreten Menschen zu begreifen versuchte.

Dieser Denkansatz hat sich für die Soziologie als unzulänglich, als zu konkret erwiesen. Die Soziologie kann, wenn sie eine analytisch-abstrahierend vorgehende Wissenschaft sein will, für den konkreten Menschen nur ein selektives Interesse aufbringen nach Maßgabe derjenigen Probleme, die sich im sozialen System stellen. Eben damit aber hat sie sich zunächst den Zugang zu den Phänomenen Gesellschaft und Recht erschwert. Die neue, ihrer Intention nach analytisch und begriffstreng vorgehende Soziologie SIMMELS und VON WIESES schien den Gesellschaftsbegriff entbehren

35 Sehr explizit verwendet zum Beispiel RENÉ WORMS, *Organisme et société*. Paris 1895, diesen Begriff des Organismus als Basis der Analogie.

zu können oder ihn doch zu reduzieren auf ein Geflecht sozialer Beziehungen. Das Abstraktionsinteresse zielte mehr auf Methoden und Begriffe, die auf *alle* sozialen Beziehungen anwendbar seien, und diese Abstraktionsrichtung führte nicht zu Aussagen über das *umfassende* Sozialsystem Gesellschaft. Auch aus methodischen Gründen arbeitete die fruchtbare Forschung jetzt mikrosoziologisch. Die einzige bedeutsame Neuerscheinung der Rechtssoziologie, THEODOR GEIGERS ‹Vorstudien zu einer Soziologie des Rechts›[36], hat denn auch ihre Stärke in dem Versuch, Rechtssoziologie als empirische Erforschung normvermittelter kausaler Beziehungen neu zu begründen. Neueste systemtheoretische und evolutionstheoretische Überlegungen scheinen aber wiederum die Möglichkeit zu eröffnen, auf das klassische Thema der Rechtssoziologie, das Verhältnis von Gesellschaft und Recht, zurückzukommen. Daran werden wir im dritten Kapitel anknüpfen. Erst beides zusammen, systemtheoretische und gesellschaftstheoretische Vorüberlegungen zur Rechtsbildung und zur Veränderung des Rechts im Laufe der gesellschaftlichen Entwicklung, erschließt für die Rechtssoziologie die Aussicht, die Positivität des Rechts zu begreifen.

36 1. Aufl. Kopenhagen 1947; jetzt Neuwied–Berlin 1964.

II. RECHTSBILDUNG: GRUNDLAGEN EINER SOZIOLOGISCHEN THEORIE

Keine der bisher angebotenen Rechtssoziologien ist bis an die Wurzeln des Rechts gelangt. Was in dieser Richtung geschehen ist, läßt sich rasch überblicken. Das Sollen wird als eine erfahrbare, aber nicht weiter analysierbare Erlebnisqualität vorausgesetzt, als die Grund‹tatsache› des Rechtslebens.[1] Damit ist bereits der Zugang zu den theoretisch fruchtbaren Fragestellungen verstellt. Es bleibt dann noch die Möglichkeit, verschiedene Typen sozialer Beziehungen zu unterscheiden und zu fragen, wo und in welchen Konstellationen sie vorkommen. Ausgehend von der rein faktischen *Gewohnheit*, der man ohne jedes Gefühl der Forderung oder Verpflichtung nachkommt, kann man *Brauchtum* und *Sitte* abheben als geachtetes und bewertetes Verhalten, dessen Gesolltheit aus Anlaß von Verstößen bewußt werden kann, ferner die *moralischen Regeln* als schon vorgreifend normativ formulierte Erwartungen, bei denen auch das Gefühl innerer Verpflichtung mitnormiert ist, und schließlich das *Recht*, das durch besondere einschränkende Merkmale definiert wird - entweder durch die Existenz besonderer Rollen, die Konflikte verbindlich entscheiden, oder durch die Bereitschaft, bei Verstößen Sanktionen zu verhängen, oder durch die Kombination beider Merkmale.[2]

Sachliche Richtigkeit und ein gewisser Orientierungswert sind einer solchen Normtypologie nicht abzusprechen. Sie kommt jedoch über eine so oder auch anders mögliche Klassifikation nicht hinaus, gibt insbesondere keinen ausreichenden Einblick in die funktionale Interdependenz und in den Entwicklungszusammenhang der verschiedenen Typen, geschweige denn in ihrem Zusammenhang mit anderen, kognitiven Strukturen, mit der gesellschaftlichen Differenzierung usw. Die Typologie zwingt dazu, in archaischen Gesellschaften ‹rechtlose› Zustände anzunehmen.[3] Sie läßt

---

1 *«‹Ought to be› is a primary, irreducible content of consciousness»*, formuliert NICHOLAS S. TIMASHEFF, *An Introduction to the Sociology of Law*. Cambridge/Mass. 1939, S. 68, als Ausgangspunkt auch für eine *Soziologie des Rechts*. Oder in nicht zu überbietender Schlichtheit PAUL BOHANNAN, *Social Anthropology*. New York 1963, S. 284: *«Norm here means, obviously, what people ought to do.»*

2 Im einzelnen schwanken Sprachgebrauch und Definitionen. Vgl. z. B. RUDOLF VON JHERING, Der Zweck im Recht. 6.–8. Aufl., 2 Bde., Leipzig 1923; WILLIAM G. SUMNER, *Folkways*. Boston 1906; FERDINAND TÖNNIES, Die Sitte. Frankfurt 1909; ERNST WEIGELIN, Sitte, Recht und Moral. Untersuchungen über das Wesen der Sitte. Berlin–Leipzig 1919; WEBER, a. a. O. (1960), S. 63 ff; TIMASHEFF, a. a. O. (1939), S. 135 ff; GEIGER, a. a. O. (1964), insbes. S. 125 ff, S. 169 ff; TORGNY T. SEGERSTEDT, Gesellschaftliche Herrschaft als soziologisches Konzept. Neuwied–Berlin 1967; RENÉ KÖNIG, Das Recht im Zusammenhang der sozialen Normensysteme; und PITIRIM A. SOROKIN, Organisierte Gruppe (Institution) und Rechtsnormen. Beides in: HIRSCH/REHBINDER, a. a. O., S. 36–53 bzw. 87–120.

3 Siehe ALFRED R. RADCLIFFE-BROWN, *Primitive Law*. Encyclopedia of the Social Sciences, Bd. IX, New York 1933, S. 202–206; GEIGER, a. a. O. (1964), S. 125 ff; PAUL TRAPPE, Zur Situation der Rechtssoziologie. Tübingen 1968;

die Frage aufkommen, ob Sitte (*custom*) in Gesellschaften ohne Recht nicht etwas völlig anderes ist als in Gesellschaften mit Recht. Als Theorie der Rechtsbildung im Sinne einer Entstehung des Rechts aus Gewohnheit und Sitte bleibt jene Typologie besonders für heutige Verhältnisse unzureichend. Als Grundlage des Rechtsbegriffs hat sie formale Definitionen des Rechts – etwa: Recht sei ein Sollerleben mit bestimmten zusätzlichen Merkmalen – ermöglicht, ohne daß eine theoretische Begründung dafür hätte geliefert werden können.

Will man tiefer dringen, muß man zunächst die Tatsache des Sollens analysieren. Es genügt nicht, die Gesolltheit aller Normen als eine Art Grundgegebenheit des Rechts einfach hinzunehmen bzw. als eine nicht weiter definierbare Qualität faktischen Erlebens zu unterstellen. Man kann noch nach dem Sinn des Sollens fragen oder präziser: nach seiner Funktion. Was besagt dieses Symbol des Sollens? Was bedeutet es, daß Erlebnisse und vor allem Erwartungen mit Sollqualität erlebt werden? Unter welchen Umständen wird diese Qualifikation gewählt und wozu? Welche Themen werden damit belegt? Und welche Verhaltensweisen folgen daraus?

Fragen dieser Art, die zur Analyse des Erlebens und seiner Symbolik auffordern, werden sehr leicht als ‹psychologisch› charakterisiert und abgetan.[4] Das wäre ein grobes Mißverständnis. Ein psychologischer Reduktionismus wird in den Sozialwissenschaften heute nur noch selten vertreten.[5]

Jean Poirier, *Introduction à l'ethnologie de l'appareil juridique.* In: Ders. (Hrsg.), *Ethnologie générale.* Paris 1968, S. 1091–1110. Gegen diese Konsequenzen haben sich begreiflicherweise vor allem Ethnologen gewehrt. Siehe z. B. E. Adamson Hoebel, *The Law of Primitive Man. A Study in Comparative Legal Dynamics.* Cambridge/Mass. 1954, S. 18 ff; Leopold Pospisil, *Kapauku Papuans and Their Law.* Yale University Publications in Anthropology N. 54, 1958. Neudruck o. O. 1964, S. 248 ff; Lucy Mair, *Primitive Government.* Harmondsworth 1962, S. 35 ff; Max Gluckman, *The Judicial Process Among the Barotse of Northern Rhodesia.* Manchester 1955, insbes. S. 163 ff, 224 ff; ders., *African Jurisprudence.* Advancement of Science 18 (1962), S. 439–454; und ders., *The Ideas in Barotse Jurisprudence.* New Haven–London 1965. Dazu ferner Siegfried F. Nadel, *Reason and Unreason in African Law.* Africa 26 (1956), S. 160–173 (161 ff).

4 Die Charakterisierung als rein psychologische Rechtstheorie ist z. B. dem russischen Rechtstheoretiker Petrazycki entgegengehalten worden und enthält den grundsätzlichen Vorwurf einer Verfehlung des eigentlichen Gegenstandsbereichs des Rechts. Vgl. Leon Petrazycki, Über die Motive des Handelns und über das Wesen der Moral und des Rechts. Berlin 1907; ders., *Law and Morality.* Cambridge/Mass. 1955; und dazu Karl B. Baum, Leon Petrazycki und seine Schüler. Der Weg von der psychologischen zur soziologischen Rechtstheorie in der Petrazyckigruppe. Berlin 1967. Ein anderes Beispiel wäre Adriaan Stoop, Jr. *Analyse de la notion du droit.* Haarlem 1927. Besonders problematisch sind Versuche zur Herstellung von Punkt-für-Punkt-Korrelationen zwischen psychischen Impulsen und Rechtsinstitutionen. Ein Beispiel: Franz R. Bienenfeld, *Prolegomena to a Psychoanalysis of Law and Justice.* California Law Review 53 (1965), S. 957–1028, 1254–1336.

5 Unbeirrt in dieser Richtung argumentieren noch George C. Homans, zum Beispiel in: *Bringing Men Back In.* American Sociological Review 29 (1964), S. 808–818; Hans Albert zum Beispiel in: Erwerbsprinzip und Sozialstruktur.

Seinen Vertretern schwebt vor, die Psychologie könne als Wissenschaft vom individuellen Verhalten Theorien von höherem Abstraktionsgrad erreichen als die Soziologie. Dabei wird verkannt, daß die Psychologie ihrerseits nicht anders als die Soziologie eine Wissenschaft von hochkomplexen Systemen ist. Andererseits schließen neuere Entwicklungen in der Psychologie, der Sozialpsychologie und der Soziologie die Möglichkeit aus, die Gegenstandsbereiche dieser Disziplinen ontisch völlig zu trennen – etwa nach Art der Unterscheidung von Individuum und Gesellschaft oder von Erleben und Handeln. Das hieße die Vorstellung eines gegenüber seiner Umwelt *diskreten* Organismus fälschlicherweise auf Persönlichkeiten (als Gegenstand der Psychologie) bzw. auf Sozialsysteme (als Gegenstand der Soziologie) übertragen. Statt dessen muß man von einem Feld sinnhaften Erlebens und Handelns ausgehen, in dem sich Persönlichkeiten und Sozialsysteme erst konstituieren als je verschieden strukturierte Sinnzusammenhänge desselben Erlebens und Handelns.[6] Erst die Unterscheidung verschiedener Systemreferenzen (die natürlich durch die Existenz menschlicher Organismen erleichtert wird) trennt Persönlichkeiten und Sozialsysteme als verschiedene Strukturen der Erlebnisverarbeitung und damit auch Psychologie und Soziologie; das ‹Material›, aus dem diese Systeme gebildet sind, ist das gleiche. Erst die Frage nach der Funktion bestimmten Erlebens und Handelns für die Persönlichkeit (bzw. für eine bestimmte, individuelle Persönlichkeit) charakterisiert eine Forschung von der Fragestellung und von bestimmten strukturellen Prämissen her als psychologisch. Und umgekehrt ordnet man das Erleben und Handeln in die Soziologie ein, wenn man es im funktionalen und strukturellen Kontext sozialer Systeme thematisiert.

Daraus folgt, daß es ein gleichsam vorpsychologisches und vorsozio-

---

Zur Kritik der neoklassischen Marktsoziologie. Jahrbuch für Sozialwissenschaft 19 (1968), S. 1–65; ANDRZEJ MALEWSKI, Verhalten und Interaktion. Die Theorie des Verhaltens und das Problem der sozialwissenschaftlichen Integration. Tübingen 1967; HANS J. HUMMEL/KARL-DIETER OPP, Die Reduzierbarkeit von Soziologie auf Psychologie. Eine These, ihr Test und ihre theoretische Bedeutung. Braunschweig 1971.

6 Die übliche Formel für diesen Sachverhalt: daß Persönlichkeiten sich nur in sozialer Interaktion identifizieren können, faßt ihn nur partiell, belegt aber den Umfang, in dem die Ausführungen des Textes heute allgemein anerkannt sind. Vgl. dazu grundlegend GEORGE H. MEAD, *Mind, Self and Society From the Standpoint of a Social Behaviorist.* Chicago 1934; ferner J. MILTON YINGER, *Research Implications of a Field View of Personality.* American Journal of Sociology 68 (1963), S. 580–592; TALCOTT PARSONS, *Levels of Organization and the Mediation of Social Interaction.* Sociological Inquiry 1964, S. 207–220; DERS., *The Position of Identity in the General Theory of Action.* In: CHAD GORDON / KENNETH J. GERGEN (Hrsg.), *The Self in Social Interaction.* New York usw. 1968, S. 11–23. Eine Annäherung an die reduktionistische Theorie formuliert PARSONS neuerdings im Rahmen seiner Theorie des allgemeinen Aktionssystems. Siehe *Some Problems of General Theory in Sociology.* In: JOHN C. MCKINNEY / EDWARD A. TIRYAKIAN (Hrsg.), *Theoretical Sociology. Perspectives and Developments.* New York 1970, S. 27–68 (49).

logisches Untersuchungsfeld gibt, in dem gewisse Grundbegriffe und Mechanismen geklärt werden müssen, die sowohl für die Theorie der Persönlichkeit als auch für die Theorie sozialer Systeme von Bedeutung sind. In diesem Forschungsfeld, zu dessen Aufhellung Wissenschaftler der verschiedensten Fachrichtung – Phänomenologen und Psychoanalytiker, Sozialpsychologen und Lerntheoretiker, Soziologen und Kybernetiker – beigetragen haben, sind die Ursprünge des eigentümlichen Ordnungsbedarfs freizulegen, der durch Recht befriedigt wird, und zugleich liegen hier die Grundlagen der elementaren rechtsbildenden Strukturen und Prozesse. Beides, die Problematik dieses Feldes und die Mechanismen ihrer Bewältigung, hängt damit zusammen, daß das Weltverhältnis des Menschen *sinnhaft* konstituiert ist. Mechanismen dieses Untersuchungsfeldes, die sich ohne Bezugnahme auf spezifische psychische oder soziale Systembildungen kennzeichnen lassen, wollen wir als ‹elementar› bezeichnen. Dieser Begriff meint mithin allgemeine permanente Vorgegebenheiten und konstituierende Prozesse jeder Rechtsbildung, wie sie auch in hochkomplexen modernen Gesellschaften vorausgesetzt werden müssen – nicht etwa nur die Eigentümlichkeiten archaischer Rechtssysteme [7] und auch nicht nur die Interaktionsprozesse von Angesicht zu Angesicht in kleinen Gruppen [8].

Wegen der Komplexität dieses Problembereichs müssen wir die Untersuchung in mehrere Abschnitte untergliedern. Zunächst werden wir (1) die Problematik sinnorientierten menschlichen Zusammenlebens mit den Begriffen Kontingenz und Komplexität zu erfassen suchen und zeigen, wie die darin liegende Überlastung durch Bildung von Erwartungsstrukturen abgefangen wird. Dies geschieht unter anderem (2) durch Differenzierung von kognitiven und normativen Erwartungsstrukturen je nachdem, ob für den Enttäuschungsfall Lernen oder Nichtlernen vorgesehen ist. Normative Erwartungen werden trotz Nichterfüllung festgehalten und haben ihr Problem und ihre Stabilisierungsbedingungen deshalb (3) in der Abwicklung von Enttäuschungen. Diese sichert zeitliche Stabilität im Sinne der Fortsetzbarkeit des Erwartens. Neben diesen zeitlichen sind die sozialen und die sachlichen Bedingungen der Generalisierung von Erwartungen zu beachten; jene werden (4) unter dem Titel Institutionalisierung, diese (5) unter dem Titel Identifikation von Erwartungszusammenhängen erörtert. Erst auf Grund dieser Voruntersuchungen und auf ihrer Grundlage kann (6) die Funktion des Rechts als kongruente, das heißt in allen Dimensionen übereinstimmende Generalisierung von Erwartungsstrukturen definiert und be-

7 Diese Verwendung des Wortes ‹elementar› findet sich z. B. bei Emile Durkheim, *Les formes élémentaires de la vie religieuse. Le système totémique en Australie.* Paris 1912; und, ihm folgend, in der französischen Ethnologie. In etwas anderem Sinne – überlegen vor allem in der bewußten Trennung elementarer Sozialformen und archaischer Rechtssysteme – hat auch Georges Gurvitch, Grundzüge der Soziologie des Rechts. Neuwied 1960, insbes. S. 128 ff, sich für eine ‹Mikrosoziologie des Rechts› interessiert.

8 So definiert George C. Homans, *Social Behavior. Its Elementary Forms.* New York 1961, den Begriff elementar.

schrieben werden. Im Hinblick auf diese Funktion läßt sich (7) klären, wieweit das Recht unter wechselnden gesellschaftsstrukturellen Bedingungen auf physische Gewalt angewiesen ist. Das Kapitel schließt (8) mit Überlegungen zum Verhältnis von Struktur und abweichendem Verhalten.

1. Komplexität, Kontingenz und Erwartung von Erwartungen

Der Mensch lebt in einer sinnhaft konstituierten Welt, deren Relevanz für ihn durch seinen Organismus nicht eindeutig definiert ist. Die Welt zeigt ihm dadurch eine Fülle von Möglichkeiten des Erlebens und Handelns, der nur ein sehr begrenztes Potential für aktuell-bewußte Wahrnehmung, Informationsverarbeitung und Handlung gegenübersteht. In dem jeweils aktuell und damit evident gegebenen Erlebnisinhalt finden sich mithin Verweisungen auf andere Möglichkeiten, die zugleich komplex und kontingent sind. Unter *Komplexität* wollen wir verstehen, daß es stets mehr Möglichkeiten gibt, als aktualisiert werden können. Unter *Kontingenz* wollen wir verstehen, daß die angezeigten Möglichkeiten weiteren Erlebens auch anders ausfallen können, als erwartet wurde; daß die Anzeige mithin täuschen kann, indem sie auf etwas verweist, das nicht ist oder wider Erwarten nicht erreichbar ist oder, wenn man die notwendigen Vorkehrungen für aktuelles Erleben getroffen hat (zum Beispiel hingegangen ist), nicht mehr da ist. Komplexität heißt also praktisch Selektionszwang, Kontingenz heißt praktisch Enttäuschungsgefahr und Notwendigkeit des Sicheinlassens auf Risiken.

In dieser Daseinslage entwickeln sich darauf abgestimmte Strukturen der Erlebnisverarbeitung, die dem Doppelproblem der Komplexität und Kontingenz weiteren Erlebens Rechnung tragen und es unter Kontrolle bringen.[9] Gewisse Erlebnis- und Verhaltensprämissen, die gute Selektionsleistungen ermöglichen, werden zu Systemen zusammengestellt und relativ enttäuschungsfest stabilisiert. Sie gewährleisten eine gewisse Unabhängigkeit des Erlebens von momentanen Eindrücken, Instinktauslösern, Reizen und Befriedigungen und ermöglichen damit auch zeitlich gesehen Selektion in einem weiteren, alternativenreicheren Horizont von Möglichkeiten. Techniken der Abstraktion wiederholt brauchbarer Regeln, der Selektion dazu passenden Erlebens und der Selbstvergewisserung treten teilweise an die Stelle unmittelbarer Bewährungen und Erfüllungen. Auf dieser Ebene der Steuerung selektiven Verhaltens können Erwartungen in bezug auf die Umwelt gebildet und stabilisiert werden. Deren Selektionsleistung ist ebenso unumgänglich wie vorteilhaft und motiviert daher das Festhalten solcher Strukturen auch gegenüber Enttäuschungen: Man verzichtet nicht

9 Hierzu finden sich, vor allem was Kontingenz und Motivation betrifft, anregende Ausführungen bei James Olds, *The Growth and Structure of Motives. Psychological Studies in the Theory of Action*. Glencoe/Ill. 1956, insbes. S. 185 ff.

auf die Erwartung eines soliden, begehbaren Bodens, wenn man einmal ausrutscht!

Im Erleben selbst erscheinen Komplexität und Kontingenz anderer Möglichkeiten strukturell festgestellt als ‹die Welt›, und die bewährten Formen relativ enttäuschungsfester Selektion erscheinen als Sinn, dessen Identität festgehalten werden kann – im einzelnen etwa als Dinge, Menschen, Ereignisse, Symbole, Worte, Begriffe, Normen. Daran werden die Erwartungen festgemacht. In dieser komplexen kontingenten und doch erwartbar strukturierten Welt gibt es neben sonstigem Sinn *andere Menschen*, die als ichgleiche Quelle originären Erlebens und Handelns, als ‹*alter ego*› in mein Blickfeld kommen. Dadurch kommt ein Element der Unruhe in die Welt, das die volle Komplexität und Kontingenz überhaupt erst konstituiert. Die von anderen Menschen aktualisierten Möglichkeiten sind auch für mich möglich, sind auch meine Möglichkeiten. Nur als Abwehr dessen hat zum Beispiel Eigentum Sinn.[10] Sie werden mir durch die anderen präsent gehalten, indem ich erlebe, daß die anderen erleben, ohne selbst in der Lage zu sein, alle ihre Erlebnisse als eigene zu aktualisieren. Ich gewinne damit die Chance, die Perspektiven anderer zu übernehmen oder sie anstelle von eigenen zu verwenden, mit den Augen anderer zu sehen, mir etwas berichten zu lassen und damit den eigenen Erlebnishorizont ohne wesentlichen Zeitaufwand zu erweitern. Damit erreiche ich eine immense Steigerung der unmittelbaren Selektivität des Wahrnehmens.[11]

Der Preis dafür liegt in der Potenzierung des Risikos: in der Steigerung der einfachen Kontingenz des Wahrnehmungsfeldes zur *doppelten Kontingenz* der sozialen Welt.[12] Perspektiven eines anderen als mögliche eigene

---

10 Schon hier läßt sich eine rechtssoziologische Auswertung anknüpfen: Die Funktion, Zumutbarkeit, Stabilität und Legitimierungsbedürftigkeit einer Rechtsinstitution wie des Eigentums können nicht allein vom Wirtschaftlichen her gesehen und auch nicht allein von der Ungerechtigkeit der Ungleichheit her beurteilt werden. Sie hängen wesentlich zusammen mit dem Alternativenreichtum und der Änderungsphantasie einer Gesellschaft, mit der Mobilisierung der Kommunikation, mit der Leichtigkeit des Perspektivenaustausches und des Rollenwechsels und des erlebnismäßigen und dann auch faktischen Zugangs zu den Möglichkeiten anderer, kurz damit, wer in welchen Situationen als *alter ego* in Betracht gezogen wird.

11 Vgl. dazu DONALD M. MACKAY, *The Informational Analysis of Questions and Commands.* In: COLIN CHERRY (Hrsg.), *Information Theory.* Fourth London Symposium. London 1961, S. 469–476; neu gedruckt in: DERS., *Information, Mechanism and Meaning.* Cambridge/Mass.–London 1969, S. 94–104.

12 Bei genauerem Hinsehen zeigt sich auch die einfache Kontingenz als ein bereits gegliederter Sachverhalt. Die Aktualisierung erwarteten Erlebens hängt nicht nur von mir selbst ab, sondern auch davon, daß die Welt diese Möglichkeit für mich bereithält und sie nicht ändert, bis ich sie erreiche. OLDS, a. a. O., nennt bereits dies doppelte Kontingenz und sieht in der sozialen Kontingenz nur einen Unterfall. Wir folgen hier dem viel zitierten Sprachgebrauch von PARSONS. Siehe PARSONS/SHILS, a. a. O., S. 16, oder als spätere Formulierung TALCOTT PARSONS, *Interaction. Social Interaction.* International Encyclopedia of the Social Sciences Bd. 7, 1968, S. 429–441 (436 f).

zu erkennen und zu übernehmen ist mir nur möglich, wenn ich den anderen als ein anderes Ich erkenne. Darin liegt die Garantie der Selbigkeit unseres Erlebens. Zugleich muß ich damit aber konzedieren, daß der andere ebenso frei ist, sein Verhalten zu variieren, wie ich selbst. Auch für ihn ist die Welt komplex und kontingent. Er kann sich irren, er kann sich täuschen, er kann mich täuschen. Seine Intention kann meine Enttäuschung sein. Der Preis für die Übernahme fremder Perspektiven ist, so könnte man überspitzt formulieren, deren Unzuverlässigkeit.

Gegenüber einfacher Kontingenz bilden sich mehr oder weniger enttäuschungsfest stabilisierte Erwartungsstrukturen – in Aussicht stellend, daß auf die Nacht der Tag folgen werde, daß das Haus auch morgen noch stehen werde, daß die Ernte eingebracht werden könne, daß die Kinder heranwachsen werden. Gegenüber doppelter Kontingenz sind andersartige, sehr viel komplizierter und voraussetzungsvoller gebaute Erwartungsstrukturen erforderlich, nämlich *Erwartungen von Erwartungen.* Angesichts des freien Verhaltens anderer Menschen ist sowohl das Risiko als auch die Komplexität des Erwartungsfeldes größer. Entsprechend müssen die Erwartungsstrukturen komplexer und variationsreicher gebaut werden. Das Verhalten des anderen kann nicht als determiniertes Faktum, es muß in seiner Selektivität, als Auswahl aus anderen Möglichkeiten des anderen, erwartbar sein. Diese Selektivität aber wird durch die Erwartungsstrukturen des anderen gesteuert. Man muß deshalb nicht nur das Verhalten, sondern auch die Erwartungen des anderen erwarten können, um gut integrierbare, bewährbare Problemlösungen zu finden. Zur Steuerung eines Zusammenhanges sozialer Interaktion ist nicht nur erforderlich, daß jeder *erfährt,* sondern auch, daß jeder *erwarten* kann, was der andere von ihm *erwartet.*[13] Unter der Bedingung doppelter Kontingenz hat mithin alles

13 PARSONS' Theorie der Komplementarität des Erwartens (vgl. die Hinweise Kap. I, Anm. 21) blendet diesen wichtigen Aspekt leider zu rasch aus und gibt deshalb keine zureichende Grundlage einer Theorie der Norm. Der Grund dafür scheint in einer letztlich noch vorsoziologischen (HOBBESschen) Konzeption des Handelnden als eines Individuums zu liegen, das die Befriedigung seiner Interessen maximiert und deshalb auf äußere oder innere Sanktionen anspricht. (Zur Kritik dieses Punktes vgl. JÜRGEN RITSERT, Substratbegriffe in der Theorie des sozialen Handelns. Über das Interaktionsschema bei Parsons und in der Parsonskritik. Soziale Welt 19 (1968), S. 119–137.) Deshalb erfaßt PARSONS lediglich den Vorgang des Lernens komplementärer Erwartungen durch wechselseitige Sanktionierung, nicht aber die subjektive Erwartungsstruktur und die in ihr sich konstituierende Identität des Subjektes selbst, die das Miterwarten fremder Erwartungen leistet. Deshalb wird Komplementarität des Erwartens für ihn ohne weiteres zur Konformität des Verhaltens. Das Fehlerrisiko im Erwarten von Erwartungen wird übersehen und damit auch die besonderen Konfliktsquellen und Diskrepanzen, in bezug auf die Normen ihre Funktion haben. Dies kritisiert auch JOHAN GALTUNG, *Expectations and Interaction Processes.* Inquiry 2 (1959), S. 213–234 (225 ff). Für darüber hinausweisende Formulierungen und deren Grenzen bei PARSONS selbst vgl. vor allem TALCOTT PARSONS/ROBERT F. BALES, *Family, Socialization and Interaction Process.* Glencoe/Ill. 1955, S. 74.

soziale Erleben und Handeln doppelte Relevanz: die eine auf der Ebene unmittelbarer Verhaltenserwartungen, in der Erfüllung oder Enttäuschung dessen, was einer vom anderen erwartet; die andere in der Einschätzung dessen, was eigenes Verhalten für fremdes Erwarten bedeutet. Im Bereich der Integration dieser beiden Ebenen ist die Funktion des Normativen und damit auch des Rechtes zu suchen.

Wer fremde Erwartungen erwarten kann – wer zum Beispiel voraussehen und berücksichtigen kann, wann eine Liebschaft Eheerwartungen kristallisiert und wessen Erwartungen es sein werden –, kann eine möglichkeitsreichere Umwelt haben und trotzdem enttäuschungsfreier leben. Er kann höhere Komplexität und höhere Kontingenz auf abstrakterem Niveau bewältigen. Er kann, falls ihm eigene Motive nicht zu sehr in die Quere kommen, die erforderlichen Verhaltensabstimmungen intern vollziehen, das heißt weitgehend ohne Kommunikation. Er braucht sich nicht verbal zu exponieren und festzulegen – die Vermeidung unnötiger Verbalisierungen ist ein wesentliches Moment sozialen Taktes –, und er spart Zeit, vermag also in sehr viel komplexeren, verhaltensoffeneren Sozialsystemen mit anderen zusammenzuleben. Er kann die zeitraubenden und heiklen (weil zu bindenden Selbstdarstellungen nötigenden) Kommunikationsprozesse für wenige, wichtige Konfliktspunkte reservieren und wählen, worüber man spricht.

Im täglichen sozialen Verkehr gehören unausgesprochene Abstimmungen dieser Art zu den fundamentalen Selbstverständlichkeiten. Art und Ausmaß der Fähigkeit, an ihnen teilzunehmen, erweisen den einzelnen als Mitglied einer Gruppe und sind mitbestimmend für seinen sozialen Rang und sein Durchsetzungsvermögen. Nicht nur Kooperation, sondern auch Konfliktsverhalten wird auf diese Weise gesteuert.[14] Die Erwartungsstruktur ist fundamentaler als dieser Gegensatz und steuert noch den Wechsel zwischen freundlichem und feindlichem Verhalten je nachdem, ob man erwartet, daß der andere die Beziehung als freundlich bzw. feindlich erwartet. Daß Takt nur mittels Erwartung von Erwartungen möglich ist, liegt auf der Hand; denn Takt ist nicht einfach die Erfüllung fremder Erwartungen, sondern ein Verhalten, mit dem A sich als derjenige darstellt, den B als Partner braucht, um derjenige sein zu können, als der er sich A gegenüber darstellen möchte. Ein solches Verhalten kann nur wählen, wer Erwartungen erwarten kann. Aber auch Konflikte haben ihren Entstehungsgrund und ihre Entscheidungsebene zumeist im Erwarten von Erwartungen – nicht darin, daß A ein feindseliges Verhalten des B erlebt und darauf reagiert, und auch nicht darin, daß A ein feindseliges Verhalten des B erwartet und dem zuvorkommt; sondern darin, daß A erwartet, daß

14 Vgl. für den Konfliktsfall z. B. Thomas C. Schelling, *The Strategy of Conflict.* Cambridge/Mass. 1960, insbes. S. 54 ff; John P. Spiegel, *The Resolution of Role Conflict Within the Family.* Psychiatry 20 (1957), S. 1–16; Thomas J. Scheff, *A Theory of Social Coordination Applicable to Mixed-Motive-Games.* Sociometry 32 (1967), S. 215–234.

B von ihm Feindschaft erwartet und B's Verhalten als entsprechend feindselig definiert, was es dem A ermöglicht, zugleich Feind zu sein und nicht zu sein, ein unschuldiger Feind, der nur in A's Erwartungen der Erwartungen B's existiert, dann aber mehr und mehr Feindschaft durch Verhalten realisiert und damit schuldig wird.

Obwohl dieses Thema der sozialen Spiegelung des Erlebens, der Reziprozität der Perspektiven und der konstituierenden Bedeutung des Du für das Ich sich bis zum deutschen Idealismus zurückverfolgen läßt, beginnt man erst heute, den vielfältig verschachtelten Aufbau der Erwartungsstrukturen des täglichen Zusammenlebens abzuleuchten.[15] Die Andeutungen im vorigen Absatz geben nur eine erste und schwache Vorstellung des Komplikationsgrades, den diese Unterwelt des so einfachen täglichen Verhaltens aufweist. Man muß weiter bedenken, daß es dritte, vierte usw. Ebenen der Reflexivität gibt, also Erwartungen von Erwartungserwartungen, von Erwartungserwartungserwartungen usw., und das alles mit einer Vielzahl von Thematiken, einer Vielzahl von Personen gegenüber und mit ständigem Wechsel jeweiliger Relevanz von Situation zu Situation. Erst mit dreistufiger Reflexivität vermag man zum Beispiel nicht nur die momentane Darstellungssicherheit des anderen durch Takt, sondern darüber hinaus auch die Erwartungssicherheit des anderen zu schonen. Wenn zum Beispiel die Ehefrau abends stets kaltes Essen auf den Tisch bringt und erwartet, daß ihr Mann dies erwartet, muß dieser seinerseits diese Erwartungserwartung erwarten können: Er würde sonst nicht erkennen, daß er mit einem unerwarteten Wunsch nach warmer Suppe nicht nur Ungelegenheiten bereitet, sondern außerdem auch die auf ihn bezogene Erwartungssicherheit seiner Frau unterminiert und schließlich in ein neues Gleichgewicht kommen kann, in dem er seine Frau als jemanden erwarten muß, der ihn als launisch und unberechenbar erwartet.

Daß Erwartungen sich zu unübersichtlichen Verwerfungen aufschichten, mag seine unmittelbare Ursache im Spiel des Zufalls menschlicher Begegnungen haben. Die Funktion der Komplexität solcher Strukturen ist es,

---

15 Interesse dafür findet man sowohl bei Psychologen als auch bei Soziologen. Als bisher ausführlichste und eindrucksvollste Behandlung siehe Ronald D. Laing / Herbert Phillipson / A. Russell Lee, *Interpersonal Perception. A Theory and a Method of Research*. London 1966. Vgl. ferner Herbert Blumer, *Psychological Import of the Human Group*. In: Muzafer Sherif/M. O. Wilson (Hrsg.), *Group Relations at the Crossroads*. New York 1953, S. 185–202; Ronald D. Laing, Phänomenologie der Erfahrung. Frankfurt 1969, S. 69 ff; Paul-H. Maucorps/René Bassoul, *Empathies et connaissance d'autrui*. Paris 1960, insbes. S. 33 ff; dies., *Jeux de miroirs et sociologie de la connaissance d'autrui*. Cahiers internationaux de sociologie 32 (1962), S. 43–60; Jean Maisonneuve, *Psychosociologie des affinités*. Paris 1966, insbes. S. 322 ff; Thomas J. Scheff, *Toward a Sociological Theory of Consensus*. American Sociological Review 32 (1967), S. 32–46; Galtung, a. a. O. (1959). Siehe im übrigen (trotz mancher Vorbehalte gegen den Erwartungsbegriff) bereits Max Weber, Über einige Kategorien der verstehenden Soziologie. In: Gesammelte Aufsätze zur Wissenschaftslehre. 3. Aufl. Tübingen 1968, S. 427–474 (441 ff, 452 ff, bes. über ‹Einverständnis›).

die Komplexität psychischer und sozialer Systeme zu steigern, den Spielraum erwartbaren Erlebens und Handelns so zu erweitern, daß er einer komplexen Welt mit vielfältigen Lagen und wechselnden Anforderungen gerecht werden kann. Aber damit wird die faktisch gegebene Fähigkeit zu sinnvoller Orientierung bei weitem überfordert. Es ist unmöglich, solche Erwartungsstrukturen faktisch und konkret im laufenden Erleben nachzuzeichnen, das heißt stets im Bewußtsein zu behalten und bewußt zu kontrollieren – ganz abgesehen davon, daß man oft auch zu müde, gleichgültig oder zerstreut ist, oder einfach hungrig, durstig, in Eile ist.[16] Mag konkret sich anpassende soziale Reflexivität des Erwartens in kleinen und beständigen sozialen Systemen, in Familien und Freundeskreisen, in Fakultäten alten Stils oder in kleinen militärischen Einheiten zumindest für Problemsituationen noch möglich sein, bei steigender Komplexität der sozialen Systeme oder auch bei Häufung von Problemsituationen in einfachen Sozialsystemen müssen Verkürzungen, Vereinfachungen, Entlastungen geschaffen werden, die entweder psychischer oder sozialer Art sein können.

Dies ist auch deshalb erforderlich, weil mit der Komplexität und der Wechselbezüglichkeit des Erwartens auch die Kontingenz und das Fehlerrisiko steigen. Ich kann mich irren in der Interpretation dessen, was der andere von mir erwartet, und ihn gerade dadurch enttäuschen, daß ich die erwartete Erwartung zu erfüllen suche. Auch seine Erwartung kann aber unrealistisch sein, sie kann zutreffend oder irrig als unrealistisch und deshalb unerfüllbar unterstellt werden usw. Man kann im Erwarten unmittelbar übereinstimmen oder nicht übereinstimmen, kann aber auch zutreffend oder irrig erwarten, daß man übereinstimmt bzw. nicht übereinstimmt, kann den Partner zutreffend oder irrig erwarten als jemanden, der zutreffend bzw. irrig erwartet, im Erwarten übereinzustimmen bzw. nicht übereinzustimmen usw. Ein genaues Auseinanderlegen dieser verschiedenen Ebenen möglicher Diskrepanzen und der ihnen zugeordneten Strategien der defensiven Interpretation und des Konfliktverhaltens dürfte für eine wissenschaftliche Analyse des Interaktionsprozesses und der ihn steuernden Systeme unerläßlich sein.[17] Im täglichen Leben kann das natürlich nicht geleistet werden. *Die unerläßlichen Orientierungsvereinfachungen müssen daher zugleich gegen das Fehlerrisiko immunisiert werden.* Sie müssen, mit anderen Worten, ihre strukturierende Funktion auch dann noch erfüllen können, wenn sie die Realität oder das Erwarten der Realität falsch interpretieren.

Psychische Systeme scheinen ihre Vereinfachungen vor allem auf den Umstand zu stützen, daß das Erwarten fremder Erwartungen als ein Geschäft mit sich selbst, als eine Reaktion auf eigene Zustände betrieben werden kann (und in weitem Umfange sogar muß). Die Konsistenz des

16 Darauf weist Vilhelm Aubert, *Elements of Sociology.* New York 1967, S. 64 f, hin.

17 Vgl. dazu Laing u. a., a. a. O., insbes. S. 59 ff, sowie Scheff, *Consensus,* a. a. O.

eigenen Systems und dessen Probleme werden dann zum mehr oder weniger engen Selektionsprinzip, und man erwartet den anderen in einer Weise, daß dessen erwartete Erwartungen die Identität des eigenen Systems stärken und nicht stören.[18] Solches Erwarten von Erwartungen kann mit Hilfe sehr flexibler Schemata der Interpretation gegen Widerlegung durch das faktische Erwarten und Verhalten des anderen praktisch immunisiert werden. In dem Maße, als diese Immunisierung gelingt, werden Selbstcharakterisierungen und Charakterisierungen des anderen für die Erfüllung psychischer Bedürfnisse funktional äquivalent: Man kann sich selbst als aggressionslustig oder den anderen als aggressiv auffassen und kommt auf beiden Wegen zur Abreaktion psychischer Spannungen in feindseligem Verhalten. Psychologen nennen eine solche Orientierung *Projektion*. Offensichtlich hängt die Realitätsnähe projektiver Erlebnisverarbeitung eng mit der Spannweite, dem Alternativenreichtum, dem Abstraktionsvermögen, also der Komplexität des jeweiligen psychischen Systems zusammen. Projektion wird pathologisch in dem Maße, als das psychische System für seine soziale Umwelt zu wenig eigene Komplexität aufbringt.[19]

Es ist eine gesunde Hypothese, zu vermuten, daß hier die besonderen psychischen Risiken und Dysfunktionen des Erwartens von Erwartungen liegen, und man kann annehmen, daß gerade projektives Erleben vielfach die Form normativen Erwartens annimmt. Weitere Einzelheiten müssen der psychologischen Persönlichkeitstheorie überlassen bleiben, die die Funktion der Normativität des Erwartens für die Konstitution einer selbstbewußten Persönlichkeit zu erforschen hätte; die Rechtssoziologie könnte sich allenfalls dafür interessieren, ob und unter welchen Umständen es gelingen kann, diese innerpsychischen Bedingungen und Mechanismen von

---

18 Das kann auf eine Selbstidealisierung durch die Augen anderer hinauslaufen, kann aber auch, wie oben gezeigt, Aggressivität, die man zur Lösung eigener Probleme braucht, in der Form ‹unschuldiger Feindschaft› legitimieren.

19 Hierzu findet man beachtenswerte Hypothesen bei O. J. Harvey / David E. Hunt/Harold M. Schroder, *Conceptual Systems and Personality Organization*. New York–London 1961 – für uns interessant besonders insofern, als Normprojektionen und Sollfixierungen als Symptom für eine sehr konkrete, wenig entwickelte Struktur der Erlebnisverarbeitung genommen werden (S. 38 ff). Überhaupt sind rein psychisch bedingte Lösungen unseres Problems der Vereinfachung besonders in den Forschungen über pathologisch-auffälliges Verhalten zutage gefördert worden und liegen offenbar in der Nähe des Pathologischen, *wenn sie nicht durch soziale Normen gestützt werden*. Psychologen unterstellen bei ihren Forschungen zur Psychopathologie des projektiven, normstrengen Verhaltens nämlich durchweg, daß es sich nicht um allgemein anerkannte Normen wie «Du sollst nicht töten» handelt, hinter deren Fixierung niemand eine abartige oder unterentwickelte Persönlichkeit vermuten würde. Diese Überlegung beleuchtet nicht nur ein Vorurteil der Psychologie zugunsten einer herrschenden Normordnung; sie lehrt auch, daß psychische und soziale Reduktionsmechanismen als funktional äquivalent und als interdependent gesehen werden müssen. Sozial institutionalisierte Normen entpathologisieren psychisch bedingte Normstrenge. Oder: Der fährt besser, der seine Komplexe auf übliche Weise abreagieren und sie in institutionalisierten Normen unterbringen kann.

denen der sozialen Stabilisierung von Normen zu trennen und damit das Recht von Funktionen der Angstbewältigung zu entlasten.[20]

Soziale Systeme bedienen sich eines anderen Reduktionsstils. Sie stabilisieren objektive, gültige Erwartungen, nach denen ‹man› sich richtet. Die Erwartungen können in Sollform verbalisiert sein, können sich aber auch an Eigenschaftsbestimmungen, Handlungslokalisierungen, Merkregeln usw. heften. Entscheidend ist, daß die Vereinfachung durch eine generalisierende Verkürzung erreicht wird. «Besuchszeit ist sonntags zwischen 11 und 12$^1/_2$ Uhr»: Diese Regel ist anonymisiert und ins Unpersönliche abgehoben, das heißt unabhängig davon gültig, wer erwartet oder auch nicht erwartet. Sie ist zeitlich stabil, Sonntag auf Sonntag ohne jeweils erneute Vergewisserung anwendbar; und sie ist sachlich so abstrakt, daß sie reziproke Erwartungen von Besuchern und Besuchten mit einer mehr oder minder großen Spannweite von Verhaltensweisen deckt. Sie dient nicht nur, ja nicht einmal in erster Linie dazu, Verhalten berechenbar zu machen – wer weiß schon, ob jemand und wer zu wem kommt –, sondern dazu, das Erwarten von Erwartungen zu regulieren: Man weiß, daß man unter dem Schutze dieser Regel Besuche machen (oder gegebenenfalls auch nur: Visitenkarten abgeben) kann; man kann entsprechendes Erwarten der Besuchten erwarten, zumindest aber erwarten, daß sie eine solche Erwartungserwartung erwarten und demzufolge wissen, wie sie sich zu verhalten haben – daß sie den Kutscher, der die Visitenkarte heraufbringt, nicht fragen, was das soll; daß sie ihn auch nicht für den Besuch selbst halten; daß sie ihn nicht veranlassen, den eigentlichen Besucher herbeizuschaffen, usw.

Die Funktion solcher regulativer Sinnsynthesen wird nicht voll erfaßt, wenn man mit der vorherrschenden Auffassung lediglich von Verhaltenserwartungen ausgeht und demzufolge auf die Sicherung erwartungskonformen Verhaltens abstellt. Sie haben ihren Schwerpunkt auf der reflexiven Ebene des Erwartens von Erwartungen, schaffen hier Erwartungssicherheit, aus der dann erst sekundär Sicherheit im eigenen Verhalten und Berechenbarkeit fremden Verhaltens folgt. Es ist für ein volles Verständnis des Rechts sehr wichtig, sich diesen Unterschied klarzumachen.[21] Denn Sicherheit im Erwarten von Erwartungen, sei sie mit Hilfe rein psychischer Strategien, sei sie mit Hilfe sozialer Normen erreicht, ist eine unentbehr-

---

20 Vgl. dazu auch unten S. 71 f.

21 Unter anderem ermöglicht diese Unterscheidung es, zu begreifen, daß einfache Gesellschaften ein Recht haben können, das mit einem sehr geringen Maß an Sanktionssicherheit und Erzwingungsgewißheit auskommt. Hier, wie in vielen anderen Fällen, bilden die Bewohner der Andamanen, die lediglich expressives Rechtshandeln kennen ohne jede institutionelle Vorsorge für Durchsetzung, den klassischen Grenzfall. Siehe ALFRED R. RADCLIFFE-BROWN, *The Andaman Islanders.* Cambridge/England 1922. Wenn man, wie im folgenden näher begründet, auf Erwartungskongruenz abstellt, muß man auch solchen Ordnungen Rechtscharakter zuerkennen.

liche Grundlage aller Interaktion und sehr viel bedeutsamer als die Sicherheit der Erfüllung von Erwartungen.[22]

Anonymisierte Verhaltenssynthesen ersparen es im Normalfall, sich die Verzahnung konkreter Erwartungen überhaupt ins Bewußtsein zu rufen. Sie fungieren als eine Art symbolisches Kürzel für die Integration der konkreten Erwartungen. Die Orientierung an der Regel erübrigt die Orientierung an Erwartungen. Sie absorbiert außerdem das Fehlerrisiko des Erwartens oder mindert es doch; denn dank der Regel ist man in der Lage, davon auszugehen, daß derjenige, der abweicht, falsch gehandelt hatte; daß die Diskrepanz also nicht (eigenem) falschem Erwarten, sondern (fremdem) falschem Handeln zuzurechnen ist. Insofern entlastet die Regel das Bewußtsein in Komplexität und Kontingenz. Auch die umgekehrte Relation muß aber mitgesehen werden. Man kann im faktischen Erleben und Verhalten solche Regeln stets wieder unterlaufen, wenn und soweit man in der Lage ist, Erwartungen bzw. Erwartungserwartungen faktisch und konkret zutreffend zu erwarten. Dann läßt die Regel sich wieder auf eine konkret vollzogene Erwartungsabstimmung zurückbilden, und die wechselseitige Verständigung gibt eine Basis für normänderndes, modifizierendes oder abweichendes Verhalten. Die *Flexibilität* einfacher Normengefüge kleinerer Sozialsysteme beruht im wesentlichen auf dieser Möglichkeit fallweiser Akkordierung und gemeinsamen Abweichens.[23] Die *Geltung* von Normen beruht auf der Unmöglichkeit, dies in jedem Zeitpunkt für jede Erwartung jedermanns faktisch zu tun. Die Geltung von Normen beruht mithin letztlich auf der Komplexität und der Kontingenz des Erlebnisfeldes, in dem sie als Reduktionen ihre Funktion haben.

---

22 Vgl. dazu die Unterscheidung von ‹Orientierungssicherheit› und ‹Realisierungssicherheit› bei Geiger, a. a. O., S. 101 ff. Ihr fehlt jedoch die Aufklärung des Hintergrundes reflexiver Erwartungsstrukturen, und deshalb kann sie Erwartungssicherheit lediglich kognitiv auf Kenntnis (!) der Normen stützen und sieht Rechtssicherheit schon dann als gewährleistet an, wenn man sicher sein kann, daß man *entweder* nicht ermordet *oder* der Mörder bestraft wird. Auch Durkheims Begriff der ‹Anomie›, des durch keinen Normbezug gehaltenen Verhaltens, müßte von hier aus neu durchdacht werden.

23 Das äußere Erscheinungsbild dieses Prozesses des Unterlaufens, Abwandelns oder Abweichens ist vielfach beobachtet worden. Als Beispiel für gute Analysen siehe Ralph H. Turner, *The Navy Disbursing Officer as a Bureaucrat.* American Sociological Review 12 (1947), S. 342–348; Joseph Bensman/Israel Gerver, *Crime and Punishment in the Factory. The Function of Deviance in Maintaining the Social System.* American Sociological Review 28 (1963), S. 588 bis 593; Anselm Strauss u. a., *The Hospital and Its Negotiated Order.* In: Eliot Freidson (Hrsg.), *The Hospital in Modern Society.* New York 1963, S. 147–169; Gerd Spittler, Norm und Sanktion. Untersuchungen zum Sanktionsmechanismus. Olten–Freiburg/Br. 1967, insbes. S. 106 ff.

Der Bezug auf Komplexität und Kontingenz des Erlebnisfeldes gibt konkreten Erwartungen und erst recht den sie regelnden und integrierenden Abstraktionen die Funktion einer *Struktur*. Wir haben diesen Begriff der Struktur bisher unerläutert gebraucht und müssen ihn jetzt präzisieren.

Normalerweise wird Struktur durch eine Eigenschaft definiert, nämlich durch relative Konstanz. Das ist nicht falsch, aber unscharf und unergiebig, verbaut nämlich die interessantere Frage, wozu man relative Konstanzen braucht. Um auch diese Frage noch stellen zu können, definieren wir Struktur durch ihre Funktion, nämlich als Selektivitätsverstärkung durch Ermöglichung *doppelter Selektivität*. In einer sinnhaft konstituierten und deshalb hochkomplexen und kontingenten Welt wird es vorteilhaft, ja unerläßlich, Selektionsschritte aufeinander zu beziehen. Dies geschieht im täglichen Kommunikationsprozeß zunächst dadurch, daß jemand aus einer Vielzahl von Möglichkeiten eine Mitteilung auswählt und der Empfänger das Mitgeteilte nicht mehr als Selektion, sondern als Tatsache bzw. als Prämisse seiner Selektionen behandelt, also andersartige Wahlen an das Ergebnis der Vorselektion anschließt.[24] Das entlastet den einzelnen in weitem Umfange von selbsttätiger Prüfung der Alternativen. Strukturen potenzieren diesen Entlastungseffekt dadurch, daß sie Selektion auf Selektion beziehen. Sie begrenzen durch einen Wahlakt, der zumeist nicht als solcher bewußt wird, den Bereich der Wahlmöglichkeiten. Sie wählen zunächst das Wählbare. Sie transformieren das Beliebige ins Faßbare, das Weitere ins Engere. Sie lassen Selektion sozusagen durch Anwendung auf sich selbst zweimal und dadurch potenziert zum Zuge kommen. Das beste Beispiel dafür ist die Sprache, die es durch ihre Struktur, nämlich durch Vor-Wahl eines ‹*code*› möglicher Bedeutungen ermöglicht, die jeweilige Rede rasch, flüssig und sinnvoll zu wählen.

Strukturen entstehen im Kommunikationsprozeß zunächst dadurch, daß man von gemeinsamen Annahmen ausgeht – also nicht etwa durch intendierte Kommunikation ihres Sinnes.[25] Entsprechend undeutlich und unverbindlich stehen sie vor Augen. Ihre eigene Selektivität bleibt latent und wird gerade dadurch gesichert. Ihre Reduktionsleistung beruht zunächst auf der *Abblendung von Alternativen*. Das macht es unnötig, die strukturierenden Annahmen, von denen man ausgeht, zu explizieren. Auch wenn Strukturen im täglichen Leben fraglos akzeptiert und nicht als selektive Entscheidungen erfaßt werden, muß die soziologische Analyse in ihrem Struktur*begriff* die Selektivität und damit auch das Nichtselbstver-

---

24 James G. March/Herbert A. Simon, *Organizations*. New York–London 1958, S. 164 ff, behandeln solche Prozesse des Anschließens an fremde Selektionsleistungen unter dem Titel ‹*absorption of uncertainty*›.

25 Deshalb ist es, wie Geiger, a. a. O., S. 64 f, zu Recht notiert, verfehlt, den Begriff der Norm durch einen angeblich fundamentaleren Begriff des Imperativs zu definieren. Nur unter komplizierten, näher angebbaren Voraussetzungen kann es ermöglicht werden, normative Strukturen zum Teil durch Befehl zu schaffen.

ständliche aller Strukturen einfangen, also eine kompliziertere, alternativenreichere Darstellung der Wirklichkeit geben, als sie den in ihr Lebenden erscheint. Nur vor dem Hintergrund anderer Möglichkeiten können Strukturen Thema und Problem werden.[26]

Auch dann nämlich, wenn Strukturselektion nicht bewußt vollzogen wird, sondern sich einlebt, ist sie doch Selektion. Es gibt andere Möglichkeiten, und sie zeigen sich am Eintreten von Erwartungsenttäuschungen. An dieser Möglichkeit der Enttäuschung, nicht an der Regelmäßigkeit ihrer Erfüllung, erweist sich der Realitätsbezug einer Erwartung.[27] Strukturen festigen einen engeren Ausschnitt des Möglichen als erwartbar. Sie täuschen damit über die wahre Komplexität der Welt und bleiben so Enttäuschungen ausgesetzt. Sie transformieren auf diese Weise die *permanente* Überforderung durch Komplexität in das Problem *gelegentlichen* Enttäuschungserlebens, gegen das dann konkret etwas unternommen werden kann. Vom psychischen System her gesehen, kann man daher auch sagen: Sie regulieren Angst.

Allen Strukturen ist mithin das Enttäuschungsproblem immanent – und dies nicht nur im Sinne einer (vorläufigen) Unzulänglichkeit des Wissens oder einer (leider immer wieder durchbrechenden) Bösheit des Menschen, sondern im Sinne einer Problemspezifikation, die von der Struktur gerade geleistet wird. Das bedeutet, daß in der Beurteilung der Adäquität von Strukturen das Enttäuschungsproblem stets mitgesehen werden muß.[28] Zur Rationalisierung von Strukturen gehört daher die Dosierung des Verhältnisses von tragbarer Komplexität und Enttäuschungslast. Zur Stabilisierung von Strukturen gehört nicht nur der Entwurf ihres sinnhaften Profils – das Erkennen von Naturgesetzen oder das Aufstellen von Nor-

---

26 Der Ertrag dieses Hinterfragens von Strukturen für die Rechtssoziologie ergibt sich zum Teil schon aus der gleich folgenden Behandlung des Enttäuschungsproblems. Vorgreifend sei ferner darauf hingewiesen, daß auch das Naturrechtsthema und die Positivität modernen Rechts soziologisch nur adäquat zu behandeln sind, wenn man in allem Recht schon eine Selektionsleistung sieht. Die Entwicklung des Rechts der Gesellschaft kann dann dargestellt werden als Zunahme der Bewußtheit struktureller Selektion und damit als Zunahme der Kontrollierbarkeit struktureller Variation.

27 Hierzu ist lesenswert, was HANS-GEORG GADAMER, Wahrheit und Methode. Tübingen 1960, S. 329 ff, über ‹Erfahrung› schreibt.

28 Um eine Vergleichbarkeit dieser *soziologischen* mit der traditionellen *ethischen* Problemfassung herzustellen, kann man auch formulieren: Strukturen beziehen sich auf kontingente Ereignisse, im Bereiche menschlichen Verhaltens auf ein Handeln, das auch anders gewählt werden könnte. Das Spezifische der ethischen Problemfassung (siehe etwa ARISTOTELES, Nikomachische Ethik III, 1–5 und V, 10) ist darin zu sehen, daß dies Auch-anders-handeln-Können als individuelle Freiheit des Entschlusses begriffen und von der Struktur her bewertet wird, so daß eine strukturwidrige Ausübung der Freiheit (obwohl sie Freiheit ist!) als vorwerfbare Schuld erscheint. Das aber ist schon ein Vorgriff auf eine bestimmte Interpretation der Enttäuschung und auf einen bestimmten Modus ihrer Abwicklung – eine für die heutige soziologische Theorie zu konkrete Problemfassung.

men –, sondern immer auch Bereitstellung von Mechanismen für die Abwicklung von Enttäuschungen – gleichsam Service und Reparaturdienst für die Struktur.

Diese Angewiesenheit auf Strukturen, die Bestand haben müssen und doch enttäuschungsanfällig sind, zwingt zur Übernahme von Risiken. Das könnte, besonders in einer Welt mit zunehmender Komplexität und Kontingenz, zu untragbaren Spannungen und Orientierungsbelastungen führen, stellte das soziale System der Gesellschaft nicht zwei konträre Möglichkeiten der Reaktion auf Erwartungsenttäuschungen zur Verfügung. Selbst wenn Enttäuschungen sichtbar werden und als Gegenstand der Erfahrung in das Wirklichkeitsbild eingebaut werden müssen,[29] gibt es noch die Alternative, die enttäuschten Erwartungen zu ändern und der enttäuschenden Wirklichkeit anzupassen oder sie festzuhalten und im Protest gegen die enttäuschende Wirklichkeit weiterzuleben. Je nachdem, welche Einstellung dominiert, kann man von *kognitiven* oder von *normativen* Erwartungen sprechen.[30]

In dieser (unüblichen) Fassung ist die Unterscheidung von kognitiv und normativ weder semantisch noch pragmatisch definiert, weder auf das begründende Aussagensystem bezogen noch auf den Gegensatz von informierenden und direktiven Feststellungen,[31] sondern funktional auf die Lösung eines bestimmten Problems. Sie stellt auf die Art der antizipierten Enttäuschungsabwicklung ab und kann so einen wesentlichen Beitrag leisten zur Klärung der elementaren rechtsbildenden Mechanismen. Als kognitiv werden Erwartungen erlebt und behandelt, die im Falle der Enttäuschung an die Wirklichkeit angepaßt werden. Für normative Erwartungen gilt das Gegenteil: daß man sie nicht fallenläßt, wenn jemand ihnen zuwiderhandelt. Erwartet man zum Beispiel eine neue Sekretärin, so enthält die Situation sowohl kognitive als auch normative Erwartungskomponenten. Daß sie jung, hübsch, blond sei, kann man allenfalls kognitiv erwarten; man muß sich in diesen Hinsichten Enttäuschungen anpassen, kann also nicht etwa auf blonden Haaren bestehen, Umfärben verlangen usw. Daß

---

29 Die ebenfalls wichtigen, funktional äquivalenten, aber primär psychischen Strategien der selektiven Nichtwahrnehmung und der Verdrängung lassen wir hier beiseite und handeln nur von wahrgenommenen Enttäuschungen.

30 Diese Terminologie entspricht einem Vorschlag von GALTUNG, a. a. O. (1959). Eine sehr ähnliche Auffassung findet man bei VILHELM AUBERT/SHELDON L. MESSINGER, *The Criminal and the Sick.* Inquiry 1 (1958), S. 137–160, neu gedruckt in: VILHELM AUBERT, *The Hidden Society.* Totowa/N. J. 1965, S. 25 ff, die normative Erwartungen an den Verbrecher mit kognitiven Erwartungen an den Kranken vergleichen. Einen allgemeinen Überblick über den verwirrend vielfältigen Sprachgebrauch der Soziologie zum Normbegriff vermittelt RÜDIGER LAUTMANN, Wert und Norm. Begriffsanalysen für die Soziologie. Köln–Opladen 1969. Vgl. auch JACK P. GIBBS, *Norms. The Problem of Definition and Classification.* The American Journal of Sociology 70 (1965), S. 586–594.

31 Auf der Basis dieser Unterscheidungen bewegen sich, wie ALEXANDER SESONSKE, *‹Cognitive› and ‹Normative›.* Philosophy and Phenomenological Research 17 (1956), S. 1–21, zeigt, die üblichen Kontroversen und Mißverständnisse.

sie bestimmte Leistungen erbringe, wird dagegen normativ erwartet. Wird man in diesem Punkte enttäuscht, hat man nicht das Gefühl, falsch erwartet zu haben. Die Erwartung wird festgehalten und die Diskrepanz dem Handelnden zugerechnet. Kognitive Erwartungen sind mithin durch eine nicht notwendig bewußte Lernbereitschaft ausgezeichnet, normative Erwartungen dagegen durch die Entschlossenheit, aus Enttäuschungen nicht zu lernen. Der Enttäuschungsfall wird als möglich vorausgesehen – man weiß sich in einer komplexen und kontingenten Welt, in der andere unerwartet handeln können –, wird aber im voraus als für das Erwarten irrelevant angesehen. Dabei ist diese Irrelevanz nicht durch natürliche Erfahrung gegeben – so wie man weiß, daß ein Haus stehen bleiben kann, auch wenn ein anderes abgerissen wird; sie beruht vielmehr auf Prozessen symbolischer Neutralisierung, denn an sich ist eine Erwartung als Erwartung nicht gleichgültig dagegen, ob sie erfüllt wird oder nicht.

Normen sind demnach *kontrafaktisch stabilisierte Verhaltenserwartungen*. Ihr Sinn impliziert Unbedingtheit der Geltung insofern, als die Geltung als unabhängig von der faktischen Erfüllung oder Nichterfüllung der Norm erlebt und so auch institutionalisiert wird.[32] Das Symbol des ‹Sollens› drückt in erster Linie die Erwartung solcher kontrafaktischer Geltung aus, ohne diese Erwartungsqualität selbst zur Diskussion zu stellen; darin liegt der Sinn und die Funktion des ‹Sollens›.[33]

Obwohl kontrafaktisch ausgerichtet, ist der Sinn des Sollens nicht weniger faktisch als der Sinn des Seins. Faktisch ist alles Erwarten, seine Erfüllung ebenso wie seine Nichterfüllung. Das Faktische umfaßt das Normative. Die übliche Entgegensetzung von Faktischem und Normativem sollte deshalb aufgegeben werden. Sie ist eine begriffliche Fehlkonstruktion,

---

32 Dieser Normbegriff unterscheidet sich scharf von dem, den GEIGER aus wissenschaftstheoretischen und methodischen Gründen annehmen zu müssen glaubt. GEIGER, a. a. O., insbes. S. 65 ff, 205 ff, sieht Normen als nur graduell verbindlich in dem Maße, als die Alternative durchgeführt ist, daß entweder konform gehandelt oder sanktioniert wird. Ein Verstoß gegen die Norm wird dadurch undenkbar, da die Norm die Alternative des sanktionierten Verhaltens einschließt, die unsanktioniert bleibende Abweichung dagegen lediglich als Minderung des Verbindlichkeitsgrades der Norm erfaßt wird. Weder auf der Ebene des Verhaltens noch auf der Ebene des Normierens kann für GEIGER Unrecht existieren bzw. allenfalls als persönliches Urteil existieren, das ‹wissenschaftlich› ohne Interesse ist (S. 206). GEIGERS Rechtssoziologie begreift das Recht ohne den möglichen Gegensatz des Unrechts und greift damit an dem, was als Recht *erlebt* wird, mit Absicht vorbei, weil das Erleben für sie keine wissenschaftlich erkennbare Realität hat.

33 Soweit ich sehe, gibt es bisher keinen Versuch einer soziologischen Analyse des Sollens. Man hat entweder versucht, den soziologischen Normbegriff sollfrei als rein statistische Regelmäßigkeit zu definieren, oder hat den Sinn von ‹Sollen› ungeklärt aus dem täglichen Sprachgebrauch übernommen und Normen durch die Faktizität der Sollvorstellung definiert. Vgl. auch oben Kap. II, Anm. 1. Ausführlich, aber ohne eindeutige Ergebnisse, diskutieren dagegen die Juristen den Unterschied von Sein und Sollen. Siehe etwa PETER SCHNEIDER (Hrsg.), Sein und Sollen im Erfahrungsbereich des Rechts. Wiesbaden 1970.

so als ob man Menschen und Frauen einander entgegensetzen wollte – ein Begriffsmanöver, das in diesem Falle zum Nachteil der Frauen, in jenem zum Nachteil des Sollens ausschlägt. Seinen adäquaten Gegensatz hat das Normative nicht im Faktischen, sondern im Kognitiven. Nur zwischen diesen beiden Einstellungen zur Enttäuschungsverarbeitung, nicht zwischen faktisch und normativ, kann man sinnvoll wählen.

Ferner ist wichtig, diese Differenzierung von kognitiven und normativen Erwartungen nicht sogleich zu einem sachlichen oder logischen Urgegensatz von Sein und Sollen aufzublasen, sondern zunächst die Funktion der Differenzierung selbst zu erkennen. Sie stellt zwei verschiedene und doch funktional äquivalente Strategien des Weiterlebens nach Enttäuschungen zur Verfügung. Man kann lernen oder nicht lernen. Beide Möglichkeiten können über Enttäuschungssituationen hinweghelfen und erfüllen insofern, obwohl konträr angelegt, die gleiche Funktion. Darin, daß nicht nur ‹ähnliches›, sondern genau entgegengesetztes Verhalten die gleiche Funktion erfüllt, liegt der Erfolg begründet. Das erleichtert das Finden einer Lösung für jeden Enttäuschungsfall. Je nach der Bedeutung der Erwartung und den Chancen, sie durchzubringen, kann man sich für Festhalten oder Aufgeben entscheiden.

Mit Hilfe dieser Differenzierung kann die Gesellschaft einen Kompromiß einregulieren zwischen den Notwendigkeiten der Wirklichkeitsanpassung und der Erwartungskonstanz. Sie wird Verhaltenserwartungen als kognitiv institutionalisieren, ihren Mitgliedern also aus einer Anpassung des Erwartens an die Realität des Handelns keinen Vorwurf machen, wenn das Anpassungsinteresse dominiert. Sie wird Erwartungen in die normative Sphäre verlagern und dort artikulieren, wenn Sicherheit und soziale Integration des Erwartens vordringlich sind.

Dank dieser Doppelstrategie kann das Enttäuschungsrisiko aller Strukturen gemildert und in vorgeprägte Formen der Problembehandlung überführt werden. So werden selbst hohe Komplexität und Kontingenz tragbar. Aus diesen Überlegungen können wir eine wichtige Hypothese gewinnen, die wir im nächsten und übernächsten Kapitel weiterverfolgen wollen: Mit steigender Komplexität der Gesellschaft werden auch die strukturellen Risiken zunehmen, und dieser Risikozunahme muß durch stärkere Differenzierung von kognitiven und normativen Erwartungen begegnet werden. Die Trennung von Sein und Sollen oder von Wahrheit und Recht ist keine *a priori* vorgegebene Weltstruktur, sondern eine evolutionäre Errungenschaft.

Denn zunächst – für elementares Erwarten heute ebenso wie für einfache Gesellschaften – muß man davon ausgehen, daß kognitives und normatives Erwarten in unklarer und unbestimmter Gemengelage vorkommen. Für den Erwartenden besteht kein abstrakter Zwang, sich in allen Fällen im voraus auf den einen oder den anderen Erwartungsstil festzulegen. Gelegentlichen Enttäuschungserlebnissen kann durch typmäßiges, hochwahrscheinliches, aber nicht ausnahmsloses Erwarten Rechnung getragen werden, das sich durch einzelne Enttäuschungen nicht widerlegt fühlt.[34] Gerade weil die Differenzierung kognitiv/normativ nur vom Enttäuschungsfalle her bestimmt ist, gibt es einen großen Bereich von selten enttäuschten Erwartungen, in dem eine solche Vorentscheidung unnötig ist. Daß bei mündlichen Unterhaltungen des täglichen Lebens ein gewisser Normalabstand eingehalten wird – daß der Partner nicht auf eine Entfernung von 100 Metern eine Konversation zu führen versucht und andererseits auch nicht bis auf 5 Zentimeter herankommt[35] –, erwartet man schlicht und fast unbewußt, ohne überhaupt an die Möglichkeit einer Enttäuschung zu denken. So regeln sich auch, um ein weiteres Beispiel zu geben, die üblichen Genauigkeitsanforderungen im täglichen Verkehr von selbst; daß man auf ‹guten Morgen› hin nicht zurückfragt: welchen Morgen, bis wie lange, wie gut, in welchen Hinsichten?[36] Viele Handlungen schließlich sind zwar möglich, aber so absurd, daß ihre Möglichkeit die Schwelle bewußt normativer Ausschließung nicht überschreitet.[37] Unzählige Selbstverständlichkeiten des täglichen Zusammenlebens haben deshalb jene unformulierte, diffuse, im Hinblick auf den Enttäuschungsfall unent-

---

34 Vgl. hierzu psychologische Forschungen zur Erwartungsstabilisierung, die ergeben haben, daß absolute, ausnahmslose Erwartungen sehr viel unstabiler sind als solche, bei denen gelegentliche Enttäuschungen miterwartet werden. Vgl. Lloyd G. Humphreys, *The Acquisition and Extinction of Verbal Expectations in a Situation Analogous to Conditioning*. Journal of Experimental Psychology 25 (1939), S. 294–301; F. W. Irwin, *The Realism of Expectations*. Psychological Review 51 (1944), S. 120–126; William O. Jenkins/Julian C. Stanley, Jr., *Partial Reinforcement. A Review and a Critique*. Psychological Bulletin 47 (1950), S. 193–234.

Hier liegen im übrigen die Wurzeln der berühmten ‹normativen Kraft des Faktischen› (Georg Jellinek, Allgemeine Staatslehre. 3. Aufl., 6. Neudruck, Darmstadt 1959, S. 337 ff): Das typisch Erwartete wird zum Normativen, wenn es durch die mitlaufende Erwartung des Gegenteils so gefährdet wird, daß der Erwartende sich auf ein Durchhalten im Enttäuschungsfalle festlegen muß. Er gewinnt damit jene so gefährliche Absolutheit des Erwartens im Normativen zurück und kann sie so besser mit der Miterwartung des Gegenteils kombinieren.

35 Zu weiteren Erwartungen über Raumverteilung in der unmittelbaren Interaktion vgl. Sherri Cavan, *Liquor License. An Ethnography of Bar Behavior*. Chicago 1966, S. 88 ff; Nancy Jo Felipe/Robert Sommer, *Invasions of Personal Space*. Social Problems 14 (1966), S. 206–214; Robert Sommer, *Sociofugal Space*. The American Journal of Sociology 72 (1967), S. 654–660; Philip D. Roos, *Jurisdiction. An Ecological Concept*. Human Relations 21 (1968), S. 75–84; Miles Patterson, *Spatial Factors in Social Interactions*. Human Relations 21 (1968), S. 351–361; Robert Sommer, *Personal Space: The Behavioral Basis of Design*. Englewood Cliffs/N. J. 1969.

36 Überhaupt scheint das Zu-wörtlich-Nehmen ein Symptom für Geisteskrankheiten zu sein. *«The present writer found in mental hospitals that those obsessive psychotics who are characteristically fanatic, contrary to popular assumption, rarely select original data but simply take ‹too literally› the more generally accepted orthodoxies in the culture»*, bemerkt Roger Nett, *Conformity-Deviation and the Social Control Concept*. Ethics 64 (1952), S. 38–45 (44, Anm. 18).

37 Dies deshalb, weil das Bewußtseinspotential des Menschen und damit auch sein Potential für explizite Negation gering ist und für wirklich kritische Themen aufgespart werden muß.

schiedene Erwartungsform. Im übrigen gibt es außerhalb der Verhaltenserwartungen im engeren Sinne Enttäuschungen, die zunächst nur als negativ bewertete Zustände oder Eigenschaften von Personen erlebt werden und erst sekundär ein mehr oder weniger ungewisses Potential abweichenden Verhaltens signalisieren: fremdländisches Aussehen, Schmutzigkeit, Krankheit, körperliche Entstellungen usw.[38]

Natürlich schließt weder der hohe Selbstverständlichkeitsgehalt noch der unbestimmte Erwartungsstil jede Enttäuschung effektiv aus. Der Enttäuschungsfall kann dann zur Normbildung im Wege nachträglicher Normierung führen.[39] Man wird sich bewußt, daß man diese Erwartung nicht aufgeben kann und ein entsprechendes Verhalten verlangen muß. So hat man sich die Entstehung von Recht aus Enttäuschungen zu denken. Typisch findet man jedoch eher den Ausweg, daß das enttäuschende Verhalten rein faktisch als Störung gesehen und als Ausnahme isoliert und im Falle der Wiederholung oder der sichtbaren Unvermeidlichkeit möglichst ‹normalisiert› wird.[40] So gibt es in unserem Kulturbereich die hochgradig selbstverständliche Lebensregel, daß man in Anwesenheit anderer nicht döst, sondern sich als beschäftigt darzustellen hat, sofern nicht bestimmte Situationen das Gegenteil erlauben (Eisenbahnfahrt!).[41] Man muß, mit anderen Worten, immer ein Thema haben oder doch so tun, als ob man eines hätte. Trotzdem bringen einem gelegentliche Verstöße gegen diese Regel nicht etwa die Regel ins Bewußtsein, sondern lassen nur das öffentliche Dösen als wunderliches, abartiges, unangebrachtes Verhalten erscheinen. Die Regel wird nicht normiert. Es gibt auch keine Norm, daß man in Gesprächen den Faden hält und sinngemäß antwortet – z. B. auf die Frage nach der Uhrzeit nicht etwa antwortet: «Es regnet.» Verstöße dieser Art würden als Seltsamkeiten, als Mißverständnisse, als Scherze und bei Wie-

---

38 Vgl. hierzu Fred Davis, *Deviance Disavowal. The Management of Strained Interaction by the Visibly Handicapped.* Social Problems 9 (1961), S. 120–132; Erving Goffman, Stigma. Über Techniken der Bewältigung beschädigter Identität. Frankfurt 1967. Ein typisches Problem dieses Fallbereichs ist, daß die *Möglichkeit* der Nichterfüllung von Normen nicht außer acht gelassen, aber auch noch nicht zur Grundlage eigener Enttäuschungsreaktionen gemacht werden kann. Die Ambivalenz solcher Situationen muß durch Takt oder durch gute Bekanntschaft, also durch Sicherung der konkreten Erwartbarkeit von Erwartungen, überbrückt werden.

39 So wird sehr oft die Normbildung genetisch erklärt. Siehe z. B. Geiger a. a. O., S. 95 f.

40 Dazu vgl. Charlotte G. Schwartz, *Perspectives on Deviance. Wives Definitions of Their Husbands' Mental Illness.* Psychiatry 20 (1957), S. 275–291 (277 f), die von einem «*strain toward a normalcy definition*» ungewöhnlichen Verhaltens spricht; ferner Fred Davis, a. a. O., S. 120–132; Lawrence D. Haber Richard T. Smith, *Disability and Deviance. Normative Adaptations of Role Behavior.* American Sociological Review 36 (1971), S. 87–97.

41 Zu dieser Regel des erforderlichen ‹*involvement*› näher Erving Goffman *Behavior in Public Places. Notes on the Social Organization of Gatherings.* New York–London 1963, S. 33 ff.

derholung als Unfähigkeit gebucht werden. Sie geben nicht zu Normierungen Anlaß, sondern zu Normalisierungen: Die Störung wird entweder wegerklärt oder erwartbar gemacht.[42] In krasseren Fällen, bei häufig wiederholten schweren Verstößen wird typisch der Ausweg gewählt, den enttäuschend Handelnden für geisteskrank zu erklären[43] und ihn damit aus der Gemeinschaft menschlicher Subjekte, deren Erlebnisse und Erwartungen als Weltinterpretation zählen, auszuschließen. Dies zeigt, daß man Erwartungsverstöße in diesem Bereich sehr oft wie Wahrheitsverstöße behandelt, wie Unfähigkeit, die Welt zu erkennen – ein deutliches Symptom dafür, daß kognitiver und normativer Erwartungsstil nicht getrennt werden.

Die Erklärung und Behandlung von Abweichungen als pathologisches, wenn nicht geisteskrankes Verhalten setzt hohe Selbstverständlichkeit und Undifferenziertheit der Erwartungsgrundlagen voraus. Die Reaktion knüpft typisch an auffällige Verstöße gegen die Regeln ordnungsgemäßer Interaktion von Angesicht zu Angesicht an, deren Bruch einerseits selten ist, weil sofort offenkundig, und andererseits schwer wiegt, weil er Anwesende schockiert und aus ihrem Aktionsrahmen wirft – eine Art von Verbrechen, das gleichsam unter den Augen der Wärter im Gefängnis begangen wird und deshalb von vornherein als unsinnig erscheint. Vor diesem Hintergrund gewinnen eigentümliche Überschichtungen von Psychiatrie und Moral, wie sie namentlich aus den Vereinigten Staaten berichtet werden, ihr besonderes Profil.[44] In dem Maße, als die psychiatrische Be-

---

42 Dafür sind lehrreich Experimente mit bewußter Störung solcher Selbstverständlichkeiten, die GARFINKEL veranlaßt und ausgewertet hat. Siehe HAROLD GARFINKEL, *A Conception of, and Experiments with, ‹Trust› as a Condition of Stable Concerted Actions.* In: O. J. HARVEY (Hrsg.), *Motivation and Social Interaction. Cognitive Determinants.* New York 1963, S. 187–238; DERS., *Studies of the Routine Grounds of Everyday Activities.* Social Problems 11 (1964), S. 225 bis 250; beides neu gedruckt in: DERS., *Studies in Ethnomethodology.* Englewood Cliffs/N. J. 1967.

43 Daß in den angeblich medizinisch erprobten ‹Symptomen› für Geisteskrankheit spiegelbildlich Regeln des Normalverhaltens zu entdecken sind, hat vor allem GOFFMAN weiteren Kreisen vor Augen geführt. Vgl. ERVING GOFFMAN, *Asylums. Essays on the Social Situation of Mental Patients and Other Inmates.* Chicago 1962; DERS., *Mental Symptoms and Public Order.* In: DERS., *Interaction Ritual. Essays in Face-to-Face Behavior.* Chicago 1967, S. 137–148. Vgl. auch THOMAS J. SCHEFF, *Being Mentally Ill. A Sociological Theory.* Chicago 1966. Zur Charakterisierung des Unterschieds von der juristischen Normperspektive siehe ferner VILHELM AUBERT, *Legal Justice and Mental Health.* Psychiatry 21 (1958), S. 101–113.

44 Die Forschung fragt überwiegend nach etwaigen sozialen Entstehungsbedingungen psychiatrischer Erkrankungen (und behandelt diese dabei wie objektiv feststellbare Fakten). Siehe als Überblick HEIDE BERNDT, Zur Soziogenese psychiatrischer Erkrankungen. Soziale Welt 19 (1968), S. 22–46; und JOHN W. PETRAS/JAMES E. CURTIS, *The Current Literature on Social Class and Mental Disease in America. Critique and Bibliography.* Behavioral Science 13 (1968), S. 382–398. Zur zunehmenden Bedeutung psychiatrischer Erklärung abweichenden Verhaltens findet man interessante Angaben bei BRUCE P. DOHRENWEND/EDWIN CHIN-SHONG, *Social Status and Attitudes Toward Psychological Disorder. The Problem of Tole-*

handlung humanisiert und veralltäglicht wird, scheint es möglich zu werden, immer weitere Bereiche der alltäglichen Verhaltensmoral in den Erwartungsbereich einzubeziehen, wo abweichendes Verhalten auf ‹innere› Störungen zurückgeführt werden kann. Dem Verhalten des Abweichenden wird nicht durch moralische Diffamierung die symbolische Brisanz genommen, sondern dadurch, daß er ausnahmsweise als unfrei behandelt und sich selbst und anderen erklärt wird.

Die Besonderheit jener selbstverständlichsten, gleichsam untersten Schicht von Verhaltenserwartungen wird von der üblichen rechtssoziologischen Normentypologie[45] nicht zutreffend erfaßt. Es handelt sich keineswegs um eine lediglich faktische Gewohnheit. Das Auszeichnende jener elementaren Erwartungsschicht besteht daher nicht in seiner Faktizität und auch nicht in sanktionsloser Konvention, sondern in seiner Undifferenziertheit, darin, daß kognitive und normative Erwartungskomponenten eine ungetrennte Einheit bilden. Darüber hinaus lassen sich fünf weitere Merkmale angeben, die diese vornormative Erwartungsschicht von Normen unterscheiden: (1) Die Erfüllung der Erwartung hat eine so *hohe Selbstverständlichkeit*, daß ein Verstoß als nicht ernst gemeint bzw. als unfreiwillig charakterisiert wird. Hinter der Abweichung läßt sich kein verständliches menschliches Interesse entdecken. Daher fehlt es (2) typisch an Bestrebungen, den Abweichenden auf den rechten Weg zurückzubringen. Er wird als *Ausnahme* abgestempelt und so isoliert. Er erhält eine Abweicherrolle – als Außenseiter, als jemand, der einen Bart trägt, sich ein kindliches Gemüt bewahrt hat, geisteskrank ist usw.[46] Man reagiert auf Enttäuschungen also nicht durch den Versuch, die Abweichung zu beseitigen, sondern gerade umgekehrt durch Deutung und Stabilisierung der Abweichung als Abweichung, die dann als Ausnahme die Regel nicht mehr tangiert.[47] Es wird dann nur noch verlangt, daß der Abweichende in der Art seiner Abweichung konsistent und erwartbar bleibt. Die Abwicklung durch Normalisierung paßt sich (3) den individuellen Umständen des Einzelfalles an. Sie führt zu einer *Individualisierung der Normdurchsetzung*,

---

rance of Deviance. American Sociological Review 32 (1967), S. 417–433. Speziell für das Organisationsmilieu vgl. ferner Peter M. Blau/W. Richard Scott, *Formal Organizations*. San Francisco 1962, S. 188 ff, und für den Hochschulbereich Klaus Dörner, Die Hochschulpsychiatrie. Sozialpsychiatrischer Beitrag zur Hochschulforschung. Stand und Kritik, Stuttgart 1967.

45 Vgl. oben S. 27 f.

46 Vgl. Robert A. Dentler / Kai T. Erikson, *The Functions of Deviance in Groups*. Social Problems 7 (1959), S. 98–107. Ein treffendes Beispiel findet sich bei Gerd Spittler, Norm und Sanktion, a. a. O., S. 115 f. Zur *Übernahme* einer solchen in den Reaktionen anderer implizierten Abweicherrolle vgl. auch Michael Schwartz/Gordon F. N. Fearn/Sheldon Stryker, *A Note on Self Conception and the Emotionally Disturbed Role*. Sociometry 29 (1966), S. 300–305. Der Übertragungsmechanismus dürfte im Erwarten von Erwartungen zu suchen sein.

47 Dadurch stabilisierte Abweichungen behandelt Edwin M. Lemert, *Human Deviance, Social Problems, and Social Control*. Englewood Cliffs/N. J. 1967, S. 40 ff unter dem Titel ‹*Secondary Deviation*›.

die sich nicht an universelle, für alle gleich geltende Standards bindet.[48] Sie erfolgt (4) *ohne Zeitplan für die Zukunft*, also ohne zeitliche Folgenbegrenzung. Sie zielt nicht auf Handlungen, sondern auf Zustände. Sie erfordert keine Vorstellung der Zukunft und ist insofern einfach zu handhaben, wirkt aber unter den Beteiligten langfristiger als der Mechanismus Normierung-Sanktionierung. Und (5) ist bezeichnend, daß *weder die Abweichung noch die Norm typifiziert und benannt wird* – es handelt sich nicht um Diebstahl, Vertragsverletzung, Homosexualität, fehlerhaften Verwaltungsakt, Steuerhinterziehung, sondern um eine konkrete Überraschung wie den Verlust der Armbanduhr, das neue Kleid der Gemahlin, die Krankheit des Vorgesetzten, also um einen Einzelfall, der nicht zur Artikulation von Dauererwartungen nötigt. Die fehlende Klassifikation und Benennung hat zur Folge, daß eine Stereotypisierung nicht möglich ist[49] und auch eine Mehrzahl von Seltsamkeiten nicht so leicht als homogene Erscheinung erlebt und daher nicht so leicht als bedrohlich empfunden wird. Die Enttäuschungen werden fallweise abgewickelt. Es gibt infolge dieser Konkretheit der Erlebensverarbeitung dann keinen Ansatz für die Konstruktion von Alternativen.

Von dieser Grundlage undifferenziert normativ-kognitiven Erwartens heben sich Verhaltenserwartungen ab, die sowohl im Thema als auch im Stil des Erwartens stärker spezifiziert sind. Das hat den Vorteil, daß auch Nichtselbstverständliches erwartbar wird. Wo der Schutz der Selbstverständlichkeit entfällt oder nicht hinreicht, wird es unerläßlich, Enttäuschungen mitzuerwarten, und dann drängt es sich auf, vorgreifend festzulegen, wie man auf Enttäuschungen reagieren wird: durch Lernen oder durch Nichtlernen. Erst hier, im Bereich des nichtselbstverständlichen Erwartens, kommt es zu einer Differenzierung kognitiver und normativer Erwartungen; diese Differenzierung ersetzt gleichsam die Selbstverständlichkeit.

Allerdings ist das Risiko einer solchen Festlegung hoch – für alle einfacheren Sozialsysteme zu hoch; bedeutet es doch, daß man sich ohne Kenntnis der künftigen Situation, ihrer konkreten Details, Verhaltensmöglichkeiten und Konsenschancen im voraus schon zu entscheiden hat, ob man an enttäuschten Erwartungen festhalten wird oder nicht. Die Trennung von kognitiven und normativen Erwartungen erfordert, daß dieses Risiko in die Erwartungsstruktur hineinverlagert und dort bewußtgemacht und kontrolliert wird. Man sieht sich nicht mehr einfach einer konkret-undurchsichtigen, unbestimmt-komplexen, heimtückisch-belebten ‹Natur› gegenüber, sondern verlagert das Doppelproblem der Komplexität und Kontingenz in die Erwartungsstruktur selbst, die es dann in Form eines Wider-

48 Zur Individualisierung der Erzwingung als Merkmal von *‹informal codes›* siehe auch TAMOTSU SHIBUTANI, *Society and Personality. An Interactionist Approach to Social Psychology*. Englewood Cliffs/N. J. 1961, S. 428.

49 Hierzu J. L. SIMMONS, *Public Stereotypes of Deviants*. Social Problems 13 (1965), S. 223–232.

spruchs aushalten muß. Für kognitives Erwarten heißt dies Rückzug auf nur noch hypothetische, revisionsbereite Realitätsannahmen, wie sie im Wahrheitsbegriff der neuzeitlichen Wissenschaften institutionalisiert sind. Für normative Erwartungen heißt dies Rückzug auf eine kontrafaktische Projektion, wie sie im staatlich garantierten Recht exemplarisch verwirklicht wird. Im Falle kognitiver Erwartungen erfordert diese Ausdifferenzierung Vorkehrungen dafür, daß in Enttäuschungssituationen tatsächlich ziemlich rasch und in eindeutig angezeigten Richtungen gelernt werden kann;[50] bei normativen Erwartungen, daß in Enttäuschungssituationen das Festhalten der Erwartung demonstriert und plausibel gemacht werden kann. Das Prinzip, das die evolutionäre Errungenschaft trägt, ist in beiden Fällen dasselbe: Es besteht in einer Steigerung der inneren Komplexität der Erwartungsstruktur, die dadurch weltadäquater wird.

Darüber hinaus bilden sich sowohl im kognitiven als auch im normativen Erwartungsbereich Strategien der Risikominderung aus. Für kognitives Erwarten gibt es Möglichkeiten, trotzdem nicht zu lernen. Für normatives Erwarten gibt es Möglichkeiten, trotzdem zu lernen. Die Risikominderung wird also durch ein stilwidriges Moment, durch verdeckten Einbau der Möglichkeit gegenteiligen Verhaltens erreicht. Die Problemlösung liegt in der Zulassung eines Widerspruchs, der als solcher latent zu bleiben hat.

Auch wenn man kognitiv und damit lernbereit erwartet, führt nicht jede Enttäuschung zur Anpassung. Zumeist hilft man sich zunächst mit *ad hoc*-Erklärungen und Zusatzhypothesen, die die Erwartung erhalten und die Enttäuschung als Ausnahme interpretieren. Vor allem bewährte oder in der kognitiven Struktur zentrale Erwartungen läßt man nicht so schnell fallen. Das Regel/Ausnahme-Schema, die Vorstellung von normalen und ungewöhnlichen Verläufen und der Aufbau eines komplizierten, von abstrakten Grundhypothesen getragenen, fast unwiderleglichen Weltbildes gewährleisten auch für kognitive Erwartungen hohe Enttäuschungsfestigkeit.[51] Selbst in den neuzeitlichen, auf Erkennen spezialisierten Wissenschaften, die als prinzipiell hypothetisch und revisionsbereit auftreten, ist es kaum möglich, durch kritische Einzelerfahrungen größere Bereiche der kognitiven Struktur, die das Normalerwarten regelt, zum Einsturz zu bringen.[52]

50 Die Voraussetzungen solcher Lernfähigkeit werden zum Beispiel durch wissenschaftliche Theorien oder durch Planungsmodelle geschaffen, die aus ‹Variablen› bestehen und eine Schematisierung des Erlebens bereitstellen, in der sich Prognose und Enttäuschung gleichermaßen eindeutig abzeichnen. Diese Voraussetzungen setzen ihrerseits entsprechend spezialisierte Arbeitssysteme voraus.

51 Bemerkenswert sind auch in diesem Zusammenhang die oben (Anm. 34) zitierten lerntheoretischen Experimente, die gezeigt haben, daß absolut sichere, als ausnahmslos konzipierte Erwartungen beim ersten Enttäuschungsfall zusammenbrechen, nur wahrscheinliche Vorzeichnungen aber gegen Enttäuschungen hochgradig immun sein können.

52 Vgl. THOMAS S. KUHN, Die Struktur wissenschaftlicher Revolutionen. Frankfurt 1967.

Umgekehrt lassen sich auch normative Erwartungen nicht ganz auf ihre deklarierte Lernunwilligkeit festnageln. Die Möglichkeit des inneren Durchhaltens von immer wieder enttäuschten Erwartungen hat ihre Grenzen. Die von parkenden Wagen umlagerten Parkverbotsschilder regen schließlich nicht mehr normatives, sondern kognitives Erwarten an: man schaut sich nach der Polizei um. Dazu kommt, daß die Elastizität mancher Normformulierungen Anpassungsvorgänge ermöglicht – so namentlich in der viel diskutierten ‹richterlichen Rechtsfortbildung›. Es gibt mithin, selbst im Recht, apokryphes Lernen und in sehr komplexen Gesellschaften mit positivem Recht sogar legale Rechtsänderung, also legitimes Lernen.

Den Logiker mögen solche Widersprüche betrüben und denkunfähig machen. Der Soziologe muß jedoch erkennen, daß sie der Ausbalancierung von Institutionen dienen. Der Einbau gegenläufiger Möglichkeiten hebt die primäre Sinnrichtung nicht etwa auf. Sie bietet nach wie vor die Grundlage des Regelverhaltens. Man ist nicht blamiert, wenn man im Bereiche normativen Erwartens seine Erwartungen festhält und sich trotz Enttäuschungen zu ihnen bekennt (bzw. sich im Bereiche kognitiven Erwartens den Fakten anpaßt). Aber für den Fall, daß solches Verhalten in beträchtliche Schwierigkeiten führt, gibt es akzeptable Auswege. Erst auf diese Weise wird jener Vorteil voll realisiert, der in der Verfügbarkeit konträrer, aber funktional äquivalenter Strategien der Enttäuschungsbehandlung liegt, der Vorteil, je nach den Umständen mit Lernen bzw. Nichtlernen zu reagieren.

Neben den Formen undifferenzierter Verquickung und gegenläufiger Unterordnung muß schließlich noch eine dritte Weise der Kombination kognitiven und normativen Erwartens erörtert werden. Sie beruht auf der oben behandelten Möglichkeit, Erwartungen zu erwarten. Ein solches Auseinanderziehen und Aufeinanderbeziehen von Erwartungen ermöglicht es, gegensätzliche Erwartungsstile miteinander zu verbinden und Erwartungsketten zu bilden, in denen sowohl Lernmöglichkeiten als auch Nichtlernmöglichkeiten untergebracht werden. A kann kognitiv erwarten, daß B kognitiv oder daß B normativ erwartet; und A kann normativ erwarten, daß B kognitiv oder daß B normativ erwartet.[53] Es gibt bei zweistufiger Reflexivität mithin vier Kombinationsmöglichkeiten – kognitiv-kognitiv, kognitiv-normativ, normativ-kognitiv und normativ-normativ –, bei mehrstufiger Reflexivität entsprechend mehr.

Für eine vollständige Erörterung dieser Kombinationsmöglichkeiten fehlt es an Unterlagen aus der bisherigen Forschung. Wir wissen daher auch nicht, in welchen Erwartungsbereichen welche Konstellationen vorherrschen. Wir beschränken uns deshalb auf die Skizzierung zweier Verwendungen des Schemas, die relativ rasch einsichtig zu machen sind und die in den folgenden Untersuchungen benötigt werden.

---

53 Die Bedeutung dieses Erwartungsaufbaus hat GALTUNG, a. a. O. (1959), S. 220 ff, entdeckt.

Durch normatives Erwarten von Erwartungen kann deren Erwartungsstil normativer Regelung unterworfen werden. Die Frage, ob im Enttäuschungsfall gelernt werden soll oder nicht, ist so wichtig, daß sie unmöglich dem privaten Belieben überlassen werden kann. Die Wahl des einen oder anderen Typs muß institutionalisiert sein. Ein Lehrer wird zum Beispiel von seinen Schülern gesittetes Betragen, Gehorsam, Sauberkeit, normale Kleidung, geschnittenes Haar usw. erwarten. Ob und wieweit diese Erwartungen kognitiv bzw. normativ sind, ist wiederum Gegenstand normativer Erwartungen, die diese Wahl steuern und gegebenenfalls zu korrigieren suchen. Schulbehörde, Elternschaft, Öffentlichkeit würden nicht beliebige Erwartungen des Lehrers lernend zur Kenntnis nehmen, würden zum Beispiel nicht akzeptieren, wenn er weiße Hemden oder gar uniforme Kleidung normativ erwarten würde, würden ihn heute kaum noch unterstützen, wenn er rote Hemden oder lange Haare auszuschließen versuchte. Man sieht an diesem Beispiel, daß die Normierung der Wahl des normativen bzw. kognitiven Erwartungsstils ihrerseits wandelbar ist und daß sich im Laufe der Zeit die Norm von mehr normativem zu mehr kognitiv-tolerantem Erwartungsstil verlagern kann [54] (oder entgegengesetzt). Auch dann bleibt das nichtnormative Erwarten selbst noch normiert und für den Erwartenden seinerseits erwartbar. Er muß, um Konflikte vermeiden zu können, in solchen Fällen kognitiv erwarten können, daß man normativ von ihm kognitives Erwarten erwartet.

Eine Differenzierung von kognitivem und normativem Erwartungsstil wird sich überhaupt nur einspielen können, wenn die Wahl des jeweiligen Erwartungsstils ihrerseits erwartbar ist; nur so kann sie sozial geregelt, nur so kann sie vorausgesehen werden. Die Erwartbarkeit von Erwartungen anderer ist demnach die fundierende Errungenschaft im menschlichen Zusammenleben. Erst auf ihrer Grundlage kann es zur Ausbildung von Erwartungszusammenhängen kommen, die auf normativen Stil und Durchhalten im Enttäuschungsfalle spezialisiert sind.

Der umgekehrt kombinierte Fall, daß normatives oder kognitives Erwarten kognitiv erwartet wird, gibt nicht der sozialen Steuerung, sondern dem individuellen Lernen den Primat. Der einzelne hat dann gegenüber den Erwartungen anderer, seien sie normativ oder kognitiv, eine lernbereite Einstellung. Er normiert nicht, sondern nimmt Überraschungen zur Kenntnis und ist in der Lage, sich anzupassen, wenn die anderen ihre normativen bzw. ihre kognitiven Erwartungen umformulieren – wenn zum Beispiel ein neues Gesetz erlassen wird, eine unerwartete Gerichtsentscheidung ergeht oder wenn die normierenden Gewohnheiten des täglichen

54 Daß eine solche Normierung seines Erwartungsstils dem Erwartenden selbst schwerfallen und wie Zwang vorkommen kann, gesteht ein Richter mit der Formulierung, man werde «nach allem nicht umhinkönnen (!), das Minirocktragen vor Gericht von der Ordnungsstrafe des § 178 GVG auszunehmen (!)», es also nur noch kognitiv zur Kenntnis nehmen. So Deutsche Richterzeitung 1968, S. 7. Und dazu die Bemerkungen von KARLFRIEDRICH ECKSTEIN, ebda., S. 179.

Lebens sich ändern, die Mode wechselt, die Moral sich lockert. Wir werden noch sehen, daß vor allem unter den Bedingungen positiven Rechts diese rein kognitive und änderungsbereite Fundierung normativer Strukturen wesentlich wird.

Schon die bisherigen Überlegungen haben einen ziemlich komplexen Bereich von Prämissen der Rechtsbildung aufgedeckt, im Vergleich zu dem die rechtsdogmatische Vorstellung der Begründung der Geltung von Normen durch höhere Normen relativ einfach ist. An die Stelle dieser Begründung durch eine Hierarchie von Rechtsquellen tritt für uns die Begründung in reflexiven Prozessen des Erwartens von Erwartungen, die eine Differenzierung von kognitiven und normativen Erwartungen überhaupt erst ermöglichen und durch verschiedenartige Konstellationen sehr verschiedenartigen Anforderungen gerecht werden können. Damit ist indes erst die Ausgangslage für das Begreifen der rechtsbildenden Prozesse umrissen. Eine enttäuschungsfest normierte Erwartung ist zunächst nur eine Projektion, ein subjektiver Entwurf. Wir müssen uns nunmehr diejenigen Mechanismen der Enttäuschungsabwicklung genauer ansehen, die in Normprojektionen gemeint sind, und trennen uns damit von dem Bereich primär kognitiver Erwartungsstrukturen, den die Wissenssoziologie weiterzubehandeln hätte.

3. Abwicklung von Enttäuschungen

Selektive, Komplexität und Kontingenz abbauende Erwartungsstrukturen sind eine Lebensnotwendigkeit. Dadurch wird die Nichterfüllung von Erwartungen zum Problem. Sie mag negativ oder positiv überraschen – immer stellt sie unabhängig von den Wirkungen des Einzelfalles auch die betroffene Erwartung in Frage. Die Situation ist nicht mehr dieselbe wie zuvor. Es ist jetzt unabweisbar evident, daß die Erwartung nur eine Erwartung war. Selbst wenn die Überraschung erfreut, wenn sie zum Beispiel als unerwartetes Geschenk kommt, hat sie noch eine unangenehme Seite. Sie gefährdet die Kontinuität des Erwartens in einer Weise, die mit dem effektiven Schaden oder Nutzen des konkreten Ereignisses nur wenig zu tun hat. Sie droht die Reduktionsleistung der etablierten Erwartung aufzuheben, die ursprüngliche Komplexität der Möglichkeiten und die Kontingenz des Auch-anders-handeln-Könnens wieder zum Vorschein zu bringen, die Geschichte bisheriger Erfahrungen und Bewährungen zu diskreditieren. Enttäuschungen führen ins Ungewisse. Diese Seite des Problems läßt sich mit einem Schaden- oder Nutzenausgleich im Einzelfall nicht lösen. Die Erwartung selbst muß, wenn sie nicht geändert und durch neue Sicherheiten ersetzt werden kann, auf ihrer *generalisierten* Funktionsebene durch symbolische Prozesse der Darstellung des Erwartens und der Behandlung des enttäuschenden Ereignisses wiederhergestellt werden.

Die über den Einzelfall hinausreichende Betroffenheit durch Enttäuschung normativer Erwartungen zeigt sich an der Stärke der Reaktion.[55] Die Enttäuschung stimuliert Aktivität, man kann sie nicht einfach passieren lassen. Das Erleben des Enttäuschten gewinnt eine emotionale Färbung, wird sehr oft bis ins organische System vermittelt und löst, besonders bei gestauter Handlungsmöglichkeit, physiologische Prozesse aus. Er regt sich auf. Für das Abfangen der Pression werden also psychische, wenn nicht gar organische Mechanismen mobilisiert. Deren Einsatz kann nun wiederum im sozialen System nicht ignoriert werden. Die Enttäuschungsbehandlung kann nicht allein der individuellen Auf- und Abregung überlassen bleiben. Es besteht die doppelte Gefahr, daß der Enttäuschte vor Aufregung unberechenbar handelt, daß er, um eine Erwartung zu retten, viele Erwartungen enttäuscht, also mehr Probleme schafft als löst; oder daß er in der Aufregung seine Fassung verliert, sich selbst vergißt, die Kontinuität und Verläßlichkeit seiner Selbstdarstellung unterbricht und um einer Erwartung willen die soziale Identität seiner Persönlichkeit aufs Spiel setzt, sich selbst blamiert und sich nicht wiedergutzumachenden Schaden antut. Deshalb muß das soziale System die Abwicklung von Erwartungsenttäuschungen betreuen und kanalisieren – und dies nicht nur, um richtige Erwartungen (etwa Rechtsnormen) wirksam durchzusetzen, sondern um überhaupt die Möglichkeit zu kontrafaktischem, enttäuschungsgefaßtem, normativem Erwarten zu schaffen. Der Erwartende muß vorbereitet und ausgerüstet werden für den Fall, daß er auf einer diskrepanten Realität landet. Er würde anderenfalls nicht den Mut haben können, normativ und durchhaltewillig zu erwarten. Zur Stabilisierung von Strukturen gehört die Kanalisierung und Auskühlung von Enttäuschungen mit dazu.

Die übliche Trennung von Norm und Sanktion verdeckt diesen elementaren Zusammenhang von Erwartungssicherung und Enttäuschungsabwicklung. Es genügt auch nicht, bestimmte Normen, etwa Rechtsnormen, durch Sanktionsbereitschaft zu definieren, sondern man muß sehen, daß normatives Erleben überhaupt erst durch Vorausschau auf Verhaltensmöglichkeiten im Falle der Enttäuschung konstituiert wird. Es muß absehbar sein, daß und wie man seine Erwartungen bei Enttäuschungen wenn nicht durchsetzen, so doch durchhalten kann. Auch im Enttäuschungsfalle muß die Erwartung noch vorzeigbar sein. Sie muß als Element der Selbstdarstellung des Enttäuschten und als Unterlage seines weiteren Verhaltens intakt bleiben, darf sich nicht schlechtweg als Fehler, als kognitiver Irrtum, als blamable Naivität herausstellen, sondern muß in der Welt noch einen Platz und einen Sinnbezug finden, muß weitergelten können. Und dafür werden soziale Hilfestellungen benötigt.

---

55 Man vergleiche dazu die entsprechende Forschung über Enttäuschung *kognitiver* Erwartungen, die wir im folgenden außer acht lassen müssen – etwa J. Merrill Carlsmith/Elliott Aronson, *Some Hedonic Consequences of the Confirmation and Disconfirmation of Expectancies.* The Journal of Abnormal and Social Psychology 66 (1963), S. 151–156; Robert H. Keisner, *Affective Reactions to Expectancy Disconfirmations Under Public and Private Conditions.* The Journal of Personality and Social Psychology 11 (1969), S. 17–24.

Eine Vielzahl von Normverstößen wird bereits dadurch behoben oder doch ihrer symbolischen Implikationen entkleidet, daß man sie nicht zur Kenntnis nimmt. Das geschieht im kleinen[56] wie im großen[57]. Solches Ignorieren zielt nicht auf die Fakten, sondern auf die Norm; es schützt sie gegen diskrepante, in Frage stellende Informationen und schützt den Enttäuschten gegen Reaktionszwang. Dieser Schutz beruht auf dem Umstand, daß nicht Tatsachen, sondern nur Kommunikationen Normen entwurzeln können.

Wenn die Abweichung so ins Offene tritt, daß sie nicht mehr ignoriert werden kann, oder wenn die Interessenlage eine Kollusion im Verschweigen nicht ermöglicht, kommen weitere Erfordernisse der Kooperation ins Spiel. Sie lassen sich in zwei Gruppen einteilen je nachdem, ob sie das Erleben oder das Handeln des Enttäuschten betreffen. Er muß die Enttäuschung als Faktum zurechnen, deuten und erklären können, und ihm müssen Verhaltensmöglichkeiten gegeben sein, mit denen er die Fortgeltung der unerfüllten Erwartung zum Ausdruck bringen kann.

Schon die Tatsache, daß ein enttäuschendes Verhalten überhaupt als Abweichung erlebt wird, bestätigt die Norm. Denn darin liegt ein Modus der *Zurechnung* der Diskrepanz: Nicht der Erwartende hatte falsch erwartet, sondern der Handelnde hatte falsch oder doch ungewöhnlich gehandelt;[58] nicht ein Irrtum bleibt zu erklären, sondern das Verhalten wird zum Thema der Prüfung. Damit ist die Norm schon gerettet und der Normbrecher fast schon verloren. Obwohl die Diskrepanz von beiden Seiten gleichermaßen verursacht worden ist und eine rein kausale Betrachtung stenggenommen keine Zurechnung ermöglichte, wird dank einer Vorverständigung auf der Ebene des Erwartens von Erwartungen eine eindeutige Zurechnung erreicht und damit eine Basis für Handlungen geschaffen, eine Richtung gewiesen, in der der Fall abzuwickeln ist. Juristen neigen dann dazu, den Zurechnungsgrund als eine ‹Fähigkeit› des Opfers aufzufassen – als Rechtsfähigkeit, Zurechnungsfähigkeit, Handlungsfähigkeit, Schuldfä-

---

56 Dazu gibt es namentlich aus dem Organisationsmilieu eine Fülle von Beobachtungen. Vgl. z. B. ALVIN GOULDNER, *Patterns of Industrial Bureaucracy*. Glencoe/Ill. 1954, insbes. S. 45 ff; PETER M. BLAU, *The Dynamics of Bureaucracy*. Chicago 1955, S. 28 ff, 161 ff; GRESHAM SYKES, *The Corruption of Authority and Rehabilitation*. Social Forces 34 (1956), S. 257–265; JOSEPH BENSMAN/ISRAEL GERVER, *Crime and Punishment in the Factory. The Function of Deviance in Maintaining the Social System*. American Sociological Review 28 (1963), S. 588–593; DEAN HARPER/FREDERICK EMMERT, *Work Behavior in a Service Industry*. Social Forces 42 (1963), S. 216–225; LOUIS A. ZURCHER, Jr., *The Sailor Aboard Ship. A Study of Role Behavior in a Total Institution*. Social Forces 43 (1965), S. 389 bis 400.

57 Siehe z. B. MURRAY EDELMAN, *The Symbolic Uses of Politics*. Urbana/Ill. 1964, insbes. S. 44 ff; HEINRICH POPITZ, Über die Präventivwirkung des Nichtwissens. Dunkelziffer, Norm und Strafe. Tübingen 1968.

58 «Die Tatsache, daß der Psychiater keinen Kontakt mit dem Patienten hat, beweist, daß etwas mit dem Patienten nicht stimmt – nicht aber, daß etwas mit dem Psychiater nicht stimmt», notiert RONALD D. LAING, Phänomenologie der Erfahrung. Frankfurt 1969, S. 98.

higkeit oder wie immer, so daß die Selektion des Opfers von ihm selbst und nicht von der Erwartung her bestimmt erscheint. Die Norm bleibt Norm, und die ‹Ursache› der Enttäuschung liegt im abweichenden Verhalten.[59]

Damit ist nicht nur das Ereignis isoliert, individualisiert, personalisiert, sondern zugleich ein Bezugspunkt für eine durchgearbeitete *Enttäuschungserklärung* geliefert. Enttäuschungserklärungen haben die Funktion, eine Enttäuschung, die als Faktum unbestreitbar geworden ist, in der Welt, so wie sie nun einmal ist, unterzubringen. Sie muß mit den bekannten Tatsachen integriert und dadurch verständlich werden; denn man kann wohl in einzelnen Hinsichten, nicht aber überhaupt und prinzipiell kontrafaktisch erwarten. Die Erklärung darf jedoch der Norm nicht schaden. Sie muß daher das enttäuschende Ereignis von der Erwartung distanzieren. Erwartung und Ereignis müssen symbolisch gegeneinander so isoliert werden, daß das Ereignis der Erwartung nichts anhaben kann, ihre Fortgestaltung nicht in Frage stellt. Gesichtspunkte, die dazu dienen, haben mit wissenschaftlich verifizierbaren Erklärungen wenig zu tun, denn sie sollen gerade nicht die regelmäßige, situationsbedingte Erwartbarkeit der Enttäuschung begründen, sondern umgekehrt ihren Ausnahmecharakter.

Eine Möglichkeit solcher Enttäuschungserklärung ist, den Vorfall auf eine Einwirkung übernatürlicher Kräfte zurückzuführen, ihn als Hexerei, als Rache der Toten, als gerechte Strafe Gottes zu beschreiben. Eine andere Art von Erklärung zielt auf die böse Absicht des Handelnden, auf sein ‹Inneres›, auf Schuld. Feindschaft oder Fremdheit, also Rollencharakterisierungen, erfüllen eine ähnliche Funktion. Modernere Varianten liefern pseudowissenschaftliche Begriffe oder Gesetzmäßigkeiten: Das enttäuschende Verhalten wird auf den ‹Minderwertigkeitskomplex› des Handelnden, auf Kindheitsfrustrationen, auf die Klassenlage, auf Systemzwänge usw. zurückgeführt. Weitere Beispiele findet man in negativen Stereotypen, mit denen die ‹Bürokratie›, die ‹Politiker›, die ‹Juden›, die ‹Justiz›, die ‹heutige Jugend›, die ‹Kapitalisten und Monopolherren› belegt und als Enttäu-

59 Diese Zurechnungsproblematik mit ihren sozialen und normativen Voraussetzungen hat Soziologen, Psychologen und Juristen gemeinsam beschäftigt. Siehe als grundsätzliche Erörterungen z. B. Felix Kaufmann, Methodenlehre der Sozialwissenschaften. Wien 1936, S. 181 ff; Hans Kelsen, Vergeltung und Kausalität Den Haag 1941; Fritz Heider, *Social Perception and Phenomenal Causality* Psychological Review 51 (1944), S. 358–374; H. L. A. Hart, *The Ascription of Responsibility and Rights*. In: Anthony Flew (Hrsg.), *Essays on Logic and Language*. Oxford 1951, S. 145–166; Edward E. Jones/Keith E. Davis, *From Acts to Dispositions. The Attribution Process in Person Perception*. In: Leonard Berkowitz (Hrsg.), *Advances in Experimental Social Psychology*. New York 1965 S. 212–266; Harold H. Kelley, *Attribution Theory in Social Psychology*. Nebraska Symposium on Motivation 1967, S. 192–238; Edward E. Jones et al. *Attribution. Perceiving the Causes of Behavior*. New York 1971. Paul Fauconnet, *La responsabilité. Étude de Sociologie*. 2. Aufl. Paris 1928, behandelt leider nicht die Zurechnung auf Erwartenden oder Handelnden, sondern nur die Selektion von Opfern für Sanktionen.

schungsquelle hingestellt werden. Die Negativbewertung der angegebenen Enttäuschungsursache ist ein Symptom dafür, daß eine Norm gegen Kritik geschützt werden soll.[60] Dazu kommt eine Fülle von milieuspezifischen Enttäuschungserklärungen – etwa die Erklärung von Fehlern mit ‹Arbeitsüberlastung› in der Bürokratie. Das, was zunächst fast als Verbrechen erschien, kann so zu einem bloßen Unfall geläutert werden. In all diesen Fällen wird die angeschlagene Erwartung dadurch saniert, daß das enttäuschende Ereignis ins Irreguläre oder ins Negative gerückt wird. Damit kann der Enttäuschte sich in ein projektives Erwarten von Erwartungen retten: Er erwartet dann, daß niemand ernsthaft von ihm erwartet, daß er seine Erwartungen aus solchen Gründen ändert.

Bei aller Vielfalt möglicher Enttäuschungserklärungen ist die Wahl zwischen ihnen nicht beliebig, sondern durch strukturelle Gegebenheiten des Sozialsystems der Gesellschaft vorgeprägt. Vor allem fällt die Rückversicherung solcher Erklärungen in kognitiven Strukturen auf. Der Hinweis auf andersartige Sollvorstellungen, auf eine abweichende Moral dessen, der enttäuscht, reicht als Enttäuschungserklärung nicht aus, denn gerade das würde die eigene Erwartung nicht bestätigen, sondern als kontingent und bezweifelbar erscheinen lassen. Die Abweichung, die ja ohnehin ein Faktum ist, kann nur dadurch neutralisiert werden, daß sie als Faktum ohne Sollwert behandelt wird. Damit ist die Enttäuschungserklärung auf gesellschaftliche Quellen der kognitiven Plausibilität angewiesen und abhängig von dem jeweils akzeptierten Glaubenshorizont – sei es Magie, Religion oder Wissenschaft.

Dies ist unter anderem deshalb von Bedeutung, weil nicht jeder Glaubenshorizont gleich gute Erklärungen liefert. Magische und religiöse Erklärungen ermöglichen zum Beispiel sehr konkrete Begründungen der Tatsache, daß die Enttäuschung gerade mich und meine Erwartungen trifft.[61] Auch personalisierte Enttäuschungserklärungen wie Absicht oder Schuld leisten dies zum Teil noch, wogegen wissenschaftliche oder zu Negativstereotypen generalisierte Erklärungen mich nicht so konkret befriedigen können. So muß offenbleiben, weshalb der vaterlos aufgewachsene Jugendliche ausgerechnet meinen Wagen gestohlen hat. Solche Erklärungen reichen nur aus in einer Gesellschaft, deren Erwartungsstrukturen genügend gefestigt sind, so daß auch mitwirkender Zufall, Glück und Unglück als Enttäuschungserklärungen akzeptiert werden können.[61a]

---

60 In der Durkheim-Schule spricht man im Hinblick darauf von einer ‹Symbolisierung› der Norm durch den für den Normbruch Verantwortlichen. Vgl. Fauconnet, a. a. O., S. 247 ff.

61 Die klassische Monographie zu dieser Frage ist E. E. Evans-Pritchard, *Witchcraft, Oracles and Magic Among the Azande*. Oxford 1937. Vgl. auch Lars Clausen, Behauptung der Magie. Internationales Jahrbuch für Religionssoziologie 5 (1969), S. 141–155 (141 f).

61a Für ältere Gesellschaften siehe George M. Foster, *Peasant Societies and the Image of Limited Good*. American Anthropologist 67 (1965), S. 293–315 (306 ff). Ein aktuelles Beispiel behandelt Edward A. Suchman, *A Conceptual Analysis of the Accident Phenomenon*. Social Problems 8 (1961), S. 241–253.

Schließlich muß bedacht werden, daß nicht jede Erklärungsart sich mit dem normativen Erwartungsstil verträgt. Soweit kognitive und normative Erwartungen sich differenzieren, wirkt deren Trennung auch auf die in Betracht kommenden Formen der Enttäuschungserklärung selektiv. An sich anwendbare Enttäuschungserklärungen müssen daher ausgeschlossen bzw. für den Bereich kognitiver Überraschungen reserviert werden. Solche Eingrenzungen lassen sich bereits in einfachen Gesellschaften beobachten. Das an sich allgemein brauchbare Erklärungsmittel der Hexerei oder der Besessenheit durch böse Geister wird dann nicht angewandt, wenn es um Missetaten unter Stammesmitgliedern, also um einen primär normativ geregelten Erwartungsbereich geht.[62] Die religiöse Erklärung von Verbrechen als ‹göttliche Fügung› ist nicht unbedingt ausgeschlossen, erfordert aber hohe Abstraktionsleistungen im Erklärungssystem und ein gestuftes, hierarchisches Normengefüge; denn es muß natürlich ausgeschlossen werden, daß der Verbrecher als ‹Geißel Gottes› Freispruch beantragt. In modernen Rechtsordnungen stößt die wissenschaftliche Erklärung abweichenden Verhaltens an unüberschreitbare Grenzen. Obwohl sie an sich ebenso universell praktikabel wäre wie die Erklärung durch Hexerei, da es prinzipiell keine Schwierigkeiten bereitet, jedes Verhalten auf soziale oder für den Handelnden nicht verfügbare psychische Ursachen zu beziehen, wird diese Erklärung im normativen Bereich stark eingeschränkt, nur für Extremfälle zugelassen und im übrigen durch eine weitgehend fiktive Erklärung ersetzt: durch die Annahme individueller Schuld.

Wie auch immer die Enttäuschungserklärung gewählt wird, ihre Funktion ist es, ein Festhalten der Erwartung angesichts diskrepanter Ereignisse zu ermöglichen. Darin liegt nicht nur ein Deutungsproblem. Ein solches Festhalten wäre, jedenfalls auf die Dauer gesehen, kaum möglich, wäre der enttäuschten Erwartung jeder Ausdruck verwehrt. Eine Erwartung, die laufend enttäuscht wird, ohne sich melden zu können, verblaßt. Sie wird

---

62 Bemerkenswert ist, daß eine magische Erklärung zugelassen werden kann, sobald es um *unbeabsichtigte* Schädigungen geht, die als Einwirkung übernatürlicher Kräfte erklärt und so der Blutrache entzogen werden können. Primitive Gesellschaften, die diese Problemlösung in sehr weitem Umfange auch zur Erklärung von Rechtsbrüchen verwenden, schildern J. P. GILLIN, *Crime and Punishment Among the Barama River Carib.* American Anthropologist 36 (1934), S. 331–344; GERTRUDE E. DOLE, *Shamanism and Political Control Among the Kuikuru.* Völkerkundliche Abhandlungen 1 (1964), S. 53–62; DIES., *Anarchy Without Chaos Alternatives to Political Authority Among the Kuikuru.* In: MARC J. SWARTZ/VICTOR W. TURNER/ARTUR TUDEN (Hrsg.), *Political Anthropology.* Chicago 1966 S. 73–87. In solchen Fällen kann es nur sehr wenig und sehr ungesichertes Recht geben. Zur viel typischeren Alternativität von Rechtsmechanismus und magisch-ritueller Enttäuschungsbehandlung vgl. auch MAX GLUCKMAN, *African Jurisprudence,* a. a. O., S. 439–454 (450 f); und DERS. (Hrsg.), *Closed Systems and Open Minds. The Limits of Naivety in Social Anthropology.* Edinburgh–London 1964 S. 250 f, auf Grund von V. W. TURNER, *Schism and Continuity in an African Society. A Study of Ndembu Village Life.* Manchester 1957.

unmerklich verlernt, schließlich vom Erwartenden selbst nicht mehr geglaubt. Er gewöhnt sich an die Enttäuschung und erinnert sich nur noch gelegentlich an das, was er ‹eigentlich› erwartet hatte. Diese Entkräftung mangels Ausdrucksmöglichkeit wird beschleunigt, wenn die Enttäuschung in sozialen Situationen stattfindet, also von anderen gesehen wird. Dann entsteht ein Entscheidungsdruck aus dem wechselseitigen Erwarten von Erwartungen. Die Zuschauer sehen das Problem, werden in ihren Erwartungserwartungen ebenfalls verunsichert und erwarten daher eine Klarstellung der Erwartungen des Enttäuschten. Dieser wird seinerseits erwarten, daß die Zuschauer die Klärung seiner Erwartungen von ihm erwarten, und wird sich dadurch genötigt fühlen, eine Entscheidung über Durchhalten oder Fallenlassen seiner Erwartungen zu treffen *und zu zeigen, daß er sie getroffen hat*. Das ist typisch nur in der Situation selbst oder im engen Zusammenhang mit ihr möglich. Auf öffentliche Beleidigungen kann man nur auf der Stelle reagieren. Jede Verzögerung nimmt der Reaktion ihre Überzeugungskraft, wenn nicht ihre Legitimität, da inzwischen die Zuschauer ihre Erwartungserwartungen aufgebaut haben und nun nicht ihrerseits enttäuscht sein wollen.[63] Die Interdependenz verunsicherter Erwartungserwartungen setzt sich mithin in Zeitdruck um, verschärft damit aber nur ein Problem, das ohnehin besteht: Der Enttäuschte kann, auch wenn er es möchte, die Realität nicht ignorieren, kann sich andererseits aber auch nicht auf sie einlassen, sie nicht akzeptieren. Er kommt dadurch in eine Zwangslage mit scharf begrenzten Verhaltensmöglichkeiten. Er muß daher, will er nicht auf seine Erwartung verzichten, die Enttäuschung zum Thema seines Verhaltens machen und in der Art, wie er sie behandelt, die Fortgeltung der Erwartung zum Ausdruck bringen.[64]

Als Brücke zwischen Erklärung und Reaktion dient die Verbalisierung der Erklärung, und in den meisten, alltäglichen Fällen genügt das schon. Es wird bei Enttäuschung normativer Erwartungen argumentiert, es werden Erklärungen, Rechtfertigungen, Entschuldigungen, Ausreden gefordert und

---

63 Ein gutes Beispiel dafür ist die zeitliche Verspätung des österreichischen Ultimatums an die Serben, das den Ersten Weltkrieg auslöste.

64 Diese Reaktion wird hier zunächst als frei entscheidbar dargestellt. Das ist jedoch nur eine analytische Abstraktion. Im Vorgriff auf die Erörterungen des nächsten Abschnittes sei deshalb angemerkt, daß bei institutionalisierten Normen solche Reaktionen typisch kognitiv oder gar normativ erwartet werden. Man blamiert sich und zeigt sich als Schwächling, wenn man die Erwartungsverletzung auf sich sitzen läßt. Reaktion oder gar Rache wird zur sozialen Pflicht. Solche Normierungen der Selbstreaktion des Verletzten findet man vor allem in wenig differenzierten Sozialsystemen, in denen auch akut unbeteiligte Dritte jederzeit in die Lage des Verletzten kommen können und deshalb lebhaft daran interessiert sind, daß die Fortgeltung der Norm demonstrativ bestätigt wird. Diese Bedingung kann auch in Teilbereichen differenzierter Gesellschaften noch erfüllt sein – etwa in den Ehrenstreitigkeiten der Oberschichten. Interessante Details bei Frederick R. Bryson, *The Point of Honor in Sixteenth-Century Italy. An Aspect of the Life of the Gentleman*. New York 1935.

gegeben und abgenommen.[65] Der Prozeß läßt sich in unzweifelhaften Lagen zu blitzschnellen Verständigungen zusammenziehen, die keinerlei Zweifel, Peinlichkeiten und Gefühle aufkommen lassen. Dabei handelt es sich um Versuche einer gemeinsamen Rettung der gefährdeten Norm, um eine Überbrückung der Kluft von Norm und Verhalten. Die Abweichung wird symbolisch neutralisiert. Man verbeugt sich gemeinsam vor der Norm, deutet zumindest durch Implikation an, daß sie als fortgeltend behandelt werden kann und daß der Abweichende trotz seiner Abweichung zuverlässig bleibt. Das dabei angebrachte Verhalten, die Saloppheit oder Förmlichkeit des Stils, die Grenzen der Inquisition, das Maß der Bereitschaft zu Fiktionen und das Mindestmaß an Konsistenz mit früherem Verhalten, kulturellen Standards, kognitiv zu behandelnden Fakten, eigenem Aussehen (Erröten!) usw. mag von Situation zu Situation und vor allem mit dem Bekanntschaftsgrad der Beteiligten variieren. Sprachregelungen bei Ausreden und Entschuldigungen bestehen ihrerseits aus kognitiv-normativen, wenn nicht gar aus rein normativen Erwartungen, die oft ein größeres Gewicht haben als die Norm, deren Verletzung sie regeln sollen: Ein falscher Ton bei der Entschuldigung kann das größere Verbrechen sein![66]

All dies setzt jedoch Chancen der Verständigung über die verletzte Norm, zumindest über hinreichend wesentliche Sinnkomponenten der verletzten Norm voraus. Solche Verständigung ist oft nicht oder nicht rasch genug zu erreichen und besonders dann schwierig, wenn am Verhalten die gegen die Norm gerichtete Intention zu offenkundig zutage getreten ist. Dann ist man zunächst mit seiner Norm allein. Der wichtigste und typischste Ausweg aus dieser Zwangslage ist die *Sanktion*. Der Enttäuschte straft den Enttäuschenden mit Blicken, Gesten, Worten oder Taten; sei es, um ihn zu erwartungsgemäßem Verhalten zu motivieren, sei es auch nur, um seine Erwartung demonstrativ über die Enttäuschung hinwegzubringen. Sein Versuch, die Erwartung nachträglich oder für künftige Fälle durchzusetzen, dokumentiert zugleich am deutlichsten seine Entschlossenheit, die Erwartung festzuhalten. Deshalb liegt es nahe, den Normbegriff durch die

65 Über Einzelheiten wie Stil, Anknüpfungspunkte, Darstellungstechniken und -gefahren, Abnahmebedingungen, situationsmäßige Differenzierungen und kulturelle Rahmenkonstanten solcher Rechenschaftslegungen gibt es noch kaum Forschung. Einen guten Überblick vermitteln MARVIN B. SCOTT/STANFORD M. LYMAN, *Accounts*. American Sociological Review 33 (1968), S. 46–62; neu gedruckt in LYMAN/SCOTT, *A Sociology of the Absurd*. New York 1970. Einige Bemerkungen zu Entschuldigungen auch bei ERVING GOFFMAN, *Interaction Ritual*, a. a. O., S. 242 f.

66 Daran knüpfen Delikte an, die bewußt zweiphasig gebaut sind. Sie bestehen aus einem Vordelikt und dem Unterlassen der zu erwartenden Entschuldigung und sollen erst durch dieses Unterlassen eigentlich treffen. Das Hauptbeispiel bieten Anrempeleien. Ihr Reiz besteht darin, den Enttäuschten eine Weile in Ungewißheit darüber zu lassen, ob seine Erwartungen in Frage gestellt sind, und ihn dadurch wehrlos zu machen.

Bereitschaft, im Enttäuschungsfalle Sanktionen zu verhängen, zu definieren.[67] Damit wird jedoch das Repertoire an Möglichkeiten zu stark eingeschränkt und zumeist auch verkannt, daß das Durchhalten der Erwartung wichtiger ist als das Durchsetzen. Vor allem aber geht die ‹Sanktionstheorie› von einem versteiften Gegensatz zwischen Erwartendem und Enttäuschendem aus und neigt dazu, die vielen Fälle zu übersehen, in denen beide – nicht selten auf Kosten der Wahrheit – zusammenarbeiten, um die verletzte Norm zu rehabilitieren. Neben Sanktionen gibt es mithin andere, funktional äquivalente Strategien kontrafaktischer Stabilisierung.[68] Einige dieser Alternativen lassen sich an einem Beispiel verdeutlichen:

Bin ich mit einem Freunde in einem Café verabredet und treffe ihn dort nicht an, fühle ich mich nicht nur in kognitiven, sondern auch in normativen Erwartungen verletzt. Er sollte da sein! Irgendeine ‹Behandlung› von Enttäuschung und Erwartung ist nun erforderlich, aber es stehen mehrere Möglichkeiten zur Verfügung, die nicht alle den Charakter von Sanktion haben. Ich kann zum Beispiel beim Kellner nach ihm fragen und durch den Unterton der Enttäuschung, Verärgerung oder Besorgnis meiner Erwartungsnorm Ausdruck geben. Das empfiehlt sich besonders dann, wenn der Kellner mich kennt und mich unnütz warten sieht. Ich zeige ihm dann, daß ich selbst mit meiner Norm auf der Seite der sich richtig Verhaltenden liege. Auch andere Personen, bei denen man ein Interesse an der Situation voraussetzen kann, kommen als Zuhörer und als Bestätiger der verletzten Norm in Betracht, ohne daß der Sünder selbst davon zu erfahren braucht. Ich kann mich aber auch an ihn selbst wenden, ihn anrufen oder ihm bei einer späteren Begegnung Vorwürfe machen. Im Anschluß daran kann es zu jener oben behandelten Entschuldigungsdarstellung kommen: Ich kann meinem Freund auch ohne jede Art von Sanktion eine Ent-

---

67 Diese Auffassung ist besonders unter Juristen verbreitet (vgl. statt anderer Rupert Schreiber, Die Geltung von Rechtsnormen. Berlin–Heidelberg–New York 1966, S. 24 ff), wird aber häufig auch von Soziologen vertreten, und zwar kennzeichnenderweise mehr aus methodischen als aus theoretischen Gründen: Sanktion ist ein empirisch leicht feststellbares Verhalten. Vermutlich hängt diese Option mit dem unzulänglichen Entwicklungsstand der soziologischen Rechtstheorie zusammen. Vgl. z. B. Geiger, a. a. O., insbes. S. 68 ff; Ralf Dahrendorf, Homo Sociologicus. 4. Aufl. Köln–Opladen 1964, S. 28 ff; Heinrich Popitz, Soziale Normen. Europäisches Archiv für Soziologie 2 (1961), S. 185–198 (193 ff); Spittler, a. a. O., S. 19 ff; Karl F. Schumann, Zeichen der Unfreiheit. Zur Theorie und Messung sozialer Sanktionen. Freiburg/Brsg. 1968; und als Kondensat zahlreicher Definitionen Rüdiger Lautmann, Wert und Norm. Begriffsanalysen für die Soziologie. Köln–Opladen 1969, insbes. S. 107 f.

68 Unser Hauptunterschied zur ‹Sanktionstheorie› ist mithin, daß wir Normen nicht durch einen empirischen Mechanismus, sondern durch ein funktionales Problem definieren und damit offenlassen, durch welche funktional äquivalenten Mechanismen dieses Problem in je verschiedenen sozialen Situationen und Systemen gelöst wird. Diese Konzeption soll den Blick auf Alternativen zur Sanktion freigeben. Sie bietet zugleich einen besseren Ausgangspunkt für die Erörterungen der spezifischen Vorteile spezifischer Sanktionsweisen.

schuldigung abnehmen, die voraussetzt, daß meine Erwartung im Prinzip berechtigt war. Diese Entschuldigung kann fiktiv sein, ich kann wissen, daß sie fiktiv ist, und er kann wissen, daß ich weiß, daß sie fiktiv ist, wenn nur Konsens darüber darstellbar ist, daß man im allgemeinen und das nächstemal Verabredungen einzuhalten hat.

Eine andere Art von Strategie operiert mit den nichtverbalen Gegebenheiten der Situation selbst. Ich kann das Café sofort wieder verlassen und den zu spät Kommenden seinem Schaden überlassen. Darin kann auch eine beabsichtigte Sanktion liegen – aber eine solche, die sich nicht zu erkennen zu geben und zu rechtfertigen braucht oder die einigen Eingeweihten als Sanktion, anderen dagegen als bloßer Schaden erscheint. Ich kann aber auch umgekehrt im Café sitzenbleiben und endlos warten, um die Bedeutung der Norm an der Größe meines Opfers zu erweisen. Ich kann es zum Skandal kommen lassen, um die soziale Resonanz, wenn nicht der Norm, so doch des Skandals, auszukosten.[69] Techniken der Bekanntmachung und Verbreitung des Enttäuschungsfalles, der Ausweitung zum Skandal und des Auskostens seiner Rückschläge, Techniken der Anmahnung der Normerfüllung, des Gekränktseins oder des taktvollen Annehmens von Ausreden, Techniken der Selbstverstümmelung und des beharrlichen Leidens[70] oder Techniken der unschuldigen Schadensvergrößerung und der gerechten Schadenfreude – es gibt eine Reihe von Möglichkeiten, der alten Norm den einer neuen Lage angepaßten Ausdruck zu geben, so daß auch die weniger robusten, nicht zu Sanktionen befähigten Naturen mit ihren Normen weiterleben können.

Eine weitere Art von Abwicklung liegt zwischen Nichtbeachtung und Sanktion. Sie besteht darin, daß man den enttäuschend Handelnden als eine Person definiert, die der Norm nichts anhaben kann – mit der keine Gemeinschaft der Ehre und des Rechts besteht, die nicht ernst genommen zu werden braucht, die einer anderen Kaste oder Klasse angehört, nicht satisfaktionsfähig ist oder aus sonstigen Gründen keine symbolische Signifikanz besitzt.[71] Dabei muß man sich entweder auf fest institutionalisierte soziale Grenzen und Distanzen stützen können oder überlegene eigene Darstellungskunst ins Spiel werfen: Schlagfertigkeit, unerschütterliche

69 Leider gibt es über Skandale kaum Forschung, die nicht selbst skandalös wäre. Vgl. immerhin Hans-Joachim Winkler, Über die Bedeutung von Skandalen für die politische Bildung. Hamburger Jahrbuch für Wirtschafts- und Gesellschaftspolitik 13 (1968), S. 225–244.

70 Selbst Richter finden sich unter denen, die zur Verteidigung wichtiger, aber unpopulärer Normen zum *Choice of Martyrdom* aufgerufen sind – so von Walter F. Murphy, *Elements of Judicial Strategy.* Chicago–London 1964, S. 197, der dabei im damals engen Horizont der amerikanischen Innenpolitik freilich nur an eine Art öffentlichen Ansehensverlust denkt und nicht an die Probleme, denen sich Richter im ‹Dritten Reich› gegenübersahen.

71 Erving Goffman, *Interaction Rituals,* a. a. O., S. 255 ff, berührt Strategien dieser Art unter dem Gesichtspunkt der Vermeidung unwillkommener Provokationen und Charaktertests.

Würde, asketische Beschäftigung mit abseitigen Dingen oder was immer.

Alles in allem bietet das tägliche Leben somit eine gewisse Auswahl möglicher Enttäuschungserklärungen und Reaktionsweisen an. Dadurch wird zahllosen Normprojektionen eine Chance des Durchhaltens eröffnet, ohne daß es von vornherein auf ihre Konsensfähigkeit, Konsistenz oder Widerspruchsfreiheit ankäme. Für die Wahl des jeweils darstellbaren Verhaltens sind das Aktionspotential des Enttäuschten, die Disziplinierbarkeit seines Temperaments und die Verzögerbarkeit seiner Reaktion, der Rang der Norm in seiner Erwartungsstruktur, die Situationskonstanten, die Möglichkeit, Konsens zu finden, und vieles andere mehr bestimmend; nicht zuletzt auch das gewählte Erklärungssystem, das den Zusammenhang mit kognitiven Selbstverständlichkeiten vermittelt. Dieser Reichtum an Anpassungsmöglichkeiten entspricht dem durchgehend normdurchsetzten Erwartungsstil des täglichen Lebens, der wiederum unerläßlich ist, weil die menschliche Persönlichkeit immer und überall auf normative Stabilisierung ihrer Selektionsleistungen angewiesen ist. Es gibt deshalb eine Überproduktion an Normen, nämlich weit mehr relativ stabile, durchhaltbare Normprojektionen, als im sozialen System integriert werden und damit Recht werden können.

Diese These einer notwendigen Überproduktion normativer Erwartungen, einer permanent zu hohen Vielfalt und Widersprüchlichkeit im Normgefüge der Gesellschaft ist von *grundlegender Bedeutung für eine evolutionäre Theorie des Rechts*. Es wäre verkehrt und würde entscheidende Einsichten verstellen, wollte man lediglich vom Standpunkt des schon konsolidierten Rechts aus auf solche Erscheinungen zurückblicken und sie von da aus in ihrer Mangelhaftigkeit charakterisieren – als Erwartungen, die bloß subjektiven und unverbindlichen Charakter haben, als Normprojektionen, die noch nicht eigentlich Recht sind und allenfalls eine Vorstufe der Rechtsbildung darstellen. Selbst diese Vorstufen-Theorie ist als Entwicklungskonzeption unzulänglich, da sie unerklärt läßt, weshalb die Vorstufe immer noch benötigt wird, nachdem sich Recht längst entwickelt hat.[72] Die moderne Evolutionstheorie ermöglicht, wie in Kapitel III. 1 näher zu erörtern sein wird, eine überzeugendere Deutung.

Der Beitrag des normativen Erwartens zur Entwicklung komplexer Systeme hängt mit seiner Tendenz zum Überziehen der Erwartungsmöglichkeiten, mit seiner kontrafaktischen Intention zusammen. Er liegt in den Erfordernissen der sozialen Lebensführung begründet, in ihrem Mehrbedarf an normativen Erwartungen, der zu einer Überproduktion führt. Dieser Mechanismus kann als grundlegend bezeichnet werden, weil er Rechtsbildung überhaupt erst ermöglicht – nicht so, wie die höhere Norm die niedrigere rechtfertigt oder wie das Beständige das Unbeständige trägt, sondern im gegenteiligen Sinne: dadurch, daß er die Möglichkeiten des

---

72 Im übrigen hat die Stufentheorie die gleichen Mängel wie die oben S. 27 f kritisierte Normentypologie: Sie ermöglicht keine Theorie des Prozesses der Entwicklung im ganzen.

normativen Erwartens erzeugt, im Hinblick auf die das Recht selektive Struktur sein kann. Er ist grundlegend dank seiner höheren Komplexität, also gerade in den Eigenschaften, die ihn als unvollkommen erscheinen lassen: in seiner Labilität, seiner subjektiven Vielfältigkeit, seinen Widersprüchen und Konflikten.

Zugleich zeigt diese Analyse, was uns noch fehlt. Durch die bisher erfaßte Gruppe von Mechanismen, die auf *zeitliche* Stabilisierung und Enttäuschungsfestigkeit des Erwartens spezialisiert sind, läßt sich nur jenes erste Erfordernis hoher Varietät im System erfüllen. Weder Konsistenz noch Konfliktsfreiheit noch gar funktionale Spezifikation des Normengefüges sind auf diesem Wege zu gewinnen. Wir müssen weiter Ausschau halten nach Prozessen der Selektion und der Stabilisierung der als Recht ausgewählten Erwartungen, und wir werden sie finden, wenn wir neben der zeitlichen im nächsten Abschnitt auch die soziale und im übernächsten auch die sachlich-sinnhafte Dimension des Erwartungserlebens in Betracht ziehen. Institutionalisierung leistet evolutionäre Selektion dadurch, daß über Konsensbildung ausgewählt wird, welche Normprojektionen in einer Gesellschaft brauchbar sind. Und sachlich-sinnhafte Identifikation leistet evolutionäre Stabilisierung des so Errungenen dadurch, daß die Norm in einem konsistenten Sinnzusammenhang aufgenommen, befestigt und so klargestellt wird, daß sie nun ihrerseits qua Auslegung und Begründung Konsens zu erzeugen und Schwankungen der institutionalisierenden Mechanismen zu überdauern vermag.

4. Institutionalisierung

Im normativen Erleben allein liegt weder Sicherheit der Erfüllung noch soziale Integration. Diese Labilität ist, wie gezeigt, kein Unglück, sondern eine Bedingung der Abdeckung des Normierungsbedarfs im täglichen Leben und zugleich eine Entwicklungsbedingung des Rechts. Jede Gesellschaft muß in einem Ausmaß, das mit ihrer eigenen Komplexität variiert, hinreichende Verschiedenheiten des normativen Erwartens einräumen und strukturell, zum Beispiel durch Rollendifferenzierung, ermöglichen. So ist es ein durchaus normales Geschehen, daß Normprojektionen in Konflikt geraten und die Norm des einen zur Enttäuschung des anderen wird. Die heutige Soziologie ist durchaus bereit, Erwartungswidersprüche und selbst ein tolerierbares Maß an offenem Konflikt als Normalzustand eines sozialen Systems zu würdigen, ja als eine Bedingung der Erhaltung des Systems in einer übermäßig komplexen Umwelt zu erkennen.

Das entbindet sie nicht von der Aufgabe, nach Lösungen oder doch Abschwächungen dieses Konfliktproblems Ausschau zu halten. Normative Erwartungen können natürlich nicht beliebig mit Enttäuschungen belastet werden, und erst recht sind den strukturell erzeugten, laufenden Enttäuschungen Grenzen der Erträglichkeit gesetzt. Im großen und ganzen müssen normative Erwartungen so dirigiert werden, daß sie Erfolg haben können. Den Komplex von Mechanismen, der dies bewirkt, wollen wir unter dem Begriff der *Institutionalisierung von Verhaltenserwartungen* erörtern. Damit soll der Umfang bezeichnet werden, in dem *Erwartungen auf unterstellbare Erwartungserwartungen Dritter gestützt werden können.*[73]

Unseren bisherigen Analysen hatten wir ein Zweier-Modell zugrunde gelegt, das Platz bot für den (oder die) Erwartenden und den (oder die) erwartungsgemäß oder erwartungswidrig Handelnden. Diese Grundvorstellung konnte zwar beliebig viele Personen aufnehmen, sah aber nur zwei Arten von Positionen, Erwartende und Handelnde, vor, und war insofern wenig komplex. Die Beziehung zwischen diesen beiden Positionen ist natürlich sozialer Art. Wenn wir nun aber die Sozialdimension der Rechtsbildung eigens ins Auge fassen, sehen wir, daß diese einfache Darstellung nicht ausreicht. Die Verhältnisse liegen komplizierter. Es kommen die möglicherweise miterlebenden Dritten hinzu.

Nur für sehr einfache, kurzlebige Sozialsysteme kann man sich vorstellen, daß den Handelnden eine einheitliche Gruppe von Erwartenden gegenübersteht. Selbst dann muß man den Mechanismus des Erwartens von Erwartungen berücksichtigen, der besagt, daß auch die Handelnden von den Erwartenden etwas erwarten und ohne Erwartung eines Handelns der

---

73 Zur Abgrenzung dieses Begriffs und der folgenden Erörterungen sei auf drei nahestehende, aber doch zu unterscheidende Begriffsfassungen hingewiesen:

a) Juristen verstehen unter Institution häufig einen Normenkomplex, dessen innerer Zusammenhang eine Auslegungshilfe bietet oder gar als Rechtsquelle in Anspruch genommen wird. Vgl. z. B. SANTI ROMANO, *L'ordinamento giuridico.* 2. Aufl. Florenz 1946, Neudruck 1962; MAURICE HAURIOU, Die Theorie der Institution und zwei andere Aufsätze. (Hrsg.: ROMAN SCHNUR) Berlin 1965; ROMAN SCHNUR (Hrsg.), Institution und Recht. Darmstadt 1968.

b) Soziologen beziehen den Begriff Institution zuweilen auf die Erfüllung grundlegender anthropologischer Bedürfnisse, die wegen der Offenheit des menschlichen Verhältnisses zur Welt nicht im Naturverhältnis, sondern nur im Sozialverhältnis dauerhaft befriedigt werden können. Vgl. z. B. HELMUT SCHELSKY, Über die Stabilität von Institutionen, besonders Verfassungen. Kulturanthropologische Gedanken zu einem rechtssoziologischen Thema. Jahrbuch für Sozialwissenschaft 3 (1952), S. 1–21, neu gedruckt in: DERS., Auf der Suche nach Wirklichkeit. Gesammelte Aufsätze. Düsseldorf–Köln 1965, S. 33–55; ARNOLD GEHLEN, Urmensch und Spätkultur. Philosophische Ergebnisse und Aussagen. Bonn 1956. Vgl. auch HELMUT SCHELSKY (Hrsg.), Zur Theorie der Institution. Düsseldorf 1970.

c) In der Soziologie TALCOTT PARSONS' wird der Begriff Institutionalisierung auf das spezifische Erfordernis der Sicherstellung komplementären Erwartens durch Interpenetration kultureller, sozialer und personaler Aspekte des Handlungssystems bezogen. Normative Verhaltensmuster sind Gegenstand der Institutionalisierung. Vgl. z. B. *The Social System,* Glencoe/Ill. 1951, S. 36 ff. Ferner Bd. II, S. 304.

Im Unterschied zu diesen Begriffsfassungen wird im folgenden auf eine strikte analytische Trennung normierender und institutionalisierender Mechanismen Wert gelegt, weil nur so die Problematik und die Evolution der Rechtsbildung herausgearbeitet werden können.

Erwartenden gar nicht erwarten könnten, welches Handeln die Erwartenden von ihnen erwarten. Beide Seiten gehen mithin immer als erwartend und handelnd in die Beziehung ein und wechseln ihre Primärorientierung laufend. Dazu kommt, daß mit der sachlichen Differenzierung der Themen des Erwartens bzw. Handelns sich eine Differenzierung von Aktualisierungsinteressen einstellt. Nicht alle können jeweils alles aktuell erwarten, sowenig wie alle alles erwartete Handeln vollziehen können. Die jeweils aktuell Erwartenden und Handelnden sondern sich daher laufend aus und profilieren sich vor einem Hintergrund potentiell Miterlebender, die derweil mit anderen Dingen beschäftigt sind. Dies geht allen so, die sich ein Thema vornehmen, und entsprechend sind alle füreinander zugleich potentiell miterlebende Dritte.

Es ist wichtig, diese Verschränkung und Simultaneität des Erwartens, Handelns und Dritterseins recht zu begreifen, denn davon hängen die folgenden Argumente ab. Jeder Teilnehmer an einem sozialen System erfüllt praktisch gleichzeitig alle diese Funktionen. Am Erwarten und Handeln hatten wir dies schon gesehen, es handelt sich nicht um verschiedene Rollen, sondern um permanente Systemzustände. Ebenso müssen auch die Funktion und der Zustand des Dritterseins begriffen werden. Man ist Dritter ursprünglich nicht in einer eigens dafür geschaffenen Rolle, als ein mit Zuschauen beschäftigter Zuschauer, sondern als jemand, der mit anderen Dingen beschäftigt ist, aber *möglicherweise* für ein aktuelles Miterleben, Miturteilen, Mitverurteilen, Mithandeln zu gewinnen ist. Man ist Dritter nicht in der momentanen Aktualität seines Erwartens und Handelns, sondern im Erwartungshorizont derer, die sich aktuell an möglicherweise Miterlebenden orientieren.

Obwohl die neutralisierende, objektivierende, Streit dämpfende Funktion Dritter zum klassischen Themenbestand der Soziologie gehört, ist sie selten klar genug von der Rolle des Zuschauers getrennt worden.[74] Der Zuschauer ist ein konkret faßbarer Dritter, seine Einstellung kann schwankend und beeinflußbar, mit der konkreten Situation modifizierbar sein. Ihm allein kann man die Institution daher nicht anvertrauen.[75] Es sind vielmehr die unbekannten, anonymen Dritten, deren vermutete Meinung die Institution trägt. Die unmittelbaren Zuschauer fungieren nur als Organe des Herrn, der sich nie zeigt. Vor allem aber liegt schon darin ein Problem, Dritte überhaupt als Zuschauer, das heißt für aktuelles Miterleben und Meinungskommunikation zu gewinnen. Bewußte Aufmerksamkeit ist knapp. Die Dritten haben anderes zu tun. Sie müssen geworben und

74 Vgl. z. B. GEORG SIMMEL, Soziologie. Untersuchungen über die Formen der Vergesellschaftung. 2. Aufl., München–Leipzig 1922, insbes. S. 32 ff; ALFRED VIERKANDT, Gesellschaftslehre. 2. Aufl., Stuttgart 1928, S. 405 ff; LEOPOLD VON WIESE, System der Allgemeinen Soziologie als Lehre von den sozialen Prozessen und den sozialen Gebilden der Menschen (Beziehungslehre). 2. Aufl., München–Leipzig 1933, S. 473 ff.

75 Ähnliche Erwägungen bei KARL F. SCHUMANN, Zeichen der Unfreiheit. Zur Theorie und Messung sozialer Sanktionen. Freiburg/Br. 1968, S. 53 f.

motiviert, in ihre Rolle als Zuschauer gelotst und gegebenenfalls um ihr Urteil gebeten werden. Darauf beruht die Nähe der Norm zum Skandal. Man muß Alarm schlagen, um Dritte zu interessieren. Und darauf beruht vor allem die Vorteilhaftigkeit hauptberuflicher Rollen für unbeteiligte Dritte – der Rollen für Richter, bei denen es zunächst weniger auf Kompetenz als auf Präsenz ankommt: auf erleichterte Anrufbarkeit.

Auf die gleiche Wurzel, Knappheit an Aufmerksamkeit für eine übermäßig komplexe Welt, geht auch ein zweites, eng damit zusammenhängendes Problem zurück. Auf die Frage nach der sozialen Integration des Erwartens wird normalerweise selbst von Soziologen auf *Konsens* verwiesen. Die Geltung des Rechts beruhe, so sagt man seit dem Zusammenbruch des Naturrechts, auf gemeinsamen Überzeugungen.[76] Bei genauerem Nachsehen verfliegt diese Vorstellung jedoch rasch: Wer denkt schon wann an beispielsweise § 1753 BGB? Was ist als empirisches Faktum gemeint, wenn man von gemeinsamen Überzeugungen spricht? Das Problem des Konsenses muß überlegter gestellt werden als bisher und auf die tragenden Mechanismen der Interaktion hin ausgearbeitet werden. Es genügt nicht, von älteren Auffassungen, die weitestgehenden Konsens für wesentlich und erstrebenswert hielten, fortzuschreiten zu Theorien, die Konsens nur noch als empirische Variable ansehen und nur noch für begrenzt erforderlich halten.[77] Darüber hinaus müssen das sehr begrenzte Potential für aktuelles Erleben und die Vielfalt möglicher Themen in Rechnung gestellt werden. Faktischer Konsens kann, wenn man darunter gleichzeitiges und gleichsinniges Erleben versteht, unter diesen Umständen nur ein sehr seltenes Ereignis sein, und jedenfalls kann es in bezug auf konkreten, verweisungsreichen Sinn nicht einmal voll adäquates aktuelles Erleben, geschweige denn vollen Konsens geben.

Das Problem kann deshalb nicht sein, faktischen Konsens wesentlich zu vermehren. Das würde das verfügbare Potential für Aufmerksamkeit von anderen Themen abziehen und rasch erschöpfen. Bei der Institutionalisierung von Verhaltenserwartungen kann es nur darum gehen, den minimalen Bestand an gleichzeitigem und gleichsinnigem Erleben besser auszunutzen, ihn gleichsam auf die gesellschaftlich wichtigen Sinngehalte und Momente zu verteilen, Konsens erwartbar und nach Bedarf auslösbar zu machen, vor allem aber: die vorhandenen Konsensbereitschaften zu überziehen, so daß der ‹allgemeine gesellschaftliche Konsens› schließlich nur noch in einigen Hinsichten und einigen Momenten durch das aktuelle Erleben einiger gedeckt zu sein braucht. Die Funktion von Institutionen liegt daher weniger in der Beschaffung als in der Ökonomie des Konsenses,

76 Vgl. dazu Hans Welzel, An den Grenzen des Rechts. Die Frage der Rechtsgeltung. Köln–Opladen 1965, mit zahlreichen weiteren Hinweisen.

77 Das ist heute unter Soziologen wohl allgemeine Auffassung. Als ein speziell auf Normstrukturen bezogenes Beispiel siehe Basil S. Georgopoulos, *Normative Structure Variables and Organizational Behavior*. Human Relations 18 (1965), S. 155–169.

und die Ersparnis wird hauptsächlich dadurch erreicht, daß der Konsens im Erwarten von Erwartungen vorweggenommen wird, kraft Unterstellung fungiert und dann normalerweise gar nicht mehr konkret abgefragt werden muß. Kraft solcher Institutionalisierungen wird eine rasche, präzise, selektive Kommunikation zwischen Menschen überhaupt erst möglich. Man kann Situationen und Partner zügig wechseln, ohne die Verständigungsbasis zu verlieren und jeweils wiederherstellen zu müssen. Man kann auch Unbekannten gegenüber, wenn die Institutionalisierung sie einbezieht, Konsens unterstellen und ohne vorherige explizite Einigung davon ausgehen, daß ein Mindestbestand von Verhaltenserwartungen allgemeine Zustimmung findet. Wir müssen nunmehr etwas genauer beschreiben, wie diese für menschliches Zusammenleben unentbehrliche Leistung zustande kommt.

Der Mechanismus der Institutionalisierung setzt dort an, wo das Problem seinen Ursprung hat: in der begrenzten Kapazität für Aufmerksamkeit. Jede soziale Interaktion erfordert die Wahl von Sinn als Thema für gemeinsame Aufmerksamkeit. Jeder Sinn aber impliziert mehr, als durch Kommunikation expliziert werden kann. Man muß daher, um überhaupt sinnbezogen handeln zu können, eine akzeptierte Situationsdefinition voraussetzen, sie in einer bestimmten Richtung entfalten und den übrigen Teilnehmern ihre Rollen darin zuweisen. Da nicht alle gleichzeitig reden können, fällt die Führung an einen oder einige Teilnehmer, die ins Zentrum gemeinsamer Aufmerksamkeit gelangen und ihre Kommunikation dort zu Gehör bringen können. Jeder hat am Anfang die Freiheit zu protestieren; aber niemand kann, wenn er überhaupt an Interaktionen teilnehmen will, unaufhörlich gegen alles Implizierte explizit protestieren. Ihm bleibt, wenn es ihm nicht gelingt, die selektive Themenentwicklung selbst zu führen, nur der Gesamtprotest durch Abbruch der Beziehung oder das Sicheinlassen auf ihre Basis unterstellten Konsenses und auf ihre Selektionsgeschichte, die nur noch in Einzelheiten beeinflußt werden kann. Das Fortsetzen der Teilnahme wird dann, ob gewollt oder nicht, zur Darstellung von pauschal erteiltem Konsens, und Darstellungen binden, da die übrigen Teilnehmer entsprechende Erwartungen bilden. *Qui tacet consentire videtur*. So kommt es zum Engagement kraft Dabeiseins. Es bilden sich gemeinsam unterstellte, zunächst unartikulierte Selbstverständlichkeiten, welche die Vielfalt der an sich möglichen und an sich ausdrückbaren Ansichten scharf reduzieren. Darauf basiert, im Prinzip, der gesuchte Selektionsmechanismus, der die Vielfalt der Normprojektionen einschränkt.

Diese institutionelle Reduktion darf nicht vorschnell als sozialer Zwang oder gar als soziale Determination des Verhaltens begriffen werden. Sie passiert einfach. Sie stellt sich zwangsläufig ein, wirkt aber selbst nicht im Sinne eines Zwangs, der jede andere Möglichkeit ausschließt. Ein gut Teil Varietät der Normprojektion, gewisse Möglichkeiten des Abweichens und vor allem Möglichkeiten der Änderung in Anpassung an veränderte Umstände bleiben erhalten. Der Thematisierung und Änderung von Verhaltensprämissen stehen nicht unbedingt gewichtige Interessen entgegen.

Überhaupt stabilisiert dieser Mechanismus der Institutionalisierung nicht ohne weiteres speziell normative Erwartungen, sondern zunächst wohl einfach Kontinuitätsannahmen, deren normativer bzw. kognitiver Status unentschieden bleiben kann. Er liegt auch der Bildung abweichender, delinquierender Subkulturen zugrunde.[78] Der Institutionsbegriff hat, so gefaßt, sein spezifisches Merkmal nicht im sozialen Zwang, nicht in der Verbreitung von faktisch aktualisiertem Konsens und auch nicht in der Normativität des Erwartens, obwohl er keines dieser Merkmale ausschließt. Seine Funktion beruht auf einer angebbaren Verteilung von Verhaltenslasten und Risiken, die die Erhaltung einer eingelebten sozialen Reduktion wahrscheinlich macht und gewissen Normprojektionen absehbar bessere Chancen gibt als anderen.

Wer gegen die Institution erwarten will, hat das Schwergewicht einer vermuteten Selbstverständlichkeit gegen sich. Er muß vorläufig angenommene Verhaltensgrundlagen, auf die andere sich schon offen eingelassen hatten, durchkreuzen. Er greift damit Selbstdarstellungen an und wird unbequem, wenn nicht gefährlich. Er muß eine Initiative riskieren, ohne darin durch prästabilierte Erwartungen gedeckt zu sein. Seine Erwartungen kommen unerwartet. Er muß das stillschweigend Vorausgesetzte oder gar ausdrücklich Gebilligte zum Thema und Problem machen, muß es in den Brennpunkt des gemeinsamen Interesses ziehen und dort zerstören, obwohl die Anwesenden die Situation möglicherweise zu ganz anderen Zwecken benutzen, in ganz andere Richtungen entwickeln wollten. Es muß ihm gelingen, das Zentrum gemeinsamer Aufmerksamkeit zu besetzen – es genügt nicht, wenn er einem der Anwesenden seine Vorbehalte zumurmelt oder sich nach der Situation über sie lustig macht. Mit einer Kritik an institutionalisierten Erwartungen sind daher Führungsprätentionen verbunden, die schon als solche ohne Ansehen der Sache auf Widerstand stoßen können. Das Risiko ist entsprechend hoch, oft entmutigend hoch. Vielleicht findet der Kritiker Beifall und kann sich zum Sprecher einer latent verbreiteten Unzufriedenheit machen; vielleicht wird ihm aber auch mehr oder minder taktvoll vor den Augen aller bedeutet, daß er an feindlichen Ufern anzulegen sucht.

Dazu kommt die Last der Verbalisierung und Explikation. Die Institution konnte nahezu unbemerkt entstehen und sich entfalten. Um sie zu stürzen, bedarf es des Wortes. Der Angreifer muß das richtige Wort finden, den Gedanken, der die Institution aus den Angeln hebt. Er muß Gründe gegen sie beschaffen und zumeist auch einen Ersatzvorschlag mitliefern. Dabei kann er nicht auf konkrete Erfahrungen und Bewährungen, sondern nur auf abstrakte Vorstellungen zurückgreifen, nicht auf schon gelebtes Leben, sondern auf blasse Möglichkeiten des Andersseins. Der Angriff mag ihm leichter fallen, wenn die Institution schon auf formulierte Erwartungen,

78 Vgl. David Matza, *Delinquency and Drift.* New York–London–Sydney 1964. Vgl. insbes. S. 50 ff.

Prinzipien, Verfassungen gebracht ist, die sich in ihrer Expliziertheit der Änderbarkeit aussetzen. Selbst dann geht die Last der Komplexität auf ihn über. Er stellt den ‹*status naturalis*› der sozialen Kontingenz und der Vielheit möglicher normativer Erwartungen wieder her, der so nicht bleiben kann, und muß deshalb für neue Reduktionen sorgen.

In jedem Falle lenkt, wer Abweichungen oder Änderungen vorschlägt, die Aufmerksamkeit auf sich selbst. Er exponiert sich. Während man den institutionalisierten Erwartungen unbemerkt und gleichsam geistesabwesend folgen kann, ohne viel über sich selbst auszusagen, gibt der Rebell eine höchstpersönliche, einzigartige Darstellung. Sein Handeln fällt auf und wird ihm, da die Institution als Erklärung ausfällt, persönlich zugerechnet. Wer unter dem Schirm der Institution bleibt, kann sich sicher fühlen. Wer sich hervorwagt, ist zu einer gefährlichen Selbstdarstellung genötigt und kann sich einer blamierenden Abfuhr aussetzen. Diese Alternative, im Geborgenen unsichtbar zu bleiben oder riskant hervorzutreten, ist für die Motivlage angesichts institutionalisierter Erwartungen charakteristisch. Sie unterbindet nicht jede Abweichung, jeden Konflikt, jeden Neuerungsvorschlag; mag es doch immer wieder Personen und Gruppen geben, die gerade in dieser Gefahr einen Reiz, ein Motiv, eine Chance folgenreichen Handelns erblicken. Die Alternative erzwingt den Gehorsam nicht – sowenig wie das normative Sollen. Aber sie motiviert den, der die Folgen nicht auf sich nehmen will, Dissens nicht zu äußern, und strukturiert damit die Kommunikationschancen im Sinne der Institution. Sie verstärkt so über die Vielfalt des jeweils faktischen Erwartens hinaus den Eindruck einer einheitlichen Meinung und macht damit das Erwarten erwartbar.

Durch Erwartung institutionalisierter Erwartungen läßt dieser selektive Mechanismus sich über das unmittelbare Interaktionssystem und die jeweils Anwesenden hinaus generalisieren. Erst dadurch kommt es zu jener oben beschriebenen Differenzierung von Erwartenden und Dritten, die mit anderen Dingen beschäftigt sind. Erst dadurch kommt es zur Bildung von Institutionen von kultureller Bedeutung, die von Einzelsituationen, Situationsgeschichten und elementaren Interaktionssystemen unabhängig sind. Das Engagement kraft Dabeiseins wird zum Engagement kraft gesellschaftlicher Existenz. Da alle mit allen durch mögliche Kommunikation und Rückkommunikation verbunden sind, fühlt man sich zur Fortsetzung von Einlassungen und Selbstdarstellungen auch denen gegenüber gehalten, die das Engagement nicht miterlebt haben. Hat einer sich einmal bereitgefunden, Soldat, Ehemann, Mitglied des Stadtrates usw. zu sein, einen Tanzkursus zu besuchen, ein Haus zu erwerben, ist er nicht nur denen verpflichtet, die ihn in diese Bindung gelotst haben, sondern jedermann. Es mag in anderen Zusammenhängen selten relevant werden, aber er kann Unbeteiligten gegenüber nicht leugnen, eine Frau und Kinder, ein Haus, eine Parteimitgliedschaft usw. zu haben und entsprechenden institutionellen Bindungen zu unterstehen. Man erwartet entsprechende Erwartungen daher nicht nur von interessierten Anwesenden, sondern auch von unbeteiligten, anders beschäftigten Abwesenden – und hier ohne die Möglichkeit laufender Kontrolle am faktischen Erleben und ohne die Möglichkeit, für riskierte Innovation sofort sichtbare Zustimmung zu erhalten.

Wir sehen nunmehr deutlicher, weshalb es zur sozialen Stabilisierung von Verhaltenserwartungen nicht allein auf den Konsens des Adressaten der Erwartung ankommen kann: Er wäre zu leicht widerrufbar und damit zeitlich nicht stabilisierbar. Zwar liegt der Gedanke verführerisch nahe, es müsse genügen, jeweils den zu motivieren, dessen Verhalten erwartet wird – den, der die Straße zu kehren, die Beerdigung zu arrangieren, die Steuererklärung abzugeben hat. Aber das genügt nicht. Eine so starke Spezifikation und soziale Lokalisierung des erforderlichen Konsenses würde institutionell unterstellten auf faktisch fluktuierenden Konsens reduzieren, würde die Kommunikationsschwelle, die die Institution umgibt, auf ein Minimum herabsetzen und die Aufhebung der Institution zur Sache einer jederzeit möglichen Mitteilung machen. Das Ja oder Nein würde damit von Launen, Situationen, Persönlichkeiten oder ‹partnerschaftlichen› Einigungen abhängig werden. Ein längerfristiges Erwarten, ein Lernen von Erwartungen und ein Erwartungsvorgriff auf noch ziemlich unbekannte Situationen würden dadurch unmöglich oder doch sehr erschwert werden. Gerade die Unbestimmtheit, Anonymität, Uneinschätzbarkeit und Unbefragbarkeit der relevanten Dritten garantiert die Verläßlichkeit und Homogenität der Institutionen. Sie beruht auf der Neutralisierung aller Anhaltspunkte dafür, daß bestimmte Dritte konkret etwas anderes erwarten könnten.[79]

Institutionen beruhen mithin nicht auf der faktischen Übereinstimmung abzählbarer Meinungsäußerungen, sondern auf deren erfolgreicher Überschätzung. Ihr Fortbestand ist gewährleistet, solange fast alle unterstellen, daß fast alle zustimmen; ja möglicherweise sogar dann, wenn fast alle unterstellen, daß fast alle unterstellen, daß fast alle zustimmen. Daraus ergeben sich im Vergleich zum faktischen Konsens höhere Stabilität und höhere Empfindlichkeit. Auf dem Flugsand des aktuellen Erlebens durch Selektionsmechanismen errichtet, können Institutionen sich von den faktischen Verteilungen der wirklichen Erlebnisse auf Themen und Zeitpunkte, von den persönlichen Vorlieben, Launen und momentanen Impulsen, von Zugängen und Abgängen weitgehend unabhängig machen und prägen dann ihrerseits als Erwartungsstruktur diese Prozesse. Sie erreichen auf der Ebene des Erwartens von Erwartungen Dritter eine abgehobene Fixiertheit, die nun einen Rückgriff auf die konkrete Wirklichkeit des Meinens und Verhaltens nicht mehr verträgt. Ihre Erwartungssicherheit beruht auf dem Sicheinleben improvisierter Annahmen, denen nicht rechtzeitig widersprochen wurde, auf Unkenntnis ihrer Implikationen und anderer Mög-

79 *«The ‹they› commonly invoked to denote the upholders of some social pattern are never quite as homogeneous as the term suggests; but, to the individual, the use of ‹they› to represent a supposed uniformity is a necessary convenience as a basis for behavior»*, formuliert E. P. HOLLANDER, *Conformity, Status, and Idiosyncrasy Credit.* Psychological Review 65 (1958), S. 117–127 (126).

lichkeiten, auf dem Latentbleiben der meisten Abweichungen und aller Kommunikationen, die abweichende Erwartungen signalisieren und ihnen soziale Resonanz geben könnten – vor allem aber: auf Überziehen der faktischen Konsenschancen. Institutionen schweben nicht völlig ohne Stütze als reine Ideen über der Wirklichkeit, aber ihre Homogenität ist weitgehend fiktiv und daher gegen Kommunikation der Fakten empfindlich.[80] Das erklärt die Störbarkeit von Institutionen durch Meinungsforschung und enthemmte Kommunikation, durch Volksbefragungen (auch wenn sie die Institution mit ausreichender Mehrheit bestätigen) und durch Kinsey Reports aller Art und macht zugleich die Plötzlichkeit des Zusammenbruchs von scheinbar fest gefügten Institutionen verständlich, wie man sie etwa zur Zeit der Französischen Revolution beobachten konnte.

Ein Überblick über Funktion und Funktionsweise der Institutionalisierung führt nach alldem nicht zu ‹glatten Lösungen›, sondern lediglich, und das ist für alle Einrichtungen sozialer Systeme typisch, zu einer Konstellation von Folgeproblemen. Vor allem in folgenden Richtungen lassen sich Schwierigkeiten voraussehen, die zunehmen werden, wenn die Komplexität der Gesellschaft steigt: Die Notwendigkeit, faktischen Konsens zu überziehen, zu fingieren, zu ersetzen, tritt mit steigender Vielfalt möglichen Erlebens und Handelns unter verschärfte Bedingungen. Man kann den Konsens beliebiger Dritter für bestimmte Erwartungen nicht mehr ernsthaft erwarten und vor allem für neuartige Erwartungen nicht mehr voraussehen. Man weiß nicht, welche Richtung der Hochschulreform die Bauern, welche Gerichtsverfassung die Hausfrauen, welche Großhandelskonditionen die Studienräte bevorzugen würden. Man muß bei realistischer Betrachtung davon ausgehen, daß solche Meinungen gar nicht existieren und auch nicht erzeugt werden können, sondern daß nur noch die institutionelle Fiktion der Meinungen hergestellt werden kann. Das verweist auf die Notwendigkeit von Politik. Außerdem droht, da die relevanten Dritten bei wachsenden Größenverhältnissen nicht mehr ansprechbar sind, die begrenzte Anpassungsfähigkeit der Institutionen verlorenzugehen. Für Voraussehbarkeit, Elastizität und Änderbarkeit unterstellten Konsenses, die in elementaren Interaktionssystemen gleichsam automatisch sichergestellt sind, müssen in größeren Verhältnissen Ersatzlösungen geschaffen werden.

Dazu kommen die Folgen jenes Entwicklungsgesetzes, das bereits Durkheim seiner Rechtssoziologie zugrunde gelegt hat[81]: Bei zunehmender

80 Diese Aussagen sind durch empirische Untersuchungen zur Differenz von institutioneller Erwartung und faktischer Meinung gut abgesichert. Vgl. insbes. Richard L. Schanck, *A Study of a Community and Its Groups and Institutions Conceived of as Behaviors of Individuals*. Psychological Monographs, Bd. 43, No. 2, Princeton/N. J.–Albany/N. Y. 1932; Ragnar Rommetveit, *Social Norms and Roles. Explorations in the Psychology of Enduring Social Pressures*. Oslo–Minneapolis 1955, S. 116 ff, 139 ff. Vgl. ferner Ronald D. Laing, Phänomenologie der Erfahrung, a. a. O., S. 69 ff.

81 Vgl. oben S. 16.

funktionaler Differenzierung der Gesellschaft nimmt die Zahl der für alle gemeinsam geltenden Erwartungen ab, die Zahl der nur für unterschiedliche Rollen und Teilsysteme geltenden besonderen Erwartungen dagegen überproportional zu. Wenige allgemeine Erwartungen müssen, mit anderen Worten, durch viele besondere Erwartungen ersetzt werden. Diese Entwicklung belastet, von allen anderen Folgen abgesehen, den Mechanismus der Institutionalisierung in doppelter Weise: Es müssen insgesamt mehr Erwartungen erwartet werden können, und die Unterschiedlichkeit der Erwartungen muß überzeugen können. Bisherige Forschungen auf kleingruppentheoretischer Grundlage geben nur ein sehr unzureichendes Bild davon, wie diese Probleme gelöst werden könnten.[82]

Bei Erwartungen, die für alle gleichmäßig gelten, ist die Institutionalisierung leichter zu erreichen, weil es keine definitive, sondern nur eine situationsmäßige Trennung zwischen Erwartenden, Erwartungsadressaten und Dritten gibt.[83] Jeder Erwartende kann selbst in Situationen kommen, in denen auch er die Erwartungen erfüllen – eine Frau kaufen, sich impfen lassen, in die Kirche gehen, ohne zu klagen sterben muß. Sein Erwarten wird durch sein eigenes Interesse diszipliniert. Die Selbstbeteiligung ist sichtbar und trägt zur Überzeugungskraft der Institutionen bei, die durch eine Art immanente Mäßigkeit und Vernunft getragen sind. Diese Basis geht jedoch verloren, wenn Institutionen sich auf das Erwarten Dritter stützen müssen, die selbst nie in die Lage kommen, solche Erwartungen erfüllen zu müssen, also gar nicht wissen, wie naß man wird, wenn man seinen Wagen selbst wäscht. An der hierarchischen Differenzierung fiel zunächst auf, daß die Herren die Bedingungen nicht mehr kennen, unter denen das Volk arbeitet, und deshalb überdimensionierte Forderungen stellen. Heute gibt eher der umgekehrte Fall zu denken, daß das Volk die Bedingungen nicht mehr kennt, unter denen die Herren arbeiten, und deshalb überdimensionierte Forderungen stellt. Außerdem haben sich unzählige horizontale Differenzierungen entwickelt, die es dem Richter erschweren zu beurteilen, wie rasch eine Klingel repariert werden kann, dem Elektriker dagegen erschweren zu beurteilen, wie rasch ein Prozeß durchgeführt werden kann. Die Zahl und Differenziertheit der zu erwartenden Erwartungen haben so zugenommen, daß sachgemäßes Erwarten Dritter kaum noch erwartet werden kann. Der Dritte verliert in bezug auf konkrete Verhaltenserwartungen seine Funktion als *alter ego*. Er tendiert zu pauschalierten, übertriebenen oder auch zu laxen Erwartungen, deren Inkompetenz auf der Hand liegt. Gesamtgesellschaftliche Institutionen verlieren dadurch die Glaubwürdigkeit ihres normativen Anspruchs und werden,

82 Das liegt vor allem daran, daß man aus Gründen der experimentellen Arrangierbarkeit überwiegend nur nach den Bedingungen der Konformität oder Abweichung im Verhältnis zu gruppeneinheitlichen Normen gefragt hat und außerdem zumeist normierte Ansichten und nicht normierte Verhaltensweisen untersucht hat.

83 Vgl. die Erörterung dieses Problems bei GEIGER, a. a. O., S. 72 ff; ferner SPITTLER, a. a. O., S. 68 f.

soweit es sie überhaupt noch gibt, kognitiv als Gegebenheiten erwartet, denen man sich lernend anpaßt – oder entzieht.

Trotzdem muß der Mechanismus der Institutionalisierung unter diesen Bedingungen zur engeren Selektion und sozialen Stabilisierung von Verhaltenserwartungen erhalten bleiben und an Leistungsfähigkeit sogar noch gewinnen. Die *Selbstbeteiligung* der institutionalisierenden Dritten wird durch *Anonymität* ersetzt. Damit aber wird die Anpassungsfähigkeit der Institution zum Problem. Institutionen können jetzt weniger denn je in anonym konstituierter Unbeweglichkeit verharren; sie müssen präzise kommunikabel und anpassungsfähig, nach Bedarf also änderbar sein – und dazu gehört, daß sie repräsentative Sprecher finden. Die Gesamtheit der dazu unmittelbar und mittelbar erforderlichen Strukturen und Prozesse kann nur in einer umfassenden Gesellschaftstheorie adäquat dargestellt werden.[84] Für die Institutionalisierung von Recht verdienen drei besondere evolutionäre Errungenschaften Beachtung: die Präzisierung der Selbstbindung zum *Vertrag*, die Aussonderung engerer *‹Bezugsgruppen›* von relevant miterwartenden Dritten und die *Institutionalisierung der institutionalisierenden Funktion* in besonderen Rollen. Diesen drei Auswegen wollen wir uns abschließend zuwenden.

An der Figur des *Vertrages* werden die Grenzen einer rein rechtswissenschaftlichen Problemstellung besonders spürbar. Die Frage, auf Grund welcher Norm das gegebene Wort binde, versandet in einem tautologischen Postulat oder in der abstrakten Behauptung einer entsprechenden Notwendigkeit: Wo käme man hin, wenn jeder sein Wort brechen könnte! Das ist richtig, bringt aber keinen Erkenntnisgewinn. Auch DURKHEIMS Theorie, daß im Vertrag nicht der individuelle Wille, sondern die Gesellschaft den einzelnen verpflichte,[85] führt nicht wesentlich darüber hinaus. Rechtssoziologisch ist nicht die Ableitung des Satzes *‹pacta sunt servanda›* das Problem, sondern die Frage, wie und weshalb diese spezifische Form der Verpflichtung aus sehr viel urtümlicheren Mechanismen der Selbstbindung entwickelt und als Rechtsform gewonnen wird.

Denn an sich entstehen Bindungen aus jeder Selbstdarstellung vor anderen.[86] Wie wir sahen, engagiert schon das bloße Anwesendsein. Jedes Erscheinen und erst recht jedes Handeln in Gesellschaft löst bei anderen Kontinuitätserwartungen aus, die vom Kognitiven ins Normative umschlagen können. Wer sich als Nichtraucher eingeführt hat, kann nicht ohne jede Erklärung und Quasi-Entschuldigung anfangen zu rauchen; er muß zumindest Gewähr dafür bieten, daß er im übrigen derselbe bleibt. Diese Bindung geht darauf zurück, daß jede personale Identität im Kontext

---

84 Für den Fall relativ autarker Teilsysteme der Gesellschaft finden sich entsprechende Beobachtungen bei RICHARD D. SCHWARTZ, *Social Factors in the Development of Legal Control. A Case Study of Two Israeli Settlements.* The Yale Law Journal 63 (1954), S. 471–491.

85 Vgl.: *De la division du travail social.* 2. Aufl., Paris 1902, S. 82 u. ö.

86 Hierzu lesenswert ERVING GOFFMAN, *The Presentation of Self in Everyday Life.* 2. Aufl., Garden City/N. Y. 1959.

sozialer Interaktion über Erwartung von Erwartungen konstituiert wird und daher jeder, der mit sich selbst identisch bleiben will, darauf halten muß, daß auch die anderen, sofern er für sie ein anderer ist, mit sich identisch bleiben: Verliert der eine seine Identität, ist auch die der anderen gefährdet.[87] Wer ein bestimmtes Verhalten *expressis verbis* in Aussicht stellt, evoziert diesen elementaren Mechanismus und erleichtert anderen die normative Interpretation ihrer Erwartungen und die Darstellung etwaiger Enttäuschungen.

Die Bindung an das gegebene Wort findet man auch außerhalb des engeren Bereichs rechtlicher Verpflichtungen in weitem Umfange institutionalisiert und normativ erwartet. Ein Bedarf dafür ist insbesondere dort zu erkennen, wo das Verhalten viele Alternativen hat, wo zum Beispiel hohe Freiheiten institutionalisiert sind und damit hohe soziale Komplexität besteht, die relativ rasch und relativ eindeutig auf gemeinsame Handelnsgrundlagen reduziert werden muß.[88] Demgegenüber hat der Vertrag sein Besonderes nicht darin, daß er normativ erwartbare Bindungen schafft, sondern darin, daß er deren Gestaltung ausdrücklichen Erklärungen der Beteiligten anheimgibt und als Korrektiv gegen Willkür die Übereinstimmung der Vertragspartner verwendet.[89] Der Vorteil liegt nicht zuletzt in einer Entlastung der normativen Ordnung von Regelungsnotwendigkeiten.

---

87 Vgl. Edward Gross/Gregory P. Stone, *Embarrassment and the Analysis of Role Requirements.* The American Journal of Sociology 70 (1964), S. 1–15; Lothar Krappmann, Soziologische Dimensionen der Identität. Stuttgart 1971, mit ausführlichem Überblick über die Literatur.

88 Ein gutes Beispiel dafür bieten informale Normen in gesetzgebenden Körperschaften, die den einzelnen Abgeordneten auch außerhalb verbindlicher Beschlüsse und eigentlich gegen die gesetzlich garantierte Freiheit der Endentscheidung an sein Wort binden und ihn damit zu einer festlegbaren und berechenbaren Größe im Entscheidungsprozeß werden lassen. Siehe z. B. die Feststellungen bei John C. Wahlke / Heinz Eulau / William Buchanan / LeRoy C. Ferguson, *The Legislative System. Explorations in Legislative Behavior.* New York 1962, S. 144; oder bei James D. Barber, *The Lawmakers. Recruitment and Adaptation to Legislative Life.* New York–London 1965, S. 160. Dieser Fall ist besonders deshalb interessant, weil er zeigt, wie selbst die modernsten, voraussetzungsreichen Apparaturen zivilisierten Rechtslebens an ihren Schlüsselstellen wiederum auf ganz urtümliche Mechanismen der Rechtsbildung angewiesen sind und diese in relativ kleinen Sozialsystemen im Widerspruch zu förmlichen Rechtsvorschriften institutionalisieren müssen.

89 Deren explizite Aufeinanderbezogenheit und wechselseitige Bedingtheit wird erst langsam denkbar und setzt die Fähigkeit zu abstrakter Synthese komplexer Vorgänge, zur begrifflichen Erfassung der Einheit in der Vielheit voraus. Und erst im Anschluß daran kann eine vertragliche Bindung der Zukunft entwickelt werden. Vgl. dazu Emile Durkheim, *Leçons de sociologie physique des mœurs et du droit.* Paris 1950, S. 206 ff; Max Weber, Rechtssoziologie. Neuwied 1960, S. 105 ff; George Davy, *La foi jurée. Etude sociologique du problème du contrat: La formation du lien contractuel.* Paris 1922; D. Warnotte, *Les origines sociologiques de l'obligation contractuelle.* Brüssel 1927; Joseph Zaksas, *Les transformations du contrat et leur loi. Essai sur la vie du contrat en tant qu'institution juridique.* Paris 1939; und Pospisil, a. a. O., S. 123, 208 ff, für einen typischen Beleg.

Verständigungen begründen sich selbst und brauchen, soweit sie reichen, Normen weder vorauszusetzen noch zu schaffen. Sie binden rechtlich – aber nur für den vertraglich geregelten Fall und nicht als generalisierbares Präjudiz mit Wiederholungszwang.

Rechtsgeschichtlich gesehen ist der Vertrag keineswegs als Instrument künftiger Bindung der Parteien entwickelt worden, er übernimmt erst später diese Funktion. Noch heute ist der Bindungseffekt beiderseits unerfüllter Verträge eine vermutlich problematische Angelegenheit.[90] Selbst wenn eine verläßliche und durchsetzbare ‹bloß› vertragliche Bindung erreicht wird, liegt die Funktion des Rechtsinstituts Vertrag nicht allein darin. Weniger die Bindung selbst, als vielmehr die Freiheit der Wahl von Bindungen (und insofern dann auch: die Schaffung neuartiger Bindungen) enthält das zu kontrollierende Risiko und die evolutionäre Errungenschaft des Vertrages. Die institutionalisierenden Dritten treten in die Stellung von Pauschalgaranten jeweiliger Abmachungen zurück. Zugleich wird der Mechanismus der Änderung von und der Entlassung aus Bindungen spezifiziert und die Anpassung damit erleichtert: Es bedarf dafür wiederum nur einer Abmachung bzw. einer nach Regeln möglichen Kündigung.[91] Dabei muß die institutionelle Garantie normativen Erwartens, das auslösbare Miterwarten Dritter, erhalten bleiben, wird aber nicht mehr auf konkret fixierte, sondern auf jeweilige Erwartungen bezogen.

Vom elementaren Mechanismus der Institutionalisierung aus gesehen ist dies eine höchst unwahrscheinliche Errungenschaft. Die Varietät und Überschußproduktion normativen Erwartens hat aber ausgereicht, um sie – wenn auch nur langsam und zunächst nur mit sehr begrenzten Freiheiten[92] – zu stabilisieren. Das Unwahrscheinliche liegt in der Institutionalisierung von Beliebigkeiten, in der strukturellen Zulassung von Variabilität. Die Dritten müssen für Erwartungen Partei ergreifen, auf deren Inhalt sie keinen Einfluß haben, die ohne sie geschaffen wurden und die jederzeit – auch nachdem sie sich dafür ereifert hatten! – von den Beteiligten aufge-

---

90 Ausreichende empirische Untersuchungen dieser wichtigen Frage fehlen leider. Vgl. immerhin die Beobachtungen von Stewart Macauley, *Non-Contractual Relations in Business Behavior. A Preliminary Study*. American Sociological Review 28 (1963), S. 55–67. Man denke ferner an die verbreitete Gewohnheit des kurzfristigen ‹Absagens› von Hotelzimmerbestellungen.

91 Bernard Willms, Gesellschaftsvertrag und Rollentheorie. Jahrbuch für Rechtssoziologie und Rechtstheorie 1 (1970), S. 275–298 (281), nennt den Vertrag «eine Figur der Freiheit, die sich selbst bindet und deren Dimension außer der Verpflichtung auch die der Kündbarkeit war».

92 Selbst das römische Recht hat es bekanntlich nicht über sich gebracht, auf rein vertragliches Versprechen ohne weiteres die Verpflichtung folgen zu lassen und die Klagemöglichkeit zu geben: *nuda pactio obligationem non parit* (immerhin aber schon: *sed parit exceptionem*) – D 2, 14, 7, 4. Es bedurfte grundsätzlich der (magischen) Form oder der realen (für Dritte als Verpflichtungsgrund einsehbaren!) Leistung, um eine Bindung des Empfängers zu erzeugen. Erst spät und im Rahmen fester Typen wurden ausnahmsweise ‹Konsensualkontrakte› (Kauf, Miete, Gesellschaft und, als einseitiges Rechtsgeschäft, Mandat) zugelassen.

hoben werden können. Eine solche Zumutung setzt eine relativ weite Trennung von Dritten und Erwartenden-Handelnden voraus, ferner weitgehende Indifferenz Dritter gegen den Inhalt der Abmachungen und statt dessen abstrakteres Interesse für Form, sowie Mechanismen, die trotz alledem Dritte in die Garantenstellung bringen. In nennenswertem Umfange ist der Ausbau des Vertrags zu einer Rechtsinstitution daher nur möglich, wenn die institutionalisierende Funktion Dritter auf Spezialrollen gelegt wird, die diese Voraussetzung erfüllen können: auf Rollen für Richter.[93] Darauf kommen wir sogleich zurück. Festzuhalten bleibt zunächst, daß die Entwicklung des Vertrags als Institution einen Beitrag leistet zur Steigerung des Abstraktionsgrades, der Elastizität, der Anpassungsfähigkeit und der Differenzierbarkeit institutionalisierter Verhaltenserwartungen. Sie wird auf den elementaren Mechanismus der Institutionalisierung aufgesetzt, ihn transformierend, aber nicht brechend.

Ein weiterer Ausweg aus den Schwierigkeiten einer zu konkreten und invarianten elementaren Institutionalisierung liegt in der Einschränkung derjenigen, die als relevant miterlebende Dritte in Betracht gezogen werden. Der Erwartende orientiert sich dann an einer engeren ‹Bezugsgruppe›, die gemeinsam, aber nicht gesamtgesellschaftlich durchgehend gültige Perspektiven präsentiert. Oder umgekehrt formuliert: Es wird ein großer Bereich von Dritten ausgesondert, deren Erwartungen keine institutionalisierende Relevanz haben und daher ignoriert werden können.

Die Mechanismen, die zur Bildung solcher Bezugsgruppen führen; die sachliche Spannweite der durch sie institutionalisierten Erwartungen; die Bedingungen, von denen es abhängt, wieweit auch ihnen gegenüber ein Überziehen und Homogenisieren faktischen Konsenses möglich ist; das Ausmaß, in dem ihre Erwartungen normativ (und nicht nur kognitiv) erwartet werden; das Ausmaß, in dem sie mit faktischen Interaktionssystemen kongruent sein müssen, um die nötigen Kommunikations- und Lernchancen bereitstellen zu können; die gesamtgesellschaftlichen Folgeprobleme einer Differenzierung von Bezugsgruppen untereinander und im Verhältnis zu Interaktionssystemen – all das ist noch kaum erforscht und variiert sicher stark von Fall zu Fall. Es scheint, daß mit zunehmender sozialer Differenzierung der einzelne dazu tendiert, entweder höhere Schichten oder seinesgleichen als Bezugsgruppe zu wählen, und höhere Schichten wohl nur, wenn Aufstiegschancen bestehen. So bilden sich innerhalb der Gesellschaft Schranken für relevantes Miterleben aus: Nur Adelige können über Adelige richten; nur Juristen können zutreffend beurteilen, wann

93 Auch in anderen Hinsichten setzt die Institutionalisierung des reinen Konsensualvertrages Verfahrensentwicklungen voraus, nämlich Abbau der archaischen Personalexekution und Entscheidungsautonomie mit Möglichkeiten objektiver Sachverhaltsprüfung vor Gericht. Vgl. dazu Louis Gernet, *Droit et société dans la Grèce ancienne*. Paris 1955, S. 76 ff, für griechisches und Walter Ruben, Die gesellschaftliche Entwicklung im alten Indien. Bd. II. Die Entwicklung von Staat und Recht. Berlin 1968, S. 144 f, für indisches Recht.

ein Abweichen von der ‹herrschenden Meinung› vertretbar ist; nur Ärzte können angeben, ob ein Todesfall auf einen ärztlichen Kunstfehler zurückzuführen ist; nur in den ‹besseren Kreisen› kann man lernen, daß DÜRERS ‹Hase› über dem Klavier ‹nicht geht›. Die Bildung solcher Bezugsgruppen erfolgt, und darin unterscheiden sie sich von konkreten Interaktionssystemen, auf der Ebene des Erwartens von Erwartungen, und sie hat die Funktion, partielle und damit differenzierbare Institutionalisierungen zu ermöglichen.[94]

Zahlreiche Erwartungsordnungen differenzierter Gesellschaften stützen sich nur noch auf engere Bezugsgruppen. Für die Rechtsbildung selbst und für die Anpassung des Rechts an die gesellschaftliche Rechtsentwicklung hat dieser Ausweg jedoch – trotz gewisser Ansätze etwa im Korporationsrecht des Mittelalters – keine tragende Bedeutung gewonnen. Dies mag damit zusammenhängen, daß es bei rein normativen Erwartungen ohnehin schwierig sein dürfte, fremde Gruppen als Bezugsgruppen zu akzeptieren. Vor allem aber steht die gesamtgesellschaftliche Relevanz des Rechts einer Spezifikation von Bezugsgruppen für diesen Sinnbereich im Wege.[95] Es gibt zwar die engere Bezugsgruppe der Juristen, an der sich der Jurist selbst orientiert, wenn es um den technischen Gebrauch der Rechtssprache, um die Grenzen der Dehnbarkeit von Begriffen, um die Eleganz von Darstellungen und Begründungen geht oder wenn es gilt, unqualifizierbare Entscheidungszumutungen abzuwehren. Die Professionalisierung und kollegiale Kontrolle der mit Recht befaßten Berufsrollen hat, wie wir noch sehen werden[96], eine wichtige Funktion. Sie trägt jedoch nicht die Insti-

---

94 In der heutigen soziologischen Diskussion hat der Begriff der Bezugsgruppe widerspruchsvolle Bestimmungen erfahren und noch keine scharfen Konturen gewonnen – vor allem wohl deshalb, weil das Erwarten von Erwartungen als Steuerungsebene des Verhaltens nicht genügend beachtet wird. Der oben zugrunde gelegten Begriffsfassung stehen nahe S. N. EISENSTADT, *Studies in Reference Group Behavior. I. Reference Norms and the Social Structure.* Human Relations 7 (1954), S. 191–216; DERS., *Reference Group Behavior and Social Integration. An Explorative Study.* American Sociological Review 19 (1954), S. 175–185; TAMOTSU SHIBUTANI, *Reference Groups as Perspectives.* The American Journal of Sociology 60 (1955), S. 562–569, überarbeitet unter dem Titel *‹Reference Groups and Social Control›*, in: ARNOLD M. ROSE (Hrsg.), *Human Behavior and Social Processes. An Interactionist Approach.* Boston 1962, S. 128–147.

Zu den Problemen der Herausdifferenzierung rein normativer Bezugsgruppen vgl. auch THEODORE D. KEMPER, *Reference Groups, Socialization and Achievement.* American Sociological Review 33 (1968), S. 31–45.

95 In gewissem Umfange haben namentlich Kaufleute ein eigenes Recht oder gar eine eigene Handelsgerichtsbarkeit dauerhaft durchsetzen, ja sich dem allgemeinen Recht durch Berufung auf die unter ihnen geltenden Gepflogenheiten entziehen können. Ein Beispiel aus China, das zugleich das dort schwach entwikkelte Rechtsgeltungsbewußtsein mitdokumentiert, in der Einleitung zu LEANG K'I-TCH'AO, *La conception de la loi et les théories des Légistes à la veille de Ts'in.* Peking 1926, S. VIII f; SYBILLE VAN DER SPRENKEL, *Legal Institutions in Manchu China. A Sociological Analysis.* London 1962, S. 80 ff.

96 Vgl. Bd. II, S. 288 ff.

tutionalisierung des Rechts selbst. Das Recht gilt nicht nur für Juristen. So viele Institutionen bezugsgruppenrelativ gebildet werden und so viele Erwartungsmaßstäbe man gerade heute ausschließlich von engeren Gruppen bezieht – das Recht ist ein Mittel gesamtgesellschaftlicher Integration geblieben und repräsentiert, zumindest in den territorialen Grenzen politischer Systeme, die Erwartung von jedermann. Dies ist so unerläßlich, daß das Recht sogar seine religiöse Legitimation verliert, wenn diese nur noch bezugsgruppenrelativ institutionalisiert werden kann; daß es eher auf seine Heiligkeit als auf gesamtgesellschaftliche Erwartungen verzichten kann.

Für die Entwicklung spezifisch rechtlicher Institutionen mußte aus diesen Gründen ein anderer Ausweg aus der wachsenden Diskrepanz von gesellschaftlicher Komplexität und Differenzierung auf der einen Seite und den Prozessen elementarer Institutionalisierung auf der anderen Seite gefunden werden. Er lag in der *Ausdifferenzierung besonderer Rollen und Teilsysteme, die über Recht mit gesamtgesellschaftlich bindender Wirkung zu entscheiden haben.*

Es überrascht zunächst, daß diese sehr viel riskantere, unwahrscheinlichere, der elementaren Institutionalisierung ganz unähnliche Problemlösung besser funktioniert. Statt wenigstens noch großer, diffuser Gruppen mit ‹jedermann›-Qualität ihrer Mitglieder, statt der Standesgenossen, Kollegen, Kameraden, Kumpels üben nun speziell dafür ausdifferenzierte Einzelrollen die institutionalisierende Funktion aus; statt immerhin noch vieler, persönlich unbestimmter Dritter nur noch ein Dritter oder wenige Dritte in ausgezeichneter Position. Weshalb hat diese Lösung evolutionären Erfolg, so durchschlagenden Erfolg, daß weithin von Recht überhaupt erst gesprochen wird, wo solche Entscheidungsrollen bestehen?

Im Prinzip beruht der Vorteil dieses Auswegs darauf, daß die institutionalisierende Funktion der Dritten *reflexiv* wird, das heißt zunächst auf den institutionalisierenden Prozeß selbst bezogen wird, bevor sie zum Zuge kommt.[97] Die Ausdifferenzierung von Spezialrollen für die Erteilung des normativ relevanten Konsenses Dritter hat die Grundform der Institutionalisierung des Institutionalisierens von Verhaltenserwartungen.[98] Das mögliche Miterwarten anonymer Dritter bezieht sich einerseits noch unmittelbar auf das Verhalten, das normativ erwartet wird; daneben aber

---

97 Zur leistungssteigernden Funktion reflexiver Mechanismen im allgemeinen siehe NIKLAS LUHMANN, Reflexive Mechanismen. Soziale Welt 17 (1966), S. 1–23. Neu gedruckt in: DERS., Soziologische Aufklärung. Köln–Opladen 1970.

98 Solche ‹doppelte Institutionalisierung› oder Re-Institutionalisierung nimmt PAUL BOHANNAN, *The Differing Realms of the Law*. In: PAUL BOHANNAN (Hrsg.), *Law and Warfare. Studies in the Anthropology of Conflict*. Garden City/N. Y. 1967, S. 43–56, als Kriterium des Rechts schlechthin in Anspruch und hat entsprechend Mühe, das Recht primitiver Gesellschaften auf diesen Begriff zu bringen. Auch GEIGER, a. a. O., insbes. S. 149 ff, sieht, ohne die Reflexivität des Vorganges zu erkennen, darin den entscheidenden Schritt zur Rechtsbildung. Vgl. ferner den für HERBERT L. A. HART, *The Concept of Law*. Oxford 1961, wichtigen Begriff der ‹*secondary rules*›.

zusätzlich auf das Verhalten der Spezialrollen, in denen formuliert wird, was normativ erwartet wird. Vom einzelnen aus gesehen heißt dies, daß er erwarten muß, daß man von ihm erwartet, was die Richter von ihm erwarten; oder noch schärfer formuliert: daß er erwartet, daß sein Interaktionspartner von ihm erwartet, was die Richter und demzufolge man von ihnen beiden erwarten.

Das mag unnötig kompliziert aussehen. In der Tat zieht denn auch das faktische Erleben diese Struktur mit weiteren auf das kompakte Kürzel des ‹Sollens› zusammen. Nur wenn man die Erwartungsstruktur aufklärt, die durch dieses ‹Sollen› symbolisiert und mehr oder weniger verdeckt wird, kann man erkennen, daß und weshalb sie evolutionär erfolgreich ist. Sie bietet nicht nur die oben (S. 43 f) bereits erörterte Möglichkeit, kognitive und normative Erwartungskomponenten zu differenzieren (so zum Beispiel: normative Erwartungen des Richters kognitiv zu erwarten); sie gestattet es auch, die diffuse und unansprechbare Anonymität des Erwartens Dritter zu verbinden mit der anrufbaren und beeinflußbaren Entscheidungspraxis des Richters und damit in einer differenzierten Struktur das zu wiederholen, was sehr kleine, kaum differenzierte Sozialsysteme in einem leisten können. Reflexivität des Institutionalisierungsprozesses ermöglicht es mithin, diesen Prozeß in sich selbst funktional zu differenzieren und ihm dadurch unvereinbare Leistungen zugleich abzugewinnen, nämlich Abstraktionsgewinne, Präzisierungen und Motivierungssicherheit an einer Stelle, in der Rolle des Richters, zu realisieren und von da aus auf die gesamte Erwartungsstruktur zu übertragen.

5. Identifikation von Erwartungszusammenhängen

Auf der Suche nach vorrechtlichen Ordnungsproblemen, in bezug auf die der Rechtsmechanismus funktional begriffen werden kann, hatten wir uns in den letzten beiden Abschnitten mit der zeitlichen, enttäuschungsfesten und sozialen, auf erwartete Erwartungen Dritter gestützten Stabilisierung von Verhaltenserwartungen befaßt. Bevor wir nach den spezifischen Leistungen des Rechts selbst fragen können, muß noch eine weitere Ordnungsdimension in ihrem Problemgehalt und ihren elementaren Lösungsmechanismen vorgestellt werden: die Dimension des sachlichen Sinnes – hier: von Verhaltenserwartungen.

Unseren bisherigen Überlegungen können wir einige Hinweise auf Leistungen entnehmen, die zum Aufbau und zur Stabilisierung von Erwartungsstrukturen erbracht werden müssen und die gewisse Erfordernisse auch für die sachliche Sinnbildung, für die Selektion dessen, was erwartet werden kann, vorgeben. Normative Verhaltenserwartungen müssen gegen ein gewisses Maß an widersprechender Faktizität immunisiert und mit kognitiv plausiblen Enttäuschungserklärungen verbindbar sein. Sie müssen eine erfolgreiche Unterstellung von Konsens trotz hoher Verschiedenheit von im einzelnen unbekannten Situationen und Interessen ermöglichen, und auch das ist nur im engen Anschluß an erfahrbare Strukturen der Lebenswelt erreichbar. So wirken Zeitdimension und Sozialdimension selektiv auf das sachlich Mögliche. Um den eigenen Problemgehalt der sinnhaften Konstitution von Verhaltenserwartungen erkennen zu können, müssen wir jedoch auf das Grundproblem des Erwartens von Erwartungen zurückgehen.

Da man am Bewußtsein des anderen Menschen nicht unmittelbar teilnehmen kann, ist Erwartung von Erwartungen nur möglich durch Vermittlung einer gemeinsamen Welt, an der die Erwartungen gleichsam festgemacht werden. An dieser Welt der Dinge, Ereignisse, sichtbaren Handlungen und Symbole für Unsichtbares zeigen sich der intentionale Bezug des Erlebens anderer und damit zugleich andere Möglichkeiten eigenen Erlebens. Sie ordnet den selektiven Zugang zu anderen Möglichkeiten des Erlebens und hat insofern Sinn. Sinn dient mithin als intersubjektiv zugängliche Synthese einer Vielfalt möglichen Erlebens.[99] Solche Sinnsynthesen ersparen das gleichzeitige Aktualisieren aller angezeigten Möglichkeiten und halten sie doch zur Auswahl präsent. Sie ersparen damit für den Normalfall auch das aktuell-bewußte Erwarten der Erwartungen anderer, das Miterleben ihres Erlebens und ermöglichen ein verkürztes Prozedieren von Sinn zu Sinn in der Annahme, daß das Erleben anderer folgen kann. Man übergibt eine Münze, ohne sich Gedanken darüber zu machen, wie die Münze vom Standpunkt des anderen aus aussieht und von ihm erwartet wird, sofern nur an der Haltung des anderen eine allgemeine Orientierung auf Interaktion hin ablesbar ist. Erst Störungen motivieren die (stets mögliche) Rückfrage nach dem, was der andere eigentlich erlebt und erwartet.

Durch Beziehung auf sinnhafte Identifikationen verselbständigen sich Erlebnisthemen, hier also Verhaltenserwartungen, gegenüber dem jeweils aktuellen Bewußtseinsleben. Sie sind dann nicht mehr nur ein Eindruck, sondern ein Thema für sich, das bleibt, auch wenn man nicht daran denkt, auf das man zurückkommen kann und das selbständig beziehungsfähig wird. So können Verhaltenserwartungen aus Abbildern zu Vorbildern werden, können ‹befolgt› oder ‹nicht befolgt› werden, können Gegenstand sozialer Verständigungen werden oder Orientierungsgesichtspunkt für Sanktionen oder für das Verbergen von Abweichungen. Sie können mit anderen Erwartungen in einen Sinnzusammenhang wechselseitiger Begründung und Bestätigung treten, lassen sich mit guten Argumenten ausstatten und verteidigen. Sie werden – als Erwartung und nicht etwa nur als die erwartete Handlung – wortfähig, symbolisierbar, darstellbar und ablehnbar. Sie können als Kristallisationspunkt dienen für Informationen, Erfahrungen, Traditionen und Interessen. Solch ein Sinnzusammenhang gewinnt für den einzelnen ebenso wie für die sozial an ihm Beteiligten Eigenwert,

---

99 Hierzu näher Niklas Luhmann, Sinn als Grundbegriff der Soziologie. In: Jürgen Habermas/Niklas Luhmann, Theorie der Gesellschaft oder Sozialtechnologie – Was leistet die Systemforschung? Frankfurt 1971, S. 25–100.

so daß es allein schon deshalb schwerfällt, die Erwartung einem einmaligen Vorfall, einer Enttäuschung zu opfern. Ein abweichendes Verhalten ist in aller Regel noch kein Grund, auf die Erwartung mit all ihren sinnbildenden Errungenschaften zu verzichten; man könnte sie gar nicht so schnell ersetzen.

Im sachlichen Sinnzusammenhang selbst liegen mithin schon Motive, enttäuschte Erwartungen festzuhalten, und zugleich Stützen für kontrafaktisches Erwarten. Die Festigkeit des Zusammenhangs beruht auf einer Abstraktionsleistung. Schon für die Steuerung der Interaktionen des täglichen Lebens (und nicht etwa nur für ihre wissenschaftliche Analyse) ist relativ kontextfrei verständlicher Sinn erforderlich, der freilich zunächst relativ konkret bleiben, das heißt raschen Zugriff auf konkrete Wahrnehmungen ermöglichen kann.[99a] Die Abstraktionsleistung kann jedoch gesteigert und vom konkreten Wer, Wie, Wann, Wo des aktuellen Erlebens mehr und mehr abgelöst werden. Die für den Normalverkehr erforderlichen Abstraktionsleistungen variieren mit der gesellschaftlichen Entwicklung. Was unter dem bleibt, wird pathologisch.[100] Schon in allen kontrafaktischen Aussagen, also auch in allem normativen Erleben stecken Abstraktionsleistungen, die in gewissem Umfange normal erwartbar sein müssen. Es schadet nichts, wenn ein Fellache sich nicht vorstellen kann, was er in der Rolle des Staatspräsidenten tun würde, und nicht einmal die Frage danach versteht, während für einen Mitteleuropäer das gleiche Unvermögen als Fixierung auf einem zu konkreten Niveau der Sinnbildung pathologisch wäre. Man sieht an diesem Beispiel, wie der Abstraktionsgrad der normalen Erlebnisverarbeitung mit Gesellschaftsstrukturen korreliert, ihnen gegenüber also nicht beliebig geändert werden kann. Das bedeutet, daß auch die Trennung von kognitiven und normativen Erwartungen, die Ausdifferenzierung von normativen Erwartungen als Normen, die nicht ‹sind›, sondern nur ‹gelten›, bestimmten Entwicklungsbedingungen gehorcht, die den durchweg erwartbaren Abstraktionsgrad sinnhafter Orientierung verändern.

Solche Unterschiede werden deutlicher erkennbar, wenn man darauf achtet, wie eigentlich Erwartungen – und in unserem Zusammenhang Verhaltenserwartungen – identifiziert und in ihrem Zusammenhang durch einen invarianten Sinnkern festgelegt werden. Erwartungen treten nicht

---

99a Vgl. etwa Harold Garfinkel / Harvey Sacks, *On Formal Structures of Practical Action*. In: John C. McKinney/Edward A. Tiryakian (Hrsg.), *Theoretical Sociology. Perspectives and Developments*, New York 1970, S. 337–366.

100 An pathologischen Erscheinungen ist denn auch die Bedeutung der Dimension konkret-abstrakt für sinnhafte Erlebnisverarbeitung zuerst deutlich geworden. Vgl. Kurt Goldstein/Martin Scheerer, *Abstract and Concrete Behavior. An Experimental Study with Special Tests*. Psychological Monographs 53 (1941), Nr. 2; auszugsweise übersetzt in: Carl F. Graumann (Hrsg.), Denken. Köln–Berlin 1965, S. 147–153. Ferner darauf aufbauend: O. J. Harvey / David E. Hunt / Harold M. Schroder, *Conceptual Systems and Personality Organization*. New York–London 1961.

einzeln auf und sind auch nicht einzeln erwartbar. Wort und Begriff Erwartung dürfen nicht zu der Annahme verleiten, daß es der Bezeichnung entsprechende Gegenstände als dauerhaft isolierbare Einheiten in der Wirklichkeit gäbe. Es steht nicht von Natur her fest, was ‹eine› Erwartung ist, wo sie anfängt und aufhört, was sie an konkreten Details einschließt und welche Variationsmöglichkeiten sie zuläßt. Erwarten ist die in die Zukunft gerichtete Intentionalität des Erlebnisflusses, der sich stets wechselnde Inhalte sucht und in deren Wechsel Realität erfährt. Sinnhafte Identifikationen liegen auf einer höheren Ebene der Abstraktion, sind Synthesen vieler nach Bedarf aktualisierbarer und detaillierbarer Erwartungen. Man kann sich das an einem konkreten Ding, einem Tisch, einem Haus, einem Gebirge, aber auch an einem bekannten Menschen, einer Rolle, einer Aufgabe, einer Melodie, einem Roman, einem Gerichtsverfahren veranschaulichen. Immer handelt es sich um komplexe Bündel möglicher Erwartungen, die durch Identität eines Sinnprinzips zusammengehalten, durch Erfahrungen verändert und für selektive Aktualisierung nach Bedarf freigegeben werden. Der Sinn stiftet den Zusammenhang des Erwartens, reguliert den Übergang einer Erwartung zur anderen, die Einarbeitung von Erfahrungen und Enttäuschungen in den Erwartungskontext, die Möglichkeit der Substitution neuer für alte Erwartungen und nicht zuletzt die Reichweite der Diskreditierung des Erwartungszusammenhangs im Enttäuschungsfalle sowie Art und Zeitbedarf der dann bestehenden Lernmöglichkeiten.

Diese Form der Erlebnisverarbeitung ist Bedingung für das Ertragen eines hochkomplexen und kontingenten Weltentwurfs. Trotz Projektion einer unübersehbaren Welt bleiben die Anforderungen im Rahmen des Leistbaren, wenn man die sinnhafte Identifikation nicht auf alle einzelnen Erwartungen, sondern nur auf abstraktere Typen bezieht, die konstant gehalten werden können und dann *als Erzeugungsregel für Einzelerwartungen fungieren.* Anders als auf diesem Umwege ließe sich auch die sachliche Abstimmung einer Vielzahl verschiedenartigster Erwartungen kaum verwirklichen. Die erforderliche Konsistenz bezieht sich zwar durchaus auf das Erwarten selbst: Die Erzeugung direkt gegensätzlicher, blokkierender Erwartungen muß im einzelnen selbst wie auch in der sozialen Interaktion nach Möglichkeit vermieden werden.[101] Aber die Konsistenzkontrolle kann nur mit Hilfe sinnhafter Abstraktionen durchgeführt werden und bleibt damit oberflächlich. Die vielberufene, mit allen Mitteln der Logik angestrebte ‹Widerspruchsfreiheit des Rechts› ist weder eine notwendige noch eine erreichbare, noch eine ausreichende Sicherung der Konsistenz des Erwartens, wohl aber ein wertvoller Grobfilter, der die Masse

101 Entsprechend definiert auch Talcott Parsons, Recht und soziale Kontrolle. In: Ernst E. Hirsch/Manfred Rehbinder (Hrsg.), Studien und Materialien zur Rechtssoziologie. Sonderheft 11 der Kölner Zeitschrift für Soziologie und Sozialpsychologie, Köln–Opladen 1967, S. 121–134 (122), Normen als konsistent, wenn sie «im Idealfalle in den ihnen unterstellten Individuen nicht miteinander unvereinbare Erwartungen oder Verpflichtungen hervorrufen».

denkbarer Erwartungswidersprüche aussiebt und den Rest entscheidbar werden läßt.

Sinnhafte Identifikation von Erwartungszusammenhängen ermöglicht ferner ein Aufbewahren und Wiederzugänglichmachen von Erwartungen, leistet ihre Verfestigung als tradierbares, kulturelles Gedankengut. Man braucht seine Erwartungen nicht fallweise neu zu schaffen, sie nicht der jeweiligen Situation zu entnehmen; man kann sie aus einem sinnhaft geordnet vorgegebenen Kontext nach Bedarf reproduzieren und begründen. Erst auf dieser Basis nehmen Normen den Charakter von etwas an, das ‹gelten› kann, nehmen Rechte den Charakter von etwas an, das man ‹haben› kann, können Rechtsinstitute als Typen, die man durch Entscheidung wählen oder verwerfen kann, zur Verfügung gestellt werden.[102]

Auf jener Sinnebene generalisierender Identifikation entscheidet sich der Grad an Konkretheit bzw. Abstraktheit einer Erwartungsstruktur. Im faktischen Bewußtseinsprozeß finden sich abstrakt-pauschalisierende Vorgriffe und konkretere Ausmalungen zusammen vor und gehen ineinander über. Ich erwarte zum Beispiel, daß an mich adressierte Post mich irgendwie erreicht – und erwarte auch, daß der Briefträger Bußmann morgens gegen halb neun Uhr die Post, ohne einen Geruch von Alkohol zu hinterlassen, so in den Briefkasten steckt, daß nichts verknickt, nichts heraushängt und naß werden kann und daß man am Fensterchen des Kastens erkennen kann, ob etwas darin ist oder nicht. Abstraktere und konkretere Erwartungsvorzeichnungen schließen einander nicht aus und werden auch nicht als sachliche Gegensätze erlebt. Die Frage ist aber, auf welcher Ebene der Abstraktion die relativ invarianten Schwerpunkte der Sinnbildung gesetzt werden, durch welche der Erwartungszusammenhang identifiziert und die Verarbeitung laufender Erfahrung reguliert wird. Davon kann zum Beispiel abhängen, ob und auf welcher Trennlinie kognitive und normative Erwartungsbestandteile unterschieden werden können; wo Enttäuschungserlebnisse empfindlich werden und Erklärungen brauchen; welche Teilerwartungen durch Enttäuschungen mitdiskreditiert oder doch verunsichert und genauer Kontrolle ausgesetzt werden; wo Interdependenzen mit anderen Erwartungen angebracht werden, von denen dann Verläßlichkeitsforderungen ausgehen; kurz: wie konkret bzw. abstrakt der Erwartungszusammenhang *integriert* wird.

Erwarte ich, um bei unserem Beispiel zu bleiben, die Postzustellung geordnet durch die Person des Briefträgers, wird die Wahrnehmung eines Geruchs von Alkohol Zweifel an der ordnungsmäßigen Zustellung aufkommen lassen; ich rechne dann das Heraushängen und Naßwerden der Zeitung dem Briefträger und nicht dem falsch konstruierten Kasten zu. Erwarte ich nur die Ausführung einer Rolle, wird der Erwartungszusam

102 Bezeichnend für die Systemtheorie von TALCOTT PARSONS ist, daß diese Leistung zwar gesehen und beschrieben wird – nämlich in der Funktion der *‹latent (!) pattern maintenance›* –, daß sie aber von der normativen Funktion analytisch nicht ausreichend getrennt wird.

menhang gegen persönliche Einzelheiten der Ausführung indifferenter; er gewinnt akzeptierbare Varianten. Erwarte ich nur die Ausführung des Postgesetzes, werden Enttäuschungen nur dort relevant, wo das Gesetz mir eigene Aktionsmöglichkeiten, zum Beispiel Beschwerdemöglichkeiten, zur Verfügung stellt.

Soviel ist klar: Wer seine Erwartungen zu konkret integriert und trotzdem normiert, wird sehr enttäuschungsreich leben und sehr schwer lernen können. Er wird ein instabiles Verhältnis zur Wirklichkeit haben, denn sein Potential für das Verwinden von Enttäuschungen wird überbeansprucht werden, ohne durch Lernprozesse entlastet zu sein. Er wird laufend in Gefahr sein, unrealistische Normprojektionen zu setzen, und wird aus seinen Enttäuschungen zu weitgehende Folgerungen ziehen, die für seine Umwelt unverständlich sind, weil sie die Enttäuschung gar nicht als Enttäuschung miterlebt. Er wird infolge dieser strukturellen Fehldisposition ein überanstrengtes Leben führen, ohne viel zu erreichen. Man erkennt daran, daß die Festlegung auf einen speziell normativen Erwartungsstil einen Mindestgrad an Abstraktion des Erwartungskontextes mit einem entsprechenden Grad an Indifferenz voraussetzt. – Aber auch zu abstrakte Erlebnisverarbeitung hat ihre Gefahren. Sie macht gleichgültig und letztlich unfähig zu sinnvollem Engagement in die Umwelt: Man kennt den Briefträger nicht, grüßt ihn nicht, hat kein freundliches Wort für ihn und kein Neujahrsgeschenk. Hinter diesen Charakterisierungen als ‹zu› konkret bzw. ‹zu› abstrakt steckt jenes Problem, auf das wir bereits gestoßen waren, die Frage, von welchen Strukturen sozialer Systeme es abhängt, mit welchem Abstraktionsgrad eine Erwartungsordnung sich am reibungslosesten einrichten läßt.

Um diese Frage weiterverfolgen zu können, müssen wir mehrere Ebenen der Abstraktion unterscheiden, auf denen verschiedene Identifikationsprinzipien verwendet werden. Verhaltenserwartungen können auf eine konkrete *Person*, auf eine bestimmte *Rolle*, auf bestimmte *Programme* (Zwecke, Normen) oder auf bestimmte *Werte* bezogen werden. Diese verschiedenen Möglichkeiten bieten veräußerlichte Anknüpfungspunkte für das Erwarten von Erwarten – man stellt sich beispielsweise, statt konkret und wechselnd bestimmtes Verhalten und Erwarten zu erwarten, die ‹Eigenschaften› einer bekannten Person vor. Die Anknüpfungen schließen einander nicht aus – man kann gleichzeitig den Menschen und seine Rolle sehen –, aber je nachdem, welche den strukturellen Primat hat, differieren die Begründungen des Erwartungszusammenhangs und die Quellen der Überzeugungskraft, die Kombinations- und die Ausschließungsmöglichkeiten, die Zahl und die Bestimmtheit bzw. Bestimmbarkeit der erfaßten Erwartungen und die verfügbaren Alternativen.

Dient die *Einheit einer individuellen Person* als Garant eines Zusammenhanges von Erwartungen, bleibt deren Integration auf einer relativ konkreten, anschaulich zu machenden Sinnebene fixiert. Die Erwartungen beziehen sich auf das, was einem konkreten Menschen als Erleben und Handeln zugerechnet werden kann. Sie lassen sich nicht ohne weiteres auf andere Menschen übertragen. Um sicher und zuverlässig erwarten zu können, muß man diesen Menschen ‹persönlich› kennen. Das setzt eine Geschichte gemeinsamer Interaktion voraus, gemeinsames Leben, in dessen Verlauf der andere sich selbst dargestellt und man ihn kennengelernt hat. Die Interaktion darf nicht zu ‹unpersönlich› sein, sie muß Chancen für Selbstdarstellung bieten – was sich auch bei täglichen Kontakten keineswegs von selbst versteht.[103] Die Erwartungssicherheit hängt mithin im wesentlichen vom Verpflichtungsmechanismus der Selbstdarstellung und den Sanktionsmitteln des sozialen Verkehrs ab.

Es liegt auf der Hand, daß dieser Typus personaler Normidentifikation vor allem für Intimgruppen Bedeutung hat, die mit seiner Hilfe ihre Besonderheiten, ihr lokales Kolorit normieren können. Außerhalb von Intimgruppen findet er bei der Normierung von Höchstleistungen Anwendung, die nicht allgemein erwartet werden können.[103a] Wer sich eine Zeitlang als Übererfüller, Stachanow-Arbeiter, witziger Unterhalter, Sportler der Spitzenklasse usw. bewährt hat, wird in der gezeigten Leistung persönlich normiert – und zwar in einer Weise, die ihn personal heraushebt, unvergleichbar und damit auch unverbindlich für andere werden läßt. Ihm werden entsprechende Fähigkeiten zugeschrieben, deren Nichtverwirklichung dann übelgenommen werden kann. Helden können nicht erwartet werden; wenn sie sich aber zeigen, wird ihnen die Normalisierung im Selbst-Abbau verwehrt oder doch erschwert.

Demgegenüber können bei der Identifikation eines Erwartungszusammenhanges durch *Rollen* die individuell-persönlichen Merkmale weggelassen werden. Rollen sind Erwartungsbündel,[104] die dem Umfang nach dadurch begrenzt sind, daß ein Mensch sie ausführen kann, die aber nicht auf bestimmte Menschen festgelegt sind, sondern durch verschiedene, möglicherweise wechselnde Rollenträger übernommen werden können. Durch die Identität der Rolle werden Erwartungen von Person zu Person über-

---

103 Zu den Grenzen des Sichkennenlernens im unpersönlichen Milieu moderner Großorganisationen vgl. Niklas Luhmann, Funktionen und Folgen formaler Organisation. Berlin 1964, S. 355 ff; und allgemein John W. Thibaut/Harold H. Kelley, *The Social Psychology of Groups.* New York–London 1959, S. 64 ff; Theodore M. Newcomb, *The Acquaintance Process.* New York 1961.

103a Als eine rechtstheoretische Analyse dieses Problems, die in ihren Konsequenzen auf eine Trennung von Recht und Moral hinausläuft, siehe Joel Feinberg, *Doing and Deserving: Essays in the Theory of Responsibility.* Princeton/N. J. 1970, S. 3 ff.

104 Diese Definition des Rollenbegriffs durch Erwartungen ist nicht unbestritten, aber unumgänglich. Wer sie vermeiden will, muß Erwartungen hinterrücks – und dann typisch unkontrollierbar – in seine Analyse einbauen, da man ohne Voraussetzung von Erwartungen Handlungen nicht identifizieren kann. Ein bezeichnendes Beispiel dafür bietet Heinrich Popitz, Der Begriff der sozialen Rolle als Element der soziologischen Theorie. Tübingen 1967. Popitz lehnt den Rückgriff auf Verhaltenserwartungen ab, definiert die Rolle explizit durch reine Verhaltenshäufigkeiten – und stellt die dann gar nicht mögliche Frage nach der Konformität des Verhaltens doch!

tragbar. Dadurch wird ein gewisser Abstraktionsgewinn erreicht, andererseits aber das Erwartungsrisiko erhöht. Die Identität des persönlich bekannten Menschen entfällt als Garant des Erwartungszusammenhanges – das heißt: sie muß durch andere Garantien ersetzt werden. Die persönlich miteinander bekannten Bewohner eines Bergdorfes erwarten kraft dieser Bekanntschaft voneinander Hilfe in der Bergnot. Die Erwartung beruht nicht auf einer Rolle, vielmehr darauf, daß die Erwartenden sich in einer Vielzahl von Rollen immer wieder als dieselben Personen begegnen. Vom Bergführer erwartet man solche Hilfe, ohne ihn näher zu kennen – kraft Rolle. Die Sicherheit kommt hier aus der Institutionalisierung der Rolle, aus einem normativen Miterwarten Dritter, das sich ebenfalls nur an der Rolle, nicht an der individuellen Person orientiert. Und vielleicht besteht noch eine Organisation, ein Verein der Bergführer, der im gemeinsamen Berufsinteresse gewisse Funktionen der Auswahl und Überwachung ausübt und dessen Wirksamkeit man voraussetzt, wenn man sich auf ‹jemanden› als Bergführer verläßt.

Wie die Identität einer Person kann auch die Identität einer Rolle sehr verschiedenartige Erwartungen zusammenschließen. Sie beruht typisch auf einem Grundgedanken, der als Lern- und Interpretationshilfe dient und die Grenzen des Erwartbaren absteckt. In manchen Rollen dominiert ein bestimmter Zweck, in anderen Fällen eine bestimmte innere Einstellung oder Gesinnung. Einige Rollen sind primär durch ein Rangverhältnis definiert, andere durch eine Mitgliedschaft. Jeder dieser Rollentypen läßt sich weiter spezifizieren nach sachlicher Verschiedenheit des Zwecks oder nach inhaltlich angebbaren Gesinnungsidealen, nach hierarchischer Stellung des Ranges oder nach Systemen der Mitgliedschaft. Solche Prinzipien lassen sich nach Bedarf kombinieren – zum Beispiel in der Rolle des Bergführers Zweckmomente und Gesinnungsmomente. Rollen bieten mithin durch ihren höheren Abstraktionsgrad Chancen der Spezifikation und der Differenzierung von Erwartungszusammenhängen, wie sie durch personale Identifikationen niemals auch nur annähernd erreicht werden könnten; nicht zuletzt auch deshalb, weil Personen sich erst infolge sozialer Rollendifferenzierung ausgeprägt individualisieren. Mit dieser Differenzierung und Spezifikation gewinnt die Gesellschaft neuartige Chancen der Stabilisierung des Erwartens und der Bewältigung jenes höheren Risikos – nämlich Stabilisierung durch Indifferenz. Während bei personalen Identifikationen *jedes* Fehlverhalten moralisch genommen werden muß und den *ganzen* Erwartungskontext zu diskreditieren droht, sind für Rollen nur wenige Enttäuschungen als Abweichungen relevant, und viele andere kann man ignorieren, weil sie anderen Rollen oder allein der Person zugerechnet werden. Es mag nicht unerheblich sein, ob der Bergführer trinkt, wohl aber, ob er regelmäßig zur Kirche geht, Schulden hat, die Wahl in den Gemeinderat abgelehnt hat.

Ein weit höherer, stärker variabler Abstraktionsgrad läßt sich erreichen, wenn man Erwartungszusammenhänge nicht mehr auf die Einheit eines (wenn auch auswechselbaren, persönlich nicht identifizierten) Rollenträgers stützt, sondern nur noch auf eine verbal fixierte Entscheidungsregel, deren Anwendung durch Institutionalisierung garantiert ist. Für eine Person oder für eine Rolle kann es dann eine Vielzahl solcher Entscheidungsregeln geben, und eine Entscheidungsregel kann für eine Vielzahl von Personen oder Rollen gelten. Abstraktionsgrad der Erwartungsverknüpfung, Zahl der Ausführungshandlungen und Zahl ihrer Varianten werden dann nahezu beliebig variabel. Es kann sich darum handeln, bei Annäherung eines Zuges eine bestimmte Schranke zu schließen, oder darum, für ein Eisenbahnnetz einen optimalen Fahrplan zu entwerfen und jährlich fortzuschreiben. Auch kann die Regel geändert werden, ohne daß Personen oder Rollen ihre Identität verlieren, und umgekehrt wird die Geltung der Regel nicht dadurch berührt, daß konkrete Menschen sterben oder bestimmte Rollen unbesetzt sind.

Wir wollen solche Regeln *Programme* nennen, wenn ihre Anwendungsbedingungen spezifiziert sind. Das ist dann der Fall, wenn bei näherer Kenntnis der Situation mit Hilfe der Regel bestimmte Handlungen oder bestimmte Wirkungen von Handlungen erwartbar werden. Programme haben mithin die Doppelfunktion, Entscheidungs- und Erwartungshilfen zu geben. Dies leisten einmal Zweckprogramme, die bestimmte Wirkungen und Nebenbedingungen zu erwartenden Handelns fixieren; zum anderen Konditionalprogramme, die bestimmte Ursachen als Auslöser bestimmten Handelns in einem Wenn/Dann-Schema festlegen. Auf diesen Unterschied der Programmtypen werden wir weiter unten näher eingehen müssen. Zunächst genügt die Feststellung des Gemeinsamen: daß mit Hilfe von Programmen die institutionelle Billigung der Regel auf die Billigung des Handelns übertragen werden kann. Ein Handeln, das dem Programm entspricht, ist *richtig*.

Diese Handlungsrechtfertigung wird nicht erreicht, wenn der Zusammenhang von Erwartungen lediglich auf der abstraktesten Stufe der Generalisierung, wenn er lediglich durch *Werte* identifiziert wird. Werte sind Gesichtspunkte der Vorziehenswürdigkeit von Handlungen. Sie lassen jedoch unspezifiziert, welche Handlungen welchen anderen vorgezogen werden, und geben damit nur sehr unbestimmte Anhaltspunkte für die Bildung und Integration von Erwartungen. Anders als der Bereich der Programme ist die Wertsphäre von sehr unbestimmter Komplexität in bezug auf das zugelassene Handeln, hat hohe Konsenschancen, läßt sich deshalb schwer ändern und steckt voller praktischer Widersprüche – alles Anzeichen dafür, daß Werte eine andere Funktion erfüllen als Programme. Man kann zum Beispiel sicher sein, einen beachtlichen Wert zu vertreten und sich nicht lächerlich zu machen, wenn man sich für Hygiene einsetzt. Im groben ist damit auch abgesteckt, welcher Bereich von Ereignissen und Handlungen unter diesem Gesichtspunkt gesehen werden kann; offen dagegen bleibt, welche Handlungen Hygiene zu fördern haben und deshalb normativ erwartet werden dürfen, wieviel Geld (anderer Leute) öffentliche Hygiene kosten darf und ob sie auch im Falle des Konfliktes mit anderen Werten, etwa solchen der Wirtschaft, der Kultur, der Freiheit und Würde der individuellen Persönlichkeit, den Vorzug verdient. Im Unterschied zu Programmen sind Werte so abstrakt formuliert, daß das Verhältnis verschiedener Werte zueinander nicht ein für allemal fixiert werden kann. Nur die Wertgesichtspunkte selbst, nicht auch die Beziehungen zwischen ihnen, lassen sich abstrakt und allgemeingültig institutionalisieren. Es gibt keine ‹Wertsysteme› oder ‹Werthierarchien›. Demnach können Werte, für sich begriffen, weder jede einschlägige Handlung rechtfertigen noch unbedingte Beachtung in jedem Programm erfahren. Ihre Dringlichkeit hängt jeweils von der Mitbetroffenheit anderer Werte und von deren Erfüllungsstand ab. Eben deshalb sind konkreter strukturierte Programme notwendig, um richtiges Handeln erwartbar und entscheidbar zu machen.

Personen, Rollen, Programme und Werte stellen mithin verschiedene Stufen der Generalisierung dar, auf denen Verhaltenserwartungen durch ein sachliches Identifikationsprinzip verknüpft und in der Außenwelt festgemacht werden können. Man kann davon ausgehen, daß komplexere Gesellschaften zunehmend abstraktere Erwartungsprämissen benötigen, um mehr Möglichkeiten des Erwartens und Verhaltens strukturell zulassen und legitimieren zu können. Es wäre aber viel zu einfach und offensichtlich falsch, eine Normenentwicklung von primär personorientierten über rollengebundene und programmatische Normen zu wertfixierten (z. B. ideologischen) Normen anzunehmen. Vielmehr scheint es so zu sein, daß bei zunehmender Komplexität der Gesellschaft *alle* Ebenen der Generalisierung *stärker* beansprucht und daher stärker differenziert werden müssen. Die Rechtssoziologie muß daher die Frage beantworten, welche Funktion dem Recht für diese Differenzierung zufällt und welche Folgeprobleme sie im Recht auslöst.

Die verschiedenen Sinnebenen müssen dabei als Ganzes und im Prinzip ihres Zusammenhanges gesehen werden. Sie setzen einander voraus und bedingen sich wechselseitig. So muß zum Beispiel die Institutionalisierung von Werten beim Entwurf und bei der Auslegung von Programmen vorausgesetzt werden. Aber auch umgekehrt besteht eine Abhängigkeit: Werte lassen sich nur institutionalisieren, wenn es Programme gibt, die die Verwirklichung der Werte vermitteln und die sicherstellen, daß auch die Werte, die in Einzelfällen zurückgestellt werden, in anderen zum Zuge kommen. Daß Rollen Menschen voraussetzen, die sie ausführen, liegt auf der Hand. Sie bringen das Erwartbare in die Form, die durch die Kontinuität sozialer Systeme gefordert ist und nicht allein der Individualität bestimmter Personen überlassen werden kann. Sie entlasten den einzelnen von personaler Verantwortung für die Erwartungen anderer. Umgekehrt setzen sie aber auch voraus, daß man erwarten lernen kann, wie dieser konkrete Vorgesetzte, Arzt, Lehrer usw. seine Rolle auffaßt und ausführt. Man weiß infolgedessen, daß man bei einem Wechsel der Person in der Rolle einige, aber nicht alle Erwartungen ändern muß, und hat damit Anhaltspunkte für die Entscheidung über einen solchen Wechsel.

Die Trennung der verschiedenen Sinnebenen führt demnach nicht zu wechselseitiger Isolierung. Sie bedeutet auch nicht, daß man faktisch gelebte Erwartungen exklusiv auf der einen oder der anderen Ebene zu plazieren hätte. Die Funktion der Trennung liegt in der Einrichtung *relativ unabhängiger Variabilität.*

In dem Maße, als die verschiedenen Sinnebenen sich deutlicher voneinander abheben, wird es möglich, verschiedene Prinzipien der Identifikation von Erwartungen zusammenhängend nebeneinander zu verwenden und sie unabhängig voneinander zu ändern. Man kann Werte angreifen oder auswechseln, zum Beispiel den Wert der Nationalität oder den Wert der Bildung diskreditieren bzw. absinken lassen, ohne das Rollengefüge oder die Identität des Einzelmenschen anzutasten. Gerade diese verbleibenden Identitäten geben Erwartungssicherheit genug und damit Rückhalt für eine Umwertung der Werte in Anpassung an die gesellschaftliche Entwicklung. Man kann aber auch umgekehrt im Namen gleichbleibender Werte Programme und Rollen in Anpassung an eine sich ändernde Wirklichkeit umstrukturieren im Sinne des frühmittelalterlichen Arguments, die *diversitas temporum* erfordere jetzt andere Mittel zur Verwirklichung überzeitlicher Ideale. Personen können ihre Rollen und Rollen ihre Personen wechseln, ohne daß der Umwelt dadurch eine untragbare Last des Umlernens und der periodisch wiederkehrenden Unsicherheit zugemutet werden würde.

Alle Sinnebenen sind stets an der Erwartungsbildung beteiligt. Auch einfache Gesellschaften kommen nicht ohne Wertpräferenzen oder ohne Programme für richtiges Handeln aus. Sie verquicken aber Identifikationen der verschiedenen Ebenen so stark, daß jede Änderung das Ganze bedroht und daher auf Widerstand stößt. Bei einer Änderung ihrer Werte, was etwa Religion, Verwandtschaftssystem oder alte, heilige Gesetze angeht, gäbe es auf der Rollenebene und im personalen Selbstverständnis keine Alternativen. Die Programme für richtiges Handeln, die Normen und Zwecke, sind so stark mit der Person verknüpft, daß es schwerfällt, Täter und Tat zu trennen und die Strafe als Konsequenz eines Entscheidungsprogramms allein nach der Tat zu bemessen. Die Missetat diskreditiert die Person selbst und ganz.[105] In der Gesetzgebung bereitet es noch im hohen Mittelalter Mühe, die verpflichtende Kraft des Gesetzes auf die (kontinuierliche) Rolle des Gesetzgebers und nicht auf die personale Verpflichtung des jeweiligen Herrschers und ihm gegenüber zu beziehen.[106]

105 Mit Recht gibt GEIGER, a. a. O., S. 156, den wichtigen Hinweis, daß das alttestamentliche Gesetz der Talion: ‹Auge um Auge, Zahn um Zahn› nicht als ein archaischer Formalismus, sondern als eine evolutionäre Errungenschaft gesehen werden muß. Hier wird die auf die Person des Übeltäters zugeschnittene, der Tendenz nach maximale Sanktion in ein Entscheidungsprogramm eingefangen und geregelt – ein Hinweis auf die beginnende Differenzierung der Sinnebenen. Der Formalismus ist eine Hilfe bei der Stabilisierung dieser evolutionär unwahrscheinlichen Institution. Für die Herkunft dieses Gedankens vgl. auch MAX MÜHL, Untersuchungen zur altorientalischen und althellenischen Gesetzgebung. Klio, Beiheft NF 16, Leipzig 1933, S. 45 ff. Siehe ferner unten S. 98, 154 f.

106 Siehe z. B. HERMANN KRAUSE, Dauer und Vergänglichkeit im mittelalterlichen Recht. Zeitschrift der Savigny-Stiftung für Rechtsgeschichte, Germ. Abt. 75 (1958), S. 206–251. Näher unten S. 193 ff.

Andererseits kann sich bei solchen Verquickungen, und das macht sie stabil, keine rein individuelle Persönlichkeit, kein ‹Gewissen› im neuzeitlichen Sinne[107] entwickeln, geschweige denn institutionalisiert werden. Das Normengefüge macht einen konkreter personalisierten, aber doch weniger individualistischen Eindruck als das unsrige.

Die einfachere Struktur älterer Gesellschaften spiegelt sich in einer einfacheren Moralkonzeption. Im wesentlichen genügt den archaischen Gesellschaften und selbst den älteren Hochkulturen bis in die Neuzeit hinein ein einfacher Dualismus. Sie stellen das faktische Handeln dem gebotenen, richtigen Handeln gegenüber; jenes der konkrete Mensch mit seinen Fehlern und Unzulänglichkeiten, dieses die Norm des Wahren und Guten, nach der man sich zu richten hat. Diese einfache Kontrastierung gewährleistet hohe Erwartungssicherheit in der Form moralischer Überzeugungen. Die normativen Erwartungen können sich auf die sozial gestützte Gewißheit gründen, invariant und richtig zu sein; die Enttäuschung kann allein dem falsch oder böse Handelnden zugerechnet werden. Das Bedürfnis nach einer funktionalen Differenzierung der normativen Sphäre tritt nicht auf und würde auch unverständlich bleiben.[108] Eine soziale oder funktionale Deutung abweichenden Verhaltens ist in diesem Denkschema unmöglich. Selbstverständlich findet sich das Recht auf seiten der Moral.

Steigt jedoch die Komplexität der Gesellschaft als Folge zunehmender funktionaler Differenzierung und zunehmender Abstraktion der Prämissen der Erlebnisverarbeitung, wird dieses einfache Schema aus vielerlei Gründen inadäquat. Es genügt jetzt nicht mehr, allein das Verhalten gegenüber der Norm als variabel zu denken, die Normen selbst geraten unter den Druck erwünschter Änderungen. Außerdem kann die Sicherheit des Erwartens angesichts der hohen Zahl von Verhaltensmöglichkeiten, die jetzt zugelassen werden müssen, nicht mehr primär durch die konkret-überzeugende Vorstellung des Guten im Gegensatz zum Schlechten gewährleistet werden. Die Entwicklung der Gesellschaft zwingt zu einer stärkeren Differenzierung verschiedener Sinnbildungsebenen, welche die Erwartungsstrukturen insgesamt komplexer und flexibler macht. Das Zweier-Schema muß durch ein Vierer-Schema, durch eine Trennung von Personen, Rollen, Programmen und Werten als je verschiedener Ebenen der Herstellung von Erwartungszusammenhängen ersetzt werden – eine evolutionäre Errun-

---

107 Die Mühen, die man noch heute hat, den Gewissensbegriff von der reinen Rezeptivität für höhere Normen abzulösen und konsequent zu individualisieren, belegen die Fortwirkung dieser Tradition. Vgl. dazu Heinz Scholler, Das Gewissen als Gestalt der Freiheit. Köln–Berlin–Bonn–München 1962; Niklas Luhmann, Die Gewissensfreiheit und das Gewissen. Archiv des öffentlichen Rechts 90 (1965), S. 257–286.

108 Die Zusammenfassung aller guten Zwecke zum Guten schlechthin bleibt eine rein klassifikatorische, das gemeinsame Wesen der Zwecke hervorhebende Begriffsbildung, die nicht zu verwechseln ist mit der hier geforderten Trennung von Programmen und Werten. Der Ethik fehlte denn auch ein Wertbegriff, der nicht zufällig erst im 19. Jahrhundert seine große Karriere begann.

genschaft der modernen Gesellschaft, deren Institutionalisierung noch heute durchaus problematisch ist.

Die Unterscheidung von Rolle und Person hat sich faktisch weithin eingelebt. Sie ist zunächst unter dem Gesichtspunkt der Entfremdung oder der Unpersönlichkeit und Anonymität der sozialen Lebensführung in modernen Gesellschaften bewußt geworden, dann von der Soziologie mit dem Begriff der Rolle formuliert worden.[109] Die Trennung von Werten und Programmen hat bisher dagegen keine vergleichbare Beachtung gefunden.[110] Die begrifflichen Ansätze der Werttheorie sind so disparat, so kontrovers und so überladen mit zu weittragenden Ansprüchen, daß in der Soziologie sich eher Resignation abzeichnet als Bemühungen um eine funktionale Spezifikation dessen, was durch Institutionalisierung von Werten, im Unterschied zu Programmen, gewonnen werden kann. In weitem Umfange fehlt es daher an Vorarbeiten, die ein sicheres Urteil darüber ermöglichen, welche Mechanismen jene vier Ebenen der Identifikation von Erwartungszusammenhängen auseinanderziehen und gegeneinander invariant setzen können und welche Bedeutung dem Recht in diesem Zusammenhang zufällt.

Urteilt man vom derzeitigen Entwicklungsstand der modernen Industriegesellschaft aus, scheint sich der Schwerpunkt gesellschaftlicher Strukturbildung auf die mittleren Ebenen der Rollen und Programme zu verlagern. Dort allein kann die Komplexität der Gesellschaft adäquat in Erwartungsstrukturen wiedergegeben werden. Personen wären dafür zu konkrete,

---

109 Diese historische Problemlage erklärt, daß als entscheidende theoretische (und als problematische) Leistung des Rollenbegriffs vor allem seine ‹Vermittlung› zwischen ‹Individuum und Gesellschaft› Beachtung gefunden hat. Siehe z. B. Talcott Parsons, *The Social System.* Glencoe/Ill. 1951, S. 25 f, 39 f; Siegfried F. Nadel, *The Theory of Social Structure.* Glencoe/Ill. 1957, S. 20; Ralf Dahrendorf, Homo Sociologicus. 7. Aufl., Köln–Opladen 1968; Helmuth Plessner, Soziale Rolle und menschliche Natur. In: Festschrift Theodor Litt. Düsseldorf 1960, S. 105–115; Friedrich H. Tenbruck, Zur deutschen Rezeption der Rollentheorie. Kölner Zeitschrift für Soziologie und Sozialpsychologie 13 (1961), S. 1 bis 40. Der Rollenbegriff hat dadurch eine Bedeutung für das theoretische Selbstverständnis der neueren Soziologie gewonnen, die angesichts seiner begrenzten sachlichen Spannweite kaum zu rechtfertigen ist.

110 Es gibt immerhin verschiedene Ansätze zu einer Unterscheidung mehrerer Ebenen der Systemstrukturbildung, in denen durchweg ‹Normen› und ‹Werte› getrennt werden – so namentlich in der Vorstellung einer ‹*hierarchy of control*› bei Talcott Parsons, Durkheim's *Contribution to the Theory of Integration of Social Systems.* In: Kurt H. Wolff (Hrsg.), *Emile Durkheim, 1858–1917,* Columbus/Ohio 1960, S. 118–153 (122 ff). Vgl. ferner Neil J. Smelser, *Theory of Collective Behavior.* New York 1963, S. 32 ff; Daniel Katz/Robert L. Kahn, *The Social Psychology of Organizations.* New York–London–Sydney 1966, S. 37 f, 48 ff; Leon H. Mayhew, *Law and Equal Opportunity: A Study of the Massachusetts Commission Against Discrimination.* Cambridge/Mass. 1968. Parsons' Normbegriff wird in diesem Zusammenhang übrigens enger verwendet als sonst, nämlich spezifiziert auf Verhaltenserwartungen, die nicht wie Werte für jedermann gelten.

Werte zu abstrakte Identifikationen. Auf diesen mittleren Ebenen wird die erreichbare Komplexität der Gesellschaft bestimmt. Im Hinblick auf eine hohe Zahl verschiedenartiger Rollen werden die Personen individualisiert und mobilisiert, das heißt im Hinblick auf spezifische Präferenzen und Eignungen austauschbar. Im Hinblick auf Programme werden Werte ideologisiert, das heißt umwertbar.

Dieser Primat der mittleren Sinnebenen bedeutet nicht, daß Programme und Rollen invariant gesetzt würden und als Strukturträger dauerhafter sein müßten als die Werte oder die Personen; gemeint ist nur, daß die erforderlichen Selektionsleistungen von dort her gesteuert werden. Auch Programme und Rollen werden dynamisiert – mit ‹Primat› verbindet sich nicht die Vorstellung längerer Dauer –, aber sie erzeugen ihre Änderungsbedürfnisse selbst durch ihre eigene Komplexität. Die Änderungen des normativen und des rollenmäßigen Gefüges der Gesellschaft erhalten ihre Antriebe und ihre Richtlinien nicht mehr ‹von oben› aus der Wertsphäre – so wie man im Mittelalter Gesetzgebung begriffen und begründet hatte als Annäherung des menschlichen Rechts an das göttliche Recht oder an das natürliche Recht, die mit Rücksicht auf die Sündhaftigkeit der menschlichen Natur und die *diversitas temporum* immer wieder erforderlich sei. Die Dynamik normativer und rollenmäßiger Strukturen kann auch nicht unmittelbar aus den Bedürfnissen oder Interessen individueller Personen abgeleitet werden, die sich in ihrer Vielseitigkeit und Widersprüchlichkeit wechselseitig aufheben und zu politischen Rollen aggregiert werden müssen, um Änderungsprozesse einleiten zu können. Vielmehr treiben Rollen und Programme durch die hohe Komplexität, Offenheit, Interdependenz und Widersprüchlichkeit der mit ihnen identifizierten Verhaltenserwartungen selbst laufend Änderungswünsche hervor. Je höher ihre Interdependenz, desto dynamischer wird die Gesellschaft; desto unentbehrlicher wird es, auch für die zeitliche, enttäuschungsfeste und für die soziale, institutionelle Stabilisierung von Verhaltenserwartungen neue Lösungen zu finden.

Man kann vermuten, daß mit dieser Schwerpunktbildung sich auch der Rechtsmechanismus stärker als in älteren Gesellschaften auf die Ebene der Rollen und Programme verlagert. Das Recht gewinnt seinen Schwerpunkt in spezifischen Rollen und spezifischen Programmen für den juristischen Entscheidungsprozeß. Die Ausdifferenzierung von Rechtsrollen, die nach eigenen Entscheidungsprogrammen Arbeit leisten, dürfte entwicklungsgeschichtlich eine der Voraussetzungen sein für eine stärkere Trennung verschiedener Erwartungsebenen. Das heißt keineswegs, daß Personen und Werte ihre Bedeutung für das Recht verlieren, vielmehr nur, daß die Identifikation und die Änderbarkeit von Erwartungszusammenhängen im Recht nicht mehr an die Einheit einer Person oder an die Rechtfertigung durch einen Wert gebunden sind. Trennung heißt nicht Isolierung, sondern nur relative Invarianz und unabhängige Variabilität.

6. Recht als kongruente Generalisierung

Die Vorüberlegungen zu einer soziologischen Theorie des Rechts sind hiermit abgeschlossen. Sie haben ein sehr komplexes Feld von Problemen und Mechanismen abgetastet, in dem das Recht nunmehr in seiner spezifischen Funktion und Wirkungsweise lokalisiert werden muß. Denn offensichtlich haben nicht alle Normen, Institutionen und identifizierenden Prinzipien Rechtsqualität. Für das Recht muß ein engeres Kriterium angegeben werden, das in bezug auf das erörterte Interaktionsfeld funktional und selektiv definiert werden soll.

Um das Verständnis zu erleichtern, fassen wir die bisherigen Ergebnisse nochmals thesenförmig zusammen: Soziales Verhalten in einer hochkomplexen und kontingenten Welt erfordert Reduktionsleistungen, die wechselseitige Verhaltenserwartungen ermöglichen und über das Erwarten solcher Erwartungen gesteuert werden. In der *Zeitdimension* können diese Erwartungsstrukturen durch Normierung enttäuschungsfest stabilisiert werden. Das setzt bei zunehmender sozialer Komplexität eine Differenzierung von kognitiven (lernbereiten) und normativen Erwartungen und ferner die Verfügbarkeit erfolgreicher Mechanismen der Enttäuschungsabwicklung voraus. In der *Sozialdimension* können diese Erwartungsstrukturen institutionalisiert, das heißt durch erwarteten Konsens Dritter gestützt werden. Das setzt bei zunehmender sozialer Komplexität stärker fiktive Konsensunterstellungen sowie Institutionalisierung des Institutionalisierens in besonderen Rollen voraus. In der *Sachdimension* können diese Erwartungsstrukturen durch identischen Sinn äußerlich fixiert und in einen Zusammenhang wechselseitiger Bestätigung und Begrenzung gebracht werden. Das setzt bei zunehmender sozialer Komplexität eine Differenzierung verschiedener Ebenen der Abstraktion voraus. Um einen übergreifenden Begriff für die Erfordernisse dieser drei Dimensionen zu haben, wollen wir im folgenden von *Generalisierung von Verhaltenserwartungen* sprechen, im einzelnen von zeitlicher, sozialer und sachlicher Generalisierung.

Diese Zusammenfassung in einem Begriff ist durch eine auffallende Parallelität der Problemlage in den einzelnen Dimensionen gerechtfertigt. Das Gemeinsame besteht darin, daß durch Generalisierung die jeweils dimensionstypischen Diskontinuitäten überbrückt, die jeweils dimensionstypischen Gefahren ausgeschaltet werden. So gibt Normierung einer Erwartung Dauer ungeachtet der Tatsache, daß sie von Zeit zu Zeit enttäuscht wird. Durch Institutionalisierung wird allgemeiner Konsens unterstellt ungeachtet der Tatsache, daß einzelne nicht zustimmen. Durch Identifikation werden Sinneinheit und Zusammenhang gewährleistet ungeachtet der sachlichen Verschiedenheit der Erwartungen. Generalisierung leistet mithin eine symbolische Immunisierung von Erwartungen gegen andere Möglichkeiten, ihre Funktion unterstützt den notwendigen Reduktionsprozeß dadurch, daß sie *unschädliche Indifferenz* ermöglicht.[111]

---

111 Dieser Zusammenhang von Generalisierung von Erwartungen und funk-

Die Einheit des Begriffs und die Parallelität der Leistungen darf nicht darüber hinwegtäuschen, daß Generalisierung in den einzelnen Dimensionen sehr diskrepante Anforderungen stellt. Die Mechanismen zeitlicher, sozialer und sachlicher Generalisierung, die wir im vorstehenden analysiert haben, sind sehr heterogener Art. Man kann daher nicht unterstellen, daß sie von vornherein gleichgeschaltet laufen; daß sie durch eine Art natürliche Wahrheit des Seins darauf geeicht seien, stets dieselben Erwartungen zu generalisieren. In diesem Fall, der der Vorstellung eines Naturrechts entspräche, wäre im übrigen keine Entwicklung des Rechts möglich. Schon durch die Tatsache der Evolution ist eine solche Hypothese widerlegt. In Wirklichkeit besteht in der Funktionsweise dieser Mechanismen ein beträchtliches Maß an Diskrepanz. Sie können verschiedene, nicht vereinbare Erwartungen generalisieren. Sie können sich wechselseitig behindern und stören. Solche Inkongruenzen bilden ein Strukturproblem jeder Gesellschaft, *und im Hinblick auf dieses Problem hat das Recht seine gesellschaftliche Funktion.*

Im Verhältnis von zeitlich-normativer Generalisierung und Institutionalisierung fallen namentlich in archaischen Gesellschaften starke Differenzen zwischen den Gesellschaften auf. Ob und wieweit das Behaupten und Durchfechten des eigenen Rechts als Pflicht institutionalisiert bzw. umgekehrt institutionell entmutigt wird, ist eine Frage, auf die man von Gesellschaft zu Gesellschaft sehr verschiedene Antworten findet. Es gibt ausgesprochen rechtsbewußte, ehrliebende, streitsüchtige Völkerschaften und andere, die das friedliche Miteinanderauskommen und Nachgeben als die höchste Tugend ansehen. «*Some like litigation and some don't*», kommentiert ein Ethnologe, ohne eine Erklärung dieser auffälligen Diskrepanz zu versuchen.[112] In komplexeren Gesellschaften scheint diese Differenz sich zu verwischen bzw. dem individuellen Temperament überlassen zu bleiben. Statt dessen nimmt die Diskrepanz von zeitlicher und sozialer Generalisierung eine andere, nun gesellschaftsinterne Form an: Es gibt in jeder Gesellschaft jetzt mehr normative Erwartungen, als institutionalisiert werden können. Wir hatten von einer Überschußproduktion an Normen gesprochen. Das gilt nicht nur für frei phantasierte Privatnormen des

---

tional sinnvoller Indifferenz ist einer der Grundsteine der behavioristischen Lerntheorie – vgl. den Überblick bei Franz J. Stendenbach, Soziale Interaktion und Lernprozesse. Köln–Berlin 1963, S. 90 ff; oder bei Klaus Eyferth, Lernen als Anpassung des Organismus durch bedingte Reaktion, und dems., Das Lernen von Haltungen, Bedürfnissen und sozialen Verhaltensweisen. In: Handbuch der Psychologie, Bd. I, Göttingen 1964, S. 76–117 (103 ff) bzw. 347–370 (357 ff). Von da aus ist diese Einsicht namentlich durch Parsons in die Soziologie übernommen und auf den Bereich der Normen und Werte übertragen worden – siehe z. B. Talcott Parsons, *The Social System.* Glencoe/Ill. 1951, S. 11, 209 ff, 240, 422 (wo Normen explizit als Generalisierung von Sanktionserwartungen bezeichnet werden); ferner Talcott Parsons / Robert F. Bales / Edward A. Shils, *Working Papers in the Theory of Action.* Glencoe/Ill. 1953, S. 41 f, 81.

112 Robert Redfield, *Primitive Law.* In: Paul Bohannan (Hrsg.), *Law and Warfare. Studies in the Anthropology of Conflict.* New York 1967, S. 3–24 (22).

einzelnen. Es gibt auch universell verbreitete und intensiv gefühlte normative Erwartungen, die trotzdem nicht institutionalisiert werden können. So erwartet ein jeder von seinen Interaktionspartnern, daß sie ihre in der Interaktion gezeigte Meinung über den Erwartenden auch dann beibehalten und vertreten, wenn er abwesend ist; daß, mit anderen Worten, nicht in seiner Abwesenheit über ihn gelästert wird. Diese Norm hat zentrale Bedeutung, da jeder sich mit den Augen anderer konstituiert und die kontinuierliche Erwartbarkeit ihrer Erwartungen davon abhängt, daß diese durchgehalten werden. Und doch kann die Norm nur erwartet, nicht aber institutionalisiert werden. Jeder beteiligt sich an Äußerungen über Dritte, die er in ihrer Gegenwart unterlassen würde, und jeder weiß, daß auch ihm solches widerfährt, auch wenn ein gütiger Gott das volle Ausmaß des Übels verhüllt. Diese Diskrepanz von Normierung und Institutionalisierung kann nicht aufgelöst, sondern nur dadurch entschärft werden, daß man eben erlaubtermaßen mit einer falschen Identität herumläuft. Es müssen dann nur Situationen vermieden werden, in denen sich unerwartet herausstellt, daß Nichtanwesende doch anwesend sind,[113] und diese Vermeidung muß dann anstelle der Norm institutionalisiert werden. Man sieht an diesem Beispiel, daß fehlende Kongruenz in einzelnen Hinsichten kein unlösbares Problem, aber eben doch ein Problem ist.

Im übrigen gibt es Beispiele für unser Problem auch im Bereich derjenigen Normen, die als Rechtsnormen offiziell verkündet worden sind. Selbst sie können häufig nicht institutionalisiert werden, sei es, daß die Richter sie nicht anerkennen, sei es, daß ihnen die Normalerwartung im täglichen Leben die Gefolgschaft verweigert.[114] Man kann sich lächerlich machen oder doch gegen stillschweigende Erwartungen Dritter verstoßen, wenn man gewisse Vorschriften ganz strikt beachtet – zum Beispiel an Baustellen auf der Autobahn die normierten 60 Stundenkilometer fährt. Auch kann es vorkommen, daß man eindeutig im Recht ist – und sich trotzdem blamiert fühlen muß. Der betrogene Ehemann ist ein Beispiel dafür. Zu alldem kommt, daß manche für Normierung und Normdarstellung naheliegende und besonders wirksame Enttäuschungsreaktionen – etwa physischer Kampf – institutionell nicht gestützt werden können.

---

113 Vgl. dazu das Experiment von Eugene A. Weinstein/Mary Glenn Wiley/William DeVaughn, *Role and Interpersonal Style as Components of Social Interaction.* Social Forces 45 (1966), S. 210–216.

114 Beobachtungen in diesem Sinne häufen sich namentlich in den sog. Entwicklungsländern, die ihr Recht zu modernisieren versuchen, es aber als modernes Recht vielfach nur normieren und nicht auch institutionalisieren können. Siehe z. B. Morroe Berger, *Bureaucracy and Society in Modern Egypt. A Study of the Higher Civil Service.* Princeton/N. J. 1957, insbes. S. 114 ff; C. Lloyd Mecham, *Latin American Constitutions. Nominal and Real.* Journal of Politics 21 (1959), S. 258–275; Fred W. Riggs, *The Ecology of Public Administration.* London 1961, S. 98 ff; Gregory J. Massell, *Law as an Instrument of Revolutionary Change in a Traditional Milieu. The Case of Soviet Central Asia.* Law and Society Review 2 (1968), S. 179–228. Näheres Bd. II, S. 267 ff.

Andere Divergenzen ergeben sich in umgekehrter Sicht, wenn man von der Eigenart der institutionalisierenden Prozesse ausgeht. Sie betreffen nicht nur normative, sondern auch kognitive Erwartungen und sind von sich aus nicht auf eine Differenzierung dieser beiden Erwartungsstile eingestellt. Sie decken auch Erwartungen, die nicht auf normative Regeln gebracht werden können – etwa die Erwartung einer vernünftigen körperlichen Distanz bei Gesprächen –, und sie lassen häufig im unklaren, ob und wieweit sie auch eine Enttäuschungsabwicklung decken. Bezeichnend dafür ist, daß man in archaischen Gesellschaften fest institutionalisierte Erwartungsordnungen antrifft, die die Frage der Reaktion auf Enttäuschungen offen und ungeregelt lassen – vermutlich, weil die Mechanismen der Institutionalisierung als die ursprünglicheren dominieren und die der enttäuschungsfesten Normierung noch nicht zureichend entwickelt sind.

Nicht anders liegt das Verhältnis von sachlicher zu zeitlicher und sozialer Generalisierung. Die Erfordernisse identifizierender Sinnbildung und sachlicher Indifferenz decken sich nicht ohne weiteres mit denen der normativen Stabilisierung und der Institutionalisierung. Vor allem ist zu beachten, daß sehr wohl ein Interesse daran bestehen kann, Werte oder Programme in der Form des bloß Wünschenswerten zu belassen, sie also zwar sachlich zu identifizieren, sie aber nicht als festzuhaltende, durch Enttäuschungen betroffene Erwartung zu normieren.[115] Das gibt zum Beispiel die Möglichkeit, offene Wünsche zu formulieren, die Freiheit ihrer Verwirklichung zu betonen, ja zu institutionalisieren, Anerkennung für gute Leistungen zu zollen, Leistungsbewertungen, zum Beispiel Zensuren, als Grundlage für Verteilungsprozesse zu verwenden, ohne mit alldem den Mechanismus von Anspruch und Sanktion auszulösen.

Im übrigen eignen sich die einzelnen Identifikationsprinzipien in sehr unterschiedlichem Maße zur Normierung und Institutionalisierung. Abstrakt konzipierte Werte zum Beispiel sind zwar gut institutionalisierbar, schließen aber sachlich zu wenig aus, um instruktive Normbildung und sachliche Verhaltenshinweise zu ermöglichen. Sehr oft wird im Interesse der Konsensbildung und der dauerhaften, Situationen verschiedener Art übergreifenden Normierung ein Sinnprinzip so unbestimmt formuliert werden müssen, daß es seinen sachlichen Ordnungswert weitgehend einbüßt, und umgekehrt gefährdet dann jeder Präzisierungsversuch die Konsensgrundlagen und die Reichweite des Normierungsanspruchs. Die sachliche Kombinierbarkeit von Erwartungen überträgt nicht ohne weiteres auch Konsens, weil sie stets mit Selektionsleistungen verbunden ist, die auf Widerspruch stoßen können.[116]

---

115 Dies spricht gegen eine Definition des Normbegriffs oder Ableitung des Sollens aus dem Begriff des Wertes oder der Bewertung, wie man sie häufig findet. Vgl. als Beispiel Jack P. Gibbs, *Norms. The Problem of Definition and Classification.* The American Journal of Sociology 70 (1965), S. 586–594 (589).

116 Dieses Problem hat Leon Mayhew, a. a. O. am Beispiel des Postulats der Rassengleichheit untersucht mit dem Ergebnis, daß es nur als Wert, nicht aber als

Im Gegensatz zur Institutionalisierung von Werten ist die Institutionalisierung von Personen wenig leistungsfähig. Die personale Integration von Verhaltenserwartungen läßt sich kaum zur Institution erheben. Auch das gibt es in Ansätzen – so, wenn in einigen Indianerstämmen die Häuptlingsrolle ungeregelt geblieben ist und jeweils einem einzelnen zufällt, der sich als Person und Anführer hervortut und eine Zeitlang Gefolgschaft findet. Zugleich zeigt dieses Beispiel aber, wie wenig soziale Sicherheit auf diesem Wege erreichbar ist. Die Steigerung der Person zum exemplarisch institutionalisierten Individuum, zum Helden oder Bösewicht der Überlieferung, ist ein interessanter Versuch, die Grenzen dieser Kombination zu erweitern. Die dazu nötige Übersteigerung ins Außergewöhnliche bedeutet aber zugleich, daß diese Orientierung an exemplarischen Individuen als Regulativ für das tägliche Leben keine große Bedeutung gewinnt. Auch die Kongruenz von sozialer und sachlicher Generalisierung von Verhaltenserwartungen kann mithin nicht ohne weiteres vorausgesetzt und nicht auf jede Weise erreicht werden, sondern findet mehr oder weniger problematische, zeitgebundene Lösungen.

Im Verhältnis von Zeitdimension und Sachdimension ist namentlich zu beachten, daß Normierungsinteressen sich bemühen, einen Zusammenhang von Normverstoß und Sanktion festzulegen, der sachlich zunächst völlig uneinsichtig sein kann: Was hat eine Beleidigung sachlich mit einer Geldbuße, ein Mord sachlich mit Zuchthaus gemein? Die Schwierigkeiten der Institutionalisierung eines solchen Zusammenhangs sind unter anderem darin begründet, daß er sachlich nicht zu überzeugen vermag. Das Prinzip der Talion: ‹Auge um Auge, Zahn um Zahn› ist eine der geschicktesten Lösungen genau dieses Problems. Auch der von Durkheim behauptete Übergang von repressiven zu restitutiven Sanktionen im Laufe der gesellschaftlichen Entwicklung [117] muß als Suche nach sachlich besser anknüpfbaren Enttäuschungsabwicklungen gesehen werden.

Diese Beispiele erläutern die *natürliche Inkongruenz der Generalisierungsmechanismen*, zeigen aber auch, daß sich Möglichkeiten sinnvoller Verbindung durchaus entdecken und zu evolutionär erfolgreichen Konfigurationen herausbilden lassen. Im Prinzip beruhen solche Kombinationsmöglichkeiten darauf, daß in den einzelnen Dimensionen nicht nur jeweils eine, sondern viele funktional äquivalente Problemlösungen zur Verfügung stehen. In der Zeitdimension gibt es ein beträchtliches Repertoire an Möglichkeiten der Enttäuschungserklärung und Enttäuschungsabwicklung, der Institutionalisierungsprozeß hat zahlreiche Varianten je nachdem, welche Erwartungen von wem erwartet werden, und die sachliche Sinnbildung

---

Programm voll institutionalisiert werden konnte. In diesem Zusammenhang wird übrigens die Funktion der *Logik* erkennbar, Regeln für eindeutige sachliche Kombination *und* intersubjektive Übertragbarkeit zugleich zu entdecken, also Kongruenz zwischen sachlicher und sozialer Dimension des Welterlebens sicherzustellen. Darin liegt die funktionale Affinität der Logik zum Recht begründet.

117 Vgl. oben S. 16.

läßt sich inhaltlich sowie nach Abstraktionsgraden den Erfordernissen anpassen, ohne an eine strikte Logik des Soseins der Welt gebunden zu sein. Dieses Überangebot von Möglichkeiten muß zunächst als Korrelat des Risikos von Erwartungsstrukturen überhaupt begriffen werden. Das Risiko wird dadurch gemildert, daß jeweils verschiedene Formen der Erlebnisverarbeitung und des Handelns bereitstehen, ihm zu begegnen. Die Selektionsmöglichkeit, die darin angelegt ist, kann jedoch nicht beliebig ausgeübt werden. Sie ist durch gewisse Erfordernisse der Kompatibilität vorweg schon eingeengt. Die Mechanismen der einzelnen Dimensionen wirken schon im Verhältnis zueinander selektiv. Sie begrenzen das, was für die jeweils anderen real möglich ist. Ihr notwendiges Zusammenwirken bildet einen Satz von strukturellen Variationsschranken, welche die Kompatibilität der einzelnen Mechanismen miteinander sicherstellen.[118] Das schließt abweichendes Erwarten und Handeln, ja selbst abweichende Normprojektion, abweichende Institutionalisierung und abweichende Identifikation von Erwartungszusammenhängen nicht effektiv aus, konstituiert aber eine engere Auswahl von Verhaltenserwartungen, die sowohl zeitlich als auch sozial als auch sachlich generalisiert sind und dadurch besondere Prominenz und Sicherheit genießen. Die in diesem Sinne *kongruent generalisierten normativen Verhaltenserwartungen* wollen wir als das *Recht* eines sozialen Systems bezeichnen. Das Recht leistet selektive Kongruenz und bildet dadurch eine Struktur sozialer Systeme.

So definiert, wird das Recht funktional und selektiv begriffen[119] – also nicht durch seinsähnlich vorgegebene Urqualität des ‹Sollens› und nicht durch einen bestimmten faktischen Mechanismus, zum Beispiel ‹staatliche Sanktion›. Diese üblichen Definitionsmerkmale werden damit nicht ausgeschlossen oder für belanglos erklärt, aber sie werden nicht als die das Recht

---

118 In der neueren Systemtheorie spricht man in diesem Sinne von *‹structural constraints›* und meint damit die Selektion der Struktur aus einem Bereich des an sich Möglichen oder, wie man auch formuliert, die strukturelle Limitierung der Möglichkeiten eines Systems. Vgl. z. B. WALTER BUCKLEY, *Sociology and Modern Systems Theory*. Englewood Cliffs 1967, S. 82 f; oder TALCOTT PARSONS, *The Social System*, a. a. O., S. 177 ff; sowie für die Herkunft dieses Gedankens aus der Ethnologie ALEXANDER A. GOLDENWEISER, *The Principle of Limited Possibilities in the Development of Culture*. Journal of American Folk-Lore 26 (1913), S. 259 bis 290, und als eine sehr prinzipielle Verwendung GEORGE J. MCCALL/J. L. SIMMONS, *Identities and Interactions*. New York 1966, S. 14 ff. Entfernt erinnert diese Vorstellung an den Begriff der Kompossibilität bei LEIBNIZ, der allerdings für die Welt selbst, nicht für Systeme in der Welt gedacht war.

119 Im Ergebnis sehr ähnlich E. ADAMSON HOEBEL, *The Law of Primitive Man. A Study in Comparative Legal Dynamics*. Cambridge/Mass. 1954, der im theoretischen Ansatz seiner vergleichenden Rechtsethnologie ebenfalls Funktion und Selektivität betont: *«A chief function of law is seen to be one of selecting norms for legal support that accord with the basic postulates of the culture in which the law system is set»* (S. 16, Hervorhebung durch mich) – im Grunde ein Hinweis auf die hier abstrakter ausgearbeiteten drei Dimensionen sinnhaften Erlebens.

in seinem Wesen bestimmenden Merkmale angegeben. Recht ist keinesfalls primär eine Zwangsordnung, sondern eine Erwartungserleichterung. Die Erleichterung liegt in der Verfügbarkeit kongruent generalisierter Erwartungsbahnen, das heißt hochgradig unschädlicher Indifferenz gegen andere Möglichkeiten, die das Risiko kontrafaktischen Erwartens beträchtlich herabsetzt. Die für das Recht konstitutive Zwangslage ist der Zwang zur Selektion von Erwartungen, der seinerseits dann in wenigen, wenngleich wichtigen Fällen die Erzwingung bestimmten Verhaltens motivieren kann. Der das Recht prägende Sicherheitsbedarf bezieht sich zunächst auf die Sicherheit der eigenen Erwartungen, vor allem der Erwartungserwartungen, und erst zweitrangig auf die Sicherheit der Erfüllung dieser Erwartungen durch das erwartete Verhalten. Erst nach Sicherstellung von Erwartungskongruenz durch das Recht des Gesellschaftssystems können sich höhere Formen dimensionsspezifischer Generalisierung sowie Kongruenzen auf der reflexiven Ebene des Erwartens von Erwartungen entwickeln. Das Recht ist in dieser Weise eine der unentbehrlichen Grundlagen gesellschaftlicher Evolution.

Die Funktion des Rechts liegt demnach in seiner Selektionsleistung, in der Auswahl von Verhaltenserwartungen, die sich in allen drei Dimensionen generalisieren lassen, und diese Auswahl beruht ihrerseits auf der Kompatibilität bestimmter Mechanismen der zeitlichen, der sozialen und der sachlichen Generalisierung. Die Selektion je geeigneter und kompatibler Formen der Generalisierung ist die evolutionäre Variable des Rechts. An ihrem Wandel läßt sich zeigen, wie das Recht im Laufe der geschichtlichen Entwicklung auf Veränderungen des Gesellschaftssystems reagiert.

Unter den vielen möglichen Strategien des Enttäuschungsverhaltens, die die Zeitbeständigkeit der normativen Erwartung gewährleisten sollen, scheiden im Laufe der Entwicklung viele, zum Beispiel das Nichtwissen, die Schadenfreude, das sichtbare eigene Leiden, das Sichbeklagen bei Dritten, das Skandalschlagen als nicht mehr institutionalisierbar aus.[120] Die Rechtlichkeit einer Norm läßt sich in entwickelteren Gesellschaften nur noch an der Zusatznormierung der Enttäuschungsabwicklung durch *Sanktionen* bzw. erfolgreiche Erwartungsdurchsetzung dokumentieren,[121] denn

120 Gute Belege für ein ursprüngliches Zusammenwirken all dieser Motive in einfachen Gesellschaften findet man in den von LEOPOLD POSPISIL, *Kapauku Papuans and Their Law.* Yale University Publications in Anthropology 54 (1958), Neudruck o. O. 1964, S. 144 ff, zusammengestellten Fällen (obwohl POSPISIL selbst sie alle an einem Rechtsbegriff prüft, der durch das Merkmal der Sanktion definiert ist, und so zu der Feststellung kommt, daß das Recht in mehr als der Hälfte der Fälle nicht durchgeführt wird).

121 Gesellschaften, die jedes offene Behaupten und Durchsetzen des Rechtsstandpunktes gegenüber dem Rechtsbrecher institutionell entmutigen (und statt dessen auf heimliche Rache oder Zauberpraktiken gegen Schädlinge oder Außenseiter zurückgreifen), kennen wir nur auf sehr primitiver Kulturstufe. Vgl. die von GILLIN, a. a. O. und DOLE, a. a. O. (s. oben Anm. 62) untersuchten karibischen Stämme. Vgl. auch unten S. 149.

nur durch Absicht und Versuch des Durchsetzens der Erwartung läßt sich unterstellter Konsens beliebiger Dritter überzeugend demonstrieren. Dann wird die Geltung der Norm als solche zum ausreichenden Sanktionsanlaß. Sanktionen haben anderen Formen der Enttäuschungsabwicklung gegenüber den wichtigen Vorteil, daß sie gut fortsetzbar sind und im Falle des Mißerfolgs wiederholt und verstärkt werden können. Der entsprechende Nachteil ist, daß ein Ergreifen von Sanktionen den Übergang zu anderen Strategien der Enttäuschungsabwicklung praktisch ausschließt. Sanktionen vertreten mithin schon das rein zeitliche Interesse an kontrafaktischer Stabilisierung am besten. Dazu kommt, daß sie auch für sachliche Regulierung und für Institutionalisierung die besten Ansatzpunkte bieten.[122] In stärker differenzierten Gesellschaften kann man nämlich nicht mehr unterstellen, daß man auch in der bloßen Schadenfreude (zum Beispiel im Warten auf übernatürliche Sanktionen), in der Anteilnahme am eigenen Leiden oder im Skandal mit allen Dritten eines Sinnes ist. Die gegen den Rechtsbrecher gerichtete Sanktion wird dann zum institutionell bevorzugten, expressiven Mittel der Normerhaltung. Das Interesse an kongruenter Generalisierung heißt für die Zeitdimension dann Präferenz für Enttäuschungsabwicklung durch Sanktion (und nur insofern ist es berechtigt, wenn auch nicht sehr erhellend, Recht durch Sanktionsbereitschaft zu *definieren*).

Auch die Sozialdimension kann nicht all ihre Möglichkeiten der Institutionalisierung in Rechtsform bringen, auch sie unterliegt der Selektion unter dem Gesichtspunkt der Kongruenz. Das zeitliche und sachliche Interesse an durchhaltbaren Sinnfeststellungen kann sich nur unter extrem einfachen Verhältnissen mit den Meinungen der gerade Anwesenden begnügen. In differenzierteren Gesellschaften sind die Anwesenden nicht mehr repräsentativ für jedermann, und sie sind auch nicht mehr in der Lage, aus komplizierten Sinnstrukturen das jeweils sachlich Richtige zu ermitteln. Die Repräsentation des institutionell Verbindlichen ist mit den Erfordernissen enttäuschungsfester und sinnhaft differenzierter Erwartungsbildung nur noch zu vereinbaren durch Ausdifferenzierung besonderer *Verfahren*, in denen Entscheidungen getroffen werden, die als kollektiv bindend institutionalisiert sind. Die Institutionalisierung muß sich zunächst auf die institutionalisierenden Verfahren beziehen und durch sie erst auf die Normen selbst. Es muß mithin ein besonderer Modus der Institutionalisierung gewählt werden, der mit angebbaren darstellungsmäßigen, politischen und organisatorischen Folgeproblemen belastet ist.

In der Sachdimension kommt es im Laufe der gesellschaftlichen Entwicklung zu einem stärkeren Auseinanderziehen von Personen, Rollen, Programmen und Werten als Prinzipien der Identifikation von Erwartungs-

---

122 Bemerkenswert ist, daß einem neueren Autor, Karl F. Schumann, Zeichen der Unfreiheit. Zur Theorie und Messung sozialer Sanktionen. Freiburg/Br. 1968, Institutionalisierung sogar für die Präzisierung des Sanktions*begriffs* unentbehrlich zu sein scheint.

zusammenhängen. Nicht alle diese Prinzipien lassen sich jedoch juridifizieren. Auch hier führt mithin der Bedarf für kongruente Generalisierung zur Selektion. Unter dem Gesichtspunkt der Institutionalisierbarkeit scheidet die Person aus in dem Maße, als sie als rein individuelle Erwartungskombination begriffen wird, weil man dann nicht mehr unterstellen kann, daß eine höchstpersönliche Bündelung von Erwartungen für jedermann akzeptierbar ist. Der als Gesichtspunkt des Bevorzugens herausabstrahierte Wert ist zwar gut institutionalisierbar, aber – entgegen der üblichen Meinung – schlecht normierbar, weil er bei der Aufstellung von Programmen laufend Verzichten und Zurückstellungen unterworfen werden muß, also keine enttäuschungsfeste Erwartungsgrundlage abgibt. Das Recht siedelt sich deshalb vorzugsweise auf der Ebene der *Rollen* und *Programme* an, weil hier die höchste Komplexität und zugleich die überzeugendste Kongruenz des Erwartens erreichbar sind. Diese Tendenz wird gestützt und im Laufe der Rechtsentwicklung weiter verengt durch den Umstand, daß in den anderen Dimensionen eine Selektion von *Sanktion* (als Modus der Enttäuschungsabwicklung) und *Verfahren* (als Modus der Institutionalisierung) sich einspielt. Weder reine Werte noch individuelle Personen wären als Regel für konsistentes Erwarten verfahrensmäßig trätabel oder in ihrer Kontinuität sanktionierbar. Und auch Rollen sind, unter diese Erfordernisse gestellt, zu konkret und zu vielseitig. Nicht alle Erwartungen, die man an einen Vater, Friseur, Gast usw., ja nicht einmal alle Erwartungen, die man an einen Richter richtet, können zum Gegenstand von Verfahren gemacht werden, in denen über sanktionierbare Erwartungen entschieden wird. Das Recht wird unter diesen Anforderungen auf ein Gefüge von *Entscheidungsprogrammen* reduziert.

Die beigefügte Tabelle vermittelt einen Überblick über das Ergebnis dieser Analyse. Sie bezeichnet in der vertikalen Achse die Generalisierungsmöglichkeiten einer Dimension, in der horizontalen Achse den Gesichts-

		Generalisierungsmöglichkeiten		
		zeitlich	sozial	sachlich
Selektive Kompatibilität	zeitlich		Zuschauer Verfahren	Werte Programme Rollen Personen
	sozial	Nichtwissen Leiden Schadenfreude Sanktion		Werte Programme Rollen Personen
	sachlich	Nichtwissen Leiden Schadenfreude Sanktion	Zuschauer Verfahren	

punkt der selektiven Kompatibilität mit den Generalisierungsmöglichkeiten anderer Dimensionen. Der jeweils unter dem Gesichtspunkt der Kongruenz geeignete Mechanismus ist unterstrichen.

In der Zusammenstellung der Mechanismen Sanktion–Verfahren–Programme stellt sich heraus, daß wir auf die üblichen Definitionsmerkmale des Rechts gestoßen sind. Durch Rückgriff auf die elementaren Prozesse der Rechtsbildung läßt sich zeigen, daß diese Merkmale nicht durch eine lediglich nominelle Definition des Rechtsbegriffs eingeführt zu werden brauchen, sondern daß ihre Auswahl sich soziologisch ableiten läßt; daß es nicht reine Konvention, sondern in der Sache begründet ist, wenn man diese Begriffselemente hervorhebt. Andererseits wird ebenso deutlich, daß Recht mit diesen spezifischen Merkmalen eine evolutionäre Errungenschaft ist, die in Abhängigkeit von der Gesellschaftsstruktur im Wege der Ausdifferenzierung spezifisch rechtlicher Erwartungen zustande kommt. Von der Funktion kongruenter Generalisierung her gesehen gibt es in jeder Gesellschaft Recht; aber der Grad einer strukturellen Ausdifferenzierung des Rechts wandelt sich im Laufe der gesellschaftlichen Entwicklung, und zwar in dem Maße, als die Komplexität der Gesellschaft zunimmt und der Bedarf für kongruent generalisierte normative Verhaltenserwartungen infolgedessen sich schärfer profiliert. Das Recht kann allein unter dem Gesichtspunkt von Befehl und Verbot, Repression natürlicher Neigungen oder äußerem Zwang nicht angemessen begriffen werden; so ließe sich der weite Bereich der zu freier Verfügung bereitgestellten Rechtsformen und Orientierungshilfen nicht verstehen. Das Recht dient in erster Linie der Ermöglichung komplizierteren, voraussetzungsvolleren Handelns, und es leistet dies durch kongruente Generalisierung kontingenter Prämissen solchen Handelns.

Weitere Einzelheiten über mögliche Lösungen dieses Kongruenzproblems auf den verschiedenen Stufen der Gesellschaftsentwicklung werden wir im dritten Kapitel nachliefern. Hier kommt es zunächst auf die Feststellung an, daß und wie die Funktion des Rechts durch Selektion kompatibler Strukturen erfüllt werden kann. Unter diesem Gesichtspunkt der Funktion und ihrer evolutionär variablen strukturellen Ausprägungen läßt sich ferner prüfen, ob und wieweit das Recht auf den einzelnen Stufen der gesellschaftlichen Entwicklung durch andere, funktional äquivalente Leistungen ersetzbar ist – etwa durch Sprache oder durch Wahrheit oder durch Logik. Eine funktionale Definition muß – hier wie immer – verhältnismäßig weit gefaßt werden und in bezug auf die konkreten Strukturen und Prozesse, die in bestimmten Gesellschaften die Funktion erfüllen, unspezifiziert bleiben. Um so wichtiger ist es, die Grenzen dieses Rechtsbegriffs klarzustellen. Er bezieht sich auf *Verhaltens*erwartungen – also nicht etwa auf rein ästhetische Gesichtspunkte schöner Form, die ebenfalls, aber in anderer Weise, auf Selektion unter dem Gesichtspunkt von Kompatibilität beruhen. Er bezieht sich auf Erwartungen des Verhaltens *anderer Menschen* – also nicht etwa auf reine Gesichtspunkte der Rationalität des eigenen Verhaltens, der Zweckmäßigkeit oder der Wirtschaftlichkeit, die ebenfalls, aber in anderer Weise, kongruent generalisiert sein können.[123] Er bezieht sich schließlich nur auf mehr oder weniger ausdifferenzierte *normative* Erwartungen, nicht also auf den durch wissenschaftliche Wahrheit und Methoden geregelten Bereich der kognitiven Erkenntnis. Diese Ausgrenzungen erlauben bereits die Feststellung, daß auch in einfachen Gesellschaften die Bereiche von Sitte und Recht sich keineswegs decken, obwohl die genaue Grenzziehung nur konkret und empirisch vorgenommen werden kann: Die Art und Weise, Töpfe anzufertigen und zu verzieren, wird kaum Rechtsmerkmale aufweisen, eher schon die Erwartung, Zähne in bestimmter Weise zuzuspitzen, Jagdbeute in bestimmter Weise zu verteilen oder Tote in bestimmter Weise zu bestatten.

Schwieriger ist es, eine deutliche Abgrenzung des Rechts von der Sprache und ihren Akzessorien (zum Beispiel Regeln der Rechtschreibung) zu begründen.[124] Obwohl intuitiv klar ist, daß Recht nicht mit Sprache identisch ist, bedarf es einiger Überlegung, um den Angelpunkt des Unterschiedes zu finden. Es gibt normative, kongruent generalisierte Verhaltenserwartungen über richtiges Sprechen und Schreiben. Diese Erwartungen haben jedoch nur die Funktion, einen Horizont von Möglichkeiten der Verständigung und des Perspektiventausches zu konstituieren. Sie machen weder das Verhalten noch das Erwarten anderer erwartbar – es sei denn in den Möglichkeiten seiner rein sprachlichen Fassung. Nur das Wie, nicht das Was des Sagens ist durch die Sprache geregelt. Die Sprache macht es möglich, zum Mord aufzufordern; das Recht läßt dies nicht zu. Durch Sprache wird mithin Selektionsfreiheit konstituiert, das Recht regelt einen Bereich der Ausübung dieser Freiheit. Erst durch Sprache wird die Welt als komplexer und kontingenter Selektionsbereich konstituiert, im Hinblick auf den das Erwarten der Erwartungen anderer zum Problem wird. Das Recht hängt dann in doppelter Weise von der Sprache ab: Es bezieht sich auf die in sprachlicher Kommunikation konstituierte Welt anderer Möglichkeiten, und es bedient sich der Sprache, um unter diesen Möglichkeiten

---

123 Diese Abgrenzung schließt natürlich nicht aus, daß rationales Verhalten *anderer* normiert und auch rechtlich normiert wird. An § 7 der Bundeshaushaltsordnung, der Verwaltungsangehörigen die wirtschaftliche und sparsame Verwendung von Haushaltsmitteln als Rechtspflicht aufgibt, ist diese Möglichkeit und zugleich ihre Problematik ablesbar. – Ebenso kann man, wiederum nur in Grenzen, schönes Aussehen als Verhalten normieren, etwa den Kahlköpfen aufgeben, Perücken zu tragen. Vgl. dazu RUDOLF VON JHERING, Der Zweck im Recht. 6.–8. Aufl., Leipzig 1923, Bd. II, S. 330 ff.

124 Eine brauchbare Behandlung genau dieser Frage in der bisherigen Literatur ist mir nicht bekannt. Das liegt daran, daß sie erst auf Grund der hier ausgearbeiteten funktionalistischen Rechtskonzeption problematisch wird. Natürlich werden einzelne Aspekte des Verhältnisses von Sprache und Recht behandelt – so im chinesischen (konfuzianischen) Rechtsdenken die rechte Behandlung von Worten und Texten als Grundlage der Herstellung eines rechten Weltverhältnisses, oder bei uns die Frage des Einflusses von Sprachformen auf Möglichkeiten des Rechtsdenkens.

zu wählen.[125] Aber die Sprache kann nicht selbst schon der Mechanismus dieser Wahl sein. Sie kann, da sie die Komplexität und Kontingenz dieser Welt sinnhaft präsentiert, nicht zugleich die Vorschrift sein, die das Erleben und Handeln auf diesem Feld der Möglichkeiten steuert und sozial integriert; sie würde sonst das, was sie darzustellen und zu erhalten hat, durch Reduktion vernichten. Nicht so sehr die Sprache allein als vielmehr die Stabilisierung der Differenz von Sprache und Selektionsmechanismen der verschiedensten Art, vor allem Wahrheit und Recht, unterscheidet den Menschen vom Tier.

Diese Überlegung zeigt, daß uns ein weiteres definierendes Merkmal des Rechts noch fehlt, nämlich die Verwendung des Rechts als Struktur eines sozialen Systems. Für diese Funktion benötigt das Recht eine weit über die Regelung korrekter Rede hinausgehende Reduktionstechnik, die aus dem Bereich dessen, was dank Sprache gesagt, gedacht und getan werden kann, das auswählt, was gesagt, gedacht und getan werden darf. Kongruenz des Erwartens wird im Recht also für eine engere Selektion eingesetzt, die das durch Sprache Ermöglichte nicht annulliert, sondern als Möglichkeit ins Auge faßt und einer *nochmaligen* Reduktion unterwirft. Darauf beruht die eigentümliche Ambivalenz der Ordnungsleistung normativer Strukturen, auf die wir im folgenden Abschnitt zurückkommen werden, nämlich daß sie sowohl dem konformen als auch dem abweichenden Verhalten Sinn verleiht.

Wir können Recht nunmehr definieren als *Struktur eines sozialen Systems, die auf kongruenter Generalisierung normativer Verhaltenserwartungen beruht.* Eine wesentliche Einschränkung dieser Definition auf das Recht des umfassenden Sozialsystems ‹Gesellschaft› behalten wir uns für die folgenden Kapitel vor. Nachzutragen bleiben einige Bemerkungen zum evolutionären Aspekt dieses Rechtsbegriffs.

Die begriffliche Fixierung verstellt nämlich den Zugang zu der Tatsache, daß die Bildung von Recht eine evolutionäre Errungenschaft ist und daß das Recht erst im Laufe einer langen Entwicklungsgeschichte seinem Begriff entsprechend ausdifferenziert wird. Damit kehren wir nicht zurück zu der verbreiteten These, daß in der Geschichte der Menschheit oder sogar im interkulturellen Vergleich der Gegenwart Gesellschaften ohne Recht anzutreffen seien (nämlich solche, die über keinen staatlichen Erzwingungsapparat verfügen).[126] Unser funktionaler Rechtsbegriff macht vielmehr deutlich, daß das Recht eine notwendige Funktion in jeder sinnhaft konstituierten Gesellschaft erfüllt und daher immer vorhanden sein muß. Die Entwicklung des Rechts ist nicht als Sprung von vorrechtlichen zu rechtlichen Gesellschaften zu begreifen, sondern als allmähliche Ausdifferenzierung und funktionale Verselbständigung des Rechts. In diesem Entwicklungsprozeß hat freilich die Schaffung besonderer Rollen für Rechtsent-

---

125 Die Einsicht, daß das Recht damit an die Grenzen der Sprache gebunden ist, werden wir Bd. II, S. 224 ff, differenzieren.

126 Vgl. die Hinweise oben S. 27, Anm. 3.

scheidung und Sanktion eine wichtige Funktion, aber diese Funktion kann man nur begreifen, wenn man das Recht nicht damit erst beginnen läßt, sondern darin nur einen wichtigen Schritt der Ausdifferenzierung des Rechts sieht, der eine stärkere Trennung des Rechts von der Sprache, der Wahrheit, der Kunst und der rationalen Praxis ermöglicht.

In unserem Rechtsbegriff stecken mithin konstante und variable Elemente. Als konstant wird die Funktion kongruenter Generalisierung begriffen, die in jeder menschlichen Gesellschaft irgendwie erfüllt werden muß. Evolutionär variabel ist dagegen der Grad funktionaler Ausdifferenzierung des Rechtsmechanismus und damit auch der Grad, in dem für das Recht seinem Begriff entsprechende Strukturen und Prozesse gebildet werden. Der Motor der Evolution aber ist die steigende Komplexität der Gesellschaft, die die Diskrepanz in den einzelnen Dimensionen der Generalisierung fühlbarer werden läßt und dem Recht daher wirksamere Leistungen in Richtung auf kongruente Generalisierung, also stärkere Selektivität und damit höhere Grade der Spezialisierung auf diese Funktion abfordert. Die Evolution des Rechts läßt sich mithin in ihren Bedingungen an der Komplexität der Gesellschaft, in ihrem Mechanismus an der Ausdifferenzierung spezifischer Rechtsrollen und Rechtsprozesse und in ihrem Ergebnis an der Verselbständigung rechtlicher Erwartungsstrukturen ablesen, die sich mehr und mehr von Verquickungen mit Sprache und mit Auslegungen der Welt im ganzen, mit Wahrheit und mit rationaler Praxis und schließlich sogar mit anderen Normsphären, vor allem mit Moral, befreien. Dieser theoretische Bezugsrahmen, der aus einer Analyse der vollen Komplexität elementarer Mechanismen der Rechtsbildung gewonnen wurde, wird uns im dritten und vierten Kapitel leiten, in denen wir das Recht als Struktur der Gesellschaft in seiner Entwicklung und in seinem gegenwärtigen Zustand als positives Recht behandeln werden.

7. Recht und physische Gewalt

Die Feststellung, daß die Erfordernisse der einzelnen Dimensionen füreinander Selektionsschranken bilden und damit den Bereich möglichen Rechts scharf einengen, müssen wir in einer bestimmten Hinsicht weiter verfolgen – nämlich in bezug auf die Formen der Enttäuschungsabwicklung, auf die das Recht selbst (im Unterschied zu anderen Normprojektionen) sich stützt. Wir hatten gesehen, daß Verhaltenserwartungen gemischten Stils, die sich nicht auf entweder lernende oder nichtlernende Abwicklung festlegen, bei Störungen viele Wege der ‹Normalisierung› beschreiten können. Auch dem, der rein normativ erwartet, steht ein ganzes Repertoire von Enttäuschungsabwicklungen zur Verfügung. Es liegt auf der Hand, daß nicht alle diese Möglichkeiten kongruent generalisiert, das heißt als solche normiert, institutionalisiert und in Sachzusammenhängen identifiziert werden können. Im Interesse der Kongruenz muß eine Auswahl getroffen, es müssen Enttäuschungsabwicklungen bevorzugt werden, auf die sich sowohl die zeitliche als auch die soziale als auch die sachliche Generalisierung von Verhaltenserwartungen zu stützen vermag. Dieses Erfordernis läuft auf einen Primat der *physischen Gewalt* bei der Abwicklung von Rechtsverstößen hinaus.

Eine verbreitete Auffassung definiert Recht durch das Mittel physischer Gewalt – genauer: durch die legitime (sozial anerkannte) Anwendbarkeit physischer Gewalt im Falle von Verstößen gegen die Norm.[127] Dabei ist nicht nur an die durch staatliche Organe autorisierte und durchgeführte Gewaltanwendung gedacht; der Begriff schließt den ursprünglicheren Fall legitimierter Selbsthilfe ein. Diese Definition erleichtert die Unterscheidung des Rechts von anderen Normen. Das allein gibt aber nicht genug Hinweise für die Beantwortung der Fragen, die sie offenläßt. Wir ziehen es deshalb vor, das Recht durch seine Funktion, nämlich kongruente Generalisierung, zu definieren und im Hinblick auf diese Funktion zu begründen, weshalb und in welchen Grenzen physische Gewalt jene bevorzugte Stellung einnimmt.

Kongruente Generalisierung erfordert Integration in dem Sinne, daß für *dieselben* Erwartungen Normierung, Institutionalisierung und Sinnzusammenhang beschafft werden. Die Enttäuschung bildet daher für das Recht nicht nur ein (nur zeitliches) Problem des Durchhaltens der Erwartung, sondern darüber hinaus ein Problem des Zusammenhaltens der generalisierenden Mechanismen. Nicht nur die Erwartbarkeit der Erwartung, sondern auch ihre Deckung durch Konsens und durch Sinn müssen unter den verschärften Bedingungen des Enttäuschungsfalles bewährt werden. Das Recht darf nicht dahin auseinanderfallen, daß die eine Erwartung sich als bestandskräftiger, die andere als besser, eine dritte als konsensfähiger erweist. Es darf, soll die Rechtsqualität des Erwartens nicht verlorengehen, im Streitfalle daher nicht offenbleiben, für welche der sinnverschiedenen Erwartungen der Konsens der institutionalisierenden Dritten unterstellt wird. Daher muß ein Modus der Enttäuschungsabwicklung bereitgestellt werden, der so eindeutige Ergebnisse hat, daß die Unterstellung von Konsens, wenn nicht gar der Konsens selbst, sich anschließen kann. Das leistet physische Gewalt.

Um zu sehen, wie, muß man zunächst zwei naheliegende Fehlinterpretationen abweisen:

Physische Gewalt interessiert hier nicht in ihren physischen Wirkungen, als Bewegung oder Beschädigung von Körpern, als Verletzung oder Tötung

---

127 Vgl. statt anderer RICHARD THURNWALD, Die menschliche Gesellschaft in ihren ethno-soziologischen Grundlagen. Bd. V, Berlin–Leipzig 1934, S. 2 (mit einer problematischen Einschränkung auf ‹organisierten› Zwang); E. ADAMSON HOEBEL, *The Law of Primitive Man. A Study in Comparative Legal Dynamics*. Cambridge/Mass. 1954, S. 28. Prinzipiell entgegengesetzt PARSONS und seine Anhänger, für die physische Gewalt ein außerhalb des Rechtssystems liegendes politisches Phänomen ist. Vgl. dazu LEON H. MAYHEW, *Law. The Legal System*. International Encyclopedia of the Social Sciences Bd. 9, 1968, S. 59–66 (61).

von Organismen, sondern in ihren sinnhaft-symbolischen Aspekten, die das physisch-organische Geschehen begleiten und zur Entscheidung stellen. Nur über Generalisierung als Symbol für weitere Möglichkeiten gewinnt die physische Gewalt weittragende Bedeutung in sozialen Systemen. Selbst in der unmittelbaren Interaktion des physischen Kampfes werden die jeweilige Lage der Kämpfer, ihre Ziele und ihre Aussichten, das, was sie vermeiden, und das, was sie vermeiden könnten, ihr Leben und ihr Tod, kurz: ihre Identität symbolisiert und laufend sinnhaft verarbeitet. So bleibt zum Beispiel die Beendigung des Kampfes durch Unterwerfung eine stets präsente, mitbedachte Möglichkeit.[128] Erst recht beruht der Machtwert physischer Gewalt nicht auf den durch sie bewirkten physischen Wirkungen und deren weiteren Wirkungen, sondern gerade umgekehrt auf ihrer Generalisierung als Symbol, die das Unterlassen ihrer Anwendung ermöglicht. Die demonstrative Darstellung physischer Kraft, die symbolische Exekution, ist eine eigens darauf abgestellte Schau, die als Schau und nicht über die physischen Folgen des physischen Vollzugs zu wirken bestimmt ist.

Ferner darf physische Gewalt nicht mit (physischem) Zwang gleichgesetzt werden. Ihr Sinn kann die Erzwingung der Erfüllung von Erwartungen einbeziehen, also auf Motivation abzielen, erschöpft sich darin aber nicht. Der aktuelle Gebrauch physischer Gewalt ist sogar ein denkbar ungeeignetes, jedenfalls unökonomisches Zwangsmittel, sofern die erwartete Handlung irgendeine Art von Eigenständigkeit aufweisen soll. Zunächst und vor allem ist physische Gewalt ein Mittel der Darstellung und der Vergewisserung, nicht der Durchsetzung, von Erwartungen. Nur wenn man dies berücksichtigt, ist der primär repressive und rächende Gewaltgebrauch in einfachen Gesellschaften in seinem Bezug auf das Recht verständlich zu machen. Es geht zum Beispiel in der nahezu universell verbreiteten Institution der Blutrache dem Sinne nach weder um eine Bestrafung des Schuldigen (es können Verwandte für ihn getötet werden) noch um die öffentliche Austragung eines Konfliktes in der Form eines Kampfes (die Rache wird oft heimtückisch genommen), noch um die Erzwingung einer Ersatzleistung (die erst zur Ablösung der Blutrache erfunden worden ist), sondern um *eine meist sozial erwartete, fast pflichtmäßige Darstellung des Festhaltens an der verletzten Erwartung.*

Durch Anwendung physischer Gewalt mit all ihren Risiken, die auf Leben und Tod gehen, versichert der Enttäuschte sich selbst darüber, daß er an seiner Erwartung festhält, versichert er seine Sippe ihres Zusammenhaltens und versichert er die Gesellschaft darüber, daß das Recht noch gilt. Es muß einfachen Gesellschaften undenkbar erschienen sein, den konkret und drastisch erfahrenen Rechtsbruch anders zu neutralisieren. Wer sein Recht nicht mit physischer Gewalt zu vertreten bereit ist, verliert es mit

128 Nur deshalb kann die Wahl (und das Verpassen) des richtigen Zeitpunktes für die Beendigung des Kampfes ein Problem sein (das Lewis A. Coser, *Continuities in the Study of Social Conflict*. New York 1967, S. 37 ff, behandelt).

Recht, denn gerade diese Bereitschaft erhält das Recht aufrecht.[129] Natürlich lassen sich in der Wirklichkeit die spezifisch normativen Motive der Gewaltanwendung von anderen nicht reinlich trennen.[130] Ungeachtet dessen diente die physische Gewalt in einer Weise, in die wir uns heute kaum noch hineindenken können,[131] als Beweis des Rechts.[132] Die Größe der Gefahr beweist das Recht, indem an ihr die Identität von Recht und Selbstsein, von Recht und Leben erscheint;[133] sie beweist kein Verschulden am Rechtsbruch und keine Tatsachen als Voraussetzung für die Anwendung von Rechtsnormen, sondern das Recht selbst. Sie ist nicht Mittel, sondern Manifestation. Sie symbolisiert und bewirkt mit ihrem Zug zur Entscheidung die Kongruenz der rechtsbildenden Mechanismen. Erst spät im Laufe der Rechtsentwicklung lassen sich Symbolisierung und Bewirkung der Kongruenz trennen, und nur unter komplizierten institutionellen Voraussetzungen, auf die wir sogleich näher eingehen werden.

Diese beunruhigende These, die das Recht der Gewalt preiszugeben scheint, bedarf der Erläuterung. Physische Gewalt beruht auf der physischen Natur des Menschen. Sie ist als Möglichkeit aus dem menschlichen Zusammenleben nicht eliminierbar. Recht kann aber nicht Recht bleiben, wenn die physische Gewalt auf der anderen Seite steht. Dann mag zwar die Normprojektion durchhaltbar sein und mit ihr der Anspruch auf ein ideales Recht, der Erwartende mag seine Erwartung durch beharrliches Leiden, Schadenfreude oder Kultivierung in geheimen Zirkeln am Leben halten, aber die komplizierten Mechanismen der Vergewisserung des Erwartens der Erwartungen anderer, namentlich Dritter, versagen oder müs-

---

129 Siehe statt vieler anderer LUCY MAIR, *Primitive Government.* Harmondsworth 1962, S. 40.

130 Drastische Eindrücke davon vermittelt RONALD M. BERNDT, *Excess and Restraint. Social Control Among a Guinea Mountain People.* Chicago 1962.

131 Immerhin sei daran erinnert, daß auch unserer Gesellschaft, die als Beweis der Liebe ihren physischen Vollzug fordert, magische Vorstellungen dieser Art nicht ganz fern liegen. Siehe im übrigen die eindringliche Interpretation des Verhältnisses von Recht und Gewalt durch WALTER BENJAMIN, Zur Kritik der Gewalt. In: DERS., Angelus Novus. Frankfurt 1966, S. 42–66.

132 Zur Behandlung dieser Frage durch die Rechtshistoriker vgl. OTTO BRUNNER, Land und Herrschaft. Grundfragen der territorialen Verfassungsgeschichte Südostdeutschlands im Mittelalter. 3. Aufl., Brünn–München–Wien 1943, S. 120 ff mit weiteren Hinweisen. Auch hier bahnt sich die Einsicht in den gewaltnahen Rechtscharakter der auf Selbsthilfe gegründeten Rechtsordnungen den Weg. – Ein bemerkenswertes Gegenbeispiel berichtet JOHN GILLIN, *Crime and Punishment Among the Barama River Cdrib of British Guiana.* American Anthropologist 36 (1934), S. 331–334, mit folgenden Grundzügen: sehr einfache, in weit verstreuten kleinen Gruppen (15–50 Personen) lebende Gesellschaft ohne jede organisierte Sanktionsgewalt; kaum entwickeltes Recht, geringe Sippensolidarität als Instrument der Rechtdurchsetzung und wohl deshalb: überwiegend geheime, zauberische Reaktion auf Rechtsbrüche und Vermeiden von offen-gewaltsamer Rache.

133 Die Verselbständigung dieses Mechanismus zum spielerisch provozierten Charakter-Test in der heutigen Gesellschaft behandelt ERVING GOFFMAN, *Interaction Ritual. Essays in Face-to-Face Behavior.* Chicago 1967, S. 149 ff.

sen durch projektives Erleben ersetzt werden. Umgekehrt kann die physische Gewalt sich zwar als Einzelaktion, als rechtlos gemeinte Tat, vom Recht dissoziieren, nicht aber als Dauereinrichtung zur Stützung eigenen Erwartens, denn indem sie Erwartungen aufbaut und kongruent setzt, schafft sie Recht. Physische Gewalt darf demnach nicht nur als ein Hilfsmittel des Vollzugs von an sich geltendem Recht gesehen werden; sie gehört, wie alte Rechtssymbole lehren, zur Darstellung und Präsenz des Rechts in der Gesellschaft. Sie bringt die Selektivität von Ordnung zur Evidenz.

Man muß den Mut haben, dies zu sehen. Dann erst kann man begreifen, weshalb die Evolution des Rechts an eine Geschichte der Domestizierung physischer Gewalt gebunden ist.[134] Die physische Gewalt begleitet das Recht wie ein unabwerfbarer Schatten, aber gewisse Probleme, die mit dieser Assoziierung von Recht und Gewalt verbunden sind, lassen sich in komplexeren Gesellschaften besser lösen.

Zwei Hauptprobleme lassen sich herausschälen: Im Vordergrund des historischen Bewußtseins steht die oft unerträgliche Folge der Tötung vieler Menschen und Zerstörung von Gütern in langen Fehden, Blutracheketten und Wüstungen, die die wirtschaftlichen und politischen Kräfte einfacherer Gesellschaften aufs äußerste schwächen können. Die Evidenz dieser Folgen hat immer wieder Anlaß geboten, eine Regelung der Anwendung physischer Gewalt zu versuchen.

Ein anderes Problem lag weniger auf der Hand, gewinnt aber mit steigender Komplexität der Gesellschaft zunehmende Bedeutung. Als Machtgrundlage hat physische Gewalt die Eigenart hoher Strukturunabhängigkeit. Vergleicht man sie etwa mit Macht auf Grund von Abhängigkeit in anderen Rollen oder funktionaler Interdependenz und Störfähigkeit, Macht auf Grund von Vorleistung und Dankbarkeitspflichten, Macht auf Grund persönlicher Unabhängigkeit, Macht auf Grund höheren Ranges, dann fallen die hohen Freiheiten der physischen Gewalt auf. Sie ist von Systemstrukturen weitgehend unabhängig, da sie eben nur überlegene Kraft, nicht aber bestimmte Statusordnungen, Rollenzusammenhänge, Gruppenzugehörigkeiten, Informationsverteilungen, Wertvorstellungen voraussetzt. Lediglich die Organisation wechselseitiger Unterstützung bei der Anwendung physischer Gewalt erzeugt gewisse soziale Abhängigkeiten. Überdies ist physische Gewalt nahezu universell verwendbar, nämlich weitgehend indifferent gegen Zeitpunkt, Situation, Objekt und Sinnzusammenhang der Aktion; sie läßt sich also auch in ihren Zielsetzungen von vorhandenen Strukturen ablösen. Sie selbst braucht daher nicht entsprechend den Rechtsnormen und -tatbeständen differenziert zu werden, sondern bleibt *einheitlich organisierbar, wie komplex das Recht auch werden mag.*

---

134 Darauf bezieht sich eine ältere These, daß das Recht als Ersatz für Kampf entstanden sei. Vgl. z. B. Barna Horváth, Rechtssoziologie. Probleme der Gesellschaftslehre und der Geschichtslehre des Rechts. Berlin 1934, S. 149 ff, mit weiteren Hinweisen.

Auf diesen hohen Freiheitsgraden der physischen Mittel [135] beruhen ihre unabschätzbare Bedeutung für die Evolution der menschlichen Gesellschaft, ihre innovierende Funktion, ihre überlegene Organisierbarkeit, beruhen aber auch spezifische Gefahren für die strukturelle Kontinuität der Gesellschaft. Physische Gewalt kann die vorhandene Ordnung stützen oder stürzen. Sie enthält von sich aus keine Garantien dafür, daß sie Erwartungen trägt, die sich in ein institutionalisiertes Gefüge sinnvoll einpassen lassen oder es sinnvoll verbessern. Sie kann auch die von der herrschenden Ordnung enttäuschten normativen Erwartungen zum Ausdruck und zur Geltung bringen. Als Gewalt ist sie gegen beide Verwendungen indifferent.[136] Diese Ambivalenz der physischen Gewalt ist unaufhebbarer Bestandteil des Sozialsystems der Gesellschaft, sie nimmt jedoch verschiedene Formen an in dem Maße, als die Gesellschaftsstruktur sich ändert. Sie sichert unter zunehmend komplizierten Voraussetzungen Evolution und Kontinuität zugleich.

Die natürliche und auf lange Zeit vorherrschende Form der gewaltsamen Enttäuschungsreaktion bestand in einem strafenden, gewöhnlich tötenden (also unbegrenzten) Verhalten des Verletzten selbst oder seiner Sippe.[137] Solche Selbsthilfe kann nicht nur als Verlegenheitslösung angesichts des Fehlens von Gerichtsbarkeit und Polizei gesehen werden; vielmehr bringt sie die Beziehung von Recht und Gewalt ursprünglich und direkt zum Ausdruck. Das Recht zeigt sich dort, wo es verletzt ist; und angesichts der damit aufkommenden Zweifel erscheint die Übertreibung der Reaktion als angebracht, die das Recht ins Unrecht setzt. Soweit man zurückblicken kann, findet man Tendenzen, die Reaktion dem freien Belieben zu entziehen; schon weil man sie anders kaum vom Rechtsbruch selbst hätte unterscheiden können. Aber die Institutionalisierung der Enttäuschungsabwicklung bietet, da das Recht selbst sich in der Gewalt konkret darstellt,

---

135 Dazu im Zusammenhang der Machttheorie NIKLAS LUHMANN, Klassische Theorie der Macht. Kritik ihrer Prämissen. Zeitschrift für Politik 16 (1969), S. 149 bis 170 (155 ff).

136 Hinter Versuchen, Gewalt qualitativ zu unterscheiden je nachdem, ob sie für oder gegen die herrschende Ordnung auftritt – z. B. hinter der Unterscheidung von *force* und *violence* bei GEORGES SOREL, *Reflexions sur la violence.* 8. Aufl., Paris 1936, S. 256 f –, erblickt man leicht die Aufforderung zur Parteinahme.

137 Daneben gibt es schon in den einfachsten Gesellschaften (etwa bei den Eskimos) auch Fälle gemeinsam vorberatener Strafe. Sie haben und behalten zunächst jedoch Ausnahmecharakter. Die typischen Normverstöße, die dafür in Betracht kommen, sind: wiederholter und dadurch unberechenbar werdender Mord, Zauberei und Bruch der Sexualtabus. THURNWALD, a. a. O., S. 10, gibt als Grund für die ausnahmsweise gemeinsame Aktion an, daß die Gesellschaft sich hier als Ganzes bedroht sieht. Aber warum gerade bei diesen und nicht bei anderen Verstößen? Mir scheint der Grund eher darin zu liegen, daß in diesen Fällen der Verletzte bzw. die verletzte Sippe nicht spezifizierbar ist und daß deshalb die gemeinsame Aktion an die Stelle der an sich rechten, gewaltsamen Reaktion des Verletzten treten muß. Man wird diese Fälle daher kaum als Ausgangspunkte der Entwicklung eines öffentlichen Strafrechts ansehen können.

nur begrenzte Möglichkeiten der Eindämmung von Rache und Fehde und bleibt prekär, wo sie zu weit geht. Der Ansatzpunkt für eine Regelung liegt deshalb zunächst weniger in einer Begrenzung des Ausmaßes der Rache, sondern in ihren Vorbedingungen und Formen. Es muß sich um räsonierende Gewalt handeln, bei den Nordgermanen zum Beispiel um eine vorher angekündigte Aktion, bei den Ifugao (Philippinen) und vielen anderen Völkerschaften um ein letztes Mittel nach dem Scheitern eines pressionsreichen Vermittlungsversuchs. Das reguliert die Freigabe der Reaktion, tastet aber den Kern der Rechtsinstitution nicht an, während alle Versuche zur Befriedigung, zur Ablösung der Rache, gegeninstitutionell angesetzt werden mußten und für die Beteiligten etwas Erniedrigendes hatten. Praktisch können die oben skizzierten dysfunktionalen Folgen nicht durch die Institution selbst, sondern nur durch ein deutlich sich herausstellendes Machtgefälle abgefangen werden, das die Unterliegenden zum Nachgeben zwingt.

Daß das archaische Recht sich in der gewaltsamen Sanktion zeigt und beweist, läßt sich auch an der Institution des *Eides* ablesen. Der Eid ist zunächst nichts anderes als die Verlagerung des gewaltsamen Kampfes um das Recht auf die magische Ebene – adressiert nicht an den Richter, der mit Hilfe dieses und anderer Beweismittel die Wahrheit herausfindet und über das Recht entscheidet, sondern adressiert an den Gegner, den es zu besiegen gilt.[138] Über den Eid wird überhaupt nicht entschieden; er entscheidet selbst, und dies nicht nach Art eines Urteils, sondern in unmittelbarer Wirksamkeit: in der formgebundenen Auslösung magischer Gewalt unter Einsatz der eigenen Person. Rechtsbeweis ist der Eid deshalb, weil auch die physische Gewalt, die er ablöst, es schon war. Aber der Eid bietet anstelle der physischen Gewalt bessere Möglichkeiten der Umwandlung in ein Instrument verfahrensmäßiger Wahrheitsforschung und Rechtsfeststellung. So kann er überleiten zu späteren Hochkulturen des Rechts, seine Kontinuität und Identität als Institution bewahrend, seinen Sinn und seine Funktion aber ändernd.[139]

Die Umstrukturierung jenes ursprünglichen Verhältnisses von Recht und Gewalt, die sich im Laufe der Gesellschaftsentwicklung vollzieht, scheint an zwei Voraussetzungen gebunden zu sein, die als wesentliche evolutionäre Errungenschaften zu begreifen sind. Die eine besteht in der politischen Konzentration der Entscheidung über die Anwendung physischer Gewalt, die sehr langsam und erst in der Neuzeit definitiv und um-

138 Dies läßt sich besonders gut an der Institution der Eideshelfer erkennen, die aus den beteiligten Sippenverbänden aufgeboten wurden – nicht um Tatsachen oder Glaubwürdigkeit zu bestätigen, sondern um den magischen Kampf um das Recht mitzukämpfen.

139 Vgl. dazu Louis Gernet, *Droit et prédroit en Grèce ancienne.* L'année sociologique, série 3 (1948–49), S. 21–119 (insbes. 59 ff, 98 ff); ders. *Le temps dans les formes archaïques du droit.* Journal de psychologie normale et pathologique 53 (1956), S. 379–406.

fassend in den Händen des ‹Staates› sichergestellt wird. Das setzt Ausdifferenzierung entsprechender Rollen für Rechtsentscheidung und -vollzug (also einen relativ komplexen Gesellschaftsaufbau) voraus und sichert den Erwartungen, die in organisierten Entscheidungsprozessen als Recht festgestellt werden, so effektive Überlegenheit auf jeden Fall, daß man auf den Gewaltakt als Darstellungsmittel mehr und mehr verzichten kann. An seine Stelle tritt die Entscheidung. Der Strafvollzug zieht sich hinter Mauern zurück. Die öffentliche Ausübung physischer Gewalt wird praktisch unnötig. Wo sie stattfindet, wirkt sie peinlich – ein Symptom politischen Versagens, das heute sogar als solches ‹provoziert› werden kann, damit die herrschende Ordnung sich in der Form von Gewalt als Unrecht darstelle.

Gewalt, die zu erscheinen und für das Recht einzutreten sich schämt, ist deshalb noch nicht entbehrlich; aber sie verliert ihre Funktion als Symbol und Beweis des Rechts. Das führt auf eine zweite, nicht minder wichtige Voraussetzung jener Umstrukturierung: Der Beweis des Rechts muß anders – abstrakter, spezifischer, differenzierter – erbracht werden. Der Ersatz findet sich einmal in einer Vorstellung, die allen einfachen Rechtsordnungen fremd und unzugänglich gewesen wäre, nämlich daß das Recht ein Gefüge von abstrakt formulierbaren, miteinander konsistenten Normen sei und durch deren Auslegung im Einzelfall festgestellt werden könne. Mit dem Aufkommen dieser Vorstellung, und erst jetzt, differenzieren sich Tatfragen und Rechtsfragen und entsprechend unterschiedliche Quellen der Information. Diese Differenzierung gibt dem Verfahren der Rechtsfindung hohe Autonomie: Es kann weder allein durch die Normen (oder die, die sie setzen) noch allein durch die Tatsachen (oder die, die sie kennen) determiniert werden.[140] Der Beweis des Rechts liegt jetzt in der Auflösung dieser Differenz, in der kombinierten Beantwortung von Tatfragen und Rechtsfragen, und er wird als Entscheidung präsentiert.

Diese Andeutungen, deren Ergänzung späteren Ausführungen vorbehalten bleiben muß, lassen erkennen, daß die Domestizierung der physischen Gewalt auf recht komplexen, evolutionär unwahrscheinlichen Grundlagen ruht. Die vielfältig verschlungenen Wege dieser Entwicklung können hier nicht im einzelnen nachgegangen werden.[141] Ihre Genesis interessiert

---

140 Hierzu näher Niklas Luhmann, Legitimation durch Verfahren. Neuwied–Berlin 1969, S. 69 ff.

141 Immerhin lohnt die Anmerkung, daß auch in dieser Entwicklung die Gewalt, ja sogar der Rechtsbruch eine unerläßliche Rolle gespielt haben. Die Bedeutung kriegerischer Eroberungen für die Stabilisierung einer politischen Herrschaft, unabhängig von den verwandtschaftlichen Bindungen des älteren Gesellschaftstyps, ist ein bekanntes Beispiel dafür. Weniger beachtet worden ist, daß auch die Herstellung eines politisch kontrollierten Monopols auf physische Gewalt in den älteren Hochkulturen und dann wieder in der Landfriedensbewegung des Mittelalters ein klarer Bruch der geltenden Rechtsordnung war, die auf dem Fehde*recht* beruhte. Vgl. die Klage der Erinnyen, die neuen Götter träten durch Einsetzung des Areopag altes Recht mit Füßen, und das Verständnis der Athena für diesen Vorwurf (Aischylos, Eumeniden 748 ff); ferner an rechtsgeschichtlichen Darstellungen etwa

weniger als ihr Resultat, das unabhängig von den je verschiedenen genetischen Bedingungen durch Systeme stabilisierbar zu sein scheint. Dieses Resultat aber kann durch die Formel *einer Trennung von Bewirkung und Symbolisierung rechtlicher Kongruenz* charakterisiert werden.

Für die Bewirkung kongruenter Generalisierung von Verhaltenserwartungen ist die Bereithaltung physischer Gewalt auf seiten der rechtmäßigen Erwartungen nach wie vor unentbehrlich – unentbehrlich zur Motivation widerstrebender einzelner, unentbehrlich vor allem aber zur Herstellung eines Gesamtvertrauens in das Recht, also auf der Ebene des Erwartens der Erwartungen. In einer immer komplexer werdenden Gesellschaft kann niemand, außer in sehr engen Kreisen, mehr recht abschätzen, welche konkreten Motive den Mitmenschen bewegen. Um so mehr besteht ein Bedarf für ein hochgradig generalisierbares Motivationsmittel, das unabhängig von den individuellen Motivationsstrukturen auf jeden Fall funktioniert und als solches Vertrauen genießt.[142] Die oben behandelten strukturellen Freiheiten der physischen Gewalt werden als sicherndes Moment in die Erwartungsstrukturen eingebaut. Man kann sich gerade in dem Punkte auf organisierte Gewalt verlassen, daß sie unter noch unbekannten Bedingungen wem auch immer gegenüber operieren wird. Ihre Indifferenz gegen die Umstände korrespondiert mit dem Mangel an Information über die Umstände. Selbst lange, komplizierte, von keiner Stelle aus übersehbare Erwartungsketten, wie sie etwa zur Ordnung einer arbeitsteilig differenzierten Wirtschaft erforderlich sind, werden erwartbar gehalten auf Grund der Prämisse, daß überall bei Enttäuschungen rechtlich gesicherter Erwartungen (was immer ihr Inhalt sei) physische Gewalt auslösbar ist, ohne daß es auf die Kraft des Enttäuschten, seinen Anhang von Freunden und Verwandten, sein Vermögen oder seine politischen Beziehungen (also auf im einzelnen nicht miterwartbare Faktoren) ankäme. ‹Die Rechtsordnung› läßt sich auf diese Weise abstrakt für unbekannte und für variable Inhalte sicherstellen, das heißt erwartbar machen. Die Kongruenz der Rechtsmechanismen beruht auf der Erwartung, daß andere erwarten, daß das Recht durch physische Gewalt gedeckt ist.[143] Der unterstellte institutionalisierende Konsens wird damit auf den untersten Nenner eines Minimums an Moral gebracht. Das heißt: Er wird mit hoher Differenziertheit von Moralen und individuellen Gewissensentscheidungen kompatibel.

Auch und gerade in der hochkomplexen, modernen Gesellschaft ist di[e]

Richard Schröder / Eberhard Freiherr von Künssberg, Lehrbuch der deutsche[n] Rechtsgeschichte. 6. Aufl., Leipzig 1919, Bd. I, S. 712 ff (716); William Seagl[e] Weltgeschichte des Rechts. Eine Einführung in die Probleme und Erscheinungs[-] formen des Rechts. München–Berlin 1951, S. 113.

142 Zu solchem ‹Systemvertrauen› siehe näher Niklas Luhmann, Vertrauen[:] Ein Mechanismus der Reduktion sozialer Komplexität. Stuttgart 1968, S. 44 ff.

143 Als Parallele: Der Wert des Geldes beruht auf der Erwartung, daß ande[re] erwarten, daß Geld als Wert akzeptiert wird (und nicht allein auf der direkte[n] Annahmeerwartung, die als solche ohne Miterwartung der Erwartungen des An[-] nehmenden nicht zu überzeugen vermöchte).

Vergewisserung der Erwartbarkeit von Erwartungen sehr viel wichtiger als die Sicherung der Erfüllung von Erwartungen. Bei Störungen gibt es mehr denn je zweitbeste Lösungen, Aushilfen, Substitutionsmöglichkeiten und Kompensationen, die *ad hoc* organisiert und beschafft werden können. Die Gewißheit der Erwartbarkeit von Erwartungen aber beruht nach wie vor auf dem letzten Mittel der physischen Gewalt. Stärker als in einfachen Gesellschaften läßt sich diese Funktion der physischen Gewalt jedoch spezifizieren und von der anderen Aufgabe symbolischer Präsentation des Rechts trennen. Die Deckung durch physische Gewalt geht in den anonymen Selbstverständlichkeitsgehalt des Rechts ein und hat nicht mehr die Form erfolgreicher Selbstbehauptung des Erwartens. Sie bezieht sich einerseits auf unbekannte und variable Inhalte, verliert also den konkreten Sinnbezug auf bestimmte Erwartungen, hängt aber andererseits nicht mehr von der Kraft und den Umständen ab. Nicht im Ausgang des physischen Kampfes steckt das mit Spannung erwartete Unsicherheitsmoment, das die Aufmerksamkeit fesselt, sondern im Ausgang des Entscheidungsprozesses, dem die Beteiligten sich fügen. Die mythische Interpretation der Gewalt als in der Selbstbehauptung herausgefordertes Schicksal wird abgelöst durch die verharmlosende Interpretation als bloßes Mittel zu (rechtmäßigen) Zwecken – zu Zwecken, über deren Rechtmäßigkeit entschieden werden kann. Mit alldem verliert die Gewalt ihre Symbolqualität und gibt sie an die Entscheidung ab. Die Selektivität der Ordnung wird jetzt in Entscheidungen manifest.

Die Entlastung der physischen Gewalt von Darstellungsfunktionen ermöglicht eine wesentliche Einschränkung der Fälle ernsthaft-gewaltsamer Interaktion. Die Gewalt tritt aus dem Erscheinungsbild der Gesellschaft zurück.[144] Man braucht keine Waffen zu tragen, wenn man auf die Straße tritt, rühmten bereits die Griechen als Errungenschaft ihrer Polis. Das Verhältnis von Gewaltfällen zu Rechtsfällen wird in komplexen Gesellschaften extrem niedrig.[145] Damit reduziert sich die Folgelast der Gewalt: die Zahl der schuldigen und unschuldigen Toten, Verstümmelten, Waisen und Witwen, die Zahl der funktionellen Störungen im Gefüge der Interaktionen. Das Recht paßt sich wenn nicht Geboten der Humanität so doch Erfordernissen einer funktional differenzierten Gesellschaft an. Diese Erfordernisse machen Gewalt für das Recht nicht entbehrlich und Gewalt gegen das Recht nicht unmöglich. Aber sie geben beidem einen anderen Stellenwert im Gefüge gesellschaftlichen Handelns.

---

144 Eine der Folgen ist jene Illusion des Verschwindens der Gewalt aus dem menschlichen Leben, die Sorel, a. a. O., geißelt.

145 Verglichen damit erscheint uns der Rekurs auf physische Gewalt als ein typisches Merkmal relativ undifferenzierter, einfacher Sozialsysteme. Siehe dazu Coser, a. a. O. (1967), S. 93 ff.

Handlungssysteme strukturieren sich nicht durch Seinsgesetze, sondern durch Erwartungszusammenhänge.[146] Erwartungsstrukturen sind Enttäuschungen ausgesetzt. Darin haben sie ihre Realität. Das gilt verschärft für normative Erwartungen, die eine gleichsam unnatürliche, weil kontrafaktische Reduktion von Komplexität wagen. Deren Enttäuschung kommt nicht nur dadurch zustande, daß andere unerwartet handeln, sondern auch und ernstlicher dadurch, daß andere unerwartet erwarten und in diesem unerwarteten Erwarten ihre Identität finden. So wird die Erwartung des einen zur Enttäuschung des anderen. Normprojektion steht gegen Normprojektion. Das Recht selbst ist im Streit. Der Mechanismus der Institutionalisierung sorgt für ein hohes Maß an Integration dadurch, daß er normativen Erwartungen ungleiche Chancen gibt, aber er stoppt nicht die Überschußproduktion an Normen.

Es gibt zwar einen Bereich reinen Abweichens, das sich selbst als normlos sieht und seine Erwartungen lediglich kognitiv an der herrschenden Normordnung ausrichtet, um desto besser normwidrig handeln zu können. Aber: zur Kommunikation gestellt, beginnt auch der Verbrecher zu räsonieren und eigene Werte, wenn nicht eigene Normen zu entwickeln, weil er sich anders nicht darstellen, weil er anders im System keine Zukunft haben kann.[147] Selbst ein Dieb, der einräumt, daß man nicht stehlen darf, wird in bezug auf die Umstände seines Falles und in bezug auf die Strafe eigene Normen (und nicht nur Ausreden!) projizieren. So fallen Enttäuschungen nicht nur für die herrschende Ordnung an, sondern auch für ihre Verbrecher. Die Jugendlichen stören die Ordnung, weil die Ordnung die Ju-

---

146 Diese Auffassung wird von vielen Soziologen bestritten, die einen statistischen Strukturbegriff vertreten, der die reine Häufigkeit von Korrelationen bezeichnet. Vgl. z. B. Paul F. Lazarsfeld/Neil W. Henry, *Latent Structure Analysis.* Boston 1968; Peter M. Blau, *Structural Effects.* American Sociological Review 25 (1960), S. 178–193. Über den Erfolg der so angesetzten Forschungen ist im Augenblick noch kein sicheres Urteil möglich. Sie setzen jedenfalls voraus, daß die für den Menschen charakteristische Weise der Verhaltenssteuerung, die bewußte Wahl, als neutralisierbare Größe behandelt werden kann, und schon das disqualifiziert einen solchen Strukturbegriff für die Untersuchung des Rechts.

Diese Kontroverse darf im übrigen nicht verwechselt werden mit der Unterscheidung von manifesten und latenten Strukturen. Auch wenn man den Strukturbegriff auf den Erwartungsbegriff gründet, kann man nichtgesehene Implikationen sinnhafter Erwartungen, also latente Strukturen erfassen.

147 Hierzu gut: A. L. Epstein, *Juridical Techniques and the Judicial Process. A Study of African Customary Law.* Manchester 1954. Vgl. auch Spittler, a. a. O. (1967), S. 117 ff. – Sobald sich größere Gruppen mit gleichgelagerten Abweichungsinteressen bilden, läßt sich das Entstehen besonderer Rollen für das Räsonieren der Abweichung beobachten. Siehe dazu Howard S. Becker, *Outsiders. Studies in the Sociology of Deviance.* New York–London 1963, S. 38 f u. ö. Erving Goffman, Stigma. Über Techniken der Bewältigung beschädigter Identität. Frankfurt 1967.

gendlichen stört (SCHELSKY). Auf beiden Seiten entstehen Probleme der Enttäuschungsabwicklung, allerdings mit unterschiedlicher Verteilung der Strategien, Chancen und Folgeprobleme.

Dieses Dilemma ist im Prinzip unausweichlich, wenn es auch auf kleinere Probleme umgelegt werden kann. Es beruht darauf, daß die am Rechtsleben Beteiligten für unterschiedliche Selbstdarstellungen und Identifikationen eine gemeinsame Zukunft suchen müssen, letztlich also auf dem Verhältnis von Struktur und Zeit. Handlungssysteme steuern Prozesse durch ihre Struktur im Hinblick auf eine offene Zukunft. Strukturen orientieren Wahlen, ohne ihnen den Charakter der Wahl zu nehmen, das heißt ohne die Möglichkeit anderer Selektion als Möglichkeit zu vernichten. Lediglich die Zeit, nicht die Wahl, vernichtet die Verwirklichungschance von Möglichkeiten dadurch, daß sie Ereignisse Vergangenheit werden läßt und ihnen dadurch die Möglichkeit entzieht, anders zu sein. Das Bewahren der Möglichkeit anderer Wahl in der Wahl geschieht durch Offenhalten der Zukunft, erfordert also das Aushalten einer offenen Zukunft, das Aushalten von Kontingenz in der Welt. In sinnhaft-strukturierenden Erwartungen stellen sich mithin Zukunft und Vergangenheit als different dar, sie werden auseinandergezogen, und damit wird Zeit verfügbar als Ordnungsdimension für Komplexität. Eine Gesellschaft kann hohe Eigenkomplexität nicht erreichen, ohne die Zeit als Ordnungsdimension in Anspruch zu nehmen, und dies nicht nur in dem Sinne, daß sie ein Nacheinander von Ereignissen durch Planung festlegt (was nur bei geringer sachlicher und sozialer Komplexität möglich ist), sondern dadurch, daß sie ihre Strukturen und Prozesse auf Überraschungen einstellt.

Der Preis für eine offene, möglichkeitsreiche und kontingente Zukunft ist die Enttäuschbarkeit der Erwartungen, die Unzuverlässigkeit der Struktur. Je mehr Komplexität und Kontingenz in der Zeitdimension ausgedrückt, je mehr Ereignisse und künftige Möglichkeiten der Änderung ins Auge gefaßt werden, um so stärker werden die Erwartungsstrukturen belastet in ihrer Funktion, Ungewißheiten und Enttäuschungen zu absorbieren.

In groben Zügen findet man diesen Zusammenhang von Zeithorizont und Strukturleistung in der Rechtsentwicklung wieder. In einfachen Gesellschaften gibt es keine Möglichkeit, eine offene Zukunft, einen Überhang an Möglichkeiten, die nicht alle Wirklichkeit werden, zu erleben, geschweige denn zu institutionalisieren. Schon der Sprache fehlen dafür die Ausdrucksmöglichkeiten.[148] Entsprechend sind die Rechtsinstitutionen nicht primär

---

148 Siehe z. B. JOHN MBITI, *Les Africains et la notion du temps.* Africa 8, 2 (1967), S. 33–41. Vgl. ferner D. DEMETRACOPOULOU LEE, *A Primitive System of Values.* Philosophy of Science 7 (1940), S. 355–378, wo im Anschluß an die Forschungen MALINOWSKIS über die Trobriander sehr klar herausgearbeitet wird, wie die Unfähigkeit der Sprache zu relationalem Ausdruck es unmöglich macht, Zukunft als offenen Variationsbereich auf die Gegenwart zu beziehen, und die rechtlich-moralischen Institutionen dadurch auf einem sehr konkret-anschaulichen Niveau festgehalten werden.

auf ein selektives Festlegen der Zukunft oder auf ein Abfangen möglicher Enttäuschungen hin konzipiert.[149] Nicht die Zeitproblematik, sondern die soziale Problematik der Integration hat in diesem Entwicklungsstadium den funktionalen Primat. Das Abweichen wird unter diesen Umständen als Herausfallen aus der Ordnung erlebt, als Verlust der Bezüge, die den Menschen in der Gemeinschaft halten, und nicht nur als Auslösung eines institutionalisierten Korrekturprogramms. Selbstmord, Vertreibung, Brandmarkung, unlösbarer Fluch und Verhängnis über Sippe und Nachkommen sind symptomatische Aspekte dieses Abweichungserlebens – nicht aber Sanktionen, die das Verhalten motivieren oder korrigieren oder die Geltung von Normen trotz Enttäuschung zum Ausdruck bringen sollen.[150]

Eine diesem archaischen Institutionalismus bewußt entgegengesetzte ethische Formel wird im klassischen Denken der Griechen, vor allem bei Aristoteles, aufgestellt.[151] Die konkreten Institutionen der griechischen Polis bleiben Bezugspunkt und Grundlage der Interpretation, aber an ihnen wird eine Entwicklung registriert, die eine neue evolutionäre Errungenschaft stabilisiert hat: die *ethisch-politische Institution.* Sie hat ihr Wesen darin, daß sie sich auf den Menschen als Menschen bezieht in dem, was ihn vom Tier unterscheidet: im Besitz von Sprache und in der dadurch eröffneten Möglichkeit, sich durch den Unterschied des Guten und des Schlechten leiten zu lassen.[152] Der Zukunftsaspekt wird, wie man an den Schwurformeln ablesen kann,[153] in das Recht einbezogen. Die ethische Institution setzte den Menschen voraus als Handelnden, der zwischen gut und schlecht wählen kann. Diese Wahl wurde als kontingent gesehen, aber nicht als beliebig, sondern als geleitet durch eine ontisch fundierte Präferenz für das Gute. Die Ethik bemühte sich in ihrer langen, gedankenreichen Tradition um eine Exegese und Begründung der Präferenz für das Gute, nicht jedoch um die strukturellen Anforderungen, unter die Institutionen gestellt sind, die sich der Möglichkeit guten *und* schlechten Handelns gegenübersehen.

---

149 Vgl. Louis Gernet, *Le temps dans les formes archaïques du droit.* Journal de psychologie normale et pathologique 53 (1956), S. 379–406.

150 Vgl. dazu Siegfried F. Nadel, *Social Control and Self-Regulation.* Social Forces 31 (1953), S. 265–273.

151 Ich folge hier der Interpretation von Joachim Ritter, Zur Grundlegung der praktischen Philosophie bei Aristoteles. Archiv für Rechts- und Sozialphilosophie 46 (1960), S. 179–199.

152 «Die Sprache aber ist darauf angelegt, das Nützliche und das Schädliche zu offenbaren und daher auch das Rechte und das Unrechte. Denn das ist dem Menschen im Unterschied zu anderen Lebewesen eigen, daß er allein vom Guten und vom Schlechten und von Recht und Unrecht Kenntnis haben kann. Die Gemeinsamkeit dieser Kenntnis läßt Haus und Stadt zustande kommen» (Aristoteles, Pol. 1253a 14–18).

153 Ein Hinweis darauf bei Louis Gernet, *Droit et prédroit en Grèce ancienne* a. a. O., S. 21–119 (117, Anm. 4), mit dem Zusatz: *«Le développement de l catégorie linguistique est en rapport, ici comme en d'autres cas, avec l'évolution institutionelle.»*

Entsprechend blieb der Zusammenhang von gesellschaftlicher Komplexität, Zeitauffassung und normativer Erwartungsstruktur undurchdacht. Das abweichende Handeln wurde auch in der Wissenschaft moralisch verworfen. So konnte die Soziologie ihren eigenen Zugang zur normativen Sphäre nur durch einen Bruch mit der ethischen Betrachtungsweise der alteuropäischen Tradition gewinnen.

Eine ebenso wichtige vorsoziologische Interpretation abweichenden Verhaltens knüpft ebenfalls an faktisch vorgegebene Gesellschaftsentwicklungen an, und zwar bei Enttäuschungserklärungen, die bei steigender Komplexität der Gesellschaft, zunehmender Abstraktion der Religion und zunehmender ‹Individualisierung von Angst›[154] möglich werden. In der jüdisch-christlichen Tradition wird in der Personalisierung des religiösen Verhältnisses des einzelnen zu Gott die Vorstellung einer individuellen *Schuld* entwickelt und als eine mögliche, bald dominierende Enttäuschungserklärung institutionalisiert. Das führte dazu, daß Schuld als eine (‹innere›) *Tatsache* gesehen wurde – und nicht etwa als Fragwürdigkeit einer normativen Struktur. Selbst die heutige Strafrechtswissenschaft und Rechtsgeschichte behandelt die Entwicklung des Verschuldensprinzips so, als ob es sich um die Entdeckung einer Tatsache handelt, um die Entdeckung des eigentlichen Grundes der Strafwürdigkeit, also um einen ‹Fortschritt›.[155] Sowenig wie das Lob der Tugend bringt aber die Stigmatisierung der Schuld die eigentliche Funktion dieser evolutionären Errungenschaft ans Licht. Das Unwahrscheinliche dieser Institution, das neue Prinzip, liegt nicht nur in der Verfeinerung von Zurechnungsweisen oder Motivationsmitteln, sondern vor allem darin, daß Schuld *Erlösung* ermöglicht – also in der Zeitdimension ein Ende der Folgen abweichenden Verhaltens in Aussicht nimmt.

Das Aufkommen und die Bedeutung dieses Themas der Erlösung in der christlich-religiösen Vorstellungswelt ist ein wichtiges Indiz für eine institutionelle Errungenschaft von Rang. Um die Funktion von Schuld und Erlösung zu begreifen, muß man zunächst auf ältere archaische Rechtsordnungen zurückblicken. Deren Struktur war typisch so alternativenarm, daß es für ein Herausfallen aus der Ordnung oft keine Möglichkeiten des Korrigierens und Wiedereinrenkens gab.[156] Wer das Inzesttabu oder die präskriptiven Regeln der Gattenwahl brach, brachte für sich und seine Nachkommen das genau definierte Verwandtschaftssystem durcheinander, von dem die Lebensführung abhing. Wer sich in einer Rolle diskreditierte, fand sich in anderen auch ohne Partner. Auch die fast universell verbreitete Institution der Blutrache kannte keinen Bezug auf Verschulden und daher

---

154 Diese Formulierung in bezug auf die buddhistische religiös-politische Erneuerung bei CHARLES DREKMEIER, *Kingship and Community in Early India*. Stanford/Cal. 1962, S. 289.

155 Siehe statt anderer HANS FEHR, Deutsche Rechtsgeschichte. 4. Aufl., Berlin 1948, S. 146 f.

156 Vgl. dazu NADEL, a. a. O. (1953).

kein natürlich-sinnvolles Ende.[157] Diese strukturellen Gegebenheiten setzten sich in Erfahrung um, sie spiegeln sich in Mythen der Erbsünde oder des Geschlechterfluchs wider, die uns im Alten Testament und in den griechischen Tragödien in einer gleichsam überreifen, schon als problematisch empfundenen Form überliefert sind. Der Chor der institutionalisierenden Dritten sieht mit Entsetzen zu, registriert, mahnt, beklagt das unerbittliche Walten der aus den Fugen geratenen Ordnung, greift aber nicht selbst ein, um die Folgen nach Maßgabe des Verschuldens zu bemessen und zu begrenzen. Dem Bedürfnis, dem durch Abweichung ausgelösten Verhängnis ein Ende zu setzen, konnten erst relativ komplexe Gesellschaften abhelfen – Gesellschaften, die über genügend Alternativen verfügten, um einen abweichenden Verlauf wieder in die Ordnung einmünden zu lassen; Gesellschaften, die eine wenigstens in einigen Hinsichten variable Zukunft vor sich sahen. Erst in diesen entwickelten Gesellschaften konnten Schuld und Erlösung als Modus des Erlebens und Behandelns von abweichendem Verhalten institutionalisiert werden.[158] Die Verlegung des Grundes für Strafe nach ‹innen› als Schuld symbolisiert zugleich, daß dazu eine Neutralisierung gesellschaftlicher Rollen und Interessen und ein Abschneiden mitverursachender externer Kausalfaktoren erforderlich ist. Und dazu mußte jener vom älteren Recht aus zweifellos paradoxe und unverständliche Weg gefunden werden, den eigentlichen Rechtsgrund der Sanktion nicht mehr in der Enttäuschung des Verletzten zu sehen, sondern in dem Täter selbst.

Sowenig wie die Ethik sich in eine Strukturtheorie der Gesellschaft und des Rechts umformulieren ließ, sowenig konnte für das Erleben der Schuld ihre Funktion legitimer Zweck werden. «Tiefe Reue erlöst von der Schuld, aber das Gewissen darf dieses Ergebnis nicht wissen», formuliert HELMUT KUHN diese Schranke.[159] Aber warum? Warum wird dem immer wieder durchbrechenden Bedürfnis nach einer rationaleren Erlösungspraxis nicht nachgegeben? Warum werden jene kalvinistischen Irrationalismen eingeschaltet, um die Heilsgewißheit zu verunsichern? Über die Bedeutung dieses Motivstaus für die Verweltlichung des neuzeitlichen Erfolgsstrebens ist im Anschluß an MAX WEBER viel spekuliert worden.[160] Wir können dieser Frage hier nicht nachgehen. Auch wenn man den Motivwert des religiösen Erlösungsglaubens geringer einschätzt, kann man an seiner Ausformung

---

157 Vgl. den Überblick bei RICHARD THURNWALD, Die menschliche Gesellschaft in ihren ethno-soziologischen Grundlagen, a. a. O., S. 21 ff.

158 Daß es auch andere, weniger prominente Lösungen für dieses Problem der Beendigung gab, läßt sich am Recht der Cheyenne-Indianer studieren, deren magisch bedingte, ungewöhnlich milde Bestrafung des Mordes an Stammesgenossen – Verbannung bis zu 5 Jahren – erstaunt. Siehe näher KARL N. LLEWELLYN/E. ADAMSON HOEBEL, *The Cheyenne Way. Conflict and Case Law in Primitive Jurisprudence.* Norman 1941, S. 132 ff.

159 Begegnung mit dem Sein. Meditationen zur Metaphysik des Gewissens. Tübingen 1954, S. 113.

160 Die protestantische Ethik und der Geist des Kapitalismus. In: Ges. Aufsätze zur Religionssoziologie. Bd. 1, Tübingen 1922, S. 1–206.

die Gesellschaftsstruktur ablesen: Die Sperre pragmatisch-rationaler Kalkulation der Erlösung symbolisiert, daß die Gesellschaft den Schuldmechanismus konkret als Faktum und Enttäuschungserklärung benötigt und ihn deshalb nicht als bloße Durchgangsstation zur Erlösung hin funktionalisieren kann.

Insgesamt bleibt die vorsoziologische Konzeption abweichenden Verhaltens demnach gebunden an eine vorgegebene Präferenzstruktur, die sie in der Wesentlichkeit des Unterschiedes von gutem (normativ erwartetem) und bösem (enttäuschendem) Handeln interpretiert, nicht aber als Struktur zum Problem macht. Solange man von der Einheit des rechtlichen Sollens ausgeht, statt sie dimensional und funktional aufzugliedern, gibt es nur *eine* Möglichkeit der Negierung des Rechts – nämlich Unrecht.[161] Dem Bösen wird dabei in einseitiger Parteilichkeit die eigene Normativität bestritten und der Gegensatz von Gut und Böse mit dem von Norm und Faktum verquickt. Die Frage nach der Funktion dieser Disjunktion mit eingebauter Präferenz wird nicht gestellt. Demgegenüber hat die neuere Soziologie des abweichenden Verhaltens[162] beträchtliche Fortschritte zu verzeichnen, denn sie hat Perspektiven eröffnet, die den Denkrahmen der ethischen und normativen Wissenschaften sprengen, deren theoretische Bewältigung aber noch aussteht.

Im Vergleich zur moralphilosophischen hängt die soziologische Analyse abweichenden Verhaltens in stärkerem Maße von ‹symbolischen Neutralisierungen› ab, und dies mindestens in zwei Richtungen: Sie ist nur denkbar, wenn der Forscher aus der Perspektive des moralischen Urteils heraustritt und die Beschäftigung mit abweichendem Verhalten und sein Urteil darüber nicht ihm selbst zum Vorwurf gereichen (es sei denn als rein wissenschaftliche Fehlleistung). Sie erfordert ferner, daß die Vorwerfbarkeit abweichenden Verhaltens objektiviert und isoliert wird und nicht auf den erklärenden Kontext abfärbt; denn nur so ist es möglich, abweichendes Verhalten durch Bezug auf positiv geschätzte Ursachen oder gar auf die Ganzheit eines strukturierten Systems zu erklären. Die Auswahl der Erklärung darf, mit anderen Worten, weder subjektiv noch objektiv durch die Moralität des zu erklärenden Ereignisses behindert werden. Das setzt hochentwickelte Fähigkeit zu differenziertem Negieren voraus.

Daß auch abweichendes Verhalten sozial veranlaßt ist, durch soziale

161 Auf die Aufhebung dieser Naivität des undifferenzierten Negierens zielen einige kritische Fragen an die Rechtstheorie, die wir zum Schluß (Bd. II, S. 354 ff) formulieren werden.

162 Die Soziologie des abweichenden Verhaltens konsolidiert sich im übrigen außerhalb der Rechtssoziologie unter Titeln wie *deviant behavior, collective behavior, social desorganization* als eine stoffreiche Spezialsoziologie für sich. Ihr theoretischer Ansatz läßt sich im Grunde von der Rechtssoziologie nicht trennen, auf Einzelheiten kann in diesem Zusammenhang jedoch nicht eingegangen werden. Als einführende Lehrtexte siehe etwa MARSHALL B. CLINARD, *Sociology of Deviant Behavior*. 2. Aufl., New York 1963; ALBERT K. COHEN, Abweichung und Kontrolle. München 1968.

Prozesse gestützt wird und erforschbaren Regeln sozialen Verhaltens folgt, also nicht einfach ‹unsozial› und allein auf den bösen Impuls zurückzuführen ist, bedarf heute keines Nachweises mehr. Diese Einsicht hat einmal der Frage nach den Gründen von abweichendem Verhalten neuen Auftrieb gegeben und zur Entdeckung struktureller Widersprüche in sozialen Systemen geführt: Die Art, in der ein System Präferenzen setzt, erzeugt Anlässe und Motive für abweichendes Verhalten als eine Möglichkeit unter anderen, sich der Struktur anzupassen.[163] Abweichendes Verhalten wird damit als normales Korrelat von Systemstrukturen gesehen – nicht mehr nur als bedauerliche, auf die Natur des Menschen zurückzuführende Ungehorsamsquote, sondern als eine Folge von Strukturentscheidungen des sozialen Systems, die mit diesen und mittels dieser variabel ist. Schließlich wird seit SUTHERLAND betont, daß die Prozesse, insbesondere die Lernprozesse, die abweichendes Verhalten verursachen, denen gleichen, die zu konformem Verhalten führen, so daß auch in diesem Sinne Abweichung eine ‹normale› Reaktion ist.[164]

Daneben hat sich eine Theorie des abweichenden Verhaltens entwickelt, die nicht von Systemstrukturen, sondern von Interaktionsprozessen ausgeht und Abweichung als eine Etikettierung begreift, die in der Interaktion erst entsteht und nach Maßgabe der symbolischen Bedürfnisse des Interaktionsprozesses fixiert wird – also nicht etwa eine natürliche oder moralische (verschuldete!) Qualität des Handelns ist, sondern eine im Laufe der Geschichte des Interaktionsprozesses erarbeitete symbolische Darstellung, die es den Beteiligten erlaubt, ihr eigenes Selbst über positive oder negative Identifikationen zu präsentieren und etwaige Unrechtsgehalte eigenen Verhaltens zu neutralisieren.[165] Erst die Verarbeitung von Ereignissen in der Interaktion konstituiere den Tatbestand des ‹abweichenden Verhaltens›.[166] Damit ist über die alte Auffassung hinaus, daß die soziale

---

163 Zu diesem Ansatz, der zugleich systemstrukturell und individuell-strategisch gedacht ist, vgl. ROBERT K. MERTON, *Social Structure and Anomie*. American Sociological Review 3 (1938), S. 672–682, mit daran anschließenden Forschungen neu abgedruckt in: DERS., *Social Theory and Social Structure*. 2. Aufl., Glencoe/Ill. 1957, S. 131 ff; ferner DERS., *Conformity, Deviation, and Opportunity Structures*. American Sociological Review 24 (1959), S. 177–189; RICHARD A. CLOWARD, *Illegitimate Means, Anomie, and Deviant Behavior*. American Sociological Review 24 (1959), S. 164–176; und ROBERT DUBIN, *Deviant Behavior and Social Structure. Continuities in Social Theory*. American Sociological Review 24 (1959), S. 147–164; KAI T. ERIKSON, *Wayward Puritans. A Study in the Sociology of Deviance*. New York 1966.

164 Vgl. EDWIN H. SUTHERLAND, *Principles of Criminology*. Philadelphia 1934; FRANK TANNENBAUM, *Crime and the Community*. New York 1951, S. 51 ff.

165 Zum letzteren: GRESHAM M. SYKES/DAVID MATZA, *Techniques of Neutralization. A Theory of Delinquency*. American Sociological Review 22 (1957), S. 66[illegible] bis 670. Vgl. ferner GEIGER, a. a. O., S. 76 f.

166 Siehe z. B. JOHN I. KITSUSE, *Societal Reaction to Deviant Behavior. Problems of Theory and Method*. Social Problems 9 (1962), S. 247–256; HOWARD S. BECKER, *Outsiders. Studies in the Sociology of Deviance*, New York–London

Umwelt durch Vermittlung psychischer Prozesse abweichendes Verhalten motiviere, behauptet, daß die Abweichung qua Wahrnehmung und Benennung ein rein soziales Phänomen sei. In die Systemstrukturtheorie lassen diese Forschungen sich einbauen, wenn man bedenkt, daß Interaktionsprozesse nicht völlig frei sind, Abweichungen zu konstituieren, wie es gerade paßt, sondern sich dabei den Rahmenbedingungen größerer Systeme mehr oder weniger strikt fügen müssen – allein schon deshalb, weil sonst die Verständigungsschwierigkeiten in der laufenden Interaktion zu groß werden. Die Rechtssoziologie könnte diesen Gedanken aufnehmen und zeigen, daß nur bei kongruent generalisierten Verhaltenserwartungen ein ausreichendes Maß an Eindeutigkeit der Zurechnung von Diskrepanzen als Abweichung und der Zuschreibung von Schuld erreicht werden kann, weil nur unter dieser Bedingung ein ‹*social control network*› operieren kann.[167]

Solche Überlegungen über strukturelle und prozeßmäßige Bedingtheit der Abweichungen in sozialen Systemen werden ergänzt durch die These, daß abweichendes Verhalten in manchen Hinsichten auch positive Funktionen erfülle, also nicht nur zwangsläufig, sondern auch nützlich sei – zum Beispiel als Anstoß zur Verlebendigung des Normgefühls und zur zeremoniellen Bestätigung der geltenden Ordnung, als Quelle von Innovationen oder gar als ‹*variety pool*›[168] des sozialen Systems.[169] Solche

---

1963; THOMAS J. SCHEFF, *Being Mentally Ill. A Sociological Theory*. Chicago 1966. Nahestehend, aber begrenzter in der Anwendung des Gedankens EDWIN M. LEMERT, *Social Pathology*. New York 1951; DERS., *Human Deviance. Social Problems, and Social Control*. Englewood Cliffs/N. J. 1967; DAVID MATZA, *Delinquency and Drift*. New York–London–Sydney 1964; AARON V. CICOUREL, *The Social Organization of Juvenile Justice*. New York–London–Sydney 1968; EARL RUBINGTON/MARTIN S. WEINBERG (Hrsg.), *Deviance. The Interactionist Perspective*. New York–London 1968; JACK D. DOUGLAS (Hrsg.), *Deviance and Respectability. The Social Construction of Moral Meanings*. New York 1970.

Eine Integration dieser Auffassung mit den älteren, die abweichendes Verhalten zu erklären versuchen, fordert RONALD L. AKERS, *Problems in the Sociology of Deviance. Social Definitions and Behavior*. Social Forces 46 (1968), S. 455–465.

167 Dazu CLARICE S. STOLL, *Images of Man and Social Control*. Social Forces 47 (1968), S. 119–127.

168 So WALTER BUCKLEY, *Sociology and Modern System Theory*. Englewood Cliffs/N. J. 1967, S. 167.

169 Als einen zusammenfassenden Überblick über solche Funktionszuweisungen vgl. LEWIS A. COSER, *Some Functions of Deviant Behavior and Normative Flexibility*. The American Journal of Sociology 68 (1962), S. 172–181, neu gedruckt in: DERS., *Continuities in the Study of Social Conflict*. New York 1967, S. 113–133. Für einzelne dieser Funktionen siehe etwa EMILE DURKHEIM, a. a. O. (1902), S. 35 ff; DERS., *Les règles de la méthode sociologique*. 8. Aufl., Paris 1927, S. 80 ff; GEORGE H. MEAD, *The Psychology of Punitive Justice*. The American Journal of Sociology 23 (1918), S. 557–602; ROGER NETT, *Conformity-Deviation and the Social Control Concept*. Ethics 64 (1953), S. 38–45; ROBERT A. DENTLER / KAI T. ERIKSON, *The Functions of Deviance in Groups*. Social Problems 7 (1959), S. 98 bis 107.

Aussagen haben nicht den Sinn, das abweichende Verhalten zu rechtfertigen; sie besagen aber, daß die Abweichungen nicht entfallen können, ohne daß gewisse Probleme ungelöst bleiben und daher weittragende Umstrukturierungen erforderlich werden.

Diese verschiedenen Beiträge zu einer Neukonzeption abweichenden Verhaltens sind von verschiedenen theoretischen Ausgangspunkten (Systemtheorie, Interaktionstheorie, Theorie symbolischer Darstellungen, Funktionalismus) her entwickelt worden und dadurch unterschiedlich gefärbt. Sie rücken jedoch ins Mosaik und ergeben ein verständliches Bild, wenn man den Strukturbegriff neu faßt.

Ein wichtiges Merkmal, das allen soziologischen Interpretationen abweichenden Verhaltens gemeinsam ist, besteht darin, daß nicht nur das konforme, sondern auch das abweichende Verhalten als Bestandteil des strukturierten Sozialsystems gesehen, also dem System zugerechnet wird. Die Unterscheidung von konformem und abweichendem Verhalten markiert nicht die Grenze des Systems gegenüber seiner Umwelt;[170] sie ist eine *systeminterne Differenzierung*. Soziale Systeme bestehen nicht etwa nur aus den ‹guten› Handlungen. Sowohl erwartungskonformes als auch erwartungswidriges Verhalten wird seinem Sinn nach auf Erwartungsstrukturen bezogen – sei es durch den Handelnden selbst, sei es durch andere, die sein Handeln miterleben, interpretieren, dem normativen Erwartungsanspruch unterwerfen. Um mit Max Weber[171] zu formulieren: Die Tatsache der Orientiertheit des Handelns an einer Ordnung, nicht aber deren Befolgen, entscheidet über deren Geltung.

Damit wird die Charakterisierung eines Verhaltens als abweichend nicht nur als systemintern, sondern zugleich als systemrelativ gesehen, und das bringt eine Komplikation der Theorie mit sich, die in ihrem vollen Umfang noch kaum beachtet wird. Man muß (mindestens) drei Dichotomien bedenken, nämlich konformes und abweichendes Verhalten, inneres (systemeigenes) und äußeres (umweltmäßiges) Verhalten und kognitives und normatives Erwarten. Offensichtlich lassen diese Dichotomien sich nicht ohne weiteres kongruent setzen; andererseits ist ihr Verhältnis zueinander auch nicht beliebig. Die Systemgrenzen differenzieren nicht zugleich konformes und abweichendes Verhalten oder normatives und kognitives Erwarten nach dem Unterschied von Innen und Außen; andererseits sind sie für den Stil des Erwartens und für die Behandlung enttäuschenden Verhaltens nicht ohne Bedeutung.[172]

Ein Sozialsystem, das sich selbst Grenzen setzt, kann mit der einfachen

170 So jedoch ausdrücklich Kai T. Erikson, *Notes on the Sociology of Deviance* Social Problems 9 (1962), S. 308–314, und ausführlicher ders., *Wayward Puritans* a. a. O. (1966).

171 Rechtssoziologie. Neuwied 1960, S. 54 f.

172 Siehe dazu die These, daß die interne Duldung von Abweichungen ein Mechanismus der Festigung von Systemgrenzen nach außen ist – vertreten von Dentler/Erikson, a. a. O., S. 101.

Dichotomie von konformem und abweichendem Verhalten nicht auskommen; es muß außerdem Sinn für Umweltverhalten haben, das auch erwartet, aber im System selbst nicht normiert wird. Daß man in England links fährt, ist für unser Verkehrssystem nichtnormiertes, aber erwartbares Umweltverhalten. Welche Zahncreme eine Familie benutzt, ist in unserem Wirtschaftssystem nicht normiert, der Wechsel der Zahncreme für die Wirtschaft daher kein abweichendes Verhalten, sondern ein Ereignis, an das sie sich durch Lernvorgänge anzupassen hat. In der Familie dagegen kann es eine Enttäuschung normativer Ansprüche bedeuten, wenn den Kindern die süße Zahncreme entzogen und durch angeblich gesündere Meersalzzahncreme ersetzt wird. Auf kognitives Erwarten kann ein soziales System weder in externer noch in interner Beziehung verzichten, aber es kann durch normatives Erwarten eine engere Auswahl von Verhaltensprämissen treffen, deren Verbindlichkeit sich nur auf Verhalten erstreckt, das dem System selbst zugerechnet wird. Nur in bezug auf diese engere Auswahl hat dann die Differenzierung von konformem und abweichendem Verhalten Sinn.

Diese Differenzierung selbst – und nicht etwa nur die normativen Erwartungen und die ihnen entsprechenden Handlungen – ist eine systeminterne Struktur.[173] Normatives Erwarten ermöglicht, jedenfalls in komplexeren, alternativenreicheren Gesellschaften, eine schärfere Reduktion von Komplexität und Kontingenz. Dieser Vorteil aber wird damit bezahlt, daß diese Selektion nur für systemeigenes Verhalten gilt und daß sie die Zukunft nicht eindeutig, sondern nur auf die Alternative von konformem oder abweichendem Verhalten festlegt. Diese Alternative, die moralische Disjunktion von konformem und abweichendem Verhalten mit eingebauter Präferenz für Konformität, ist also gleichsam die ‹Innenansicht› einer Selektionsleistung. Sie gibt diese in das System hinein, ohne sie selbst zum Thema und Problem zu machen: Man orientiert sich im täglichen Verhalten dann nicht mehr *an* der Alternative, sondern *in* der Alternative zum konformen oder zum abweichenden Handeln hin, wobei die Differenz als feststehend behandelt wird. Man hat im System noch diese Wahl zwischen konformem oder abweichendem Handeln, eine Wahl, deren Ausübung im Sinne des konformen Handelns erleichtert wird; man fragt aber normalerweise nicht mehr nach der Wahl dieser Wahl. Die Möglichkeit der vordergründigen Wahl zwischen konformem und abweichendem Verhalten verdunkelt die vorausgesetzte Wahl dieser Alternative als solcher. Dadurch wird die Struktur selbst der Problematisierung entzogen. Sie wird, wenigstens im Normalverhalten, vorausgesetzt. Darüber hinaus kann man unterstellen, daß es unmöglich ist, abweichende Subkulturen ohne jede Anleh-

---

173 Ähnliche Schlüsse zieht aus einem Überblick über neuere Entwicklungen der Kriminologe Fritz Sack in: Fritz Sack / René König (Hrsg.), Kriminal-Soziologie. Frankfurt 1968, S. 431–475 (469 ff), mit der Charakterisierung von Kriminalität als eines negativen Gutes im Rahmen eines gesellschaftlichen Verteilungsmechanismus.

nung an das herrschende Normengefüge auf der Basis eines prinzipiellen Gegenrechts zu konsolidieren.[174] Abweichendes Verhalten kann daher nur okkasionell stattfinden, erreicht trotz aller Selbstrechtfertigung keine eigene kongruent generalisierte Erwartungsstruktur, sondern muß seine Selbstdeutung auf die herrschende Ordnung beziehen. In dieser Begrenzung zugeschnitten, verdeckt die moralische Kontingenz guten oder bösen Handelns die sehr viel riskantere strukturelle Kontingenz sozialer Systeme. Die Suche nach Gründen wird fallweise gehandhabt, wird nur in philosophischen Köpfen hingelenkt auf die Begründung der Gutheit des Guten oder der Möglichkeit des Bösen – und damit abgelenkt von der Frage nach der strukturierenden Funktion dieser Disjunktion selbst. Auf diese Weise erfüllt die Struktur ihre eigene Funktion der Einrichtung ‹doppelter Selektivität› [175], indem sie die Wahl eines bestimmten Ansatzes der moralischen Disjunktion selbst trennt von der Wahl des Verhaltens nach Maßgabe dieser Disjunktion. Die moralische Disjunktion ist eine Transformation unerträglicher, übermäßiger Komplexität in handliche Probleme – und das Böse hat, wenn als solches beabsichtigt, ein eigenes Recht als Protest gegen die Verkürzung der Welt durch das Gute.

Erst wenn man über die alteuropäische Tradition des ethischen Naturrechts hinausgeht, die Fragmente einer soziologischen Theorie des abweichenden Verhaltens in die rechtssoziologische Theorie aufnimmt und die Funktion einer normativen Struktur für das soziale System unter dem Gesichtspunkt der Selektivität geklärt hat, fügen sich die wichtigsten Aspekte einer Theorie der Evolution des Rechts ineinander. Die Rechtsentwicklung läßt sich nicht als Fortschritt begreifen im Sinne einer zunehmend besseren Verwirklichung von Tugend und Vernunft, einer immer stärkeren Ausmerzung abweichenden Verhaltens, einer heute fast unblutigen Rechtspflege usw. – also im Sinne einer Annäherung an Ideale, die, unabhängig von der jeweiligen Gesellschaftsstruktur, immer schon gegolten hätten. Vielmehr muß die Rechtsentwicklung im Zusammenhang gesehen werden mit strukturellen Änderungen auf der Ebene des Gesellschaftssystems selbst.

Treffen unsere Überlegungen über den Zusammenhang von Systemgrenzen und normativer Strukturselektion zu, dann wird man vermuten dürfen, daß ein im Laufe der Gesellschaftsentwicklung zunehmender Bedarf für vielfältige und eindeutige *Systemgrenzen* den Rechtsmechanismus unter besondere Bedingungen stellt. Die Rechtsentwicklung ist in der Tat auf solche Grenzen angewiesen gewesen und ermöglichte zugleich ihre eindeutige Fixierung. Von da her erhellt die Bedeutung, die *territoriale* Grenzen als Symbol für Systemgrenzen für die Rechtsentwicklung gewonnen haben. Territoriale Gebietsverteilungen lassen sich zwar bis in die einfachsten Gesellschaften zurückverfolgen und treten keineswegs erst mit der Ent-

174 So namentlich MATZA, a. a. O.
175 Siehe oben S. 40 f.

stehung politischer Herrschaft auf.[176] Solange die Gesellschaft jedoch primär als Verwandtschaftssystem strukturiert war, konnten ihre Systemgrenzen nicht eindeutig auf ein Territorium bezogen werden. Die Verwandtschaftszusammenhänge verflossen ins Entfernte und Unbestimmte, waren dadurch instabil, und gerade darauf beruhten wichtige stabilisierende Mechanismen, zum Beispiel Möglichkeiten der Sezession oder der Aktivierung weiterer Verwandtschaftszusammenhänge zwecks Konfliktlösung.[177] Innerhalb territorialer Grenzen konnte dagegen Recht kultiviert und spezifiziert werden ohne Rücksicht auf eine Umwelt von Nomaden, Bergvölkern, Barbaren und fremdartigen Kulturen, für die das Recht des eigenen Volkes weder gelten konnte noch sollte.[178] Territoriale Grenzen waren mithin weniger in ihrer physischen als in ihrer symbolischen Bedeutung für die Selektion eines engeren Bereichs von Erwartungen eine unerläßliche Vorbedingung für die Entwicklung höherer Rechtsformen und ihre Koordinierung mit Entscheidungskompetenzen und Sanktionsgewalten. Nur innerhalb territorialer Grenzen konnte die Normativität des Erwartens und damit die Disjunktion von konformem und abweichendem Verhalten auf sehr viele Lebensbereiche erstreckt und im Detail ausformuliert werden.[179] Selbst heute, wo die sachlich zwingenden Gründe dafür längst entfallen sind und Gesellschaften sich nicht mehr durch territoriale Grenzen abgrenzen lassen, gelten Rechtsnormen höher entwickelter Art nur innerhalb solcher Grenzen.

Erst innerhalb gesicherter Systemgrenzen ist es auch möglich, *kognitive und normative Erwartungen auseinanderzuziehen* und sich unabhängig

---

176 Insofern muß die ältere These, daß Verwandtschaft und territoriale Herrschaft diskrepante, aufeinander folgende Prinzipien rechtlich-politischer Ordnung seien (vgl. z. B. Henry Sumner Maine, *Ancient Law*, a. a. O., S. 93 ff), modifiziert werden. Siehe dazu Robert H. Lowie, *The Origin of the State*. New York 1927; R. F. Barton, *The Half-Way Sun. Life Among the Headhunters of the Philippines*. New York 1930, S. 106 ff; oder Isaac Schapera, *Government and Politics in Tribal Societies*. London 1956. Vgl. ferner Rüdiger Schott, Anfänge der Privat- und Planwirtschaft. Wirtschaftsordnung und Nahrungsverteilung bei Wildbeutervölkern. Braunschweig 1956, S. 187 ff.

177 Vgl. Marshall D. Sahlins, *The Segmentary Lineage: An Organization of Predatory Expansion*. American Anthropologist 63 (1961), S. 322–345; P. H. Gulliver, *Structural Dichotomy and Jural Processes Among the Arusha of Northern Tanganyika*. Africa 31 (1961), S. 19–35; Lloyd Fallers, *Political Sociology and the Anthropological Study of African Politics*. Europäisches Archiv für Soziologie 4 (1963), S. 311–329 (313 ff).

178 Daß dieser Entwicklungsstand zugleich den Gedanken des Naturrechts hervorbrachte, der das Bewußtsein der Selektivität des eigenen Rechts in Schranken hielt, werden wir unten S. 186 f näher belegen.

179 Eine genaue Parallele findet man unterhalb der Ebene des gesamtgesellschaftlichen Systems im modernen Organisationswesen, wo die Eindeutigkeit der rollenmäßigen Unterscheidung von Mitgliedern und Nichtmitgliedern die gleiche Funktion erfüllt, nämlich Grenzziehung *und* eingehende Detaillierung einer hochgradig selektiven normativen Struktur zu ermöglichen. Dazu im einzelnen Niklas Luhmann, Funktionen und Folgen formaler Organisation. Berlin 1964.

von der Situation im voraus darauf festzulegen, normative Erwartungen nach Maßgabe der Disjunktion von konformem und abweichendem Verhalten abzuwickeln. Während intern schon Normen gesetzt sind und geklärt ist, unter welchen Umständen man sich lernend bzw. nichtlernend zu verhalten hat, wird der Umwelt gegenüber an einem konkreten, gemischt normativen und kognitiven Erwartungsstil festgehalten, vor allem was die Unterlassung von Übergriffen und Störungen anbetrifft. Selbstbehauptung ist Norm an die Umwelt und Lernregel zugleich. Dieses archaische Nichtinterventionsprinzip zwischen Familien, Horden und Stämmen muß jedoch mit zunehmender sozialer Differenzierung und Regelungsbedürftigkeit an immer entferntere ‹außenpolitische› Grenzen abgeschoben werden, und damit vergrößert sich der Bereich, in dem normative und kognitive Erwartungen getrennt werden können. Diese Differenzierung, die erst das Recht als eigenständige kulturelle Errungenschaft erscheinen läßt, setzt den Schutz durch Systemgrenzen voraus, hängt von der zunehmenden Systemdifferenzierung ab und entwickelt sich mit ihr. Erst in großräumigen und differenzierten Gesellschaften sind ausgearbeitete Rechtsvorschriften, verfeinerte moralische Bedürfnisse und abstraktere Prinzipien religiöser Orientierung zu erwarten. Wenn die außenpolitischen Grenzen nicht ausreichen, um die Normierungsbedürfnisse einzugrenzen, entsteht ‹Völkerrecht› – ein Symptom dafür, daß die Gesellschaft, vor allem des Heiratens und des Handels wegen, einen größeren Umfang angenommen hat, als politisch realisiert werden kann.

Die vielleicht wichtigsten Folgerungen aus unserer Analyse der Funktionen normativer Strukturen beziehen sich auf das Verhältnis von *Struktur und Zeit.* Der übliche Strukturbegriff löst dieses Problem durch Definition – er definiert Struktur als Konstanz von Verhaltensmustern – und verstellt es damit. Das Zeitproblem kann dann nur noch als Problem des Wandels der (konstanten!) Strukturen gestellt werden, also in der Form einer begrifflichen Unschärfe, wenn nicht gar einer *contradictio in adiecto.* Das reicht, wie wir namentlich bei der Behandlung des positiven Rechts sehen werden, nicht aus.[180]

Achtet man dagegen auf die Funktion und die Selektivität von Strukturen, gewinnt man eine Blickstellung, in der das Verhältnis von Struktur und Zeit als variabel, und zwar als evolutionär variabel begriffen werden kann. Die Möglichkeit einer Differenzierung von Zukunft und Vergangenheit und im einzelnen das Maß an Offenheit der Zukunft, das eine Gesellschaft tragen, zum Thema machen und institutionalisieren kann, hängen davon ab, welches Maß an Ungewißheit ihre Strukturen aufnehmen und absorbieren können. Darauf hatten wir in der Einleitung dieses Abschnittes bereits hingewiesen. Jetzt sehen wir deutlicher, daß und wie eine offene, ungewisse Zukunft in der moralischen Disjunktion von konformem und abweichendem Verhalten aufgefangen und in gegenwärtige Verhaltensgrundlagen transformiert wird.

---

180 Vgl. Bd. II, S. 343 ff.

Gäbe es lediglich die Möglichkeit, sich kognitiv und lernend auf die Zukunft einzustellen, wäre eine unübersehbar variantenreiche Zukunft schwer erträglich; man müßte auf ‹alles Mögliche› gefaßt sein. Die kognitive Einstellung ist daher typisch auf fixierte Wahrheit und auf weiterlaufende vergangene Erfahrung angewiesen. Sie wird erst sehr spät und nur im Sonderbereich der Wissenschaft als rein hypothetisch institutionalisiert und erst heute mit einer offenen Zukunft konfrontiert. Das normative Erwarten kann dagegen eine offene, noch nicht entschiedene Zukunft, also freies Verhalten anderer ins Auge fassen, weil es sich die Möglichkeit zuspricht, nichterwartetes Verhalten als abweichend einzuordnen, und in dieser Möglichkeit schon gegenwärtig Sicherheit findet. Die Zukunft wird nicht durch Determination, sondern durch die moralische Disjunktion geschlossen, nicht als einfache Fortsetzung der Vergangenheit, sondern als Alternative betrachtet, die zwei Möglichkeiten bietet, auf die man sich gegenwärtig schon einstellen kann. Statt auf Kontingenz kann man sich dann auf das ‹handlichere› Problem abweichenden Verhaltens einstellen.

Es ist daher verständlich, daß nicht in der kognitiven, sondern in der normativen Einstellung jene Sicherheiten gefunden und institutionalisiert worden sind, die es ermöglichen, mit einer Überproduktion an künftigen Möglichkeiten und kontingenten Überraschungen zu leben. Recht und Politik sind bis in die heutige Zeit die Risikoträger gesellschaftlicher Evolution gewesen. Dabei ist es ohne praktische Bedeutung, ob die Zukunft ‹in Wirklichkeit› determiniert ist oder nicht. Jedenfalls ist und bleibt eine solche Determination unerkennbar (weil die Zeit zu schnell läuft, um die dazu nötige Exploration der Vergangenheit zu ermöglichen). Die Gesellschaft muß daher in ihrer Struktur auf offene Möglichkeiten des Handelns eingestellt werden, und sie hat diese Einstellung bisher vorwiegend normativ institutionalisiert.

Dieses Erfordernis der Zukunftsoffenheit verstärkt sich in dem Maße, als die Gesellschaft auf funktionale Differenzierung umgestellt wird. Das bedeutet nämlich, daß die einzelnen Teilsysteme auf spezifische Funktionen ausgerichtet werden und in je ihrer abstrakten Funktionsrichtung mehr Möglichkeiten sinnvollen Erlebens und Handelns produzieren, als gesamtgesellschaftlich realisiert werden können – daß zum Beispiel das politische System mehr Macht erzeugt, als mit der Autonomie anderer Gesellschaftsbereiche vereinbar ist;[181] daß die Liebe ein Anspruchsniveau projiziert, das mit dem Beruf nicht zu vereinbaren ist; daß die Wissenschaft Wahrheiten und Möglichkeiten ihrer technischen Realisierung erzeugt, die wirtschaftlich oder auch politisch nicht zu vertreten sind; daß die Familie gegen Möglichkeiten der wirtschaftlichen Fluktuation versichert werden muß usw. Eine so geordnete Gesellschaft erzeugt bereits durch ihr Strukturprinzip der funktionalen Differenzierung einen beständigen Überschuß an Mög-

181 Im Hinblick auf dieses Problem habe ich die Funktion der Grundrechte interpretiert in: NIKLAS LUHMANN, Grundrechte als Institution. Ein Beitrag zur politischen Soziologie. Berlin 1965.

lichkeiten, die nicht allesamt realisiert werden können. In ihrem Zeiterleben wird sie daher eine offene Zukunft vor sich sehen und sich auf Überraschungen einstellen müssen. Ob unter solchen Umständen eine Schließung der Zukunft durch die moralische Disjunktion von konformem und abweichendem Verhalten noch möglich ist, wird man bezweifeln müssen. Auf diese Problemlage hin werden wir im vierten und fünften Kapitel das Phänomen des positiven Rechts zu interpretieren und seine Funktion zu klären versuchen.

Darin ist schon angedeutet, daß ein normativer Zukunftsentwurf Grenzen der Fassungskraft für Komplexität hat. Sie stecken vor allem in der summarischen Einordnung des enttäuschenden als abweichendes Verhalten – eben in dem Mechanismus, der Sicherheit verspricht. Damit wird verdeckt, was die Griechen vor der Erfindung der Ethik wußten: daß das Recht selbst sich notwendig im Streit befindet. Damit wird dem Außenseiter die Zukunft bestritten. Damit wird der Neuerung schon im Ansatz die Legitimität abgesprochen, obgleich das Neue in vielen Fällen nur als Abweichung vom Bestehenden erscheinen kann. Eine rasch veränderliche Gesellschaft mit absehbar hohem Innovationsbedarf wird sich ein so summarisches Verurteilen nicht leisten, es zumindest nicht ohne jede Kontrolle institutionalisieren können. Sie muß Mechanismen ausbilden, die auch in abweichendem Verhalten noch die Chance neuer Strukturen entdecken können; die sich also durch das rechtswidrige oder gar unmoralische Erscheinungsbild des Neuen nicht täuschen lassen, sondern in der Lage sind, ohne Entrüstung und lernbereit darauf zu reagieren.[182] Solche Mechanismen benötigen kompliziertere und abstraktere Schemata der Aufnahme und Verarbeitung von Informationen, als die einfache moralische Disjunktion zu bieten vermag. In ihnen muß auch die Normativität der normwidrigen Erwartungen, die Enttäuschung der Verbrecher, Platz finden. Sie müssen außerdem mit den zweifellos bleibend notwendigen Mechanismen normativer Projektion und Enttäuschungsabwicklung kompatibel sein. Die Gesellschaft wird, mit anderen Worten, die beiden Grundstrategien der Abwicklung von Erwartungsenttäuschungen, das Lernen und das Nichtlernen, nebeneinander pflegen und auf rationalere Weise kombinieren müssen.

Eine Theorie elementarer rechtsbildender Mechanismen reicht aus, um diese Fragestellungen zu begründen, nicht aber, um die aufgeworfenen Fragen zu beantworten. Schon die genauere Explikation von Problemstellungen und erst recht das Erkennen sinnvoller Problemlösungen erfordert die Hinzunahme weiterer Prämissen über diejenigen Systemstrukturen, in deren Rahmen das Recht jeweils gelten soll.[183] Eine solche Wahl

---

182 Die kritische Bedeutung der *Rechtzeitigkeit* solcher Erkenntnis neu auftauchender Strukturen und Prozesse, die zunächst nicht als das erscheinen, was sie sind, betont F. E. EMERY, *The Next Thirty Years. Concepts, Methods und Anticipations.* Human Relations 20 (1967), S. 199–237.

183 Zur methodologischen Begründung dieser Aussage vgl. auch NIKLAS LUH-

zusätzlicher Prämissen kann als theoretische Option an sich beliebig erfolgen je nachdem, für welches Sozialsystem man sich interessiert. Man könnte das Recht der Siemens AG, des Dominikanerordens, der Kalinga oder der Familie Kennedy untersuchen als die Gesamtheit der jeweils in diesen Systemen kongruent generalisierten Verhaltenserwartungen.[184] Von zentralem Interesse ist jedoch jenes Recht, das auf gesamtgesellschaftlicher Ebene, also in der Gesellschaft als sozialem System institutionalisiert ist. Nur in der Gesellschaft selbst kommt es in nennenswertem Umfange zur Ausdifferenzierung von Recht als einer besonderen Erwartungsstruktur. Nur die Gesellschaft entwickelt für diese Funktion der kongruenten Generalisierung normativer Erwartungsstrukturen hochspezialisierte Mechanismen, und auch dies erst im Laufe einer langen und rückschlagsreichen Entwicklung. Die Rechtssoziologie verliert nicht viel, wenn sie sich auf das Recht der Gesellschaft konzentriert und die Untersuchung anderer Rechtsbildungen in Teilsystemen der Gesellschaft anderen speziellen Soziologien, namentlich der Familiensoziologie und der Organisationssoziologie überläßt.[185]

MANN, Funktionale Methode und juristische Entscheidung. Archiv des öffentlichen Rechts 94 (1969), S. 1–31.

184 In der Rechtswissenschaft ist eine solche prinzipiell systemrelative und daher pluralistische Rechtskonzeption vor allem von SANTI ROMANO, *L'ordinamento giuridico* I. 2. Aufl., Neudruck Florenz 1962, vertreten worden. Für die Ethnologie vgl. namentlich POSPISIL, a. a. O., S. 272 ff. Für die Rechtssoziologie GEORGES GURVITCH, *Expérience juridique et la philosophie pluraliste du droit.* Paris 1935; sowie DERS., Grundzüge der Soziologie des Rechts. Neuwied 1960. Die Wurzeln dieses Rechtsverständnisses reichen bis in die alteuropäische Tradition zurück, der es selbstverständlich war, daß mit jeder Art menschlicher Gemeinschaft immer auch Recht konstituiert wurde.

185 Das schließt nicht aus, die Beziehungen zwischen gesellschaftlichen und untergesellschaftlichen Rechtssystemen zum Gegenstand einer eigenen Analyse zu machen. Siehe dazu WILLIAM M. EVAN, *Public and Private Legal Systems.* In: DERS., (Hrsg.), *Law and Sociology. Exploratory Essays.* New York 1962, S. 165 bis 184.

III. RECHT ALS STRUKTUR DER GESELLSCHAFT

1. Die Entwicklung von Gesellschaft und Recht

Die klassische Rechtssoziologie hatte an die Gesellschaftstheorie anzuknüpfen versucht. Die Theorie der Gesellschaft aber war zu jener Zeit in der Auflösung begriffen. Das neu sich entwickelnde soziologische Forschungsinstrumentarium stellte theoretische und methodische Ansprüche, denen die alten Globalvorstellungen des gesellschaftlichen Ganzen nicht mehr genügen konnten. Die Theorie der Gesellschaft als des umfassenden Ganzen menschlichen Zusammenlebens brach zusammen. Das hat auch die Weiterentwicklung der Rechtssoziologie blockiert bzw. auf die Bahn des methodisch Möglichen gelenkt und zu einer Soziologie der Berufsrollen, Entscheidungsprozesse und Meinungen werden lassen, die das Recht selbst nicht mehr zum Thema hat.

Die Gründe für diesen Auflösungsvorgang sind noch keineswegs ausgeräumt. Noch gibt es keine auch nur einigermaßen adäquate Gesellschaftstheorie auf neuen Grundlagen.[1] Unter diesen Umständen muß jede Bemühung um eine theoretisch fundierte Rechtssoziologie etwas Vorläufiges und Ungesichertes haben. Immerhin haben sich inzwischen gewisse Denkansätze der soziologischen Systemtheorie und gewisse Vorstellungen über gesellschaftliche Evolution neu formiert. Eine eingehende Schilderung und Auswertung der aktuellen Diskussion ist in diesem Zusammenhang nicht möglich. In einigen Grundzügen müssen wir jedoch die neu sich konsolidierenden begrifflichen Grundlagen vorstellen. Ohne Klarheit über diese Prämissen ist ein Verständnis des Zusammenhangs von Gesellschaftsentwicklung und Rechtsentwicklung nicht möglich. Und umgekehrt kann nur dann, wenn die Analyse der Rechtsentwicklung auf Probleme der Gesellschaftstheorie hin expliziert wird, erwartet werden, daß die Rechtssoziologie einen Beitrag zum Aufbau und zur empirischen Kontrolle der Gesellschaftstheorie leistet.

Im Anschluß an Vorschläge zur Weiterentwicklung der Systemtheorie[2] liegt es nahe, Gesellschaft als ein soziales System zu begreifen, das in einer

1 Für diese Situation ist bezeichnend, daß die bisher einzigen nennenswerten Versuche Talcott Parsons': *Societies. Evolutionary and Comparative Perspectives.* Englewood Cliffs/N. J. 1966, und *The System of Modern Societies.* Englewood Cliffs/N. J. 1971, im Widerspruch zu seinen eigenen Denkvoraussetzungen auf den klassischen Begriff der Autarkie zurückgreifen. Zur Problematik vgl. ferner Samuel Z. Klausner (Hrsg.), *The Study of Total Societies.* Garden City/N. Y. 1967; und als Überblick über weitere Bemühungen Wolfgang Zapf, *Complex Societies and Social Change. Problems of Makrosociology.* Social Science Information 7, 1 (1968), S. 7–30.

2 Als skizzenhafte Darstellungen siehe Niklas Luhmann, Funktionale Methode und Systemtheorie. Soziale Welt 15 (1964), S. 1–25; und ders., Soziologie als Theorie sozialer Systeme. Kölner Zeitschrift für Soziologie und Sozialpsychologie 19 (1967), S. 615–644. Neu gedruckt in: ders., Soziologische Aufklärung. Köln-Opladen 1970.

übermäßig komplexen und kontingenten Umwelt Sinnbeziehungen zwischen Handlungen konstant halten kann. Dazu müssen im System Selektionsleistungen erbracht und so organisiert werden, daß sie hohe Komplexität erfassen und auf entscheidbare Handlungsgrundlagen reduzieren können. Je komplexer das System selbst ist, desto komplexer kann die Umwelt sein, in der es sich sinnvoll orientieren kann. Die Komplexität eines Systems wird im wesentlichen durch seine Struktur geregelt, nämlich durch Vorselektion der möglichen Zustände, die das System im Hinblick auf seine Umwelt annehmen kann. Strukturfragen, und unter ihnen: Rechtsfragen, sind deshalb der Schlüssel für System/Umwelt-Beziehungen und für den in diesen Beziehungen erreichbaren Grad an Komplexität und Selektivität.

Diese Annahmen, die für soziale Systeme jeder Art, für Familien, Wirtschaftsbetriebe, Klöster, Vereine, ja selbst Parties, Konferenzen, Vorträge usw. Geltung beanspruchen, haben für die Gesellschaft besondere Bedeutung. Gesellschaft ist dasjenige Sozialsystem, dessen Struktur letzte, grundlegende Reduktionen regelt, an die andere Sozialsysteme anknüpfen können. Sie transformiert unbestimmte in bestimmte oder für andere Systeme doch bestimmbare Komplexität. Die Gesellschaft garantiert den übrigen Systemen dadurch eine gleichsam domestizierte Umwelt von geringerer Komplexität, eine Umwelt, in der die Beliebigkeit des Möglichen schon ausgeschlossen ist und die daher geringere Anforderungen an Systemstrukturen stellt. Die Struktur der Gesellschaft hat insofern eine Funktion der Entlastung für die in der Gesellschaft gebildeten Sozialsysteme. Auch umgekehrt gilt diese Korrelation: In dem Maße, als die Systeme in der Gesellschaft durch ihre Struktur – etwa kraft Organisation oder kraft Liebe – in der Lage sind, eine komplexere Umwelt zu ertragen, kann die Gesellschaft im ganzen an Komplexität gewinnen und mehr und verschiedenartigere Weisen des Erlebens und Handelns als möglich zulassen.

Aber was ist die Umwelt dieses Sozialsystems Gesellschaft? Sehr viel hängt davon ab, daß diese Frage richtig beantwortet wird.

Für die alteuropäische Tradition der Gesellschafts- und Rechtsphilosophie war die Prämisse selbstverständlich gewesen, daß der Mensch seine Freiheit und seine Tugend, sein Glück und sein Recht als lebender Teil der lebenden Gesellschaft findet. Die Gesellschaft wurde als Verband konkreter Menschen gesehen, oft explizit ein sozialer Körper genannt. Gerade darin, daß sie aus Menschen bestand, hatte sie ihre einleuchtende und einnehmende Humanität und ihren moralischen Anspruch. Als Umwelt der Gesellschaft kamen danach, abgesehen von der nichtmenschlichen Natur, nur andere Gesellschaften in Betracht – also die aus anderen Menschen bestehenden Gesellschaftskörper. Als Grenzen der Gesellschaft stellte man sich dementsprechend abstammungsmäßige oder territoriale Grenzen vor, die die Menschen in zugehörige und nichtzugehörige gruppieren.

Die neueren Entwicklungen der soziologischen Systemtheorie zwingen dazu, mit dieser Vorstellung zu brechen. Als strukturiertes System sinnhaft aufeinander bezogener Handlungen schließt das soziale System den konkreten Menschen nicht ein, sondern aus. Der Mensch lebt als ein durch ein psychisches System (Persönlichkeit) gesteuerter Organismus. Die strukturell zugelassenen Möglichkeiten dieses psychisch-organischen Systems sind nicht identisch mit denen des Sozialsystems Gesellschaft. Anders formuliert: Der Sinnzusammenhang, der Handlungen zum System der Gesellschaft verbindet, ist ein anderer als der sinnhaft gesteuerte, aber organisch fundierte Zusammenhang der wirklichen und möglichen Handlungen eines Menschen. Die Identität der Handlungen, aus denen beide Systeme sich konstituieren, erlaubt keinen Rückschluß auf die Identität der Systeme selbst, die ihre Einheit als verschiedenartige Selektion aus Möglichkeiten haben. Mensch und Gesellschaft sind deshalb füreinander Umwelt. Sie sind jeweils füreinander übermäßig komplex und kontingent. Und beide sind so strukturiert, daß sie trotzdem bestehen können. Struktur und Grenzen der Gesellschaft reduzieren die Komplexität und absorbieren die Kontingenz des organisch und psychisch Möglichen. Sie sind vor allem Grenzen gegenüber dem Menschen selbst. Sie stellen damit sicher, daß die Möglichkeiten der Menschen gegenseitig erwartbar werden.

Dieses Umdenken ändert auch die Voraussetzungen für die Beurteilung des Verhältnisses von Gesellschaft und Recht. Dem naturrechtlichen Denken alteuropäischen Stils wird dadurch die Basis entzogen. Die Rechtlichkeit der Beziehungen zwischen Menschen kann nicht mehr aus ihrer Natur und ihrer Lebensbedingung als Teil der Gesellschaft abgeleitet werden (womit natürlich nicht bestritten werden soll, daß Gesellschaft für den Menschen eine Lebensnotwendigkeit ist, sondern nur, daß dies dazu zwingt, ihn als *Teil* der Gesellschaft zu begreifen). Sie ergibt sich vielmehr aus den Problemen der Komplexität und der Kontingenz, die gelöst werden müssen, soll Interaktion, ja Konstitution von Sinn überhaupt zustande kommen.

Das Recht muß demnach als eine Struktur gesehen werden, die Grenzen und Selektionsweisen des Gesellschaftssystems definiert. Es ist keineswegs die einzige Gesellschaftsstruktur; neben dem Recht sind kognitive Strukturen, Medien der Kommunikation wie z. B. Wahrheit oder Liebe und vor allem die Institutionalisierung des Schemas der Systemdifferenzierung der Gesellschaft zu beachten. Aber das Recht ist als Struktur unentbehrlich, weil ohne kongruente Generalisierung normativer Verhaltenserwartungen Menschen sich nicht aneinander orientieren, ihre Erwartungen nicht erwarten könnten. Und diese Struktur muß auf der Ebene der Gesellschaft selbst institutionalisiert sein, weil nur hier ins Voraussetzungslose gebaut werden kann und jene Einrichtungen geschaffen werden können, die für andere Sozialsysteme die Umwelt domestizieren. Sie wandelt sich deshalb mit der Evolution gesellschaftlicher Komplexität.[3]

---

3 Im Ergebnis ist das heute anerkannte Meinung. Vgl. z. B. EDWIN M. SCHUR, *Law and Society. A Sociological View.* New York 1968, S. 107 f; MICHAEL BARKUN, *Law Without Sanctions. Order in Primitive Societies and the World Community.* New Haven–London 1968, S. 116 ff; und als Zusammenstellung empirischen Materials RICHARD D. SCHWARTZ / JAMES C. MILLER, *Legal Evolution and Societal Complexity.* The American Journal of Sociology 70 (1964), S. 159 bis 169.

Nimmt man diese Annahmen als Prämissen in Gebrauch, läßt die Rechtstheorie sich mit einer Theorie gesellschaftlicher Evolution verbinden. Auch dafür gibt die neuere Systemtheorie wichtige Hinweise.

Die Evolutionstheorie kann heute nicht mehr nach dem Grundmuster eines einfachen Kausalprozesses, einer Beziehung zwischen Ursache und Wirkung, angelegt werden und dann auf moralische Kategorien der Interpretation des Sinnes von Evolution als ‹Fortschritt› verweisen.[4] Sie muß vielmehr auf systemtheoretische Konzeptionen zurückgreifen, die erklären können, weshalb Strukturänderungen, die von älteren Zuständen aus gesehen immer unwahrscheinlich sind, als evolutionäre Errungenschaften[5] stabilisiert werden können – weshalb zum Beispiel die magischen Formen kollektiver Angstbewältigung durch eine abstrakter begriffene und individuelle Verantwortung implizierende Religiosität ersetzt werden können; oder weshalb die alten dörflichen Formen nachbarlicher Hilfe und Dankbarkeit als Instrument des Zeitausgleichs von Bedürfnissen abgelöst werden können durch rechtlich gesicherten finanziellen Kredit; weshalb, mit anderen Worten, neuartige Kombinationen mit höheren Risiken und höheren Vorteilen tragfähig werden. Solche Stabilisationsprobleme müssen immer im Hinblick auf das Verhältnis von System und Umwelt beurteilt werden.

Damit ist zugleich gesagt, daß zumindest im sozialen Bereich keine immanente Entwicklung von Systemen aus sich selbst heraus nach Art organischen Wachstums unterstellt werden kann. Während die ältere Evolutionstheorie entweder einen solchen Prozeß organischen Wachstums durch Selbstdifferenzierung annahm oder mit dem Prinzip des ‹Kampfes um das Dasein› als einzigem Selektionsfaktor arbeitet, legt die neuere Systemtheorie es nahe, von der Komplexität der sozialen Systeme und ihren Umweltbeziehungen auszugehen. In diesen Beziehungen ist das Regulativ der Evolution zu vermuten, und Differenzierung und Daseinskampf erscheinen nur noch als Aspekte dieses Grundgedankens.

Schon durch physische Differenzierung, erst recht aber durch Differenzierung organisch-lebender Systeme wird die Welt komplexer und als Umwelt aller Einzelsysteme problematischer. In diesen Einzelsystemen bewähren sich dann im Hinblick auf ihre jeweilige Umwelt höher generalisierte, voraussetzungsvollere Formen der Anpassung, die ‹zufällig› entstehen

---

4 Diese Kombination von ‹*natural causation*› und moralischer Interpretation ist für die victorianische Evolutionstheorie, besonders für SPENCER, kennzeichnend. Vgl. den Gesamtüberblick bei J. W. BURROW, *Evolution and Society. A Study in Victorian Social Theory*. Cambridge/Engl. 1966. Andere Merkmale wie ‹organisches Wachstum›, Unilinearität, Kontinuierlichkeit, Irreversibilität werden selten zusammen und zumeist von zweitrangigen Autoren vertreten und dienen mehr den heutigen Neoevolutionisten dazu, einen nicht mehr gelesenen SPENCER zu diskreditieren.

5 Siehe zu diesem Begriff TALCOTT PARSONS, *Evolutionary Universals in Society*. American Sociological Review 29 (1964), S. 339–357, neu gedruckt in: DERS., *Sociological Theory and Modern Society*. New York–London 1967, S. 490 bis 520.

mögen, dann aber genutzt und erhalten werden – zum Beispiel Reproduktion, Selbstbeweglichkeit, Kampffähigkeit, Auge und Hand mit entsprechendem Koordinationssystem, Sprache, Schrift usw. Durch Stabilisierung solcher evolutionärer Errungenschaften steigen die Möglichkeiten der Welt, die Umwelt aller anderen Systeme nimmt an Komplexität und an Kontingenz zu. Diese können durch verstärkte Indifferenz oder durch höher entwickelte eigene Formen der Anpassung und Selbsterhaltung reagieren; in jedem Falle hat ihr Zustand höhere Selektivität als zuvor, da er eine Auswahl aus mehr Möglichkeiten stabilisiert. Evolution setzt mithin eine für das Sozialsystem zunächst ‹zufällige›, dann aber zunehmend strukturabhängige und heute in sozialen Systemen zum Teil bereits planbare Überproduktion an Möglichkeiten voraus, im Hinblick auf die Systeme durch Strukturen selektiv erhalten werden können, und sie macht unter dieser Voraussetzung unwahrscheinliche Ordnungen wahrscheinlich. Antrieb und Regulativ der Evolution ist das Komplexitätsgefälle zwischen System und Umwelt.

Diese Grundgedanken bieten ein Deutungsschema auch für gesellschaftliche Evolution.[6] Auch soziale Systeme erfinden, mehr oder minder zufällig, im Hinblick auf ihre Umwelt bessere Problemlösungen, höhere, alternativenreichere Formen der Anpassung an übermäßige Komplexität. Damit steigen die Komplexität und die Kontingenz der zwischenmenschlichen Beziehungen, das soziale Leben gewinnt neue Möglichkeiten hinzu – seien es Chancen, seien es Gefahren. Die Nomaden zähmen das Pferd und gewinnen dadurch eine Mobilität und kriegerische Überlegenheit, die andere Völker veranlassen können, Festungen zu bauen und eine politische Organisation zu akzeptieren. Die ackerbauenden Völker lernen Überschußproduktion und Lagerung von Vorräten zu organisieren, die für die Bergvölker zum lohnenden Ziel des Angriffs werden. Moderner illustriert: Die hochentwickelte Massenpresse berichtet über Skandale und Gewalttaten, so daß eine neu entstehende politische Opposition, die die Presse noch nicht kaufen kann, den Weg sieht, über Skandale und Gewalttaten Publizität zu gewinnen. Oder juristisch: *trovato la legge, trovato l'inganno*. Das Prinzip der Entwicklung ist die steigende Komplexität und Kontingenz der Gesellschaft. Und von da her geraten die Strukturen der Gesellschaft, unter ihnen das Recht, unter Änderungsdruck.

Innerhalb der Gesellschaft mag es Sozialsysteme geben, die sich dem Druck steigender Komplexität entziehen können, ohne selbst wesentlich komplexer zu werden – etwa durch zunehmende Indifferenz oder durch spezifische Anpassungstechniken. Man denke etwa an Religionssysteme in der modernen Gesellschaft. Andere Lösungen liegen darin, ein generalisiertes, aber funktionsspezifisches Systemprinzip von hoher Komplexi-

6 Zu ähnlichen Vorstellungen kommt, von PARSONS ausgehend, ALVIN BOSKOFF, *Functional Analysis as a Source of a Theoretical Repertory and Research Tasks in the Study of Social Change*. In: GEORGE K. ZOLLSCHAN / WALTER HIRSCH (Hrsg.), *Explorations in Social Change*. London 1964, S. 213–243.

tät anzunehmen, das viele Anpassungsmöglichkeiten eröffnet, aber nicht überall in der Gesellschaft verwendet werden kann. Man denke etwa an die auf Liebe gegründete Kleinfamilie oder an den auf Profit gegründeten Wirtschaftsbetrieb. Alle diese teilsystemspezifischen Lösungen setzen voraus, daß das Gesamtsystem der Gesellschaft ihnen eine domestizierte, erwartbare Umwelt liefert, und das wird unter der Bedingung steigender Komplexität schwieriger.

Wir müssen daher die Frage stellen, wie die Strukturen des Gesellschaftssystems selbst auf solche Veränderungen reagieren. Die allgemeine Linie evolutionärer Strukturveränderung ist klar: Sie müssen, sollen evolutionäre Errungenschaften stabilisiert werden, mehr und verschiedenartigere Handlungen zulassen, also mit mehr Zuständen des Gesellschaftssystems kompatibel sein – wir können auch sagen: größere Freiheiten erlauben.[7] Sie müssen zugleich angesichts der laufenden Überangebote an normativen Erwartungen mehr Möglichkeiten haben, Erwartungen abzuweisen; die Fähigkeit, nein zu sagen, muß gestärkt werden. In diesem allgemeinen und fast nichtssagenden Sinne kann man von einer globalen Zwangsläufigkeit der Evolution sprechen. Daraus allein kann man jedoch nicht folgern, welche konkreten Strukturen und Mechanismen sich zur Lösung dieses Selektionsproblems eignen, geschweige denn: welche Lösungen in bestimmten Lagen der gesellschaftlichen Entwicklung faktisch gewählt und verwirklicht werden. Die allgemeine Richtung der Evolution auf höhere Komplexität erlaubt noch keine Rückschlüsse auf den konkreten Verlauf und das jeweilige Ergebnis der evolutionären Prozesse. Um einer Konkretisierung näher zu kommen, müssen wir uns auf detailliertere Annahmen einlassen, und zwar einerseits über den Mechanismus der Rechtsbildung, andererseits über den Mechanismus der Evolution, und müssen dann beides verbinden.

Rechtsbildung hatten wir im vorigen Kapitel bezogen auf die in allen zwischenmenschlichen Beziehungen auftauchende Kontingenz und Komplexität sinnhaft angezeigter Möglichkeiten, die den einzelnen überfordern. Im Felde alltäglicher menschlicher Interaktion entsteht aus dieser Überforderung ein Bedarf für kongruente Generalisierung von Verhaltenserwartungen auf der Basis normativer, lernunwilliger Einstellungen. Diese Beziehung von Problem, Funktion und Struktur war zunächst nur in sta-

---

7 Mit diesem Gedanken begründet auch Talcott Parsons des öfteren seine These von der Bedeutung des Rechts für die gesellschaftliche Entwicklung. Vgl. z. B.: *The Position of Identity in the General Theory of Action.* In: Chad Gordon/Kenneth J. Gergen (Hrsg.), *The Self in Social Interaction.* Bd. I. New York usw. 1968, S. 11–23 (21 f). Ferner Charles Ackerman/Talcott Parsons, *The Concept of ‹Social System› as a Theoretical Device.* In: Gordon J. DiRenzo (Hrsg.), *Concepts, Theory and Explanation in the Behavioral Sciences.* New York 1966, S. 19 bis 40 (37 f) mit der These, daß zunehmende *Differenzierung* zunehmende *Generalisierung* und *Respezifikation* von Symbolen erfordere und daß neben dem Erziehungssystem das Rechtssystem die erforderlichen Respezifikationsleistungen erbringe.

tischer Perspektive dargestellt worden; sie muß jetzt als evolutionär variabel begriffen werden.

Mit zunehmender Vielgestaltigkeit des sozialen Lebens verändern sich Kontingenz und Komplexität der Interaktionsfelder des täglichen Verhaltens. Sie können sich aber nur ändern, wenn gleichwohl die Möglichkeit gesichert bleibt, immer wieder zu Synthesen des Erlebens und Handelns zu gelangen. Einfachere Gesellschaften konnten solche Synthesen nur in selbstverständlich-gemeinsamen Verdinglichungen erreichen, in einer zugleich naturhaften und moralischen (kosmischen) Weltsicht, mit einer Sprache, die zugleich das Sein selbst zu sein schien. Alle weitere Entwicklung muß höhere Kontingenz und Komplexität erzeugen und die entsprechenden Abstraktionen und Risiken institutionalisieren können. In dem Maße, als diese Tendenz Gestalt gewinnt, werden im täglichen Leben am Mitmenschen mehr Möglichkeiten des Erlebens und Verhaltens sichtbar und zugleich freiere, ‹subjektivere› Möglichkeiten, über sie zu disponieren. Das Erwarten der Erwartungen anderer wird schwieriger. Es müssen dann sinnhafte Synthesen erreichbar sein, die mit höherer Komplexität der Weltsicht und des Gesellschaftssystems verträglich sind, also mehr Möglichkeiten zur Auswahl stellen und gleichwohl ein Auseinanderfallen des Erlebens und Handelns verhindern. Das mag im kleinen durch Anpassung von Rechtsinstituten und juristischen Begriffen möglich sein, angesichts größerer Schwellen der Evolution jedoch nur dadurch, daß sich *das Niveau der Kongruenzbildung* selbst verschiebt.

Das heißt: Beim Übergang von archaischen zu hochkultivierten Gesellschaften und dann wieder zur modernen Gesellschaft wandeln sich diejenigen Einrichtungen, die ein Zustandekommen kongruenter Generalisierung von Verhaltenserwartungen garantieren, und wandelt sich mit ihnen die Form der Geltung des Rechts. Die Abstimmung der einzelnen Generalisierungsmechanismen ändert sich in dem, was sie voraussetzt, und in dem, was sie bewirkt. Es wird mehr und verschiedenartigeres Verhalten rechtlich möglich. Die Abhängigkeit des Rechts von konkret fixierten Sinnvorgaben und von der Verschmelzung mit andersartigen Funktionskreisen wie Sprache, kognitiven Strukturen, Kommunikationsmedien, Sozialisierungsformen nimmt ab; die Abhängigkeit von einer besonderen Maschinerie der Selektion geltenden Rechts und von all dem, was diese komplementären und unterstützenden Einrichtungen voraussetzt, nimmt zu. Die Rechtsbildung zieht sich aus den strukturell einfachen, funktional diffusen Kontaktsystemen des täglichen Lebens zurück und wird für diese Systeme von anderen Systemen ‹gesetzt›. Die gesellschaftsstrukturellen Prämissen der Rechtsbildung verschieben sich in Richtung auf kompliziertere Voraussetzungen und Interdependenzen, höhere Unwahrscheinlichkeit und höhere Leistungsfähigkeit.

Das alles ist kein notwendiger Prozeß, sondern ein möglicher Prozeß, der sich durch Systembildungen seine eigenen Voraussetzungen mitschafft. Um ihn als Prozeß zu verstehen, müssen wir uns zur Evolutionstheorie zurückwenden. Es scheint, daß sowohl im organischen als auch im sinnhaften Bereich zur Evolution komplexer Systeme drei Arten von Mechanismen zusammenwirken müssen, nämlich (1) Mechanismen der *Erzeugung von Varietät* im Sinne eines Überschusses an Möglichkeiten, (2) Mechanismen der *Selektion brauchbarer Möglichkeiten* und des Abstoßens der unbrauchbaren und (3) Mechanismen der *Bewahrung und Stabilisierung* der gewählten Möglichkeiten trotz bleibend hoher Komplexität und Kontingenz des Auswahlbereichs.[8] Diese Kombination ist Bedingung des Findens und Erhaltens relativ unwahrscheinlicher Systemeigenschaften – dafür also, daß im Laufe der Evolution auch das Unwahrscheinliche wahrscheinlich wird und die Welt an Komplexität zunimmt.

In Anknüpfung an dieses allgemeine Modell, an bereits gut gesicherte Teileinsichten der Gesellschaftstheorie und an die im vorigen Kapitel ausgearbeitete Rechtstheorie lassen sich die folgenden Hypothesen über strukturellen Wandel vertreten:

1) Das Gesellschaftssystem wird in dem Maße, als seine Komplexität wächst, *von segmentärer auf funktional-spezifizierte Teilsystembildung* umstrukturiert. Das führt zur Steigerung der Varietät, zur Überproduktion an Möglichkeiten des Erlebens und Handelns einschließlich normativer Entwürfe in den Teilsystemen und damit zu verstärktem Selektionszwang.

2) In ihrer Selektionsleistung wird diese Entwicklung im Bereich des Rechts getragen durch *Ausdifferenzierung besonderer rechtsspezifischer Interaktionssysteme (Verfahren)*, die in zunehmendem Umfange gesellschaftlich relativ autonom gestellte Träger bindender Entscheidung über das Recht werden.

3) Das Recht selbst wird auf Gesellschaftsebene durch zunehmende *Trennung von kognitiven und normativen Erwartungen* verselbständigt und in seinem Sinngefüge von *konkreteren auf abstraktere (variantenreichere) Vorstellungen gebracht.*

---

8 Zur Verdeutlichung: In der organischen Evolution werden diese Funktionen durch (1) Mutation, (2) Überleben des Brauchbaren und (3) reproduktive Isolation erfüllt; im Lernprozeß durch (1) die Wahrnehmung einer übermäßig komplexen Umwelt, (2) Lust/Unlust-Differenzierung und (3) Gedächtnis. Zur biologischen Evolutionstheorie vgl. die (den Variationsmechanismus stärker aufgliedernde) Darstellung von G. LEDYARD STEBBINS, Evolutionsprozesse. Stuttgart 1968. Die Übertragung dieses allgemeinen Modells auf den Bereich kognitiven Lernens psychischer Systeme hat DONALD T. CAMPBELL, *Methodological Suggestions from a Comparative Psychology of Knowledge Processes.* Inquiry 2 (1959), S. 152–182, angeregt. Ausführlicher DERS., *Variation and Selective Retention in Socio-Cultural Evolution.* General Systems 14 (1969), S. 69–85. Für normative Erwartungen ist mir kein voll entsprechender Versuch bekannt. TIMASHEFF, a. a. O. (1939), S. 120 f, unterscheidet als Evolutionsbedingungen des Rechts (1) Suggestion neuer Möglichkeiten, von denen die Mehrzahl verworfen wird, und (2) Selektion nach gefühlsmäßiger (!) Kompatibilität mit dem geltenden Recht. Sein im wesentlichen psychologischer, auf Gefühl rekurrierender Normbegriff scheint ihn zu hindern, Mechanismen der Selektion und der Stabilisierung analytisch ausreichend zu trennen. Bei HUNTINGTON CAIRNS, *The Theory of Legal Science.* Chapel Hill/N. C. 1941, S. 29 ff, findet sich die Unterscheidung von *invention, communication* und *social heredity.*

Diese drei Mechanismen beziehen sich auf unterschiedliche Dimensionen der Rechtsbildung. Der Schwerpunkt der *Überproduktion von Möglichkeiten* liegt im *Normativen*, also in der Zeitdimension. Als *Selektionsfaktor* dient der Mechanismus der *Institutionalisierung*, der an neuen Erwartungen diejenigen auswählt, für die Konsens Dritter unterstellt werden kann. Die *Stabilisierung* erfolgt durch sprachliche *Festlegung tradierfähigen Sinnes*, der sich in das Sinngefüge des Rechts einarbeiten und aufbewahren läßt. Ihren gemeinsamen Grund haben die sich so entfaltenden Mechanismen im Problem gesellschaftlicher Komplexität. Sie leisten verschiedene, aber komplementäre Beiträge zur strukturellen und prozeßmäßigen Anpassung der Gesellschaft an höhere Komplexität. Ihr Zusammenspiel gewährleistet die Erhaltung der Kongruenz normativer Verhaltenserwartung auch bei steigender Komplexität der Gesellschaft. Dadurch hängen sie untereinander sowie mit wohl allen wichtigen Systemstrukturen der Gesellschaft zusammen – und ‹zusammenhängen› heißt hier, daß die Ausgestaltung des normativen, institutionellen und sachlich-sinnhaften Aspektes von Recht nicht beliebig erfolgt, sondern nur mit Rücksicht auf den Stand der Entwicklung und die jeweils anderen Dimensionen variiert werden kann. Bevor wir in eine nähere Untersuchung des Zusammenspiels dieser Gesichtspunkte in den verschiedenen Epochen der Gesellschafts- und Rechtsentwicklung eintreten, wollen wir sie zunächst je für sich begrifflich präzisieren und erläutern.

Die Unterscheidung von *segmentärer und funktionaler Differenzierung* bezieht sich auf das Prinzip, nach dem die Gesellschaft in Teilsysteme gegliedert ist. Bei segmentärer Differenzierung werden mehrere gleiche oder doch ähnliche Teilsysteme gebildet: Die Gesellschaft besteht aus mehreren Familien, Stämmen usw. Bei funktionaler Differenzierung werden die Teilsysteme dagegen für je besondere Funktionen, also ungleich gebildet: für Politik und Verwaltung, für Wirtschaft, für die Befriedigung religiöser Bedürfnisse, für Erziehung, Krankenpflege, Restfunktionen der Familie (Fürsorge, Sozialisierung, Erholung) usw. Eine allmähliche Umstellung von segmentärer auf funktionale Differenzierung in den wichtigsten Funktionsbereichen der Gesellschaft gilt gemeinhin als Grundzug gesellschaftlicher Entwicklung.[9] Genaugenommen gibt es zwar stets beide

9 Für die Rechtssoziologie hat namentlich DURKHEIM diese Entwicklungstendenz ausgewertet. Vgl. oben S. 15 f. An neueren Stellungnahmen siehe etwa DAVID EASTON, *Political Anthropology*. In: BERNARD J. SIEGEL (Hrsg.), Biennial Review of Anthropology 1959, Stanford/Calif. 1959, S. 210–262; NEIL J. SMELSER, *Social Change in the Industrial Revolution. An Application of Theory to the Lancashire Cotton Industry 1770–1840*. London 1959; TALCOTT PARSONS, *Some Considerations on the Theory of Social Change*. Rural Sociology 26 (1961), S. 219–239; DERS., *Introduction to Part Two*. In: TALCOTT PARSONS/EDWARD SHILS/KASPAR D. NAEGELE/JESSE R. PITTS (Hrsg.), *Theories of Society*. Glencoe/Ill. 1961, Bd. I, S. 219 bis 239; JOSEPH LAPALOMBARA (Hrsg.), *Bureaucracy and Political Development*. Princeton/N. J. 1963, S. 39 ff, 122 ff; S. N. EISENSTADT, *Social Change, Differentiation and Evolution*. American Sociological Review 29 (1964), S. 375–386.

Formen. Selbst in einfachsten Gesellschaften differenzieren sich Rollen nach Alter und Geschlecht funktional, und selbst in den höchstentwickelten Industriegesellschaften gibt es viele Funktionsbereiche, in denen sich segmentäre Differenzierung als sinnvoll erweist – gibt es mehrere Familien, Parteien, Krankenhäuser, Verwaltungsbezirke usw. Die Umstellung bezieht sich auf die primäre Differenzierung der Gesellschaft als Sozialsystem. Die Hauptdifferenzierung der Gesellschaft ist nach vielerlei älteren Anläufen, vor allem in den Bereichen von Religion und Politik, in der Neuzeit insgesamt von segmentärer auf funktionale Gliederung umstrukturiert worden. Seitdem müssen sich Leistungsspezialisierungen nicht mehr in die Primärordnungen von segmentären Teilsystemen wie Haushalten oder Stämmen einfügen, sondern die verbleibenden oder neu sich bildenden Formen segmentärer Differenzierung müssen sich ihrerseits im Hinblick auf die besonderen Leistungsbedingungen eines funktional spezifizierten Teilsystems der Gesellschaft rechtfertigen. Dieser Wandel führt zu einer immensen Steigerung der vorstellbaren und aktualisierbaren Möglichkeiten des Erlebens und Handelns, da jedes Teilsystem in der abstrakten Perspektive je seiner spezifischen Funktion mehr Möglichkeiten entwerfen kann, als es für funktional-diffus strukturierte Systeme, die jeweils allen Funktionen Rechnung tragen müssen, denkbar wäre. Funktionale Differenzierung steigert die Überproduktion an Möglichkeiten und damit Chancen und Zwang zur Selektion. Sie ist die Form, in der hohe gesellschaftliche Komplexität organisierbar wird.

Für den Bereich des Rechts bedeutet dies, daß die verschiedenartigen Teilsysteme der Gesellschaft stärker divergierende Normprojektionen anregen – mehr, als insgesamt Recht werden können. Der Selektionsfaktor Institutionalisierung wird dadurch stärker belastet, und die Frage ist: mit welchen Konsequenzen für Struktur und Arbeitsweise, Bewußtheits- und Abstraktionsgrad, Konsensfähigkeit und Indifferenz des Selektionsprozesses. Die Wahlmöglichkeiten werden bewußt, schließlich bewußt organisiert, indem man sie auf Teilschritte verteilt, die sich wechselseitig voraussetzen und ergänzen, für sich allein aber keine Sinnvollendung mehr erreichen. *«We were* c h o s e n *people; now we are* c h o o s i n g *people»*, kommentiert SAHLINS diese Entwicklung.[10]

Das führt auf unseren zweiten Punkt: die Ausdifferenzierung von *Verfahren* – das heißt von Interaktionssystemen, die für die Selektion von Rechtsentscheidungen veranstaltet werden. Eine abstraktere Begrifflichkeit des Rechts, die sich von erinnerten konkreten Tatbildern ablöst, wird erst möglich, wenn die darin implizierten Selektionsleistungen auch erbracht werden. Dafür entwickelt sich in der Form des Verfahrens eine eigene Verhaltensordnung, die sich mit Hilfe besonderer Situationen, besonderer Formeln und Symbole, besonderer Plätze, besonderer Rollen und schließlich

---

10 In: MARSHALL D. SAHLINS/ELMAN R. SERVICE (Hrsg.), *Evolution and Culture*. Ann Arbor 1960, S. 38.

sogar besonderer Normen vom täglichen Leben absondert und verselbständigt und sich so auf die Rechtsentscheidung, zunächst vor allem auf die Lösung normativer Konflikte, konzentrieren kann.

Am Begriff des Verfahrens ist der Prozeßaspekt, die Vorstellung eines geordneten Ablaufs, überbetont worden. Diese Betonung des Nacheinander kommt jedoch nahe an Banalität heran. Was als evolutionäre Errungenschaft am Verfahren interessant und bedeutsam ist, ist seine Struktur als soziales System.[11] Verfahren sind kurzfristig eingerichtete, auf ein Ende hin konstituierte Sozialsysteme mit der besonderen Funktion, bindende Entscheidungen zu erarbeiten – also nicht zu verwechseln mit dem dafür allgemein bereitstehenden System*typus* und erst recht nicht mit dem Verfahrens*recht*. Als Interaktionssystem auf Zeit kann das einzelne Verfahren nicht nur funktional spezifiziert, sondern auch ausdifferenziert und relativ autonom gesetzt werden. Es gewinnt damit eigene Chancen und eine eigene Thematik mit besonderen Regeln der Relevanz bzw. Irrelevanz und in diesen Grenzen einen Spielraum des Möglichen, entsprechende Ungewißheit und eine eigene Geschichte, die diese Ungewißheit absorbiert.[12] Im Unterschied zu anderen prozeßmäßig ablaufenden Rechtshandlungen liegt ein Verfahren nur dann vor, wenn Ungewißheit über den Ausgang besteht und im Verfahrenssystem selbst durch einen selektiven Entscheidungsprozeß behoben wird. Das impliziert Grenzen der Relevanz. Was in der Welt gilt, gilt nicht ohne weiteres schon im Verfahren; es muß in das Verfahren erst ‹eingeführt› werden. *Quod non est in actis, non est in mundo.* Entsprechend werden die Rollen differenziert. Man betätigt sich im Verfahren nicht als Schwiegermutter, Bäckerlehrling, Ehebrecher usw., und erst im Verfahren wird darüber entschieden, welche anderen Rollen der Beteiligten für das Verfahren relevant sind oder nicht – ob Polizisten besonders glaubwürdig sind oder nicht, ob der Beklagte ein Ehebrecher ist oder nicht, ob der Richter wegen Befangenheit, die auf seinen anderen Rollen beruht, abgelehnt werden kann oder nicht.[13]

Eine weitere Eigentümlichkeit der Einrichtung von Entscheidungsverfahren besteht darin, daß in bestimmtem Rahmen ein Entscheidungspotential bereitgestellt wird und Entscheidungen demzufolge erwartet werden können. Das hat zur Folge, daß jetzt auch das Unterlassen von Entscheidungen zur Entscheidung wird und gegebenenfalls verantwortet werden muß. Diese Verantwortung kann, wie im Falle des gerichtlichen Verfahrens der Streitentscheidung, als Verbot der Justizverweigerung formalisiert wer-

11 Hierzu näher NIKLAS LUHMANN, Legitimation durch Verfahren. Neuwied-Berlin 1969.

12 Eine instruktive Parallele bietet die Analyse des Spiels als Interaktionssystems von ERVING GOFFMAN, *Encounters. Two Studies in the Sociology of Interaction.* Indianapolis/Ind. 1961, S. 17 ff.

13 Auch in der heutigen Gesellschaft läßt sich eine Ausdifferenzierung von Verfahren natürlich nur begrenzt verwirklichen. Als Beispiel für solche Schranken findet sich instruktives Material bei AARON V. CICOUREL, *The Social Organization of Juvenile Justice.* New York–London–Sydney 1968, insbes. S. 172 ff.

den; sie kann aber auch, wie im Falle des Gesetzgebungsverfahrens, als permanente politische Verantwortung für die Nichtänderung des geltenden Rechts zum Ausdruck kommen. Daran ist abzulesen, daß mit Hilfe von Verfahren und in den Grenzen des durch sie eröffneten Entscheidungspotentials eine jederzeit aktualisierbare Verantwortung für Normbestände institutionalisiert werden kann.

Zur Erhaltung hoher Komplexität im Recht und zur Stabilisierung der verfahrensmäßig erarbeiteten Problemlösungen muß, und damit kommen wir auf unsere dritte Unterscheidung, auch das *Sinngefüge* des Rechts steigenden Anforderungen genügen und angebbaren Veränderungen unterworfen werden. Die sinnhaften Identifikationen, mit deren Hilfe im Recht konkrete Erwartungen erzeugt werden, müssen abstrahiert werden, um mehr und verschiedenartigere Möglichkeiten fassen zu können. Auch in der Dimension *konkret-abstrakt* liegt eine wesentliche Variationsrichtung des Evolutionsprozesses.[14] Die Unterscheidung ist nicht dichotomisch, sondern graduell zu verstehen. Sie bezieht sich auf Sinn in seiner strukturierenden Funktion als relativ konstante Prämisse der Auswahl und Verarbeitung von Erlebnissen. Sinn ist um so konkreter, je stärker er vom unmittelbar gegebenen Erlebnisinhalt und von den subjektiven (wahrnehmungsmäßigen und emotionalen) Bedingungen der Beeindruckbarkeit abhängig bleibt. Konkreter Sinn legt daher Erleben und Handeln mit keinen oder wenigen Alternativen (also mit geringer Entscheidungslast) unmittelbar nahe, bleibt dagegen in seinen Verweisungen auf andere Möglichkeiten, also in seinem Weltbezug, außerordentlich diffus und unbestimmt; er stellt sich als vertrauter Fleck in einer unheimlichen Welt dar. Für konkret erlebende Systeme ist daher eine starke thematische Bindung in einem relativ engen Erlebnishorizont typisch, der eine Welt von unbestimmter und unbestimmbarer Komplexität ausgrenzt. Daraus ergeben sich, namentlich im Recht, Tendenzen zu apodiktischen Urteilen und zum Übersehen der Selbstbeteiligung (Eigenkausalität und Mitschuld) des Systems an Ereignissen seiner Umwelt.

Durch Abstraktion ändert sich dies. Der Sinn wird alternativenreicher[15]

---

14 Zu einer präziseren begrifflichen Ausarbeitung dieser Dimension ist es bisher nur in der Psychologie gekommen – auch dort bezeichnenderweise im Zusammenhang mit Entwicklungsvorstellungen. Vgl. Kurt Goldstein/Martin Scheerer, *Abstract and Concrete Behavior. An Experimental Study with Special Tests.* Psychological Monographs 53 (1941), No. 2 (auszugsweise übers. in: Carl F. Graumann [Hrsg.], Denken. Köln–Berlin 1965, S. 147–156); O. J. Harvey / David E. Hunt/Harold M. Schroder, *Conceptual Systems and Personality Organization.* New York–London 1961; und Robert Ware / O. J. Harvey, *A Cognitive Determinant of Impression Formation.* Journal of Personality and Social Psychology 5 (1967), S. 38–44, mit einem Überblick über die Forschungen der letzten Jahre.

15 Zu beachten ist, daß die Bildung von Gattungsbegriffen nur eine Art der Abstraktion neben anderen ist (eine Art, die freilich für bestimmte Sprachen besonders nahe liegt). Daneben gibt es namentlich Abstraktion durch Spezifikation, die von einer spezifischen Funktion, einer Wirkung, einem Zweck ausgeht und diese einseitige Perspektive durch Indifferenzen abschirmt.

und zugleich relativ kontextfrei benutzbar. Seine Selektivität wird umstrukturiert. Sie bezieht sich nicht mehr unmittelbar auf die Auslösung befriedigender Erlebnisse oder Handlungen, sondern zunächst auf die Auswahl von Alternativen und Selektionsgesichtspunkten, ist also nur noch auf Umwegen verhaltensrelevant. Die sinnhaft geordneten und dadurch erlebbaren Verweisungen erfassen jetzt ziemlich fernliegende Möglichkeiten, erhalten eine präzisere Form, das Entscheiden wird langwieriger, jedes Ja impliziert mehr Neins. Der Horizont aktualisierbarer anderer Möglichkeiten, besonders der Zeithorizont, weitet sich aus, die Komplexität der Welt steigt. In einem abstrakter konzipierten Recht ergeben sich bessere Integrationsmöglichkeiten, sind mehr normative Erwartungen unterzubringen, sind zugleich aber auch wirksamere Selektionsverfahren vorausgesetzt, die die weite Distanz von programmatischen Entscheidungsprämissen und Fallentscheidungen zu überbrücken helfen. Ferner distanziert ein abstrakteres Recht sich stärker von anderen Sinnsphären – nicht mit dem Ziele einer eigensinnigen Isolierung, sondern mit dem Ergebnis, daß die Rücksicht auf andere Bereiche Thema von rechtlichen Entscheidungen werden kann. In all diesen Beziehungen ist es zum Beispiel ein Vorgang der Abstraktion, wenn die Grundorientierung des Rechtslebens von erlaubt/verboten auf gültig/ungültig umgestellt wird.

Jene drei Gesichtspunkte: Differenzierung mit Überproduktion von Normen, Verfahren und Abstraktion müssen als interdependente Entwicklungsfaktoren gesehen werden. Sie lassen sich nicht in ein einfaches Verhältnis linearer Kausalität bringen, sondern setzen einander voraus; genauer gesagt: Entwicklungsfortschritte in der einen Richtung setzen einen bestimmten Entwicklungsstand in anderen Hinsichten voraus. So konnte zum Beispiel eine Institutionalisierung entscheidungsfähiger Rechtsverfahren erst eintreten, nachdem das politische System zumindest in Ansätzen mit eigenen Rollen vom Verwandtschaftssystem der Häuser und Stämme getrennt war. Erst mit Hilfe von Verfahren konnten Rechtsnormen abstrahiert werden in einer Weise, die dann wieder die Legitimität politischer Herrschaft untermauern konnte. Umgekehrt eilte die Ausdehnung des Verfahrensprinzips auch auf die Setzung von Recht der Entwicklung voraus. Die Anpassung des politischen Systems an diese neu gewonnene strukturelle Variabilität laufender Gesetzgebung folgte nach und nahm die Form der Demokratisierung, also die Mobilisierung politischer Unterstützung an. Ein Recht, das inhaltlich im Abstraktionsgrad seiner Begrifflichkeit der Gesetzgebung gewachsen wäre und eine rationale Rechtspolitik ermöglichte, fehlt noch heute. Im Augenblick scheint mithin hier der Engpaß der Entwicklung zu liegen, der eine volle Ausnutzung der Chancen positiven Rechts verhindert.

Zusammenfassend können wir nunmehr folgendes Ergebnis festhalten: *Funktionale Differenzierung* scheint der primäre Mechanismus der Erzeugung von *Varietät, Alternativenreichtum und übermäßiger Normproduktion* zu sein, denn sie stattet ihre Teilsysteme mit der Fähigkeit zu abstrakter, daher rücksichtsloser und daher ausgleichsbedürftiger Umweltsicht mit entsprechenden Erwartungen aus. *Verfahren* sind vor allem Mechanismen *selektiver Institutionalisierung.* In ihnen entscheidet sich, welche Normzumutungen faktischen oder doch unterstellbaren Konsens finden und damit gesellschaftlich brauchbar werden. In den Verfahren wird zugleich jener Bestand an *Sinnsedimenten* erzeugt und fixiert, der die Normen in einem Kontext der deutenden Auslegung befestigt, so daß sie tradierbar werden. Der Abstraktionsgrad und die Komplexität des jeweils als Recht geltenden Normgefüges werden mithin von den Verfahren abhängen, die eingerichtet sind, und dies wiederum wird nicht unabhängig sein von der Art und dem Ausmaß der Systemdifferenzierung der Gesellschaft.

Damit ist das Begriffsschema vorgestellt, mit dessen Hilfe wir im folgenden die Entwicklungsgeschichte des Rechts darstellen wollen. Eine volle Verifikation der eben formulierten Hypothesen darf von dieser Darstellung nicht erwartet werden. Dazu reichen der Raum und in vielen Fällen auch das erreichbare Material nicht aus. Das Ziel ist bescheidener – nämlich für allgemeine Hypothesen der soziologischen Gesellschafts- und Rechtstheorie eine gewisse Plausibilität zu gewinnen. Schon durch die Feststellung aber, daß diese Begriffe und Hypothesen an sehr verschiedenartige Rechtskulturen vom archaischen Recht bis zum positiven Recht der modernen Industriegesellschaft herangetragen werden können und daß sie gerade deren Unterschiedlichkeit verständlicher zu machen vermögen, dürfte viel gewonnen sein.

2. Archaisches Recht

Im Rahmen einer allgemeinen Rechtssoziologie ist es nicht möglich, eine rechtsgeschichtliche und eine rechtsethnologisch-vergleichende Darstellung des Rechts selbst und seiner Formenentwicklung zu geben. Damit ist nicht behauptet, daß es sich bei Rechtssoziologie, Rechtsgeschichte und Rechtsethnologie um zu trennende, theoretisch unvereinbare Disziplinen handele. Im Gegenteil: Die heute aus rein akademischen Gründen bestehenden Barrieren sollten abgebaut werden, da die Stoffülle zwar Arbeitsteilung in der Forschung, nicht aber unterschiedliche theoretische Konzepte rechtfertigt. Es sind mithin rein praktische Gründe, die dazu zwingen, bei der Darlegung allgemeiner Forschungshypothesen der Rechtssoziologie die Vielfalt konkreter, historisch und kulturell verschiedener Ausformungen des Rechts zurücktreten zu lassen. Um so mehr bedarf die Weise des Vorgehens und der Stoffbehandlung einiger Überlegung.

Für den rechtsgeschichtlichen und kulturell-vergleichenden Blick liegt das Recht in höchster Vielfalt und Formendifferenzierung vor Augen. Die Verschiedenartigkeit der Ausgangslagen und Anläufe zur Rechtsbildung, die in ein undurchsichtiges historisches Dunkel zurückreichen, schließt die Annahme einer einzigen Ursache oder Ursachenkonstellation des Rechts für die überblickbare Zeitspanne aus. Sie hat in allen menschlichen Gesellschaften Recht hervorgebracht und insofern ‹äquifinal› gewirkt[16] – aber Recht mit sehr unterschiedlichen Normvorstellungen, Institutionen, Abweichungsinteressen und Verfahrensweisen und mit sehr verschiedenartiger Verzahnung in außerrechtliche Gesellschaftsstrukturen. Im einzelnen gibt es zwar, besonders in höher entwickelten Rechtskulturen, viele heterogen entstandene, aber durchaus ähnliche Rechtsinstitute – nämlich überall dort, wo eine besondere Interessenlage so strukturiert ist, daß nur wenige Problemlösungen in Betracht kommen.[17] Bei der großen Zahl von Problemen, die im gesellschaftlichen Zusammenleben gelöst werden müssen, und bei einem geringen Maß an Abstraktion und kulturellem Kontakt bildet sich in archaischen Gesellschaften eine Vielzahl konkreter Institutionen aus, die auf Systemprobleme in sehr unterschiedlicher Weise antworten.

Diese Vielfalt ist, abstrakt gesehen, ein bedeutsamer Tatbestand. Sie ermöglicht überhaupt erst Evolution; denn erst Überproduktion ermöglicht Auslese und macht es wahrscheinlich, daß im Laufe längerer Zeit, unter welchen näheren Umständen immer, evolutionär erfolgreiche Neuerungen stabilisiert und dann durch Kommunikation übertragbar gemacht werden können. Gerade die Nichtintegriertheit dieses Formenreichtums zu einem Gesellschaftssystem, das Fehlen einer Weltgesellschaft und eines Weltrechts, muß für den Anfang als wesentliche Entwicklungsbedingung gesehen werden. Nicht die wenigen Gemeinsamkeiten, die sich, wenn überhaupt, herausfinden lassen, sondern die Unterschiedlichkeiten der älteren Rechtsordnungen müssen daher herausgestellt werden.

Was sich auf einen gemeinsamen Nenner bringen läßt,[18] bleibt, wenn man lediglich induktiv und generalisierend vorgeht, leere Abstraktion. Das gleiche gilt für die Suche nach einem Mindestbestand an Normen, der überall gilt und deshalb als Naturrecht vermutet werden darf. Ebenso bedenklich ist jedoch die umgekehrte Vorgehensweise, aus einer allgemeinen Rechtstheorie deduktiv abzuleiten, was es als Recht geben müsse, und dann zu suchen, bis man es findet. Dabei muß man Rationalkonstruktionen eines Abstraktionsgrades – etwa die Vorstellung subjektiver Recht

16 Als Äquifinalität bezeichnet LUDWIG VON BERTALANFFY, Zu einer allgemeinen Systemlehre. Biologia Generalis 19 (1949), S. 114–129 (123 ff), die Tatsache, daß gleiche Systemzustände (hier also: Recht) aus verschiedenartigen Ausgangskonstellationen auf verschiedenartige Weise erreicht werden können. In der Rechtsethnologie ist nicht dieser Begriff, aber der Sachverhalt selbst geläufig. Vgl. statt anderer ROBERT REDFIELD, *Primitive Law*. In: PAUL BOHANNAN (Hrsg.), *Law and Warfare. Studies in the Anthropology of Conflict*. Garden City / N. Y. 1967, S. 3–24 (21 f).

17 Ein typisches Beispiel bildet die äquifinale Entstehung der testamentarischen Erbfolge. Nähere Hinweise bei HUNTINGTON CAIRNS, *The Theory of Legal Science*. Chapel Hill/N. C. 1941, S. 33 ff. Als weiteres Beispiel D. WARNOTTE, *Les origines sociologiques de l'obligation contractuelle*. Brüssel 1927, S. 35 ff, für das Entstehen vertraglicher Bindungen.

18 Als den wohl bedeutsamsten Versuch siehe RICHARD THURNWALD, Die menschliche Gesellschaft in ihren ethnosoziologischen Grundlagen. Bd. V, Berlin-Leipzig 1934.

und Pflichten – verwenden, die dem wirklichen Rechtserleben und den ihm folgenden Institutionen nicht entsprechen; man verstellt sich damit nicht nur das Verständnis dieses Erlebens, sondern auch die Einsicht in die Funktion der Tatsache, daß das Recht viel konkreter, unbestimmter, ambivalenter institutionalisiert ist, als das Deutungsschema annimmt. Um diese Nachteile zu vermeiden, verwenden wir einen funktionalistischen Forschungsansatz, der in der Anwendung auf ziemlich komplexe, strukturierte Systeme gewichtige Vorzüge hat.

Als konstante rechtstheoretische Vorgaben dienen uns nicht bestimmte Normen oder Institutionen, sondern lediglich Problemstellungen hypothetischen Charakters [19] – allen voran das Grundproblem des Rechts: die kongruente Generalisierung normativer Verhaltenserwartungen. Dadurch wird es möglich, einer hohen, prinzipiell offenen Vielfalt von Lösungsmöglichkeiten Rechnung zu tragen und gleichwohl durch den zusammenfassenden Problembezug die Vergleichbarkeit sehr verschiedenartiger Normen und Institutionen zu sichern. Zugleich tritt, wenn der Theorieansatz nicht auf Gleichartigkeit der Institutionen, sondern auf Verschiedenartigkeit funktional äquivalenter Problemlösungen abstellt, das schwierige, im Grunde unlösbare Problem der Epocheneinteilung zurück. Wir begnügen uns mit einer Grobeinteilung je nachdem, ob es ausdifferenzierte rechtliche Entscheidungsverfahren nicht gibt oder gibt und ob diese sich nur auf Rechtsanwendung oder auch auf Rechtssetzung beziehen.[20] Diese markanten Unterschiede bezeichnen evolutionär unwahrscheinliche Errungenschaften, mit deren Stabilisierung sich praktisch die Gesamtproblematik des Rechts ändert. In diesem Sinne unterscheiden wir das archaische Recht, das Recht der vorneuzeitlichen Hochkulturen und das positive Recht der modernen Gesellschaft. Für die Abgrenzung kommt es auf den relativen Entwicklungsstand, nicht auf die objektive chronologische Einordnung an, so daß auch gegenwärtige Sozialsysteme als archaisch bzw. als hochkultiviert zu gelten haben, wenn sie die entsprechenden Merkmale aufweisen.[21]

---

19 Die Hypothese hat die Form der Behauptung, daß diese Probleme (irgendwie) gelöst werden müssen, sollen soziale Systeme (bei engeren Problemstellungen: Sozialsysteme mit einer bestimmten, schon Problemlösungen involvierenden Struktur) Bestand haben. Die Hypothese bezieht sich mithin zunächst nur auf das Verhältnis von Problem und Systembestand, nicht etwa auf das Verhältnis von Problem und Problemlösung, da es für Problemlösungen funktionale Äquivalente geben kann. Eine so angesetzte Theorie erlaubt daher nicht die Vorhersage bestimmter Problemlösungen, also auch nicht die Vorhersage bestimmter Systemzustände. Eine Vorhersage wird aber möglich in dem Maße, als es gelingt, Strukturentscheidungen bestimmter Systeme als konstant gesetzte Prämissen in den begrifflichen Bezugsrahmen der Untersuchung einzusetzen.

20 Eine stärker aufgegliederte Typologie findet man zum Beispiel bei Georges Gurvitch, Grundzüge der Soziologie des Rechts. Neuwied 1960, S. 179 ff, oder bei A. S. Diamond, *The Evolution of Law and Order*. London 1951.

21 Dieser Vergleich nach Struktur und Entwicklungslage (statt nach historischer Zeit) hat sich als eine der sozialwissenschaftlichen Verfremdungstechniken im 19. Jahrhundert durchgesetzt. Vgl. dazu J. W. Burrow, *Evolution and Society. A Study in Victorian Social Theory*. Cambridge/England 1966, S. 13 f, und passim.

Der Ausgangspunkt für das Verständnis archaischen Rechts liegt in der Gesellschaftsstruktur. Gesellschaften archaischen Typs – und darunter verstehen wir auch die noch existierenden ‹primitiven› Gesellschaften, die die entsprechenden Merkmale aufweisen – gründen sich primär auf das Prinzip der Verwandtschaft.[22] Daher gibt es zwar unterschiedlich starken Einfluß auf die Beilegung von Rechtsstreitigkeiten, aber keine von Verwandtschaft unabhängige Rechtskompetenz zu bindendem Entscheiden. Alle gesellschaftlichen Funktionen finden zunächst in der verwandtschaftlichen Nähe ihre natürliche Grundlage, ihren sozialen Rückhalt und ihre Legitimation. Das gilt für die wirtschaftlichen Funktionen der wechselseitigen Hilfe und des Bedarfsausgleichs, für die politische Gewalt und zunächst selbst für magisch-religiöse Funktionen. Wächst der Verwandtschaftsverband über die Maximalgröße der zusammenlebenden Familie hinaus, kommt es zu *segmentärer Differenzierung*, vor allem zur Bildung anderer Familien, die auf der Grundlage gemeinsamer Abstammung und Geschichte in einem Stammesverband zusammengehalten werden. Auch quer dazu gebildete andere Gesichtspunkte der Gesellung, etwa der gleichen Geschlechts oder gleichen Alters, beruhen auf naturhaft-konkreten, weder für den einzelnen noch für die Gesellschaft disponiblen Anknüpfungen und werden häufig nach dem Modell der Verwandtschaft interpretiert.

Bezeichnend für dieses Strukturprinzip sind seine hohe Selbstverständlichkeit – man *ist* eben verwandt – und seine Alternativlosigkeit – man ist in bestimmter Weise, Nähe bzw. Ferne verwandt. Das schließt keineswegs aus, daß sich in verschiedenen Stammesgesellschaften eine hohe Vielfalt von Sitten und Vorstellungen entwickelt, denn die Verwandtschaft determiniert nicht etwa deren Inhalt. Je nach Sprache und Lebensumständen können sehr verschiedenartige Kulturen entstehen. Aber die einzelne Gesellschaft ist durch das Verwandtschaftsprinzip auf relativ geringe Komplexität festgelegt, die innerhalb der Gesellschaft durch bloße Wiederholung des gleichen nicht wesentlich vermehrt werden kann.[23]

---

22 Zu Grenzen dieses Prinzips unter rechtsethnologischen Gesichtspunkten lesenswert William Seagle, Weltgeschichte des Rechts. Eine Einführung in die Probleme und Erscheinungsformen des Rechts. München–Berlin 1951, S. 76 ff.

23 In der Systemtheorie wird diesem Sachverhalt dadurch Rechnung getragen, daß man Zunahme an *Größe* und Zunahme an *Komplexität* als verschiedene Variable unterscheidet. Vgl. J. W. S. Pringle, *On the Parallel between Learning and Evolution.* Behaviour 3 (1951), S. 174–215 (176 f); Morris Zelditch, Jr./ Terence K. Hopkins, *Laboratory Experiments with Organizations.* In: Amitai Etzioni (Hrsg.), *Complex Organizations. A Sociological Reader.* New York 1961, S. 464–478 (470 f); James D. Thompson, *Organizations in Action.* New York 1967, S. 74; Richard H. Hall/Eugene J. Haas/Norman J. Johnson, *Organizational Size, Complexity, and Formalization.* American Sociological Review 32 (1967), S. 903–912. In der Rechtssoziologie findet sich eine sehr ähnliche Unterscheidung zwischen Wachstum und Steigerung der Wirksamkeit (im Sinne besserer Eignung für beliebige Ziele) bei Barna Horváth, Rechtssoziologie. Probleme der Gesellschaftslehre und der Geschichtslehre des Rechts. Berlin 1934, S. 121 ff. Über den Zusammenhang beider Variabler (Größensteigerungen sind nicht beliebig möglich ohne Steigerung der Komplexität) besteht jedoch noch keine Klarheit.

Bei einem relativ geringen Maß an funktionaler Rollendifferenzierung ist es weder nötig noch möglich, besondere Kriterien der ‹Geltung› des Rechts (etwa in Form von Bedingungen, unter denen Gewohnheiten oder Befehle als Recht anerkannt werden können) zu erfassen, und ebensowenig wird die ‹Geltung› des Rechts als für sich allein ausreichender Grund der Rechtsdurchsetzung institutionalisiert. Abstrakte ‹Geltung› ist ein Symbol für rollenneutrale Rechtsdurchsetzung, und das gibt es nicht. Man kann in Rechtsstreitigkeiten nicht davon absehen, wer die direkt oder indirekt Beteiligten sind in bezug auf Ahnen und Eigentum, Ansehen und Gefolgschaft. Die Schlichtungs- und Befriedungsfunktion läßt sich wegen der Gewaltnähe des Rechts nur in enger Anlehnung an die soziale Struktur und die darin angelegte Machtverteilung realisieren. Die einzelne Norm hat keinen absoluten Geltungsanspruch – was man zum Beispiel an der relativen Leichtigkeit ablesen kann, mit der Blutrache oder verwirkte Todesstrafe abgekauft werden können. «Das Prinzip des ‹summum ius›: ‹fiat iustitia et pereat mundus› ist vielen primitiven Gesellschaften fremd, und daher wird auch die europäische Rechtspraxis, nach absolut verbindlichen Regeln ohne Berücksichtigung aller, auch (nach unseren Vorstellungen) rechtlich irrelevanter Tatumstände zu urteilen, oft völlig verständnislos angesehen und als unmenschlich abgelehnt.» [24] Das gleiche gilt für die Vorstellung, daß das Recht auf eine zwingende Alternative, auf ein Entweder/Oder, Richtig oder Falsch, Alles oder Nichts hinauslaufe.[25] Das Recht hat noch unmittelbaren Kontakt mit den elementaren Prozessen der Rechtsbildung; es kann daher jederzeit durch konkretes Erwarten von Erwartungen unterlaufen und modifiziert werden.[26] Vorrangiger Stabilisierungsmodus ist daher die Armut an Alternativen, die geringe Komplexität der Gesellschaft – und nicht die Sanktion.

Obwohl eine abstrakte, rücksichtslose Verbindlichkeit qua Geltung fehlt, gibt es, soweit man sehen kann, in allen archaischen Gesellschaften bereits einige ausdifferenzierte Normen, nämlich Erwartungen, die man kontra-

---

24 So Rüdiger Schott, Die Funktion des Rechts in primitiven Gesellschaften. Jahrbuch für Rechtssoziologie und Rechtstheorie 1 (1970), S. 107–174 (133). Zahlreiche Belege finden sich bei Leopold Pospisil, *Kapauku Papuas and Their Law.* Yale University Publications in Anthropology No. 54, 1958. Neudruck o. O. 1964, S. 144 ff. Noch das hochkultivierte altchinesische Recht, das hier wie in anderen Zügen archaischen Charakter bewahrt hat, mißbilligt unbedingtes Bestehen auf Rechtspositionen und fordert qua Recht Nachgiebigkeit und Kompromißbereitschaft. Siehe etwa Jean Escarra, *Le droit chinois.* Peking–Paris 1936, S. 17 f; Sybille van der Sprenkel, *Legal Institutions in Manchu China.* London 1962, S. 114 ff. Für Japan: Dan Fenno Henderson, *Conciliation and Japanese Law. Tokugawa and Modern.* Seattle–Tokyo 1965, insbes. Bd. I, S. 10, 106 ff, 127 ff, 173 ff. Für Korea: Hahm Pyong-Choom, *The Korean Political Tradition and Law.* Seoul 1967, S. 40 ff.

25 Siehe die Bemerkungen von Bronislaw Malinowski, *A New Instrument for the Interpretation of Law – Especially Primitive.* The Yale Law Journal 51 (1942), S. 1237–1254 (1249).

26 Siehe oben S. 39.

faktisch festhalten will. POSPISIL zum Beispiel fand bei den auf dem Entwicklungsstand der jüngeren Steinzeit lebenden Kapauku Papuas Neuguineas für eine Reihe von Verhaltensregeln eine *‹intention of universal application›*, die sich freilich nur in knapp der Hälfte der Fälle faktisch durchsetzen konnte.[27] Solche Regeln sind dann immer auch sprachlich formulierbar, also sachlich in verschiedenen Fällen als dieselben identifizierbar, und institutionalisiert – also Recht.

Für die nähere Ausformung dieses archaischen Rechts bedeutet jene geringe Komplexität der Gesellschaft mithin, daß die elementaren Mechanismen der Rechtsbildung unvermittelt zum Zuge kommen. Das Recht erscheint primär in der Enttäuschung und in der Reaktion des Enttäuschten, namentlich im unmittelbaren Ausbruch des Zorns, und hat von da her jene engen Bindungen an die physische Gewalt, die wir oben (S. 106 ff) gekennzeichnet haben. Ohne gewaltbereite Selbsthilfe des Betroffenen und seiner Sippe wären kognitive und normative Erwartungen überhaupt nicht trennbar; niemand wüßte, welche Erwartungen festzuhalten und welche im Enttäuschungsfalle anzupassen sind. Es geht in den archaischen Rechtsinstitutionen der gewaltsamen Selbsthilfe, der Blutrache, des Eides und der Verfluchung, die für segmentäre Gesellschaften weithin typisch sind, keineswegs nur um die ‹Durchsetzung› des Rechts (so als ob es sich nicht lohne, dafür Polizei zu unterhalten, und der Privatmann selbst diese Funktion wahrnehmen müsse), sondern es geht primär um die Sicherstellung der Erwartungen selbst, um deren Durchhaltbarkeit angesichts entgegengesetzter Ereignisse.[28] Die expressive Funktion der Behauptung von Erwartungen hat den Primat vor der instrumentellen Funktion der Durchsetzung. Von jener hängt zunächst die Ausdifferenzierung normativer Erwartungen, die Konstitution von Recht überhaupt ab. Um dieses Vorteils willen werden zahlreiche dysfunktionale Folgen dieses Rechtssystems als mehr oder weniger zwangsläufig in Kauf genommen.

Eine wichtige Funktionsbedingung des auf Selbsthilfe und Blutrache gegründeten Rechtes scheint zu sein, daß die Verwandtschaftssolidarität engerer Gruppen den Rechtsbruch überdauert, sich also auch in der Belastung durch ‹verschuldete› Blutrachedrohung als stärkere Bindung erweist als das Recht selbst. Die Sippe sagt sich – von Extremfällen, z. B. bei notorischen Übeltätern, abgesehen – nicht los von einem Rechtsbrecher aus ihren Reihen, sondern steht für ihn ein selbst in der Gefahr des Todes.[29]

27 Ähnlich RONALD M. BERNDT, *Excess and Restraint. Social Control Among New Guinea Mountain People.* Chicago 1962, insbes. S. 393 ff. Zur Abhängigkeit des Rechts von der Machtlage und der Kampfkraft der Verwandtschaftsverbände vgl. auch R. F. BARTON, *Ifugao Law.* University of California Publications in American Archaeology and Ethnology 15 (1919), S. 1–186; LUCY MAIR, *Primitive Government.* Harmondsworth 1962, S. 35 ff.

28 Zur theoretischen Begründung vgl. oben S. 108 f.

29 Einen interessanten Beweis aus dem Gegenteil liefert das ältere Recht der Ashanti. Hier akzeptierte die Sippe Rechtsbrüche ihrer Mitglieder Außenstehenden gegenüber nicht – und infolgedessen gab es auch keine Blutrache. An deren Stelle findet man effektive, durch Ahnenkult gestützte Autorität der Häuptlinge und

Das heißt: Der Rechtsbruch allein führt noch nicht zu sozialer Isolierung. Auch darin erscheint der alternativenlose Primat des Verwandtschaftssystems. Umgekehrt gesehen hat der einzelne keinen von seiner Sippe unabhängigen Zugang zur Auslösung von Zwangsmöglichkeiten; er ist deshalb Rechtsperson nur kraft Zugehörigkeit zu einer Sippe und muß sich ihrer Pression auf Nachgiebigkeit in Rechtsfragen fügen.

Diesem Abwicklungsmodus entsprechend bleibt das Recht selbst seinem sachlichen Sinne nach konkret konzipiert und alternativenarm wie das gesamte System der Erlebnisverarbeitung. Das läßt sich in mehreren Hinsichten zeigen: Das eigene Recht des Stammes wird als das einzigmögliche Recht erlebt, als Recht schlechthin. Nicht dazugehörige Menschen, Stämme der Umwelt, zu denen kein Verhältnis gemeinsamer Abstammung besteht, erscheinen demzufolge als rechtlos.[30] Die Rechtsbehauptung wird absolut und ohne Bezug auf Prozesse der Überprüfung und Entscheidung von Zweifeln vorgetragen. Die Eigenbeteiligung an der Normprojektion, die Subjektivität der Rechtsforderung, läßt sich vom objektiv geltenden Recht nicht trennen. Deshalb fehlt auch die Vorstellung des Rechts als eines Normengefüges, das wegen seiner Geltung an sich durchgesetzt werden müsse. Die Normvorstellungen selbst bleiben dicht an unmittelbar erfahrbaren Sachverhalten hängen – an ‹Tatbildern›, wie THURNWALD[31] glücklich formuliert, die sich dann im Laufe der Zeit typifizieren, gegen Unterschiede in den Einzelfällen immunisieren, zuweilen in Worten oder Sätzen formuliert und mit all dem überlieferungsfähig werden. Gedankenverbindungen werden durch konkrete Dinge oder durch anschauliche Vorstellungen vermittelt, tragen also nicht sehr weit.[32] Der geringe Abstraktionsgrad erlaubt keine Übertragung auf andersartige Fälle; er verhindert, daß der Normsinn selbst Argumentations- und Bewertungshilfe bietet für die Entscheidung neuartiger Fälle oder widerstreitender Rechtserwartungen. Auch deshalb kann auf Gewalt als Rechtsbeweis nicht verzichtet werden. Kampf oder Formalismus führen zur Entscheidung – nicht Sinndeutung.

Sieht man Fallnähe, Konkretheit und Armut an Varianten als strukturell bedingten Wesenszug archaischen Rechtserlebens, werden auch die (häufig

---

gerichtsähnliche Schlichtungsverfahren. Vgl. R. S. RATTRAY, *Ashanti Law and Constitution*. Oxford 1929, S. 294 ff. Ein anderes Gegenbeispiel aus sehr einfachen Gesellschaften: JOHN GILLIN, *Crime and Punishment Among the Barama River Carib of British Guiana*. American Anthropologist 36 (1934), S. 331–344.

30 Auch dies ist übrigens ein deutliches Symptom konkreten Denkens, das nicht die Möglichkeit hat, zwischen der Negation des Inhalts einer Rechtserwartung und der Negation ihrer Sollform und der Negation von Recht schlechthin zu unterscheiden, mithin nicht in der Lage ist, sich ‹anderes Recht› vorzustellen, und also zur Umwelt hin nicht differenziert genug negieren kann. Psychologisch gesehen wäre solches Erleben, an heutigen Anforderungen gemessen, ‹pathologisch›.

31 a. a. O., S. 88.

32 Für Beispiele aus dem dafür bekannten altdeutschen Recht siehe FRANZ BEYERLE, Sinnbild und Bildgewalt im älteren deutschen Recht. Zeitschrift der Savigny-Stiftung für Rechtsgeschichte. Germ. Abt. 58 (1938), S. 788–807.

überschätzten) sakralen und traditionalen Sinnbezüge verständlich. Sie dürfen nicht als für sich bestehende Motive gesehen werden und reichen auch nicht aus, um das archaische Recht aus dem archaischen ‹Weltbild› zu erklären. Der primäre Grundzug der Struktur ist die Alternativenlosigkeit der Ordnung. «In der primitiven Gesellschaft bis hinauf zu höheren Kulturhorizonten gilt die *vorhandene* soziale Ordnung als die einzig mögliche, gottgewollte und damit heilige.»[33] Am Sakralen ebenso wie am Vergangenen kann das Nichtbestehen anderer Möglichkeiten in der Gegenwart plausibel gemacht werden. Beide Sinnbezüge symbolisieren nur den ohnehin bestehenden Mangel an Alternativen. Das läßt sich unter anderem daran ablesen, daß die magisch-transzendente Verankerung des archaischen Rechts nicht etwa zur Vorstellung einer göttlichen Rechtsschöpfung führt (denn Schöpfung hieße ja Kontingenz, hieße ja Auswahl aus anderen Möglichkeiten). Die übernatürlichen Mächte verteidigen das Recht; sie strafen und restituieren, aber sie erzeugen und ändern das Recht nicht. Das Recht bindet Götter wie Menschen. Heiligkeit und Geschichte sind Symbole für das Nicht-anders-Mögliche, Nicht-Disponible. Sie deuten die Angst und die Ungewißheit, die man angesichts der gegebenen Ordnung bei neuartigem, ungewöhnlichem Verhalten und bei strukturell ungesichertem, nicht kongruentem Erwarten empfinden muß; sie sind ein Reflex der Gefahr des Entgleisens auf unbekannten Bahnen, des unwiderruflichen Herausfallens aus der Ordnung, die Fehltritte und Neuerungen nicht integrieren kann.

Der Schwerpunkt archaischen Bewußtseinslebens liegt demnach in seiner risikoreichen und möglichkeitsarmen laufenden Gegenwart, die sehr rasch in dunkle und unbestimmte Zeithorizonte des Vergangenen abschattet und kaum Zukunft hat;[34] denn nur in der Gegenwart gibt es Leben und Kommunikation. Erst von da aus wird jene auffällige Bevorzugung symbolischer Mittel verständlich, die die Gegenwart gegen den bedrohlichen Einbruch anderer Möglichkeiten abschirmen. Wo der Bedarf für sakrale bzw. traditionale Symbolisierung zurücktritt, entsteht durchaus lebenstechnisch erforderliches Recht ohne sakralen Bezug,[35] *ius* neben *fas*, und das Traditionsbewußtsein hat vielfach nur marginalen Charakter und steht Neuerungen nicht im Wege, sofern sie nur konkret und rasch überzeugend sich in der Gegenwart bewähren[36]. Es gibt zahlreiche Belege dafür, daß die

---

33 So THURNWALD, a. a. O., S. 119 – zitiert mit dem einschränkenden Hinweis, daß man ‹gottgewollt› nicht als ‹von Gott geschaffen› verstehen darf.

34 Vgl. dazu JOHN MBITI, *Les Africains et la notion du temps.* Africa 8, (1967), S. 33–41.

35 Auf diesen Nachweis konzentriert sich A. S. DIAMOND, *Primitive Law.* London 1935. Stärker betont werden die religiösen Bindungen bei KARL BÜNGER/HERMANN TRIMBORN (Hrsg.), Religiöse Bindungen in frühen und in orientalischen Rechten. Wiesbaden 1952, mit der bemerkenswerten Ausnahme des Beitrags von ERWIN GRÄF über das Recht der Beduinen.

36 Vgl. E. SIDNEY HARTLAND, *Primitive Law.* London 1924, S. 204 ff; GÜNTER WAGNER, *The Political Organization of the Bantu of Kavirondo.* In: MEYER FORTES/E. E. EVANS-PRITCHARD (Hrsg.), *African Political Systems.* London 194

Rechtsgeltung selbst auf verwandtschaftliche Vorstellungen gegründet, in einem Ahnenkult verlebendigt und als Gehorsam gegenüber den toten (und als Toten mächtigen) Vätern begriffen wird.[37] Das ermöglicht eine plausible Darstellung des Zusammenhangs von Gesellschaftsstruktur und Recht. Aber sowohl sakrale als auch rechtlich spezifizierte Ritualien lassen sich dank ihrer anschaulichen Form aus diesem Sinnzusammenhang herauslösen. Sie bieten gerade in ihrer konkreten Fixierung Möglichkeiten der Verselbständigung gegenüber den unmittelbaren Normprojektionen der Beteiligten, ja sogar gegenüber den an Situationen gebundenen Tatbildern der Überlieferung. Deshalb eignen sich gerade sakraler Ritualismus und traditionales Formelwesen dazu, jene Konstanten zu liefern, die eine Überleitung des archaischen Rechts in die Zeit der vorneuzeitlichen Hochkulturen ermöglichen, und behalten daher über das archaische Recht hinaus wichtige Funktionen.[38]

Alternativenlosigkeit kennzeichnet auch die magischen Kausalvorstellungen, die das archaische Recht in seinen entwickelteren Formen auszeichnen. Das richtige Wort, die richtige Geste, der richtige Zauber, der Eid oder Fluch beweisen und bewirken das Recht unmittelbar. Man fragt: ‹*spondesne?*› und man antwortet: ‹*spondeo*›, und das *ist* die *sponsio*, der Vertrag. Im Grunde sollte man besser überhaupt nicht von Kausalität sprechen und schon gar nicht von einer ‹mechanischen› Kausalität der Magie. Denn im späteren Kausalbegriff ist gerade die Selektivität das Entscheidende, die hier noch nicht erlebt wird. Man wird davon ausgehen müssen, daß im praktischen Leben auch der ältesten Gesellschaften Magie als Selektions- und Steuerungsinstrument betätigt wird, aber sie ist nicht so institutionalisiert.

S. 202 f; SIEGFRIED F. NADEL, *Social Control and Self-Regulation.* Social Forces 31 (1953), S. 265–273. Für einen Einzelfall – Änderung der Grenzen des Inzesttabus durch einen mächtigen Häuptling – vgl. POSPISIL, a. a. O., S. 109, 165 f, 282 ff; und DERS., *Social Change and Primitive Law. Consequences of a Papuan Legal Case.* American Anthropologist 60 (1958), S. 832–837. Ein anderes Beispiel (Verbot des Dolchtragens) bei BRUNO GUTMANN, Das Recht der Dschagga. München 1926, S. 246. Alles in allem sind unsere Informationen zu lückenhaft, um ein Urteil darüber zu erlauben, wie kurzlebig und änderbar archaische Traditionen sind.

37 Vgl. z. B. R. S. RATTRAY, *Ashanti Law and Constitution.* Oxford 1929.

38 Für spezifisch sakralen Ritualismus läßt sich diese Überleitungsfunktion vor allem an der rechtlich-politischen Entwicklung Indiens bis zum 6. Jahrhundert vor Christus zeigen, wo sich eine eingehende Ritualisierung der Lebensführungsregeln mit einer geringen Ritualisierung des Gerichtsverfahrens selbst verbindet. Für ein mehr rechtlich traditionales Formelwesen ist diese Überleitung erkennbar in der etwa gleichzeitigen Entwicklung der antiken Stadtstaaten. Siehe NARAYAN CHANDRA BANDYOPADHAYA, *Development of Hindu Polity and Political Theories.* Bd. I, Calcutta 1927, S. 143 ff, 157; und für die Gerichtsverfahren NARES CHANDRA SEN-GUPTA, *Evolution of Ancient Indian Law.* London–Calcutta 1953, der die sehr frühe Betonung von Argumentation im Verfahren unterstreicht (S. 49); LOUIS GERNET, *Droit et prédroit en Grèce ancienne.* L'année sociologique, Série 3 (1948 bis 49), S. 21–119 (insbes. 70 ff); MAX KASER, Das altrömische ius: Studien zur Rechtsvorstellung und Rechtsgeschichte der Römer. Göttingen 1949.

Schon aus rein sprachlichen Gründen[39] wird Kausalität nicht als einseitig oder gar zweiseitig variable Beziehung begriffen, sondern als inhärente Qualität des Ereignisses oder Aktes. Die Erscheinung oder Form ist der Sinn selbst, im Sinn erscheint die Ursache als Wirkung. Tritt eine bezweckte Folge nicht ein, wird die Enttäuschung anderen Ursachen zugerechnet. Für archaisches Denken ist es daher ausgeschlossen, das Recht als Mittel zur Gestaltung sozialer Beziehungen zu sehen, das heißt: zur Disposition zu stellen.

Dementsprechend erscheint das Rechtshandeln als Ritual, als gegenwärtiges Handeln, als konkrete Präsenz der Rechtsbehauptung – und nicht als Aufklärung einer umstrittenen Vergangenheit und nicht als Selektion einer bevorzugten Zukunft. Daß sich auch in archaischen Welten menschliches Handeln in der Zeitdimension orientiert, ist selbstverständlich, aber das Recht ist nicht im Hinblick auf die Zeit *als Dimension* institutionalisiert. Dazu fehlt jene zweite Ebene der Betrachtung, von der aus *gegenwärtig* festgestellt werden könnte, was die *Vergangenheit* war und was die *Zukunft* sein soll; dazu fehlt das Verfahren, das die Vergangenheit aufklären und den gegenwärtigen Selektionsleistungen künftigen Bestand sichern könnte.[40] So wird auch das Gottesurteil konkret und gegenwärtig als Rechtsfeststellung erlebt, aber nicht als Präjudiz für künftige Fälle oder gar als Offenbarung einer allgemeinen Regel ausgedeutet. Und die rechtliche Bindung (*obligatio*) erscheint im Bruch einer gegenwärtig berechtigten Erwartung; sie wird nicht als Verpflichtung zu künftiger Leistung vorgestellt.[41]

Es ist klar, daß unter diesen gesellschaftsstrukturellen Bedingungen und den ihnen entsprechenden Denkvoraussetzungen zwar pauschalierte Rechtsgrundsätze und allgemeine Normen, aber keine abstrakten oder gar kritischen Rechtsgedanken formuliert werden; daß keine Idee der Gerechtigkeit auftaucht und dem gegebenen Recht gegenübertritt. Es gibt jedoch sehr weit zurückreichende Vorstellungsmotive, in denen sich die zeitüberbrükkende, die sachlich identifizierende und die soziale Dimension des Recht zusammenfinden und an die alle späteren Abstraktionen des Gerechtigkeitsgedankens anknüpfen – nämlich Motive der Vergeltung und de Reziprozität.

Im Prinzip der *Vergeltung* ist begriffen und als Forderung institutionalisiert, daß das Recht auf einem Zeitzusammenhang des Handelns verschie

---

39 Hierzu gut: D. DEMETRACOPOULOU LEE, *A Primitive System of Value* Philosophy of Science 7 (1940), S. 355–378.

40 So für die antike Rechtsentwicklung LOUIS GERNET, *Le temps dans l formes archaïques du droit.* Journal de psychologie normale et pathologique 5 (1956), S. 379–406.

41 Das gilt selbst für die frühen Stadien von Hochkulturen noch. Vgl. auß GERNET, a. a. O. (1956), z. B. HANS J. WOLFF, Beiträge zur Rechtsgeschichte Al griechenlands und des hellenistisch-römischen Ägypten. Weimar 1961, S. 34 112 f. Zum relativ späten Auftreten promissorischer Eide vgl. auch ALEXAND SCHARFF/ERWIN SEIDL, Einführung in die ägyptische Rechtsgeschichte bis zum En des Neuen Reiches. Bd. I, Glückstadt–Hamburg–New York 1939, S. 29, 49 ff.

dener Menschen beruht. Die Rechtsverletzung erfordert nicht nur vorbeugende oder verhindernde Abwehr, nicht nur Herstellung des richtigen Zustandes selbst, sondern darüber hinaus Rache – und dies, obwohl inzwischen Zeit vergeht (Blutrachefehden erstrecken sich oft über Generationen) und das Handeln im Vergleich zur ursprünglichen Rechtserwartung inkomparable Formen annehmen kann. Diese Sinnzusammenfassung ist die entscheidende Leistung, und darin liegt zunächst nicht notwendig auch ein Maßstab für die Reaktion. Vergeltung ist die elementare, nahezu voraussetzungslos institutionalisierbare zeitlich-sachlich-soziale Generalisierung des Rechts; sie ist gleichsam das zuerst einfallende Rechtsprinzip. Sie soll die Erwartung als Erwartung erhalten – nicht sie durch Beseitigung des Schadens noch nachträglich erfüllen. Der Schwerpunkt liegt in der expressiven Funktion. Daher ist Rache zunächst und ‹mit Recht› maßlos.[42] Ihre Mäßigung durch das Prinzip der Talion, durch genau tarifierte Bußkataloge und dergleichen ist eine kulturelle Errungenschaft spätarchaischer Gesellschaften, ist eine wesentliche Voraussetzung für eine stärkere Differenzierung des Normgefüges – und ist zugleich einer der ersten Rechtsbrüche in der langen Evolution des Rechts.

Weniger klar liegt der Fall der *Reziprozität*. Dieses Prinzip löst das gleiche Problem zeitlicher, sachlicher und sozialer Generalisierung für *positive* Leistungen. Bezeichnend ist auch hier, daß trotz Zeitverschiebung und sachlicher Verschiedenheit der Leistungen verschiedener Personen ein Sinnzusammenhang hergestellt werden kann. Reziprozität leuchtet ein, soweit die Lagen, in denen Rechte und Pflichten bestehen, reversibel sind: Nur der, der in die Lage kommen kann, in welcher der andere sich befindet, kann im anderen sich selbst erkennen und achten. Die Gegenläufigkeit der Leistungen, das Geben und Empfangen, läßt sich dann formal als Symmetrie darstellen und vermag eben dadurch ein beträchtliches Maß an Ungleichheit der Zeitpunkte, Leistungen und Personen mit zu rechtfertigen. Der Ordnungserfolg der Reziprozität beruht auf einer Gleichheit, die keine ist.

Anders als im Falle der Vergeltung kann jedoch nicht vorausgesetzt werden, daß dieser Zusammenhang in archaischen Gesellschaften gesehen und als solcher institutionalisiert wird. Insofern wird die verbreitete Ansicht, Reziprozität sei das Grundprinzip des archaischen Rechts,[43] dessen eigenem Sinnerleben kaum gerecht. Natürlich gibt es Institutionen, die Gegenseitigkeit auf Dauer stellen und das Aushalten vorübergehender Unbalanciertheiten in den Beziehungen normieren: Institutionen der nach-

42 Siehe z. B. Robert M. Glasse, *Revenge and Redress Among the Huli. A Preliminary Account.* Mankind 5 (1959), S. 273–289.

43 Siehe z. B. Thurnwald, a. a. O., S. 5 f, 43 f; Bronislaw Malinowski, Sitte und Verbrechen bei den Naturvölkern. Wien o. J., S. 26 ff, 46 ff; Christian Sigrist, Regulierte Anarchie. Untersuchungen zum Fehlen und zur Entstehung politischer Herrschaft in segmentären Gesellschaften Afrikas. Olten/Freiburg-Br. 1967, S. 112 ff; Schott, a. a. O. (1970), S. 129 ff.

barlichen Hilfe und Dankespflicht, des Abhängigwerdens durch Annahme von Leistungen und der Verpflichtung zur Abgabe von Überschuß, kurz: Institutionen des zeitlichen Bedarfsausgleichs. Gerade weil dieser Ausgleich so wesentlich ist, findet man ihn jedoch typisch konkret normiert. Er wird von der einzelnen Leistung her gesehen, die als solche – und nicht wegen einer spezifizierten Gegenleistung – erwartet werden kann.[44] Die Einzelleistung wird als institutionalisierte Pflicht oder als institutionalisierte Machtchance erbracht, und erst die *Gegen*leistung wird als eine von der Vorleistung abhängige, auf sie bezogene, aber unspezifizierte Pflicht normiert. Das ist möglich, wenn die Reversibilität der Lagen und die wechselseitige Abhängigkeit noch selbstverständlich sind,[45] und hat den entscheidenden Vorteil höherer Elastizität und geringerer Störanfälligkeit, kommt mithin dem technischen und wirtschaftlichen Entwicklungsstand archaischer Gesellschaften entgegen: Partner und Ausmaß der Gegenleistung brauchen nicht wie beim Vertrag im voraus spezifiziert zu werden, und Störungen des einen Leistungsverhältnisses übertragen sich nicht automatisch auf das andere. Es gibt den unmittelbar vollzogenen Tausch, und es gibt die sehr problematische Institution der inhaltlich unspezifizierten Dankespflicht nach Annahme einer freiwilligen Leistung.[46] Der synallagmatische Vertrag, der den Tausch von Leistungen um der Gegenleistung willen zu einem Instrument *zeitlichen* Bedarfsausgleichs ausbaut, setzt in seiner Generalisiertheit und Spezifikation einen höheren Entwicklungsstand voraus. Und das gleiche dürfte für Reziprozität gelten, die an *Motivzuschreibungen*, vor allem an unterstellte Freiwilligkeit der Erstleistung anknüpft.[47]

Vergeltung und Reziprozität (zusammengenommen oft auch Reziprozität im weiteren Sinne genannt) bilden Grundgedanken des Rechts, weil sie kongruente Generalisierung von Verhaltenserwartungen ausdrücken.[48] Sie symbolisieren das Übergreifen der Distanzen in der Zeit, in sinnhaft-

---

44 Siehe dazu mit viel Material MARCEL MAUSS, *Essai sur le don. Forme et raison de l'echange dans les sociétés archaïques.* Neu gedruckt in: DERS., *Sociologie et anthropologie.* Paris 1950, S. 143–279. (Dt. Übers.: Die Gabe. Frankfurt 1968.)

45 In der Sprache THEODOR GEIGERS (Vorstudien, a. a. O., S. 62) könnte man auch formulieren: wenn Normadressaten und Normbenefiziare nicht zu stark differenziert sind.

46 Als Beispiel siehe HERODOT, Historien III, 139 ff – die Forderung der Herrschaft über Samos als Gegengabe für einen Mantel, den SYLOSON dem DAREIOS geschenkt hatte, als er noch nicht Großkönig war.

47 Siehe als experimentelle Untersuchung einer so konditionierten Reziprozität JOHN SCHOPLER/VAIDA DILLER THOMPSON, *Role of Attribution Processes in Mediating Amount of Reciprocity for a Favor.* Journal of Personality and Social Psychology 10 (1968), S. 243–250.

48 Man beachte, daß man, um diese Prinzipien des Rechts begreifen zu können, den Kongruenzgedanken von der Ebene der Erwartungen auf die Ebene der Handlungen verschieben muß. Es geht z. B. in der Zeitdimension nicht um das bloße Durchhalten von Erwartungen, sondern um die Überbrückung der Zeitdifferenz zwischen Tat und Vergeltung bzw. Leistung und Gegenleistung.

sachlichen Verschiedenheiten der Handlungen und zwischen den Personen für den Fall der Erwartungsenttäuschung und für den Fall positiver Leistungen. Insofern haben sie den Charakter fundamentaler Rechtsgedanken. Das impliziert jedoch nicht ohne weiteres, daß in diesen Grundgedanken auch abstrakte Kriterien gesehen werden, die dem faktischen Verhalten oder gar dem geltenden Recht *gegenübergestellt* werden. Immerhin kann man in den Spätphasen archaischer Rechte, vor allem in Gesellschaften, die schon ein gewisses Maß an politischer Organisation und damit Ansätze zu Schlichtungs- oder gar Entscheidungsverfahren kennen, beobachten, daß in bezug auf Vergeltung wie in bezug auf Reziprozität der Maßstabscharakter dieser Rechtsgedanken erkannt und als Gleichheitsprinzip angewandt wird. Auch insofern gelingt die Institutionalisierung leichter auf dem Gebiet der Vergeltung, wo das Prinzip der Talion das Ausmaß der Rache begrenzt, während der Umfang einer erforderlichen Gegenleistung wegen der Funktion des Bedarfsausgleichs weniger leicht zu fixieren ist. Vor allem aus der Überlieferung des frühgriechischen Rechtsdenkens ist ersichtlich, wie sehr das Problem des Übermaßes in den Rechtsinstitutionen angelegt ist und zum Ausdruck drängt – für die Vergeltung in der tiefgreifenden Einsicht, daß schon die Behauptung und Durchsetzung des eigenen Rechts ins Unrecht führt; für die Reziprozität in der Erkenntnis, daß in der Einforderung einer inhaltlich unspezifizierten Dankesschuld die Gefahr der Hybris liegt.

In der geringen Komplexität der archaischen Gesellschaften und ihres Rechts findet man schließlich auch die spezifischen Druckstellen und Schwierigkeiten, die weitere Entwicklungen teils direkt motivieren, teils ermöglichen und nahelegen. Die Evolutionstheorie hat zwar die Vorstellung bestimmter Ursachen und vorbestimmter Wege einer linearen und kontinuierlichen Entwicklung aufgegeben; Evolution hat gerade darin ihre Wahrscheinlichkeit, daß sie auf verschiedene Weise erfolgen kann. Gleichwohl hat kein strukturiertes System beliebige Möglichkeiten der Entwicklung. Eine Analyse der Struktur archaischer Gesellschaften unter dem Gesichtspunkt von Umweltlage und Komplexität verspricht daher einigen Aufschluß über Antriebe, Möglichkeiten und Engpässe der Entwicklung.

Zu den offensichtlichen und drückendsten Dysfunktionen des archaischen Rechts gehören die hohen unmittelbaren und mittelbaren Kosten der Blutrache. Sie können durch Regulierung der Bedingungen und der Durchführung von Selbsthilfe und durch funktional äquivalente Sanktionsmittel (namentlich die Unterstellung des Eintretens übernatürlicher Sanktionen und lediglich beschämende, entehrende, aber gewaltlose Sanktionen) gemildert, aber nicht ausgeräumt werden, und sie machen sich mit der steigenden Komplexität der Gesellschaft stärker bemerkbar. In dem Maße, als die Sippe Träger der Selbsthilfe ist, bereitet es ferner Schwierigkeiten, sippeninternes Recht zu schaffen und durchzusetzen. Eine zur Regulierung der Sippenfehden errichtete ‹Gerichtsbarkeit› macht an der Schwelle des Hauses halt. Mord unter nahen Verwandten bleibt daher in einfachen Gesellschaften nicht selten ungesühnt – einerseits, weil der Mörder seine unmittelbare Umgebung kontrolliert und niemand sonst als Rächer auftreten kann; andererseits aber auch dem Rechtsgefühl nach, weil der Mörder gleichsam sich selbst geschadet hat.[49]

Daneben fällt die geringe Abstrahierbarkeit und Detaillierbarkeit des Rechts ins Gewicht. Sie wird durch die Drastik der Sanktionen blockiert. Eine genauere Ausformulierung der Rechtsvorschriften zur Anpassung an verzweigte, verschiedenartige Bedürfnisse ist nämlich nur möglich, wenn nicht jeder Rechtsverstoß Selbsthilfe, Kampf und Blutrache auslösen kann, sondern ein verfeinerter Katalog von Abwicklungsmöglichkeiten zur Verfügung steht.[50] Nicht zuletzt fehlt es an anspruchsvolleren Möglichkeiten sachlicher Informationsverarbeitung in Rechtsangelegenheiten. Das betrifft sowohl die Aufklärung vergangener Tatsachen als auch die Verfeinerung der Beurteilungskriterien. In beiden Hinsichten kann das Recht, solange keine Entscheidungsverfahren institutionalisiert sind, nur minimale Anforderungen stellen, und das begrenzt die Komplexität möglicher Normierungen scharf.

Wo finden sich in dieser Problemlage und unter diesen strukturellen Bedingungen Ansatzpunkte für die weitere Entwicklung?

Ein Ausgangspunkt liegt in der zugelassenen Zeitdifferenz von Tat und Vergeltung. Das ermöglicht die Einschaltung von Überlegung und sozialer Einflußnahme, die auf eine Regelung des Streitfalles hinwirken, zumal keine absolute Geltung der Norm den unbedingten Strafvollzug diktiert. Auch das weitverbreitete Asylrecht hat primär die Funktion eines Zeitgewinns.[51] So entstehen einfache Verfahren der Vermittlung und Schlichtung, der Überwachung des Verhaltens und der Pressionen, die als vorgeschaltete Bedingung der Rechtlichkeit der Selbsthilfe institutionalisiert

---

49 Vgl. z. B. ERWIN GRÄF, Das Rechtswesen der heutigen Beduinen. Walldorf 1952, S. 41 ff; MARGARET HASLUCK, *The Unwritten Law in Albania.* Cambridge/ Engl. 1954, S. 210 ff; ISAAC SCHAPERA, *The Sin of Cain.* Journal of the Roya[l] Anthropological Institute 85 (1955), S. 33–43; SIGRIST, a. a. O., S. 78, 118 ff.

50 Immerhin bringen es bereits archaische Gesellschaften auf einzelnen, für si[e] wirtschaftlich wichtigen Rechtsgebieten auch ohne staatliche Gerichtsbarkeit z[u] ziemlich komplizierten Regelungen. Siehe als Beispiele die letztlich nur auf Selbst hilfe gegründete Eigentumsordnung der Ifugao – nach R. F. BARTON, *Ifugao Law* University of California Publications in American Archaeology and Ethnology 1[5] (1919), S. 1–186; ferner das Recht der Yurok-Indianer nach A. L. KROEBER *Handbook of the Indians of California.* Washington 1925, S. 20 ff; oder die aus gefeilten Verteilungsregeln von Wildbeutergesellschaften, über die RÜDIGE[R] SCHOTT, Anfänge der Privat- und Planwirtschaft. Wirtschaftsordnung und Nahrungsverteilung bei Wildbeutervölkern. Braunschweig 1956, S. 284 ff, berichte[t]. Für Verfahrensrecht (eingehende Regelungen trotz Fehlens einer Kompetenz z[u] bindender Entscheidung) siehe als Beispiel GRÄF, a. a. O. Auch die Feststellunge[n] von RICHARD D. SCHWARTZ, *Social Factors in the Development of Legal Contro[l]: A Case Study of Two Israeli Settlements.* The Yale Law Journal 63 (1954) S. 471–491 (484 ff), stützen die Hypothese, daß die archaische Alternativenlosigkeit des Erwartens und Verhaltens in besonderen Interesselagen ziemlich konkr[et] ausgefeilte Normensysteme hervorbringen kann.

51 Vgl. GRÄF, a. a. O., S. 78 ff.

sein können.[52] In ihnen können dann auch Argumente zum Zuge kommen. Der Sinn eines solchen Zwischenganges, Palavers oder öffentlicher Darstellung des Streitfalles liegt eher im Aufhalten des Rechts als in seiner Feststellung und Durchsetzung. Es geht um Unterbrechung oder Verzögerung oder Vermeidung von Gewaltakten. Das aus Anlaß des Streites entstehende Interaktionssystem läßt teils Sippenführer, teils unbeteiligte, oft übermächtige Dritte auftreten und organisiert Meinungen und Pressionen, ist aber zunächst nicht als ein Entscheidungsverfahren gedacht, das den Streit durch aus Rechtsgründen bindende Feststellung des Rechts beendet.[53] Die Befolgung der Entscheidung ist nicht als solche normiert. Immerhin werden auf diesem Wege verfahrensartige Interaktionssysteme als kulturelle Typen geschaffen und eingeübt, so daß die spätere Einsetzung bindend entscheidender Gerichte nicht als Schöpfung aus dem Nichts, sondern in Anknüpfung an Vertrautes und Bewährtes erfolgen kann.[54]

Man kann daran sehen, daß ein soziales System Zeit benötigt, um Mechanismen neuartig zu kombinieren. Und erst wenn das möglich ist, kann Zeit ein Moment der Rechts*vorstellung* werden. Zeitreserven für Enttäuschungsfälle sind mithin eine wesentliche Entwicklungsbedingung. Aber nicht nur dies. Man kann den vorliegenden Beschreibungen archaischer Rechtskulturen weiter entnehmen, daß die rechtlichen Mechanismen der Konfliktslösung noch nicht funktional spezialisiert und auf sich selbst gestellt werden können. Sie setzen mittragende Strukturen und Prozesse anderer Art voraus, und da gibt es mehr oder weniger entwicklungsgünstige Anlehnungen. Die Vielzahl der Ansätze ermöglicht ein evolutionäres Experimentieren und Aussortieren. Die Lösung des Tangu-Stammes (Neuguinea), Konfliktsbereinigung mit der Institution von Festlichkeiten zu verbinden – also mit ohnehin bestehenden Ausnahmesituationen, bei denen bis zur Erschöpfung getanzt und Zorn ausgedrückt wurde, Reden

---

52 Typisches Material findet man bei Hoebel, *The Law of Primitive Man*, a. a. O.; Franz Leifer, Zum römischen vindex-Problem. Zeitschrift für vergleichende Rechtswissenschaft 50 (1936), S. 5–62; Pospisil, a. a. O., S. 144 ff, insbes. 254 f; Berndt, a. a. O., S. 311 ff (mit Berücksichtigung des direkten und indirekten Einflusses der Kolonialverwaltung); vgl. ferner Thurnwald, a. a. O., S. 145 ff; Robert B. Ekvall, *Law and the Individual Among the Tibetan Nomads*. American Anthropologist 66 (1964), S. 1110–1115; Redfield, a. a. O. (1967), S. 8 ff. Auch ein der gewaltsamen Rechtsbehauptung nachgeschobenes Verfahren, wie es für die Australneger bezeichnend ist, kann *per anticipationem* mäßigend wirken.

53 In einigen Fällen gibt es durchweg erfolgreiche Streitbeendigung durch mächtige Häuptlinge – so bei den Kapauku Papuas, die Pospisil, a. a. O., beobachtet hat. Auch dann ist die Intervention jedoch nicht als bindende Anwendung einer Norm gemeint, sondern als autoritative Schlichtung unter Berufung auf das Recht. Das ‹letzte Mittel› des Häuptlings, dem sich die Beteiligten allemal fügen, sind die eigenen Tränen (S. 255).

54 Wieweit der Übergang sich unbemerkt einspielt und wieweit er bewußt vollzogen wird, mag von Fall zu Fall verschieden sein. Für die antiken Stadtstaaten ist ein hohes Maß an Bewußtheit der grundlegenden Veränderung bezeichnend – bezeugt und gefeiert etwa in den ‹Eumeniden› des Aischylos.

gehalten, Vereinbarungen getroffen und bei dieser Gelegenheit Erwartungen neu definiert wurden –, hat keine Verbreitung gefunden.[55] Mehr Verbreitung hatte die Allianz mit konkret angesetzten magischen Vorstellungen und Praktiken, aber auch sie blieb in weiterer Sicht eine Sackgasse der Evolution. Der Durchbruch zu höheren Formen der Rechtskultur scheint nur solchen Gesellschaften gelungen zu sein, die ihren Konfliktslösungsmechanismus auf Machtunterschiede zwischen Gruppen oder/und auf Statusunterschiede zwischen Personen stützten – eine am Anfang keineswegs selbstverständliche Lösung. Diese Anlehnung ließ sich nämlich zu einer besonderen Form der politischen Herrschaft ausdifferenzieren und generalisieren. Darauf kommen wir zurück

Ein andersartiger Entwicklungsfortschritt ist in der magischen *Formalisierung und Ritualisierung* mancher spätarchaischer Rechte zu verzeichnen. Rückblickend betrachtet zeigen Formalismen dieser Art eine sinnlose Rigidität: Eine falsche Geste erzürnt die Götter, ein falsches Wort verwandelt Recht in Unrecht. Es ist klar, daß damit nicht zu bewältigende Entscheidungslasten abgeschoben werden, und gerade diese Funktion findet man auch noch in den Gerichtsverfahren relativ hochstehender Kulturen.[56] Von den Anfängen der Rechtsentwicklung her gesehen liegt die Funktion des Ritualismus jedoch in der Abstraktionsleistung, in der Spezifikation und in der Rollenneutralisierung rechtlicher Formen, die dadurch situationsunabhängig und überlieferungsfähig werden und als Formen dem Streit entzogen werden können. Auf diese Weise konnte das Gerichtsverfahren mit seinen Formalismen und unberechenbaren Risiken sich zunächst noch in das Gefüge von Pressionen einordnen, das wie in archaischen Gesellschaften in vielen Fällen eine friedliche Beilegung des Streites bewirkte,[57] und konnte doch schon dazu beitragen, das Recht strukturell aus der Abhängigkeit von dem Aufbau der Sippenverbände herauszulösen[58]. Der Begriffsfetischismus der juristischen Dogmatiken späterer Hochkulturen wäre ohne

55 Siehe dazu Kenelm O. L. Burridge, *Disputing in Tangu*. American Anthropologist 59 (1957), S. 763–780. Das Zeitproblem zeigt sich an diesem Fall im übrigen daran, daß man bei ernsthaften Erwartungskonflikten nicht auf das zu Beginn der Saison fällige Fest warten konnte, sondern ein entsprechendes Fest *ad hoc* improvisieren mußte.

56 Eindrucksvolles Material bei Heinrich Siegel, Die Gefahr vor Gericht und im Rechtsgang. Sitzungsberichte der Philosophisch-Historischen Classe der Kaiserlichen Akademie der Wissenschaften, Wien 51 (1865), S. 120–172.

57 Diesen Gesichtspunkt beleuchtet Frederick Pollock, *English Law Before the Norman Conquest*. The Law Quarterly Review 14 (1898), S. 291–306. Vgl. auch Erich Gaisser, Minne und Recht in den Schöffensprüchen des Mittelalters. Diss. Tübingen 1955. Siehe ferner die oben S. 149, Fußn. 24 gegebenen Hinweise auf fernöstliche Rechtsordnungen.

58 Das betont Otto von Zallinger, Wesen und Ursprung des Formalismus im altdeutschen Privatrecht. Wien 1898, und stützt auf dieses Argument die These, daß Formalismus kein ursprünglich-archaisches Rechtsmerkmal ist, sondern in der Phase des Übergangs zu verfahrensabhängigem, höher kultiviertem Recht entsteht.

diese Vorleistung nicht möglich gewesen und baut sie nur ins Unanschauliche der Begriffe und damit zu größerem Reichtum an Varianten und Anpassungsmöglichkeiten aus. Die eigenständige Ausbildung des Rechts zu höherer Abstraktheit und Komplexität im weiteren Verlauf der Entwicklung hängt dann weitgehend davon ab, daß Ritualien zwar Überleitungshilfen gewähren, aber nicht zum einzigen Funktionsträger, nicht zum einzigen Prinzip der Ausdifferenzierung des Rechts und damit konkret unentbehrlich werden, sondern daß sie mit Hilfe politisch eingesetzter Ämter und Verfahren im Maße ihrer Entbehrlichkeit wieder abgebaut werden können – eine Bedingung, die im antiken Mittelmeerraum erfüllt und dann im Übergang zur Neuzeit wiederholt werden konnte.

Weiter muß die wirtschaftliche Entwicklung im Auge behalten werden, die – namentlich als Folge des Übergangs zum Ackerbau und dann zu weiträumigeren Handelsbeziehungen – zu einer stärkeren Differenzierung, Spezifizierung und schließlich Mobilisierung wirtschaftlich relevanter Rechtsstellungen Anlaß gibt. Sehr alte Regelungen der Kooperation beim Erwerb, der Verteilung und des Risikoausgleichs, die man bereits in den einfachsten Wildbeutergesellschaften findet, müssen umgeformt, verfeinert, vermehrt, auf Bodenbesitz, Vorräte usw. ausgedehnt werden. Wo die Geldwirtschaft beginnt, kommt es zu Rechtsstreitigkeiten zwischen Personen aus verschiedenen sozialen Schichten, die nach Entscheidung verlangen. Grundbesitzer geraten in Schulden. Probleme des Kredits treten auf, die sich nicht mehr im Rahmen wechselseitig-nachbarlicher Angewiesenheit lösen lassen, sondern auf einen voraussehbar funktionierenden Rechtsmechanismus angewiesen sind. Kredit versteht sich nicht mehr als Funktion des verwandtschaftlichen und stammesmäßig-politischen Kontextes von selbst, sondern muß aufs Wirtschaftliche isoliert und deshalb rechtlich abgesichert werden. Vermögensbildung ermöglicht eine Abfindung der unmittelbaren Gewalt, die für Ackerbauern ohnehin nicht so naheliegt wie für Jagdvölker. Die Ablösung der Blutrache durch ein System von Kompositionen überwiegt und wird normal.[59]

Doch dieser zunächst sicher einleuchtende Ausweg erweist sich im Laufe der Entwicklung als unfruchtbar, da er die Fehden mindern, nicht aber unterbinden kann. Sehr viel radikalere Strukturänderungen werden erforderlich. Der Durchbruch zu einer neuartigen evolutionären Errungenschaft nimmt einen ganz anderen Weg. Mit der wirtschaftlichen Entwicklung nimmt ganz einfach die Zahl der Fälle zu, in denen Rechtsfragen streitig werden. Dadurch werden Selbsthilfe und Kampf zunehmend inopportun, und es entsteht ein Bedarf für die Institutionalisierung von Verfahren zur laufenden Entscheidung von Rechtsstreitigkeiten und im materiellen Recht ein Bedürfnis nach einer Trennung von Zivilrecht und

59 Vgl. den Überblick bei L. T. Hobhouse / G. C. Wheeler / M. Ginsberg, *The Material Culture and Social Institutions of the Simpler Peoples. An Essay in Correlation.* London 1915, S. 80.

Strafrecht, die auf dem Boden der Selbsthilfe nicht möglich war.[60] Dem kommt entgegen, daß es mit zunehmender Differenzierung mehr und mehr Möglichkeiten gibt, die Lebensführung einzurichten, und so auch mehr und mehr Streitparteien, die nicht darauf angewiesen sind, künftig zusammenzuleben. Die archaische Alternative von Versöhnung oder Kampf kann dann ersetzt werden durch die neue Form bindender Gerichtsentscheidung, die nicht auf Zustimmung angewiesen ist, keine Verständigung der Parteien einleitet, sondern lediglich dazu dient, bestimmte streitig gewordene Rechtsverhältnisse abzuwickeln, und es dem einzelnen überläßt, sich selbst und seine sozialen Beziehungen entsprechend zu akkomodieren. In solchen Verfahren kann dann zugleich das Recht für sehr verschiedenartige, sich absehbar wiederholende Problemlagen erarbeitet und durch bindende Entscheidung festgestellt werden, bis schließlich Schrift erfunden wird und das Festhalten solcher Entscheidungen von Erinnerungsvermögen und mündlicher Tradierung unabhängig macht und so die mögliche Komplexität des Rechts immens erweitert. Damit überschreitet das Recht die Schwelle der vorneuzeitlichen Hochkulturen.

Schließlich ist zu beachten, daß die wirtschaftliche und politische Entwicklung spätarchaischer Gesellschaften überall dort, wo sie zur Einigung und Befriedung größerer Territorien führte, das Problem des Verbrechens zunächst verschärfte, da sie dem Verbrecher neue Chancen schuf – nämlich die Chance, sich dem Arm der rächenden Sippe durch Flucht in andere Gegenden zu entziehen. ‹Sezession› des Verbrechers ist nur für Nomadenvölker eine leichtgängige Problemlösung. Sie wird problematisch und führt zur Fortsetzung verbrecherischer Lebensführung, wenn zur Lebensführung Güter erforderlich sind und wenn die aufnehmenden Stämme nicht mehr am Erwerb neuer, kräftiger Mitglieder interessiert sind. Es ist eine reine Vermutung, daß die Zentralisierung der Strafjustiz im frühen China in solchen wandernden Verbrechern ihren Anstoß hatte;[61] für die *criminosi* des Frankenreiches ist der Zusammenhang bezeugt[62]. Das durch wirtschaftliche Entwicklung und politische Pazifizierung geschaffene Problem konnte nur politisch gelöst werden – und zwar durch Einsetzung einer direkt auf das Individuum zugreifenden Strafgerichtsbarkeit.

Eine Einrichtung von Entscheidungsverfahren für Rechtssachen ist aber nur möglich, wenn im politischen System der Gesellschaft gewisse Vorbedingungen erfüllt sind. Insofern liegt in der Herausdifferenzierung besonderer politisch-administrativer Rollen und Interaktionssysteme nicht nur ein Anlaß unter anderen, sondern eine wichtige, unentbehrliche Vorbe-

60 Vgl. dazu Weber, Rechtssoziologie, a. a. O., S. 92 ff.

61 Bezeugt ist die umgekehrte Beziehung: daß die räumliche Entfernung des Verbrechers ein politisches Mittel war, Blutrache zu unterbinden. Vgl. T'ung-Tsu Ch'ü, *Law and Society in Traditional China.* Paris–Den Haag 1961, S. 82 f.

62 Vgl. Seagle, a. a. O., S. 115. Für die weitere Geschichte dieses Problems siehe C. J. Ribbon-Turner, *A History of Vagrants and Vagrancy and Beggars and Begging.* London 1887.

dingung der weiteren Rechtsentwicklung.[63] So wichtig die allgemeine soziale und wirtschaftliche Entwicklung für die inhaltliche Ausprägung der jeweiligen materiellen Rechtsnormen ist, so bedeutsam ist die politische Entwicklung für die Institutionalisierung von Verfahren. In allen einfachen Gesellschaften wird die politisch-administrative Funktion der Herstellung und Durchsetzung kollektiv-bindender Entscheidungen im Verwandtschaftskontext miterfüllt und durch ihn legitimiert; sie wird allenfalls situationsmäßig, nicht aber nach Rollen oder gar nach besonderen, dauerhaft stabilisierten Sozialsystemen von anderen Funktionskreisen getrennt.[64] Auf dieser Grundlage können starke Männer, Sippenälteste, Stammesräte, Häuptlinge aus bevorzugten Familien oder auch wechselnde Einzelpersonen ohne institutionelle Designation bei Bedarf und Gelegenheit politisch-administrative Funktionen übernehmen; es können sich über den einzelnen Sippen und lokalen Wohngemeinschaften Stammesverbände mit eigenen Stammesfürsten bilden, so daß eine Häuptlingshierarchie entsteht.[65] Der Verwandtschaftszusammenhang bleibt Grundlage und Regulativ für eine Vielzahl verschiedenartigster Funktionen, und diese funktional-diffuse Struktur be-

---

63 Vgl. dazu als Überblick S. N. Eisenstadt, *Primitive Political Systems. A Preliminary Comparative Analysis.* American Anthropologist 61 (1959), S. 200 bis 220; David Easton, *Political Anthropology*, a. a. O.; Lucy Mair, a. a. O.

64 Zum Funktionieren von Politik und Verwaltung auf dieser sozialstrukturellen Grundlage vgl. M. G. Smith, *On Segmentary Lineage Systems.* The Journal of the Royal Anthropological Institute of Great Britain and Ireland 86 (1956), S. 39 bis 80; Lloyd Fallers, *Political Sociology and the Anthropological Study of African Politics.* Europäisches Archiv für Soziologie 4 (1963), S. 311–329; Mair, a. a. O. Für Einzelbeispiele siehe ferner Isaac Schapera, *Government and Politics in Tribal Societies.* London 1956; John Middleton / David Tait (Hrsg.), *Tribes Without Rulers. Studies in African Segmentary Systems.* London 1958; F. Barth, *Political Leadership Among the Swat Pathans.* London–New York 1959; I. M. Lewis, *A Pastoral Democracy. A Study of Pastoralism and Politics Among the Northern Somali of the Horn of Africa.* London–New York–Toronto 1961; Jan van Velsen, *The Politics of Kinship. A Study in Social Manipulation Among the Lakeside Tonga of Nyasaland.* Manchester 1964; Sigrist, a. a. O.

65 Diesen Aufbau kontrastiert mit einfacheren archaischen Strukturen Marshall D. Sahlins, *Poor Man, Rich Man, Big-Man, Chief. Political Types in Melanesia and Polynesia.* Comparative Studies in Society and History 5 (1962–63), S. 285–303. Solche Hierarchien auf segmentärer Grundlage müssen von den späteren Hierarchien politisch konstituierter Gesellschaften unterschieden werden. Der Vorrang des höheren Häuptlings gründet sich lediglich darauf, daß er die gleichen Funktionen wie die unteren für einen größeren (umfassenden) Verband erfüllt, nicht aber, wie in späteren Gesellschaften, auf ein Monopol für spezifische Funktionen (z. B. für Entscheidung über Gewaltanwendung) und eine dafür ausdifferenzierte Sonderstellung. Auch die Hierarchien segmentärer Gesellschaften sind mithin nach dem Prinzip der Segmentierung und nicht nach dem Prinzip der funktionalen Differenzierung konstruiert. Entsprechend fehlt den übergeordneten Häuptlingen, die gleichsam nur ‹Groß-Väter› sind, zumeist die Kraft, ohne Absicherung durch breiten Konsens oder durch weiten verwandtschaftlichen Anhang bindende Entscheidungen zu treffen und durchzusetzen. Ihre Macht wird in der umfassenderen, höheren Stellung geringer in dem Sinne, daß sie in der Familie, der sie vorstehen, größer ist als in der Sippe, der sie vorstehen, dort größer als im

grenzt die erreichbare Komplexität der Gesellschaft – im Rechtsbereich: die möglichen Entscheidungsthemen.

Die weitere Entwicklung stützt sich darauf, daß die politische Herrschaft aus dem Verwandtschaftszusammenhang herausgenommen und unabhängig von ihm relativ autonom konstituiert wird. Die historischen Ursachen, die dazu führen, können sehr verschiedenartig sein: Wanderungen und kriegerische Überlagerungen (z. B. im vorkolumbianischen Amerika, in Ostafrika), Bau und Verwaltung von Bewässerungssystemen (in den Stromtalreichen Asiens und Ägyptens) oder eine autochthone wirtschaftliche Entwicklung mit Stadtbildung (im antiken Mittelmeerraum). Die Stabilisierungsmittel sind vor allem Konzentration physischer Gewalt und magisch-religiöse Legitimation in abstrakteren, nicht mehr auf Ahnenkult angewiesenen Kategorien. Im Ergebnis wird, trotz vieler rückläufiger Entwicklungen, in manchen voneinander unabhängigen Fällen eine neuartige Entscheidungskompetenz geschaffen, die sich von den streitenden Parteien unabhängig weiß und die Möglichkeit hat, sich durchzusetzen (wenngleich sehr oft nur im Wege des Kompromisses mit den mächtigen Familien des Landes).[66] Die Möglichkeit, bindende Entscheidungen zu treffen, ist nun mit einer gewissen Selektionsbreite institutionalisiert, und nun können Verfahren organisiert werden, die diese Selektion der Entscheidung durchführen. Von da ab kann (nicht muß!) die Rechtsentwicklung jenen Weg der Hochkultur nehmen, den wir im folgenden Abschnitt näher behandeln werden. Damit bleibt noch eine für die Rechtsentwicklung wesentliche Alternative offen: ob die politischen Verfahren sich – wie namentlich in China – hauptsächlich der Strafrechtspflege zuwenden oder ob es – wie in den antiken Stadtstaaten des Mittelmeerraums, vor allem in Rom – gelingt, darüber hinaus auch die verblüffende Institution eines ‹politischen Privatrechts› (‹Zivilrecht›) zu schaffen, an dem der einzelne als politischer Bürger teilhat.

Zusammenfassend läßt sich festhalten, daß in allen erörterten Hinsichten die Rechtsentwicklung davon abhängt, daß die gesellschaftlich verfügbare Komplexität sich steigern läßt.[67] Dazu müssen vor allem im Bereich der Rechtsformen, im Bereich der Wirtschaft und im politisch-administrativen Funktionszusammenhang angebbare Voraussetzungen geschaffen

---

Stamm und dort größer als in der Konföderation von Stämmen, die sie leiten. Seit Aidan W. Southall, *Alur Society. A Study in Processes and Types of Domination.* Cambridge/Engl., o. J. (1953), unterscheidet man diesen älteren Typus auch begrifflich als ‹pyramidenhaften› Aufbau der Gesellschaft von Hierarchien im engeren Sinne.

66 Zu den Stabilisierungsproblemen solcher politischer Herrschaften vgl. S. N. Eisenstadt, *The Political Systems of Empires.* New York–London 1963, und für frühere Stadien der Entwicklung auch Sigrist, a. a. O., insbes. S. 240 ff.

67 Auch Ethnologen sehen darin die ausschlaggebende Variable der Rechtsentwicklung. Vgl. z. B. Hoebel, a. a. O., insbes. S. 289, 327; oder Redfield, a. a. O., S. 22.

werden. Archaische Gesellschaften findet man auf einem Niveau relativ geringer Komplexität stabilisiert. Ihre Probleme sind einfacher, weil es weniger Problemlösungen gibt, und ihre Problemlösungen sind einfacher, weil es weniger Probleme gibt. Ihre Stabilität beruht auf einem Mangel an Alternativen. Ihr Welterleben, ihre Formen der Rechtsbehauptung und Enttäuschungsabwicklung, ihre typischen Probleme, Gefährdungen und Abwehrstrategien sind durch diesen Grundzug geringer Komplexität des gesellschaftlichen Systems aufeinander bezogen. Probleme und Problemlösungen sind unter dieser Bedingung aufeinander eingespielt. Das garantiert hohe Innenstabilität bei hoher Außengefährdung. Die Chancen weiterer Entwicklung liegen deshalb weniger in der Struktur einer einzelnen Gesellschaft als in der Vielzahl von verschiedenartigen Gesellschaften begründet, die unter sehr verschiedenen Ausgangslagen und Umweltbedingungen die vielfältigsten Kombinationen ausprobieren.

Zu Krisen kommt es vor allem, wenn sich in einzelnen Funktionsbereichen höhere Komplexität ausbildet – etwa durch Vervielfältigung des Formenrituals, durch Individualisierung von Angst und durch Generalisierung der Moral, durch politische Gewaltherrschaft oder durch Vermehrung des Wirtschaftspotentials. Dann drohen jene Unbalanciertheiten (Formenvielfalt ohne Bezug auf die individuell gewordene Lebensangst oder auf die wirtschaftlichen Bedürfnisse; Gewaltherrschaft ohne hinreichendes Wirtschaftspotential und ohne ausreichend abstrakte religiöse Legitimation; Wirtschaftsentwicklung ohne ausreichende politisch-administrative Entscheidungskompetenzen und ohne wirtschaftsneutrale Religiosität), die die Stabilität der Gesellschaft gefährden und Rückentwicklungen einleiten, wenn nicht die komplementären Voraussetzungen innerhalb relativ kurzer Zeit nachentwickelt werden können. Eine Überleitungszeit ist konzediert; es kann sich nicht alles auf einmal ändern. Überleitungsfunktionen erfüllen jene Vorformen (ritualisierte Rechtsformen, Schlichtungsverfahren, pyramidenhafte Hierarchie usw.), die wir erörtert haben und die zunächst fast bruchlos in die neue Ordnung politisch konstituierter, hochkultivierter Gesellschaften übernommen werden können. Schließlich aber wird höhere Komplexität, Reichtum an Varianten und Alternativen, selbst zum wichtigsten Stabilisierungsfaktor, und dann werden Rückentwicklungen unwahrscheinlich. Die Gesellschaft stabilisiert sich auf einem Niveau höherer Komplexität mit Hilfe eben dieser Komplexität. Das Recht erhält dadurch einen anderen Gesamtsinn, auch wenn einzelne Normen unverändert bleiben.[68] Es wird zu einem Komplex von Entscheidungsprämissen ausgearbeitet, und sein Bezug auf die elementaren rechtsbildenden Prozesse wird durch Entscheidungsverfahren vermittelt.

68 «Es brachte eine Umwertung aller Werte mit sich, als man aus dem lockeren Staat der Selbsthilfe in den Polizeistaat hineinschritt», sagt ANDREAS HEUSLER, Germanentum. 2. Aufl., Heidelberg 1936, S. 11, für das Mittelalter.

Während bei archaischen Gesellschaften die Vielheit verschiedenartiger Ausprägungen relativ einfacher Rechtsordnungen eine zusammenfassende Schilderung erschwerte und uns zwang, von allen Details abzusehen, liegt das Problem jetzt in der inneren Komplexität des Rechts der einzelnen Hochkulturen. Nur wenige Gesellschaften erreichen einen Entwicklungsstand, für den die Merkmale einer Hochkultur im Bereich des Rechts zutreffen. Im wesentlichen muß man an den chinesischen, den indischen, den islamischen, den griechisch-römischen und dann kontinentaleuropäischen und an den angelsächsischen Rechtskreis denken. Nur in den letzten beiden Fällen werden die Möglichkeiten der inneren Differenzierung eines hochkultivierten Gesellschaftssystems auf dem Gebiete des Rechts so weit ausgeschöpft, daß Rechtsordnungen entstehen, die tragfähige Grundlagen für die weitere Entwicklung, für die Positivierung des Rechts, hergeben. Es handelt sich also nur noch um wenige verschiedene Rechtskreise. Dafür aber ist die innere Komplexität dieser Rechtsordnungen, die Vielfalt der geltenden Normen, so groß, daß auch hier im Rahmen der allgemeinen Rechtssoziologie eine adäquate Behandlung des Normengefüges selbst ausgeschlossen ist. Auch in diesem Abschnitt müssen wir uns daher auf wenige Grundzüge, im wesentlichen auf die Bedingungen der Rechtserzeugung und den allgemeinen Stil des Rechtserlebens beschränken.

Hochkulturen vorneuzeitlicher Art bilden sich in Gesellschaften mit *unvollständiger funktionaler Differenzierung*. Sowohl im religiösen als auch im wirtschaftlichen als auch im politischen Bereich gibt es bereits Funktionszentren, die sich durch je ihre spezifische Leistung rechtfertigen. Es gibt Tempel, Kirchen oder Klöster, Priester und Gelehrte, die sich nicht mehr nur mit der religiösen Interpretation von Ereignissen, sondern mit der Interpretation der Religion selbst befassen. Es gibt Märkte oder zentrale Lager- und Verteilungsstätten, die dem wirtschaftlichen Bedarfsausgleich zwischen Nichtverwandten dienen. Es gibt politische Herrschaft, die in gewissem Umfange normalerweise durchsetzbare Entscheidungen treffen kann, an Macht allen Einzelkräften des Landes überlegen und wegen dieser politisch-administrativen Ordnungsleistung unentbehrlich ist. Vom täglichen Leben her gesehen regieren diese zumeist städtischen Funktionszentren jedoch nur Ausnahmesituationen. Außerhalb ihrer, relativ unabhängig von ihnen und relativ unbeeinflußt durch sie lebt die Masse der Bevölkerung in der alten Verwandtschaftsordnung, in ‹Häusern› und Dörfern, zu denen gelegentlich in Städten Berufsverbände hinzutreten.[69] Man hält sich an die überlieferten Muster der Lebensführung. Dem entspricht ein gestiegener, gemessen an heutigen Vorstellungen aber immer noch sehr geringer Bedarf an Recht.

69 Für ein in die Gegenwart hineinreichendes typisches Beispiel siehe Margaret Hasluck, *The Unwritten Law in Albania*, a. a. O.

In den frühen Hochkulturen, namentlich des Orients, die politisches und religiöses Teilsystem der Gesellschaft zwar aus der Geschlechterordnung herauslösen, aber voneinander nicht trennen, entwickelt sich ein religiös gebundenes Recht, das geschlossen überliefert wird und nicht ausreichend unter verfahrensmäßige Kontrolle und Weiterbildung gebracht werden kann – daher manche praxisfernen Züge aufweist und zum Teil auf recht willkürliche Handhabung hinausläuft. Gleichwohl gelingt, vor allem in Mesopotamien auf der Grundlage einer frühen Differenzierung religiös-ökonomischer und politisch-militärischer Einrichtungen und Gerichtsbarkeiten, die Ausbildung eines brauchbaren Verkehrsrechtes, das den späteren, literarisch kanonisierten ‹heiligen Rechten› als Unterbau dient. Solche heiligen Rechte, als letztes und eindrucksvollstes das islamische, entstehen in einer Bewegung religiöser Erneuerung. Trotz Abstraktion des religiösen Gedankengutes können sie in ihren begrifflichen Schematisierungen nicht jene Lernfähigkeit, nicht jene Konfrontierung mit problematischen Erfahrungen ausbilden, die wir am römischen Recht bewundern; können sie sich nicht an spezifisch juristischen Erfahrungen kontrollieren und weiterentwickeln, sondern werden als literarischer Corpus und Gegenstand gelehrter Beschäftigung tradiert.[70] Die Antriebe zur Rationalisierung des Rechts liegen nicht in den Problemen des steigenden Güterverkehrs, sondern in dem «Bedürfnis eines bestimmten Kreises von Frommen nach religiöser Wertung aller Lebensverhältnisse» [71]. Daß unterhalb des Normenbereichs solcher heiligen Rechte ein ausreichend wirksames Verkehrsrecht praktiziert werden kann, ist durch die orientalische Rechtsentwicklung mehrfach bezeugt. Dessen Systematisierung und Rationalisierung leidet dann aber an den notwendigen Rücksichten auf das heilige Recht. Eine interessante, sehr beständige, aber wenig entwicklungsfähige Ausformung dieser Lage fand sich im chinesischen Recht, nämlich in einer religiös explizierten politischen Zentralisierung über einer fortlebenden archaischen Familienordnung und deshalb: politische Zentralisierung nur des Strafrechts und des auf Strafen gestützten Staats- und Verwaltungsrechts neben einer fortlebenden archaischen Rechtspraxis und Ausgleich dieser Widersprüche durch eine generalisierte relationale Situationsmoral der harmonischen Einstimmung mit der Natur, die, insofern archaisch, das Durchsetzen von Rechten qua Geltung desavouiert, aber in ihrem generalisierten Weltverständnis und in ihrer Betonung der Differenzierung den Anforderungen der Hochkultur und im übrigen den besonderen Möglichkeiten der chinesischen Sprache entspricht.[72]

---

70 Hierzu und zur Einstellung eines heiligen Rechts auf die damit gegebene faktische Lage bietet das islamische Recht ein gutes Beispiel. Vgl. JOSEPH SCHACHT, *An Introduction to Islamic Law*. Oxford 1964.

71 So JOSEPH SCHACHT, Zur soziologischen Betrachtung des islamischen Rechts. Der Islam 22 (1935), S. 207–238 (221).

72 Vgl. zum Inhaltlichen dieses Rechtsverständnisses z. B. JEAN ESCARRA, *La conception chinoise du droit*. Archives de philosophie du droit et de sociologie juridique 5 (1935), S. 7–73; DERS., *Le droit chinois*. Peking–Paris 1936, S. 7–84;

Ähnlich limitierend, aber im Ergebnis sehr anders, wirkt es sich aus, wenn das politische System sich von religiösen Bindungen stärker distanzieren kann, aber an das Haus und die Ökonomie (und das heißt vor allem: den Grundbesitz) der politischen Herrscher gebunden bleibt und in der Form einer patrimonialen Hausverwaltung geführt wird. Beispiele dafür findet man auf autochthoner Grundlage im homerischen Griechenland, in afrikanischen Königtümern, im vorneuzeitlichen Rußland oder in der Form der Rückentwicklung aus stärker ausdifferenzierten politischen Ordnungen zeitweise in Ägypten und vor allem nach dem Zusammenbruch des römischen Reiches. In solchen Fällen wird die Rechtspflege verwaltungsmäßig betrieben, in den Rechts- und Aufgabenkatalog des fürstlichen Hauses eingegliedert, verfolgt aber keine eigenen Ordnungsziele und stützt sich auf das überlieferte oder das fallweise eruierte Volksrecht. Auch hier fehlen Impulse zur spezifisch juristischen Durcharbeitung des Rechts. Die Rechtspraxis benötigt nicht einmal territorial fest definierte Grenzen und in diesen Grenzen Rechtseinheit, sondern verträgt ein nach Personengruppen differenziertes Recht.

Ein religiös und vom Haus der Herren weitgehend unabhängiges, vom gerichtlichen Verfahren aus und für dieses konstruiertes Recht setzt, wie die Geschichte der antiken Stadtstaaten belegt, einen *gesellschaftlichen Primat des politischen Funktionszentrums* voraus. Nur unter dieser Voraussetzung konnten jene großen juristischen Leistungen erbracht und vor allem jene seltsam unnatürlichen, aber verkehrsgünstigen oder prozeßpraktischen Rechtskonstruktionen durchgesetzt werden, die das römische Recht auszeichnen – etwa der Gedanke, dem Käufer das Mängelrisiko aufzubürden und nicht dem Verkäufer, vom dem die Sache doch stammt, oder aus aktuellem (und nicht aus altem) Besitz eine Eigentumsvermutung herzuleiten. Im Mittelmeerraum der Antike beruht der Übergang zum kultivierten, fachlich-juristisch gepflegten Recht auf der politischen Gründung der Stadt, auf der Errichtung der Polis über den Häusern und Geschlechtern archaischer Tradition. Nicht zufällig begreift deshalb ARISTOTELES rückblickend die Rechtlichkeit der Beziehungen zwischen freien Menschen als evolutionäre Errungenschaft der ‹Polis oder politischen Gesellschaft› (*pólis kaí he koinonía he politiké; civitas sive societas civilis*) [73] – eine Formel, die bis ans Ende des 18. Jahrhunderts fester Bestandteil der Lehrtradition bleibt. Die politische Ordnung erfaßt nicht mehr nur Streitigkeiten zwischen Sippenverbänden; sie beansprucht mit zunehmendem Erfolg Verbindlichkeit auch für die Beziehungen zwischen einzelnen Individuen ungeachtet ihres Verwandtschaftszusammenhanges. Die eigentlich politische Leistung, die der Grieche an den despotisch (= familienartig) regierten Reichen der Barbaren vermißt, liegt nicht in der Herrschaft und

---

und zur Auswirkung auf die Gesetzgebung KARL BÜNGER, Die Rechtsidee in der chinesischen Geschichte. Saeculum 3 (1952), S. 192–217; CH'Ü T'UNG-TSU, *Law and Society in Traditional China*. Paris–Den Haag 1961.

73 Vgl. Pol. 1252a.

Entscheidungsdurchsetzung, sondern in der Institutionalisierung des Rechts in bezug auf den Menschen als Menschen, das heißt als ein Lebewesen, das auch anders handeln kann. Der Mensch soll als sich wahlfrei Verhaltender in das Recht und die Gesellschaft einbezogen werden, und dazu bedarf es rechtlich geordneter Entscheidungsverfahren. Die Dörfer vermögen als bloßes Derivat der Häuser [74] diese Leistung nicht zu erreichen. Die politische Verfaßtheit der Gesellschaft in Ämtern und Verfahren gilt für die griechische Selbstinterpretation und damit für die gesamte alteuropäische Tradition als Bedingung der Realisierung freien menschlichen Zusammenlebens in vernünftiger Rechtsform – und die Soziologie kann diese These nur bestätigen.

Daneben behauptet eine zweite institutionelle Errungenschaft ihr Eigenrecht: die hierarchische Form der Herrschaft, die sich langsam in kaum merklichen Übergängen aus dem älteren pyramidenhaften Aufbau der Gesellschaft entwickelt.[75] Mit Hilfe des suggestiven Bildes eines Unterschiedes von ‹oben› und ‹unten› wird eine Vielzahl von zunächst gar nicht zusammengehörigen Strukturen zur Einheit verschmolzen und als natürlicher, unauflösbarer Zusammenhang institutionalisiert, nämlich: (1) ein generelles Prestigegefälle von oben nach unten, das eine durchgehende (nicht nur politische, sondern auch religiös begründete, wirtschaftliche, militärische, wissensmäßige usw.) Rangdifferenz begründet und durch zahlreiche sekundäre Mechanismen wie Statussymbolik, unterschiedliche Kommunikationsweisen, ja selbst unterschiedliche Sprachen für den Verkehr mit Gleichgestellten bzw. Höhergestellten sichtbar gemacht und gestützt wird; (2) eine Aufgabenteilung entsprechend dieser Rangdifferenz in dem Sinne, daß den höherrangigen Rollen andere Tätigkeiten zugewiesen werden als den niederrangigen und entsprechend unterschiedliche Normen und Freiheiten gelten, wobei die Tätigkeit im höheren Rang als die wichtigere gilt;[76] (3) eine entsprechend asymmetrische Kommunikationsstruktur mit Weisungsbefugnis oben und Gehorsamspflicht unten; und schließlich (4) ein Auf-Dauer-Stellen entsprechender Rollen im Sinne eines permanenten Handlungspotentials und situationsunabhängiger Geltung, wodurch eine nicht nur okkasionell funktionierende, sondern erwartbare Entscheidungsleistung möglich wird.

---

74 Pol. 1252b 17: *apoikía oikías*, zumeist irreführend mit ‹Kolonie der Häuser› übersetzt.

75 Vgl. oben S. 163, Anm. 65.

76 In der alteuropäischen Gesellschaftsphilosophie findet man dementsprechend eine charakteristische Verquickung der Dichotomien Ganzes/Teil, Zweck/Mittel, Oben/Unten: Die Gesellschaft wird als ein Ganzes gesehen, das aus Teilen besteht, die als Teile notwendig in einer Rangdifferenz geordnet sind, wobei die herrschenden Teile (obwohl nur Teile!) den Zweck des Ganzen besorgen und das Ganze repräsentieren. Vgl. etwa Aristoteles, Pol. 1254a 28 ff; und als Beispiel für die Übertragung dieses Denkmodells auf die Weltordnung Thomas von Aquino, *Summa Theologiae* I q. 65 a. 2. In der Ordnung der Gesellschaft, ja der Welt selbst, liegen die ständische Struktur und die Herrschaft der *‹maiores partes›* schon begründet.

Diese Synthese verschiedenartiger Verhaltensaspekte zu einem konsistenten Ordnungsschema, in dem ein Moment das andere stützt, wäre in archaischen Gesellschaften nicht möglich gewesen; der Zusammenhang hätte nicht eingeleuchtet.[77] In spätarchaischen Gesellschaften findet man wichtige Ansätze dazu. In Hochkulturen ist die generalisierende Synthese einer Hierarchie unentbehrlich, wenngleich die Kombination von Rangdifferenz und situationsunabhängiger Dauer permanent problematisch bleibt.[78] Über alle Unterschiedlichkeit von historisch bedingten Einzellösungen hinweg kann man bestimmte allgemeine Stabilisierungsbedingungen hierarchischer Herrschaft vermuten, die mit der Struktur und dem Grad der Komplexität der Gesellschaft zusammenhängen. Man findet die hierarchische Struktur der Gesellschaft relativ konkret und alternativenlos stabilisiert. Es gibt zwar einen institutionalisierten Wechsel im Amt und im Rahmen von Bürokratien sogar schon eine unterschiedliche Identifikation von Person und Amt. Die Kontinuität der Amtsführung kann damit über die Person hinaus sichergestellt werden. Andererseits bleibt auf seiten der Unterworfenen eine andersartige Ordnung und eine andere eigene Stellung in der gegebenen Ordnung unvorstellbar;[79] lediglich eine kleine Führungsschicht konkurriert um Ämter, durchläuft Karrieren, kann Politik und Verwaltung als Problemfeld unter dem Gesichtspunkt von Alternativen behandeln. Auf seiten der Herrschaft selbst setzt jene Alternativenlosigkeit ein hohes Maß an ‹Statuskongruenz› voraus.[80] Das heißt: Die Kriterien, nach denen sozialer Status verteilt wird, dürfen nicht zu stark divergieren. Die Prominenzrollen müssen durchgehende Prominenz gewähren. Wer politisch herrscht, muß auch reich sein, muß auch als wissend gelten, muß mit den Besten des Landes verwandt sein, das sichtbar beste Haus bewohnen und den größten Haushalt haben, muß militärisch führen usw., kurz: in allen oder fast allen Hinsichten hervorragen. Die Gesellschaft trägt, mit anderen Worten, noch keine Mehrheit von Statushierarchien, und wo sich diskrepante Statusordnungen herausbilden, wie namentlich

77 Dazu am Beispiel von Indianerstämmen Walter B. Miller, *Two Concepts of Authority*. The American Anthropologist 57 (1955), S. 271–289.

78 Diese Problematik zeigt sich vor allem an den Schwierigkeiten, die Nachfolge in Herrschaftsrollen reibungslos zu regulieren – ein strukturbedingtes Problem, das aus größeren Stammesgesellschaften mit bevorzugten Häuptlingsfamilien bekannt ist und auch die vorneuzeitlichen Großreiche immer wieder in Krisen brachte. Vgl. z. B. Jack Goody (Hrsg.), *Succession to High Office*. Cambridge/England 1966.

79 Ein Indiz für solche Unvorstellbarkeit ist, daß kontrafaktisch gestellte Fragen (zum Beispiel: Was würdest Du als König tun?) als falsch gestellt und sinnlos erlebt werden. In den oben S. 143 skizzierten Begriffen formuliert, heißt dies, daß die Gesellschaftsstruktur ein relativ gering entwickeltes Abstraktionsvermögen (relativ konkrete Prämissen der Erlebnisverarbeitung) voraussetzt.

80 Zu diesem in der neueren soziologischen Theorie sehr wichtig gewordenen (auch Statuskristallisation oder Statuskonsistenz genannten) Begriff vgl. z. B. George C. Homans, *Social Behavior. Its Elementary Forms*. New York 1961, S. 232 ff.

im mittelalterlichen Schisma von weltlicher und geistlicher Gewalt, ist ein instabiler Zustand gegeben, der zum Ausgangspunkt für abstraktere Formen der Integration des Gesellschaftssystems werden kann.

Wir können jetzt genauer sehen, weshalb und inwiefern die vorneuzeitlichen Hochkulturen *unvollständige funktionale Differenzierung des Gesellschaftssystems* voraussetzen. Der hierarchische Aufbau der Gesellschaft überzeugt durch funktional-diffuse Generalisierung, durch Alternativenlosigkeit, und darauf beruht die Integration des Gesellschaftssystems. Damit sind gewisse allgemeine Bedingungen vorgegeben, die den Bedarf an und die Möglichkeit von Recht begrenzen.

In diesem Rahmen entfaltet sich das Recht der vorneuzeitlichen Hochkulturen. Es stützt sich auf eine schon ziemlich komplexe Gesellschaft, auf die Institutionalisierung gewisser Wahlmöglichkeiten (Freiheiten) in der Durchführung von rechtsentscheidenden Verfahren und auf den situationsunabhängigen Bestand einer Amtshierarchie, die entscheiden und Entscheidungen normalerweise durchsetzen kann, ohne auf Waffenhilfe der Verwandten der Parteien angewiesen zu sein. Verfahren und Ämter stehen bereit, um Rechtsstreitigkeiten einzelner zu entscheiden, die aus einer Vielzahl von im einzelnen nicht vorhersehbaren Anlässen laufend entstehen. Unter diesen Vorbedingungen, deren Konsequenzen für das Recht selbst wir sogleich erörtern werden, wird es möglich, die Funktion der kongruenten Generalisierung von Verhaltenserwartungen auf einer höheren Ebene der Komplexität und Abstraktion als bisher zu erfüllen, das heißt Recht neuen Stils zu institutionalisieren. Recht ist jetzt jener Komplex von normativen Verhaltenserwartungen, die im Wege der Klage vor Gericht zur Anerkennung zu bringen sind. Die Enttäuschungsabwicklung wird auf den Rechtsweg kanalisiert und damit von vielen dysfunktionalen Nebenfolgen entlastet. In die Struktur der Erwartung von Erwartungen wird die Erwartung der Erwartungen des Richters als letztlich entscheidendes Moment aufgenommen. Das geregelte Entscheidungsverfahren leistet jetzt jene Selektion aus möglichen Normprojektionen, institutionalisierenden Prozessen und Erwartungsidentifikationen, die das Recht in zeitlicher, sozialer und sachlicher Dimension zur Kongruenz bringt. Normprojektionen vielfältigster Art und Selektion als Recht treten jetzt weiter auseinander; damit steigen die Komplexität und das Entwicklungspotential der Gesellschaft. Die ausschlaggebende Errungenschaft besteht somit in der Institutionalisierung von Gerichtsverfahren – von Interaktionssystemen eines besonderen Typs, deren Funktion darin besteht, eine offene Situation zur Entscheidung zu bringen, Ungewißheit zu absorbieren und damit den archaischen Rechtskampf durch einen alternativenreicheren, begründete Wahlen ermöglichenden Prozeß zu ersetzen. Die Entwicklung des Rechts vollzieht sich über die Entwicklung komplexerer Verfahrenssysteme.[81]

---

81 Eine nicht selten vertretene These. Vgl. z. B. Barna Horváth, Rechtssoziologie. Probleme der Gesellschaftslehre und der Geschichtslehre des Rechts. Berlin 1934, S. 269 ff; Hoebel, a. a. O., S. 329.

In den Bedingungen der Institutionalisierung solcher Rechtsverfahren knüpft die Rechtsordnung an die jeweiligen Gesellschaftsstrukturen an und bleibt von deren Entwicklungsstand abhängig (was natürlich nicht heißt, daß das Verfahrensrecht sich automatisch aus der Gesellschaftsstruktur ergäbe). Eine Ausdifferenzierung von Verfahren als relativ autonome, entscheidungsfähige Interaktionssysteme setzt eine Ausdifferenzierung politischer Herrschaft voraus. Die Präsenz eines Dritten, der auf jeden Fall mächtiger ist als die streitenden Parteien, garantiert die Freiheit zu unabhängiger Entscheidung. Dadurch wird es möglich, die Entscheidung im Verfahren selbst zu finden, und zwar durch Orientierung an Normen (und nicht an Machtfragen und Konsensfragen); die Entscheidung ist nicht schon durch vorgegebene Machtkonstellationen, etwa durch den sichtbar aufgeführten Anhang der Parteien determiniert, sondern vor dem Verfahren und während des Verfahrens noch offen. Die Ungewißheit des Ausgangs ist ein wesentliches Strukturmoment des Verfahrens, das die aktive, sich engagierende Beteiligung der Parteien motiviert. Sie wird im Prinzip der ‹Unparteilichkeit des Richters› als moralisch-rechtliche Forderung symbolisiert. Sie ersetzt auf einer Ebene höherer Rationalität und Wahlfreiheit die alten Ungewißheitsprinzipien des Kampfausgangs und der magischen Determination durch ‹Gottesurteil›.

Politische Herrschaft erschöpft ihre Rechtsfunktion nicht darin, der Justiz das Schwert zu leihen. Sie darf nicht allein von der isolierten Rolle des Herrschers und von den in dieser Rolle liegenden Freiheiten her gesehen werden. Es gibt zwar, als Sackgassen der Entwicklung, despotische Varianten politischer Herrschaft. Die erfolgreiche Neuerung aber liegt in der Bildung neuer Verfahrenssysteme, die ein höheres Maß an Ungewißheit durch Prozesse interaktiver Selektion abarbeiten und zur Entscheidung bringen und damit in ihrer Struktur höhere Risiken übernehmen können. Kraft ihrer eigenen Komplexität und Ungewißheit können Rechtsverfahren normative Konflikte in komplexerer Weise abbilden und auf einen Konfliktlösungsmechanismus übertragen, als dies bei einfachem physischen oder magischen Kampf der Fall war.[82] Der politische Herrscher ist zunächst und vor allem Verfahrensveranstalter – nicht notwendig selbst Richter oder Anweiser von Richtern. Diese Umstellung hat den Charakter einer strukturellen Innovation, wenngleich zur Überleitung zunächst magische Elemente (z. B. der Eid) als Entscheidungshilfen in das Verfahren eingebaut werden und ihre Bedeutung erst nach und nach und nur in dem Maße verlieren, wie die Entscheidungskapazität des Verfahrenssystems erweitert werden kann.[83]

Achtet man nicht nur auf die Rolle des Herrscher-Richters, sondern auf

82 Zu den theoretischen Grundlagen vgl. namentlich JOHAN GALTUNG, *Institutionalized Conflict Resolution*. Journal of Peace Research 1965, S. 348–397.

83 Diesen innovativen, nicht aus archaischen Schlichtungsverfahren entwickelten Charakter politisch eingesetzter Justiz hat HANS JULIUS WOLFF, Der Ursprung des gerichtlichen Rechtsstreits bei den Griechen. In: DERS., Beiträge zu Rechtsgeschichte Altgriechenlands und des hellenistisch-römischen Ägypten. Wei

das Verfahren als besonderes soziales System, treten einige weitere Bedingungen der Ausdifferenzierung und Autonomie des Entscheidungsganges in den Blick. Sie erscheinen im Verfahren selbst als normative Erwartungen an das Verfahren bzw. den Richter. Sie betreffen vor allem: die *Spezifikation des Interaktionssystems* auf Vorbereitung einer bindenden Rechtsentscheidung unter vorher feststehenden Kriterien anstelle der allgemeinen Aufgabe der Schlichtung unter Einbeziehung aller dafür relevanten Umstände; die *Neutralisierung der individuellen Persönlichkeit des Richters* (seiner persönlichen Vorlieben und Beziehungen, Erinnerungen und Kenntnisse) als Entscheidungsfaktor; die *Ausschaltung der Orientierung an ‹eigenen anderen Rollen›* bei allen Beteiligten, sofern diese Rollen nicht im Verfahren selbst Entscheidungsthema werden; das *Absehen von den Reaktionen der Öffentlichkeit,* besonders von der *‹colère publique›* (DURKHEIM), als Durchsetzungsbedingung oder -hindernis; und schließlich eine *Trennung von Gericht und Verfahren* in dem Sinne, daß die Einheit des Gerichts als Faktor der Erwartungsbildung und Legitimation fungiert, *ein* Gericht aber *mehrere* verschiedene Verfahren nacheinander oder gleichzeitig durchführen und sich damit sachnah auf ständig wechselnde Thematiken einstellen kann (also durch seine Struktur als Amt noch nicht präjudiziert ist). All dies kann nicht mit einem Schlage geschaffen, gleichsam durch gesetzgeberische Entscheidung eingeführt werden. Solche Trennungen haben ihrerseits komplexe gesellschaftliche Voraussetzungen, was zum Beispiel Kontaktmobilität, Abstraktionsgrad der Erlebnisverarbeitung, Toleranz und Indifferenz in sozialen Beziehungen angeht. Entsprechend findet man zwischen den einzelnen Rechtskulturen weite Differenzen in Grad und Formen der Realisierung des Verfahrensprinzips [84] und, worauf

---

mar 1961, S. 1–90, herausgearbeitet. Für Babylon legt JULIUS GEORG LAUTNER, Die richterliche Entscheidung und die Streitbeendigung im altbabylonischen Prozeßrechte. Leipzig 1922, eine ähnliche Deutung nahe. Vgl. aber auch unten Fußn. 86.

84 Sehr gut lassen diese Unterschiede sich ablesen an den Schwierigkeiten, die die Einführung des englischen Prozeßsystems in Indien bereitete. BERNARD S. COHN, *Some Notes on Law and Change in North India.* Economic Development and Cultural Change 8 (1959), S. 79–93, neu gedruckt in: PAUL BOHANNAN (Hrsg.), *Law and Warfare. Studies in the Anthropology of Conflict.* Garden City/N. Y. 1967, S. 139–159, hat zum Beispiel festgestellt, daß im traditionellen indischen Rechtsverfahren aus gesellschaftsstrukturellen Gründen eine Neutralisierung des Status und vor allem der Kastenzugehörigkeit der Beteiligten nicht möglich war (diese vielmehr die wesentliche Grundlage des Schlichtungsverfahrens abgab), daß die allgemeine Aufgabe der Streitschlichtung eine Spezifikation auf Rechtsentscheidung nicht zuließ, deshalb auch der Einzelfall rechtsthematisch nicht isoliert werden konnte und all dies verbunden war mit einem relativ geringen Grad effektiver Verwendung der literarischen Hindu-Rechtstradition. Der Einführung des englischen Gerichtsverfahrens fehlten demzufolge die gesellschaftlichen Voraussetzungen, so daß solche Verfahren als Mittel für illegale Positionsgewinne, nicht aber zur Entscheidung der eigentlichen Rechtsstreitigkeiten benutzt wurden. Auch für fernöstliche Rechtssysteme ist aus ähnlichen Gründen eine relative Ineffizienz der Gerichtsverfahren bezeugt. Siehe die Literaturhinweise oben S. 149, Fußn. 24.

besonders Max Weber [85] hingewiesen hat, starke Unterschiede im Grade der Rationalisierung des Rechts. In all jenen Hinsichten ist im übrigen keine Optimalerfüllung notwendig oder erreichbar. Aber die sachliche Entwicklung des Rechts zu einem Normensystem eigener Art hängt von dem Ausmaß ab, in dem diese Forderungen erfüllt werden.

Unter dem Schirm der politisch stabilisierten Macht entfaltet sich die Macht der Beweisführung und Argumentation. Im Verfahren wird nicht mehr einfach das konkrete Im-Recht-Sein behauptet und dargestellt als eine Erwartung, die man auf Leben und Tod festzuhalten entschlossen ist. Bereits in den Schlichtungsverfahren höher entwickelter archaischer Gesellschaften entsteht ein Stil der Argumentation, der die Bereitschaft zur Fortsetzung der sozialen Beziehung mit darstellt und insofern die eigene Position als gut und vernünftig vorträgt, sie damit aber auch entsprechender Beurteilung unterstellt.[86] Die normativen Ansprüche verlieren ihre expressive Unmittelbarkeit. Sie nehmen moralischen Charakter an; das heißt, sie beziehen sich explizit auf Werte und Normen, von denen erwartet werden kann, daß jedermann sie als Voraussetzung weiteren Zusammenlebens akzeptiert. In ihrer Moralität liegt ein Appell an eine gemeinsame Ordnung über allem Streit, in der man künftig zu leben entschlossen ist, der man sich unterstellt und von der man eine Entscheidung des Streites erwartet. Gemeinsame Prinzipien lassen sich generalisieren, denn es kommt jetzt weniger auf die Fortsetzung der Lebensführung in einer kleinen, alternativenarmen Gemeinschaft an mit ihren konkreten Lebensbedingungen, die bekannt sind und über die man nicht zu räsonieren braucht; sondern es geht darum, sich unter den Gesichtspunkten einer generalisierten Moral als vernünftigen, akzeptierbaren Menschen zu zeigen: um die Fortexistenz als gesellschaftliches Wesen.

In der Figur des ‹vernünftigen Mannes› liegen Möglichkeiten, auch abweichendes Verhalten moralisch abzudecken. Auch Delinquenten bedienen sich dieser Figur, räsonieren also ‹normal› an Hand der Werte und Argumentationsmittel der akzeptierten Ordnung und suchen nur den spezifischen Unrechtsgehalt ihres eigenen Verhaltens symbolisch zu neutralisieren.[87] Auf diese Weise können zugleich Rechtsänderungen eingeleitet werden – etwa in der Form neu anerkannter Ausnahmen einer alten Regel. Diese Strategie benutzt den höheren Abstraktionsgrad der Werte, nämlich den Umstand, daß man sich auch für von Normen abweichendes Verhalten au

85 a. a. O., insbes. S. 217 ff.

86 Siehe dazu die von A. L. Epstein, *Judicial Techniques and the Judicia Process. A Study in African Customary Law*. Manchester 1954, beobachteten Einzelfälle. Vgl. ferner Paul J. Bohannan, *Justice and Judgment Among the Ti* London 1957, und zur Vergleichbarkeit mit späteren Entscheidungsverfahren Ma Gluckman, *African Jurisprudence*, a. a. O., S. 439–454 (441 ff.)

87 Dazu allgemein Gresham M. Sykes/David Matza, *Techniques of Neutral zation. A Theory of Delinquency*. American Sociological Review 22 (1957), S. 66 bis 670; und David Matza, *Delinquency and Drift*. New York–London–Sydne 1964, S. 60 ff, 75 ff, u. ö.

gesellschaftlich anerkannte Werte berufen kann. Wird sie als rechtliches Argument zugelassen, ist das ein Symptom für die Unvollständigkeit der Ausdifferenzierung des Rechts aus anderen Sinnsphären der Gesellschaft. Die Verwendung dieser Argumentation ist verbreitet; sie kann je nach dem Entwicklungsstande der Gesellschaft von allgemeinem Gebrauch in Gerichtsverfahren bis zur seltenen, professionell kontrollierten Benutzung bei der Klärung von Zweifeln in der Auslegung von Gesetzestexten eingeschränkt werden.[88]

Das Verfahren erzwingt, so können wir zusammenfassen, ein höheres Maß an Verbalisierung und Reflexion auf sozial akzeptierbare Selbstdarstellung, eine explizit und bindend zu äußernde Antwort auf die Frage: Wer bin ich als einer, der künftig von anderen als Rechtsgenosse akzeptiert werden kann? Dabei wird das Erwarten der Erwartungen durch Werte und Normen gesteuert, deren integrierende Funktion jedenfalls so weit bewußt ist, daß man sich nicht einfach auf die eigene Anmaßung stützen kann. Man unterwirft sich einer Norm, von der man meint, daß sie einem Recht gibt – und unterscheidet eben damit diese beiden Ebenen der geltenden Normen und der eigenen Rechtsbehauptung. In dieser Komplikation des Erlebens und Darstellens spiegelt sich die neue Komplexität des Verfahrens, die den einzelnen in seinem Rechterleben mediatisiert. Über das Recht wird im Verfahren erst noch entschieden. Man kann fortan nicht mehr damit rechnen, daß das geltende und verfahrensmäßig praktizierte Recht dem entspricht und das auslotet, was der einzelne als sein Recht fühlt.

Ein weiterer Aspekt kommt hinzu: In das Verfahren kann die Funktion der ‹Re-institutionalisierung› eingebaut werden in der Weise, daß Richter institutionell ermächtigt werden, durch ihre Entscheidung Erwartungen zu institutionalisieren und damit Bindungseffekte als ‹Erwartung Dritter› zu legitimieren.[89] Mit dem sachlichen Sinnbezug der Argumentation verändert das voll ausgebaute Verfahren auch die soziale Effektivität der Streitentscheidung. Ein entsprechender Wandel ist schließlich auch in der Zeitdimension zu beobachten: Ein Richter, der nicht mehr nur vermitteln, besänftigen, das Ritual überwachen und dem magischen Rechtsgeschehen assistieren muß, sondern zu entscheiden hat, muß seine Entscheidung *als eigene normative Erwartung vertreten*. Damit verschiebt sich auf subtile Weise der Schwerpunkt kongruent zu setzender Normativität. Es kommt nicht mehr nur auf das Durchhalten enttäuschter Erwartungen an, sondern auf das Durchhalten von Entscheidungen über enttäuschte Erwartungen. Der Richter muß – ein ursprünglich sicher kaum vollziehbarer Gedanke –

---

88 Vgl. MAX GLUCKMAN, *The Ideas in Barotse Jurisprudence*. New Haven 1965; DERS., *Reasonableness and Responsibility in the Law of Segmentary Societies*. In: HILDA KUPER/LEO KUPER (Hrsg.), *African Law. Adaptation and Development*. Berkeley–Los Angeles 1965, S. 120–146; SIEGFRIED F. NADEL, *Reason and Unreason in African Law*. Africa 26 (1956), S. 160–173; EDWARD GREEN, *The Reasonable Man. Legal Fiction or Psychosocial Reality?* Law and Society Review 2 (1968), S. 241–257.

89 Dazu bereits oben S. 79 f.

die Normativität auf seine eigene Entscheidung beziehen und die darin formulierten Erwartungen normieren.[90] Er muß sich als sachlich unbeteiligt, ja uninteressiert darstellen und *trotzdem* eigene Erwartungen durchhalten wollen. Er setzt sich damit selbst unter Normzwang und Konsistenzgebot: Er muß so entscheiden, daß er die in der Entscheidung zum Ausdruck kommenden Erwartungen beibehalten und in anderen Fällen anderen Parteien gegenüber fortsetzen kann, und dies selbst dann, wenn der ursprüngliche Rechtsstreit längst erledigt, die Parteien ihre Interessen geändert, ihre Bedeutung verloren haben. In der Entscheidung artikuliert sich eine neuartige Normauffassung abstrakteren Stils, eine andere Ebene der Sicherung der Kongruenz des Erwartens. Und das ist Voraussetzung dafür, daß das im Streit projektierte Recht zu bloßen Rechtsbehauptungen degradiert und an vorbestehenden Normen geprüft werden kann.

Das hochkulturelle Gerichtsverfahren ist nach all dem eine Kombination sehr verschiedenartiger evolutionärer Errungenschaften in allen Dimensionen der Generalisierung von Erwartungen. Erst als solche Kombination verändert das Verfahren das Kongruenzniveau des Rechts. Das Verfahren ist mithin keine ‹natürliche Einheit›, sondern eine Vorteile koordinierende Generalisierung – ähnlich wie wir es oben für die Idee der Hierarchie gesehen haben[91]. Die Verschmelzung zur Einheit, die als solche überzeugt, versteht sich nicht von selbst, ist anfangs sogar evolutionär unwahrscheinlich und kommt erst nach und nach auf dem Wege partieller Realisierungen zustande, die sich wechselseitig zu stützen, zu verstärken und vorauszusetzen beginnen. Und erst am Ende einer langen Entwicklung kann man sich auf ihren Erfolg verlassen: auf die abstrakte Vorstellung, daß im Verfahren bindende Entscheidungen getroffen werden.

Dieser Umbau des selektiven Mechanismus der Rechtsentwicklung in ein Verfahren zur Herstellung bindender Entscheidungen zieht Veränderungen der Formen nach sich, in denen das Recht stabilisiert und aufbewahrt wird. Die Entscheidung erfordert eine Befassung mit der Thematik des Streits, ein Sicheinlassen auf die Selbstmoralisierung der Parteien. Deren moralischer Dualismus entwickelt sich für den Richter zu einer logischen Dichotomie, wonach nur entweder die eine oder die andere Partei recht haben kann.[92] Es bleibt dann zu entscheiden: welche. Damit fällt jener Gedanke aus, mit dem die griechische Tragödie das archaische Rechtserleben zusammenfaßt und überliefert: daß schon in der Behauptung des Rechts das

---

90 Eine gute Illustration dieser Entwicklungsschwierigkeiten gibt LOUIS GERNET, *Sur la notion du jugement en droit Grec.* In: DERS., *Droit et société dans la Grèce ancienne.* Paris 1955, S. 61–81. GERNET zeigt, daß trotz hoher Entscheidungsautonomie der athenischen Gerichtsverfahren der klassischen Zeit das Urteil selbst immer noch als Eingriff in den Rechtsstreit und dessen Beendigung, nicht aber als Prüfung von bloßen Rechtsbehauptungen an vorbestehenden Normen begriffen wurde.

91 Vgl. oben S. 169 f.

92 Dazu Bemerkungen bei VILHELM AUBERT, *The Hidden Society.* Totowa / N. J. 1965, S. 102 f.

Unrecht stecken könnte.[93] Dem Richter garantiert die Entweder/Oder-Struktur des Rechts die Entscheidbarkeit aller Rechtsstreitigkeiten, die Funktionsfähigkeit in seiner Rolle, einen vereinfachten Informationsbedarf und eine objektive Normperspektive, mit der die Rechtsansichten der Parteien entweder übereinstimmen oder nicht übereinstimmen.

Die Sicherung der Objektivität richterlicher Entscheidung ist freilich das Ergebnis einer langwierigen Entwicklung und für die Hochkulturen, die wir behandeln, nur mit erheblichen Einschränkungen zu unterstellen. Man muß vielmehr annehmen, daß ältere Gesellschaften gegen subjektive, personale und mithin ‹zufällige› Komponenten in der richterlichen Entscheidung sehr viel weniger empfindlich waren als wir heute.[94] Dabei wird die Erinnerung an archaische Formen der Schlichtung und Streitbeendigung nachgewirkt haben, und außerdem sah man das Recht selbst außerhalb des Prozesses stehend und nicht von ihm abhängig. Erst in dem Maße, als die Entscheidung selbst zur Darstellung von Recht wird und der Orientierung auch künftigen Verhaltens dient, wird die Ausschaltung subjektiv gewählter Entscheidungselemente zum institutionellen Erfordernis.

Unabhängig von dieser Frage erreichen Verfahrenssysteme im Verlauf der wechselseitigen Interaktion und der darin stabilisierten Erwartungserwartungen eine neuartige Integration der verschiedenen Perspektiven der Beteiligten. Die entscheidungswirksame Norm- und Sachauffassung des Richters wird zum Bezugspunkt der moralischen Selbstentwürfe der Parteien, zum Gegenstand der Verhandlung, zum Ziel der gemeinsamen Arbeit an der Reduktion von Komplexität und Absorption von Ungewißheiten. Die ihr Recht Behauptenden binden sich selbst an angeblich allgemeingültige Moral und Vernunft, aus der heraus der Richter dann für oder gegen sie entscheidet. Das Verfahren garantiert keine Verständigung über das Ergebnis, wohl aber eine neuartige Abstraktheit der Betrachtung und, von Fall zu Fall, eine Ablagerung von objektiven Kriterien, nach denen Fälle entschieden werden und gegen die der einzelne sich isoliert, wenn er aufbegehrt. Was jetzt ‹das Recht› ist und als kongruente Generalisierung behandelt wird, besteht aus solchen Sinnablagerungen, die ungezählte, im einzelnen nicht erinnerte Verfahren hinterlassen haben.

Es entsteht damit – und das ist etwas grundlegend Neues – eine Normordnung, die eine Behandlung und Entscheidung von Rechts*kontroversen* ermöglicht. Unmittelbare gesellschaftliche Anlässe für diese Entwicklung mögen, wie Max Weber[95] vermutet hat, im Aufkommen von Streitigkeiten über Status- und Grundbesitzrechte einzelner gelegen haben, die eng mit

93 Vgl. die Interpretationen von Erik Wolf, Griechisches Rechtsdenken. Bd. I und II, Frankfurt/Main 1950 und 1952.

94 So auch J. Walter Jones, *The Law and Legal Theory of the Greeks. An Introduction.* Oxford 1956, S. 150 f. Darin findet sich, in den oben S. 85 ff entwickelten Begriffen ausgedrückt, ein Hinweis auf eine geringe Differenzierung der Sinnebenen Person, Rolle, Programm und Wert.

95 Rechtssoziologie, a. a. O., S. 114 f.

der politischen Umstrukturierung der Gesellschaft und dem Beginn von Geldwirtschaft zusammenhängen und nicht mehr in der alten Weise der Sanktion von Freveln und Übergriffen abgewickelt werden konnten. An der *vindicatio* des römischen Rechts sind diese Wurzeln und zugleich die Konsequenzen für die Ausformung des materiellen Rechts klassisch ablesbar. Ein anderer Anstoß lag darin, daß es vielfach gerade die Anspruchsgegner und Rechtsbrecher waren, die ein politisch instituiertes Rechtsverfahren einzuleiten suchten, um so der archaischen Selbsthilfe zu entgehen und die Chance zu nutzen, daß jetzt auch dem Normbrecher Rechte und Schutz zustanden.[96] Das Recht selbst erreicht dadurch eine höhere Stufe der Abstraktion. Es besteht nicht mehr in der Darstellung der Erwartung des Enttäuschten und in der Kanalisierung seiner Reaktion; es wird in ein abstrakteres Regulativ umgeformt, das es ermöglicht, Rechtsprätentionen *beider* Seiten einander gegenüberzustellen, sie zunächst als bloße Rechtsbehauptungen anzusehen und zu behandeln und sie neutral und kritisch an vorauszusetzenden Standards zu würdigen. Das Recht nimmt nun die Form von satzmäßig fixierten *Entscheidungsprogrammen* an. Das heißt: Es formuliert die Bedingungen, unter denen Entscheidungen richtig sind. Im Anschluß daran wird es möglich, das formulierte Recht von der konkreten und lebensnahen Unterscheidung von erlaubtem (gutem) und verbotenem (schlechtem) Verhalten auf die abstraktere Differenz von gültiger und ungültigen Vorschriften umzustellen und Recht auf Grund einer kritischen Prüfung seiner Geltung und um dieser Geltung willen anzuwenden. Den Anstoß dazu scheinen nicht allein Interessen des Verfahrensbetriebs, sondern die territorialen Rechtsvereinheitlichungsinteressen großräumiger Gesellschaften gegeben zu haben.[97] Mit einer Ausarbeitung besonderer Geltungskriterien wird eine Differenzierung von Normierungs- und Bewertungsprozessen erreicht.[98]

Auf eine wichtige Begleiterscheinung dieser Umformung muß besonders hingewiesen werden: Das Streithandeln selbst, die Rechtsbehauptung und mit ihr der gesamte argumentative Apparat, die Regeln der Rhetorik und der Interpretation, die Topologie, die Kriterien der Begriffswahl und der Überzeugungskraft scheren aus dem Recht selbst aus; sie werden ausgestoßen zugunsten einer inneren Systematisierbarkeit des Rechts. Da

---

96 Für das altbabylonische Recht scheint diese Frage ungeklärt zu sein. Vgl. Julius Georg Lautner, Die richterliche Entscheidung und die Streitbeendigung im altbabylonischen Prozeßrecht. Leipzig 1922, S. 10. Für altgriechisches Recht siehe Wolff, a. a. O. (1961), S. 23 ff.

97 Vgl. die an den Julian-Text D 1.3.32 anschließende Diskussion und dazu Dieter Nörr, Zur Entstehung der gewohnheitsrechtlichen Theorie. Festschrift für Wilhelm Felgentraeger. Göttingen 1969, S. 353–366. Für das Mittelalter William E. Brynteson, *Roman Law and Legislation in the Middle Ages.* Speculum 41 (1966), S. 420–437. Eine *rückläufige* Entwicklung in umgekehrter Richtung hat Joseph Schacht am islamischen Recht beobachtet. Siehe: Zur soziologischen Betrachtung des islamischen Rechts. Der Islam 22 (1935), S. 207–238 (215).

98 Vgl. oben S. 92.

Recht ist kein Kampf – auch kein Kampf von *topoi* und Argumenten – mehr, sondern abstrakt geregelte Ordnung. Die Kunstgriffe des Juristen, ja selbst die konstruktiven Denkfiguren der Dogmatik sind nicht immanente Bestandteile des Rechts. Dieses reduziert sich auf Sätze, die gelten. Damit wird eine schärfere Trennung von personalen und programmatischen Sinnzusammenhängen gewonnen – der Rechtsanspruch wird in sich prüfbar ohne Bezugnahme auf die Person, die ihn vorträgt –, und zugleich kommt es zu einer stärkeren Differenzierung des Stabilisierungsfaktors, des Systems von Rechtsätzen, von den Mechanismen der Erzeugung und Selektion von normativen Erwartungen und damit zu einer Steigerung der Leistung des evolutionären Mechanismus.[99] Obwohl gerade die neuere rechtswissenschaftliche Literatur gegen diese Verengung mit Erfolg Opposition angemeldet hat,[100] muß sie unter evolutionären Gesichtspunkten zunächst als Errungenschaft gesehen werden, auf der alle weitere Rechtsentwicklung basiert.

Auf der Grundlage dieser Veränderungen kann sich das Recht nicht nur abstrakter, sondern auch differenzierter entfalten und damit der wachsenden Komplexität der Gesellschaft besser Rechnung tragen. Nach und nach entsteht eine besondere ‹juristische› Begrifflichkeit, die nicht mehr primär expressive, sondern primär instrumentelle Funktionen hat; nicht mehr das Rechtserleben unmittelbar ausdrücken, sondern es inhaltlich analysieren, kategorisieren, klassifizieren und bewerten, kurz: eine rationale Entscheidung über das Recht im Streitfalle ermöglichen soll. Damit wird es im Prinzip möglich, die Rechtsgewähr von *spezifischen*, im voraus definierten und universell (das heißt ohne Rücksicht auf die Nähe zu partikularen Eigenschaften und Beziehungen des Entscheidenden) anwendbaren Kriterien abhängig zu machen – ein in einzelnen Rechtskulturen allerdings in höchst unterschiedlichem Maße, zuerst wohl in den Stadtkulturen Mesopotamiens annähernd realisiertes Rechtsprinzip.[101]

Die eindrucksvollsten, weil ausgeprägtesten Varianten solcher Rechtskulturen bilden das römische Recht und das angelsächsische *common law*. Beiden ist ein ausgesprochen rechtstechnischer, prozeßbezogener Charakter der Begrifflichkeit eigen und der Gedanke eines sachlichen Normen*systems* zunächst fremd. Beide setzen für ihre Realisierung im täglichen Betrieb und für ihre Weiterbildung eine spezifische, nicht allgemein verbreitete Sachkunde voraus, und dies nicht nur im Sinne einer Kenntnis der geltenden Rechtsnormen ihrem Inhalt nach, sondern darüber hinaus auch Erfahrung und Urteilsvermögen in bezug auf das operative Potential der Begriffe, auf

---

99 Zu den theoretischen Grundlagen siehe oben S. 139 f.

100 Siehe vor allem THEODOR VIEHWEG, Topik und Jurisprudenz. 3. Aufl. München 1965; und JOSEF ESSER, Grundsatz und Norm in der richterlichen Fortbildung des Privatrechts. Tübingen 1956.

101 Dazu einige Bemerkungen und Literaturhinweise bei S. N. EISENSTADT, *The Political Systems of Empires*. New York–London 1963, S. 98 f, im Anschluß an die entsprechenden Kategorien PARSONS'.

Verhaltens- und Argumentationsmöglichkeiten im Rechtsstreit und auf die praktischen Chancen, bestimmte Rechtswirkungen zu erreichen, kurz: eine Beherrschung gerade auch der offenen, alternativenreichen Aspekte eines Normengefüges, die geltungsmäßig im Recht nicht mitstabilisiert sind.

Hochkultivierte Rechtsordnungen erfordern auf der Ebene der Rollenbildung den *Juristen* [102] und müssen in der Rolle des Juristen eine eigentümlich zwiespältige, distanzierte Haltung gerade der Rechtskundigen zum Recht institutionalisieren: Nicht auf inneres Ergriffensein kommt es an, sondern auf jene operative Wendigkeit, die Entscheidungen überzeugend als einzig-richtig zu begründen und trotzdem andere Möglichkeiten zu sehen und in Rechnung zu stellen, also in einem Horizont von Unsicherheit zu operieren und doch Sicherheit zu prästieren vermag. Aus diesen widersprüchlichen Rollenanforderungen wird verständlich, daß der juristische Sachverstand in vielen Hochkulturen, vor allem aber nicht nur in Rom, zunächst außerhalb des Verfahrens entwickelt wird, das zu verantwortlichen bindenden Entscheidungen führt. Der Jurist tritt als respondierender Jurist in die Welt. Denn zunächst kam es darauf an, rechtliche Beratung verfügbar zu haben, unabhängig von dem Inhalt der jeweiligen Ansprüche und unabhängig von dem sozialen Kontext, der bestimmte Inhalte relevant macht.

Erst nach der Entwicklung einer spezifisch bürokratischen Amtsdisziplin kann der Jurist an die Entscheidung selbst herangelassen werden.[103] Wegen jener Distanz zum Recht und jener Freiheiten des Umgangs mit Rechtsfiguren gehen auch heute noch in die Rolle des Juristen nichtdarstellbare Funktionselemente ein, taktische Zwischenerwägungen und unter Umständen illegitime Gedankenkonstellationen, die als das spezifische Rollenrisiko dieses Berufs getragen und berufsethisch angehoben werden. Die neu gewonnene Komplexität des Rechts findet ihre Entsprechung mithin in Rollenanforderungen, deren Belastung durch Honoratiorenstatus, Funktionsprestige, professionelle Organisation, Amtsdisziplin oder wie immer abgefangen werden kann und nicht zuletzt in besonderen, ihrerseits wiederum suspekten Einkommenschancen Ausdruck und Anerkennung findet.[104] Psy-

102 Vgl. den glänzenden Essay ‹Vom römischen Juristen› in: Franz Wieacker, Vom römischen Recht. Leipzig 1944, S. 7 ff (zuerst in: Zeitschrift für die gesamte Staatswissenschaft 99 (1939), S. 440 ff). Ausführlich ferner Wolfgang Kunkel, Herkunft und soziale Stellung des römischen Juristen. 2. Aufl., Graz–Wien–Köln 1967, und für die spätere Entwicklung Paul Koschaker, Europa und das römische Recht. 4. Aufl. München–Berlin 1966.

103 Daß eine *private* juristische Beratungspraxis schon im republikanischen Rom bei der Bewerbung um politische Ämter nützlich gewesen zu sein scheint steht auf einem anderen Blatt.

104 Die mit Ausnahme von England wohl durchgehende Abneigung gegen *bezahlte* Juristentätigkeit, die sich von moralischer Diskreditierung über rechtliche Verbote bzw. Klagehindernisse bis zur Strafbarkeit des falschen Beschuldigens und des Anreizens zum Rechtsstreit steigern konnte, hat ihre Gründe wesentlich in den geschilderten Rollenproblemen und weiter in der Befürchtung, durch Bezah

chologisch bedeutet dies, daß eine am Recht erworbene Ausbildung die Selbstidentität und die Motivationsstruktur des Juristen auf relativ abstrakten Ebenen prägt und ihm damit jene eigentümliche Distanz zum Recht ermöglicht – Distanz als Abwehr eines zu konkreten Engagements in das Rechtsgeschehen mit seinen hohen Risiken und Distanz als Grundlage operativer Wendigkeit und einer rationalen, über austauschbare Mittel verfügenden Praxis. Mit diesen Einstellungen wird der Jurist zugleich für Arbeit am Recht sozialisiert.

Erst wenn das Recht durch Juristen begrifflich ausgearbeitet ist und fachkundig beurteilt werden kann, lassen sich *Rechtsfragen* und *Tatfragen* gedanklich scharf trennen.[105] Die Phaseneinteilung ‹*in iure*› und ‹*in iudicio*› des römischen Prozesses macht diese Unterscheidung zum tragenden Prinzip der zeitlichen Ordnung des Verfahrens und schafft damit die Grundlage für laufende Arbeit an rein rechtlichen Fragen, die aus Anlaß von Fällen, aber unabhängig von Faktenfeststellungen, das Recht als Summe von Entscheidungsprämissen ausarbeitet, fortbildet, korrigiert. Das Recht sitzt jetzt nicht mehr konkret im Geschehen selbst, sondern nur noch in der Norm, die zur Grundlage der juristischen Beurteilung des Geschehens dient. Die richtige Auslegung des Rechts ist eine Sache, über die prinzipiell unabhängig von den im Einzelfall vorliegenden Tatsachen entschieden werden kann. Und umgekehrt ist die Feststellung von Tatsachen unabhängig von Rechtsfragen möglich, und nur noch die Beurteilung der Relevanz einer Tatsachenfeststellung hängt vom Recht ab. Erst jetzt ist es sinnvoll, von ‹Anwendung› des Rechts zu sprechen.

Diese Trennung hat eine kaum zu überschätzende Bedeutung für die ‹Mobilisierung› des Rechts, denn sie ermöglicht nicht nur eine rechtliche Kritik der Tatsachen, sondern auch eine an Tatsachen orientierte Kritik des Rechts, des altertümlichen *rigor legis*, der zu eng gefaßten Klagetypen usw. Vor allem aber steckt in ihr eine latente, deswegen aber um so wirksamere *Garantie der Autonomie des Gerichtsverfahrens*. Die Informationen über das Recht und die Informationen über die Tatsachen werden dem Verfahrenssystem von jeweils verschiedenen Umwelten geliefert; es kann mithin nicht eine einzige Stelle geben, deren Kommunikation den Ausgang

ung ein Interesse an der Entfachung und Verlängerung von Streitigkeiten zu wecken. Daneben mögen auch rein rhetorische Motive eine Rolle gespielt haben. So traten attische Gerichtsredner als uneigennützige ‹Freunde› ihrer Auftraggeber auf, was ihnen zugleich eine wirkungsvollere Identifikation mit dem vertretenen Standpunkt erlaubte. (Vgl. Robert J. Bonner, *Lawyers and Litigants in Ancient Athens. The Genesis of the Legal Profession.* Chicago 1927, insbes. S. 200 ff.) Auch über diese Schwierigkeiten kann im übrigen ein anerkanntes Ethos der Profession hinweghelfen, das die rein sachbestimmte Motivation des Rechtsvertreters postuliert und die Äußerung von Zweifeln daran unterbindet.

105 Vgl. aber auch Pospisil, a. a. O., S. 285 ff, der eine solche Unterscheidung bereits in einer archaischen Gesellschaft (mit sehr erfolgreicher Entscheidungsautorität der Häuptlinge) feststellen zu können meinte, aber wohl mehr den allgemeineren Unterschied von Sachaufklärung und Urteilsfindung angetroffen hat.

des Einzelverfahrens determiniert.[106] Das ist unter anderem eine Grundbedingung für die Motivationsstruktur der Ungewißheit des Ausgangs und für die Glaubwürdigkeit richterlicher Unabhängigkeit im Verfahrenssystem.

Mit all dem wird die rechtliche Kongruenz von Verhaltenserwartungen auf eine stärker abstrahierte und spezifizierte, institutionell voraussetzungsreichere Sinnebene verschoben. Die Kongruenz liegt jetzt nicht mehr in der sichtbar erfolgreichen (gewaltsam sich durchsetzenden, sozial anerkannten oder übernatürlich autorisierten und bestätigten) Rechtsbehauptung im Enttäuschungsfalle; sie findet sich in den sinnhaft stabilisierten, permanent geltenden Normbegriffen und Rechtsinstituten, an denen man sich nicht durch alternativenloses Akzeptieren, sondern durch Sinndeutung orientiert. Kontrafaktische Dauergeltung, Konsensunterstellung und sachliche Konsistenz des Erwartungszusammenhanges werden mit Hilfe rein sprachlicher Denkmittel in der Form ideal geltender Typen integriert, die auf Anschaubarkeit mehr und mehr verzichten können und als Begriffe wie Realitäten behandelt werden. Auch hier läßt sich an der inneren Entwicklung des römischen Rechts bis zur Pandektistik hin besonders gut erkennen, welche Vorstellungsschwierigkeiten zu überwinden waren und welche unbekannten Risiken begrifflicher Abstraktion nach und nach erprobt und in das Recht eingebaut werden mußten, bevor man etwa ein vom Besitz ablösbares Eigentum, die Berücksichtigung des Irrtums beim Vertragsschluß, die Zession unsichtbarer Forderungen, die Vertretung bei fast allen Rechtsgeschäften, die Klagbarkeit grundsätzlich aller Rechtsansprüche usw. konzedieren konnte.

Das Recht der vorneuzeitlichen Hochkulturen beruht in seinen Vorstellungsformen und in dem Abstraktionsgrad, mit dem es seine Funktion kongruenter Generalisierung erfüllt, auf dem rechtsanwendenden Verfahren, in dem es erarbeitet wird. Die Entscheidungsarbeit dieses Verfahrens mit ihren begrenzten Wahlfreiheiten ist die Grundlage der Rechtsbildung. Sie steht im Mittelpunkt und reguliert das, was rechtlich möglich ist, auch dort, wo Akte der Gesetzgebung oder rechtswissenschaftliche Reflexion zur Rechtsbildung beitragen. Das Recht ist, obwohl durch politische Ämter und durch politisch gewährleistete Einsatzbereitschaft physischer Gewalt gedeckt, dem Inhalte nach Juristenrecht. Es bezieht seine Entwicklungsantriebe aus Problemen und Normierungsansprüchen, die sich am Recht selbst zeigen – im Rechtsverkehr oder im Rechtsstreit –, nicht aber aus einer Absicht auf planmäßige Veränderung der sozialen Wirklichkeit mit Hilfe des Rechts. Der Grad an rechtlicher Regulierung des täglichen Lebens bleibt, gemessen an heutigen Realitäten, vergleichsweise gering. Selbst für die Konfliktsregelung findet man namentlich in den Dörfern mehr oder

106 Das Gegenbeispiel bieten gewisse Verfahren der politischen Justiz moderner Staaten, in denen der Veranstalter des Prozesses sowohl die Normen als auch die Informationen über die Tatsachen beschafft und durch dieses Informationsmonopol die Entscheidungsautonomie des Verfahrens ausschaltet.

weniger unberührt fortlebende quasi-archaische Rechtsverhältnisse.[107] Das Juristenrecht wird durch Abstraktion und Typenvielfalt elastisch gehalten, vermag sich langsamen Veränderungen gesellschaftlicher Bedürfnisse anzupassen, ist aber prinzipiell nicht auf Änderung hin konzipiert. Im Erlebnishorizont des einzelnen, auch des einzelnen Juristen, sind die langen und verzweigten Selektionsketten, die genetisch zur Konstitution des Rechts geführt haben, nicht mehr als wählende Akte sichtbar. Das Recht als Ganzes kann daher nicht einem Entscheidungsprozeß zugerechnet werden. Die eingerichteten, auf Rechtsanwendung spezifizierten Entscheidungsverfahren ermöglichen jene hochdifferenzierte Rechtskultur und begrenzen sie zugleich, sind Quelle und Schranke der institutionalisierbaren Rechtsvorstellungen.

Nicht für alle Sinnaspekte des Rechts gibt es nämlich Verfahren, nicht alles Recht wird als entscheidbar und durch Entscheidung änderbar vorgestellt. Für alle vorneuzeitlichen Rechtskulturen sind die Grundlagen des Rechts und, mehr oder weniger weitgehend, auch der überlieferte Normenbestand der Änderbarkeit durch Entscheidung institutionell entzogen. Das gilt selbst für Recht, das durch Gesetzgebung eingeführt, dann aber geheiligte Institution geworden ist wie die römischen zwölf Tafeln. Diese Limitierung ist für die Perspektive und das Selbstverständnis im rechtsanwendenden Verfahren zunächst konstitutiv. Aus ihr begründet sich das spezifische Ethos des Dienstes am Recht, mit dem der Richter den Parteien gegenübertritt und auf das er von ihnen angesprochen wird. Die vorgestellte fundamentale Invarianz des Rechts läßt alle Erwartungsunsicherheit als akzidentell und nur subjektiv erscheinen. Sie vereinfacht die Entscheidungslage, da nur ein enger Normhorizont auf Variabilität hin problematisiert wird, und sie verstellt den unerträglichen Gedanken absoluter Kontingenz und Beliebigkeit allen Rechts, der nicht zuletzt deshalb unerträglich sein muß, weil es keine bewährten Verfahren der Gesetzgebung gibt, die unter so hoher und unbestimmter Komplexität voraussehbar operieren könnten.

Für vorneuzeitliche Rechtskulturen ist mithin bezeichnend, daß sie im Bereich des Rechts in engen Grenzen schon operativen Spielraum institutionalisiert haben und daß Selektionsmöglichkeiten sichtbar werden. Vor allem erweitert sich der Verkehr zwischen verschiedenen Gesellschaften so stark, daß fremde Völker nicht mehr einfach als seltsam und rechtlos lebend behandelt werden können. Die Erkenntnis drängt sich auf, daß es andere Rechtsformen gibt, deren Rechtsqualität nicht einfach negiert werden kann.[108] Im Vergleich damit wird das eigene Recht als eine gesellschaftlich

107 Zum Nebeneinander von hochkultiviertem Juristenrecht und Dorfjustiz in Indien vgl. BERNARD S. COHN, *Anthropological Notes on Disputes and Law in India.* American Anthropologist 67 (1965), Part II, No. 6, S. 82–122.

108 Bekannt ist vor allem das griechische Interesse an Sammlung und Studium von Rechten anderer Völker (*Barbarikà nómina*), obwohl das Ergebnis dieser Forschung weitgehend verlorengegangen ist. Als ein frühes literarisches Zeugnis siehe HERODOT, Historien III, 38.

und historisch bedingte Ausprägung unter anderen bewußt. Und doch kann die reine Willkür der Rechtsentstehung nicht konzediert werden, hieße das doch die Herstellung des Rechts in vollem Umfange den politischen Gewalten überlassen und die Rechtsbefolgung dem Belieben oder dem Zwang anheimgeben. Keine der vorneuzeitlichen Gesellschaften geht so weit. Dafür sind sie als System noch zu einfach organisiert. In allen Fällen wird die politische Herrschaft als gebunden an das Recht, als Beschützer und Bewahrer des Rechts eingesetzt, nicht aber für die Gesamtherstellung und laufende Änderung des Rechts verantwortlich gemacht. Die Begründung dafür variiert mit dem religiös-kulturellen Vorstellungshorizont. Weitgehend wird die Weltordnung selbst als rechtlich-moralisch begriffen: das Seinsgeschehen selbst richtet sich nach Verdienst und Schuld, Lohn und Strafe,[109] und umgekehrt erscheint die moralische Ordnung zugleich als Regel für langfristig-erfolgreiches Handeln; es ist nicht nur gut, sondern auch ratsam, sie zu befolgen. Die Rechtsanwendung hat in hohem, vorherrschendem Maße noch symbolisch-expressive Funktionen der Betätigung und Bestätigung des Weltgesetzes – und kaum Intentionen auf Veränderung der Wirklichkeit.[110] Die politisch-ethische Gesellschaftsphilosophie der Griechen zieht sich aus solchen Kosmos-Spekulationen zwar zurück, betont aber, daß das Recht der menschlichen Gesellschaft ihren Bedürfnissen und ihren Zwecken immanent sei, und setzt von da her dem Belieben Grenzen.[111]

---

109 Die wohl bekannteste Ausformung dieses Gedankens findet sich im Hindu-Recht, zusammengefaßt im Begriff des Dharma, der zugleich dieses Prinzip und die Gesamtheit der es realisierenden Prinzipien und Verhaltensvorschriften ausdrückt. Vgl. z. B. NARAYAN CHANDRA BANDYOPADHAYA, *Development of Hindu Polity and Political Theories.* Part I. Calcutta 1927, insbes. S. 269 ff, 285 ff; und zu den Ansätzen zur Differenzierung von Dharma und positivem Recht U. C. SARKAR, *Epochs in Hindu Legal History.* Hoshiarpur 1958, S. 21 ff. Vgl. ferner R. LINGAT, *Evolution of the Conception of Law in Burma and Siam.* The Journal of the Siam Society 38 (1950), S. 9–31. Für China vgl. T'UNG-TSU CH'Ü, *Law and Society in Traditional China.* Paris–Den Haag 1961, S. 213 ff, und für Japan DAN FENNO HENDERSON, *Conciliation and Japanese Law. Tokugawa and Modern.* Seattle–Tokyo 1965, Bd. I, S. 47 ff. Siehe weiter eines der ältesten Zeugnisse vorsokratischer Philosophie, das Fragment des ANAXIMANDROS («Woraus aber die Dinge ihre Entstehung haben, darein finde auch ihr Untergang statt gemäß der Notwendigkeit. Denn sie leisten einander Sühne und Buße für ihr Unrecht gemäß der Ordnung der Zeit»), das WERNER JAEGER, Paideia. Die Formung des griechischen Menschen. Bd. I, 3. Aufl., Berlin 1954, S. 217 ff, als eine Generalisierung der Rechtsidee der Polis deutet: Die Welt gesehen als ‹Rechtsgemeinschaft der Dinge›

110 Hierzu eindrucksvoll die Ausführungen über die symbolträchtige Organisation und das Zeremoniell der älteren siamesischen Bürokratie bei FRED W. RIGGS *Thailand. The Modernization of a Bureaucratic Polity.* Honolulu 1966.

111 Vgl. dazu JOACHIM RITTER, Zur Grundlegung der praktischen Philosophie bei Aristoteles. Archiv für Rechts- und Sozialphilosophie 46 (1960), S. 179–199 DERS., ‹Naturrecht› bei Aristoteles. Stuttgart 1961; DERS., ‹Politik› und ‹Ethik› in der praktischen Philosophie des Aristoteles. Philosophisches Jahrbuch 74 (1967) S. 235–253; die letzten beiden Abhandlungen neu gedruckt in: DERS., Metaphysi

In jedem Falle werden die Grundlagen und mit ihnen zugleich die Grundzüge, das heißt ein wesentlicher Normenbestand des Rechts, als invariant gedacht und der Disposition entzogen. Eine Trennung von Geltungsbegründung und (kontingentem) Inhalt von Normen, wie sie durch die mittelalterliche Konzeption des absoluten Schöpfergottes möglich wird, liegt noch außerhalb des Denkbaren. Das Recht wird in seiner Geltung und in seinen Wesenszügen als *wahr* vorgestellt, das heißt trotz seiner Normativität dem Modus der Behandlung kognitiver Erwartungen unterworfen.[112] Gerade um der Norm ihre spezifische Funktion kontrafaktischer Dauergeltung zu sichern, scheint die Wahrheitsfähigkeit unentbehrlich zu sein. Eben deshalb kann aber auch die kognitive Funktion nicht ausdifferenziert und als lernbereite Wissenschaft verselbständigt werden. Das Weltbild beruht auf einer funktional diffusen und dadurch immobilen Verschmelzung normativer und kognitiver Erwartungen. Normatives und kognitives Erwarten, Sein und Sollen lassen sich zwar in der rechtstechnischen Praxis, nicht aber im Begreifen der Grundlagen trennen. Der unvollständigen funktionalen Differenzierung der Gesellschaft entspricht eine unvollständige Trennung normativer und kognitiver Erwartungen.

Diese strukturbedingte und dadurch zunächst unvermeidbare Ambivalenz von zugelassener und doch begrenzter Selektivität des Rechts, von praktizierter Normbehandlung auf kognitiv-normativen Vorstellungsgrundlagen verlangt gedankliche Darstellungen besonderer Art. Im Hindu-Recht findet man konkurrierende Begründungsmythen (ontische Ewigkeitstheorien und Vertragstheorien), die gerade im kritischen Punkte der Selektivität divergieren und sich so neutralisieren. In ähnlicher Weise wird in China diese Frage zum Gegenstand eines Schulenstreites der Konfuzianer und Legisten.[113] Im griechischen Denken bahnt sich dagegen eine abstraktere Problemorientierung den Weg: Nicht diese Differenz, sondern die Interpre-

---

und Politik. Studien zu Aristoteles und Hegel. Frankfurt 1969; MANFRED RIEDEL, Zur Topologie des klassisch-politischen und des modern-naturrechtlichen Gesellschaftsbegriffs. Archiv für Rechts- und Sozialphilosophie 51 (1965), S. 291–318 (295 f); sowie als Quellentexte ARISTOTELES, Nikomachische Ethik, Buch VIII, Kap. 11 ff, und Eudemische Ethik, Buch VII, Kap. 9 f.

112 Zum Teil fehlte sogar eine Möglichkeit sprachlicher Differenzierung von Wahrheit und Recht; so für Ägypten ALEXANDER SCHARFF/ERWIN SEIDL, Einführung in die ägyptische Rechtsgeschichte bis zum Ende des Neuen Reiches. Bd. I, Glückstadt–Hamburg–New York 1939, S. 42; JOHN A. WILSON, *Authority and Law in Ancient Egypt*. Journal of the American Oriental Society 74 (1954), Supplement S. 1–17 (6 f).

113 Vgl. LEANG K'I-TCH'AO, *La conception de la loi et les théories des Légistes à la veille des Ts'in*. Peking 1926; J. J. L. DUYVENDAK, *The Book of Lord Shang. A Classic of the Chinese School of Law*. London 1928; JOSEPH NEEDHAM, *Science and Civilization in China*. Bd. 2, Cambridge/Engl. 1956, S. 204 ff, 518 ff; CH'Ü T'UNG-TSU, *Law and Society in Traditional China*. Paris–Den Haag 1961, S. 226 ff; LÉON VANDERMEERSCH, *La formation du légisme*. Paris 1965; SU JYUN-HSYONG, Das chinesische Rechtsdenken im Licht der Naturrechtslehre. Diss. Freiburg 1966, insbes. S. 44 ff.

tation dieser Differenz wird zum Gegenstand des Denkens und der Schulbildung; nicht zwischen diesen beiden Möglichkeiten selektierten und nicht selektierten Rechts ist zu entscheiden, sondern über das Verhältnis dieser beiden Möglichkeiten. An Hand dieser Fragestellung erarbeitet die alteuropäische Tradition eine bemerkenswerte und zukunftsträchtige Lösung dieses Problems.

Auf genau diese Lage einer in wichtigen Grundzügen als invariant begriffenen, im übrigen aber alternativenreichen, von Gesellschaft zu Gesellschaft unterschiedlichen und sogar abänderbaren Rechtsordnung ist nämlich die griechische *Unterscheidung von Naturrecht und kraft nomos geltendem Recht* gemünzt.[114] Der Begriff des Naturrechts taucht erst hier auf als ein diskriminierender Begriff und darf nicht mit der archaischen Absolutsetzung der je eigenen Rechtsordnung verwechselt werden.[115] Er wird dazu benötigt, invariantes Recht gegen variables Recht abzugrenzen, das sich durch gewachsene Sitte oder auch durch Gesetzgebung zu unterschiedlichen Gehalten ausgeformt hat. Er leistet, mit anderen Worten, eine bestimmte Interpretation der strukturellen Schranken der Variabilität des Rechts.[116] Im Begriff der Natur ist dabei die systemexterne Zurechnung, also die Leugnung der Eigenkausalität des zurechnenden Systems das Entscheidende – ein Ordnungsbehelf, der für noch relativ einfache Systeme typisch ist. Außerdem hat die für das spätere Denken so bedeutsame Assoziation des Natürlichen und des Gleichen (= nicht künstlich unterschiedlich Selektierten) hier ihre Wurzel. Der Begriff des *nomos* wird erst in dieser und durch diese Antithese zu einem wesentlichen Rechtsbegriff aufgewertet.[117] Die Unterscheidung von *physei* und *nomoi* geltendem Recht

114 Vgl. als Überblick J. Walter Jones, *The Law and Legal Theory of th[e] Greeks. An Introduction.* Oxford 1956, S. 34–72; und zur mittelalterlichen Rezep[-]tion besonders Sten Gagnér, Studien zur Ideengeschichte der Gesetzgebung. Stock[-]holm–Uppsala–Göteborg 1960, S. 179 ff.

115 Mit Recht weist auch Siegfried F. Nadel, *Reason and Unreason in Africa[n] Law.* Africa 26 (1956), S. 160–173 (164 f), darauf hin, daß die Verwendung vo[n] Begriffen der Vernunft und natürlichen Gerechtigkeit erst in Gesellschaften z[u] finden sei, die in Rechtsangelegenheiten eine Vorstellung anderer Möglichkeite[n] bilden könnten, sich also Recht als selektiv und nicht einfach als gegeben denke[n] können. Siehe auch Francisco Elias de Tejada, Bemerkungen über die Grund[-]lagen des Banturechts. Archiv für Rechts- und Sozialphilosophie 46 (1960), S. 50[?] bis 535 (532).

116 Nahestehend Helmut Coing, Naturrecht als wissenschaftliches Problem[.] 2. Aufl. Wiesbaden 1966. Coing benutzt jedoch den Gedanken der strukturelle[n] Limitation zur Interpretation des historisch überlieferten Naturrechtsgedanken[s] und setzt diese Überlieferung damit fort, während wir umgekehrt den Natur[-]rechtsgedanken als eine Interpretation der strukturellen Limitation des Recht[s] ansehen, die heute durch systemtheoretische Interpretationen mit Berücksichtigung höherer Eigenleistungen des sozialen Systems ersetzt werden muß.

117 Ältere Bedeutungen des Begriffs bezogen sich auf das Schwankende un[d] Irrige der Volksmeinung, das Angelernte im Gegensatz zum Charakterlichen, da[s] Zufällige, den unverbindlichen Brauch, die reine Setzung – alles Konnotatione[n,] die im Gedanken der Selektivität konvergieren und mit dieser aufgewertet we[rden]

zielte mithin auf die schon erfaßte, aber als begrenzt begriffene Selektivität des Rechts.[118] Sie ist erst und nur für Gesellschaften der hier behandelten Art sinnvoll gewesen. Das zeigt sich auch daran, daß ihre Darstellung bei ARISTOTELES[119] mit einer strikten Ablehnung der archaisch-traditionalen Rechtslegitimation verbunden war, die in dem neu differenzierten Denkschema keinen Platz mehr fand. An die Stelle des archaischen Denkens tritt das Denken, das sich mit der ‹*praxis*›, der Selektivität menschlichen Handelns befaßt: die Ethik als Praktische Philosophie. Erst später, nämlich bei der Übernahme in das schon stark verfeinerte römische Rechtsdenken und dann vor allem im Mittelalter, erhielt jene Unterscheidung von *physis* und *nomos* zusätzlich die Form einer hierarchischen Rechtsquellendifferenz von *lex naturalis* und *lex positiva,* und erst damit gewann der Naturrechtsgedanke die Kraft eines kontrollierenden Prinzips, unter dessen Schirm das positive Recht mit durch Entscheidung gesetztem Recht identifiziert und so entfaltet werden konnte.[120]

Die beträchtliche Erweiterung der Komplexität des Rechts, seine Spezifikation und Abstraktion und namentlich die partielle Erfassung seiner selektiven Differenzierung und Variation geben den vorneuzeitlichen Hochkulturen schließlich die Möglichkeit, *das Rechtsprinzip als abstraktes Kriterium zu formulieren und dem vorgefundenen Recht als Maßstab gegenüberzustellen.* Im Gedanken des Billigen und Gerechten nimmt das Rechtsprinzip eine generalisierte moralische Form an.

Ein Antrieb dazu scheint zunächst in der Korrekturbedürftigkeit archaischer Macht- und Vermögensverteilungen gelegen zu haben – einer Aufgabe, der sich die politischen Herrscher annehmen mit dem erklärten Ziel, die Schwachen gegen die Starken, die Armen gegen die Reichen in Schutz zu nehmen. Entsprechende Intentionen gehen in den Begriff des Rechts oder des Gesetzes ein. Die ältesten Hinweise darauf finden sich in den Gesetzgebungen Mesopotamiens.[121] Auch die frühen Rechtsreformen der

---

den. Vgl. dazu JOHN W. BEARDSLEY, *The Use of PHYSIS in Fifth-Century Greek Literature.* Diss. Chicago 1918, S. 68 ff. Für die spätere Bedeutungsgeschichte ist bezeichnend, daß *nomos* (besonders in der Unterscheidung von *nomos idios* und *nomos koinos;* ARISTOTELES, Rhetorik 1373b 4 ff) zum Oberbegriff avanciert und als solcher mit *lex* oder *ius* übersetzt wird. Zu den politischen Gründen dieses Begriffswandels MARTIN OSTWALD, *Nomos and the Beginnings of Athenian Democracy.* Oxford 1969.

118 Siehe die späte Formulierung in den Institutionen I 1.2.11. (*«Sed naturalia quidem iura, quae apud omnes gentes peraeque servantur, divina quadam providentia constituta semper firma atque immutabilia permanent: ea vero, quae ipsa sibi quaeque civitas constituit, saepe mutari solent vel tacito consensu populi vel alia postea lege lata»),* in die man die weiteren Momente einer allmenschlichen Geltung des Naturrechts und mit der Andeutung seiner irgendwie göttlichen Herkunft auch eine hierarchische Schematisierung eingearbeitet findet.

119 Vgl. Nikomachische Ethik 1134b 18–1135a 5.

120 Siehe dazu nochmals unten S. 197.

121 Vgl. dazu EMILE SZLECHTER, *La ‹loi› dans la Mésopotamie ancienne.* Revue internationale des droits de l'antiquité. 3. série 12 (1965), S. 55–77. Siehe auch

antiken Stadtstaaten des Mittelmeerraumes weisen diese Züge auf. Dazu kommt hier, daß die Bewußtheit der Selektivität des *nomos* die Frage nach einem Kriterium richtiger Selektion unabweisbar macht. Das fordert dazu auf, die Kongruenz des Rechts in einem solchen Kriterium als Postulat zum Ausdruck zu bringen. Die Problematisierung und begriffliche Explikation eines solchen Maßstabes der Gerechtigkeit scheint in primär religiös bestimmten, aber auch in den rechtstechnisch am weitesten fortgeschrittenen, von Juristen beherrschten Rechtskulturen zunächst entbehrlich gewesen zu sein. Sie ist der griechischen Polis zu danken, die, wenngleich stets in engem Sinnbezug auf die eigenen Institutionen, eine Besinnung auf die Gerechtigkeit als solche ausgelöst hat.[122]

In archaischen Rechten gab es zunächst nur jene immanent fungierenden Rechtsgedanken der Vergeltung und der Reziprozität – Fassungen des Grundproblems kongruenter Generalisierung, die in den normativen Erwartungen und Rechtshandlungen das Recht zum Ausdruck bringen.[123] Im griechischen Rechtsdenken werden diese Grundgedanken auf den Begriff der Gerechtigkeit gebracht, der sich nicht nur dem Verhalten, sondern auch noch dem Recht selbst entgegenhalten läßt. Zwischen dem Recht als Normenmenge und dem Prinzip seiner Einheit wird jetzt eine steuernde Beziehung vorgestellt, die als Wesensbestimmung und als Norm zugleich gedacht ist. Damit versucht man, den archaischen Kriterien der Vergeltung und der Reziprozität eine abstraktere Fassung überzuziehen, die deren immanente Schranken überwindet und komplexeren Lebensverhältnissen entspricht. Das Prinzip des Rechts gewinnt damit eine neue historische Gestalt.

Denn Gerechtigkeit ist letztlich ein Symbol für die Kongruenz der Generalisierung normativer Verhaltenserwartungen. Sie wird, noch mythisch und schon rational, als Gleichheit definiert, Gleichheit aber bedeutet: Durchhalten der Normen in der Zeit, sachlicher Wesenszusammenhang und Konsensfähigkeit – jenes Übereinkommen, das einleuchtet und Dauer hat. Ferner wird, in entsprechender Intention, der Gedanke des Maßvollen und der Mitte herangezogen, jener gleichen Distanz zu allen Werten und Extrempositionen, in der sich das Bleibend-Vernünftige findet. Auch darin kommt eine Synthese zum Ausdruck, in der Sinn durch gleichen Abstand

---

die in Altägypten praktizierte Regel, daß der Wesir sich täglich außerhalb des Gerichtssaales zu ergehen habe, um so auch Schüchternen, Armen und Schwachen eine Gelegenheit zu bieten, ihre Anliegen vorzubringen.

122 Trotz dieses Vorbildes hat es nicht nur verbale *Tradition*, sondern auch *Wiederholungen* dieser Entwicklung selbst gegeben. So zeigt WALTHER SCHÖNFELD, Das Rechtsbewußtsein der Langobarden. Festschrift Alfred Schultze, Weimar 1934, S. 283–391 (283 ff), daß sich im Volksrecht der Langobarden eine allmähliche Trennung von *lex iudicium* und *iustitia* aus einer ursprünglich undifferenzierten Einheit beobachten läßt, verbunden mit einer Läuterung der *iustitia* «von der Genugtuung, die sie ursprünglich war und ist, zu der Gerechtigkeit, die sie allmählich wird» (S. 301).

123 Vgl. oben S. 154 ff.

von Extremwerten erwartbaren Konsens und Dauergeltung gewährleistet. Nur deshalb, weil das Prinzip der Gerechtigkeit Wesen und Funktion des Rechts trifft, ist es überhaupt rechtlich relevant – und nicht nur eine schöne Tugend, als die es in der späteren Ethik erscheint.

Die späteren Bearbeitungen des Gerechtigkeitsthemas durch ARISTOTELES rücken von dieser in ihrer Funktion nie durchschauten Symbolik bereits ab und verstellen sie für die anschließende Tradition der Rechtsphilosophie. Von der Kongruenzfunktion des Rechts her gesehen erscheinen sie als zu rationale, zu realitätsnahe begriffliche Präzisierungen. Die beiden Typen der kommutativen und der distributiven Gerechtigkeit schließen an die Grunddifferenz von segmentärer (gleicher) und funktionaler (ungleicher) Gesellschaftsgliederung (und insofern an die aktuelle Problematik der Polis) an, lassen aber in dieser Einteilung nicht mehr erkennen, was der Gleichheitsgedanke mit dem Recht zu tun hat und warum er das Prinzip des Rechts symbolisiert. Das Postulat der Gerechtigkeit wird entmythisiert, ethisiert und nach Art einer Norm an den Herrscher und Richter adressiert, so daß nicht dem Recht seine Funktion, sondern den geltenden Rechtsnormen eine Art Übernorm, dem Herrscher seine Tugend vorgehalten wird. Das führt in den stärker ausgefeilten Rechten, namentlich im römischen Recht und im *common law*, zu einer Gemengelage von Gerechtigkeit und Billigkeit (*aequitas, equity*), wobei prinzipielle Verbesserungen in Richtung auf eine universell verstandene Gerechtigkeit einhergehen mit partikularen Modifikationen des vorhandenen Normgefüges nach dem Regel/Ausnahme-Schema und durch Einrichtung neuartiger Rechtsbehelfe für bisher nicht berücksichtigte Fälle.

Dieses Abflachen und Konkretisieren ist nicht auf denkerische Zufälligkeiten der Dogmengeschichte und ihrer Überlieferung zurückzuführen; es entspricht der Gesellschaftsstruktur, dem Grad an Komplexität, den die Gesellschaft erreicht, der Unmöglichkeit, auch für Rechtsetzung noch programmartige Kriterien zu entwickeln. Ihr Rechtsprinzip Gerechtigkeit wirkt teils als Reflexion und Rationalisierung der Unvollkommenheit des Rechts, teils auch als Auslöser neuer Rechtsentwicklungen, die wichtige Modifikationen, aber keineswegs gerechtes Recht einbringen. Auch in diesem Punkte sind für die vorneuzeitlichen Hochkulturen eine Mittellage zwischen konkreter und abstrakter Erlebnisverarbeitung und die unvollständige Durchführung von an sich anvisierten Möglichkeiten bezeichnend.

Es gibt in vorneuzeitlichen Hochkulturen bereits eine relative Eigenständigkeit der Rechtsentwicklung, ein begrenztes begriffliches Lernen im Recht und sogar eine Übertragung einzelner Rechtsinstitute oder Argumentationsprinzipien von Gesellschaft zu Gesellschaft. Der Prozeß rechtstechnischer Abstraktion, verfahrensmäßiger Neuerungen, juristischer Erfindungen geht eigene Wege. Es ist zum Beispiel schwer einzusehen und jedenfalls nicht auf Gesellschaftsstrukturen zurückzuführen, weshalb die Römer im Vergleich zu den Griechen den Konsensualvertrag so zögernd entwickeln, weshalb das Urkundenwesen erst im Niedergang des römischen Reiches seine Karriere beginnt usw. Gleichwohl sind die Rechtsordnungen dieser Gesellschaften in ihren Grundzügen, in den Grenzen ihres Abstraktionsvermögens, im Ausmaß der verfahrensmäßig organisierten Entscheidungsfreiheiten, im Umfang der Trennung von kognitiven und normativen Erwartungen und vor allem in ihrem Potential für Komplexität, Variabilität und Kritik des Rechts durch ihre Gesellschaftsstruktur bedingt. In der den einzelnen Rechtsinstitutionen verpflichteten rechtswissenschaftlichen Perspektive ist die strukturell bedingte Typeneinheit vorneuzeitlicher Rechtskulturen schwer zu erfassen. Sie zeichnet sich erst in einem soziologisch konzipierten Rahmen der Gesellschafts- und Rechtsentwicklung ab. Am deutlichsten aber treten die Einheitlichkeit und die Grenzen jenes Rechtsstils zutage, wenn man die Entwicklungsschwelle beleuchtet, die seine Zeit beendet – wenn man erkennt, was der Übergang zu positivem Recht soziologisch Neues bringt.

4. Positivierung des Rechts

Bei aller Eigenständigkeit der Fortführung und der weiteren Entwicklung einzelner Rechtsfiguren bleiben grundlegende Änderungen des Rechtsstils durch den Strukturwandel der Gesellschaft bedingt – werden durch ihn gefordert und ermöglicht. Die im Laufe der Neuzeit rapide ansteigende Komplexität der Gesellschaft stellt in wohl allen Sinnsphären und so auch im Recht neuartige Probleme. Zugleich enthält ihr Möglichkeitsreichtum das Potential, wenn auch nicht die Garantie, für neuartige Problemlösungen. Die Steigerung gesellschaftlicher Komplexität aber geht letztlich auf die fortschreitende funktionale Differenzierung des Gesellschaftssystems zurück.[124]

Funktionale Differenzierung bildet gesellschaftliche Teilsysteme zur Lösung spezifischer gesellschaftlicher Probleme. Die dafür relevanten Problemstellungen ändern und verfeinern sich im Laufe der gesellschaftlichen Entwicklung,[125] die zunehmend abstraktere, voraussetzungsvollere, strukturell-riskantere Ausdifferenzierungen ermöglicht, zum Beispiel Systeme nicht nur zur Beschaffung, sondern auch für Verteilung wirtschaftlicher Mittel; nicht nur für erzwungene Ziele wie Kinderaufzucht, Verteidigung, sondern auch für gewählte Ziele wie Forschung, ja selbst Forschung über

124 Die These der funktional-strukturellen Differenzierung als tragender Entwicklungsvariablen ist seit dem 19. Jahrhundert weit verbreitet. Siehe für Hinweise auf die neuere Literatur oben S. 140, Fußn. 9. Angesichts mannigfacher Kritik muß man jedoch genau formulieren: Gemeint ist nicht Differenzierung schlechthin (des Geschmacks, des Taktgefühls, der Familienbeziehungen, der sprachlichen Bezeichnungen für Wind und Wetter usw.), sondern Bildung von Teil*systemen*, und auch dies nicht für jede Art von Sozialsystemen, sondern im System der *Gesamtgesellschaft*.

125 Parsons meint darüber hinaus, daß sich durch eine allgemeine Theorie des Handlungssystems analytisch-deduktiv feststellen lasse, welche Probleme in jedem Handlungssystem gelöst werden müssen.

Forschung; nicht nur für Erziehung, sondern auch für Pädagogik; nicht nur für die Herstellung kollektiv bindender Entscheidungen, sondern auch für deren politische Vorbereitung; nicht nur für Rechtspflege, sondern auch für Gesetzgebung. Die wesentliche Folge ist eine Überproduktion an Möglichkeiten, die sich nur in sehr eingeschränktem Umfange tatsächlich realisieren lassen, also Prozesse zunehmend bewußter Selektion erfordern. Die abstrahierten funktionalen Perspektiven der Teilsysteme dynamisieren die Gesellschaft. Sie implizieren teilsystemspezifische Möglichkeitshorizonte, die sich nicht mehr durch gemeinsame Glaubensvorstellungen und gemeinsame Außengrenzen der Gesellschaft integrieren lassen. Eine ständige Untererfüllung von Zielen ist die Folge, und dies findet Ausdruck in einer veränderten, zukunftsoffenen Zeitvorstellung und in Planungsbedürfnissen. Die wissenschaftlich erreichbaren Wahrheiten können zum Beispiel mit wirtschaftlichen und politischen Erfordernissen kollidieren, während umgekehrt nicht genug Wahrheiten verfügbar sind, um den wirtschaftlichen und politischen Entscheidungsbedarf zu decken. Die Liebe stellt als Systemprinzip der Familie Anforderungen, die (namentlich für die Frau) kaum mit beruflicher Arbeit zu vereinbaren sind. Die Wirtschaft erzeugt politisch unbequeme Entscheidungsthemen. Die Wissenschaft der Psychologie stellt dem familiären, aber auch dem schulischen Erziehungsprozeß unmöglich zu erfüllende Aufgaben. Die technisch optimale Ausrüstung der Armee oder der Krankenhäuser läßt sich wirtschaftlich und politisch nicht vertreten usw. Die Möglichkeiten und die Wirklichkeit klaffen infolge dieses Systembildungsprinzips weit auseinander, und darin scheint der eigentliche Grund dafür zu liegen, daß die moderne Gesellschaft ‹anomische› Tendenzen aufweist.[126]

Mit dieser explosionsartigen Vermehrung der Möglichkeiten des Erlebens und Handelns nimmt auch die Kontingenz des Erlebens und Handelns in der Gesellschaft zu. Aller faßbare Sinn tritt in das Licht anderer Möglichkeiten, wird relationiert und problematisiert. Abhängigkeiten und Substitutionsverhältnisse werden sichtbar, Chancen der rationalen Planung und Herstellung wie auch Überforderung durch die Bedingung der Rationalität zeichnen sich ab. Rationalität erscheint erreichbarer und unerreichbarer als je. Daß von diesen Veränderungen ein Anpassungsdruck auf alle Teilbereiche der Gesellschaft ausgeht, ist offensichtlich. Jeder faktische Zustand ist eine Auswahl aus mehr Möglichkeiten, hat mithin als Faktum höhere Selektivität. Jedes Ja impliziert mehr Neins. Alle Strukturen und Teilsysteme müssen dem Rechnung tragen – sei es durch Steigerung ihrer Indifferenz, sei es durch Steigerung ihrer Elastizität. Uns interessieren hier allein die Konsequenzen für das Recht.

Der Bedarf für kongruent generalisierte normative Verhaltenserwartungen bleibt unter den angegebenen Umständen nicht unverändert. Die

---

126 Dasselbe Problem erfaßt ROBERT K. MERTON, *Social Theory and Social Structure.* 2. Aufl., Glencoe/Ill. 1957, S. 131 ff, treffend, aber sehr viel konkreter als Auseinanderklaffen von Zielen und Mitteln sozial erfolgreichen Handelns.

wichtigsten gesamtgesellschaftlichen Mechanismen, die der Wahrheit, der Liebe, der Macht und des wirtschaftlichen Bedarfsausgleichs, verlieren in der Ausrichtung auf je spezifische Funktionen ihr inneres Maß, die in sie eingebaute Rücksicht. Sie müssen nun durch in der Gesellschaft gesetzte, für sie externe Schranken ihrer Freiheit in den Grenzen des gesellschaftlich Zuträglichen gehalten werden – durch Schranken, die nicht mehr mit als Natur begriffener Selbstverständlichkeit als Wesen der Sache gelten, sondern als normative Regeln, Leistungspflichten, Zumutbarkeiten, Prioritäten.[127] Sie sind dann, weil konfliktsträchtig, im Detail zu regeln. Auch im übrigen hat funktionale Differenzierung ein Zunehmen der gesellschaftsinternen Probleme und Konflikte zur Folge und damit auch ein Anwachsen der Entscheidungslast auf allen Ebenen der Generalisierung. Die Teilsysteme der Gesellschaft werden mehr als zuvor voneinander abhängig: die Wirtschaft von politischen Garantien und Steuerungsentscheidungen und die Politik vom wirtschaftlichen Erfolg, die Wissenschaft von Finanzierungen und von Planfähigkeiten der Politik, die Wirtschaft von wissenschaftlicher Forschung, die Familie vom wirtschaftlichen Gelingen der politischen Vollbeschäftigungsprogramme, die Politik von Sozialisationsleistungen der Familie usw. Zugleich müssen aber die Teilsysteme, um je ihre Funktion konstant und zuverlässig bedienen zu können, gegen für sie unbeherrschbare Fluktuationen in je anderen Bereichen geschützt werden. Abhängigkeiten und Unabhängigkeiten der Teilsysteme voneinander nehmen zugleich zu. Im Prinzip ist das möglich, weil die Hinsichten zunehmen, in denen man abhängig und unabhängig sein kann; im einzelnen aber ergeben sich mannigfache Reibungen und Ausgleichungsbedürfnisse, deren Bewältigung dem Recht abverlangt wird. So wächst der Bedarf für Dispositionsfreiheiten und Sicherheiten, der befriedigt werden muß, obwohl die Freiheit des einen die Unsicherheit des anderen ist. Mit symptomatischer Schärfe ist dieses Problem gegen Ende des 19. Jahrhunderts an der Vertragsfreiheit und ihren Grenzen bewußt geworden. Die Folgeprobleme der funktionalen Differenzierung erscheinen hier und in anderen Fällen an einzelnen Rechtsinstituten, am Fragwürdig- und Unsicherwerden vertrauter Figuren, an Rissen in der Dogmatik. Eine Fülle von roh improvisierten, dogmatisch nicht bewältigten Neuerscheinungen, zum Beispiel Versicherungsrecht, Straßenverkehrsrecht, Tarifrecht, überschwemmt das Recht und läßt das Niveau juristischer Begriffskunst und Sachbeherrschung merklich absinken. Bei aller Neueinschätzung richterlicher Entscheidungsarbeit ist doch erkennbar, daß diese Probleme nicht mehr allein auf der Ebene und in der Form des hergebrachten Juristenrechts gelöst werden können. Sie erfordern, soweit sie überhaupt durch Recht gelöst werden können, in zunehmendem Maße Gesetzgebung.

Gesetzgebung ist keine Erfindung der Neuzeit. Bereits in den frühen

---

127 Unter diesem Gesichtspunkt habe ich die Funktion der Grundrechte interpretiert in: Grundrechte als Institution – Ein Beitrag zur politischen Soziologie. Berlin 1965.

Hochkulturen Mesopotamiens[127a] und vollends in der Antike ist Rechtsetzung durch Gesetzgebung praktiziert worden. In einigen Fällen, vor allem in Athen und in Rom, bilden große reformerische Gesetzgebungswerke die Traditionsgrenze gegenüber Frühformen politisch-religiöser Rechtskultur oder verhelfen, wie in China die Gesetze der Ch'in (221-207 v. Chr.), zur politischen Einigung einer großräumigen Gesellschaft. Selbst Gesellschaften, die die Schwelle zur Hochkultur nicht überschreiten, kennen, soweit sie politische Entscheidungskompetenzen überhaupt ausdifferenzieren, ein Nebeneinander von überliefertem Recht und mehr oder weniger allgemein gefaßten Anordnungen des Herrschers, die in den Bestand des geltenden Rechts eingehen können[128]. In höher kultivierten Gesellschaften mit konsolidierter politischer Herrschaft, besonders in den großen, bürokratisch verwalteten Reichen der Alten Welt, konnte sich ein politisches Interesse an übersichtlicher Zusammenfassung und einheitlicher Administration des Rechts ausbilden – und entsprechend kam es zu Rechtszusammenstellungen, zu authentischer schriftlicher Fixierung besonders prekärer oder umstrittener Rechtskomplexe, zu Neupublikationen und selektiv durchgearbeiteten Kodifikationen und Novellierungen, wie sie bereits aus Mesopotamien, und dann wieder aus China, dem späten Rom, Byzanz, dem Reich der Sassaniden, Altmexiko, überliefert und zum Teil inhaltlich bekannt sind. Die damit verfolgten politischen Ziele waren zumeist nicht eigentlich legislatorischer Art, vielmehr in erster Linie solche der ordnungserhaltenden Jurisdiktion: Einheitlichkeit, Publizität und Zugänglichkeit des Rechts sowie Unabhängigkeit der Rechtspflege von lokalen Zersplitterungen und Deformierungen und von Machteinflüssen. Daneben gibt es Fälle, in denen Gesetzgebung als Kompetenz in politischen Kämpfen durchgesetzt, als Waffe in solchen Auseinandersetzungen benutzt wird und so an relativ konkrete situationsgegebene Ziele gebunden bleibt. Dafür bietet das hohe und späte Mittelalter eine Fülle von Beispielen.[129]

127a Die Quellenlage bietet freilich beträchtliche Schwierigkeiten für die Ermittlung der Bedeutung dieser ältesten ‹Gesetze› und des ihnen zugrunde liegenden Rechtsdenkens. Vgl. EMILE SZLECHTER, *La ‹loi› dans la Mésopotamie ancienne.* Revue internationale des droits de l'antiquité, 3. sér. 12 (1965), S. 55–77; WOLFGANG PREISER, Zur rechtlichen Natur der altorientalischen ‹Gesetze›. Festschrift für Karl Engisch. Frankfurt 1969, S. 17–36.

128 *«which in time become norms»*, formuliert bezeichnenderweise JAN VANSINA, *A Traditional Legal System: The Kuba.* In: HILDA KUPER / LEO KUPER (Hrsg.), *African Law. Adaption and Development.* Berkeley–Los Angeles 1965, S. 97–119 (117). Vgl. auch oben S. 152, Anm. 36.

129 Vgl. statt anderer HERMANN KRAUSE, Kaiserrecht und Rezeption. Heidelberg 1952; dort S. 54: «Bewußte Schaffung neuen Rechts durch den Kaiser war ein revolutionärer Gedanke, der Zeit brauchte, um sich durchzusetzen. Er war auf lange mehr ein politisches Prinzip oder eine politische Möglichkeit denn ein gesicherter Teil des Staatsrechts. Er war in seiner Auswirkung schwankend, er ließ aus sich heraus ganz im unklaren, ob der Kaiser allein oder nur im Verein mit den Großen des Reiches Gesetze zu geben in der Lage sei, und er blieb unausgeglichen oder in einer Art von Gemengelage mit der überlieferten, konservativen Rechts-

Der rechtliche Status solcher Gesetzgebung bleibt jedoch prekär. Bei ohnehin hoher Rechtsunsicherheit lassen sich Befehle und Normsetzung kaum unterscheiden.[130] Ihre Übernahme in das Recht ist kein verfahrensmäßig sicher auslösbarer Effekt, sondern eine Frage der Zeit, der Gewöhnung, der erreichbaren Publizität, oder eine Frage der Einpaßbarkeit, oder eine Frage der politischen Macht, oder eine Frage des Krisendrucks und der situationsabhängigen Überzeugungskraft. Sachlich haben diese Schranken der Gesetzgebung ihren Grund darin, daß es keine Institutionen und Entscheidungsprozesse gibt, die sinnvolle Selektion aus beliebigen Möglichkeiten leisten könnten; thematisch werden sie in der Vorstellung artikuliert, daß nicht alles Recht durch Gesetzgebung nach Belieben gemacht und geändert werden könne, sondern daß im Rahmen des natürlich und wahr bzw. kraft Herkommens geltenden Rechts nur ein begrenzter Bereich für Gesetzgebung disponibel sei zur Anpassung von Details an die ‹*diversitas temporum*› oder die ‹*varietas naturae*›, wie man im frühen und im hohen Mittelalter sagte. So konnten Gesetze gedacht werden als Bestandteile der Rechtsordnung, die nicht aus sich selbst heraus Rechtscharakter hatten, sondern kraft außergesetzlicher Grundlagen.

Gewiß konnte Recht, selbst ‹göttliches› Recht, in zahlreichen Fällen bemerkt oder unbemerkt gleichwohl geändert werden, da ja jede Normbildung durch Rückgriff auf das Erwarten von Erwartungen unterlaufen und modifiziert werden kann.[131] In manchen Fällen, zum Beispiel in Mesopotamien und Indien, bot eine subtile Sinnverschiebung dafür die Grundlage: Das göttlich gestiftete Recht wurde durch das Recht des göttlich autorisierten Gesetzgebers wiederhergestellt, ergänzt und ausgeführt. In jedem Falle waren der *legitimierbaren* Variabilität von Rechtsnormen enge Grenzen gezogen.[132] Die Änderungsschwelle der Rechtsstruktur lag damit recht hoch. Prinzipiell wurde die Geltung des Rechts als invariant gesehen,

---

auffassung.» Vgl. auch DERS., Königtum und Rechtsordnung in der Zeit der sächsischen und salischen Herrscher. Zeitschrift der Savigny-Stiftung für Rechtsgeschichte, Germ. Abt. 82 (1965), S. 1–98.

130 Siehe für das Mittelalter z. B. CARLETON KEMP ALLEN, *Law in the Making*. 6. Aufl., Oxford 1958, S. 420 ff; G. BARRACLOUGH, *Law and Legislation in Medieval England*. Law Quarterly Review 56 (1940), S. 75–92; T. F. T. PLUCKNETT, *Legislation of Edward I*. Oxford 1949; ROLF SPRANDEL, Über das Problem des neuen Rechts im früheren Mittelalter. Zeitschrift der Savigny-Stiftung für Rechtsgeschichte, Kan. Abt. 79 (1962), S. 117–137 (122); HANS MARTIN KLINKENBERG, Die Theorie der Veränderbarkeit des Rechts im frühen und hohen Mittelalter. In: PAUL WILPERT (Hrsg.), Lex et sacramentum im Mittelalter. Berlin 1969, S. 157 bis 188; ferner WEBER, a. a. O., S. 185.

131 Vgl. oben S. 39, 149.

132 Für das langobardische Edikt stellt z. B. WALTHER SCHÖNFELD, Das Rechtsbewußtsein der Langobarden. Festschrift Alfred Schultze, Weimar 1934, S. 283 bis 391 (323), mit Einzelnachweisen fest: «Das Edikt ist nicht erlassen, das Alte aufzulösen, sondern es zu erfüllen, es zu erneuern, zu verbessern, klarzustellen, Unsicherheiten und Irrtum zu beseitigen und Lücken auszufüllen.» – Für den Höhepunkt gesetzgeberischer Ambitionen des älteren Indiens formuliert CHARLES DREKMEIER, *Kingship and Community in Early India*. Stanford/Cal. 1962, S. 234:

zumindest auf invariant geltende Normen gegründet – und nicht etwa auf Adäquität dank laufender Anpassung. Die Rechtsgeltung brauchte als solche daher nicht problematisiert, nicht als kontingent begründet zu werden. Die römische Lehre von den Rechtsquellen unterschied zum Beispiel verschiedene Entstehungsweisen von Rechtsnormen,[133] setzte aber erst sehr spät dazu an, abstraktere Kriterien der Rechtsgeltung – etwa im Sinne der modernen Theorie des Gewohnheitsrechts – zu entwickeln.[134] Trotz zugelassener Gesetzgebung war das Recht im ganzen altes, kraft Wahrheit, sakraler Einsetzung oder Tradition geltendes, nicht aber hergestelltes, jederzeit änderbares, positives Recht. Selbst HEGEL, der schon sah, daß für die bürgerliche Gesellschaft das Recht an sich zum positiven Gesetz wird, und gegen SAVIGNY die Zeitgemäßheit der kodifizierenden Gesetzgebung unterstreicht, konnte dem noch wie selbstverständlich anfügen, daß «es nicht darum zu tun sein kann, ein System ihrem *Inhalte* nach *neuer* Gesetze zu machen, sondern den vorhandenen gesetzlichen Inhalt in seiner bestimmten Allgemeinheit zu erkennen, d. i. *denkend* zu fassen» [135].

Noch unter der formalen Deckung durch Naturrecht vollzieht das 18. Jahrhundert den gedanklichen Umschwung zu voller Positivierung der Rechtsgeltung.[136] Erstmals im 19. Jahrhundert wird dann Rechtsetzung als

---

«In varying degrees, Mauryan kings had assumed a legislative function. The theory that emerged after the fact held that the royal edict, rājásásana, must harmonize with customary and sacred law. Rajashasana is not properly king-made law, but is more in the nature of a commentary, an administrative edict, a codification, or an attempt to enlighten the public on the subject of dharma.» Dem wäre anzufügen, daß solche Beschränkungen zumeist nicht deutlich als abstrakte Gültigkeitsbedingungen des gesetzten Rechts, sondern ineins damit als Klugheitsregeln fürstlicher Praxis, als Erfolgsbedingungen in einem undifferenziert naturhaft-moralischen Sinne formuliert sind. – Zur chinesischen Gesetzgebung und ihrer Prägung durch eine literarisch kodifizierte Moral vgl. KARL BÜNGER, Die Rechtsidee in der chinesischen Geschichte. Saeculum 3 (1952), S. 192 bis 217; JOSEPH NEEDHAM, *Science and Civilisation in China.* Bd. II, Cambridge/Engl. 1956, S. 518 ff, zum Fehlen eines Gesetzesbegriffs besonders S. 543 ff.

133 Vgl. Institutionen 1, 2, 1,; Digesten 1, 1, 7, pr.

134 Vgl. zum allgemeinen Kontext dieser spät einsetzenden Problematisierung von Geltungskriterien DIETER NÖRR, Zur Entstehung der gewohnheitsrechtlichen Theorie. Festschrift für Wilhelm Felgentraeger. Göttingen 1969, S. 353–366; ferner WILLIAM E. BRYNTESON, *Roman Law and New Law. The Development of a Legal Idea.* Revue internationale des droits de l'antiquité, 3. série 12 (1965), S. 203 bis 223; KRAUSE, a. a. O. (1965), S. 52 ff, 97 f.

135 Grundlinien der Philosophie des Rechts § 211.

136 Vgl. STEN GAGNÉR, Studien zur Ideengeschichte der Gesetzgebung. Stockholm–Uppsala–Göteborg 1960, S. 15 ff, zum gemeineuropäischen Charakter dieser Umstellung. Auch die damaligen Ansätze zu einer Gesetzgebungswissenschaft finden heute wieder Beachtung. Vgl. GERHARD DILCHER, Gesetzgebungswissenschaft und Naturrecht. Juristenzeitung 24 (1969), S. 1–7, und zum damaligen Begriff von Positivität JÜRGEN BLÜHDORN, Zum Zusammenhang von ‹Positivität› und ‹Empirie› im Verständnis der deutschen Rechtswissenschaft zu Beginn des 19. Jahrhunderts. In: JÜRGEN BLÜHDORN/JOACHIM RITTER (Hrsg.), Positivismus im 19. Jahrhundert. Frankfurt 1971, S. 123–159.

Gesetzgebung zur Routineangelegenheit des Staatslebens, werden Verfahren bereitgestellt, die sich zunächst in mehr oder weniger langen Perioden des Jahres, heute praktisch permanent mit Gesetzgebung befassen. Eine immens anwachsende Fülle von Gesetzen wird für erforderlich gehalten und produziert. Alter Rechtsstoff wird aufgearbeitet, kodifiziert, in Gesetzesform gebracht, und dies nicht mehr nur um der Praktikabilität im Gerichtsgebrauch und der leichteren Feststellbarkeit willen, sondern um der Gesetztheit und Änderbarkeit, um der Konditionalität der Geltung willen, die jetzt die Rationalität des Rechts zu garantieren hat: «Gesetze behalten so lange ihre Kraft, bis sie von dem Gesetzgeber abgeändert oder ausdrücklich aufgehoben werden», bestimmt § 9 des österreichischen Allgemeinen Bürgerlichen Gesetzbuches von 1811.

Die Umstrukturierung des Rechts auf Positivität war in den Denkweisen und Institutionen der alteuropäischen Tradition vorbereitet gewesen und konnte daher ziemlich reibungslos vollzogen werden, als ein höherer Bedarf für Gesetzgebung auftrat. (Die Schwierigkeiten traten zunächst weniger im Recht selbst zutage als vielmehr in der notwendigen Umstrukturierung der politischen Entscheidungsvorbereitung.) In mehrfacher Hinsicht lassen solche Vorbereitungen und Überleitungserleichterungen sich im Recht selbst feststellen [137]:

Zunächst einmal gab es in der spätrömischen Rechtspraxis ein bewährtes Modell für kaiserliche Gesetzgebung, das im Mittelalter abstrakt – nämlich ohne den konkret limitierenden sozialen Kontext – rezipiert und als kulturelles Muster übernommen werden konnte [138] – also nicht erst erfunden und aus den eigenen Institutionen entwickelt werden mußte [139]. Das ent-

---

137 Vgl. zur entsprechenden Problematik beim Übergang vom archaischen zum hochkultivierten Recht oben S. 165.

138 Die Vermittlung hat, wie übrigens auch in anderen Verfahrensfragen, vor allem das kanonische Recht geleistet, an das die Legisten anknüpften. Dort war es das Erfordernis straff zentralisierter kirchlicher Organisation, hier vor allem die politische Sicherung des Landfriedens, die die Anknüpfung an das römische Muster nahelegten. Vgl. Max Jörg Odenheimer, Der christlich-kirchliche Anteil an der Verdrängung der mittelalterlichen Rechtsstruktur und an der Entstehung der Vorherrschaft des staatlich gesetzten Rechts im deutschen und französischen Rechtsgebiet. Ein Beitrag zur historischen Strukturanalyse der modernen kontinentaleuropäischen Rechtsordnungen. Basel 1957; Hermann Krause, Dauer und Vergänglichkeit im mittelalterlichen Recht. Zeitschrift der Savigny-Stiftung für Rechtsgeschichte, Germ. Abt. 75 (1958), S. 206–251 (231 ff); Gagnér, a. a. O., S. 288 ff; ferner Krause, a. a. O. (1965); Klinkenberg, a. a. O.; und William E. Brynteson, *Roman Law and Legislation in the Middle Ages*. Speculum 41 (1966), S. 420–437, mit Belegen für die *durchgehende* Erhaltung des Gedankens der Gesetzgebung auch im frühen Mittelalter.

139 Eines der folgenreichsten Einzelbeispiele dafür ist die Rezeption der Maxime *‹princeps legibus solutus est›* (D 1,3,31) in das spätmittelalterliche öffentliche Recht, vor allem Frankreichs. Seinem ursprünglichen Sinn und seiner spätrömischen Verwendung nach bezeichnete dieser Satz lediglich die Fähigkeit zur Selbstdispensierung von selbsterlassenen Vorschriften (vor allem wohl zivilrechtlicher und polizeilicher Art), deren Ausübung mehr oder weniger unterstellt wurde,

lastete von unabsehbaren Risiken der Innovation und erleichterte plausible Begründungen. Die Vorstellbarkeit von Gesetzgebung als Form der Rechtsbildung war damit gesichert, ihre Legitimierung qua Tradition möglich: Der Kaiser brauchte nur ein ‹altes Recht› wieder auszuüben.

Dazu kam der allgemein (wenn auch in unterschiedlichen Versionen) akzeptierte Legeskatalog: die Vorstellung einer hierarchischen Ordnung von Rechtsquellen und -arten mit der Unterscheidung von göttlichem, ewigem, natürlichem und positivem Recht.[140] Dieser Gedanke, der eine Bindung an satzmäßig formuliertes höheres Recht überhaupt erst vorstellbar macht, ersetzt im Laufe des Hochmittelalters die früheren, sehr viel konkreteren Formen religiöser Infiltration des Rechts. Damit war eine strenge Form der Begründung und Begrenzung des niedrigeren Rechts durch das jeweils höhere zementiert. Hier wie in so vielen Fällen diente der Hierarchiegedanke als Schema unauffälliger Mobilisierung der Verhältnisse. Der Wandel konnte schrittweise und ohne volles Bewußtsein seiner Tragweite vollzogen werden. Im Namen und im Rahmen des höheren Rechts konnte Gesetzgebung wiedereingeführt und ausgebreitet werden. Außerdem differenzierte und kanalisierte die hierarchische Normstruktur die Reaktionen auf Unzulänglichkeiten, auf Ambivalenzen oder auf das Fehlen von Normen je nachdem, auf welcher Ebene das Problem lokalisiert wurde. All das gewährte dem sich ausbreitenden positiven Recht eine Art politischer Schonzeit. Innerhalb des Hierarchiemodells konnten sich die Normmengen und Gewichte unauffällig verschieben, bis schließlich heute im Naturrechtsgedanken nur noch die leere Form der Normhierarchie aufbewahrt wird.

Als ebenso bedeutsam erwies sich die christliche Überarbeitung des antiken Naturrechts. Sie verschob die Grundlage allen Rechts aus den Institutionen in den Willen Gottes, aus der Tradition in die Transzendenz

---

bezeichnete also ein *persönliches Privileg* von sehr begrenzter Bedeutung ohne strukturierende Rückwirkung auf die gesamte Rechtsordnung. Die verbale Rezeption ohne Beachtung des sozialen und juristischen Kontextes gab diesem Satz die Bedeutung einer *ungebundenen Entscheidungskompetenz*, nämlich der Nichtbindung an das gesamte Recht bei rechtlich bindenden (auch richterlichen!) Entscheidungen. Das war ein zukunftsweisender Irrtum, der jedoch so lange problematisch und umstritten, politisch bekämpft und juristisch ‹interpretationsbedürftig› blieb, bis eine politische Ordnung und bis Verfahren geschaffen waren, die so gefährliche Kontingenz kontrollieren können. Vgl. dazu A. Esmein, *La maxime princeps legibus solutus est dans l'ancien droit public français*. In: Paul Vinogradoff (Hrsg.), *Essays in Legal History*. London 1913, S. 201–214; Otto Brunner, Land und Herrschaft. Grundfragen der territorialen Verfassungsgeschichte Südostdeutschlands im Mittelalter. 3. Aufl., Brünn–München–Wien 1943, S. 442 ff; Krause, a. a. O. (1952), S. 53 ff.

140 Vgl. statt anderer Thomas von Aquin, *Summa Theologiae* II, 1 qu. 91 ff. Einen guten Überblick über die Gedankenentwicklung findet man bei Odon Lottin, *Psychologie et morale aux XIIe et XIIIe siècles*. Bd. II, 1, Louvain–Gembloux 1948, S. 11 ff. Vgl. ferner Gaines Post, *Studies in Medieval Legal Thought*. Princeton 1964, insbes. S. 494 ff; und speziell unter dem Gesichtspunkt gedanklicher Begründung positiven Rechts Gagnér, a. a. O., S. 121 ff.

– praktisch also in die Ebene theologisch disputierbarer Prinzipien. Damit wurde die überspitzte Abstraktion, mit der die Theologen die Absolutheit göttlicher Allmacht und ihre Konsequenzen für die natürliche Ordnung der Welt diskutierten, für das Recht relevant.[141] Eine beträchtliche Verunsicherung des Rechtsgefüges [142] ließ sich in religiösen Grundlagen nicht mehr abfangen – es sei denn im Prinzip der Kontingenz aller Ordnung und allen Rechts. Im Abstraktionsgrad der theologischen Diskussion bereitete sich die Trennung von Religion und Recht schon vor. Der Gedanke göttlicher Schöpfung des Rechts, der älteren Rechtskulturen fremd gewesen oder jedenfalls nie entmythifiziert und bis zur Beliebigkeit des Möglichen gesteigert worden war, ließ alles Recht als kontingent, als auch anders möglich erscheinen und brauchte dann nur noch auf das menschliche Subjekt, auf die Vernunft, das Gewissen, den Gesetzgeber übertragen zu werden.[143] Damit war in der religiösen Rechtfertigung jeweiligen Rechts der höchste Abstraktionsgrad erreichbar und, wenn in die Argumentation nicht voll eingeholt, so zumindest doch anvisiert. Die theologische Begründung der Invarianz rechtlicher Norm*inhalte* war nun nicht mehr möglich – bzw. nur noch auf umstrittenen Positionen möglich im Rahmen dogmatischer und konfessioneller Streitigkeiten, deren Auswirkungen politisch dringend neutralisiert werden mußten.

Gewiß schöpfte die gesellschaftliche Realität des Rechtslebens die damit konzipierten Möglichkeiten der Variation des Rechts nicht im entferntesten aus. Der Vorrang des alten Rechts vor dem neuen Recht – und damit das Verbot nicht der Recht*setzung*, aber der Recht*sänderung* – war im frühen Mittelalter institutionell zunächst fest gesichert.[144] Immerhin fällt auf, daß

---

141 Für die Entwicklung des abendländischen Rechts ist es von unabschätzbarer Bedeutung gewesen, daß diese Konfrontation erst *spät* eintrat, das heißt: auf ein begrifflich schon verselbständigtes Rechtsgefüge stieß. Die religiösen Bindungen, unter denen das Juristenrecht zunächst entwickelt werden konnte, waren die einer sehr konkret fixierten Vielgötterreligion ohne Theologie, deren Kontingenz in der Möglichkeit der *Wahl* von Göttern und Kultformen zum Ausdruck kam. Auf dieser Basis konnten Politik und Religion bei schon weit entwickelter gesellschaftlicher Komplexität integriert werden, ohne daß sich daraus Probleme oder Hindernisse für die Rechtsentwicklung durch Juristen ergaben. Nachdem *diese* Möglichkeit der Wahl durch den Monotheismus verbaut worden war, brauchte man eine abstraktere Theologie, die dann das Problem der Kontingenz im Willen Gottes für sich neu entdeckte und letztlich zu einer radikaleren Trennung von Religion, Politik und Recht führte.

142 Mit dieser Verunsicherung der Rechtsgrundlagen ist natürlich nicht die Bedeutung des kanonischen Rechts für die Entwicklung des weltlichen Rechts gemeint, die in manchen Bereichen höhere Sicherheiten geschaffen hat.

143 Siehe hierzu allgemein HANS BLUMENBERG, Die Legitimität der Neuzeit Frankfurt 1966.

144 Siehe dazu die viel zitierten, in manchem aber überholten Ausführungen von FRITZ KERN, Recht und Verfassung im Mittelalter. Historische Zeitschrift 120 (1919), S. 1–79, Neudruck Tübingen 1952. Zu ‹alt› und ‹neu› im frühen Mittelalter vgl. ferner WALTER FREUND, Modernus und andere Zeitbegriffe des Mittelalters Köln–Graz 1957.

er als Entscheidungsmaxime formuliert wurde. Das deutet bereits Überlegung an und bringt die Umkehrung des Prinzips in die Regel, daß neues Recht altes bricht, in den Bereich gedanklicher Möglichkeiten. Deren Realisierung scheint vor allem im Wege gestanden zu haben, daß man aus dem traditionalen Rechtsdenken heraus das Problem der positiven Rechtsetzung falsch stellt und seine Lösung deshalb in einer falschen Richtung sucht. Man bemühte sich zunächst, auch bei dem prekären, neu gesetzten Recht Bindungswirkungen wie beim alten zu erzeugen. Der Akt der Rechtsetzung, vornehmlich die Austeilung von Privilegien, wurde mit den Interessenten oder den Großen des Landes vereinbart, also in Vertragsform gekleidet, weil das die bekannte Form der Bindung freien Willens war; ihm wurden Ewigkeitsschwüre beigegeben; er wurde nach einiger Zeit sicherheitshalber wiederholt oder neu bekräftigt; der Herrscher beschwor auch die Bindung seiner Nachfolger an das neue Recht, und diese wurden bei Amtsantritt zur Übernahme und Bekräftigung des von ihren Vorgängern gesetzten Rechts angehalten – und all dies mit einer Dringlichkeit, als ob es die Verzweiflung über die Vergeblichkeit des Bemühens zu beschwichtigen gelte.[145]

Langfristig lag der evolutionäre Erfolg in der genau entgegengesetzten Richtung: im Prinzip der *Nicht*bindung des Gesetzgebers an seine Gesetze und in der Institutionalisierung dieses höheren Risikos jederzeitiger Änderbarkeit des Rechts. Dazu mußten schärfer als bisher Person und Rolle des Herrschers als Gesetzgeber getrennt werden – nicht nur in dem alten Sinne, daß das Amt eine eigene Bezeichnung trug und den Wechsel der Person überdauerte, sondern auch insofern, als die Bindung der Person und die Bindung bzw. Nichtbindung des Amtes an das positive Recht unterschieden werden mußten. Der Herrscher kann nicht mehr ‹der Staat› sein, sondern nur noch eine Rolle im Staat.[146] Qua Amt und nur qua Amt kann die Person dann das Recht ändern. Nur mit Hilfe dieser Differenzierung, die den Juristen mit der Erfindung der juristischen Persönlichkeit des Staates plausibel gemacht werden konnte, ließen sich auf Rollen bezogene, ‹persönliche› Beziehungen neutralisierende Verfahren der Rechtsänderung institutionalisieren.

Wie jedoch die antike, vor allem die athenische Rechtsgeschichte lehrt, genügt die rechtsförmliche Einrichtung von Verfahren für Gesetzesänderung allein nicht. Die Existenz solcher Verfahren muß außerdem benutzt werden,

---

145 Vgl. Hermann Krause, Dauer und Vergänglichkeit im mittelalterlichen Recht. Zeitschrift der Savigny-Stiftung für Rechtsgeschichte, Germ. Abt. 75 (1958), S. 206–251. Für Parallelen in der Antike siehe Max Mühl, Untersuchungen zur altorientalischen und althellenischen Gesetzgebung. Klio, Beiheft N. F. 16, Leipzig 1933, S. 88 ff.

146 Die Behauptung «*l'État, c'est moi*» fasziniert allein dadurch, daß sie sich hierüber hinwegsetzt und Unglaubliches prätendiert. Für die chinesischen Legisten dagegen war eine begriffliche Trennung von Herrscher und Amt noch undenkbar gewesen – ein Moment, das viel zu ihren Loyalitätskonflikten und ihrem politischen Scheitern beigetragen haben mag. Vgl. dazu Léon Vandermeersch, *La formation du légisme*. Paris 1965, insb. S. 175 ff.

um *Ungehorsam und Änderungsbegehren zu differenzieren.* Ebensowenig wie die Kompetenz, Recht zu ändern, als Dispens vom geltenden Recht konstruiert werden kann,[147] darf die Absicht, Recht zu ändern, als rechtswidriger Akt des Ungehorsams, als Aufbegehren gegen das geltende Recht erscheinen, und sie darf auch nicht über entsprechende Diskriminierungen kontrolliert bzw. eingeschränkt werden [148]. Die Kanalisierung und Vorselektion projizierter Rechtsänderungen muß in anderer Weise bewältigt, sie kann nicht vom geltenden Recht her, sondern nur *politisch* geleistet und in den Grenzen des Zuträglichen gehalten werden. Die bekannte, in der literarischen Tradition als Mahnung überlieferte Labilität der athenischen Rechtspraxis scheint vor allem im Fehlen einer nach Arbeit und Organisation hinreichend ausdifferenzierten und funktionsfähigen Politik (nicht zuletzt in der von den alten Geschlechterfehden her festsitzenden Aversion gegen Parteien) ihren Grund gehabt zu haben.[149] Obwohl die athenische Nomothesie in der Form einer institutionalisierten, jährlich wiederkehrenden Gelegenheit zur Überprüfung des gesamten kodifizierten Rechts geradezu als Musterfall kontingent aufgefaßten Rechts gelten kann, war der antike Stadtstaat für eine volle Positivierung des Rechts als System nicht groß und nicht komplex genug. Erst in den Staatswesen der Neuzeit entsteht im Zuge der Auflösung ‹absoluter› Herrschaftsansprüche eine hinreichend offene und primär auf politische Ziele gerichtete Willensbildung. In dieser Lage schaffen einige politische Systeme sich die Möglichkeit, Widerstand gegen Rechtsbrüche und Opposition gegen Rechtsetzung begrifflich

---

147 Vgl. Anm. 139 zur entsprechenden Sinnveränderung der Maxime *princeps legibus solutus est.*

148 Genau dies war einer der – im großen und ganzen erfolglosen – Wege, auf dem griechische Stadtstaaten die Uferlosigkeit der konstitutionell und verfahrensmäßig an sich eröffneten Möglichkeit zur Gesetzesänderung einzudämmen suchten – nämlich dadurch, daß sie, wie POLYBIOS (XII, 16) besonders drastisch für die Lokrer bezeugt, die Antragstellung mit den Risiken eines Rechtsbruchs belasteten (also vom zu ändernden Recht her normierten). Dabei waren, zumindest in dem von POLYBIOS berichteten Fall, Revision einer Auslegung des geltenden Rechts und Rechtsänderung noch nicht klar unterschieden. Das Gesetzgebungsverfahren wurde organisiert nach dem Modell des Gerichtsverfahrens wie ein Rechtsstreit zwischen Vertretern des neuen und Vertretern des alten Rechts. Zu den Spätformen der Paranomie-Klage und der Klage *nomon me epitedeion theinai* in Athen, die schon auf Verstöße gegen vorrangiges Recht bzw. auf Formalverstöße gegen Regeln der Antragstellung, also auf übersehbare und angesichts der Kodifizierung des Rechts vermeidbare Verstöße eingeschränkt waren, vgl. ULRICH KAHRSTEDT, Untersuchungen zu athenischen Behörden. Klio 31 (1938) S. 1–32 (19 ff); und K. M. T. ATKINSON, *Athenian Legislative Procedure and Revision of the Laws.* Bulletin of the John Rylands Library 23 (1939), No. 1, S. 107–150 (130 ff). Als Alternative dazu bot sich die Möglichkeit, das Antragsrecht den Magistraten vorzubehalten, eine Lösung, die zum Beispiel in Rom gewählt wurde und unter den dortigen Bedingungen politisch besser zu meistern war.

149 Weitere Gründe sind: Unzulänglichkeiten in der Differenzierung von Verfahren für Rechtsetzung und Rechtsanwendung und das Fehlen eines begrifflich hinreichend konsolidierten und dadurch widerstandsfesten Juristenrechtes.

und dann auch institutionell zu trennen,[150] und finden darin eine der möglichen Grundlagen für eine geordnete alternativenreiche politische Vorbereitung laufender Gesetzesänderungen.

All diese Bedingungen – Einrichtung von Verfahren, Trennung von Amt und Person, von Ungehorsam und Änderungsbegehren, von Widerstand und Opposition und Institutionalisierung politischer Prozesse – hätten allein die Positivierung des Rechts kaum tragen können, wären nicht aus gesellschaftsstrukturellen Veränderungen heraus massenhaft neuartige Entscheidungsprobleme entstanden, die außerhalb des von der juristischen Dogmatik bisher gepflegten Normbereichs anfielen. Ähnlich wie beim Übergang vom archaischen Selbsthilferecht zum hochkultivierten Recht neuartige Problemlagen und Entscheidungsbedürfnisse der Verkehrswirtschaft, des individuellen Grundbesitzes, des Schutzes der Armen und Schwachen und des politisch-militärisch relevanten Status den Anstoß gaben, das einheitliche alte Recht durch eine verfahrensabhängige Differenzierung von Zivilrecht und Strafrecht zu ersetzen, fällt jetzt den Problemen die führende Rolle zu, die als öffentliches Recht entschieden werden mußten: zunächst beim Umbau der ständischen zur industrialisierten Gesellschaftsordnung, dann zunehmend zur Lösung der Folgeprobleme dieses neuen Gesellschaftstyps. Auf dem traditionellen Boden der juristischen Dogmatik lagen Sinngebilde von hoher und strukturierter Komplexität bereits vor. Bei aller Weiterentwicklung waren hier allenfalls ‹Kodifikationen› möglich, die trotz ausgeprägter Tendenz zur Rationalisierung und Systematisierung im wesentlichen an das vorhandene Recht anknüpfen mußten. Bei allem Radikalismus, mit dem die Aufklärung verlangte, das überlieferte Recht auszulöschen und aus der Vernunft neu zu konstruieren, überwiegt in ihren Gesetzgebungswerken der Sache nach das gesichtete und überarbeitete Recht, das man vorfand. Der ‹*code civil*› zum Beispiel hat ganz bewußt auf das Recht der *coutumes* zurückgegriffen, das ‹Allgemeine Landrecht› sehr bewußt die römisch-rechtliche Pandektistik verdeutscht. In diesem Bereich konnte die Forderung nach vernünftigem Durchdenken des Rechts und nach gesetzgeberischer Authentifizierung des Gesamtrechts mit Änderungsvorbehalt sich durchsetzen, nicht aber die Forderung nach prinzipiell variablem, laufend zu adaptierendem und kraft dieser Möglichkeit geltendem Recht. Die Vollpositivierung des Rechts in diesem Sinne, den wir im nächsten Kapitel näher ausarbeiten werden, hatte ihren Nährboden im öffentlichen Recht bzw. in Rechtsgebieten wie Arbeitsrecht oder Wohnungsrecht, die sich nicht eindeutig zuordnen lassen, jedenfalls aber außerhalb des Vorstellungsbereichs der überlieferten Dogmatik angesiedelt werden konnten. Hier fanden sich freier Raum und zugleich der Bedarf für die Entstehung eines neuartigen Rechtsstils, der heute zum allgemeinverbindlichen geworden ist. Und nur hier fielen so viel Rechtsetzungsprobleme – zunächst übrigens vor allem: so viel abzuwehrende Möglichkeiten gesetz-

150 Zu den Anfängen siehe INGEBORG BODE, Ursprung und Begriff der parlamentarischen Opposition. Stuttgart 1962, insbes. S. 13 ff, 85 ff.

geberischen Reglements – an, daß die Einrichtung rechtsstaatlich geordneter Gesetzgebungsverfahren als permanenter Funktionsbestandteil der Staatsapparatur (und nicht nur als bei Bedarf ausgeübtes ‹Recht› des Monarchen) sich im Laufe des 19. Jahrhunderts als notwendig erwies. Dementsprechend steigt die Komplexität der politischen Entscheidungsvorbereitung, die mehr und mehr Ganztagsarbeit und Organisation, also Ausdifferenzierung einer besonderen (partei)politischen Sphäre des politischen Systems verlangt. Die gesellschaftsstrukturellen Vorbedingungen für all dies hängen auf sehr komplizierte, vielfach vermittelte Weise mit der fortschreitenden funktionalen Differenzierung und Teilsystemspezifikation zusammen.

Die Einrichtung von Gesetzgebungsverfahren als institutioneller Bestandteil des staatlich-politischen Lebens ist eine unabdingbare Voraussetzung für die Gesamtumstellung des Rechts auf Positivität im Sinne von Entscheidungsgesetztheit. Daher hat sich die ideengeschichtliche Vorbereitung der Positivierung des Rechts und hat sich der rechtswissenschaftliche Begriff des positiven Rechts zunächst an den Gesetzgebungsvorgang gehalten [151] – und ist deshalb auf einem theoretisch unzulänglichen Abstraktionsniveau fixiert worden. Mit der Etablierung gesetzgebender Verfahren, mit der Sichtbarkeit ihrer Arbeitsweise und ihrer Resultate nimmt die Furcht vor dem unbekannten neuen Leviathan ab, die Einsicht in immanente Schranken der Gesetzgebung dagegen zu. Es drängt sich auf, daß nicht alles Recht in die allgemeine Form des Gesetzes gegossen werden kann, daß die programmierenden Festlegungen des Gesetzgebers den Sinn des geltenden Rechts nicht vollständig fixieren können. Das führt im 20. Jahrhundert aber nicht mehr zur Anerkennung invarianter Prinzipien oder Quellen des Rechts, sondern zu einer neuen Akzentuierung des Richterrechts, und dies auf dem Boden der Positivität.

Unter der Bezeichnung Richterrecht oder richterliche Rechtsschöpfung sammeln sich einerseits Rückgriffe auf das Juristenrecht älteren Stils – wenn man etwa im Richter die politische Neutralität, die Artikulation des gesellschaftlichen Rechtsbewußtseins, die Verantwortung für die Entscheidungsfolgen und das Feingefühl in der behutsamen Verschiebung der rechtsdogmatischen Figuren betont. Dazu kommen jedoch Argumente, die den besonderen Beitrag des Richters aus seiner Stellung in einem differenzierten Entscheidungsprozeß begründen: aus der Unmittelbarkeit seiner Kontrolle über die Sanktionsmittel des Rechts, aus seiner Fallnähe und der Konkretheit seiner täglichen Rechtserfahrung, aus seiner Befassung mit unvollständig determinierten Normen, aus der nur programmatischen, nicht definitiven gesetzlichen Fixierung seiner Entscheidung. All das verweist komplementär auf den Gesetzgebungsprozeß.

Der enge Zusammenhang dieser Gesichtspunkte kann als Symptom dafür gelten, daß auch das berufliche Selbstverständnis und Ethos des Juristen sich auf die Positivität des Rechts umstellt. Die richterliche Ent-

151 Zahlreiche Belege dafür bei GAGNÉR, a. a. O.

scheidung pflegt sich selbst nicht als kontingent gewählt darzustellen, aber sie trägt in arbeitsteiliger Funktionsgemeinschaft mit der Gesetzgebung die Selektion des Rechts und damit dessen Positivität.[152] Die Rücksicht auf die Gesetzgebung definiert nicht nur die Bindungen, sondern auch die Freiheiten des Richters: Er kann sich kühnere Rechtsentwicklungen leisten, wenn er das mögliche Korrektiv der Gesetzgebung hinter sich weiß.

Soviel ist in der Tat heute sichtbar: Die Positivität des Rechts ist mit dem Faktum der für das Gesamtrecht zuständigen Gesetzgebungskompetenz nicht ausreichend begriffen. Es handelt sich beim entwicklungsgeschichtlichen Vorgang der Positivierung des Rechts nicht allein um die Hinzufügung gesetzgeberischer Zuständigkeiten zu einem vorhandenen Rechtsgefüge, erst recht aber nicht um die Schwundstufe der Legeshierarchie, um das bloße Übrigbleiben der *lex positiva* nach Wegfall des Glaubens an höherrangige Rechtsquellen. Genaugenommen kann man von Positivität – wenn das heißen soll, daß das Recht auf Grund seiner Gesetztheit gilt – erst sprechen, seitdem die Setzung, also die Entscheidung, Rechtsgrundlage geworden ist. Und die Setzung kann dies nur werden in dem Maße, als ihre Selektivität selbst zur Stabilisierung des Rechts ausgenutzt wird. *Positives Recht gilt nicht deswegen, weil höhere Normen es erlauben, sondern weil seine Selektivität die Funktion der Kongruentsetzung erfüllt.*

Der Übergang zu positivem Recht, das allein kraft Entscheidung gilt und durch Entscheidung zu ändern ist, verändert abermals den Gesamtstil des Rechts, verändert die Sinnebene, auf der kongruente Generalisierung von Verhaltenserwartungen gesucht und gesichert wird. Die strukturell ermöglichte Komplexität und Kontingenz des Rechts steigt ins Ungemessene, und in diesem immens erweiterten Möglichkeitshorizont wandelt das Recht bei aller Konstanz einzelner Rechtsnormen und -begriffe seine Qualität als Recht. Im Ausmaß der Umstrukturierung und in ihren gesellschaftlichen Bedingungen und Konsequenzen ist dieser Vorgang allenfalls dem Übergang vom archaischen Selbsthilferecht zum staatsbürgerlichen Recht der Hochkulturen vergleichbar.

Daß dieser Vorgang der Positivierung des Rechts mit dem Vollausbau der funktionalen Differenzierung des Gesellschaftssystems einhergeht, ist kein Zufall. Verwickelte direkte und indirekte Interdependenzen ließen sich aufweisen – man denke nur an die zahlreichen Gesetzgebungsmotive, die aus der unzureichenden Integration von Wirtschaft und Familie oder Wirtschaft und Politik erwuchsen. Entscheidend ist die Konvergenz im Prinzip. Funktionale Differenzierung spezifiziert und abstrahiert die Per-

---

152 So mit Recht gegen Tendenzen zu überspitzter Kontrastierung Hans Peter Schneider, Richterrecht, Gesetzesrecht und Verfassungsrecht. Bemerkungen zum Beruf der Rechtsprechung im demokratischen Gemeinwesen. Frankfurt 1969. Auch Josef Esser sieht den richterlichen Entscheidungsprozeß als Prozeß der Positivierung von Recht. Siehe: Grundsatz und Norm in der richterlichen Fortbildung des Privatrechts. Tübingen 1956, und: Vorverständnis und Methodenwahl in der Rechtsfindung. Frankfurt 1970.

spektiven der Teilsysteme der Gesellschaft und weist ihnen mit ungleichen Funktionen ungleiche Möglichkeitshorizonte zu. Wir hatten das als strukturell bedingte Überproduktion von Möglichkeiten charakterisiert. Dieser Wandel erfordert ein Recht, das mehr Möglichkeiten erfassen und in selektiven Verfahren ordnen kann und dessen Prinzip diesen Möglichkeitsreichtum und seine Reduktion abdeckt. Funktionale Differenzierung des Gesellschaftssystems und Positivität des Rechts konvergieren in diesem Grundzug überdimensionierter Komplexität und Kontingenz – in einer Selbstüberforderung der Gesellschaft, die systeminterne Selektionsprozesse auslöst.

Dieser Wandel hat Konsequenzen für die vorstellungsmäßige Lokalisierung und Qualifizierung des Rechts. Immer hängt der Wahlbereich des Menschen und damit der sinnhafte Aufbau seiner Welt (das, was die Welt ihm als Möglichkeiten anbietet) von Gesellschaftsstrukturen ab. Einfache Gesellschaften haben relativ konkrete, anthropomorphe Weltbilder mit Restkategorien für Unheimliches,[153] mit hohem Anteil unbestimmbarer im Vergleich zu bestimmbarer Komplexität und entsprechend wenig organisierte Selektivität. Sie fühlen sich durch die Welt überfordert und stellen sie möglichst konkret und invariant fest. Noch die älteren Hochkulturen begreifen, wie wir sahen, ihr Recht als die Ordnung der Welt. Funktionale Differenzierung führt dagegen zur Selbstüberforderung der Gesellschaft durch Möglichkeiten, die mit ihren Strukturen variieren und daher nicht in der Welt an sich festgemacht werden können. Das Recht wird dann auf ein entsprechendes Verständnis gebracht. Es sitzt in normativen Entscheidungsprämissen, über die ebenfalls entschieden werden kann. Es hat seine Entstehung und seine Funktion im Entscheidungsprozeß und verantwortet etwaige Unbestimmtheiten mit technischen oder ökonomischen Argumenten,[154] es muß sich in seiner Eignung als Entscheidungsprogramm bewähren.

Letztlich kann die Positivität des Rechts mithin begriffen werden als *gesteigerte Selektivität* des Rechts. Der erweiterte Horizont dessen, was als Erleben und Handeln möglich ist, bringt auch das vermeintlich invariante Naturrecht in das Licht anderer Möglichkeiten. Was als konstant, als Ordnung der Welt vorausgesetzt war, wird nun als Auswahl erkennbar und muß, mag die einzelne Norm nun beibehalten oder geändert werden, als Entscheidung verantwortet werden. Dieser Strukturwandel (und nicht eine Entscheidung) macht die Entscheidung zum Prinzip des Rechts. Dessen Positivität folgt nicht aus der Verfassung (sondern gilt auch dann, wenn die Verfassung sie verleugnet und sich zum Naturrecht oder zu unabänderbarem Recht ‹bekennt›); sie folgt nicht aus dem logischen Bezug auf eine

153 Siehe statt anderer Emile Durkheim/Marcel Mauss, *De quelques formes primitives de classification. Contribution à l'étude des représentations collectives.* L'année sociologique 6 (1901–02), S. 1–72.

154 Hierzu Niklas Luhmann, Recht und Automation in der öffentlichen Verwaltung. Berlin 1966, S. 52 ff.

Grundnorm, die bestimmten Entscheidungen normative Geltung verleiht (sondern wird allenfalls durch die Idee einer solchen Grundnorm symbolisiert und juristisch konstruierbar gemacht); sie folgt aus der gesellschaftlichen Entwicklung und korreliert mit einer Gesellschaftsstruktur, die durch funktionale Differenzierung ein Übermaß an Möglichkeiten erzeugt und daher die Tendenz hat, alles Recht als kontingent erscheinen zu lassen.

IV. POSITIVES RECHT

1. Begriff und Funktion der Positivität

Der Begriff der Positivität des Rechts ist der Rechtsphilosophie und der Rechtswissenschaft geläufig. Dort bezeichnet er im Kern die Gesetztheit des Rechts,[1] hat in der näheren Auffassung dieser Gesetztheit aber einige Mitbedeutungen, die wir abstreifen müssen, um einen rechtssoziologischen Begriff der Positivität zu gewinnen. Im rechtswissenschaftlichen Verständnis der Positivität des Rechts ist diese zugleich dogmatisiert, das heißt als Grund ihrer selbst gesetzt.[2] Damit kann eine Soziologie, die immer auch andere Möglichkeiten im Blick zu halten sucht, sich nicht zufriedengeben. Zwar begegnet der klassische rechtswissenschaftliche Positivismus heute (mehr übrigens als der wissenschaftliche Positivismus) breiter Ablehnung, aber ernsthafte Versuche, ihn durch eine andere Theorie der Begründung des Rechts zu ersetzen, sind nicht in Sicht, und die Tatsache der Positivität des Rechts bleibt zu deuten.

Die Auffassungsdifferenz zwischen Rechtswissenschaft und Soziologie hängt damit zusammen, daß für die Soziologie die Vorstellung einer ‹Rechtsquelle› nicht annehmbar ist.[2a] Die Vorstellung einer Rechtsquelle hat nur Sinn, wenn in ihr Entstehungsweise und Geltungsgrund (und oft auch noch Erkenntnisweise und Erkenntnisgrund) des Rechts verschmolzen werden.[3] Für den Blick des Soziologen sind jedoch die faktischen Vorgänge, die, kausal gesehen, zur Entstehung generalisierter Normvorstellungen führen, so weitläufig und verwickelt, daß ‹die› Entstehungsursachen eines Gesetzes nicht angebbar sind. Entsprechend kann die gesetzgeberische Entscheidung nicht als erklärende Ursache der Geltung des gesetzten Normsinnes behan-

---

1 Dies gilt vor allem für die ältere Bedeutungsgeschichte. Vgl. Stephan Kuttner, *Sur les origines du terme ‹droit positif›*. Revue historique de droit français et étranger 15 (1936), S. 728–740; Damian van den Eynde, *‹Ius positivum› and ‹signum positivum› in Twelfth-Century Scholasticism*. Franciscan Studies 9 (1949), S. 41–49; Sten Gagnér, Studien zur Ideengeschichte der Gesetzgebung. Stockholm–Uppsala–Göteborg 1960. Seit der vollen Positivierung des Rechts im 19. Jahrhundert wird der Begriff indes unklar und vieldeutig – teils dadurch, daß er generalisiert und mit Geltung gleichgesetzt wird; teils dadurch, daß er Ansprüche auf Begründung der Rechtsgeltung mitzubefriedigen sucht.

2 Das gleiche wäre übrigens zum wissenschaftlichen Verständnis der Positivität der Wissenschaften anzumerken – vgl. etwa die kritischen Bemerkungen von Jürgen Habermas, Erkenntnis und Interesse. Frankfurt/Main 1968, insbes. S. 88 f.

2a Hierzu näher Niklas Luhmann, Die juristische Rechtsquellenlehre aus soziologischer Sicht. Festschrift René König, im Druck.

3 Das ist auch in der Rechtstheorie selbst auf mannigfache Kritik gestoßen. Als kritischen Überblick über die ältere Literatur, der jedoch den Begriff der Rechtsquelle in einem erkenntnistheoretischen Sinne zu bewahren sucht, vgl. Alf Ross, Theorie der Rechtsquellen. Ein Beitrag zur Theorie des positiven Rechts auf Grundlage dogmenhistorischer Untersuchungen. Leipzig–Wien 1929.

delt werden.[4] Kausal gesehen gibt es immer weitere Ursachen und Vorursachen, oft wichtigere Ursachen als die Entscheidung. Das Recht stammt nicht aus der Feder des Gesetzgebers. Die Entscheidung des Gesetzgebers (und das gleiche gilt, wie heute weithin anerkannt, für die Entscheidung des Richters) findet eine Fülle von Normprojektionen vor, aus denen sie mit mehr oder minder großer Entscheidungsfreiheit auswählt. Sie könnte anders keine Rechtsentscheidung sein. Ihre Funktion liegt nicht in der Schöpfung, in der Herstellung von Recht, sondern in der Selektion und symbolischen Dignifikation von Normen als bindendes Recht. Der Prozeß der Rechtsbildung bezieht die gesamte Gesellschaft ein. In ihn ist ein verfahrensmäßiger Filter eingeschaltet, den alle Rechtsgedanken durchlaufen müssen, um gesellschaftlich bindendes Recht zu werden. In diesem Verfahren wird nicht das Recht, wohl aber die Entweder/Oder-Struktur des Rechts erzeugt; wird über Geltung oder Nichtgeltung entschieden, nicht aber das Recht aus dem Nichts geschaffen. Es ist wichtig, diesen Unterschied im Auge zu behalten, da sich anderenfalls allzu leicht die Vorstellung der Entscheidungsgesetztheit des Rechts mit der ganz falschen Vorstellung einer faktischen oder moralischen Allmacht des Gesetzgebers verbindet.

Man muß, mit anderen Worten, Zurechnung und Kausalität unterscheiden.[5] Die besondere Prominenz des (gesetzgeberischen bzw. richterlichen) Entscheidungsverfahrens und ihre Bedeutung für die Positivierung der Rechtsgeltung können nicht vom Kreativen oder Ursächlichen her begriffen werden; sie ergeben sich aus den Systemstrukturen, die den Entwurf von Möglichkeiten und ihre Reduktion auf eine Entscheidung ermöglichen, und sie bestehen in der *Zurechnung* der Geltung des Rechts auf solche Entscheidungen. Das gibt keinen vollständigen Aufschluß über Kausalität, über die Vorbehandlung und Auswahl der zu entscheidenden Möglichkeiten und erst recht nicht über die faktischen Machtverhältnisse; wohl aber darüber, an wen Vorwürfe, politische Sanktionen und Änderungswünsche zu adressieren sind. Das Bemerkenswerte, strukturell Bedeutsame daran ist, daß, wie immer die Stränge der Kausalität verwoben sind, die *Geltung des Rechts auf einen variablen Faktor bezogen wird: auf eine Entscheidung.*

Auch damit ist nicht die historische, kausalgenetische Rückrechnung gemeint, nicht das bloße Faktum, daß einmal ein Gesetzgeber oder Richter entschieden hatte. Das gab es immer. Deshalb ist auch die historische Tatsache gesetzgeberischer Entscheidung kein ausreichendes Indiz für die Positivität des darin fixierten Rechtes. Weder die römischen noch die spätgermanischen Volksgesetze haben in vollem Umfange positives Recht geschaf-

---

4 Auch Juristen kennen diese Unterscheidung. Siehe Georges Ripert, *Les forces créatrices du droit.* Paris 1955, S. 78 ff.

5 Vgl. z. B. Felix Kaufmann, Methodenlehre der Sozialwissenschaften. Wien 1936, insbes. S. 181 ff; Hans Kelsen, Vergeltung und Kausalität. Den Haag 1941; Fritz Heider, *Social Perception and Phenomenal Causality.* Psychological Review 51 (1944), S. 358–374; Edward E. Jones u. a., *Attribution. Perceiving the Causes of Behavior.* New York 1971. An juristischer Literatur etwa: Karl Larenz, Hegels Zurechnungslehre und der Begriff der objektiven Zurechnung. Leipzig 1927,

fen. Das Kriterium liegt nicht in der ‹Rechtsquelle›, nicht im einmaligen Akt der Entscheidung, sondern im laufend aktuellen Rechtserleben. Positiv gilt Recht nicht schon dann, wenn dem Rechtserleben ein historischer Akt der Gesetzgebung in Erinnerung ist – dessen Geschichtlichkeit kann traditionalem Rechtsdenken gerade als Symbol der Unabänderlichkeit dienen –, sondern nur, wenn das Recht als kraft dieser Entscheidung geltend, als Auswahl aus anderen Möglichkeiten und somit als abänderbar erlebt wird. Das historisch Neue und Riskante der Positivität des Rechts ist die *Legalisierung von Rechtsänderungen.*

Ein solches Präsenthalten von Möglichkeiten der Änderung allen Rechts impliziert eine abstrakte Vorstellung der Zeit. Es setzt eine Egalisierung der Zeit voraus in dem Sinne, daß es von der Zeit her gesehen gleichgültig ist, in welchem Zeitpunkt Recht gesetzt wird.[5a] Es gibt dafür keine günstigen oder ungünstigen *Zeiten* mehr, sondern nur günstige oder ungünstige *Umstände.* Der alte Gedanke, daß es nicht wiederkehrende Zeiten gegeben habe, in denen Recht gestiftet wurde – einen historischen Anfang, eine Zeit der Offenbarung, eine Zeit unmittelbarer Beziehung des Menschen zu den religiösen Quellen von Wahrheit und Recht –, oder umgekehrt, daß es Zeiten gibt, die ‹noch nicht reif sind für Gesetzgebung›, muß aufgegeben werden, wenn Rechtsetzung jederzeit möglich werden soll. Aus dem gleichen Grunde ist Positivierung unvereinbar mit einer qualitativen Differenzierung von altem und neuem Recht. Die Dauer der Geltung verliert jede Bedeutung für die Qualität und die Stärke der Bindungskraft des Rechts. Die mittelalterliche Vorstellung, altes Recht sei besser als neues, wird nicht ins Gegenteil – neues Recht sei besser als altes – umgewertet, sondern verliert schon in der zeitbezogenen Problemstellung ihren Sinn. Die Frage ist nur noch, ob bestimmte Rechtsnormen gelten oder nicht, und nur im Rahmen dieser Fragestellung gilt als Entscheidungsregel die Vermutung, daß der Gesetzgeber widersprechendes früheres Recht aufheben wollte.

Mit einer solchen Präsenz von Änderungsmöglichkeiten wird laufend bewußt gehalten, daß das jeweils geltende Recht eine Selektionsleistung ist und kraft dieser jederzeit änderbaren Selektion gilt. Gesetztheit heißt nämlich Kontingenz, heißt, daß die Geltung auf Setzung beruht, die auch anders hätte ausfallen können. Ein Bewußtsein solcher Gesetztheit wird nur erhalten in dem Maße, als der selektive Entscheidungsprozeß sich nicht im Unergründlichen einer Vorgeschichte verliert, sondern sichtbar gemacht und als laufend präsente Möglichkeit festgehalten werden kann. Positives Recht läßt sich somit durch Kontingenzbewußtsein charakterisieren: es schließt andere Möglichkeiten zwar aus, eliminiert sie damit aber nicht aus dem Horizont des Rechtserlebens, sondern hält sie als mögliche Themen

---

H. L. A. Hart/A. M. Honoré, *Causation in the Law,* Oxford 1960; Joel Feinberg, *Doing and Deserving: Essays in the Theory of Responsibility.* Princeton 1970.

5a Zu den Anfängen dieser Umstellung des Verhältnisses von Zeit und Recht im Mittelalter Hans Martin Klinkenberg, Die Theorie der Veränderbarkeit des Rechts im frühen und hohen Mittelalter. In: Paul Wilpert (Hrsg.), Lex et sacramentum im Mittelalter. Berlin 1969, S. 157–188.

für Rechtsgeltung präsent und verfügbar für den Fall, daß eine entsprechende Änderung des geltenden Rechts opportun erscheint; es ist beliebig bestimmt, aber nicht beliebig bestimmbar.[6]

Wir können diesen Begriff der Positivität demnach auf die Formel bringen, daß das Recht nicht nur durch Entscheidung *gesetzt* (das heißt ausgewählt) wird, sondern auch kraft Entscheidung (also kontingent und änderbar) *gilt*. Durch Umstrukturierung des Rechts auf Positivität werden die Kontingenz und die Komplexität des Rechts immens gesteigert und damit dem Rechtsbedarf einer funktional differenzierten Gesellschaft angeglichen. Die Kontingenz und die Komplexität des Rechts werden damit auf eine andere Ebene gebracht – mit neuartigen Strukturvoraussetzungen und neuartigen Organisationsmöglichkeiten, neuartigen Risiken und neuartigen Folgeproblemen. Dieser Wandel erfaßt alle Dimensionen der Generalisierung von Erwartungen und ist nur dadurch zu realisieren, daß die Kongruenz des Rechts auf neuartige Weise sichergestellt wird.

Zeitlich muß das Recht ohne Beeinträchtigung seiner normativen Funktion als änderbar institutionalisiert werden. Das ist möglich. Die Funktion einer Struktur setzt keine absolute Konstanz voraus, sondern erfordert nur daß die Struktur in den Situationen, die sie strukturiert, nicht problematisiert wird. Damit ist durchaus vereinbar, daß sie in *anderen* Situationen (zu anderen Zeitpunkten, für andere Rollen oder Personen) zum Entscheidungsthema gemacht wird, also variabel ist. Erforderlich ist dann nur ein deutlich erkennbare, fest institutionalisierte Grenze, die diese Situationen trennt.[7] Die Positivierung des Rechts besteht in einer widerspruchsvollen Behandlung von Strukturen auf der Grundlage von Systemdifferenzierung.

Gewonnen wird damit die Möglichkeit von zeitlich verschiedenem Recht Heute kann Recht gelten, das gestern nicht galt und morgen möglicherweis oder wahrscheinlich oder sicher nicht gelten wird. Zeitlich auseinandergezogen, kann mithin widerspruchsvolles Recht gelten: Die Kündigung vo Mietverträgen kann einmal verboten und dann wieder erlaubt, dann erschwert, dann wieder erleichtert werden. Die Geltung kann auch befriste werden, eine laufende Revision des Rechts – etwa in der Rentenanpassung im voraus geplant und sogar normiert werden. Recht kann provisorisc in Kraft gesetzt werden. Kleine Reformen können vorweggenommen werden, weil die großen nicht so schnell zur Entscheidung zu bringen sind. Da ‹gute Recht› scheint jetzt nicht mehr in der Vergangenheit, sondern i einer offenen Zukunft zu liegen. Alles in allem: Die Zeitdimension kan zur Darstellung der Komplexität des Rechts in Anspruch genommen werden. Das Recht gerät so auf legitime und technisch kontrollierbare Weis in Fluß;[8] es stellt sich darauf ein, daß in funktional differenzierten Gesel

6 So formuliert JULIUS KRAFT, Paradoxien des positiven Rechts. Internationa Zeitschrift für Theorie des Rechts 9 (1935), S. 270–282 (271).

7 Dazu näher unter 4.

8 Hierzu anregend und mit viel Material: HARTWIG BÜLCK, Wirtschaftsverfassungs- und Wirtschaftsverwaltungsrecht in nationaler und übernationaler Sic

schaften durch die hohe Interdependenz aller Vorgänge die Zeit knapp wird und rascher zu fließen beginnt.[9]

Die neuartige Beziehung des Rechts auf Geltungszeiten, über die man disponieren kann, steigert mit der zeitlichen zugleich die *sachliche* Komplexität des Rechts: die Zahl der gleichzeitig juridifizierbaren Themen. Was sachlich Recht werden kann, hängt jetzt nicht mehr von dem Nachweis ab, daß es schon immer Recht war.[10] Dadurch werden viele neuartige Verhaltensweisen rechtlich regulierbar, die es vorher nicht waren: Man kann Ansprüche auf Prämien für die Vernichtung von Äpfeln, das Mitführen von Warnleuchten bestimmter Art in Automobilen oder das Absehen von eigenhändiger Reparatur elektrischer Leitungen rechtlich fixieren. Andere Rechtsmaterien, zum Beispiel viele Maßnahmen der Wirtschaftspolitik, dienen der Reaktion auf momentane Lagen und können nur deshalb Recht werden, weil das Recht keinen Daueranspruch für die Zukunft mehr erhebt. Die zeitliche Disponibilität des Rechts ermöglicht mithin einen hohen Detaillierungsgrad von Rechtsnormen bei rasch wechselnden und sehr stark differenzierten Lebensumständen. Das Recht wird mehr und mehr zum Instrument planmäßiger Veränderung der Wirklichkeit in einer Fülle von Einzelheiten. Keine der vorneuzeitlichen Rechtskulturen hatte diese Prätention, geschweige denn diese Möglichkeit. Die reine Zahl der Vorschriften steigt ins Unübersehbare, was Probleme eigener Art mit sich bringt, die selbst von Juristen auf der Basis fachlichen Spezialistentums nicht mehr zu lösen sind.

In: Staat und Wirtschaft im nationalen und übernationalen Recht. Schriftenreihe der Hochschule Speyer, Bd. 22, Berlin 1964, S. 15–42 (31 ff). Selbst für das Strafrecht, das gemeinhin als wenig veränderlich gilt (siehe etwa EMILE DURKHEIM, *De la division du travial social.* 2. Aufl. Paris 1902, S. 44), konnte GEORGE W. KIRCHWEY, *The Prisons Place in the Penal System.* The Annals of the American Academy of Political and Social Science 157 (1931), S. 13–22 (15), feststellen: «Von 100 000 Personen, die in einem der letzten Jahre in Chicago verhaftet wurden, hatten mehr als die Hälfte gegen Vorschriften verstoßen, die 25 Jahre vorher noch nicht existierten. Von den gegenwärtigen Insassen der Gefängnisse der Bundesverwaltung sitzen 76 % wegen Vergehen ein, die 15 Jahre zuvor noch keine Vergehen waren.» In diesem Falle muß man allerdings damit rechnen, daß die Zahlen durch die damalige Prohibitionsgesetzgebung verzerrt sind.

9 Zum Zusammenhang von fortschreitender Differenzierung und Rollenspezifikation mit Zeitknappheit, Steigerung des erforderlichen Tempos und der zeitlichen Präzisierungen vgl. NORBERT ELIAS, Über den Prozeß der Zivilisation. Soziogenetische und psychogenetische Untersuchungen. 2 Bde., Basel 1939, Bd. II, S. 337 f; WILBERT E. MOORE, *Man, Time, and Society.* New York 1963, insbes. S. 16 ff; NIKLAS LUHMANN, Die Knappheit der Zeit und die Vordringlichkeit des Befristeten. Die Verwaltung 1 (1968), S. 3–30; neu gedruckt in: DERS., Politische Planung Opladen 1971.

10 Daß dieses Erfordernis des Nachweises alten Rechts Neuerungen nicht gänzlich ausschloß, ist bekannt und viel erörtert worden (siehe statt anderer ROLF SPRANDEL, Über das Problem des neuen Rechts im früheren Mittelalter. Zeitschrift der Savigny-Stiftung für Rechtsgeschichte, Kan. Abt. 79 [1962], S. 117–137), aber es hat die Möglichkeiten der Innovation natürlich in engen Grenzen gehalten. Man war auf Erinnerungslücken, Fiktionen oder Fälschungen angewiesen, und das setzt ein gering entwickeltes Dokumentationswesen voraus.

Diese Erweiterung dessen, was rechtlich möglich ist, findet ihre Entsprechung in der *Sozialdimension.* Ein so mannigfach potenziertes Recht muß zugleich Recht für sehr viel mehr und viel verschiedenartigere Personen sein, also auch in sozialer Hinsicht stärker generalisiert sein. Es muß vom Wissen und Fühlen des einzelnen praktisch unabhängig sein und trotzdem akzeptiert werden. Nur durch Minimierung der Anteilnahme einzelner können so rascher, sichtbarer Wechsel und so unübersehbare Verbreitung des Rechts institutionalisiert werden.

Eine solche Ausdehnung des Horizonts möglichen Rechts bleibt unverständlich (und deshalb weithin unbeachtet), wenn man die Funktion des Rechts lediglich in der Erhaltung vorgegebener Interaktionsmuster und in der Konfliktsregelung, also in der Bewahrung des Bestehenden sieht. Diese Auffassung geht schlicht vom vorhandenen, jeweils gerade geltenden Recht aus und erkennt nicht, daß die Qualität des Rechts aus der Konfrontierung mit anderen Möglichkeiten gewonnen wird und mit ihr sich ändert. Schon an den ersten, archaischen Schritten zur Ausdifferenzierung rein normativer Erwartungen haben wir ablesen können, daß damit die Stabilisierung von problematischen, nichtselbstverständlichen Erwartungen erreicht wird – wenn auch zunächst nur im Hinblick auf die ‹andere Möglichkeit› enttäuschenden Verhaltens. Diese Konsolidierung des Unwahrscheinlichen wird im Laufe der Rechtsentwicklung fortgesetzt und erreicht mit der Positivierung des Rechts globale, kaum noch begrenzte Ausmaße. Vom Recht her sind der gesellschaftlichen Entwicklung keine Schranken mehr gesetzt, da die jeweils benötigten Strukturen (sofern man sie nur hinreichend sicher ausmachen kann) auch juridifiziert werden können. Vielmehr dient das Recht jetzt als Instrument gesellschaftlicher Entwicklung, als Mechanismus der Konturierung und Verteilung von Chancen und der Lösung dysfunktionaler Folgeprobleme, die sich bei rascher Zunahme funktionaler Systemdifferenzierungen unvermeidbar herausstellen. Von der Funktion her gesehen vollendet also die Positivierung des Rechts nur das, was in der Trennung von kognitiven und normativen Erwartungen schon angelegt war: den Aufbau zunehmend riskanter, evolutionär unwahrscheinlicher Erwartungsstrukturen nach Maßgabe der gesellschaftlichen Entwicklung.

Von der Struktur her gesehen bedeutet Positivierung des Rechts dagegen einen radikalen inneren Umbau. Bei so weitreichenden strukturellen Veränderungen muß die Kongruenz des Rechts auf neue Weise gesucht und ausbalanciert werden. Sie kann nicht mehr in einem Glauben an eine wahre Weltordnung mit invarianten naturhaft-moralischen Grundlagen des Rechts verankert werden, sondern muß sich auf das Sozialsystem beziehen, das die Reduktion der Komplexität des Rechts leistet. Das Phänomen ist neu und daher ist kaum abzusehen, ob und in welcher Lösung es sich am Ende stabilisiert. Immerhin zeichnen sich einige wesentliche Funktionsbedingungen dieser Neuordnung bereits so deutlich ab, daß wir sie feststellen und die folgenden Analysen daran anschließen können.

Vor allem läßt sich vermuten, daß die Generalisierung des Rechts insgesamt auf ein höheres Niveau der *Indifferenz* angehoben werden muß. Zeit lich heißt das: Indifferenz gegen vorher geltendes und nachher geltendes gegenteiliges Recht. Sachlich heißt das: Indifferenz gegen inkompatiblen Sinn in jeweils anderen Rechtsgebieten, also Herabsetzung des Anspruchsniveaus in bezug auf Konsistenz.[11] Sozial heißt das: Indifferenz gegen die symbolischen Implikationen abweichenden Meinens oder Verhaltens – wenn man so will: Toleranz. Es läßt sich rasch überblicken, daß solche Indifferenzen sich wechselseitig bestärken und entlasten und in ihrem Zusammenspiel auf eine moralische Trivialisierung des Rechts hinauslaufen.[12]

Komplementär dazu entstehen Formen der Selektivitätsverstärkung im rechtlichen Entscheidungsprozeß, die es ermöglichen, mit weniger Indifferenzen auszukommen. Die wichtigste unter ihnen können wir im Begriff der *Reflexivität der Normierung*[13] fassen. Unter Reflexivität[14] soll verstanden werden, daß ein Prozeß zunächst auf sich selbst bzw. auf einen Prozeß gleicher Art angewandt wird und erst dann endgültig zum Zuge kommt. Reflexive Mechanismen sind eine sehr allgemeine, im Ansatz sehr weit zurückreichende Form der Sinnverarbeitung. Ihre Bedeutung hatten wir oben (Bd. I, S. 32 ff) am Fall des Erwartens von Erwartungen bereits erörtert. Sie nimmt im Laufe der Gesellschaftsentwicklung auf vielfältig ineinander verschränkte Weise zu. Wichtige Beispiele sind: Das Sprechen über Worte, das Definieren von Begriffen, schließlich das Sprechen über Sprachen; der Eintausch von Tauschmöglichkeiten in der Form des Geldes und, daran anschließend, die Finanzierung des Geldbedarfs; das Produzieren der Produktionsmittel; die Anwendung von Macht auf Machthaber; das Lernen des Lernens und das Lehren des Lehrens in der Form der Pädagogik; das Vertrauen in das Vertrauen anderer; das Forschen über Forschung (Methodologie); das Mitdarstellen von Darstellungen (zum Beispiel das

---

11 Ob darin ein Verzicht auf dogmatische Systematisierung beschlossen sein muß, die ja Implikationen überträgt und damit Indifferenz aufhebt, ist noch nicht abzusehen. Die Entwicklung des öffentlichen Rechts, des Hauptgebietes positiver Rechtsetzung, weist deutlich in diese Richtung. Aber ebensogut, und funktional äquivalent zu solcher Entdogmatisierung, könnten sich neue Formen der begrifflichen Kontrolle dogmatischer Implikationen entwickeln, die mit höheren Indifferenzen vereinbar sind.

12 Dazu nochmals unten S. 255.

13 Wir beschränken die Analyse der einfacheren Darstellung halber auf die Zeitdimension, auf Normierung. Dabei muß mitbeachtet werden, daß auch die übrigen Dimensionen der Generalisierung von Verhaltenserwartungen reflexive Formen entwickeln – daß die Institutionalisierung sich zunächst auf institutionalisierende Verfahren und dann erst auf sachliche Rechtsthematiken erstreckt (s. oben Bd. I, S. 79 f) und daß die sinnhafte Thematik des Rechts durch sinnkonstituierende und -ausdeutende Begriffe überbaut wird. Insofern sind auch rechtlich geregelte Verfahren und juristische Dogmatiken Aspekte des Gesamtbildes, das wir hier nur ausschnitthaft behandeln, um das Prinzip der Entwicklung zu verdeutlichen.

14 Vgl. dazu allgemein Niklas Luhmann, Reflexive Mechanismen. Soziale Welt 17 (1966), S. 1–23; zur Anwendung auf positives Recht ferner ders., Positives Recht und Ideologie. Archiv für Rechts- und Sozialphilosophie 53 (1967), S. 531 bis 571. Beides neu gedruckt in: Ders., Soziologische Aufklärung. Köln–Opladen 1970.

Mitdarstellen der Herstellungsweise in modernen Kunstwerken); das Entscheiden über Entscheidung oder Nichtentscheidung in der Bürokratie; das (genießende oder leidende) Fühlen des eigenen oder fremden Gefühls; das Bewerten von Werten in der Form der Ideologie und der hier interessierende Fall: das Normieren der Normsetzung.

Der Vorteil eines solchen reflexiven Arrangements liegt in der Steigerung der Selektionsleistung, die der Prozeß erbringt. Er wird dadurch befähigt, mehr Möglichkeiten zu berücksichtigen, sich mit Sachverhalten von höherer Komplexität auseinanderzusetzen. Im Falle der Normierung wird durch Reflexivität die Selektionsleistung, die in jeder Norm liegt, bewußt gemacht, verfügbar gemacht und selbst normiert. Es gibt nun Normen, die die Normierung normieren – also etwa ein Verfahren und gewisse Rahmenbedingungen der Rechtsetzung.[15] Solche Normierung der Normierung kann, muß aber nicht die Form einer Hierarchie annehmen. (Verfahrensrecht wird zum Beispiel nicht notwendig als höherrangiges Recht begriffen.) In jedem Falle weitet sie den Bereich möglicher Normierungen aus; sie ermöglicht es, Sicherheit und Erwartbarkeit mit größerer Freiheit der Normierung und Normänderung zu vereinbaren, also ein Normgefüge in hohem Maße zu mobilisieren und doch unter Kontrolle zu halten. Eine ‹Verfassung› legt sich in manchen ihrer Bestimmungen nicht von vornherein auf bestimmtes Recht fest, sondern regelt nur die Selektionsweise von variablem Recht.

Rechtstheoretisch gesehen sind diese Angaben noch höchst unausgereift und unklar.[16] Sie führen jedoch auf das zentrale Problem, um das eine allgemeine Rechtstheorie gebaut und durch das sie mit der Rechtssoziologie verbunden werden müßte: auf die Frage, worin präzise die (in reflexiven Prozessen dann durchzuhaltende) Identität der rechtlichen Normierung besteht,[17] welche Sinngehalte – mit anderen Worten – unabdingbar sind, damit es sich um *rechtliche* Normierung *rechtlicher* Normierung – und nicht etwa um Forschen, Lehren, Reden oder Moralisieren über Recht handelt. Einen Vorbegriff der Schwierigkeiten und der benötigten Klärungen hat die

---

15 Lon L. Fuller, *The Morality of Law*. New Haven–London 1964, vertritt den ähnlichen Gedanken einer «*procedural version of natural law*» (S. 96) – allerdings in der Verkleidung als Moral. Er erläutert: «*The term ‹procedural› is broadly appropriate as indicating that we are concerned, not with the substantive aims of legal rules, but with the ways in which a system of rules for governing human conduct must be constructed and administered if it is to be efficacious and at the same time remains what it purports to be*» (S. 97).

16 Vgl. hierzu die Kontroverse zwischen Carl Friedrich Ophüls, Ist der Rechtspositivismus logisch möglich? Neue Juristische Wochenschrift 21 (1968) S. 1745–1752, und Norbert Hoerster, Zur logischen Möglichkeit des Rechtspositivismus. Archiv für Rechts- und Sozialphilosophie 56 (1970), S. 43–59. Weiter Bemerkungen dazu im Schlußteil.

17 Ein interessanter Beleg *per analogiam* ist die Identitätsdiskussion der transzendentalen Erkenntnistheorie, die ebenfalls durch Reflexivwerden der Prozess (hier: des erkennenden Vorstellens) ausgelöst wurde. In ihr geht es um die Frage wie ein Subjekt, das sich selbst als Objekt vorstellt, trotzdem mit sich identisch bleiben könne dadurch, daß es sein Vorstellen auf jene Vorstellung bezieht.

Diskussion der Frage geliefert, ob positives Recht in seiner normativen Gültigkeit moralischen – oder doch einigen minimalen moralischen – Normen unterworfen sei, die dann Naturrecht heißen; oder ob, ungeachtet der Sollgeltung aller moralischen Vornormierung des positiven Rechts, dessen Verbindlichkeit eigenständig und von Übereinstimmung bzw. Nichtübereinstimmung mit der Moral unabhängig sei.[18] Mit den klassischen Konzeptualisierungen des Verhältnisses von Moral und Recht[19] scheint das Problem nicht zu lösen zu sein. Ginge man von der Kongruenzfunktion des Rechts aus, ließe diese Diskussion sich gleichsam unterlaufen und immanentrechtlich wiederholen mit einem komplizierteren, zeitliche, soziale und sachliche Generalisierung analytisch trennenden Ansatz, der vielleicht bessere Ergebnisse verspricht.

Ungeachtet dieser Möglichkeiten, die wir im Rahmen einer Rechtssoziologie offenlassen müssen, ist das Reflexivwerden positiven Rechts strukturell analog gebaut zu anderen Fällen von reflexiven Mechanismen, hat mit ihnen gemeinsam das Potential für höhere Komplexität und die höhere Riskiertheit der Struktur und unterscheidet sich von ihnen nur durch die Art des Prozesses, dessen Leistung sie steigert. Man kann deshalb aus einer allgemeinen Theorie reflexiver Mechanismen gewisse Schlüsse ziehen auf die Probleme der Positivierung des Rechts.

Gemeinsames Merkmal sind namentlich jene eigentümlichen Gefährdungen, die sich aus der Einarbeitung von Komplexität und Kontingenz in Systemstrukturen ergeben. Sie sind stets vorhanden, sind bei den einzelnen Mechanismen jedoch in sehr unterschiedlichem Ausmaß bewußt geworden: das Risiko beim Denken des Denkens schon früh, das Risiko von Schulen mit pädagogisch gelenkter Erziehung dagegen fast überhaupt nicht, das Risiko der Spezialisierung auf das Lieben der Liebe gelegentlich,[20] das Risiko der Geldwirtschaft in beträchtlichem Maße seit der Einführung von offensichtlich an sich wertlosem Papiergeld. Vor allem sind jedoch die Ausbreitung des Ideologieverdachts (mit der Möglichkeit des Bewertens auch höchster Werte) und die Positivierung des Rechts von einem scharf zugespitzten Problembewußtsein begleitet worden. Noch heute fällt es den Juristen schwer, die reine Positivität des Rechts, und den Ideologen schwer, die Umwertbarkeit auch ihrer Werte zuzugestehen. Immer wieder werden größte Anstrengungen unternommen, um den vermeintlichen Konsequenzen reiner Beliebigkeit zu entgehen durch Berufung auf einen Restbestand

---

18 Besonders klärend hierzu die Diskussion zwischen H. L. A. Hart, *Positivism and the Separation of Law and Morals.* Harvard Law Review 71 (1958), S. 593–629; und Lon L. Fuller, *Positivism and Fidelity to Law. A Reply to Professor Hart.* Ebda., S. 630–672. Vgl. ferner Samuel L. Shuman, *Legal Positivism. Its Scope and Limitations.* Detroit 1963. Die ganze Diskussion leidet darunter, daß die Positivität des Rechts nach wie vor aus dem Gegensatz zu Naturrecht und Moral, und damit unzulänglich, bestimmt wird.

19 Dazu nochmals unten S. 222 f.

20 z. B. in literarischen Behandlungen der romantischen Liebe.

an invarianten Grundlagen, auf wenigstens einige absolute Werte oder auf ein ethisch-naturrechtliches Minimum an Normen.

Wenn man jedoch davon ausgehen muß, daß reflexive Mechanismen unentbehrlich sind, um das gewonnene Niveau gesellschaftlicher Komplexität zu halten, werden solche Rückgriffe auf vorreflexive Ordnungsvorstellungen fragwürdig. Die Sicherheit, die sie verheißen, wird zunehmend illusionär. Wie sollen Sinngehalte von geringerer Komplexität solche mit höherer Komplexität regulieren, wie sollen Vorstellungen von sehr unbestimmter Komplexität solche von bestimmterer Komplexität kontrollieren können? Es mag sein, daß sich auch in unserer Gesellschaft gewisse Prinzipien der Moral herausabstrahieren und als invariant und unantastbar institutionalisieren lassen. Aber so festgestellte Grundsätze enthalten dann keine ausreichenden Ordnungsgarantien mehr.[21] Sie sind nicht instruktiv genug, um den Prozeß laufender struktureller Variation wirklich steuern zu können. Sie schließen zu wenig aus, enthalten keine ausreichenden Hinweise auf jeweils brauchbare Lösungen. Sie werden gerade durch die ihnen zugeschriebene Invarianz überdehnt und praktisch unwichtig. Damit wird fraglich, ob Maß und Sicherheit der Bewegung weiterhin im Unbeweglichen zu suchen sind.

Achtet man statt dessen auf die allgemeinen Voraussetzungen der Stabilisierung reflexiver Mechanismen in sozialen Systemen, kommt viel mehr in den Blick als nur absolute Werte oder naturartig geltende Normen. Die Problematik der Positivierung des Rechts wird dann nicht mehr moralisch, sondern soziologisch behandelt; nicht mehr unter dem Gesichtspunkt möglichen Mißbrauchs hoher Freiheiten gesehen, sondern unter dem Gesichtspunkt struktureller Kompatibilität hoher Freiheiten. Reflexive Mechanismen sind nicht in beliebige Systeme einführbar, sondern stellen hohe Anforderungen an die Systemstruktur, vor allem an die im System schon zugelassene Komplexität, an den Bestand an Anpassungs- und Substitutionsmöglichkeiten in allen Systemteilen, an das Vorhandensein anderer reflexiver Mechanismen. Hier liegt auch der Grund dafür, daß positives Recht nur als Spätleistung der Evolution möglich ist.

Die Frage nach den Bedingungen und Folgeproblemen der Positivierung des Rechts mit Hilfe reflexiver Mechanismen gibt uns den Leitfaden für die folgenden Untersuchungen. Wir werden zunächst (2) herausarbeiten, daß und wie positives Recht aus anderen gesellschaftlichen Erwartungsstrukturen ausdifferenziert und funktional spezifiziert wird. Damit nimmt es (3) die Form eines Konditionalprogramms an. Weiter setzt Positivierung (4) eine Differenzierung von Verfahren für programmierendes und programmiertes Entscheiden voraus. Die damit verbundenen Probleme struktureller Variation (5) sind zunächst faßbar als solche der politischen Entscheidungsvorbereitung, darüber hinaus aber (6) auch als allgemeine gesellschaftliche Risiken und Folgeprobleme der Positivität. Mit ihnen werden

---

21 Damit bestätigen sich die Zweifel an der Fruchtbarkeit der moralischen Fragestellung, die bereits DURKHEIM angemeldet hatte. Vgl. oben Bd. I, S. 11.

(7) die Legitimität, (8) die Durchsetzung und (9) die Kontrolle des Rechts zu Problemen, die im politischen System unter erschwerten Bedingungen durch Arbeit und Organisation zu lösen sind.

2. Ausdifferenzierung und funktionale Spezifikation des Rechts

Die Vorteile der Reflexivität sind nur dadurch erreichbar, daß Prozesse auf sich selbst oder auf Prozesse gleicher Art angewandt werden. Sie bestehen darin, daß man Liebe liebt (nicht darin, daß man sie denkend vergegenständlicht,[22] erforscht oder kauft oder lernt); darin, daß man Forschungsmöglichkeiten erforscht (nicht darin, daß man sie bewertet oder bezahlt oder erzwingt); oder darin, daß man Normierungen normiert (nicht darin, daß man sie lehrt oder genießt oder glaubt). Für die Einrichtung reflexiver Mechanismen ist daher eine gewisse Abschirmung gegen Interferenz durch andersartige Prozesse erforderlich. Solch ein Bei-sich-Bleiben reflexiver Prozesse kann in der sozialen Wirklichkeit nur durch Ausdifferenzierung und Spezifikation entsprechender Teilsysteme der Gesellschaft gewährleistet werden. Insofern hängt Reflexivität mit funktionaler Differenzierung zusammen, wird durch sie erforderlich und zugleich ermöglicht.

Diese allgemeine Regel, die für die Geldwirtschaft, das Wissenschaftssystem, die auf Liebe gegründete Familie, das politische System mit institutionalisiertem Machtwechsel, das Erziehungssystem, die Entscheidungsbürokratie usw. zutrifft, gilt auch für den Fall des positiven Rechts.[23] Normierung der Normsetzung erfordert ein Auseinanderziehen des Prozesses der Fixierung normativer Erwartungen derart, daß Normen gesetzt werden, die (nur oder auch) Normsetzung normieren und erst mittels dieser ihr Endziel erreichen. Eine solche Kettenstruktur ist besonders störanfällig und daher auf eine gewisse Isolierung des Mechanismus angewiesen. Wenn

---

22 Dies ist im übrigen ein Beispiel, an dem der Zusammenhang von Reflexivität und Ausdifferenzierung besonders prägnant greifbar wird: Die theologischen und moralischen Probleme der *denkenden* Besinnung auf Liebe, die die Diskussionen dieses Themas in der frühen Neuzeit, etwa bei Bossuet und Fénelon, bestimmten, ließen sich lösen durch die romantische Vorstellung eines *Liebens* der Liebe (Jean Paul), die einhergeht mit der Ausdifferenzierung aus der theologisch sanktionierten Moral und der Zuweisung der Liebe an ein funktional-spezifisches Teilsystem der Gesellschaft: die bürgerliche Familie.

23 Allgemeinere, auf hochkultiviertes Recht zurückgreifende Überlegungen zur Ausdifferenzierung von *‹legal systems›* gibt es im Umkreis von Parsons. Siehe Talcott Parsons, *Societies. Evolutionary and Comparative Perspectives.* Englewood Cliffs/N. J. 1966, passim; ders., *The System of Modern Societies.* Englewood Cliffs/N. J. 1971, passim; Leon H. Mayhew, *Law. The Legal System.* International Encyclopedia of the Social Sciences Bd. 9, 1968, S. 59–66; vgl. ferner James R. Klonoski/Robert I. Mendelsohn, *The Allocation of Justice. A Political Approach.* Journal of Public Law 14 (1965), S. 323–342; Lawrence M. Friedman, *Legal Culture and Social Development.* Law and Society Review 4 (1969), S. 29–44.

zum Beispiel Art. 1 des Grundgesetzes formuliert: «Die Würde des Menschen ist unantastbar», muß sichergestellt sein, daß dieser Satz bei allen rechtlichen Entscheidungsprozessen als Norm behandelt wird – und nicht etwa als bloßes Bekenntnis und auch nicht als hypothetisch wahre Feststellung, deren Falsifizierung zu versuchen ist. Damit wird zugleich gewährleistet, daß die vorgreifende Festlegung des Modus der Enttäuschungsabwicklung erhalten bleibt, daß zum Beispiel unmittelbares adaptives Lernen auf Rechtsbrüche hin ausgeschlossen bleibt. Der Prozeß hat, mit anderen Worten, in der normativen Perspektive zu bleiben und darf nicht in die der Wahrheit oder des Glaubens abgleiten, und das heißt auch, daß die Auslegung jenes Satzes mit der Auslegung anderer Rechtssätze abgestimmt werden muß, er also nicht zu wörtlich zu nehmen ist.

Wie wird diese Ausdifferenzierung und funktionale Verselbständigung des positiven Rechts erreicht und über lange Entscheidungsketten hinweg durchgehalten?

Im Prinzip lautet die Antwort: durch Einrichtung von Verfahren in einem ausdifferenzierten Rechtssystem. Wie oben S. 141 ff und S. 172 ff bereits dargelegt, sind Verfahren Sozialsysteme besonderer Art, die, typmäßig institutionalisiert, aber jeweils einmalig ablaufend, für die Selektion kollektiv bindender Entscheidungen veranstaltet werden. Solche Verfahren dienen als Träger der Ausdifferenzierung des Rechts – zunächst auf der Ebene der Rechtsanwendung, indem sie diese von mancherlei Rollenrücksichten befreien und als Ersatz dafür spezifisch rechtliche Normen als Entscheidungsprogramme formulieren, nach denen sich die Entscheidung zu richten hat; dann zunehmend auch Verfahren der Rechtsetzung, in denen diese Funktion der Normherstellung nicht mehr nur latent und nebenbei, sondern bewußt praktiziert wird. Wie beim Übergang zum hochkultivierten Recht ist auch beim Übergang zum positivierten Recht die Entwicklung entsprechender Verfahren die ermöglichende Vorleistung. Nur wenn und soweit Verfahren als fest institutionalisierte Verhaltensmuster permanent zur Verfügung stehen, kann das hohe Risiko einer Ausdifferenzierung und Freigabe des Rechts zur Entscheidung getragen, kann das Recht auf sich selbst gestellt werden. Wie bereits betont, heißt das nicht, daß das Recht ohne Anregung von außen aus sich selbst entstehe; wohl aber, daß nur Recht sein kann, was den Filter eines Verfahrens durchlaufen hat und daran zu erkennen ist. Und so heißt auch Ausdifferenzierung des Rechts nicht, daß das Recht mit anderen sozialen Strukturen, Regulationen und Kommunikationsmedien nichts mehr zu tun habe und wie abgeschnitten in der Luft hänge; vielmehr nur, daß das Recht jetzt konsequenter als zuvor auf seine spezifische Funktion kongruenter Generalisierung normativer Verhaltenserwartungen zugeschnitten wird und aus anderen Funktionskreisen nur noch diejenigen Bindungen und Anregungen akzeptiert, die für diese besondere Funktion wesentlich sind.

Neben der Institutionalisierung rechtsförmiger Verfahren für alle Aspekte des rechtlichen Entscheidungsprozesses (und auch als Vorbedingung für diese) scheint dazu weiter eine Umstrukturierung des Verhältnisses

ses von Recht und physischer Gewalt erforderlich gewesen zu sein. Wir hatten (Bd. I, S. 106 ff) gesehen, daß in archaischen Zeiten physische Gewalt ein unentbehrliches Mittel nicht nur der Durchsetzung, sondern auch der Darstellung des Rechts gewesen war. Davon hatten sich die Hochkulturen gelöst und eine in vielen Rechtsordnungen auffällig weitgehende Trennung eingerichtet: Die Entscheidung über physische Gewalt, nicht aber die Verfügung über das Recht konnte politisch zentralisiert werden. Daraus ergab sich ein Anlaß zur Trennung von Gerichtsherr und Rechtskennern: Jener veranstaltete das Verfahren, setzte den Richter ein, garantierte das Erscheinen der Parteien, den Gerichtsfrieden und die Durchsetzung des Urteils; diese formten das Recht. Gerade in den alteuropäischen Gesellschaften, die sowohl die politische Herrschaft als auch ihr Recht am stärksten aus der religiösen Bindung lösen und technisch verselbständigen, tritt diese Trennung markant hervor. Inhaltlich konnte das Recht dann durch den respondierenden, Klagformeln entwerfenden Juristen oder durch den aus Traditionen inspirierten Recht-Sprecher bestimmt werden – im römischen wie im germanischen Recht ohne direkte politische Rücksichten und ohne Einbau jener Schranken, die sich aus der eigenen Verantwortung für die physische Erzwingung ergeben hätten.

Mit der weitergehenden Ausdifferenzierung und funktionalen Verselbständigung des Rechts ändert sich dies. Die Kongruenz normativer Verhaltenserwartungen kann jetzt weniger denn je in der Anlehnung an andere undisponible, zum Beispiel religiöse, moralische, kognitiv-wahre Weltstrukturen begründet werden; als Struktur des Sozialsystems Gesellschaft hängt sie allein von der Realisierung in diesem System und damit von der *Möglichkeit der Durchsetzung* ab. Je stärker der Normierungsprozeß organisatorisch auseinandergezogen, je indirekter, je reflexiver er wird, desto sicherer muß durchgehend vorausgesetzt werden können, daß alles Recht sich, sofern es gilt, durchsetzen läßt; und dafür darf es auf Situationen und gesellschaftliche Kräfteverhältnisse, politischen Konsens oder Prestige des Berechtigten, individuelle Motivstrukturen und überhaupt auf all die Faktoren, deren Verteilung nicht vorausgesehen werden kann, nicht ankommen. Das Recht hängt nun wesentlicher als je zuvor von der abstrakten Bereitstellung physischer Gewalt ab. Die Frage der Durchsetzbarkeit darf, mit anderen Worten, in den rechtsanwendenden Entscheidungsprozessen kein Problem der Voraussicht werden, keinen Bedarf für die Beschaffung konkreter Informationen auslösen, sondern muß als jedenfalls lösbar unterstellt werden können. Wir werden allerdings noch sehen, daß damit die *besondere* Selektivität des *Erzwingungsapparates* nicht ausgeschlossen werden kann. Normen, für die eine Möglichkeit der Erzwingung nicht ins Auge gefaßt werden kann und die auch nicht als Prämissen für erzwingbare Verhaltensvorschriften dienen, verlieren ihre Rechtsqualität.[24] Damit ist nicht

---

24 In der Rechtstheorie wird das Merkmal der Erzwingbarkeit als *allgemeines* und für *jeden* Rechtssatz *unmittelbar* geltendes Kriterium des Rechts heute durchweg abgelehnt. Siehe z. B. die Erörterung bei HERMANN KANTOROWICZ, Der Begriff

gesagt, daß Zwang zum einzigen *Motiv* der Rechtsbefolgung wird, sondern ganz im Gegenteil: daß die zeitliche, soziale und sachliche Generalisierung von Verhaltenserwartungen so gesteigert wird, daß deren Kongruenz nicht mehr durch bestimmte normale Motivlagen gesichert werden kann, sondern nur noch durch hohe Indifferenz gegen jede Art individueller Motivationsstruktur – eben durch die Möglichkeit, unwiderstehlichen Zwang auszulösen. Diese Möglichkeit wird zum inhärenten Merkmal positiven Rechts. Als Möglichkeit wird sie nicht allein schon durch das bloße Faktum hoher Abweichungsquoten, Dunkelziffern, Toleranzen und Prozeßkosten beeinträchtigt. Sie verträgt dagegen kein Recht, das prinzipiell nicht erzwingbar ist, und sie ist allergisch gegen symbolisch-demonstrativen Gebrauch physischer Gewalt *gegen* das positive Recht.

In dem Maße, als das Recht in rechtsförmigen Entscheidungsprozessen selbst erzeugt wird (weil nur so sehr hohe Komplexität effektiv verwaltet werden kann), drängt diese Grenze der physischen Erzwingbarkeit sich dem Recht selbst auf.[25] Sie wird bei der Herstellung von neuem Recht mit bedacht. Nur dank Durchsetzbarkeit mit Hilfe physischer Gewalt kann der Rechtsentscheidungsprozeß in verschiedene Phasen oder Etappen auseinandergezogen werden; kann bei der Entscheidung des Gesetzgebers bereits hinreichende Gewißheit darüber geschaffen werden, daß die Entscheidungen der Verwaltung oder des Richters durchsetzbar sein werden. Nichterzwingbare Rechtspflichten mit traditionellem Status – etwa die Pflicht zur Fortsetzung der ehelichen Lebensgemeinschaft – werden beibehalten, nehmen aber einen prekären Charakter an, soweit sie nicht durch Schadensersatzpflichten oder durch andere indirekte Konsequenzen (zum Beispiel der Schuldverteilung bei der Ehescheidung) doch unter erzwingbares Recht gebracht werden können. Rechtliche Neuschöpfungen beachten typisch diese Grenze des Erzwingbaren, und damit scheiden viele denkbare, rechtspolitisch vielleicht wünschenswerte Normen – etwa ein Verbot an Vermieter, Mieter deshalb abzuweisen, weil sie Kinder haben – aus dem Bereich des rechtlich Möglichen aus. Soweit nichterzwingbares Verhalten mit Hilfe von Recht motiviert werden soll, was namentlich im Wirtschaftsrecht häufig der Fall ist, wird es nicht direkt juridifiziert, sondern auf dem Umwege über erzwingbare Ansprüche oder Belastungen in seinem Kalkulationsrahmen verändert und so beeinflußt.

Erzwingbarkeit hängt sehr wesentlich davon ab, daß das Recht die unter 3 erörterte Form der konditionalen Programmierung annimmt. Zweckorientiertem Recht fehlt sehr oft die Präzision einer erzwingbaren Norm, weil im Hinblick auf den Zweck Alternativen zu der geforderten Handlung

---

des Rechts. Göttingen o. J., S. 72 f; oder bei H. L. A. Hart, *The Concept of Law*. Oxford 1961, und dazu kritisch Jack P. Gibbs, *Definitions of Law and Empirical Questions*. Law and Society Review 3 (1968), S. 429–446.

25 Vgl. dazu Roscoe Pound, *The Limits of Effective Legal Action*. International Journal of Ethics 27 (1917), S. 150–167, und ders., *Social Control Through Law*. New Haven 1942, Neudruck o. O. (Hamden/Conn.) 1968, S. 54 ff, insbes. zu den Erzwingungsproblemen bei einer Moralisierung des Rechts.

auftauchen und legitimiert werden können. So leidet die Durchführung der gegen Rassentrennung gerichteten amerikanischen Gesetzgebung notorisch darunter, daß es bei festgestellten Verstößen genügt – Kooperation des Erzwingungsstabes vorausgesetzt! –, im Hinblick auf den Zweck des Gesetzes ein Arrangement über künftiges Verhalten zu treffen oder auch nur Besserung zu geloben.[26] Gerade die Funktion des Zwecks, Alternativen zu mobilisieren, läßt die legislative Fixierung eines bestimmten Verhaltens fragwürdig erscheinen – eine der größten Schwierigkeiten, denen sich eine stärker sozialwissenschaftliche Orientierung der rechtlichen Entscheidungsprozesse gegenübersieht.

Grenzen der Erzwingbarkeit liegen nicht nur in Sinn und Form der Norm selbst, sondern, spürbarer noch, in der Mitwirkungsbereitschaft der Betroffenen. Darauf werden wir unter 8 zurückkommen. Erzwingbarkeit besagt mithin nicht, daß alles Recht, wie geschrieben, faktisch verwirklicht wird; vielmehr nur, daß die Rechtsgeltung mit einer wenn auch indirekten Vorsorge für den Erzwingungsfall gekoppelt und damit von anderen motivmäßigen Voraussetzungen abgelöst wird. Alle Rechtsplanung muß daher auch eine Erzwingungsplanung enthalten – gerade dann, wenn die Einzelentscheidung von der besonderen Vorsorge für ihre Erzwingbarkeit entlastet werden soll. Auch darin liegt eine Schranke vernünftiger Rechtsetzung.

Und trotzdem, obwohl weite Bereiche möglicher Normen auf Rechtsqualität verzichten müssen, ist zugleich durch Ausdifferenzierung, funktionale Spezifikation und Positivierung auch der Bereich möglichen Rechts beträchtlich gewachsen. Zugespitzt formuliert, löst diese Umdisposition durch eine *Einschränkung* des möglichen Rechts zugleich eine immense *Erweiterung* des möglichen Rechts aus.[27] Nie zuvor hatten so viele Normen Rechtscharakter wie unter den angegebenen Bedingungen. Die Auflösung dieses paradoxen Befundes liegt in dem schon mehrfach erwähnten Umstand, daß funktionale Differenzierung und Spezifikation die Komplexität der Gesellschaft erhöhen, so daß insgesamt viel mehr Möglichkeiten des

---

26 Vgl. z. B. Robert E. Goostree, *The Iowa Civil Rights Statute. A Problem of Enforcement.* Iowa Law Review 37 (1952), S. 242–248 (244 f), und ausführlicher Leon H. Mayhew, *Law and Equal Opportunity. A Study of the Massachusetts Commission Against Discrimination.* Cambridge/Mass. 1968. Ein anderes Beispiel formal illegaler Umdeutung von Konditionalprogrammen in Zweckprogramme hat Frederick K. Beutel, *Some Potentialities of Experimental Jurisprudence as a New Branch of Social Science.* Lincoln/Nebr. 1957, S. 256 ff, untersucht: die Praxis amerikanischer Strafverfolgungsbehörden, statt einer Bestrafung der Ausstellung ungedeckter Schecks die geschuldete Summe unter Strafandrohung beizutreiben.

27 Das gleiche läßt sich übrigens, und damit gewinnt das Phänomen typischen Charakter, im Bereich der kognitiven Erwartungen feststellen. Auch hier hat die neuzeitliche Präzisierung der Wahrheitsbedingungen auf zwingend intersubjektive Gewißheit gegenüber der Tradition zu einer erheblichen Einschränkung der Wahrheitsmöglichkeiten, zugleich aber zu einer immensen Zunahme wahrer und möglicherweise wahrer Informationen geführt.

Erlebens und Handelns und damit auch viel mehr Möglichkeiten der Normierung vorstellbar werden und zur Auswahl stehen.

Der Schritt zur funktionalen Spezifikation (und zu einem entsprechenden ‹Funktionsverlust›) des Rechts ist in einigen Hinsichten nahezu unbemerkt erfolgt, hat in anderen weites Aufsehen erregt, ist in keinem Falle aber unter Führung eines hinreichenden theoretischen Verständnisses vollzogen worden, da die Funktion des Rechts selbst ungeklärt war. Dies soll an einigen Beispielen erläutert werden:

Zu den auffälligsten, viel diskutierten neuzeitlichen Verengungen des Rechtsgedankens gehört die ‹Trennung von Recht und Moral›, die sich nach einer langen, bis ins frühe Rom zurückreichenden Vorgeschichte der Säkularisierung des Rechts im 18. Jahrhundert durchgesetzt hat [28], und zwar an Hand der Unterscheidung von äußeren und inneren Bestimmungsgründen des Handelns.[29] Damit wird das Recht davon entlastet, zugleich jene Bedingungen zu formulieren, unter denen ein Mensch geachtet werden bzw. sich selbst achten kann. Vor allem kann es nicht mehr Sache des Rechts sein, die Moralität der Lebensführung herzustellen und somit die Bedingungen wechselseitiger Achtbarkeit zu garantieren.[29a] Das Kongruenzerfordernis trennt sich bis zu einem gewissen Grade von einem andersartigen, mehr

---

28 Eine bemerkenswerte Ausprägung hatte diese Trennung von Recht und Moral bereits im klassischen China erfahren, ohne daß von da aus Einflüsse auf die europäische Entwicklung ausgegangen wären. Die chinesische Form der Trennung von Recht und Moral ist nur aus ihrer Geschichte adäquat zu begreifen. Bereits im Übergang aus spätarchaischen Gesellschaften zur politisch geeinten Hochkultur hatten sich in China zwei verschiedene Mechanismen mit entsprechenden Traditionen ausgebildet: die auf Zentralisierung der Strafgewalt gegründete politische Gesetzgebung und die auf Generalisierung und Ethisierung archaischer Riten gegründete, im wesentlichen antilegalistische konfuzianische Moral (Li). Vgl. Joseph Needham, *Science and Civilization in China.* Bd. II, Cambridge/Engl 1956, S. 518 ff; Ch'ü T'ung-Tsu, *Law and Society in Traditional China.* Paris–Den Haag 1961, S. 226 ff. Die Gesetzgebung wurde nur rechtspolitisch an der Moral orientiert, während im Konfliktsfall das Recht, schon wegen der harten Strafandrohungen, der Moral vorging. Diese Lösung erinnert formal an die des neuzeitlichen Europa, hatte aber eine sehr viel geringere Kluft zwischen Recht und Moral zu überbrücken, da die Moral nicht etwa auf dem Prinzip der inneren Selbstbestimmung des Subjekts beruhte, sondern in einer geschlossenen literarischen Tradition rechtsähnlich kodifiziert worden war.

29 Siehe z. B. Kants Metaphysik der Sitten, ihre Gliederung und deren Begründung. Daneben findet sich, namentlich im englischen Utilitarismus, die Unterscheidung des Rechts, das ist, von dem Recht, das (moralisch) sein sollte. Beide Konzepte leiden an eigentümlichen Schwierigkeiten der näheren Erläuterung und erfassen jedenfalls nicht das, was *soziologisch* zur Differenz von Recht und Moral zu sagen wäre. Für einen Überblick über die anschließende Diskussion siehe Hans Nef, Recht und Moral in der deutschen Rechtsphilosophie seit Kant. St. Gallen 1937.

29a Ein immer wieder neu diskutiertes Thema. Vgl. als aufeinander bezogene Beiträge Patrick Devlin, *The Enforcement of Morals.* London 1965; H. L. A. Hart, *Law, Liberty and Morality.* London 1963; Basil Mitchell, *Law, Morality and Religion in a Secular Society.* London 1970.

personalen Medium menschlicher Beziehungen: der wechselseitigen Hochachtung.[30] Die besondere Achtung vor einem bestimmten Menschen, und das schließt den Fall der Selbstachtung ein, kann nicht mehr allein auf der Grundlage kongruent generalisierter Verhaltenserwartungen erreicht werden. Menschliche Zielsetzungen und Aspirationen orientieren sich in ausgeweiteten, vor allem in wirtschaftlichen Formationen des Möglichen, in denen die jeweilige Gesetzmäßigkeit der Verteilung von Rechten und Pflichten nur noch eine äußere Schranke, nicht mehr das Maß des achtbaren Erfolges selbst abgibt. Andererseits nehmen rechtliche Problemlösungen Formen an, die nicht mehr auf Bedingungen wechselseitiger Achtung beruhen. Ein gutes Beispiel dafür ist die zunehmende Tendenz, Schadensabwicklungen als ein Problem der Risikoverteilung zu sehen. Jene Verschmelzung von Rechtlichkeit und menschlichem Anspruchsniveau, wie sie sich besonders ausgeprägt im ethischen Rechtsdenken der griechischen Philosophie findet, muß aufgegeben werden.[31] Das Kriterium des Rechts kann daher nicht mehr die Form eines ethischen Zweckes der Gerechtigkeit als etwas (nur!) individuell Erstrebenswertes annehmen. Die Trennung von Recht und Moral wird zur Bedingung von Freiheit.

Sie wird außerdem zur Bedingung der Spezifizierbarkeit des Rechts selbst. Soweit nämlich das Recht im Einklang steht mit der Moral, wird die Rechtsbefolgung und Rechtsdurchsetzung moralisiert, entsteht also im Prozeß der Rechtsetzung zugleich neue Moral. Befolgung oder Nichtbefolgung, Erwischtwerden, Behandeltwerden, Bestraftwerden – das sind dann Prozesse, in denen achtbare persönliche Identität aufgebaut oder zerstört wird. Soweit dies geschieht, bekommen spezifische, auf bestimmte Verhaltensweisen abzielende rechtliche Regelungen höchst diffuse und oft irreparable Folgen.[31a] Die Folgen stehen nicht selten außer Verhältnis zu den gesetzgeberischen Zielen und können dazu beitragen, den, der sich abweichend verhält, in seiner Identität auf Abweichung festzulegen, also Abweichung zu

---

30 Daß diese Trennung auch im faktischen Erleben nachvollzogen, aber nicht zu wechselseitiger Irrelevanz gesteigert wird, zeigen neuere empirische Untersuchungen: NIGEL WALKER/MICHAEL ARGYLE, *Does the Law Affect the Moral Judgments?* British Journal of Criminology 1964, S. 570–581; LEONARD BERKOWITZ/NIGEL WALKER, *Laws and Moral Judgments.* Sociometry 30 (1967), S. 410–422; TROY DUSTER, *The Legislation of Morality. Law, Drugs, and Moral Judgment.* New York 1970. Theoretisch behandelt auch JEAN PIAGET, *Les relations entre la morale et le droit.* In: DERS., *Etudes sociologiques.* Genf 1965, S. 172–202, das Problem unter diesem Gesichtspunkt.

31 Das heißt natürlich nicht, daß es für die verfahrensmäßig geordnete Arbeit an rechtlichen Entscheidungen keine Zweckvorstellungen und keine Anspruchsniveaus mehr gäbe. Mit dieser Einschränkung können wir den Argumenten Rechnung tragen, die LON L. FULLER, *The Morality of Law.* New Haven–London 1964, gegen die verbreitete, im Text formulierte Auffassung der Trennung von Recht und Moral vorgetragen hat.

31a Diesen Moralisierungseffekt mitsamt seiner Tendenz zur Verstärkung des abweichenden Verhaltens hat DUSTER a. a. O. am Beispiel der amerikanischen Rauschmittelgesetzgebung eingehend untersucht.

verstärken. Unter diesen Umständen ist es sehr die Frage, ob und wieweit neu gesetztes Recht sich noch sinnvoll auf Moral als Befolgungsmotiv und Durchsetzungshilfe stützen sollte.

Mit einer stärkeren Trennung von Recht und Moral löst das Recht sich ab von der Funktion eines Gewissensregulativs im Sinne einer Sicherung der sich selbst normierenden Identität einer individuellen Persönlichkeit.[32] Die individuell normierte Personalität kann in einer funktional differenzierten Sozialordnung nicht mehr nach den gleichen Regeln und in den gleichen Grenzen gewährleistet werden wie der nicht selbstverständliche zwischenmenschliche Achtungserweis, und beides nicht in voller Übereinstimmung mit dem Kongruenzmechanismus Recht. Das Gewissen muß jetzt nicht mehr als Stätte der Verkündung höheren Rechts, sondern muß gegen das Recht geschützt werden.

Weitaus bedeutsamer und folgenreicher waren Wandlungen, die den älteren kognitiv-normativen (also in bezug auf Enttäuschungsabwicklung undifferenzierten) Wahrheitsbegriff sprengten und ihn im Sinne der neuzeitlichen Wissenschaft präzisierten.[33] Das Recht konnte nun, auch in seinen Grundlagen, den neuartigen methodischen Anforderungen an zwingende Gewißheit der intersubjektiven Übertragbarkeit von Vorstellungen nicht mehr genügen. Außerdem war das Recht nicht in der Lage, die hohen Risiken des neuen Wahrheitsbegriffs – namentlich den nur hypothetischen Charakter und die jederzeitige Falsifizierbarkeit durch dezentralisierte(!) Forschung – in seine Struktur zu übernehmen. Beides zusammen erzwang eine radikale Trennung von wissenschaftlicher Wahrheit und Recht und die Einstellung beider auf je besondere Risiken. Die treibenden Motive haben hier eher im Wissenschaftsbereich und in dessen Spezifikation auf kognitive Funktionen gelegen, und erst an deren Auswirkungen zerbrach der traditionelle Wahrheitsbezug des Rechts – weniger also ein Abstoßen von Funktionen durch das Recht wie im Falle der Moral als vielmehr ein Entzug von Funktionen durch eine in einem anderen System sich vollziehende Ausdifferenzierung. Die Entwicklung folgte hier nicht genuin juristischen Bedürfnissen und wurde deshalb im Rechtsdenken weniger rasch und weniger alarmierend empfunden als im Verhältnis zur Moral (was sich unter anderem im Fortschleppen des Naturrechtsgedankens und des Wahrheitsbezugs im Gerichtsprozeß ablesen läßt).

Eine dritte Funktionendifferenzierung hat noch kaum Aufmerksamkeit, geschweige denn sorgfältige Forschung auf sich gezogen: die Trennung des Rechts von sozialisierenden, erziehenden, erbaulichen Funktionen. Die erziehende Funktion des Rechts stand namentlich der griechischen Rechts-

32 Hierzu näher Niklas Luhmann, Die Gewissensfreiheit und das Gewissen Archiv des öffentlichen Rechts 90 (1965), S. 257–286.

33 Für einige Erläuterungen siehe Niklas Luhmann, Selbststeuerung der Wissenschaft. Jahrbuch für Sozialwissenschaft 19 (1968), S. 147–170. Neu gedruckt in Ders., Soziologische Aufklärung. Aufsätze zur Theorie sozialer Systeme. Köln-Opladen 1970.

philosophie vor Augen;[34] von jeher aber wurde sie in der Symbolisierung des Rechts latent mitgepflegt.[35] Bei aller Absonderung des technischen Rechtsdenkens und bei allen Zugangsschwierigkeiten für Nichtjuristen hatten ältere Rechtskulturen doch der ermahnenden, überzeugenden, erziehenden Wirkung des Wortes bei der Formulierung des Rechts große Bedeutung beigemessen. Man kann dies an den Rechtssprichwörtern ablesen, die aus Anlaß der Beteiligung von Laien an der Rechtspflege entstehen,[36] und an alten Texten der gesetzesartig benutzten Rechtsliteratur, die Vorschrift und Ermahnung, Argument, Folgenhinweis und Begründung ineinanderweben;[37] ferner an den Parömien des juristischen Schulbetriebs, an Wendungen, die durch die Formulierung die Begründung ersetzen, an der epigrammhaft geschliffenen Sprache der römischen Juristen, ja selbst noch des ‹*Code Civil*›.[38] Die heutige Gesetzessprache verfolgt andere Ziele. Sie vermittelt weder Gedächtnis- noch Überzeugungshilfen und eignet sich überhaupt nicht zum Hören oder Lesen, sondern nur zum Nachschlagen bei der Suche nach spezifischen Problemlösungen. Jener im Wort konkretisierten Überzeugungsmittel scheint das positive Recht nicht mehr zu bedürfen.[39] Auch die Erfordernisse automatischer Datenverarbeitung in Rechtsangelegenheiten weisen in diese Richtung. Im übrigen lehrt das gänzliche Fehlen des Rechts im Schulbetrieb, daß unsere Pädagogen sich vom Recht keine

---

34 Siehe z. B. PLATON, *Nomoi* 857 E ff. Vgl. zu solchen Bemühungen in der Sowjetunion HAROLD J. BERMAN, *Justice in the USSR*. 2. Aufl., New York 1963, S. 277 ff.

35 Vgl. z. B. FRANZ BEYERLE, Sinnbild und Bildgewalt im älteren deutschen Recht. Zeitschrift der Savigny-Stiftung für Rechtsgeschichte. Germ. Abt. 58 (1938), S. 788–807.

36 Eine eindrucksvolle Sammlung findet man bei ARTHUR DAGUIN, *Axiomes, Aphorismes et Brocards Français de Droit*. Paris 1926.

37 Siehe als ein Beispiel das an den politischen Herrscher gerichtete Verbot, sich am Vermögen der zu bestrafenden Sünder eigensüchtig zu bereichern, in den Gesetzen des Manu IX, 243 und 246: «*A virtuous king must not take for himself the property of a man guilty of moral sin; but if he takes it out of greed, he is tainted by that guilt (of the offender) ... In that (country) where the king avoids taking property of (mortal) sinners, men are born in (due) time (and are) long-lived*» (aus GEORG BÜHLER, *The Laws of Manu*. Oxford 1886). Das eigentliche, geregelte Problem, die Funktion der Bestimmung für die Sicherung einer objektiven und sachlichen Rechtspflege, wird bei einer funktional so diffus angelegten Norm weder Sinnbestandteil noch, als ‹*ratio legis*›, Auslegungsrichtlinie.

38 In diesem Falle übrigens schon merklich auf Kosten der juristischen Stringenz und Verwendbarkeit, wie MAX WEBER, a. a. O., S. 263 f, notiert hat. Seitdem haben namentlich sozialistische Staaten diese Erfahrung wiederholt, daß eine volkstümliche Rechtssprache rechtstechnisch problematisch ist.

39 Amerikaner hatten trotz ihrer abscheulichen Gesetzessprache bis vor kurzem noch recht optimistische Vorstellungen über Erziehung als Hilfsprozeß der Gesetzesdurchführung. Vgl. FRANK E. HORACK, *Cases and Materials on Legislation*. 2. Aufl. Chicago 1954, S. 129 ff. ARTHUR E. BONFIELD, *The Role of Legislation in Eliminating Racial Discrimination*. Race 7 (1965), S. 107–122. Ernüchternd wirken empirische Untersuchungen, vor allem LEON H. MAYHEW, *Law and Equal Opportunity: A Study of the Massachusetts Commission Against Discrimination*. Cambridge/Mass. 1968.

Bildungseffizienz versprechen, mithin einen allenfalls selektiven Humanismus vertreten. Selbst vom spezialisierten Rechtsunterricht an den Universitäten ist die Gesetzgebungspraxis weit entfernt, keinerlei Rücksicht nehmend auf die Lehrbarkeit des neu geschaffenen und immer wieder geänderten Rechts.

Diese Hinweise genügen, um erkennbar werden zu lassen, wie Ausdifferenzierung, funktionale Spezifikation und Positivierung des Rechts zusammenhängen – ja letztlich nur verschiedene Aspekte ein und desselben Geschehens darstellen. Das Abstreifen nahestehender Funktionen, die früher im Recht miterfüllt wurden, nicht aber zwingend mit ihm verbunden sein müssen, verschafft dem Recht Beweglichkeit in den durch die Möglichkeit physischen Zwanges gezogenen Grenzen. Die Wahrheit, die Grundlagen menschlicher Achtung, die Selbstidentifikation der Persönlichkeit und ihre anerzogenen Gewohnheiten und Formen der Erlebnisverarbeitung kann man nicht oder nur sehr schwer durch Entscheidung ändern; sie haben jedenfalls andere Änderungsrhythmen und andere Änderungsbedingungen, als das moderne Recht sie braucht. Verquickung mit derartigen Funktionen macht das Recht daher immobil. Stärkere Differenzierung ermöglicht dagegen, daß das Recht höhere Variabilität annimmt, ja schließlich zu einer prinzipiell variablen Struktur umgebaut wird. Damit sind Interdependenzen und Rücksichtnahmen im Verhältnis der einzelnen Funktionskreise zueinander nicht ausgeschlossen, aber sie müssen eigens hineinprogrammiert, also entschieden werden, da man zunächst einmal von unabhängiger Variabilität auszugehen hat. Jene Dissoziierung von getrennt erfüllbaren Funktionen ist demnach ein unentbehrliches Requisit der vollen Positivierung des Rechts, diese also erst möglich, wenn die abgetrennten Funktionen ohne Bezug auf das Recht und bei wechselndem Recht erfüllt werden können; wenn, mit anderen Worten, auch dafür leistungsstarke und anpassungsfähige Teilsysteme der Gesellschaft zur Verfügung stehen.

Als Folge dieser Entwicklung wird positives Recht so ausdifferenziert, daß es nicht mehr mit der Gesamtheit kongruent generalisierter normativer Erwartungen schlicht identisch ist. Das Recht ändert seinen Charakter. Unsere Definition des Rechtsbegriffs kann nicht mehr ontologisch, sondern nur noch funktional gemeint werden. So erklärt sich das weitverbreitete Unbehagen am positiven Recht, das Aufkommen der Frage nach der Rechtfertigung des Rechts. Gerade der *funktionale* Bezug auf kongruente Generalisierung erzwingt unter komplexen, rasch veränderlichen Strukturbedingungen des Gesellschaftssystems diese Nichtidentität: Das Recht kann nicht mehr einfach das *sein*, was es *leisten* soll. Daran zerbricht das Naturrecht. Und ‹Gerechtigkeit› steht als ein ethisches Prinzip jetzt außerhalb des Rechts.

3. Konditionale Programmierung

Mit steigender Komplexität, mit den gesellschaftlichen Umständen und mit der Ebene, auf der Kongruenz des Erwartens gesucht und gesichert wird, ändert sich auch die Form des Rechts. Durch Einrichtung von Verfahren für die Ausarbeitung kollektiv bindender Entscheidungen wird das Recht, so sahen wir, zum Entscheidungsprogramm. Mit dem Begriff des *Programms* soll gesagt sein, daß Systemprobleme durch Angabe einengender Bedingungen ihrer Lösung (‹*constraints*›) definiert und auf Grund dieser Definition dann durch Entscheidung lösbar sind; ferner daß jene Problemdefinition selbst in Verfahren durch Entscheidung erfolgt und durch Entscheidungen getestet wird.[40] Die Umstrukturierung des Rechts auf die Form von Entscheidungsprogrammen ist mithin als ein Moment seiner Positivierung zu sehen. Sie beginnt schon früh mit Ansätzen zur Formulierung der Bedingungen, unter denen Entscheidungen rechtlich richtig sind. Damit ist keineswegs gesagt, daß man sich nur noch im Verfahren und nicht mehr außerhalb von Verfahren am Recht orientiert, wohl aber, daß diese Orientierung jetzt mit in Betracht zu ziehen hat, unter welchen Bedingungen Richter Entscheidungen als Lösung juristischer Probleme für richtig halten, und daß man erst auf diesem Umwege die Vorteile kongruenten (gegenüber elementar normativen) Erwartens gewinnen kann.

Mit dem Bedürfnis nach Festlegung der Bedingungen richtigen Entscheidens verbindet sich sehr früh schon eine Tendenz zur *Konditionalisierung* der Rechtsnormen, die, wenn nicht in der Formulierung der Rechtssätze, so doch in deren entscheidungsmäßiger Verwendung zum Ausdruck kommt. Die Grundform lautet: *wenn* bestimmte Bedingungen erfüllt sind (wenn ein im voraus definierter Tatbestand vorliegt), ist eine bestimmte Entscheidung zu treffen. In dieser besonderen Formung ist das Recht nicht mehr einfach berechtigte Verhaltenserwartung und auch nicht mehr ethische Vorgabe eines guten Zieles, durch dessen Aktualisierung das Handeln sein Wesen und der Handelnde seine Tugend verwirklicht. Es bringt vielmehr Tatbestand und Rechtsfolge in einen erwartbaren Wenn/Dann-Zusammenhang, dessen Vollzug Prüfung und Selektion, also eine Entscheidungstätigkeit voraussetzt.

Die Tendenz, Recht in dieser Form zu denken, ist weit älter als das positive Recht. Bereits die ältesten Gesetze, die überliefert sind, bedienen

---

40 Dieser Programmbegriff ist allgemeiner als der des Computerprogramms. Er hat sich als Bindeglied zwischen Systemtheorie und Entscheidungstheorie (als Theorie problemlösenden Verhaltens) bewährt. Vor allem die Psychologie kennt bereits Ausarbeitungen auf dieser Grundlage. Siehe z. B. Walter R. Reitman, *Heuristic Decision Procedures, Open Constraints, and the Structure of Ill-defined Problems*. In: Maynard W. Shelly/Glenn L. Bryan (Hrsg.), *Human Judgments and Optimality*. New York–London–Sydney 1964, S. 282–315; und ders., *Cognition and Thought. An Information-Processing Approach*. New York–London–Sydney 1965; Werner Kirsch, Entscheidungsprozesse. 3 Bde., Wiesbaden 1970/71, insbes. Bd. II.

sich des konditionalen Aussagetypus.[41] Der römische Formularprozeß folgt ganz deutlich diesem Schema: Der Richter wird instruiert, unter welchen Bedingungen eine Klage Erfolg haben kann. Immer aber gingen in die Begründung solcher Konditionalprogramme zugleich ethische und utilitarische Zweckmomente ein, und namentlich das Naturrecht der alteuropäischen Tradition war als Recht guter Handlungszwecke gedacht und nicht als konditionalisiertes Entscheidungsprogramm. Selbst heute findet man nur sporadisch und gleichsam beiläufig Hinweise darauf, daß Rechtsnormen ihrer allgemeinen Form nach Konditionalprogramme seien,[42] und auch dann zumeist ohne vollen Einblick in die Tragweite und die strukturellen Implikationen dieses Prinzips.[43] Immer noch denkt und argumentiert der Jurist gern teleologisch, ohne dabei die Rationalitätsproblematik oder gar die logische Problematik zu überblicken, in die er sich dabei verwickelt.[44] Ty-

---

41 Vgl. dazu WILLIAM SEAGLE, Weltgeschichte des Rechts. Eine Einführung in die Probleme und Erscheinungsformen des Rechts. München–Berlin 1951, S. 165 f.

42 Siehe allerdings THEODOR GEIGER, Vorstudien zu einer Soziologie des Rechts. Neudruck Neuwied 1964, S. 49, der darin die allgemeine Grundform des Rechts schlechthin sieht; ferner z. B. JEROME FRANK, *Courts on Trial. Myth and Reality in American Justice.* Princeton 1949, S. 14, für eine ‹realistische› Anerkennung dieser Tatsache. Für mehr rechtstheoretische und logische Erörterungen siehe ALF ROSS, *On Law and Justice.* London 1968, S. 170; KARL LARENZ, Methodenlehre der Rechtswissenschaft. Berlin–Göttingen–Heidelberg 1960, S. 160, 195 ff; KARL ENGISCH, Logische Studien zur Gesetzesanwendung. 3. Aufl., Heidelberg 1963, S. 17 ff; RUPERT SCHREIBER, Die Geltung von Rechtsnormen. Berlin–Heidelberg–New York 1966, S. 9 ff. Kritisch dazu unter Hinweis auf die fortbestehende Bedeutung von Zweckorientierung und teleologischer Argumentation LOUIS H. MAYO/ERNEST M. JONES, *Legal-Policy Decision Process. Alternative Thinking and the Predictive Function.* The George Washington Law Review 33 (1964), S. 318 bis 456 (insbes. 381 ff), und JOSEF ESSER, Vorverständnis und Methodenwahl in der Rechtsfindung. Frankfurt 1970, S. 141 ff. Umgekehrt weist WALTER SCHMIDT, Die Programmierung von Verwaltungsentscheidungen. Archiv des öffentlichen Rechts 96 (1971), S. 321–354 (331 ff) darauf hin, daß auch Zweckprogramme konditionale Momente enthalten. Als Forderung einer rechtssoziologischen Analyse von Konditionalprogrammen bemerkenswert PAOLO FARNETI, *Problemi di analisi sociologica del diritto.* Sociologia 1961, S. 33–87. Zu Möglichkeiten einer system- und entscheidungstheoretischen Behandlung vgl. auch NIKLAS LUHMANN, Lob der Routine. Verwaltungsarchiv 55 (1964), S. 1–33, neu gedruckt in DERS., Politische Planung. Opladen 1971; und DERS., Recht und Automation in der öffentlichen Verwaltung. Eine verwaltungswissenschaftliche Untersuchung. Berlin 1966, S. 35 ff.

43 MAX WEBER hat umgekehrt diese Tragweite gesehen, ihr aber keine exakte begriffliche Fassung gegeben, sondern den Gegensatz von Konditionalprogrammen und Zweckorientierung als Gegensatz von ‹formaler› und ‹materialer› Rechtsgestaltung nur sehr unzulänglich formuliert.

44 Auch dies ist zum Teil ein Problem der Fachgrenzen, denn die Probleme der Rationalisierung des Zweck/Mittel-Schemas werden in den Wirtschaftswissenschaften, nicht in der Rechtswissenschaft bearbeitet. Ein ernsthaftes Problembewußtsein und eine breite Diskussion des Verhältnisses von Rechtssatz und Zweck scheint es gegenwärtig in der Sowjetunion zu geben. Vgl. die Hinweise bei HUBERT RODINGEN, Die gegenwärtige rechts- und sozialphilosophische Diskussion in der Sowjetunion. Archiv für Rechts- und Sozialphilosophie 56 (1970), S. 209–244 (217 ff).

pisch ist, daß die Vorteile der konditionalen Programmierung in der Richtung einer *logischen* Durcharbeitung und Kontrolle des Rechts gesucht werden; logische Konsistenz aber ist etwas ganz anderes als konditionale Programmierung und im Recht weder erforderlich noch erreichbar.

In Wahrheit verhilft erst eine organisatorische und entscheidungstechnische Analyse zu der Einsicht, welche Vorteile sich mit konditionaler Programmierung verbinden, und erst auf Grund dieser Einsicht zeichnet sich ab, daß und warum positives Recht sich schärfer und ausschließlicher als frühere Rechtsordnungen auf Konditionalprogramme umstellt.[45] Letztlich liegt der Grund darin, daß nur auf diese Weise sehr hohe Komplexität in kongruent erwartbare Entscheidungen umgesetzt werden kann.

Dieser Bezug von Konditionierung auf Komplexität wird nur begreifbar, wenn man das *Verhältnis von konditionaler Programmierung und Unsicherheit* richtig sieht. Vom Standpunkt dessen gesehen, der in einem System aktuell-gegenwärtig erlebt und handelt, ist und bleibt es stets unsicher, ob ein bestimmtes faktisches Verhalten vorkommen wird, und ebenso ist und bleibt es unsicher, ob eine bestimmte Sanktion eintreffen wird. Diese Unsicherheiten werden durch Normierung und konditionale Programmierung nicht etwa aufgehoben, wohl aber tragbar gemacht dadurch, daß sie in die Form von ‹kontingenter Unsicherheit› gebracht werden – das heißt dadurch, daß die Kontingenz des Verhaltens und die Kontingenz der Sanktion in eine selektive Wenn/Dann-Beziehung gesetzt werden.[46] Die Beziehung besteht, genaugenommen, nicht zwischen Verhalten und Sanktion als faktischen Vorkommnissen (so daß sie ohne deren Vorkommen nicht bestünde), sondern zwischen der *Kontingenz* des Verhaltens und der *Kontingenz* der Sanktion. Sie bringt die Selektion des Verhaltens und die Selektivität des Sanktionierens in einen Zusammenhang und erfüllt damit die Funktion einer Struktur. Diese Funktion liegt nicht in der Beseitigung von Unsicherheit in bezug auf faktische Verläufe (etwa durch motivationsmäßige Determination des Verhaltens), sondern in der Steigerung tragbarer Unsicherheit.[47] Konditional programmierte Systeme können mit höherer Kontingenz und daher auch mit höherer Komplexität von

45 Dazu und zur entsprechenden Ausbootung des Zweckes als Rechtfertigungsmittel auch NIKLAS LUHMANN, Zweckbegriff und Systemrationalität. Tübingen 1968, insbes. S. 58 ff.

46 Die logischen und modaltheoretischen Probleme, die diese Aussage impliziert, sind bei weitem noch nicht gelöst. Als einen umstrittenen Versuch, die viel diskutierte Problematik der irrealen Konditionalsätze *(counterfactual conditionals)* in eine allgemeine Theorie des Entwurfs von Möglichkeiten einzubringen, siehe NELSON GOODMAN, *Fact, Fiction, and Forecast.* London 1955, und zur anschließenden Diskussion PAUL TELLER, *Goodman's Theory of Projection.* The British Journal for the Philosophy of Science 20 (1969), S. 219–238, mit weiteren Hinweisen.

47 Diese wesentliche Einsicht ist von WENDELL R. GARNER, *Uncertainty and Structure as Psychological Concepts.* New York–London 1962, für den Bereich kategorial gesteuerter Erlebnisverarbeitung erarbeitet worden. Daran schließen die obigen Ausführungen insbesondere mit der Übernahme des Begriffs der ‹kontingenten Unsicherheit› an.

Sachverhalten zusammen bestehen. Auf diesem ersten, grundlegenden Vorteil bauen alle weiteren auf.

Ein zweiter Vorteil, den das Konditionalprogramm mit der Zweck/Mittel-Orientierung teilt, ist vor allem für die Absetzung gegenüber archaischem (oder auch: gegenüber alltäglich-unmittelbarem) Rechtserleben wesentlich. Er besteht in der *Eröffnung von Variationsmöglichkeiten*. Sie sind darin angelegt, daß die einfache Verhaltenserwartung, der konkret vorgestellte Geschehensablauf, durch eine binäre, zweipolige Struktur ersetzt wird. Das ermöglicht es, entweder die eine oder die andere Seite, entweder das Wenn oder das Dann auszuwechseln und dabei die Gegenseite mit all dem, was ihr Sinn vermittelt, als Richtpunkt der Änderung festzuhalten. Auf diese Weise kann man die Bindung des Handelns an Situationen und Folgen lockern. Man kann entweder das erprobte, erlaubte (oder auch das verbotene) Handeln festhalten und die entsprechende Erwartungsnorm auf einen anderen Fall anwenden – zum Beispiel auch für analoge Situationen eine Klage gewähren. Oder man kann die als Auslöser definierte Situation festhalten, aber das programmäßig ausgelöste Entscheiden oder Handeln modifizieren, also der gleichen Situation andere Wirkungen geben. Dadurch eignet das Konditionalprogramm sich als Scharnier zwischen mehreren, unabhängig voneinander sich ändernden Systemen: Man kann die Straftatbestände sich ändernden gesellschaftlichen Bedürfnissen, die Strafmaßnahmen sich ändernden psychologischen Erkenntnissen und Einwirkungsmöglichkeiten anpassen, ohne daß die eine Änderung notwendig an die andere gebunden wäre.

Neben der Ermöglichung gelenkter Variation verdient die *Technisierbarkeit* der Konditionalprogramme Hervorhebung. Damit ist hier nicht das reine Herstellen von Wirkungen gemeint, das immer schon im Recht lag, sondern in Anlehnung an einen auf Husserl zurückgehenden Sprachgebrauch die Entlastung der Erlebnisverarbeitung vom aktuellen Mitvollzug sinnhafter Verweisungen – im reinsten Falle: der logische oder mathematische Kalkül.[48] Konditionalprogramme sind im Grenzfalle Algorithmen und dann automatisierbar. Aber auch wenn dieser Grad technischer Vervollkommnung der Entlastung nicht erreichbar ist, erlaubt das Konditionalprogramm eine wesentliche Vereinfachung des Entscheidungsganges: Der Entscheidende braucht lediglich sein Programm zu kennen (gegebenenfalls zu interpretieren) und zu prüfen, ob die darin vorgezeichneten Informationen gegeben sind oder nicht. Er braucht mithin nur einen engen Ausschnitt seiner Situation und ihrer für das Programm relevanten Vergangenheit

48 Vgl. Edmund Husserl, Die Krisis der europäischen Wissenschaften und die transzendentale Phänomenologie. Husserliana, Bd. VI, Den Haag 1954. Bemerkenswert ist, daß Hans Blumenberg, Lebenswelt und Technisierung unter den Aspekten der Phänomenologie. Turin 1963, bei der Erläuterung dieses Technik-Begriffs (S. 20 ff) zu einem Beispiel greift, das dem Fall eines Konditionalprogrammes besonders nahekommt: der Reduktion menschlichen Handelns auf reine Auslöserfunktionen für komplex vermittelte Wirkungen.

zu beachten und kann sich im übrigen Indifferenz leisten, worin ihn die Ausdifferenzierung besonderer Verfahrenssysteme für die Programmdurchführung stützt. Damit lassen sich wichtige Zeitgewinne erzielen, lassen sich Themen für rasch erreichbaren Konsens herausschneiden und alles in allem mit konstanter Bewußtseinskapazität mehr Informationen bearbeiten. Das Technische am neuzeitlichen Recht liegt somit nicht in der Vermittlung von Wirkungen durch dingliche Apparaturen, ja überhaupt nicht in der treffsicheren Realisierung bestimmter Zwecke, sondern in der hohen Selektivität der Bewußtseinsleistungen, die ebenso wie, aber in anderer Weise als Maschinen eine Neuorganisation von Möglichkeiten zugänglich macht.

Ein Sonderfall dieser Entlastung verdient besondere Beachtung: *die Entlastung von Aufmerksamkeit und Verantwortlichkeit für Folgen der Entscheidung*. Ungern zugegeben, gehört es gleichwohl zwingend zum Stil der juristischen Entscheidungsarbeit unter konditionalen Programmen, daß mit dem Wenn auch das Dann gesetzt ist und in seinen Konsequenzen hingenommen, aber nicht kalkuliert und bewertet wird.[49] Der Selbstmord des Strafgefangenen geht nicht auf Konto des Richters, der ihn nach dem Gesetz verurteilen mußte, und der Konkursrichter hat nicht zu prüfen und abzuwägen, ob die Kinder des Schuldners ihr Studium aufgeben müssen oder seine Frau sich scheiden lassen wird. Tragender Grund der Entscheidung ist nicht ein Wertverhältnis unter den Folgen, sondern die Geltung der Norm, und diese kann allenfalls in dem Deutungsspielraum, den sie bietet, so ausgelegt werden, daß die *generell* bei ihrer Anwendung zu erwartenden Folgen vernünftig und tragbar erscheinen.[50] Damit ist der Richter ent-

---

49 Diese Grenzen richterlichen Entscheidens haben namentlich skandinavische Rechtssoziologen herausgearbeitet und der wissenschaftlichen Forschung bzw. den planerischen Entscheidungsprozessen gegenübergestellt. Vgl. VILHELM AUBERT/SHELDON L. MESSINGER, *The Criminal and the Sick*. Inquiry 1 (1958), S. 137–160; VILHELM AUBERT, *Legal Justice and Mental Health*. Psychiatry 21 (1958), S. 101 bis 113, beides neu gedruckt in: VILHELM AUBERT, *The Hidden Society*. Totowa/N. J. 1965; DERS., *The Structure of Legal Thinking*. In: *Legal Essays. Festskrift til Frede Castberg*. Kopenhagen 1963, S. 41–63; TORSTEIN ECKHOFF, *Justice and Social Utility*. In: *Legal Essays*, a. a. O., S. 74–93; TORSTEIN ECKHOFF/KNUT DAHL JACOBSON, *Rationality and Responsibility in Administrative and Judicial Decision-Making*. Kopenhagen 1960.

50 Mit diesem Gedanken eines ‹*two-level procedure of justification*›, einem Utilitätskalkül nur auf der generellen Ebene der Norm, nicht aber an den Folgen im Einzelfall, wehrt auch RICHARD A. WASSERSTROM, *The Judicial Decision. Toward a Theory of Legal Justification*. Stanford/Cal.–London 1961, Tendenzen zur rein utilitarischen Rechtfertigung der richterlichen Fallentscheidung ab. Der Gedanke geht zurück auf die im Spätutilitarismus ausgearbeitete Unterscheidung von *act-utilitarianism* und *rule-utilitarianism*. Siehe dazu RICHARD B. BRANDT, *Ethical Theory. The Problem of Normative and Critical Ethics*. Englewood Cliffs/N. J. 1959, S. 380 ff mit weiteren Literaturhinweisen; MARCUS G. SINGER, *Generalization in Ethics*. London 1963, S. 203 ff. (mit Rückgriff bis auf J. ST. MILL); und JOHN RAWLS, *Two Concepts of Rules*. The Philosophical Review 64 (1955). Neu gedruckt in und zitiert nach NORMAN S. CARE/CHARLES LANDESMAN (Hrsg.), *Readings in the Theory of Action*. Bloomington/Ind.–London 1968, S. 306–340.

lastet von einer Prüfung aller wertrelevanten Folgen seiner Entscheidung, von Zukunftserforschung unter Wahrscheinlichkeitsgesichtspunkten, von der Eignungsprüfung seiner Mittel und ihrer Alternativen und der Wertabwägung ihrer Nebenfolgen, kurz: von Entscheidungsüberlegungen, deren Komplexität, Schwierigkeit und Vereinfachungsbedürftigkeit uns die moderne wirtschaftswissenschaftliche Entscheidungstheorie vor Augen führt. Nur unter dieser Bedingung einer Befreiung von konkreter Wirkungsverantwortung sind im übrigen Grundsätze wie der der richterlichen Unabhängigkeit und der Gleichheit vor dem Gesetz sinnvoll [51] – und sie sind nur dort haltbar, wo Recht und Richter nicht zu stark in ein System zweckbezogener Zukunftsplanung einbezogen werden.[52]

Dieser Aspekt der Konditionalisierung scheint auch persönlichkeitsprägend zu wirken bzw. entsprechend disponierte Persönlichkeiten anzuziehen. Durch daran ausgerichtete Selektions- und Sozialisierungsmechanismen, die Wolfgang Kaupen [53] untersucht hat, kann die strukturierende Wirkung des Programmtypus verstärkt und ein Konflikt zwischen programmatischen und personalen Strukturen des Entscheidungsprozesses vermieden werden – auf Kosten eines erhöhten Risikos, das mit allen Vereinseitigungen verbunden ist. Schließlich hat konditionale Programmierung beträchtliche Vorteile im Hinblick auf den *Aufwand an Kommunikation*, der zur *Koordinierung des Entscheidens* notwendig ist. Das gilt besonders für die Entlastung des vertikalen Kommunikationsweges: der hierarchischen Aufsicht. Zweckprogramme erfordern eine ziemlich entscheidungsnahe, laufende Überwachung und Kontrolle, da der Zweck allein das Mittel nicht rechtfertigt, die situationsabhängige Mittelwahl vielmehr immer wieder unerfreuliche Konsequenzen haben kann.[54] Eine rationale Lösung des Delega-

---

51 Zum ersteren Torstein Eckhoff, *Impartiality, Separation of Powers, and Judicial Independence.* Scandinavian Studies in Law 9 (1965), S. 11–48, zum letzteren Adalbert Podlech, Gehalt und Funktionen des allgemeinen verfassungsrechtlichen Gleichheitssatzes. Berlin 1971, insbes. S. 106, 117.

52 Daß diese Auffassung in bezug auf die *unmittelbaren* Prozeßziele nicht unbestritten ist, zeigt der Versuch von Herbert L. Packer, *Two Models of the Criminal Process.* University of Pennsylvania Law Review 113 (1964), S. 1–68, sowie dems., *The Limits of the Criminal Sanction.* Stanford/Cal. 1969, zwei Auffassungen des Strafprozesses zu unterscheiden je nachdem, ob konditional orientierte Rechtlichkeit oder effektive Verbrechensbekämpfung im Vordergrund steht. Packer setzt dem faktischen Trend zum zweckmäßigen *‹crime control model›* die Forderung nach stärkerer Berücksichtigung des *‹due process model›* entgegen, das das Verfahren durch einprogrammierte Bedingungen der Rechtlichkeit im Interesse anerkannter Werte bremst.

53 Die Hüter von Recht und Ordnung. Die soziale Herkunft, Erziehung und Ausbildung der deutschen Juristen – Eine soziologische Analyse. Neuwied–Berlin 1969. Siehe zum Beispiel die Feststellung einer überwiegenden Herkunft aus Familien, «in denen der normativen Verhaltenskontrolle gegenüber zielgerichtetem, instrumentellem Verhalten eine erhöhte Bedeutung beigemessen wird» (S. 216), die allerdings weiterer Untersuchung und vor allem eines Vergleichs mit anderen Berufen bedürfte.

54 Dazu näher Niklas Luhmann, Zweckbegriff und Systemrationalität, a. a. O., insbes. S. 177 ff.

tionsproblems scheint hier Quantifikation der Folgenbewertung, praktisch also Geldrechnung, vorauszusetzen und erfordert ausgeklügelte mathematische Techniken.[55] An deren Stelle findet man bei Primat der Zweckprogrammierung typisch entweder eine vielstufige Hierarchie mit wenigen, eng zu beaufsichtigenden Untergebenen oder (und) eine danebengesetzte Kontrollhierarchie, etwa in der Form einer politischen Einheitspartei. Konditionalprogramme eröffnen bessere Chancen der Delegation. Sie sind stärker als Zweckprogramme gegen Folgen immunisiert und brauchen daher nicht laufend nachgesteuert zu werden. Sie können als typische Entscheidungsentwürfe generell aufgestellt und als solche mitgeteilt werden ohne genaue Kenntnis von Zahl und Details der Anwendungssituationen. Soweit erforderlich, werden die Details als Bedingungen in das Programm aufgenommen. Auch dabei können sich unerwartete Folgen ergeben, auch hier muß also eine Rückmeldung von Störungen und Krisen organisiert werden. Im ganzen kann die Aufsicht jedoch weniger dicht geführt werden.[56] Die Auslösung der Fallentscheidung und typisch auch die Auslösung der Kontrolle der Fallentscheidung werden dem übertragen, der die entsprechenden Informationen und Interessen besitzt, die das Programm als Auslösebedingung formuliert hat. Das Programm gibt damit den Interessenten eine Art Autorität, nämlich abgeleitete nichthierarchische Autorität über die Instanzen, die die Entscheidungen anfertigen.[57] Auf diese Weise kann trotz immenser Zunahme der Kommunikationslast eine hierarchische Steuerung und Kontrolle des Entscheidungssystems beibehalten werden – aber nur in der Form der Aufstellung und Änderung der Entscheidungsprogramme.

Eine solche Entlastung des ‹Dienstweges› macht es überhaupt erst sinnvoll und möglich, die *Unabhängigkeit der Gerichte* und den *Parteibetrieb des Verfahrens* als grundlegende Prinzipien der Rechtspflege zu normieren.[58] Nur weil der Form des Entscheidungsprogrammes nach ohnehin eine Aufsicht im Einzelfall entbehrlich und eine Initiative von Außenstehenden vorsehbar ist, können solche Organisations- und Verfahrensnormen zum tragenden Gesetz der Institution Rechtspflege werden; andernfalls brächen sie unter der Belastung durch gegenläufig strukturierte Bedürfnisse zusammen. In ähnlicher Weise hatten wir oben bereits festgehalten, daß die Unabhängigkeit der Gerichte und das Prinzip der Gleichheit vor dem Gesetz durch die Entlastung von Folgenverantwortung bedingt sind. Diese Überlegungen zeigen, daß und wie die Formentypik des Rechts mit institutionellen Grundsätzen und organisatorischen Gesichtspunkten verzahnt ist.

---

55 Ein für die neuere Diskussion typisches Beispiel ist Yuji Ijiri, *Management Goals and Accounting for Control*. Amsterdam 1965.

56 Vgl. auch Niklas Luhmann, Lob der Routine, a. a. O., S. 22 ff; und ders., Funktionen und Folgen formaler Organisation. Berlin 1964, S. 97 ff.

57 Auf die Frage, ob damit auch die Durchführung des Programms gewährleistet werden kann, werden wir unten S. 270 ff zurückkommen.

58 Vgl. auch hierzu Eckhoff, a. a. O. (1965).

Wegen dieses Zusammenhanges sind Programmform und Prinzipien der Rechtspflege nicht beliebig gegeneinander variabel. Jene Prinzipien haben ihren realen Grund nicht als notwendige Mittel zum Zweck der Gerechtigkeit noch als Ausformungen allgemeingültiger moralischer Prinzipien; sie gelten in einem strukturellen Kontext der Entscheidungsfindung, der sie ermöglicht, sie erfordert und ihre Moralisierung als Gebote der Gerechtigkeit trägt.

Alles in allem bietet die Form des Konditionalprogramms die Kapazitätserweiterungen, die bei einer Umstrukturierung des Rechts auf Positivität und entsprechender Steigerung der Komplexität des Rechts unentbehrlich werden: prinzipiell angelegte Möglichkeit rationaler Variation, Entlastung von übermäßigen Anforderungen an Aufmerksamkeit, an Folgenverantwortung und an koordinierende Kommunikation. Der funktionalen Spezifizierung und Positivierung des Rechts entspricht eine Verringerung des Anspruchsniveaus in diesen Hinsichten. Solche Verzichte sind indes keineswegs unbedenklich – am deutlichsten zu sehen am Verzicht auf Folgenverantwortung. Sie lassen Probleme offen und geben daher Anlaß, die Frage nach ergänzenden, kompensierenden Einrichtungen zu stellen. Die Lösung findet sich im Prinzip der Positivität des Rechts selbst, nämlich in der Möglichkeit, auch über die Entscheidungsprogramme noch zu entscheiden.[59] Das gestattet es, programmierendes und programmiertes Entscheiden zu differenzieren und die entsprechenden Entscheidungsprozesse unter verschiedenartige, ja sogar gegenläufige Anforderungen und Abnahmebedingungen zu stellen. Auf diese Weise ist es außerdem möglich, die Einseitigkeit der Optik von Konditionalprogrammen auf höheren Entscheidungsebenen durch das gegenläufige Prinzip zu korrigieren – nämlich dadurch, daß man über Erlaß und über Änderung von Konditionalprogrammen politisch unter Zweckgesichtspunkten entscheidet.

4. Differenzierung der Entscheidungsverfahren

Die Unterscheidung und die institutionelle Trennung von Verfahren der Gesetzgebung und der richterlichen Streitentscheidung gehören zu den selbstverständlichen Einrichtungen moderner Gesellschaften mit positivem Recht. Die Interpretation dieser Differenzierung ist jedoch alles andere als gesichert, und ihr Zusammenhang mit der Positivierung des Rechts muß erst noch erarbeitet werden.

Die übliche Deutung hält sich zunächst an die Unterscheidung von *allgemeinem* Gesetz und *konkreter* Regelung des Einzelfalles, der seinen Charakter als ‹Fall› durch einen Streit um Recht bekommt. Die erste Auf-

59 Von ganz anderen Ausgangspunkten her sieht auch Wasserstrom, a. a. O., S. 169, daß für die von ihm empfohlene zweistufige Rationalisierung der Rechtsentscheidung (siehe oben Anm. 50) die Änderbarkeit der Rechtsregeln Voraussetzung ist.

gabe der Entscheidung über allgemeine Gesetze falle dem Gesetzgeber zu, die Entscheidung konkreter Rechtsstreitigkeiten dagegen dem Richter. Dabei wird Identität des Rechts unterstellt. Es handele sich in beiden Verfahrensarten um dasselbe Recht. Vom Gesetzgeber werde es hergestellt, vom Richter angewandt. Das läßt ein genaueres Verständnis und mancherlei Kontroversen offen. Streitig kann vor allem noch werden, in welchem Teil des Entscheidungsprozesses eigentlich die Garantie für Rationalität liegt und wo man dem Kern des Rechts am nächsten kommt: bei der Formulierung allgemeiner Regeln oder bei der Fallentscheidung.[60] Bei näherer Betrachtung und bei Versuchen, diese Frage zu beantworten, tauchen jedoch Zweifel auf, die sich auf die Fragestellung selbst beziehen.

Bei einer genaueren Analyse des richterlichen Entscheidungsprozesses wird nämlich offensichtlich, daß auch der Richter allgemeine Regeln für seine Entscheidung formuliert: Wenn sie ihm nicht vorgezeichnet werden, ‹findet› er sie. Die Allgemeinheit liegt in der Normativität des Erwartens: in der Zeitspannen (und damit Fälle) übergreifenden Generalisierung. Jeder normative Aspekt einer Rechtsentscheidung muß deshalb Generalisierung prätendieren und impliziert, daß andere gleiche Fälle gleich entschieden werden. Die richterliche Entscheidung kann daher nicht zutreffend als ‹Gesetz für den Einzelfall›[61] begriffen werden. Wenn man aber zugeben muß, daß die Generalisierung schon im normativen Erwarten selbst steckt, kann die Differenzierung allenfalls in der Art der Behandlung des Allgemeinen gesucht werden, nicht aber im Gegensatz von Allgemeinem und Nichtallgemeinem.

Sucht man von hier aus die klassische Auffassung über den Unterschied von Gesetzgebung und Rechtsprechung zu rekonstruieren, so kommt man zu Vorstellungen, die dem neueren Denken über Richterrecht vertraut sind. Dann liegt die Annahme nahe, daß Gesetzgebung nichts weiter sei als eine Ausdifferenzierung und technische Zentralisierung eines Teils der richterlichen Entscheidungsleistung, eine Art Pauschalentscheidung über einige Entscheidungsprämissen, die sich besonders zu summarischer Behandlung und rechtssatzmäßiger Formulierung eignen. Diese Auffassung kann die Vorstellung der Einheit des Rechtserlebens und der Normperspektive im gesetzgeberischen und im richterlichen Verfahren wahren, nimmt deren Trennung als Erscheinung von sekundärem Rang und bleibt insofern ein Zeugnis klassisch-juristischen Denkens.[62] Sie gibt jedoch keinen zureichen-

---

60 Für eine typische Erörterung mit Abwägung der Vor- und Nachteile beider Entscheidungsarten siehe George W. Paton, *A Text-Book of Jurisprudence.* 2. Aufl. Oxford 1951, S. 182 ff.

61 als *quasi quaedam particularis lex in aliquo particulari facto,* wie Thomas von Aquino, *Summa Theologiae* II, II. qu. 61 art. 1, das richterliche Urteil deutete.

62 Als Beispiele für diese Auffassung siehe etwa Léon Husson, *Les transformations de la responsabilité. Étude sur la pensée juridique.* Paris 1947, insbes. S. 12 ff; Josef Esser, Grundsatz und Norm in der richterlichen Fortbildung des Privatrechts. Tübingen 1956.

den Begriff der Vorteile, die mit der Trennung beider Entscheidungsprozesse gewonnen werden können.

Eine wesentliche Differenz wird dabei nämlich unterschätzt: daß der Richter sich selbst an seine Entscheidungen und die darin artikulierten Entscheidungsprämissen bindet, der Gesetzgeber dagegen nicht.[63] Ob diese Bindung Rechtsform annimmt oder sich aus dem Rollenverständnis des Richters ergibt, ist dabei von sekundärer Bedeutung ebenso wie die Frage, ob die Selbstbindung des Richters durch die Rechtsordnung auf andere Richter erstreckt wird oder nicht.[64] Ausschlaggebend ist, daß nur der Richter in Wiederholungssituationen kommt, nämlich nach identisch gehaltenen Prämissen mehrfach gleich entscheiden muß. Der Richter untersteht dem Gleichheitsprinzip in anderer Weise als der Gesetzgeber; er muß nicht nur gleiche Verhältnisse gleich behandeln, sondern gleiche Fälle gleich entscheiden. Mit jeder Entscheidung zurrt er sich daher für künftige Fälle fest, und er kann nur dadurch neues Recht schaffen, daß er neue Fälle als andersartige Fälle erkennt und behandelt.[65] Er formuliert Entscheidungsprämissen in der Perspektive dessen, der sie auslegt und anwendet, nicht in der Perspektive dessen, der einmalig über sie disponiert. Er mag sich dazu allgemein brauchbare Begriffe schaffen. Jede Proklamation allgemein verbindlicher Rechtssätze durch den Richter ist jedoch, da sie zu nicht oder nur schwer zurücknehmbaren Festlegungen führt, gefährlich, und dies besonders in der sich rasch ändernden modernen Gesellschaft. Die weise Zurückhaltung gerade höchster Gerichte, etwa des Conseil d'État, in geringerem Maße auch des früheren Reichsgerichts, bei der Formulierung allgemeiner Entscheidungsmaximen hatte hier ihren Grund. Der Richter kann es der Rechtswissenschaft überlassen, die Grundsätze seiner Rechtsprechung zu entdecken, festzustellen und zu systematisieren, und ist an deren Autorität nicht gebunden. Er fühlt sich dann lediglich den Präjudizien seiner Praxis verpflichtet und hat dabei die Freiheit, die Ähnlichkeit eines neuen Falles mit dem alten in Zweifel zu ziehen. Die höchsten Gerichte der Bundesrepublik haben diese Zurückhaltung praktisch aufgegeben, redigieren und verkünden ‹Grundsatzentscheidungen› mit ‹Leitsätzen›, also der Sache nach

63 Hinweise auf diese Differenz finden sich in der britischen Jurisprudenz. Siehe z. B. Carleton Kemp Allen, *Law in the Making*. 6. Aufl., Oxford 1958, S. 409 f. In der neueren Literatur wird diese Selbstbindung des Richters zunehmend bestritten. Siehe z. B. Josef Esser, Richterrecht, Gerichtsgebrauch und Gewohnheitsrecht. Festschrift Fritz von Hippel, Tübingen 1967, S. 95–130. Für *‹judicial legislation›* ist jedoch der Richter weder organisatorisch noch informationstechnisch adäquat ausgerüstet.

64 Einen lehrreichen Überblick über die historische Entwicklung der richterlichen Bindung an Präzedenzien gibt Allen, a. a. O., S. 157 ff.

65 Hier liegt übrigens einer der wichtigsten Einsatzpunkte soziologischer Analyse im richterlichen Entscheidungsprozeß. Die Soziologie könnte dem Richter helfen, neue Fälle in ihrer Abhängigkeit von veränderten gesellschaftlichen Lagen zu erkennen und ihre Andersartigkeit zu begründen. Vgl. dazu auch Paolo Farneti, *Problemi di analisi sociologica del diritto*. Sociologia 1961, S. 33–87 (74).

Gesetze, und stehen unter entsprechendem Änderungsdruck. Im Zusammenhang damit lassen sie sich auf schlagkräftige Kontroversen mit wissenschaftlichen Autoritäten ein, anstatt das Risiko der Generalisierung möglichst weit auf die Wissenschaft abzuwälzen. Diese Leitsatzfreudigkeit ist auf längere Sicht nur deshalb erträglich, weil ein Gesetzgeber bereitsteht, der sich über solche Leitsätze hinwegsetzen bzw. die Vorwände dafür liefern kann, daß der Richter selbst sich über ältere Grundsätze seiner Rechtsprechung hinwegsetzt. Das Gleichheitsprinzip erfordert politische oder hierarchische Instanzen der Erlösung von übermäßiger Selbstbindung – oder konstant bleibende gesellschaftliche Verhältnisse.

Der richterliche Entscheidungsprozeß kennt mithin keine institutionalisierten Formen der Rechtsänderung, sondern allenfalls apokryphe Techniken des Lernens, Adaptierens und Modifizierens, die mit der formalen Identität von Normen zu vereinbaren sind.[66] Zu diesen apokryphen Formen gehört es auch, wenn Verfahren, die zur Lösung von Entscheidungskonflikten zwischen mehreren Gerichten oder mehreren Gerichtssenaten gedacht sind, zum Revoltieren gegen eine herrschende Praxis benutzt werden. Im übrigen ist richterliche Innovation selbst gegen das Gesetz möglich – aber doch vergleichsweise selten und daran gebunden, daß eine Zeitlang mit falschen Argumenten gearbeitet wird, bis die Neuerung eingeführt ist und als altes Recht dargestellt werden kann. Der Richter setzt damit unter veränderten Bedingungen jene Einstellung zum Recht fort, die früher die allgemeingültige war, jetzt aber nur noch neben einer anderen in Betracht kommt.

Diese Beschränkung des Richters hängt eng damit zusammen, daß er Situationen mit schon eingetretenen Enttäuschungen behandelt; daß er es mit Enttäuschungsabwicklungen zu tun hat, für die ein fester Entscheidungsrahmen und das Durchhalten der Entscheidungsnormen wesentlich sind. Er könnte in so spannungsreichen Situationen das Recht nicht als sein Belieben und als durchzuhaltende Norm zugleich vertreten. In Enttäuschungssituationen kann man schlecht lernen.

Diese von der Funktion her bestimmten Grenzen der richterlichen Mobilisierung von Normen machen verständlich, weshalb bei zunehmender Mobilisierung des Rechts dafür ein anderes Verfahren geschaffen werden muß. Noch schärfer profiliert dieses Erfordernis sich durch eine weitere Überlegung, mit der wir auf unsere Ausführungen über elementare Prozesse der Rechtsbildung zurückgreifen müssen. Wir hatten gesehen, daß die Normativität des Erwartens die Entschlossenheit zum Ausdruck bringt,

66 Im einzelnen würde es sich lohnen zu prüfen, wieweit diese Techniken in ihrer *heutigen* Gestalt voraussetzen, daß der Gesetzgeber (und nicht der Richter) das Recht gemacht hat, so daß Datierung des Gesetzgebungsaktes und die Unterstellung eines abstrakten ‹Willens› des Gesetzgebers dem Richter einen relativ hohen Auslegungsspielraum, gleichsam ein abgeleitetes Recht zur Modifikation des Rechts gewährt, das in dieser Form nur praktiziert werden kann, wenn und soweit es Gesetzgebung gibt.

aus Enttäuschungen nicht zu lernen. Darauf beruhte die alte Vorstellung der Invarianz des Rechts. Eine Änderung dieser lernunwilligen Einstellung ist auf sinnvolle Weise nur im Wege des Lernens durchführbar. Rechtsänderung heißt mithin: zu lernen, nicht zu lernen. Es liegt auf der Hand, daß eine so anspruchsvolle Forderung es schwer hat, sich durchzusetzen und Institution zu werden.

Die Positivierung des Rechts erfordert jedoch genau dies. Das Recht kann nur dann als variabel institutionalisiert werden, wenn die Variation des Rechts Lernprozessen unterworfen wird. Dabei wird die Tatsache, daß das geltende Recht zu Enttäuschungen führt – sei es dadurch, daß es laufend verletzt wird; sei es dadurch, daß es gegenläufige normative Erwartungen enttäuscht –, zum wichtigsten Lernanlaß. Enttäuschungen müssen also laufend in den rechtlichen Entscheidungsprozeß zurückgemeldet, dort als Information in kognitiver Einstellung aufgenommen und daraufhin geprüft werden, ob sie eine Änderung des Rechts zu begründen vermögen. Andererseits darf durch solche Lernprozesse im Recht die Lernunwilligkeit des Rechts nicht untergraben werden. Die Lernmöglichkeiten dürfen den Durchhaltewillen nicht stören. Daß alles sich ändern kann, darf nicht dahin führen, daß man nichts mehr ernst nimmt. In ein und derselben Rechtsordnung müssen, darauf läuft die Positivierung des Rechts hinaus, Möglichkeiten des Lernens und des Nichtlernens, kognitive und normative Einstellungen in bezug auf dieselben Normen nebeneinander institutionalisiert werden.

Das ist nur in sehr komplexen, hinreichend differenzierten Gesellschaften möglich und setzt vor allem eine Differenzierung von Verfahren für Lernen und für Enttäuschungsabwicklung voraus. Durch institutionelle Trennung von Verfahren wird es möglich, in dem einen zum Problem zu machen, was in dem anderen Struktur ist. Die Entlastungsfunktion von Strukturen erfordert zwar, daß die Struktur in den Situationen, die sie strukturiert, nicht zum Problem gemacht und selbst variiert wird; das schließt aber nicht aus, daß dies in anderen Situationen, zu anderen Zeitpunkten, in anderen Rollen oder Systemen geschieht, sofern nur für hinreichende Differenzierung und für ausreichende Kommunikation zwischen den einzelnen Entscheidungsbereichen gesorgt ist.

Auch diese Differenzierungsleistung wird durch das Auseinanderziehen von Gesetzgebung und Rechtsprechung erbracht. Die Darstellung des geltenden Rechts, das Durchhalten und Sanktionieren ausgewählter normativer Erwartungen, der Ausdruck der Entschlossenheit, vom Rechtsbrecher nicht zu lernen, werden im Bereich der Rechtsprechung gepflegt. Der Richter hat, wenn rechtlich normierte Erwartungen verletzt werden, bei diesen Erwartungen zu bleiben und nicht etwa sie den Tatsachen anzupassen. Dem Gesetzgeber dagegen erscheinen Normen und Fakten in anderem Licht und in anderem Zusammenhang. Er kann die reale Wirkung der Normen, die Quote ihrer Nichtbefolgung und die Kosten ihrer Durchsetzung, ihre Dysfunktionen, die Verhaltenskonflikte, in die sie führen, und die Ersatzhandlungen, die sie auslösen, kognitiv und ohne Entrüstung zur Kenntnis nehmen. Er kann sich für das heimliche Recht der Rebellen und Verbrecher, für die durch Vorschriften beeinträchtigten Interessen öffnen. Er darf, ja er muß Bereitschaft zeigen, Erwartungen zu korrigieren. Er ist der Adressat für Änderungswünsche, die Instanz für institutionalisiertes Lernen im Recht. Er hat die Möglichkeit der Selbstkorrektur, und von ihm wird erwartet, daß er sie benutzt und daß er auch noch das Unterlassen der Korrektur, die Ablehnung des Lernens verantwortet.

Um für lernendes Variieren oder Nichtvariieren des Rechts und damit für die Positivierung von Recht einen adäquaten, funktionsspezifisch ausgewählten Rahmen zu schaffen, muß diese Aufgabe von der der Rechtsanwendung in Enttäuschungssituationen getrennt und nach eigenen Bedingungen organisiert werden. Gesetzgebungsverfahren müssen im Interesse größerer Verhandlungsfähigkeit von unmittelbarem Enttäuschungsdruck und dem Zwang zur Darstellung schon verletzter Normen entlastet werden; sie müssen andererseits Rechtsnormen selbst als noch nicht entschieden behandeln können, müssen also auf die sehr viel größere Komplexität einer Wahl unter *möglichen* Rechtsnormen eingestellt werden. Damit ist nicht das verlangt, was radikale Aufklärer forderten: das ganze Recht wegzudenken und von Grund auf aus der Vernunft neu zu konstruieren. In die Bedingungen der Möglichkeit anderen Rechts geht vielmehr das vorhandene Recht mit ein, da es stets nur in einzelnen, wenn auch weittragenden Hinsichten, nicht jedoch als Ganzes geändert werden kann.[67] Immerhin können auch die Grenzen dessen, was jeweils problematisiert bzw. vorausgesetzt werden soll, noch gewählt, also mit der Leistungsfähigkeit von Verfahren abgestimmt werden. In der Perspektive dessen, der so entscheiden muß, gewinnt das Recht eine neue Art von Objektivität – nicht die einer Entscheidungsnorm, die allen Anfechtungen zum Trotz durchzuhalten ist, sondern die einer Erwartungsstruktur, die um bestimmter Wirkungen willen zu schaffen und bei Bedarf zu verändern ist.

Ein weiterer Differenzierungsvorteil, der nahezu unbeachtet geblieben ist, betrifft das Verhältnis des Rechts zur physischen Gewalt. Wir hatten oben (Bd. I, Kap. II, 7) gesehen, daß physische Gewalt in dem Recht, das sie konstituiert hat, vorausgesetzt bleibt, auch wenn sie nicht sichtbar erscheint. Die Differenzierung der rechtlichen Entscheidungsprozesse in Rechtsetzung und Rechtsanwendung ermöglicht es, auch in dieser Hinsicht Spezialisierungseffekte zu erzielen.

Die hohe *Abstraktheit* physischer Gewalt läßt sich nicht unvermittelt

67 Deshalb scheint, sosehr das zunächst erstaunen mag, für radikale und rasche Gesamtumstellungen des Rechts auf neue ideologische Ausrichtungen weniger die Gesetzgebung als vielmehr die Rechtsprechung das wirksamste Instrument zu sein, die durch gewisse Leitgesetze, personalpolitische Maßnahmen und schließlich nackten Terror bestimmt wird, jeden Fall auf Übereinstimmung mit den neuen Richtlinien zu überprüfen. Vgl. hierzu die materialreiche Untersuchung von Bernd Rüthers, Die unbegrenzte Auslegung. Zum Wandel der Privatrechtsordnung im Nationalsozialismus. Tübingen 1968. Selbst dann aber bleibt eine große Menge alten, ideologisch neutralen Rechts erhalten.

mit hoher *Beliebigkeit* der Rechtsetzung verbinden. Politik und politisch bestimmte Gesetzgebung haben für direkten Zugriff auf physische Gewalt zu hohe und zu unbestimmte Komplexität. Politiker können daher die Verantwortung für physische Gewalt nicht tragen; sie wären in Gefahr, entweder zuviel oder zuwenig Gebrauch davon zu machen. Das Risiko der Abstraktheit von jedenfalls überlegener physischer Gewalt kann nur in Prozessen getragen werden, die unter fixierten Programmen arbeiten. Es wird der Legislative entzogen[68] und auf die Justiz konzentriert. Dem entspricht das ‹rechtsstaatliche› Postulat, den Zugang zur physischen Gewalt schlechthin durch Prozesse der Rechtsprechung zu filtern, das heißt *alle* privaten oder staatlichen Akte, die Gewalt in Anspruch nehmen, justizförmiger Kontrolle zu unterwerfen. Diese Lösung ersetzt die Vorstellung einer rechtlich immanent gebundenen ‹*potestas*›, die infolge der Positivierung des Rechts illusionär geworden war.

All dies zusammengenommen läßt auf eine sehr viel weitergehende funktionale Differenzierung des Rechtsentscheidungsprozesses schließen, als sie der herkömmlichen Lehre von der Gewaltenteilung vorschwebte. In erster Linie liegt der Trennung von Rechtsprechung und Gesetzgebung eine erhebliche Differenz in zu bewältigender Komplexität zugrunde. In der organisationswissenschaftlichen Literatur unterscheidet man im Hinblick darauf programmierende und programmierte Entscheidungen und fordert für beide jeweils unterschiedliche organisatorische Rahmenbedingungen.[69] Je nachdem, wieviel andere Möglichkeiten relevant sein können und aussortiert werden müssen, bevor es zu einer Entscheidung kommt, entwickeln sich ein unterschiedliches Problembewußtsein und unterschiedliche Umweltempfindlichkeiten. Bei hochkomplexen Entscheidungslagen ist der Informationsbedarf wesentlich höher und die Notwendigkeit, mit unzureichender Information zu entscheiden, entsprechend größer. Die Kommunikationsweisen der entscheidenden Verfahrenssysteme zeigen demgemäß auffällige Unterschiede: Aus der überhohen Komplexität des Gesetzgebungsverfahrens ergibt sich ein erhöhter Bedarf für Vertrauen, also eine stärkere Personalisierung des Informationsprozesses, stärkere Abhängigkeit von Einfällen und Zufällen, vom Zeitpunkt des Eingangs von Informationen

68 Daher kommt es, daß Parlamente die rechtsbildende Gewalt nicht zu repräsentieren vermögen – wie WALTER BENJAMIN, Zur Kritik der Gewalt. In: DERS. Angelus Novus. Frankfurt 1966, S. 42–66 (53 f), richtig beobachtet, aber als «jammervolles Schauspiel» falsch bewertet hat.

69 Besonders pointiert hat HERBERT A. SIMON, *Recent Advances in Organization Theory*. In: *Research Frontiers in Politics and Government*. Washington 1955 S. 23–44, diesen Unterschied herausgearbeitet, ihn später jedoch zur Annahme eines Kontinuums von mehr oder weniger programmierten Entscheidungen abgeschwächt – vgl. DERS., *The New Science of Management*. New York 1960, S. 5 f (dt. Übers. in: DERS., Perspektiven der Automation für Entscheider. Quickborn 1966). Zur Anwendung auf Fragen des Verwaltungsrechts siehe auch WALTER SCHMIDT, Die Programmierung von Verwaltungsentscheidungen. Archiv des öffentlichen Rechts 96 (1971), S. 321–354.

und von vorformulierten Entscheidungsbeiträgen der Umwelt und eine breite Absicherung in formal illegalen Selbstbindungen und Vereinbarungen.[70] Verantwortung, das heißt übernommenes Risiko, und Verantwortlichkeit, das heißt normierte Rechenschaftspflicht, klaffen hier stärker auseinander. Die Kriterien der Rationalität müssen entsprechend unbestimmter sein. Typisch handelt der Gesetzgeber selbst nicht mehr unter Konditionalprogrammen (es sei denn in der nur negativen Form eines verfassungsmäßigen Ausschlusses von Möglichkeiten), sondern unter Zweckprogrammen,[71] die mehr oder weniger unbestimmt vorgegeben sein können bis hin zur Aufgabe, das Gemeinwohl zu fördern. Hier bietet sich bei aller Unbestimmtheit der Erfolgskriterien eine gewisse Möglichkeit, die oben erörterte Entlastung des Richters von Folgenverantwortung zu kompensieren. Der Gesetzgeber kann und muß, da er die Möglichkeit der Selbstkorrektur hat, für die Folgen seiner Gesetze einstehen. Es bildet sich eine neuartige ‹politische› Verantwortlichkeit, die nicht vom Verschulden, sondern vom Mißerfolg abhängt und durch Auswechseln leitender Persönlichkeiten vollzogen wird. Ihre Institutionalisierung und routinemäßige Praktikabilität hängen unter anderem davon ab, daß der Austausch nicht allzuviel persönliches Schicksal einschließt – nicht Entscheidungen über Leben und Tod, nicht den Ruin der wirtschaftlichen Existenz bedeutet und zumeist nicht einmal das erfolgreiche Weiteragieren auf der politischen Bühne in Frage stellt, sondern dafür eigene Rollen der ‹Opposition› offenhält.

Mit all dem sind Implikationen und Konsequenzen eines erreichten Standes an Systemdifferenzierung formuliert – nicht aber Prognosen über die Zukunft. Schwerpunktverschiebungen zwischen den beiden Verfahrenstypen, ja Entwicklungen zur Entdifferenzierung bleiben durchaus möglich. Es gibt gegenwärtig, vor allem in den sozialistischen Ländern, aber auch in den Vereinigten Staaten,[72] durchaus Anhaltspunkte für eine Entwicklung,

---

70 Empirisches Material hierzu findet sich in neueren amerikanischen Untersuchungen des Verhaltens in gesetzgebenden Körperschaften. Vgl. u. a. John C. Wahlke/Heinz Eulau (Hrsg.), *Legislative Behavior*. Glencoe/Ill. 1959; John C. Wahlke/Heinz Eulau/William Buchanan/LeRoy C. Ferguson, *The Legislative System. Explorations in Legislative Behavior*. New York–London 1962; Aaron Wildavsky, *The Politics of the Budgetary Process*. Boston–Toronto 1964; James D. Barber, *The Lawmakers. Recruitment and Adaptation to Legislative Life*. New Haven–London 1965.

71 Vgl. Werner Krawietz, Das positive Recht und seine Funktion. Kategoriale und methodologische Überlegungen zu einer funktionalen Rechtstheorie. Berlin 1967. Eine Trennung von Rechtsprechung und Gesetzgebung nach Maßgabe von Konditionalprogramm und Zweckprogramm wird mehr implizit als explizit vertreten. Vgl. für ausdrückliche Formulierungen Paolo Farneti, *Problemi di analisi sociologica del diritto*. Sociologia 1961, S. 33–87; Horst Ehmke, Prinzipien der Verfassungsinterpretation. Veröffentlichungen der Vereinigung der Deutschen Staatsrechtslehrer 20 (1963), S. 53–102 (70).

72 Bereits Roscoe Pound, *The Administrative Application of Legal Standards*. Reports of the Forty-Second Meeting of the American Bar Association, Baltimore 1919, S. 445–465, hatte den Richter als eine Art *social engineer* sehr in die Nähe der Verwaltung gerückt.

die den Richter zum Sozio-Therapeuten umstilisiert und ihn dabei stärker von konditionalen Programmen entbindet. Besonders in der Strafrechtspflege, in der Jugendgerichtsbarkeit, in der Behandlung von Familienstreitigkeiten bietet eine solche Lösung sich an. Die weiterreichenden Konsequenzen einer solchen Entwicklung sind indes selten mitgewollt: Sie dürften in einem beträchtlichen Verlust an Rechtssicherheit (und damit auch an Rechtsorientierung des Verhaltens im täglichen Leben) liegen, zum anderen in einem verstärkten politischen Druck auf die Justiz, deren politische Neutralisierung in dem Maße an Berechtigung verliert, als sie Gestaltungsaufgaben übernimmt.

Eine Prognose der faktischen Entwicklung kann auf der gegenwärtigen Wissensbasis nicht verantwortet werden. Zum soziologischen Verständnis der Positivität des Rechts gehört jedoch die Einsicht, daß Problemlösungen nicht beliebig kombiniert werden können und Verschiebungen im Bereich der Systemdifferenzierung daher Konsequenzen haben werden. Vor allem sollten die besonderen Umstände des programmierenden Entscheidens unter der Bedingung sehr hoher Komplexität erkannt und sachgemäß gewürdigt werden. Die Rationalität programmierenden Entscheidens läßt sich nicht nach den Kriterien der Rationalität programmierten Entscheidens beurteilen; das hieße die Funktion dieser Differenzierung verkennen. Gesetzgebung ist nicht Rechtsanwendung und daher auch nicht an deren Maß zu messen. Das geltende Recht selbst bietet, da es ja gerade zu problematisieren und zu ändern ist, für ein Urteil über das Gesetzgebungsverfahren keine ausreichende Grundlage und für das Entscheiden im Gesetzgebungsverfahren keine ausreichende Struktur. Dessen Rahmenbedingungen und damit die Bedingungen der Möglichkeit positiven Rechts müssen in systemstrukturellen Erfordernissen gesucht werden, die noch kaum erfragt, geschweige denn erforscht sind. Ihnen müssen wir daher einen weiteren Abschnitt widmen.

5. Strukturelle Variation

Positivität heißt strukturelle Variabilität des Rechts. Auf ihrer Grundlage wird es möglich, auch Strukturfragen noch rational, nämlich durch abgewogene Entscheidung, zu lösen. Bedingungen und Grenzen solcher Variation bedürfen der Untersuchung. Bei allem Interesse für ‹sozialen Wandel› sind jedoch die besonderen Probleme struktureller Variation (im Unterschied zu bloßen Prozessen in strukturierten Systemen) in der allgemeinen Soziologie nicht hinreichend vorgeklärt.[73] Die vorherrschende Betrachtungsweise fragt nach spezifischen Ursachen und Wirkungen von Strukturänderungen und scheitert damit, vorerst jedenfalls, an der Komplexität der untersuchten Systeme. Wir müssen statt dessen zunächst nach den System

73 Näheres in Kapitel V, unten S. 294 ff.

bedingungen von Strukturänderungen fragen und offenlassen, wie sie in Einzelfällen verursacht werden bzw. weiterwirken. Genauer formuliert: Unter welchen Bedingungen kann ein soziales System sich Strukturänderungen leisten, häufige Strukturänderungen leisten, wichtige Strukturänderungen leisten, ohne seinen Fortbestand auf einem bestimmten Entwicklungsniveau zu gefährden? Unter welchen Bedingungen kann ein soziales System die Selektivität seiner Struktur intern aktualisieren und als Instrument der Anpassung an eine sich verändernde Umwelt unter Kontrolle bringen?

Eine solche Entstabilisierung von Strukturen läßt sich als *Herabsetzen der Änderungsschwelle des sozialen Systems* begreifen, und damit gewinnt man einen vorteilhaften Zugang zu unserem Problem. Jedes Sozialsystem reagiert letztlich auf Krisen von bedrohlichem Ausmaß mit Strukturänderungen – im Grenzfalle durch Auflösung. Die Erhöhung der strukturellen Variabilität ermöglicht ein Vorverlegen und Verkleinern der Krisenschwelle und damit einen Gewinn an Zeit und an Chancen der Reaktion. Schon erste Anzeichen, schon geringe Kräfteverschiebungen genügen dann als Anstoß für eine Strukturänderung. Das System wird umweltempfindlicher. Damit wird um der Vermeidung großer Krisen willen auf deren Vorteil, die hohe Evidenz der Änderungsnotwendigkeit, verzichtet.[74] Die Reduktion der Umweltkomplexität wird nicht der Krise selbst überlassen. Statt dessen sieht das System sich mit einer Überfülle von möglichen Änderungsanlässen konfrontiert, zwischen denen es nun wählen muß. Es muß, mit anderen Worten, höhere Umweltkomplexität für relevant ansehen und mit verbesserten Selektionstechniken bewältigen können, will es sich Krisen ersparen. Diese Überlegung läßt einen Zusammenhang von struktureller Variabilität und Komplexität in den System/Umwelt-Beziehungen vermuten. Hohe strukturelle Variabilität eines Systems scheint vor allem davon abzuhängen, daß die System/Umwelt-Beziehungen auf einem hinreichend hohen Niveau der Komplexität artikuliert werden können. Das aber erfordert Verstärkung der Selektionsleistungen des Systems und entsprechende strukturelle Vorkehrungen.

Bei der Übertragung dieses allgemeinen Modells auf den Fall der Positivierung des Rechts bemerkt man, daß die rechtswissenschaftliche Interpretation der Gesetzgebung in der Tat diesen Weg von krisenhafter zu routinemäßiger Rechtsänderung, vom *ius eminens* für Ausnahmelagen zur

---

74 In umgekehrter Blickrichtung ist Organisationssoziologen aufgefallen, daß Änderungsnotwendigkeiten bis zur Krise angestaut werden, weil nur so Bedarf und Richtung des Wandels zur Überzeugung gebracht werden können. Vgl. z. B. Cyril Sofer, *The Organization From Within. A Comparative Study of Social Institutions Based on a Sociotherapeutic Approach.* Chicago 1962, S. 150 ff; Michel Crozier, *Le phénomène bureaucratique.* Paris 1963, S. 34, 259 f, 291 ff, 360 f u. ö.; William J. Gore, *Administrative Decision-Making. A Heuristic Approach.* New York–London–Sydney 1964; und namentlich Charles F. Hermann, *Some Consequences of Crisis Which Limit the Viability of Organizations.* Administrative Science Quarterly 8 (1963), S. 61–82.

normalen Staatsfunktion beschritten hat. Es fällt auch nicht schwer, die im vorigen Abschnitt erörterte Verfahrensdifferenzierung als Technik der Selektivitätssteigerung zu begreifen; durch diese interne funktionale Differenzierung erhöht sich das Potential für Informationsverarbeitung, insbesondere die Möglichkeit, im Gesetzgebungsverfahren Änderungsanlässe abzuwägen, die für den Richter undiskutierbar wären. Darüber hinaus gibt das Modell der Bedingungen struktureller Variation Anlaß, einige weitere Gesichtspunkte in die Betrachtung einzubeziehen.

Vor allem fällt auf, daß hohe und doch entscheidbare Komplexität nicht auf gesamtgesellschaftlicher Ebene regulierbar wird, sondern im Verhältnis eines gesellschaftlichen Teilsystems, nämlich des politischen Systems, zu seiner gesellschaftsinternen Umwelt. Auch darin unterscheiden sich, der Konzeption nach, Naturrecht und positives Recht – jenes der Gesellschaft qua Natur von ihrer Umwelt auferlegt, dieses in einem Teilsystem der Gesellschaft im Blick auf dessen Umwelt, nämlich die Gesellschaft selbst, ausgewählt und in Geltung gesetzt. Die Umwelt des Gesamtsystems Gesellschaft, die natürlichen und psychischen Systeme und gegebenenfalls andere Gesellschaften, gibt offenbar kaum Hinweise für Strukturänderung. Die Orientierung an ihr ergäbe daher ein statisches Recht. Positives Recht entsteht, wenn ein Teilsystem der Gesellschaft die Entscheidung über das Recht usurpiert und dann das Gesellschaftssystem im ganzen als seine Umwelt und als Quelle für Informationen, Pressionen, Normierungsanregungen, kurz: als übermäßig komplexen Selektionsbereich behandeln kann. Die hohe Komplexität des Gesellschaftssystems selbst kann auf diese Weise in gesellschaftsinternen System/Umwelt-Auseinandersetzungen bearbeitet werden. Die Gesellschaft kann sich nur durch Innendifferenzierung, durch interne Wiederholung von System/Umwelt-Differenzierungen, selbst dynamisieren.

Nicht zufällig also entsteht die Vorstellung einer ‹Trennung› von Staat und Gesellschaft zu der Zeit, die das Recht positiviert. Positives Recht ist unvermeidbar politisch ausgewähltes, ‹staatliches› Recht. Sein Geschick ist mit dem des politischen Systems in der Gesellschaft verknüpft,[75] weil nur auf diese Weise hohe, durch gesellschaftsinterne Selektionsprozesse kontrollierte Variabilität des Rechts erreicht werden kann. Damit ist nicht etwa dem freien Belieben rein politischer Rechtsetzung grünes Licht gegeben und vor allem nicht behauptet, daß das politische System gleichsam umweltlos rein aus sich heraus über das Recht entscheiden könne; vielmehr ist nur die

75 Die genau entgegengesetzte These, im Laufe der sozialen Evolution werde das Recht vom politischen System zunehmend unabhängig, findet sich bei TALCOTT PARSONS – zum Beispiel in: *Societies. Evolutionary and Comparative Perspectives* Englewood Cliffs 1966, S. 27 u. ö. Sie hängt mit PARSONS' strikter Trennung von kulturellem und sozialem System sowie mit einem andersartigen, auf Realisierung kulturell vorgegebener kollektiver Ziele begrenzten Begriff des politischen Systems zusammen – und dokumentiert nochmals, daß die ‹klassische Rechtssoziologie› nicht in der Lage ist, die Positivität des Rechts angemessen zu begreifen.

Richtung gewiesen, in der strukturelle Bedingungen und Schranken der Rechtsselektion gesucht werden müssen.

Wichtige Konsequenzen ergeben sich namentlich für das politische System selbst. Unter dem Druck hoher gesellschaftlicher Komplexität und institutionalisierter Bereitschaft zur Strukturänderung muß die hierarchische Steuerungsweise dieses Systems, deren wesentliche Vorteile wir oben (Bd. I, S. 169 f) kennengelernt haben, ersetzt bzw. auf den zweiten Platz gewiesen werden.[76] Es gibt keine politischen Systeme, die als hierarchische Einheit konstruiert sind *und* das Recht als positiv disponibel behandeln. Der hierarchische Ordnungstypus bleibt als evolutionäre Errungenschaft erhalten, und zwar in den bürokratisierten Teilsystemen des politischen Systems: in der Verwaltung und in den durchorganisierten politischen Parteien. Die Integration des politischen Systems aber wird nicht mehr durch die einheitliche Spitze einer Hierarchie, sondern auf andere, sehr viel kompliziertere Weise geleistet. An die Stelle der hierarchischen Einheit tritt eine Struktur, die Politik und Verwaltung funktional differenziert und die Integration des gesamten, beide Teile umfassenden politischen Systems durch Kommunikationsprozesse zwischen ihnen leisten muß.

Diese funktionale Differenzierung von Politik und Verwaltung darf nicht mit dem Funktionsschema der klassischen Gewaltenteilungslehre verwechselt werden,[77] und sie deckt sich auch nicht mit der oben behandelten Trennung von Gesetzgebung und Rechtsprechung, die als Differenzierung des Verwaltungssystems selbst (im alten Sinne von ‹*government*›) begriffen werden muß. Die eigentliche Politik spielt sich im Vorfeld derjenigen Prozesse ab, die zu kollektiv bindenden Entscheidungen führen. Die klassische Trennung von Legislative, Exekutive und Justiz betrifft die interne Differenzierung der Verwaltung und dient der Staffelung und Filterung des politischen Einflusses auf die Verwaltung. Politischer Einfluß auf die Legislative ist legitim, auf die Exekutive teils legitim, teils im Namen des Rechts abwehrbar, auf die Justiz auf jeden Fall illegitim. Man kann dieses Gewaltenteilungsschema also als Schema abgestufter politischer Neutralisierung der Verwaltung des kollektiv bindenden Entscheidungsprozesses begreifen und diesem als Ganzem die eigentlich politischen, heute praktisch parteipolitischen Prozesse der Informationsverarbeitung gegenüberstellen. Die volle politische Neutralisierung der Justiz erweist sich dann als der Eckstein des Gesamtaufbaus, als das Rückgrat der Verwaltung gegenüber der Politik und damit als eine der Bedingungen einer solchen funktionalen Differenzierung.

---

76 Vgl. hierzu und zum Folgenden auch NIKLAS LUHMANN, Politische Planung. Jahrbuch für Sozialwissenschaft 17 (1966), S. 271–296, neu gedruckt in: DERS., Politische Planung. Opladen 1971.

77 obwohl auch diese bewußt antihierarchisch konzipiert und dazu bestimmt war, den monohierarchischen Aufbau des politischen Systems zu sprengen. Zum Unterschied siehe namentlich FRANK J. GOODNOW, *Politics and Administration. A Study in Government*. New York–London 1900.

Die Freigabe des Rechts zu politischer Neusetzung und Änderung bringt weiter mit sich, daß das Recht selbst keinen Standpunkt mehr bietet, von dem aus Forderungen nach Änderung abgelehnt werden können. Man kann die Änderung eines Gesetzes nicht allein deshalb abschlagen, weil es ein Gesetz ist. Dadurch kommt es im Vergleich zu älteren Rechtsordnungen zu einer Umkehrung der Beweis- und Begründungslast. Es entsteht eine Art natürliches Grundrecht des unbegrenzten Wünschens und Forderns – und der, der ablehnt, muß die Gründe dafür beschaffen. Die Argumentationslast wird auf die Politik überwälzt, die mit mehr oder weniger drastischen Methoden des Sortierens, Verschiebens und Verkürzens, der Bevorzugung der lauten vor den leisen, der materiellen vor den immateriellen, der einfachen vor den komplizierten, der konformen vor den abweichenden Forderungen darauf reagieren kann.[78]

Die erste Vorsortierung des rechtlich Möglichen ist demnach im engeren Bereich der eigentlich politischen Arbeit zu leisten. Diese politischen Prozesse haben die Funktion, unter der Bedingung überaus hoher Komplexität Entscheidungsprämissen zu erarbeiten. Dafür können sich sehr unterschiedliche Parteisysteme (nach den Haupttypen: Einparteisysteme und Mehrparteiensysteme) eignen. Die Entscheidungsprämissen können gesetzt werden in der Form von Programmen, aber auch in der Form von Organisationsentscheidungen und von Personalentscheidungen (namentlich: durch Besetzung der Spitzenstellen des Verwaltungssystems mit Persönlichkeiten, deren bekannte politische Präferenzen als Entscheidungsprämissen fungieren). Die hohe Komplexität der politischen Situationen erwächst daraus, daß sowohl diese Prämissen als auch die Bedingungen ihrer politischen Unterstützung durch das Publikum als veränderlich gesehen werden müssen, also eine zweiseitig veränderbare, damit höchst unstabile Beziehung besteht, in der trotzdem durch Einsatz von Organisation und Arbeit die laufende Abstimmung des jeweils politisch Möglichen geleistet werden muß. Das ist der Funktions- und Arbeitsaspekt dessen, was man unter dem Gesichtspunkt eines politischen Ideals ‹Demokratie› nennt. Durch Positivierung des Rechts wird ‹Demokratie› aus einer Herrschaftsform unter anderen zur Norm des politischen Systems.

Einzelheiten gehören in die politische Soziologie. In einigen Grundzügen ist ein funktionales Verständis jener im engeren Sinne politischen Prozesse jedoch auch für die Rechtssoziologie wesentlich, und zwar deshalb weil hier das rechtlich Mögliche vorstrukturiert wird unter Bedingungen und Kriterien, die hohe Komplexität reduzieren und insofern funktional an die Stelle des Naturrechts treten, die aber gerade um dieser Funktion willen disparat zum Recht selbst konstruiert sind, nicht in das positive Recht eingehen können und somit auch in der Auslegungsperspektive der Juristen nicht mehr erscheinen. (Und daher hat dieser mehr Angst vor dem Vakuum der Beliebigkeit des positiven Rechts, als soziologisch gerechtfertigt

78 Vgl. hierzu David Easton, *A Systems Analysis of Political Life*. New York London–Sydney 1965, S. 128 ff.

ist.) Zu diesen Bedingungen, die es ermöglichen, statisch vom Naturrecht abhängiges Recht durch variables positives Recht zu ersetzen, gehören vor allem:

(1) eine Kanalisierung aller auf Rechtsgeltung abzielenden Normprojektionen auf den politischen Weg,
(2) eine Zentralisierung und Regulierung politischer Konflikte und
(3) eine opportunistische Behandlung höchster Werte.

Die Kanalisierung der Neusetzung und Änderung des positiven Rechts auf den politischen Weg hat den Sinn, den parteipolitischen Mechanismus in seine Funktion zu bringen, ihn Institution werden zu lassen und ihn nicht, wie in manchen Entwicklungsländern,[79] als fassadenhafte Einrichtung ohne Einfluß leerlaufen zu lassen. Das Absorbieren der gröbsten Erwartungskonflikte auf diesem Wege kann nur bei laufender Bewährung, bei laufender Inanspruchnahme des Mechanismus gelingen. Solcher Kanalisierung dient zunächst die organisatorische Zentralisierung der Gesetzgebung. Die Politik verliert infolgedessen an Boden, wenn und soweit die Auffassung sich ausbreitet, daß gewisse rechtsdogmatisch schwierige Materien, zum Beispiel der ‹Allgemeine Teil› des Verwaltungsrechts,[80] sich für Gesetzgebung nicht eignen, sondern dem Richter oder gar der Wissenschaft überlassen bleiben müssen. Diese Auffassung ist in vielen Fällen nicht unberechtigt. Die spezifisch politische Rationalität des Machterwerbs und der Konfliktlösung vermag der Feinheit, Durchdachtheit und dem Implikationenreichtum rechtsdogmatischer Denkfiguren kaum gerecht zu werden. Die Rechtsdogmatik selbst ist, zumindest in ihrer heutigen Gestalt, noch nicht auf die Positivität des Rechts eingestellt und daher kaum in der Lage, im Bereich ihrer Selektivität die politisch entscheidbaren Fragen herauszufinden und zu formulieren.[81] Auf lange Sicht werden daher Konflikte und Verständigungsschwierigkeiten zwischen Politikern und Juristen zu den Kosten einer solchen funktionalen Differenzierung von Politik und Verwaltung gehören. Aus beiden Gründen – wegen der Eigenart von Politik und wegen der kategorialen Struktur des Rechts – entwickeln sich politische Planungen heute weitgehend außerhalb der Legislative (soweit nicht deren Budgetfunktion in Anspruch genommen werden muß) und damit außerhalb des Rechts.[82] Immerhin könnte das Recht planungstechnisch besser genutzt wer-

---

79 Für ein charakteristisches Beispiel siehe Fred W. Riggs, *Thailand. The Modernization of a Bureaucratic Polity.* Honolulu 1966.

80 Siehe dazu die Diskussion auf dem 43. Deutschen Juristentag. Verhandlungen Bd. II, Teil D.

81 Vgl. dazu an Hand eines Sonderproblems Niklas Luhmann, Öffentlichrechtliche Entschädigung rechtspolitisch betrachtet. Berlin 1965, insbes. S. 201. Vgl. ferner Kap. V, 2, unten S. 325 ff.

82 Ein bekannter Text über politische Planung, Yehezkel Dror, *Public Policymaking Reexamined.* San Francisco 1968, nimmt zum Beispiel auf das Recht kaum noch Bezug und beurteilt die Eignung der Legislative in diesem Zusammenhang wegen der politischen Struktur ihrer Meinungsbildung äußerst skeptisch (S. 278 ff). Auch in Deutschland mehren sich gerade in den letzten Jahren Zweifel an der Möglichkeit, Planung in die Form von Gesetzen zu bringen. Hierzu auch Niklas

den als bisher, wenn sich seine Reagibilität und Flexibilität sowie seine Eignung zur Kontrolle höherer Interdependenzen steigern ließen. Positives Recht ist schon durch seinen Programmtypus, das Konditionalprogramm, auf Zentralisierbarkeit der Entscheidung über Entscheidungsprämissen angelegt. Die unbestreitbaren Möglichkeiten, im richterlichen Entscheidungsprozeß trotzdem auf eine Veränderung gesellschaftlicher Fakten oder Bewertungen zu reagieren, könnten eine mehr kompensierende Bedeutung annehmen – nämlich sich dort finden, wo Änderungsbegehren (oder auch: Änderungsverweigerungen) nach den Bedingungen der Politik nicht politisierbar sind.

Fast wichtiger noch sind die *Bedingungen und Formen der Regulierbarkeit politischer Konflikte*. Die ältere Auffassung, dazu sei Konsens über Wertgrundlagen erforderlich, steht dem Naturrecht noch nahe. Sie gibt eine der möglichen Lösungen an. Daneben gibt es andere, vor allem solche des ‹Pluralismus›. Sie beruhen im Prinzip auf der Möglichkeit von Frontenverschiebungen – sei es zwischen den gesellschaftlichen Gruppierungen, sei es zwischen ihnen und der Politik. Gesellschaftliche Konflikte, zum Beispiel solche zwischen religiösen Vereinigungen, sozialen Schichten, Wirtschaftszweigen, Regionen, Stadtbewohnern und Landbewohnern, Altersgruppen usw., dürfen nicht als solche immer schon politische Konflikte sein und sich mit den Mitteln der Politik verstärken; vor allem dann nicht, wenn sich schon durchgehende Fronten in der Gesellschaft zu bilden drohen, der religiöse Gegensatz schon durch einen Schichtengegensatz oder einen regionalen Gegensatz verstärkt wird.[83] Das ist im Hinblick auf die politische Verfügung über Gewaltmittel gefährlich, die den Konflikt nochmals steigern und zum offenen Kampf führen kann, und erst recht bedenklich, wenn das politische System auch die Verfügung über das Recht selbst beansprucht. Positivierung des Rechts, nämlich Herabsetzen der Änderungsschwelle für Rechtsstrukturen, setzt eine gewisse gesellschaftliche Neutralisierung des politischen Konfliktmechanismus voraus. Die politischen Fronten dürfen nicht zugleich durchgehende gesellschaftliche Gegensätze widerspiegeln, müssen aber selbst als Konflikt organisiert und dadurch in der Lage sein, wechselnde gesellschaftliche Interessengegensätze in die Politik zu rezipieren und dort am Falle programmatischer Entscheidungen auszutragen.

Schließlich muß eine Politik, die Rechtsetzung durch Vorselektion vorbereiten will, *in bezug auf Werte opportunistisch verfahren können*. Wi[r]

Luhmann, Systemtheoretische Beiträge zur Rechtstheorie. Jahrbuch für Rechtssoziologie und Rechtstheorie, im Druck.

83 Diese Lage wird mit einem Begriff, der aus der niederländischen Soziologie stammt, ‹Versäulung› genannt. Vgl. z. B. Jacob Pieter Kruijt/Walter Goddijn, Versäulung und Entsäulung als soziale Prozesse. In: Joachim Matthes (Hrsg.), Soziologie und Gesellschaft in den Niederlanden. Neuwied 1965, S. 115–149. Zum gleichen Problem siehe auch Seymour M. Lipset, Soziologie der Demokratie, Neuwied–Berlin 1962, S. 18 f, 81 ff, und zu einer bestimmten Lösungsmöglichkeit Gerhard Lehmbruch, Proporzdemokratie. Politisches System und politische Kultur in der Schweiz und in Österreich. Tübingen 1967.

hatten an früherer Stelle (Bd. I, S. 91 ff) schon gesehen, daß in zunehmend komplexen Gesellschaften Programme und Werte stärker auseinandergezogen und gegeneinander variabel gesetzt werden müssen. Die direkte Bewertung kompakter Entscheidungsprogramme immobilisiert diese und immobilisiert die Werte auch. Dann scheint es so, als ob Werte das Handeln begründen können. In dem Maße aber, als Programme im Wege der Entscheidung hergestellt werden, wird deutlich, daß dabei laufend Werte zurückgesetzt werden müssen, die man durchaus achten und in anderen Entscheidungszusammenhängen auch fördern möchte. Das zwingt letztlich zur Trennung dieser beiden Ebenen der Identifikation von Erwartungszusammenhängen und zum Verzicht auf eine programmähnliche Ordnung von ‹Wertsystemen› oder ‹Werthierarchien›. Die Werte können zwar als Gesichtspunkte des Schätzens abstrahiert, nicht aber im Sinne eines festen Rangverhältnisses auf Dauer gestellt werden. Man muß einmal die Kultur der Hygiene und dann wieder die Hygiene der Kultur vorziehen können – je nach Erfüllungsstand und Betroffenheit der Werte, je nach Situation und zu erwartenden Nebenfolgen und je nach politischer Opportunität. Zugleich erleichtert die Variabilität der Programme, also die Positivierung des Rechts, die opportunistische Behandlung von Werten: An die Stelle von Entscheidungen über Primate treten Entscheidungen über momentane Prioritäten. Den zurückgesetzten Werten wird ihr gutes Recht nicht bestritten, sie können warten und wachsen, bis die angestauten Bedürfnisse sie vordringlich machen.

Als Teilsystem des politischen Systems müssen die im engeren Sinne politischen Prozesse demnach Strukturen und Arbeitsbedingungen aufweisen, die ihnen einen opportunistischen Umgang mit Werten ermöglichen.[84] Das kann in Einparteisystemen mit Hilfe einer «dialektischen» Ideologie geschehen, die ein Umwerten von Werten ermöglicht; in Mehrparteiensystemen durch Zielformalisierung, nämlich dadurch, daß Wahlsieg im politischen Konkurrenzkampf zum obersten Ziel wird, dem alle anderen Werte als Mittel untergeordnet werden.[85] Die Einzelbedingungen, Kautelen und Kompensationen, unter denen das geschehen kann, sind recht verschieden. In beiden Fällen aber benötigt das politische System um der Rechtsetzung willen einen amoralischen Führungsstil – allerdings weniger im Sinne der «Staatsräson» zur Erhaltung und Vermehrung von Beständen, als vielmehr zur Reduktion überhoher Komplexität. In beiden Fällen kann es wegen dieser hohen Komplexität und der durch sie bedingten Steuerungsweise keine Verantwortlichkeit für Gründe des Handelns geben, sondern nur Verantwortlichkeit für Folgen. Und das heißt: Es müssen auf die eine

84 Dazu und zum folgenden näher Niklas Luhmann, Positives Recht und Ideologie. Archiv für Rechts- und Sozialphilosophie 53 (1967), S. 531–571. Neu gedruckt in: Ders., Soziologische Aufklärung. Köln–Opladen 1970; ders., Opportunismus und Programmatik in der öffentlichen Verwaltung. In: Ders., Politische Planung. Opladen 1971, S. 165–180.

85 Dieser inzwischen bekannte Gedanke zuerst bei Josef A. Schumpeter, Kapitalismus, Sozialismus und Demokratie. Bern 1946, S. 427 ff.

oder andere Weise die Möglichkeit des Wechsels in der Macht und eine lernfähige Politik institutionalisiert werden. Institutionell vorgesehener Machtwechsel erhöht die Entscheidungsrisiken des Machthabers. Das hat jedoch nur dann und nur in dem Maße Sinn, als Informations- und Kommunikationsmöglichkeiten verbessert, also Lernmöglichkeiten geschaffen werden.

Solche Operationsbedingungen können gesellschaftlich nicht universell gesetzt, nicht als Moral schlechthin verkündet werden. Sie sind auf engere Systemgrenzen angewiesen, sie aktualisieren sich in einem ausdifferenzierten Teilsystem der Parteipolitik. Als Folge entsteht das Problem, wieweit die Politik schließlich nur noch politische Probleme löst – zum Beispiel als Beweis politischer Aktivität und Fürsorge ein Gesetz über Dienstmädchen erläßt, das nicht praktikabel ist und vielleicht nicht einmal mehr einen Gegenstand hat.[86] Im Zusammenhang mit unseren allgemeinen Überlegungen zur Ermöglichung struktureller Variation wird ferner verständlich, daß die Politik dazu tendieren kann, eigene Krisen zu erzeugen, um Strukturänderungen zu ermöglichen. Bei unpopulären Rechtsänderungen, etwa zugunsten von Interessenten, läßt sich ein politisches Operieren mit Pseudokrisen nicht selten beobachten. Die relative Autonomie der politischen Prozesse und ihre Orientierung an selbstgeschaffenen Problemen müßten deshalb durch steigende und verdichtete Kommunikationsleistungen ausbalanciert werden, was darin seine Grenze findet, daß angesichts der hohen Komplexität politischer Situationen nicht genügend Vorverständigungen vorausgesetzt werden können und im übrigen alle immer etwas anderes zu tun haben.

Die Entstabilisierung von Strukturen, das Herabsetzen ihrer Änderungsschwelle, muß mithin in einem angemessenen Verhältnis stehen zu der Selektionskapazität des Systems. Zu ihr gehören einerseits eine hinreichend abstrakte und lernfähige, variantenreiche und problembezogene Begrifflichkeit, die ein evolutionäres Interesse – und nicht einfach den konkreten *status quo* – artikuliert, und ferner hinreichend Macht, das heißt die Fähigkeit, Entscheidungsleistungen zu übertragen. Die aufgezogenen Schleusen müssen ein Kanalsystem befluten. Fehlt es an einem solchen Netzwerk, kommt es zu einer Überflutung mit Anträgen, Petitionen, Entwürfen, Gegenvorstellungen und Pressionen, denen kein adäquates Sortierungsvermögen gegenübersteht. Das politische System wird in die Defensive, in eine nur noch bremsende, abwehrende, reagierende Rolle gedrängt, kommt unter Zeitdruck und verliert die Kontrolle über die Problemstellung. Die flatterhaften Versuche dieser Tage, zu einer gesetzlichen Reform der Hochschulen zu kommen, illustrieren eine solche Lage, die sich auf einen Zustand hinentwickeln kann, in dem nichts mehr möglich ist, weil alles möglich ist.

All diese Überlegungen stellen wir hier unter dem Gesichtspunkt von Folgeproblemen hoher struktureller Variabilität zusammen. Sie belegen

86 Dies Beispiel nach Vilhelm Aubert, Einige soziale Funktionen der Gesetzgebung. In: Hirsch/Rehbinder, a. a. O., S. 284–309.

daß die Positivierung des Rechts Probleme stellt, die nicht mehr allein durch exegetischen Rückgriff auf den Sinn höherer Normen oder durch Beschuldigung von Handelnden gelöst werden können. Sie zeigen, daß die Systembedingungen, unter denen Recht hergestelllt werden muß, andere sind als die, unter denen es angewandt wird. Diese Diskrepanz bezieht sich nicht nur auf situationsmäßige Verhaltensumstände in arbeitsteilig zusammenwirkenden ‹Staatsorganen›, wie die klassische Lehre von der Gewaltenteilung es sah, sondern darüber hinaus auch auf den Grad der zu bewältigenden Komplexität, auf die Kriterien der Rationalität und die Möglichkeiten ihrer Kontrolle, auf die Relevanz von Informationen und die Eignung von Arbeitsweisen und auf die Verteilung von normativen und kognitiven Bestandteilen des Erwartens. Das schließt nicht aus, daß man bei der Herstellung und bei der Anwendung von Recht denselben Sinngehalt ins Auge faßt, zeigt vielmehr gerade die Funktion der Identität von normativem Sinn, zwischen verschiedenen Horizonten der Selektivität zu vermitteln und den Übergang des Prozesses der Rechtsentscheidung aus einem weiteren in einen engeren Horizont zu vermitteln. In der Organisationstheorie hat man den Prozeßaspekt einer solchen Vermittlung auch ‹Absorption von Unsicherheit› genannt, die darin besteht, daß aus einem Bereich von Informationen Schlüsse gezogen und dann die Schlüsse, nicht aber die Informationen selbst mitgeteilt werden.[87] Das führt zurück auf die bereits formulierte Einsicht, daß strukturelle Variabilität Verstärkung der Selektivität in sozialen Systemen erfordert.

6. Risiken und Folgeprobleme der Positivität

Folgeprobleme hoher Komplexität und variabler Programmierung stellen sich nicht nur in den politischen Verhaltensbereichen ein, die der Rechtsetzung vorgelagert sind und der Vorsortierung des möglichen Rechts dienen. Die Positivierung des Rechts führt, wie bereits mehrfach betont, bei aller Kontinuität einzelner Normen, Institutionen und Denkfiguren zu einer Gesamtumstellung des Rechts auf höhere Komplexität. Sie ändert damit nicht nur die Entscheidungsprämissen und -probleme im politischen System und in seinen rechtlich geregelten Verfahren; sie ändert die normative Struktur des Sozialsystems der Gesellschaft selbst. Bei aller Abhängigkeit von politischer Entscheidung bleibt das Recht gesamtgesellschaftliche Struktur. In allen Teilsystemen der Gesellschaft, ja in jeder einzelnen Handlung findet sich ein direkter oder indirekter Bezug auf kongruent generalisierte Verhaltenserwartungen. Ein politisches System, das diese gesellschaftliche Relevanz des Rechts in seiner Entscheidungspraxis nicht beachtete, würde einfach kein Recht erzeugen.

---

87 So JAMES G. MARCH/HERBERT A. SIMON, *Organizations*. New York–London 1958, S. 164 f.

Zieht man die Stellung des Rechts im umfassenden Gesellschaftssystem in den Blick, dann sieht man die Rechtsnormen nicht mehr nur als Entscheidungsprogramme für bestimmte Rollen, sondern in ihrem ursprünglichen Sinn als Erwartungsstruktur aller Teilnehmer an gesellschaftlicher Interaktion. Und dann zeigen sich sehr viel weittragendere Bedingungen und Folgeprobleme der Umstellung des Rechts auf Positivität. Einige der wichtigsten seien hier in der gebotenen Kürze vorgeführt:

An wohl erste Stelle gehört die *immense Steigerung der Risiken*, die mit der Positivierung des Rechts, aber auch mit zahlreichen Rechtsinstitutionen (zum Beispiel Vertragsfreiheit, Gewährung der juristischen Persönlichkeit an Wirtschaftsorganisationen, Gewerbekonzessionen) verbunden sind. Diese Risiken sind bereits in der frühen Neuzeit an der spektakulären Ausbildung ‹souveräner› und ‹absoluter› politischer Herrschaft bewußt geworden. Sie wurden infolgedessen auf die politische Gewalt und ihre Verfügung über das Recht bezogen und als Gefahr des Mißbrauchs oder der Willkür beschrieben – eine Problemfassung, die Naturrecht noch voraussetzt (ob sie es eingesteht oder nicht) und ihre Realisierung durch eine gut institutionalisierte juristische Entscheidungspraxis erreicht. Diagnose und Abhilfen werden im Begriff des *Rechtsstaates* zusammengefaßt,[88] der sich im 19. Jahrhundert als politisches und als juristisches Prinzip durchsetzt. Rechtsstaat ist die Vorstellung, daß das politische System der Gesellschaft seinem Wesen als ‹Staat› entsprechend durch eine Rechtsverfassung bestimmt, das heißt im Kern Recht sei. Damit wird der Sieg des Rechts über die politische Macht postuliert – und das Problem ‹gelöst› durch einfache Umkehrung des an sich bestehenden Verhältnisses von Politik und Recht.[89]

Unter dieser gedanklichen Anleitung entwickelt der Rechtsstaat sich zum Rechtsschutzstaat. Gewisse dogmatische Umdispositionen gehen voraus: Es werden angeborene (nicht erst gesellschaftlich-politisch konstituierte) subjektive Rechte[90], namentlich Freiheitsrechte, als Schranken staatlicher Rechtspraxis vorausgesetzt, und die nur gesetzlich begründeten subjektiven Rechte werden durch einen auf Grotius zurückgehenden juristischen Kunstgriff[91] in ihrem Geldwert der politisch-administrativen, schließlich sogar

---

88 Vgl. zu dieser Lokalisierung des Rechtsstaatsgedankens näher Niklas Luhmann, Gesellschaftliche und politische Bedingungen des Rechtsstaates. In: Studien über Recht und Verwaltung. Köln–Berlin–Bonn–München 1967, S. 81–102, neu gedruckt in: Ders., Politische Planung. Opladen 1971.

89 Mit Fritz Scharpf, Die politischen Kosten des Rechtsstaats. Tübingen 1970, muß man auf die Erschwerung der politischen Ausbalancierung des Entscheidungsprozesses hinweisen, die als Folge eines überzogenen Rechtsstaatsprinzips eintreten kann.

90 Auch die Denkfigur des einseitig-abstrakten subjektiven Rechts gehört in diesen Zusammenhang und bezieht sich auf Erfordernisse einer stark differenzierten Gesellschaft. Dazu nochmals unten S. 328.

91 nämlich durch Abtrennung der Frage des Entstehungsgrundes eines Rechts von der Frage des Enteignungsschutzes. Siehe Hugo Grotius, *De iure belli ac pacis libri tres.* II, 14 § VIII, Ausgabe Amsterdam 1720, S. 416.

der legislativen Verfügung entzogen und unter Enteignungsschutz gestellt. Dazu kommen organisatorische und verfahrensmäßige Vorkehrungen, die in der politischen Unabhängigkeit der Justiz gipfeln. All dies liegt in sehr verschiedenen Ausformungen vor, je nachdem, ob die Befürchtungen mehr auf die monarchische Exekutive (Deutschland im 19. Jahrhundert), auf parteipolitische Machenschaften (Deutschland im 20. Jahrhundert) oder auf den Amtsmißbrauch des bürokratischen, Justiz einschließenden (!) *government* (USA) gerichtet sind.

Mit all dem werden jedoch die Risiken und Folgeprobleme der Positivierung des Rechts nicht voll erfaßt: weder gedanklich noch institutionell. Wie für evolutionäre Überleitungen typisch, wird noch unter alten Kategorien, unter gewohnten Denkvoraussetzungen gedacht und gesucht – hier unter naturrechtlichen Prämissen, von denen aus Begriffe wie Mißbrauch oder Schutz gegen Akte souveräner Gewalt erst ihren Sinn gewinnen. Die Risiken der neuen positiven Rechtsstruktur lassen sich jedoch nicht allein im Recht selbst abfangen. Schon allgemein vermögen ja kongruent generalisierte Erwartungen keine ausreichende Sicherheit der Lebensführung zu vermitteln. Mit der neueren Entwicklung von Gesellschaft und Recht nehmen diese Unsicherheiten zu und verändern ihre Form. Gefährdungen durch andere Menschen werden in der Form des Rechts nicht mehr nur abgewehrt, sondern auch zugelassen. Die Gefahren kommen nun in hohem Maße gerade aus dem Recht selbst. Die Frontstellung gegen die Gefahr kann daher nicht mehr auf dem Boden des Rechts gegen das Unrecht bezogen werden, sie verläuft im Recht selbst als Regulierung und Verteilung von Risiken: Gesetze können geändert werden, aber nur im Rahmen der Verfassung oder unter besonderen Erschwerungen; Verträge können gekündigt werden, aber nur aus besonderen Gründen; subjektive Rechte können enteignet werden, aber nur im öffentlichen Interesse und gegen Entschädigung; voraussehbar und typisch schadengeneigtes Handeln wird erlaubt, aber für die damit entfallende Verschuldenshaftung wird eine Gefährdungshaftung geschaffen.[92] Die Bedeutung solcher Regulierungen nimmt vergleichsweise zu. Es kommt zwar noch vor, daß ein Einbrecher mir mein Silber stiehlt, aber was bedeutet das im Vergleich zum Konkurs meiner Bank, zur Entlassung aus meinem Arbeitsverhältnis, zur Änderung des Bebauungsplanes meiner Gemeinde, zur Bestreikung meiner Fabriken oder gar zur Bestreikung wichtiger Staatsdienste usw. Angesichts solcher rechtlich erlaubter Bedrohungen muß das Sicherheitsproblem umdefiniert und umempfunden werden. Es geht jetzt nicht mehr nur um Sicherheit gegen rechtswidriges Handeln, um Rechtsschutz, sondern um Sicherheit gegen rechtmäßiges Handeln und damit um komplizierte gegenläufige Vorkehrungen im Recht selbst, die laufende rechtspolitische Überwachung und

---

92 Zu dieser nicht allgemein anerkannten Begründung der Gefährdungshaftung Niklas Luhmann, Öffentlich-rechtliche Entschädigung rechtspolitisch betrachtet. Berlin 1965, S. 139 f.

Anpassung erfordern. Und deshalb kann das heutige Recht nicht mehr jene moralische Erwartungssicherheit gewähren, die einfach daraus folgt, daß man sich im Recht weiß.

Ein zweites Problem hat die gleiche Wurzel: Das Recht ist in Ansätzen schon in der Ära vorneuzeitlicher Hochkulturen, definitiv aber in der Neuzeit so komplex geworden, daß der einzelne es *nicht mehr kennen kann.* Selbst juristischer Sachverstand muß sich auf enge Ausschnitte konzentrieren, die entweder im Sinne eines normalen Gebrauchswissens oder in der Richtung auf fachliche Spezialisierung abgezogen werden: Der Richter konsultiert seinen ‹PALANDT›, der Patentanwalt seinen Steuerberater. Das Unvermögen voller Rechtskenntnis ist natürlich eine alte Erscheinung,[93] wird aber selbst in den Rechtsfragen, deren Lösung das Tägliche laufend impliziert, von der Ausnahme zur Regel. Davon abgesehen ist es für den einzelnen nicht einmal mehr *rational*, sich Rechtskenntnisse gleichsam auf Vorrat anzueignen und sie auf dem laufenden zu halten – es sei denn, er sei in Berufsrollen häufig mit bestimmten Rechtsfällen konfrontiert. Der Aufwand stünde in keinem Verhältnis zum Ertrag. Unwissen in Rechtsfragen wird nicht nur unvermeidlich, sondern auch ratsam. Man kann dabei voraussetzen, daß alles Recht aufgeschrieben und irgendwie bei Bedarf feststellbar ist, und muß einer Art urbaner Versiertheit vertrauen, die einem sagt, in welchen Situationen es ausnahmsweise doch nötig ist, sich vor dem Handeln über rechtliche Möglichkeiten zu unterrichten.[94]

Während die zuvor behandelten Risiken weitgehend in das Recht selbst hineingearbeitet worden sind oder doch zumindest als Problem gesehen und gemildert werden, ist die notwendige und rationale Unkenntnis des Rechts ein Tatbestand, von dem das Recht selbst kaum Notiz nimmt. Die alte Regel, daß Unkenntnis des Rechts nicht entschuldigt, gilt immer noch unangefochten. Ein Verzicht darauf hätte in der Tat unausdenkbare Folgen. So wird das Problem voll und ganz auf den einzelnen überwälzt, der mit einem pauschal erteilten Vertrauen in Unbekanntes und einigen nach seinen besonderen Lebensumständen wichtigen Informationen auszukommen hat. Es ist klar, daß diese Lösung nur tragbar ist, wenn das Recht zugleich von alten Funktionen der Angstregulierung und der Verbindung mit Fragen des Gewissens und der moralischen Achtung entlastet wird – ein Thema, das wir oben (S. 222 ff) unter dem Gesichtspunkt der funktionalen Spezifizierung des Rechts bereits berührt hatten.

Wie typisch, wenn der Mensch sich hoher und unerkennbar fluktuieren-

---

93 Siehe z. B. die Feststellungen von POSPISIL, a. a. O., S. 252 f., für die Kapauku Papuas.

94 Die Neigung und die Möglichkeit dazu dürfte in der Gesellschaft sehr unterschiedlich verteilt sein und mit anderen Variablen korrelieren. Eine Untersuchung dieser Frage findet sich bei LEON MAYHEW/ALBERT J. REISS, JR., *The Social Organization of Legal Contacts.* American Sociological Review 34 (1969), S. 309–318 Einen aktuellen Überblick über empirische Forschungen zur Verbreitung von Rechtswissen gibt ADAM PODGORECKI, *Loi et morale en théorie et pratique.* Revue de l'Institut de sociologie 1970, S. 277–293, insbes. 278 f.

der Komplexität gegenübersieht, stellen sich Strategien der Abwehr, der Fragmentierung, der Pauschalierung und der Neutralisierung ein. An die Stelle der religiösen Deutung der Welt treten dabei in alternativenreichen Gesellschaften Strategien der *Trivialisierung.*[95] Positives Recht wird in dem Maße seiner Ausbreitung und Änderbarkeit triviales Recht. Eine Form, die dazu benutzt wird, Ansprüche auf Prämien für die Vernichtung von Äpfeln eines bestimmten Erntejahres festzulegen, kann nicht zugleich Heiliges ausdrücken. Etwas sichtbar Hergestelltes hat, sofern es nicht als Kunstwerk überzeugt, seinen Grund nicht in sich selbst, sondern im Prozeß der Herstellung.[96] Das heißt natürlich nicht, daß jeder in Rechtsform gebrachte Sinn seinem Inhalte nach trivial wird, was man für Mordverbot, Ehe oder Eigentum gewiß nicht behaupten kann; wohl aber, daß die Rechtlichkeit solchen Sinnes trivial wird und dessen Stellenwert unter anderen Bedeutungsgehalten sich aus anderen funktionalen Beziehungen ergibt.

Trivialität heißt: hohe Indifferenz gegen Unterschiede. Für alle einzelnen haben fast alle Vorschriften keine Bedeutung, mit der sie sich identifizieren könnten. Der einzelne kann daher das Recht selbst nicht als eigene Angelegenheit empfinden, sondern sich selbst nur noch in seinen (mehr oder weniger durch das Recht gedeckten) Normprojektionen, Ansprüchen und Interessen wiederfinden. Das ermöglicht ein nahezu unbemerktes Auswechseln der Normen nach Maßgabe des Interesses jeweiliger Minoritäten,[97] ohne daß wesentliche Sinngehalte aus den Köpfen und Herzen gerissen zu werden brauchen. Die Grenzen der Möglichkeit, Recht zu ändern, finden sich gesellschaftlich in der Intimsphäre, an der alle gleichermaßen interessiert sind, und politisch im Gleichgewicht der großen Organisationen, die wesentliche Sektoren der Gesellschaft repräsentieren, aber nicht mehr in der Rechtlichkeit des Rechtes selbst.

Solche Umformungen der möglichen und typischen Einstellungen zum Recht machen höhere Komplexität des Rechts für das psychische System des einzelnen tragbar; sie lösen Folgeprobleme in der individuellen An-

---

95 Dieser Zusammenhang findet sich angedeutet bei F. E. Emery, *The Next Thirty Years. Concepts, Methods and Anticipations.* Human Relations 20 (1967), S. 199–237 (225 ff). Für den Bereich kognitiver Erwartungen vgl. auch Robert E. Lane, *The Decline of Politics and Ideology in a Knowledgeable Society.* American Sociological Review 31 (1966), S. 649–662. Für das Recht hat bereits Jean Cruet, *La vie du droit et l'impuissance des lois.* Paris 1908, S. 219 ff, die Abschwächung der moralischen Autorität der Gesetze als eine *allgemeine* und *normale* Erscheinung beurteilt. Vgl. auch Georges Ripert, *Les forces créatrices du droit.* Paris 1955, S. 171 ff.

96 Dies scheint auch Friedrich Carl von Savigny, Vom Beruf unsrer Zeit für Gesetzgebung und Rechtswissenschaft. Heidelberg 1814, S. 43, vorgeschwebt zu haben, als er betonte: «Was so vor unsern Augen von Menschenhänden geschaffen ist, wird im Gefühl des Volkes stets von demjenigen unterschieden werden, dessen Entstehung nicht eben so sichtbar und greifbar ist, . . .»

97 Robert A. Dahl, *A Preface to Democratic Theory.* Chicago 1956, schlägt im Hinblick darauf vor, Demokratie statt durch Mehrheitsherrschaft durch Herrschaft vieler Minderheiten zu charakterisieren.

passung an die Positivierung des Rechts. Andere Umstellungen sind in den sozialen Systemen zu beobachten, die die Gesellschaft konstituieren, und zwar in der Weise, wie sie als Teilsysteme der Gesellschaft ihre eigenen Erwartungen generalisieren.

Eine viel diskutierte Folge, die mit diesen Veränderungen einhergeht, ist die Zunahme ‹nichtstaatlichen› Rechts. Vor allem auf den Gebieten Wirtschaft, Arbeit, Beruf ist ein Wuchern von Geschäftsbedingungen, regulierenden Abreden, Betriebssatzungen usw. zu beobachten, die einen Regelungsbedarf ausfüllen, um den der Gesetzgeber sich nicht oder allenfalls ausnahmsweise beim Auftreten von Mißständen kümmert. Die Besonderheit dieses sekundär geschaffenen Rechts ist rein juristisch schwer zu erkennen. Sie liegt nicht in der Weise seiner Begründung. Es kann sich, wenn auch indirekt, auf Gesetze stützen, beruht zum Beispiel auf Vertragsfreiheit oder Eigentum. Die Besonderheit liegt auch nicht darin, daß es lediglich für bestimmte Situationen, für besondere Rollen oder für besondere soziale Systeme gilt. Dies trifft in weitem Umfange auch für das Gesetzesrecht zu. Die soziologische Eigenart und damit auch die gesellschaftlichen Bedingungen dieses sekundären Rechts erhellen, wenn man nach den Systemen fragt, die dieses Recht institutionalisieren, und nach der Weise seiner Institutionalisierung; also nicht nach den Objekten, auf die es sich bezieht, sondern nach den Subjekten, die es tragen.

Es handelt sich nicht um Recht, das auf der Ebene des Gesellschaftssystems gebildet wird und damit jeden beliebigen Dritten als Mitträger in Anspruch nehmen kann. Man erwartet zum Beispiel nicht, daß außenstehende Dritte das Rauchverbot eines Betriebes normativ miterwarten (es sei denn, es handele sich um die Konsequenz einer gewerbepolizeilichen Auflage). Vielmehr wird die kongruente Generalisierung, also das, was auch dieses Recht zu Recht macht, lediglich in Teilsystemen der Gesellschaft geleistet. Nur Mitglieder dieser Teilsysteme sind demzufolge als Handelnde und als Erwartende an die Normativität dieser Erwartungen gebunden; andere verhalten sich dem System gegenüber lediglich kognitiv und passen sich dessen Normierung lernend an.

Nichtgesellschaftliches Recht entsteht in den Teilsystemen aller differenzierten Gesellschaften.[98] Es ist jedoch anzunehmen, daß die Art, wie solches Recht sich bildet, nicht unabhängig ist von der Gesellschaftsstruktur und dem Entwicklungsstand der Gesellschaft. Tatsächlich ist denn auch das Sekundärrecht, das sich in der modernen Industriegesellschaft bildet, mit dem ‹Hausrecht› älterer Hochkulturen oder mit dem ‹Korporationsrecht› des Mittelalters nur sehr entfernt vergleichbar. Es beruht auf einem spezifischen Mechanismus, der nur in hochkomplexen und mobilen Gesellschaften entwickelt werden kann: auf *formaler Organisation*.

Die gesamtgesellschaftlichen Vorbedingungen dieser Rechtsbildung und

98 Zu dieser oft auch ‹pluralistische› Rechtstheorie genannten These bereits oben Bd. I, S. 131.

ebenso der Entlastungseffekt, der durch eine solche Fortsetzung der Rechtsbildung auf Teilsystemebene erreicht werden kann, werden nur verständlich, wenn man diesen Mechanismus der formalen Organisation begreift.[99] Er beruht wesentlich auf Mobilität, genauer gesagt auf der Mobilität in bezug auf Eintritts- und Austrittsentscheidungen, und hat darin sein spezifisch modernes Gepräge. Das durch Organisation geschaffene Recht hat seine eigentümliche Form von Konditionalität. Seine Anerkennung wird als Bedingung für Eintritts- und Austrittsentscheidungen, als Bedingung der Übernahme einer Mitgliedsrolle im System formuliert. Wer eintritt, muß sich den im System geltenden Erwartungen mitsamt den institutionalisierten Bedingungen der Änderung dieser Erwartungen pauschal unterwerfen. Wer prinzipiell rebelliert (also nicht nur gelegentlich sündigt), muß austreten. Dadurch ist auch dieses Teilsystemrecht von unterstellbarem Konsens getragen, der sich in der Aufrechterhaltung von Mitgliedschaften ausdrückt. Auch das Recht von Teilsystemen der Gesellschaft kann auf diese Weise positiviert werden, und dies ohne Durchlauf durch die Politik; es müssen nur unter die Mitgliedschaftsbedingungen solche aufgenommen werden, die Anerkennung auch für die Änderung von Mitgliedschaftsbedingungen postulieren.

Die schon auf der Ebene der Gesellschaft durch Positivierung erreichte Leistungssteigerung wird durch diesen Mechanismus der Organisation nochmals potenziert. Auch die einschränkende Voraussetzung gesamtgesellschaftlicher Institutionalisierung und politischer Kontrolle entfällt. Durch Organisation können in höchstem Maße unnatürliche Erwartungen kongruent generalisiert werden. Die alte Prämisse der Selbstverständlichkeit des Rechts wird geradezu in ihr Gegenteil verkehrt. Damit wird, praktisch nach Bedarf, das Nichtselbstverständliche erwartbar gemacht. Erst dadurch kann der Bedarf für Recht, der Bedarf für kongruente Generalisierung normativer Verhaltenserwartungen in dem Maße befriedigt werden, als dies für die Aufrechterhaltung eines funktional differenzierten, hochgradig interdependenten Leistungsgefüges unabdingbar ist.

Auch dieser Mechanismus hat seine spezifischen Risiken und Folgeprobleme. In den Fabriken des 19. und in den Kartellen des 20. Jahrhunderts ist sichtbar geworden, wohin man mit organisatorischer Selbstlegitimation beliebig spezifizierter Verhaltenserwartungen trotz formaler Freiheit von Eintritt und Austritt kommen kann. Ähnliches gilt für jene unzähligen Detailregulierungen, die auf fixierten und pauschal akzeptierten Geschäftsformularen beruhen. Weniger deutlich ist, wo Abhilfen liegen, welche die unerläßlichen Vorteile dieser organisatorischen bzw. vertraglichen Form der Rechtsbildung nicht beeinträchtigen. Für den Juristen lag es nahe, an einen Umbau derjenigen Rechtsinstitute zu denken, die solches organisatorisch geschaffene Recht staatlich legitimieren: an eine Umstel-

99 Hierzu und zum folgenden näher NIKLAS LUHMANN, Funktionen und Folgen formaler Organisation. Berlin 1964.

lung von Eigentum und Vertrag von individualistischen auf soziale Konzeptionen. Diese Vorschläge können sehr leicht in der dann notwendigen Verkomplizierung des Rechts und seiner Durchsetzungsverfahren entgleisen. Auch von staatlicher Aufsicht wird man sich wenig versprechen dürfen, zumal der Staat selbst in seinen eigenen Betrieben die gleiche Technik organisatorischer und satzungsmäßiger Rechtsbildung verwendet, ohne sich durch das Erfordernis demokratischer Legitimation wesentlich behindert zu fühlen. Sehr viel effektiver dürfte es sein, die gesellschaftlichen Bedingungen solcher Rechtsbildung zu beachten und an ihnen die Lösung zu suchen.

Organisatorische Rechtsbildung beruht auf und rechtfertigt sich durch Mobilität. Also muß diese Mobilität nicht nur formal, sondern auch faktisch geschaffen werden – auf dem Sektor beruflicher Arbeit etwa durch übersichtliche Ordnung des Arbeitsmarktes, Vollbeschäftigungspolitik, Bereitstellung generell verwendbarer Ausbildungen usw.[100] Die Gesellschaft kann, selbst wenn sie über zentralisierte Gesetzgebung verfügt, das in den Organisationen geschaffene Teilsystemrecht nicht selbst verantworten, denn das hieße den Vorteil solcher Delegation der Rechtsbildung zurücknehmen. Ihre Verantwortung muß generalisiert werden – und das heißt: sich nicht auf die in den Organisationen geschaffenen Einzelnormen beziehen, sondern auf die innergesellschaftliche Mobilität, die diese Normbildung ermöglicht und zugleich in den Grenzen des Akzeptablen hält.

Diese Überlegung lehrt erneut, daß mit der Positivierung des Rechts – diesmal auf Systemebene unterhalb der Gesamtgesellschaft – eine neue Stufe gesellschaftlicher Komplexität erreicht worden ist, auf der ältere Lösungsmodelle, etwa solche der überlieferten juristischen Dogmatik, inadäquat werden. Die Probleme haben eine andere Dimension gewonnen. Unvermeidlichkeit und Riskiertheit organisatorischer Rechtsbildung sprengen den Rahmen dessen, was durch Einschränkung der Verfügung über Eigentum oder der Bindungswirkung von Verträgen, Kündigungsschutz usw. gelöst werden könnte. Die höhere Komplexität der Gesellschaft und ihres Rechts, die Verfügung über eine Vielzahl anderer Möglichkeiten, muß als Basis in die Institutionalisierung neuer, stärker generalisierter Problemlösungen eingehen. Rechtspolitisch muß es unter diesen Umständen weniger auf statische als auf dynamische Sicherheiten ankommen, weniger auf Schutz eines Grundbestandes an erworbenen Rechten, auf Erhaltung des *status quo*, als vielmehr auf einen hinreichend dezentralisierten Zugang zu anderen Möglichkeiten. Die Bedeutung, die Fluktuationen des Arbeitsmarktes für die innerbetriebliche ‹Moral›, das heißt für die Durchsetzbarkeit der Normprojektionen der Betriebsleitung haben, zeigt wie in einem natürlichen Experiment, daß dies keine utopische Empfehlung ist.

---

100 Zum Markt als Gegengewicht privater Normierungen vgl. auch Lawrence M. Friedman, *Legal Rules and the Processes of Social Change.* Stanford Law Review 4 (1967), S. 786–840 (806 f).

7. Legitimität

Mit der zunehmenden, schließlich vollständigen Umformung des Rechts in eine kontingente, entscheidungsabhängige Erwartungsstruktur mußte das Problem der bindenden Wirkung des Rechts sich neu stellen. Die Gedankenentwicklung dieses Themas hat sich unter dem Titel der ‹Legitimität› vollzogen – ohne damit freilich schon Aufschluß zu geben über die spezifischen Mechanismen, die einer Entscheidung bindende Kraft verleihen. Der Begriff der Legitimität hat mittelalterliche Wurzeln und war zunächst ein Rechtsbegriff. Er bezog sich auf die angestammte Herrschaft und diente der Abwehr unrechtmäßiger Usurpation und Tyrannis. Er zerbrach im 19. Jahrhundert mit der Auflösung des Naturrechts, und zwar speziell an der kritischen Frage der Legitimation *neuer* Herrschaft und der rechtlichen Konstruktion des illegitimen Machtübergangs. Die juristische Lösung dieses Problems erwies sich als unmöglich.[101] Das führte zur Neukonstruktion des Begriffs auf rein faktischer Grundlage – zunächst zur Gleichsetzung mit der reinen Faktizität politischer Herrschaft, dann zu der heute vorherrschenden Definition der Legitimität durch verbreitete faktische Überzeugung von der Gültigkeit des Rechts oder der Prinzipien und Werte, auf denen bindende Entscheidungen beruhen.[102]

Unsere Analyse des Prozesses der Institutionalisierung hat indes ergeben, daß eine solche Überzeugung als faktisch-bewußte keine nennenswerte Verbreitung finden kann. Daher muß der Begriff der Legitimität nochmals umdefiniert werden. Das Definitionsmerkmal ‹Überzeugung› verdeckt mit der Behauptung eines empirisch feststellbaren Faktums sehr verwickelte Strukturzusammenhänge, und zwar gerade solche, in denen Veränderungen als Folge der Positivierung des Rechts zu vermuten sind. Es kann deshalb nicht wunder nehmen, daß auf dieser begrifflichen Grundlage die Frage nach der Legitimität reiner Legalität keine zufriedenstellende Antwort hat finden können.[103] Wir müssen dieses Definitionsmerkmal der

---

101 Dafür bezeichnend Friedrich Brockhaus, Das Legitimitätsprincip. Eine staatsrechtliche Abhandlung. Leipzig 1868.

102 So namentlich seit Georg Jellinek, Allgemeine Staatslehre. 3. Aufl., 6. Neudruck, Darmstadt 1959, S. 285, 332 ff. Zur juristischen Diskussion vgl. ferner Hans Welzel, An den Grenzen des Rechts. Die Frage nach der Rechtsgeltung. Köln–Opladen 1966; und als soziologische bzw. politikwissenschaftliche Beiträge Max Weber, Wirtschaft und Gesellschaft. Köln–Berlin 1964, S. 22 ff, 157 ff; Johannes Winckelmann, Legitimität und Legalität in Max Webers Herrschaftssoziologie. Tübingen 1952; Leonard Binder, *Iran. Political Development in a Changing Society*. Berkeley–Los Angeles 1962; Carl J. Friedrich, *Man and His Government*. New York–San Francisco–Toronto–London 1963, S. 232 ff; David Easton, *A Systems Analysis of Political Life*. New York–London–Sydney 1965, S. 278 ff. Anders (statt auf Überzeugung wieder auf soziale Geltung abstellend) Peter Graf von Kielmansegg, Legitimität als analytische Kategorie. Politische Vierteljahresschrift 12 (1971), S. 367–401.

103 Gegen Webers These rational-legaler Legitimität ist vor allem geltend zu machen, daß sie dieses Problem nur formuliert, aber die sozialen Mechanismen nicht aufzeigt, die es lösen könnten. Siehe dazu auch die kritischen Bemerkungen

Überzeugung deshalb auflösen und zu diesem Zweck auf unsere Ausgangsüberlegungen über elementare Probleme und Prozesse der Rechtsbildung zurückgreifen.

Das Problem ebenso wie die Lösung des Problems der sozial gestützten Erwartungsbildung beruhen darauf, daß man kontingente Erwartungen anderer erwarten muß und kann. Dieses Erwarten von Erwartungen erstreckt sich nicht nur auf diejenigen, mit denen man jeweils von Situation zu Situation in Interaktion steht, sondern auch auf Dritte, die in der Aktualität der Situation weder mithandeln noch miterleben. Dennoch werden durch den Mechanismus der Institutionalisierung auch Erwartungen in bezug auf die Erwartungen Dritter gebildet, mögen sie nun zutreffen oder nicht. Die in der Situation Beteiligten unterstellen (und erwarten voneinander, daß sie unterstellen), was Dritte von ihnen erwarten würden. Problematisch wird diese Erwartbarkeit der Erwartungen Dritter dann, wenn die Dritten durch repräsentative Sprecher symbolisiert werden, die über diese Erwartungen disponieren, sie formulieren und gegebenenfalls sogar ändern können. Dann wird, was vorher nur symbolische Realität war, in Akten der Kommunikation faßbar. Sie übernehmen den Anspruch auf institutionsgleiche Bindungswirkung. Von da ab wird die Legitimität solcher bindend entscheidenden Kommunikationsakte zur Frage. Diese Frage kann nicht, was naheläge, so gestellt werden: ob die Entscheidung die wahre Meinung der Dritten trifft. Sie muß in einer Umformung des Mechanismus der Institutionalisierung institutionellen Ausdruck finden.

Einfache Institutionen können aus bruchlosen Ketten normativen Erwartens bestehen: Die unmittelbar Beteiligten erwarten normativ und unbeirrbar, welche normativen Erwartungen durch Dritte an sie gerichtet werden. Man soll von ihnen erwarten, was sie selbst erwarten und wie sie handeln sollen. In solch einer durchlaufend normativen Struktur finden alle Erwartenden sich gemeinsam der Norm gegenüber; der Herrscher, ja selbst der Gott hat die gleiche Stellung zum Recht wie der Untertan, und wer sich als einzelner aus diesem Erwartungskontext herauslöst, erwartet damit falsch und handelt vorwerfbar. Diese einfache Lösung wird durch Einbau von Kontingenz und Änderungsmöglichkeiten in das Recht aus den Angeln gehoben. Wenn die Vertretung der Dritten zentralisiert und als Instanz mit bindenden Entscheidungsmöglichkeiten ausgerüstet wird, kommen andere – seien es an der Situation Beteiligte, seien es andere Dritte – in die Lage, lernen zu müssen. Sie müssen lernen, sich auf das

bei Peter M. Blau, *Critical Remarks on Weber's Theory of Authority.* The American Political Science Review 57 (1963), S. 305–316 (311 f); Easton, a. a. O., S. 301 f (Anm.); oder Walter F. Buckley, *Sociology and Modern Systems Theory.* Englewood Cliffs/N. J. 1967, S. 197 f. Selbst sozialpsychologische Erörterungen der ‹*legal compliance*› (vgl. Daniel Katz/Robert L. Kahn, *The Social Psychology of Organizations.* New York–London–Sydney 1966, S. 341 ff) zeigen noch keine befriedigenden Problemstellungen, ganz zu schweigen von Problemlösungen.

einzustellen, was entschieden, mitgeteilt, geändert worden ist. Der Einbau von Änderungsmöglichkeiten erfordert den Einbau von Lernmöglichkeiten in das Recht, und das heißt: den Einbau von kognitiven Erwartungsstrukturen – genauer: von als kognitiv normierten Erwartungsstrukturen – in ein primär normatives Erwartungsgefüge.

Nicht nur die Entscheidenden müssen lernen zu lernen, wenn das Recht positiviert wird. Die von Entscheidungen Betroffenen müssen es erst recht. Das Lernen der Entscheidenden hat uns im 4. und 5. Abschnitt dieses Kapitels beschäftigt; dabei zeigte sich, daß disparate Einstellungen zum Recht im Entscheidungsprozeß nebeneinander institutionalisiert werden müssen. Für die Betroffenen und für sonstige Dritte ergibt sich eine dazu komplementäre, aber ganz andersartige Lernsituation, nämlich die, in der die Entscheidung durch Erwartung des Akzeptierens legitimiert wird. Die Legitimität der Legalität ist die Integration dieser beiden Lernprozesse. Sie wird zur Institution, wenn unterstellt werden kann, daß in dieser doppelten Weise gelernt wird: daß differenzierte Lernprozesse das Entscheiden und das Akzeptieren von Entscheidungen über normative Erwartungen regulieren. Die Legitimität der Legalität bezeichnet also nicht die anerkannte Wahrheit von Geltungsansprüchen, sondern koordinierte Lernprozesse, nämlich daß die Entscheidungsempfänger es lernen, nach Maßgabe normativ bindender Entscheidungen zu erwarten, weil die Entscheidenden selbst lernen können.

Diese Fassung des Problems klärt einige Zusammenhänge. Vor allem: Demokratie und Legitimität sind aufeinander bezogene Phänomene. Beide Begriffe bezeichnen die Einführung von Lernnotwendigkeiten in den Bereich normativen Erwartens. Beide beruhen auf einer fundamentalen Verunsicherung und Risikosteigerung des Rechts durch Einbau kognitiver Einstellungen. Deshalb hat das übliche Verständnis von Demokratie und Legitimität einen Anflug von Fragwürdigkeit, Gebrochenheit des Vertrauens und Begründungsersatz. Demokratisch lernende Politik ist gleichwohl noch keine ausreichende Legitimation von Entscheidungen, so als ob Demokratie ein Wert an sich sei oder ein Prinzip, das jede Entscheidung rechtfertigen könne. Die Lernsituation der Politik ist eine ganz andere, nämlich eine überkomplexe, offene, relativ enttäuschungsfreie, als die Lernsituation der Betroffenen, die sich, sei es zufrieden, sei es enttäuscht, auf eine gegebene Entscheidung einstellen müssen. Zum demokratischen Prozeß der Politik müssen mithin Einrichtungen hinzukommen, die es ermöglichen zu unterstellen, daß die von Entscheidungen Betroffenen gelernt, das heißt die Entscheidungen als Prämissen ihres weiteren Erwartens und Verhaltens übernommen haben. Das Institutionelle der Legitimität liegt weder in einer Wertableitung noch in der faktischen Verbreitung von bewußtem Konsens, sondern in der *Unterstellbarkeit des Akzeptierens*. Genauer und mit vollem Aufweis der verzweigten Problematik formuliert heißt das: Legitim sind Entscheidungen, bei denen man unterstellen kann, daß beliebige Dritte normativ erwarten, daß die Betroffenen sich kognitiv auf das einstellen, was die Entscheidenden als normative Erwartungen mitteilen.

Will man genauer wissen, wie ein solcher Zustand erreicht werden kann, muß man das Akzeptieren einzelner vom Unterstellen des Akzeptierens unterscheiden. Das individuelle Akzeptieren läßt sich als konkreter Vorgang nur psychologisch erklären und, gerade in einer stark differenzierten Gesellschaft, nicht zur Grundlage institutionalisierten Erwartens machen. Das gilt vor allem für Situationen, in denen der einzelne Enttäuschungen verwinden muß, was ihn bekanntlich besonders unberechenbar werden läßt; und alle streitigen Entscheidungen hinterlassen im Schnitt 50 % Enttäuschte mit typisch geringer Lernbereitschaft. Wie kann dann gegen die Wahrscheinlichkeit unterstellt werden, daß die von Entscheidungen Betroffenen trotzdem lernen?

Die Einrichtungen, die dies leisten, kann man auf zwei komplementäre Mechanismen zurückführen: auf die symbolisch-generalisierende Wirksamkeit physischer Gewalt und auf die Beteiligung an Verfahren.

Entgegen der üblichen Auffassung kann man physische Gewalt und Konsens bzw. physische Gewalt und Legitimität nicht einander gegenüberstellen und als sich wechselseitig ausschließend begreifen. Schon rein empirisch läßt sich beides nicht trennen. Wir hatten bereits oben (Bd. I, Kap. II, 7) betont, daß physische Gewalt dem Recht nahesteht als ein Element der Darstellung des Rechts und der Konsolidierung von Rechtsvertrauen. Das gilt, wenngleich in abgewandelter Form, auch für positives Recht. Physische Gewalt gibt hier ihre Darstellungsfunktion an den Entscheidungsprozeß ab, der als Verfahren das geltende Recht symbolisiert; sie bleibt aber ein unerläßlicher (wenn auch ergänzungsbedürftiger) Legitimationsfaktor.[104] Physische Gewalt hat neben den oben (Bd. I, S. 110 f) genannten Vorteilen der Strukturunabhängigkeit den weiteren Vorteil einer hohen und voraussehbaren Erfolgssicherheit. Ihre ‹Belastungsgrenze› liegt hoch und ist gut abschätzbar – das heißt: man kann auch ohne genaue Kenntnis der durchzusetzenden Entscheidungen, der Situationen und der Motivstruktur der Betroffenen unterstellen, daß sie sich eindeutig überlegener physischer Gewalt fügen, ohne einen aussichtslosen Kampf zu versuchen. Auf eine so stark generalisierbare Unterstellung kommt es hier an. Eine nähere Information Dritter über Entscheidungen und Durchsetzungssituationen ist nicht mehr erwartbar, ja nicht einmal mehr plausibel unterstellbar. Man muß die Erwartung in bezug auf das Erwarten Dritter daher auf die allgemeine Annahme stützen, daß alle erwarten, daß die jeweils von Entscheidungen Betroffenen sich physischer Gewalt fügen – mit anderen Worten: auf die Erwartung, daß alle erwarten, daß niemand rebelliert.

Diese Pauschalerwartung, die das reibungslose Abfließen der Entscheidungen normalerweise sichert, beruht jedoch nicht nur auf dem Bereithalten jedenfalls überlegener physischer Gewalt. Eine isolierte Verwendung dieses einen Mechanismus liefe auf ein höchst unstabiles Terrorregime hinaus,

---

104 Hiermit wird zugleich eine Begründung für die oben S. 219 ff vertretene These nachgeliefert, daß Konditionalprogramme sich im Hinblick auf zwangsweise durchsetzbare Wirkungen spezialisieren.

das deshalb unstabil bleibt, weil es die Möglichkeit der Unterstellung eines gemeinsamen Interesses gegen den Terror nicht wirksam ausschließen kann.[105] Normalerweise kommen deshalb Einrichtungen hinzu, die die Konsolidierung eines erwartbaren Interesses Dritter gegen bindende Entscheidungen verhindern. Darin liegt eine wesentliche Funktion rechtlich geregelter Verfahren, vor allem der politischen Wahl, des Gesetzgebungsverfahrens und des Gerichtsprozesses.[106]

Verfahren sind, wie oben (Bd. I, S. 141 f) bereits kurz erläutert, Sozialsysteme besonderer Art, die kurzfristig und vorübergehend konstituiert werden, um bindende Entscheidungen zu erarbeiten. Sie werden für diese Funktion aus dem allgemeinen gesellschaftlichen Rollenzusammenhang mehr oder weniger weitgehend ausdifferenziert. Ihre legitimierende Funktion beruht auf dieser Rollentrennung. Im Verfahren erhalten die Beteiligten besondere eigene Rollen als Wähler, Volksvertreter, Kläger, Beklagter, Antragsteller, Anzuhörender usw., in denen sie sich frei, aber nur nach den Regeln des Verfahrenssystems verhalten können – und nicht etwa unmittelbar als Ehemann, Soziologe, Gewerkschaftler, Arzt. Ihr Verhalten wird dadurch aus dem natürlichen Zusammenhang ihres täglichen Lebens herausgelöst. Ihre eigenen anderen Rollen werden durch ihre Verfahrensrolle neutralisiert und können legitimerweise nur in der Form eines ‹Themas› und Verhandlungsgegenstandes in das Verfahren eingebracht werden. Ihr kommunikativer Beitrag zur Entscheidungsfindung wird als frei gewähltes Verhalten stilisiert, ihnen also persönlich zugerechnet. Zugleich steht er unter den Regeln und Erfordernissen des Verfahrenssystems, namentlich unter dem Zug zur Reduktion von Komplexität durch Elimination von Möglichkeiten, die nicht in die Entscheidung aufgenommen werden. Im Laufe des Verfahrens werden die Beteiligten so dazu gebracht, ihre Positionen im Hinblick auf das jeweils noch offene Ergebnis zu spezifizieren, so daß ihr Anliegen schließlich nicht mehr als das eines jeden Dritten erscheinen kann. Es profiliert sich als Meinung oder Interesse gegenüber den Erwartungen aller – und jedenfalls nicht mehr als Wahrheit oder als selbstverständlich-gemeinsame Moral. Nach Ableistung ihrer Selbstdarstellung im Verfahren finden sich die Beteiligten wieder als einzelne, die ihre Meinung und Interessen artikuliert, ihre Positionen als eigene freiwillig festgelegt und damit kaum noch eine Chance haben, für ihre Sache eine effektive Erwartungsbildung und ein Handeln Dritter zu

105 Im übrigen beruht natürlich auch die Effektivität des Terrors auf symbolischer Generalisierung – und nicht etwa auf der physischen Bewirkung physischer Wirkungen. Vgl. statt anderer Thomas P. Thornton, *Terror as a Weapon of Political Agitation*. In: Harry Eckstein (Hrsg.), *Internal War. Problems and Approaches*. New York–London 1964, S. 71–99.

106 Hierzu und zum folgenden näher Niklas Luhmann, Legitimation durch Verfahren. Neuwied–Berlin 1969; und dazu die eingehende Kritik von Josef Esser, Vorverständnis und Methodenwahl in der Rechtsfindung. Frankfurt 1970, S. 202 ff, und von Hubert R. Rottleuthner, Zur Soziologie richterlichen Handelns (II). Kritische Justiz 1971, S. 60–88 (69 ff).

mobilisieren. Und dann kann über sie entschieden werden mit der Prätention, daß die Entscheidung die an sie gerichtete Erwartung der Dritten repräsentiert. Verfahren haben mithin das Ziel, Konfliktsthemen, *bevor physische Gewalt ausgelöst wird*, so zu spezifizieren, daß der Widerstrebende als einzelner isoliert und entpolitisiert wird. Zusammen mit physischer Gewalt bilden sie eine Kombination generalisierender und spezifizierender Mechanismen, die die Legitimation des rechtlichen Entscheidens trägt.

Dies Gemeinsame der Legitimation durch Verfahren realisiert sich in einem Zusammenhang sehr verschiedenartiger Verfahren, die einander wechselseitig voraussetzen und sich unterscheiden nach dem Maß an Komplexität, das zu reduzieren ist, und nach dem Maß des Engagements, das sie hinterlassen. Das Verfahren der politischen Wahl erzeugt die Unterstellbarkeit politischer Unterstützung für bindende Entscheidungen. Die Rollenneutralisierung wird hier durch einen Formalismus bewirkt, der nur ein Ja oder Nein zu wenigen Alternativen, also keine rationale Interessenentfaltung zuläßt. Die Selbstbindung liegt darin, daß eine formale Unterstützung für vorgezeigte Pläne herauskommt. Deren Umsetzung in die Form bindender Programme erfolgt in Gesetzgebungsverfahren, in denen jeweils für das Einzelprogramm ausreichender politischer Konsens gesucht wird. Diese Verfahren integrieren das rechtlich Mögliche mit dem politisch Möglichen; das, was in eine vorhandene Rechtsordnung einfügbar ist, mit dem, was durch die Möglichkeit der Mobilisierung politischer Unterstützung gedeckt werden kann. Die Rollenneutralisierung wird hier durch den Zwang zur öffentlichen Darstellung des öffentlichen Interesses bewirkt und ferner durch Zentralisierung des Verfahrens, die nur den als Mitwirkenden zuläßt, der sich selbst als politisch Handelnden versteht. Im Gerichtsverfahren schließlich werden der Entscheidungsprozeß fallweise konkretisiert und die Absorption von Protesten zu Ende geführt. Hier erlaubt geringe, durch Entscheidungsprogramme schon stark reduzierte Komplexität eine detaillierte Entfaltung von Meinungen und Interessen, ohne daß dies breite politische Wellen auslösen könnte: Es handelt sich stets um nur zwei Parteien und um besondere Tat- und Rechtsfragen. Nur ausnahmsweise läßt sich die Unzufriedenheit mit Gerichtsentscheidungen wieder generalisieren und auf den politischen Weg des Wahlmechanismus und der Gesetzgebung zurückbringen. In all diesen Bereichen schwankt das Ausmaß der Realisierung und der Realisierbarkeit der Verfahrensidee sehr stark – man denke an das Problem der Wählerapathie oder an den heutigen Zivilprozeß – und muß in Einklang gebracht werden mit dem Legitimationsbedarf des jeweiligen Entscheidungstyps.

Im Zusammenspiel dieser verschiedenen Konstellationen von Generalisierung und Spezifikation, Systemregulativ und Freiheit, Komplexität und Reduktion, Rollenneutralisierung und Selbstverstrickung entsteht der *allgemeine* Eindruck, daß die durch bindende Entscheidungen Enttäuschten sich nicht auf institutionalisierten Konsens berufen können, sondern lernen müssen. Die Rhetorik der Verfahren, der man sich durch Beteiligung implikativ unterwirft, verstärkt diesen Eindruck zur Norm. Auf diese Weise wird es *jedem einzelnen nahegelegt, unwiderlegbar zu erwarten, daß Dritte normativ erwarten, daß alle Betroffenen sich kognitiv, also lernbereit, auf das einstellen, was bindende Entscheidungen normieren.* Das ist die Struktur der Legitimität des Rechts: gemischt kognitiv/normatives Erwarten normativen Erwartens kognitiven Erwartens normativen Erwartens. Erst wenn man die Erwartungsstruktur so auseinanderlegt, erhellt, wie voraussetzungsvoll sie gebaut ist, wie vielfältig sie durch Störungen, Konflikte, offenen Dissens oder artikulierbares Mißtrauen gefährdet sein kann und wie stabil sie zugleich ist, da Störungen typisch nicht auf allen Ebenen der Erwartungsbildung zugleich einsetzen werden.

Wir haben bei diesen Überlegungen darauf geachtet, daß der Begriff der Legitimität auf der Ebene des sozialen Systems – hier: der Gesellschaft – definiert werden muß und mit rein psychischen Kategorien, etwa als Internalisierung von Normen oder Werten oder auch als Summe solcher Internalisierungen, nicht zureichend begriffen werden kann. Damit ist weder das faktische Vorkommen noch die Bedeutung bestimmter psychischer Mechanismen für das soziale System bestritten, wohl aber behauptet, daß die Legitimität des Rechts in stark differenzierten Gesellschaften mit positiviertem Recht nicht davon abhängig sein kann, daß bestimmte psychische Motivationsstrukturen in Funktion treten. Für ältere Gesellschaften läßt sich ein geringeres Maß an Differenzierung von sozialen und psychischen Strukturen vermuten. Sie konnten ihr Recht in seinem Normenbestand oder zumindest in seinen invarianten Grundlagen auf relativ konkrete, wenngleich zumeist ambivalente psychische Strukturen stützen – etwa auf den unten (S. 282 f) behandelten Mechanismus diffuser Rollenrücksicht oder später auf Internalisierung und Zwang. Die moderne Gesellschaft hat dagegen die Persönlichkeitsstrukturen so stark individualisiert und die normativen Entscheidungsprämissen des Rechts so starker Variation ausgesetzt, daß eine stärkere Trennung und wechselseitige Indifferenz von psychischen und sozialen Strukturen eingerichtet werden muß.[107] Damit werden die wechselseitigen Beziehungen komplizierter und erfordern auf *beiden* Seiten *mehr* Möglichkeiten des Ausweichens und Ausgleichens. Daß das Lernen und Umlernen normativer Erwartungen mehr als je gefordert wird und psychisch geleistet werden muß, soll also nicht in Zweifel gezogen werden – ‹Trennung› heißt nicht etwa Auflösung jeden Zusammenhangs, sondern nur Indifferenz gegen die Wahl der jeweiligen Anpassungsstrategie auf der anderen Seite. Aber die Art und Weise, wie der einzelne ihn enttäuschende bindende Entscheidungen lernend als Prämisse seines Verhaltens übernimmt, wird nicht mehr gesamtgesellschaftlich vorgezeichnet, sondern

---

107 Eine entsprechende Einsicht scheint sich auch in neueren Beiträgen zur Theorie der ‹Sozialisation› durchzusetzen. Vgl. z. B. DENNIS WRONG, *The Oversocialized Conception of Man in Modern Sociology.* American Sociological Review 26 (1961), S. 183–193; HOWARD S. BECKER, *Personal Change in Adult Life.* Sociometry 27 (1964), S. 40–53; IRVING ROSOW, *Forms and Functions of Adult Socialization.* Social Forces 44 (1965), S. 35–45.

ihm, seiner psychischen Elastizität und seiner Intimgruppe überlassen, die ihm in prekären Lagen den Übergang zu einer neuen Erwartungsstruktur erleichtert. Die oben als Folge der Positivierung behandelte Trivialisierung des Rechts kann sich dabei als hilfreich erweisen. Negative, aber handlungsunwirksame Stereotypisierungen ‹der Politiker›, ‹des Finanzamts›, ‹der Justiz› sind andere Lösungen des gleichen Problems.

Im Rückblick auf diese Erörterungen werden scharfe Diskrepanzen zur klassischen Legitimitätsdiskussion deutlich, die die Fortführung des Begriffs der Legitimität als fraglich erscheinen lassen könnten. Sie finden sich einmal darin, daß der Bezug des Begriffs auf letzte Normen oder Werte bzw. auf die faktische Verbreitung der Überzeugung von der Geltung letzter Normen oder Werte aufgegeben und der Begriff funktionalisiert wird, so daß die Frage des Geltungsglaubens als Variable behandelt werden kann. Sie liegen zum anderen darin, daß der Begriff Legitimität in dieser funktionalen Fassung nicht mehr eine extern vorgegebene Rechtfertigung und Variabilitätsbegrenzung des politischen Systems bezeichnet, sondern eine Leistung dieses Systems selbst: Sowohl die Monopolisierung der Entscheidung über die Anwendung physischer Gewalt als auch die Veranstaltung von Verfahren sind Leistungen des politischen Systems, das ein glattes Abfließen der bindenden Entscheidungen und damit die eigene Legitimität besorgt. Das politische System legitimiert sich selbst und ist daher auch in dieser Leistung noch kritisierbar. Die Kritik hat dann nicht mehr die Form einer Prüfung, ob das politische System im Rahmen vorgegebener (also politisch nicht zu verantwortender!) Normen bleibt, sondern sie fragt, ob das politische System in der Art, wie es sich selbst programmiert, Lernen ermöglicht und Institution werden kann.

Diese Umbildungen berühren die *Form*, in der der Begriff der Legitimität zunächst aufgetreten war und einer bestimmten gesellschaftlichen Wirklichkeit entsprach; sie berühren nicht das gesellschaftsstrukturell bedingte *Problem*, das ihm zugrunde liegt und als Dauerproblem aller funktional differenzierten Gesellschaften zu lösen ist – nämlich das Problem kognitiven Lernens und Umlernens normativer Erwartungen. In dem Maße, als das Recht positiviert wird, verliert man die Möglichkeit, dieses Problem in der Form der Geltung von Normen oder des faktischen Glaubens an die Geltung von Normen als im wesentlichen schon gelöst anzusehen; die Verantwortung für seine Lösung muß übernommen, und sie kann nur im politischen System übernommen werden. Die alten Fassungen des Legitimitätsbegriffs hatten eine Überleitungsfunktion, die die volle Tragweite der Positivierung des Rechts verhüllte. Nachdem die Positivität des Rechts erkennbare Realität geworden ist, muß auch der Begriff der Legitimität ihr angepaßt, das heißt von seiner Funktion her definiert werden. Dies ist eine Voraussetzung dafür, daß die Funktionen der faktischen Durchsetzung des Rechts (8) und der Kontrolle des rechtlichen Entscheidungsprozesses (9) umfassend genug (und nicht lediglich als ein innerhierarchisches Problem) behandelt werden können.

8. Durchsetzung des positiven Rechts

Eine der vielen Reihen von Konsequenzen, die durch Ausdifferenzierung und Spezifikation positiven Rechts ausgelöst werden, verdient besondere Hervorhebung – nicht zuletzt deshalb, weil sie in der rechtswissenschaftlich-normexegetischen Perspektive nicht gebührend zur Geltung kommt und daher auch in der von Juristen beherrschten legislativen Praxis vernachlässigt wird. Mit der Positivierung des Rechts nehmen die Schwierigkeiten bei der Durchführung gesetzgeberischer Entscheidungen zu und verlagern zugleich ihren Schwerpunkt.

Allgemein ist zu unterscheiden zwischen *Befolgung* (Befolgungsquote) und *Durchsetzung* (Durchsetzungsquote) des Rechts. Von Befolgung wollen wir sprechen, wenn und soweit normgemäß gehandelt wird. Von Durchsetzung wollen wir sprechen, wenn und soweit nichtnormgemäßes Handeln besondere Aktivitäten auslöst, die der Erhaltung des Rechts oder der Wiederherstellung rechtmäßiger Zustände dienen. Durchsetzung ist also nicht Befolgung, sondern ist Handeln anderer Art, das seinerseits wieder Normen befolgen oder nichtbefolgen mag. Für die Befolgungsquote ist die zu erwartende Durchsetzung eine der wesentlichsten Bestimmungsvariablen. Eine ausreichend komplexe, empirisch gesicherte Theorie der Rechtsbefolgung steht uns nicht zur Verfügung.[107a] Wir werden uns im folgenden auf die besser überblickbare Erörterung der Bedingungen der Rechtsdurchsetzung beschränken.

Man muß in allen Rechtssystemen mit einer ziemlich hohen Nichtdurchsetzungsquote formal geltenden Rechts oder doch verbal artikulierter Rechtsvorstellungen rechnen – oder anders gesprochen: mit Mechanismen, die die Rechtsdurchsetzung filtern. Für archaische Gesellschaften und auch noch für hochkultivierte Gesellschaften lassen sich in dieser Hinsicht relativ einfache, von den Institutionen her überschaubare Bilder gewinnen.[108] Die moderne Gesellschaft mit positiviertem Recht ist in der Frage der Durchsetzungsquote mit diesen älteren Gesellschaften kaum zu vergleichen; der wesentliche und offensichtliche Unterschied liegt in der weit größeren Vielfalt der Rechtstatbestände und in der viel größeren Verschiedenartigkeit derjenigen sozialen Konstellationen und Mechanismen, von denen die Rechtsdurchsetzung fallweise abhängt. Sowenig wie eh und je ist die Recht-

---

107a Zum Verhältnis von Rechtsbefolgung und Sanktion siehe an neuerer Literatur etwa Richard D. Schwartz/Sonya Orleans, *On Legal Sanctions.* University of Chicago, Law Review 34 (1967), S. 274–300; William J. Chambliss, *Types of Deviance and the Effectiveness of Legal Sanctions.* Wisconsin Law Review 1967, S. 703–719; Charles R. Tittle, *Crime Rates and Legal Sanctions.* Social Problems 16 (1969), S. 409–423; Troy Duster, *The Legislation of Morality. Law, Drugs, and Moral Judgment.* New York–London 1970, insbes. S. 23 ff.

108 Als Beispiel für gute Untersuchungen, die dies belegen, siehe Leopold Pospisil, *Kapauku Papuans and Their Law.* New Haven 1958; und Sybille van der Sprenkel, *Legal Institutions in Manchu China. A Sociological Analysis.* London 1962.

setzung allein schon Rechtsdurchsetzung, und sowenig wie eh und je ist es, soziologisch gesehen, eine Frage der ‹Schuld› oder des ‹Zufalls›, ob Recht durchgesetzt wird.

Nach üblicher Auffassung wird die Durchsetzung des gesetzten Rechts von zwei Faktoren getragen, die sich wechselseitig ergänzen: von Konsens und von Zwangsgewalt. Konsens kann jedoch nur erteilt werden, wenn man die Sinngehalte kennt, denen man zustimmen soll. Und Zwangsgewalt kann nur zum Zuge kommen, wenn diejenigen, die über sie verfügen können, von Rechtsbrüchen erfahren. In beiden Hinsichten ist also ein Informationsproblem vorgeschaltet. Daran knüpfen Motivationsprobleme der verschiedensten Art an.[109] Schon die Zuwendung von Aufmerksamkeit für Informationen, ferner die Weitergabe von Informationen und schließlich das Folgerungenziehen und Handeln auf Grund von Informationen müssen motiviert werden. Mit zunehmenden Größenverhältnissen und zunehmender Verschiedenartigkeit von Themen und Personen gewinnen diese Informations- und Motivationsprobleme an Gewicht und entthronen gleichsam die klassischen Probleme politischer Herrschaft. Dabei haben Informationsschwierigkeiten bei der Durchführung neuer Gesetze eine so beherrschende Stellung gewonnen, daß alle anderen Fragen vergleichsweise zurücktreten und der Durchsetzungserfolg von Gesetzgebung praktisch ein Informationsproblem geworden ist. Diese These muß näher begründet und zu den verbleibenden Motivationsproblemen in Beziehung gesetzt werden.

Im Unterschied zu einem in der Informationstheorie und -technologie verbreiteten Sprachgebrauch soll hier zwischen ‹Daten› und ‹Informationen› scharf unterschieden werden. Von Information wollen wir nur dann sprechen, wenn Sinngehalte aktuell ins Bewußtsein aufgenommen werden und dort eine Überraschung und Strukturveränderung auslösen – sei es, daß sie unerwartet kommen, sei es, daß sie unbestimmte Erwartungen präzisieren.[110] Information ist danach problematisch infolge der begrenzten Kapazität für bewußte Aufmerksamkeit und infolge des Strukturbedarfs, der nur durch riskant selektierte Generalisierungen erfüllt werden kann, letztlich also als Folge des Komplexitätsgefälles zwischen System und Umwelt. Daraus folgt allgemein, daß bei zunehmender Systemdifferenzierung und zunehmendem Alternativenreichtum, also zunehmender Kontingenz des Handelns in der Gesellschaft, der Informationsbedarf steigen wird. Die Informationsprobleme bei der Durchführung positiven Rechts sind ein Sonderfall dieses allgemeinen Gesetzes.

Wir haben oben (S. 254) bereits gesehen, daß eine adäquate Kennt-

---

109 Auf diese Notwendigkeit *zusätzlicher* Ausführungsmotive über die bloße Anerkennung des Norminhalts hinaus weist auch Roscoe Pound, *Social Control Through Law.* 1942. Neudruck o. O. (Hamden/Conn.) 1968, S. 61, hin.

110 Zu diesem Informationsbegriff und zu seinem Zusammenhang mit Strukturfragen näher Niklas Luhmann, Reform und Information. Theoretische Überlegungen zur Reform der Verwaltung. Die Verwaltung 3 (1970), S. 15–41, neu gedruckt in: Ders., Politische Planung. Opladen 1971.

nis des jeweils geltenden Rechts bei den Betroffenen nicht mehr vorausgesetzt werden kann, geschweige denn bei allen Dritten. Die Rechtspraxis setzt sich in weitem Umfange darüber hinweg, indem sie das Risiko des Nichtkennens auf den einzelnen abwälzt. Hier interessiert der Gegenfall: daß auch die berufsmäßig mit der Rechtsdurchführung befaßten Rollen – wir wollen kurz von Erzwingungsstab sprechen und verstehen darunter die mit der Durchsetzung von Recht befaßten Verwaltungsbehörden, Gerichte und Polizei – über das einschlägige faktische Geschehen nicht ausreichend informiert sind.

Auch in dieser Fassung ist das Problem noch mehrschichtig. Mit HEINRICH POPITZ[111] muß man zunächst mehrere Stufen der Nichtdurchführung eines Gesetzes unterscheiden, je nachdem, ob Tat und Täter bekannt sind, gleichwohl aber nicht sanktioniert wird, oder nur die Tat bekannt oder Tat und Täter unbekannt sind. Diese Unterscheidung hat das Strafrecht vor Augen und denkt dabei an das universelle Motiv des Täters, seine Tat zu verbergen; sie erlaubt keine zureichende Aufgliederung unseres Problems und keine Herausarbeitung der spezifisch modernen Rechtsdurchführungsproblematik. Bei der Durchführung des in unübersehbarer Fülle neu gesetzten Rechts – man denke vor allem an die sozialpolitische und die wirtschaftspolitische Gesetzgebung – kommen neben dem *individuellen* Interesse des Abweichenden weitere *soziale* Mechanismen ins Spiel, die den Informationsfluß zu den amtlichen Instanzen hin abschleusen, kanalisieren, ja sogar blockieren. Das Problem ist nicht nur dies, daß die soziale Gemeinschaft den Schuldigen nicht erwischen kann; vielmehr liegen in der Struktur der sozialen Systeme Gründe dafür verankert, die eigenen Ziele und Normen in der Durchführung wiederum selektiv zu behandeln – das heißt teils auf die Durchführung Wert zu legen und sie in Gang zu bringen und teils nicht.[112] Wir können diese Frage auch so stellen: Welche Struk-

111 Über die Präventivwirkung des Nichtwissens. Dunkelziffer, Norm und Strafe. Tübingen 1968.

112 Sehr verstreut und vereinzelt gibt es hierzu empirische Forschung, auf die wir uns im folgenden stützen. Siehe als Auswahl aus verschiedenen Normbereichen etwa CLARK WARBURTON, *Prohibition.* Encyclopedia of the Social Sciences Bd. XII, 1934, S. 499–510 (als Überblick und für weitere Literaturhinweise); FOLKE SCHMIDT/LEIF GRÄNTZE/AXEL ROOS, *Legal Working Hours in Swedish Agriculture.* Theoria 12 (1946), S. 181–196; FREDERICK K. BEUTEL, *Some Potentialities of Experimental Jurisprudence as a New Branch of Social Science.* Lincoln/Nebr. 1957, S. 187 ff; HARRY BALL, *Social Structure and Rent-Control Violations.* American Journal of Sociology 65 (1960), S. 598–604; H. LAURENCE ROSS, *Traffic Law Violations. A Folk Crime.* Social Problems 8 (1960), S. 231–241; MICHAEL A. BAMBERGER/NATHAN LEWIN, *The Right to Equal Treatment. Administrative Enforcement of Antidiscrimination Legislation.* Harvard Law Review 74 (1961), S. 526–589, und danach namentlich LEON H. MAYHEW, *Law and Equal Opportunity,* a. a. O.; WILLIAM J. CHAMBLISS, *A Sociological Analysis of the Law of Vagrancy.* Social Problems 12 (1964), S. 67–77; LAMAR T. EMPEY/MAYNARD L. ERICKSON, *Hidden Delinquency and Social Status.* Social Forces 44 (1966), S. 546 bis 554; VILHELM AUBERT, Einige soziale Funktionen der Gesetzgebung. In: HIRSCH/

turen steuern den selektiven Prozeß der Informationsverarbeitung, der zur Erzwingung bzw. Nichterzwingung rechtgemäßen Verhaltens führt? Oder: wie wird der Tatbestand abweichenden Verhaltens zur Information und als Information weiterbehandelt, bis das Wissen darum an Stellen bzw. der Informationsprozeß in Phasen gelangt, die keine andere Möglichkeit mehr haben, als rechtgemäßes Verhalten zu erzwingen? Diese Fragestellung läßt offen, daß und wie psychische und soziale, individualisierte und generalisierte, typische und untypische Strukturen zusammenwirken.

Man könnte als erstes an die Enttäuschung oder Empörung über den Normbruch denken, die die Zunge löst und den Tatbestand publik macht. Bei aller Bedeutung, die eine moralische Entrüstung über den Normbruch auch heute noch besitzen kann,[113] nimmt deren Verläßlichkeit als Informationsträger und -weiterträger in urbanen Zivilisationen deutlich ab.[114] Vor allem vom Standpunkt neu gesetzten Rechts aus wäre es reiner Zufall, wenn jemand sich über regelwidriges Verhalten moralisch empört und allein deshalb Schritte zur Rechtsdurchsetzung einleitet. Erst recht kann man nicht erwarten, daß die Empörung während eines länger dauernden Verfahrens anhält und laufende Mitwirkung motiviert – sofern sie sich nicht auf weitere Motivationsstrukturen, zum Beispiel auf wirtschaftliche Ziele stützen kann.[115] Mit einer moralischen Selbstauslösung der Normdurchsetzung ist normalerweise nicht zu rechnen; man wird sich nach anderen Mechanismen der Informierung und Erzwingung umsehen und diese in die Rechtsetzung mit einplanen müssen.

Aus der Fülle möglicher Aspekte wollen wir zwei herausgreifen, an denen exemplarisch gezeigt werden kann, daß und wie sich die Problematik

---

REHBINDER, a. a. O., S. 284–309; JEROME H. SKOLNICK/J. RICHARD WOODWORTH, *Bureaucracy, Information and Social Control. A Study of a Morals Detail.* In: DAVID J. BORDUA (Hrsg.), *The Police. Six Sociological Essays.* New York–London–Sydney 1967, S. 99–136; ERHARD BLANKENBURG, Die Selektivität rechtlicher Sanktionen. Eine empirische Untersuchung von Ladendiebstählen. Kölner Zeitschrift für Soziologie und Sozialpsychologie 21 (1969), S. 805–829; JOHN A. GARDINER, *Traffic and the Police. Variations in Law-Enforcement Policy.* Cambridge, Mass. 1969; KENNETH M. DOLBEARE/PHILIP E. HAMMOND, *Prayers and Politics* Chicago 1971.

113 Zur Bedeutung ‹moralischer Unternehmer› für Rechtsdurchsetzung und Gesetzgebung siehe HOWARD S. BECKER, *Outsiders. Studies in the Sociology of Deviance.* New York–London 1963, S. 121 ff, 147 ff.

114 Darüber hinaus ist die Eigenständigkeit rein religiös-moralischer Motivation zur Überwachung und Anzeige des Verhaltens anderer ein Problem. Selbst das berühmte *‹holy watching›* der Puritaner hat seine Wurzeln sehr deutlich in der mittelalterlichen Praxis kollektiver Verantwortung der Kommunen für die Verfolgung Straffälliger und ist nicht etwa aus rein religiösen Gründen neu entwickelt worden. Vgl. GEORGE LEE HASKINS, *Law and Authority in Early Massachusetts. A Study in Tradition and Design.* New York 1960, S. 91. Das Scheitern entsprechender Einrichtungen im Genf CALVINS ist der Gegenbeleg.

115 Vgl. hierzu SKOLNICK/WOODWORTH, a. a. O.; PHILIP H. ENNIS, *Criminal Victimization in the United States. A Report of a National Survey.* Washington 1967.

des rechtsdurchführenden Informationsprozesses durch Positivierung des Rechts und durch den entsprechenden Themenzuwachs verändert. Dazu eignet sich zum einen eine Analyse des *Beschwerdemechanismus*, zum anderen eine Analyse *selektiver Wirkung des Erzwingungsstabes* selbst.

«Pas d'intérêt, pas d'action» lautet eine bekannte juristische Parömie,[116] die sich ursprünglich auf den Ausschluß von Popularklagen jedermanns aus dem Volke bezog. *«Pas d'action, pas d'intérêt»*. könnte man ebenfalls sagen und damit meinen, daß ein berechtigtes Interesse nur dann geprüft wird, wenn jemand klagt. Danach bleibt es dem durch eine Rechtsverletzung Beschwerten überlassen, sich zu melden und die Rechtsdurchführung in Gang zu bringen. Die ausbleibende individuelle Aktivität gilt als Symptom eines fehlenden individuellen Interesses. Der Gesetzgeber stützt sich in beträchtlichem Umfange auf diese Form der Abwicklung von Normverstößen[117] und verzichtet insoweit dann auf eine eigene Vorsorge für die Rechtsdurchführung. Für den soziologischen Blick ist jedoch auf Anhieb evident, daß Klagen zu den unwahrscheinlichen Tatbeständen des täglichen Lebens gehören. Zu den Aufgaben der Rechtssoziologie gehört es daher, die Funktionsbedingungen und den Selektionseffekt dieser Form der Rechtsdurchführung, die wir Beschwerdemechanismus nennen wollen, genauer zu erfassen.[118]

Mit der Ausdifferenzierung eines Systems für die Entscheidung von Rechtsfragen ist zunächst eine Differenzierung auch des Informationsflusses verbunden, der die Rechtsdurchsetzung auslöst. Der einzelne soll gleichsam als Umschaltstelle fungieren. Von ihm aus gesehen ist das informierende System, auf Grund dessen er Informationen hat, zu unterscheiden von dem zu informierenden System, an das er Nachrichten geben kann, die die Rechtsdurchführung auslösen. Unsere Frage zielt daher auf die Bedingungen, unter denen zu erwarten ist, daß jemand in beiden Systemen so handelt, daß sie sich verbinden und insoweit wie ein einziges System fungieren.[119]

Eine erste Voraussetzung des Zustandekommens eines Informationsflusses dürfte in der Kompatibilität der Rollen des Vermittlers in beiden

116 Bei ARTHUR DAGUIN, *Axiomes, Aphorismes et Brocards Français de Droit.* Paris 1926, aufgeführt unter No. 1137.

117 Vgl. z. B. FRANK E. HORACK, JR., *Cases and Materials on Legislation.* . Aufl. Chicago 1954, S. 116 ff, 195 ff.

118 Die bereits vorliegenden empirischen Untersuchungen (vgl. die in Anm. 112 zitierte Literatur) ergeben, was Effektivität und Problemsensibilität des Beschwerdemechanismus angeht, ein eher skeptisches Bild. Allerdings fehlt in den Einzelforschungen ein gesichertes Urteil über das, was man an normaler Leistung erwarten könnte, so daß es nicht möglich ist, Befunde als vergleichsweise günstig bzw. ungünstig zu erkennen.

119 Als theoretischen Hintergrund dieser Formulierungen vgl. den Begriff der *‹systemic linkages›* bei CHARLES P. LOOMIS, *Social Systems. Essays on Their Persistence and Change.* Princeton N. J. 1960, S. 32 ff; vgl. ferner DERS., *Tentative Types of Directed Social Change Involving Systemic Linkage.* Rural Sociology 24 (1959), S. 383–390.

Systemen zu suchen sein: Seine Rolle im informierenden System muß mit seiner Rolle im zu informierenden System ohne zu große Verhaltensschwierigkeiten vereinbar sein. Das ist schwierig vor allem deshalb, weil man für das Ingangbringen der Rechtsverfolgung einen Feind definieren muß, was das Ursprungssystem nicht immer verträgt.[120] Die Rollenkompatibilität läßt sich am besten bei streng zeitlichem Nacheinander herstellen, wenn nämlich die Interaktion im informierenden System abgeschlossen ist oder abgeschlossen werden kann, sobald man im zu informierenden System die Interaktion aufnimmt. Solch ein Verzicht auf weitere Interaktion im Ursprungssystem ist jedoch nicht immer durchführbar oder zumutbar oder auch nur rechtspolitisch erwünscht. Die Durchführung des Arbeitsschutzrechts läßt sich zum Beispiel nicht sinnvoll an die Voraussetzung knüpfen, daß der Arbeiter den Arbeitsplatz verläßt. Andere Auswege setzen eine gewisse Größe und Komplexität des informierenden Systems voraus. So ist Rollenkompatibilität bei fortlaufender Mitgliedschaft eher erreichbar, wenn das informierende System, etwa ein Produktionsbetrieb, ohnehin schon konfliktreich stabilisiert ist; oder wenn die Fortsetzung der Mitgliedschaft sehr wenig elementare Interaktion von Angesicht zu Angesicht erfordert. All das begründet die Vermutung, auf die wir im folgenden Kapitel noch häufiger stoßen werden, daß der Organisiertheitsgrad der Gesellschaft, das Ausmaß, in dem sie aus relativ großen, durch Organisation zusammengehaltenen Teilsystemen besteht, ein wesentliches Moment sein dürfte, das die Durchführung positiver Rechtspolitik begünstigt.

Anderes kommt jedoch hinzu. Die Schwierigkeiten können auch in dem zu informierenden System liegen. In vielen Fällen, zum Beispiel bei Sexualdelikten,[121] werden die Umstände, auf Grund derer jemand über Rechtsbrüche informiert ist, diesem im System der Rechtsverfolgung besondere Verhaltensschwierigkeiten bereiten. Es kann ein Verdacht auch auf ihn fallen; es können Aufklärungsfragen zu erwarten sein, die auch ihn in Verlegenheit bringen; es können peinliche Konfrontationen bevorstehen, oder es mag einfach Unsicherheit darüber bestehen, wie man sich in einer nichtalltäglichen, offiziellen Atmosphäre verantwortlich zu verhalten hat.[122]

120 Auch in der polizeilichen Praxis kann man ein ‹Schonen› symbiotischer lebensdichter Kleinsysteme wie Familien oder Nachbarschaften beobachten. Anzeigen kleinerer Delikte aus diesem Bereich werden nur zögernd und nur bei ausdrücklichem Verlangen aufgenommen. Und selbst bei schwereren Fällen von Körperverletzung zögern die Opfer oft mit Anzeigen gegen Personen, mit denen sie weiterhin zusammenleben müssen oder wollen. Hierzu vgl. James Q. Wilson, *Varieties of Police Behavior. The Management of Law and Order in Eight Communities.* Cambridge/Mass. 1968, S. 23 f, 58 f.

121 Vgl. Skolnick/Woodworth, a. a. O.

122 Siehe hierzu die Beobachtung von Blankenburg, a. a. O., S. 815 ff, daß nicht nur die Ladendiebe fliehen, sondern auch diejenigen, die einen Ladendiebstahl bemerkt haben. Ähnliche Beobachtungen kann man bei Verkehrsdelikten anstellen. Verstärkt ist ein solches geflissentliches Wegsehen und Fliehen der Unbeteiligten zu erwarten, wenn der Gerichtsgang selbst unübersehbare Gefahren für alle Beteiligten birgt – wie aus dem älteren China berichtet wird; vgl. Sybille van der Sprenkel, a. a. O., S. 72.

Im übrigen folgt aus der Alltagsferne des Rechtsverfolgungssystems auch, daß vielfach Aufwendungen an Geld und an Zeit erforderlich sind und daß die Rechtsdurchsetzung sich jedenfalls nicht als natürliche Fortsetzung des täglichen Verhaltens gleichsam von selbst ergibt, sondern mit einem Entschluß zu Außergewöhnlichem eingeleitet werden muß. In der Systemdifferenzierung selbst sind schon Verhaltenssperren und Filterungen angelegt, die nicht unbedingt im Sinne der spezifischen Systemziele operieren.

Schließlich wissen wir, daß hier wie auch in anderen Bereichen der Partizipation an den Entscheidungsprozessen des politischen Systems *schichtenspezifische* Selektoren am Werk sind. Angehörige höherer Schichten, Wohlhabende, Gebildete sind auf den Beschwerdewegen unverhältnismäßig hoch vertreten.[123] Der Beschwerdemechanismus hat also, nicht anders als die Polizei, einen unter Statusgesichtspunkten diskriminierenden Effekt. Das kann man mit Sicherheit wissen, und das muß der Gesetzgeber daher bei der Wahl dieses Durchsetzungsweges mitverantworten. Dabei handelt es sich nicht um ein rein ökonomisches oder gar finanzielles Problem, das durch Kostenbefreiungen, Armenrecht und dergleichen gelöst werden könnte, da auch die ‹Partizipation am Wirtschaftssystem› (z. B. Zugang zu einkommensintensiven Positionen, Konsumgewohnheiten, Fähigkeit zum Umgang mit Geld) wiederum schichtenspezifisch gesteuert ist; vielmehr treten andere Hemmungen unterer Schichten hinzu: Mangel an Wissen, an Sicherheit des Auftretens in unvertrautem Kontext, an Initiative und fatalistische Einstellung als Form der Absorption vergangener Erfahrungen.[124] Ungeachtet dieser spezifischen und sehr unterschiedlichen Faktoren, die die Weitergabe von Informationen an das Rechtsverfolgungssystem steuern, können aus dem Bestehen solcher Sperren überhaupt einige weitere Überlegungen abgeleitet werden. Die eine betrifft das *Ausfiltern von Bagatellsachen*. Besonders in Dauerbeziehungen konzedieren die Beteiligten einander ‹*reciprocal immunities*›[125] für kleinere Rechtsverstöße. Verstöße, die als vergleichsweise unwichtig erscheinen, werden nicht weiter verfolgt. Die Beurteilung als Bagatelle wird dabei vom *Einzel*fall her getroffen und kann so die rechtspolitischen Intentionen des Gesetzgebers, der Fall*mengen* vor Augen hatte, unterlaufen. Das Recht wird dann gleichsam von der Bagatelle her korrumpiert. Es gibt zum Beispiel Konstellationen, in denen Verstöße

123 Siehe die Ergebnisse von HAROLD GOLDBLATT/FLORENCE CROMIEN, *The Effective Social Reach of the Fair Housing Practices Law of the City of New York*. Social Problems 9 (1962), S. 365–370, oder von LEONARD ZEITZ, *Survey of Negro Attitudes toward Law*. Rutgers Law Review 19 (1965), S. 288–316 (306 f); ferner auch LEON MAYHEW/ALBERT J. REISS, JR., *The Social Organization of Legal Contacts*. American Sociological Review 34 (1969), S. 309–318. Im strafrechtlichen Bereich findet ENNIS, a. a. O., S. 45 ff, keinen Zusammenhang zwischen Anzeigebereitschaft und Einkommenshöhe oder Rasse.

124 Vgl. zum letzteren auch FRANZ-XAVER KAUFMANN, Sicherheit als soziologisches und sozialpolitisches Problem. Stuttgart 1970, S. 200 ff, und insbes. die Tabelle S. 365.

125 So LAWRENCE M. FRIEDMAN, *Legal Rules and the Process of Social Change*. Stanford Law Review 19 (1967), S. 786–840 (806).

im Einzelfall kaum schaden, sich aber in ihren Effekten summieren.[126] Und es gibt Vorschriften – etwa solche der Sicherheit am Arbeitsplatz oder der Hygiene im Krankenhaus –, die ein fallweise unwahrscheinliches Risiko sehr hohen Schadens abdecken sollen und dabei nicht selten diesem Prozeß des Durchgehenlassens von Bagatellverstößen zum Opfer fallen.

Zum anderen können wir davon ausgehen, daß jedes soziale System Verhaltensalternativen bereithält – auch für den Fall von Normverstößen. Dies können Alternativen der Rechtsverfolgung sein, aber auch Alternativen zur Rechtsverfolgung.[127] Das Anspruchsniveau in bezug auf die Normdurchführung läßt sich variieren; für die Ziele, die durch die Norm erreicht werden sollten, lassen sich funktional äquivalente Formen der Verwirklichung entdecken. Zu den Alternativen im weiteren Sinne gehören schließlich auch diejenigen, die gerade der Normverstoß eröffnet. Wie organisationssoziologische Forschungen gezeigt haben, kann das Wissen um den Verstoß in dem Ursprungssystem Tauschwert haben, Machtbasis, ja sogar wissenschaftlich empfohlenes Führungsmittel sein.[128] Derjenige, der um einen Normverstoß oder gar um eine kontinuierlich normwidrige Praxis weiß, kann für die Nichtweitergabe dieses Wissens Gegenleistungen erwarten – sei es ausdrücklich verlangen, sei es auf der Ebene des Erwartens von Erwartungen erreichen, auf der die Beteiligten ihr wechselseitiges Wissen wissen und zugleich mitwissen, daß dieses Wissen wie Nichtwissen zu behandeln ist. Ein Teil der rechtsrelevanten Informationen wird auf diese Weise im Ursprungssystem zu internem Gebrauch abgezweigt und nicht zur Durchsetzung der Normen, sondern zur Durchsetzung anderer

126 Zum Beispiel verwenden Verwaltungsbürokratien ‹Eilt-Mappen› zur Auszeichnung eiliger Vorgänge. Die Geschäftsordnung sieht vor, nicht mehr eilige Vorgänge aus solchen Mappen herauszunehmen. Sie ist praktisch als im Einzelfall wenig bedeutsame Vorschrift nicht durchsetzbar – kein Vorgesetzter wird einem Untergebenen deswegen Vorwürfe machen, weil eine nicht mehr eilige Sache noch in einer Eilt-Mappe vorgelegt wurde – mit dem Effekt, daß die Menge der als eilig erscheinenden Vorgänge eine Aussonderung der wirklich eiligen Vorgänge erschwert und bedeutsame Entscheidungen mit unübersehbaren Folgeschäden verzögert werden.

127 Zum Beispiel die Einschaltung des Militärpfarrers oder des psychiatrischen Dienstes als Alternative zum förmlichen Beschwerdeverfahren – nach William M. Evan, *Due Process in Military and Industrial Organizations.* Administrative Science Quarterly 7 (1962), S. 187–207 (194 f).

128 Vgl. z. B. Fritz J. Roethlisberger/William J. Dickson, *Management and the Worker.* Cambridge/Mass. 1939, S. 449 ff; Alvin W. Gouldner, *Patterns of Industrial Bureaucracy.* Glencoe/Ill. 1954, insbes. S. 45 ff, 172 ff; Peter M. Blau, *The Dynamics of Bureaucracy.* Chicago 1955, S. 28 ff, 167 ff, und Peter M. Blau/W. Richard Scott, *Formal Organizations. A Comparative Approach.* San Francisco 1962, S. 141 ff; George Strauss, *Tactics of Lateral Relationship. The Purchasing Agent.* Administrative Science Quarterly 7 (1962), S. 161–186; David Mechanic, *Sources of Power of Lower Participants in Complex Organizations.* Administrative Science Quarterly 7 (1962), S. 349–364; Michael Schwartz, *The Reciprocities Multiplier. An Empirical Evaluation.* Administrative Science Quarterly 9 (1964), S. 264–277.

Ziele oder zur Stabilisierung anders nicht möglicher Beziehungen benutzt.

All diese Überlegungen bezogen sich auf unseren ersten Hauptpunkt: auf die Selektivität der Weiterleitung von Informationen über Rechtsbrüche aus dem Ursprungssystem in das Rechtsverfolgungssystem. Ein anderer Selektionsmechanismus ist der *Erzwingungsstab* selbst, konkret gesprochen Polizei, Aufsichts- und Inspektionsdienst der öffentlichen Verwaltung und Gerichte. Dessen Analyse kann sich heute auf ein gesichertes organisationssoziologisches Theorem stützen, nämlich darauf, daß System- und Programmdifferenzierung stets eine Neubildung von ‹internen› System/Umwelt-Orientierungen, eine entsprechende Umgruppierung von Wertgesichtspunkten und dadurch, vom Gesamtsystem aus gesehen, ein gewisses Maß an abweichendem Verhalten erzeugt.[129] Jedes Teilsystem bildet einen eigenen Selektionsstil aus, in den neben den allgemein anerkannten, übergreifenden Wertgesichtspunkten auch teilsystemspezifische Urteilskriterien, Defensivwerte, Arbeitstechniken usw. eingehen. Von diesem allgemeinen Gesetz sind auch diejenigen Sozialsysteme nicht ausgenommen, die auf Rechtsdurchführung spezialisiert sind. Vor allem bei der Polizei sind als Reaktion auf ihre kontaktintensive, konfliktsreiche, schwer regulierbare Umweltlage Tendenzen zur Selbstmoralisierung eigener Selektionsweisen beobachtet worden – nicht unbedingt abweichendes Verhalten, aber eine Art, allgemein anerkannte Werte zu vertreten, die ihrerseits nicht allgemeine Anerkennung findet.[130]

Stellt man zusammen, was wir über die Selektionsweise von Erzwingungsstäben wissen, dann zeigt sich, daß die empirische Forschung bisher vorwiegend den individuellen Entscheider gesehen und nach ideologischen Vorurteilen, Einstellungen, Schichtenangehörigkeit als die Entscheidung beeinflussenden Faktoren oder juristisch nach Kriterien seiner Ermessens-

---

129 Für eine allgemeine Formulierung dieser Einsicht siehe JAMES G. MARCH/HERBERT A. SIMON, *Organizations.* New York–London 1958, S. 112 ff, 150 ff. Empirische Forschung findet man zumeist unter Stichworten wie *‹goal displacement›*, Zweck-Mittel-Verschiebung. Siehe z. B. ROY G. FRANCIS/ROBERT C. STONE, *Service and Procedure in Bureaucracy.* Minneapolis 1956; DAVID L. SILLS, *The Volunteers. Means and Ends in a National Organization.* Glencoe/Ill. 1957; JOHANN JÜRGEN ROHDE, Soziologie des Krankenhauses, Stuttgart 1962, S. 179 ff. Andere einschlägige Forschungen werden unter dem Gesichtspunkt dysfunktionaler Folgen von Arbeitsteilung und Aufgabenspezifikation oder unter dem Gesichtspunkt von Kleingruppenidentifikationen gesammelt.

130 Vgl. z. B. WILLIAM A. WESTLEY, *Secrecy and the Police.* Social Forces 34 (1956), S. 254–257; JAMES Q. WILSON, *The Police and Their Problems. A Theory.* Public Policy 12 (1963), S. 189–216; SKOLNICK, a. a. O., S. 227 f, oder ALBERT J. REISS, JR./DAVID J. BORDUA, *Environment and Organization. A Perspective on the Police.* In: DAVID J. BORDUA (Hrsg.), *The Police. Six Sociological Essays.* New York–London–Sydney 1967, S. 25–55 (37 ff); JOHANNES FEEST/RÜDIGER LAUTMANN (Hrsg.), Die Polizei. Soziologische Studien und Forschungsberichte. Opladen 1971. Neben Selbstmoralisierung bietet Berufszynismus eine funktional äquivalente Problemlösung. Dazu ARTHUR NIEDERHOFFER, *Behind the Shield. The Police in Urban Society.* Garden City/N. Y. 1967, S. 90 ff, 187 ff.

ausübung gefragt hat.[131] In der Abschätzung seines Einflusses auf den normalen Entscheidungsgang (außerhalb der Brennpunkte ideologisch bestimmter Debatten) sind wir jedoch auf vage Vermutungen angewiesen. Einige Erhebungen über Vorurteile bei der Durchführung der amerikanischen Rassengleichheitsgesetzgebung liegen vor,[132] ihre Verallgemeinerung zu der These, daß Vorurteile, wenn sie vorliegen, den Entscheidungsgang beeinflussen, kommt jedoch einer Tautologie nahe. Neben solchen themagebundenen (und daher immer nur partiell wirksamen) Vorurteilen muß man mit allgemeinen Arbeitseinstellungen rechnen, die sich typisch aus der System- und Programmdifferenzierung entwickeln und die dahin führen, daß der Erzwingungsstab die Aufgabe der Rechtsdurchführung nochmals selektiv behandelt. An die Selektion des Rechts schließt sich, unter verschobenen Gesichtpunkten, die Selektion der Fälle an, in denen das Recht durchgeführt wird. Als Selektionsfaktoren wirken, wie wir auf Grund von Untersuchungen namentlich des Polizeisystems annehmen können,[133] eine sinnvolle Ökonomie des *Einsatzes knapper Ressourcen*, besonders des Personaleinsatzes, ferner die *konkreten Bedingungen der Effektivität*, damit zusammenhängend das *Eingehen tauschförmiger Bindungen* und schließlich ein konkreteres ‹*Kontaktverständnis*› der Umwelt, das zu Korrekturen am Inhalt normativer Erwartungen führen kann.

Personalknappheit ist ein oft und offen gebrauchtes Argument, mit dem (zum Beispiel im Bereich von Verkehrsdelikten, Rauschgiftdelikten, gewerbepolizeilichen Verstößen) eine geringe Aktivität der Rechtsverfolgung begründet wird.[134] Das geschieht durchaus mit Vernunft (wenngleich nicht ‹mit Recht›), denn Rechtsverfolgung setzt Information, und Information setzt bewußte Aufmerksamkeit voraus. Andererseits fehlt es an Planung der Beziehung zwischen beiden Variablen in ihrer Veränderbarkeit, das

---

131 So namentlich die in Bd. I, S. 4 nachgewiesene Forschung über ‹*judicial behavior*›.

132 Siehe etwa Robert E. Goostree, *The Iowa Civil Rights Statute. A Problem of Enforcement.* Iowa Civil Rights Review 37 (1952), S. 242–248; Michael A. Bamberger/Nathan Lewin, *The Right to Equal Treatment. Administrative Enforcement of Antidiscrimination Legislation.* Harvard Law Review 74 (1961), S. 526–589.

133 Vgl. etwa Beutel, a. a. O.; Joseph Goldstein, *Police Discretion not to Invoke the Criminal Process. Low-Visibility Decisions in the Administration of Justice.* The Yale Law Review 69 (1960), S. 543–594; Wayne R. LaFave, *The Police and Nonenforcement of the Law.* Wisconsin Law Review 1962, S. 104–137, 179–239; ders., *Arrest.* Boston 1965; Alan Barth, *Law Enforcement Versus the Law.* New York 1963; Jerome H. Skolnick, *Justice Without Trial: Law Enforcement in Democratic Society.* New York–London–Sydney 1966; Egon Bittner, *The Police on Skid-Row. A Study of Peace Keeping.* American Sociological Review 32 (1967), S. 699–715; Aaron V. Cicourel, *The Social Organization of Juvenile Justice.* New York–London–Sydney 1968; Wilson, a. a. O.; Gardiner, a. a. O.

134 Vgl. z. B. Beutel, a. a. O., S. 196; Goldstein, a. a. O., S. 561; LaFave, a. a. O. (1962), S. 113 ff, 203 ff; im übrigen ist diese These jederzeit empirisch zu testen, indem man versucht, nachbarschaftliche Delinquenz wie ruhestörenden Lärm mit Hilfe der Polizei wirksam zu unterbinden.

heißt an Planung des Maßes, in dem eine Personalvermehrung eine lohnende Verbesserung der Rechtsdurchsetzungsintensität erbringen würde. Für den Juristen müßte eine solche Planung, die auf Einplanung (und damit Zulassung) einer Grenze sinnvoller Rechtsdurchsetzung, also einer planmäßigen Nichtdurchsetzungsquote hinauslaufen müßte, geradezu suspekt erscheinen.[135] Wenn und soweit aber die Beziehung zwischen Personalaufwand und Rechtsdurchsetzungsintensität in ihrem jeweiligen Stand nicht begründet werden kann, hat das Argument der Personalknappheit eine rein defensive Funktion und deckt Selektionsweisen ab, die sich als rein faktische unter der Hand entwickelt haben. Hierzu gehört zum Beispiel die Selektion dessen, was bei schematisch vorgeschriebenen Patrouillen oder Inspektionen dem geschulten Blick als verdächtig auffällt;[136] oder die Selektion dessen, was auf Grund einer schriftlichen, nicht-anonymen Anzeige in die Akten gelangt; oder die Selektion von Tätern, über die bereits Akten geführt werden. In beiden Fällen fungiert das Optische bzw. das Schriftliche als ein sehr problematisches Indiz für Relevanz. Und in beiden Fällen kann das Indiz, wenn es als solches legitimiert ist, benutzt werden, um selektive Nichtaufmerksamkeit zu erzeugen.[137]

Der *Orientierungsgegensatz von Konditionierung und Effektivität,*[138] der das gesamte positive Recht durchzieht, macht sich in der Rechtsdurchführung verstärkt bemerkbar, weil es hier nicht mehr nur um die Ausarbeitung von (noch relativ abstrakten) Entscheidungen geht, sondern um Eingriffe in das soziale Leben, die ihren eigenen Effektivitätsbedingungen folgen. Auf der Ebene der Rechtsplanung und Rechtsetzung wird dieser Orientierungsgegensatz gleichsam durch Abstraktion überspielt und vernachlässigt; er tritt erst auf den konkreteren Stufen der Rechtsdurchführung hervor. Das hat den Vorteil, daß die Legitimation von Normen und Positionen nicht mehr als problematisch empfunden wird, sondern der Konflikt nur noch um Präferenzen und Prioritäten bei der Rollenaktivierung ausgetragen werden muß.[139] Wie SKOLNICK beobachtet hat, gewinnt die Polizei

---

135 Eine Konsequenz dieser Einsicht ist, daß die Planung der Rechtsdurchsetzung nicht in rein normativer Perspektive erfolgen kann, sondern rechtlich nicht darstellbare Verzichtsbereitschaften impliziert. Ähnliches gilt für das Problem der akzeptierbaren Fehlerquote bei der verwaltungsmäßigen Durchführung von rechtlichen Regelungen. Dazu NIKLAS LUHMANN, Recht und Automation in der öffentlichen Verwaltung. Eine verwaltungswissenschaftliche Untersuchung. Berlin 1966, S. 75 ff.

136 Für typische Details siehe JOHANNES FEEST, Die Situation des Verdachts. In: JOHANNES FEEST/RÜDIGER LAUTMANN, a. a.O., S. 71–92.

137 Ein ins Juristische gehender Versuch, Kriterien des Einschreitens bzw. Nichteinschreitens der Polizei unter der Bedingung knapper Ressourcen aus der Praxis herauszudestillieren, findet sich bei LAFAVE, a. a. O. (1962).

138 Vgl. oben S. 231 f.

139 Dies zeigt DEREK PUGH, *Role Activation Conflict. A Study of Industrial Inspection.* American Sociological Review 31 (1966), S. 835–842, an einem vergleichbaren Fall: dem Konflikt zwischen Qualitätskontrolle und Produktionseffektivität in Industriebetrieben.

in dieser Problemlage ein eigenes System-, Arbeits- und Grenzbewußtsein, von dem aus die Welt des geschriebenen Rechts, namentlich des Verfahrensrechts, als Umwelt behandelt und moralisch neutralisiert werden kann.[140] Der Arbeitserfolg, an dem die Polizei in der Öffentlichkeit gemessen wird, vor allem die Eindämmung ernsthafter Kriminalität und die Herstellung eines öffentlichen Anscheins von Ordnung, suggeriert zum Teil außerlegale, wenn nicht rechtswidrige Mittel, vor allem bei der Verfolgung eines noch ungewissen Verdachts und bei der Sicherstellung von Beweismitteln. Der Verzicht darauf wird als schwer verständliche, verständnislose Umweltforderung gebucht. Vom Standpunkt einer solchen Zweckorientierung aus drängt es sich auf, die Rechtsdurchführung, die als Zweck ohnehin nur teilweise erfüllt werden kann, auch taktisch selektiv zu behandeln.

Auch in diesem Zusammenhang bieten sich, ähnlich wie bei der Informationsweitergabe,[141] *tauschförmige Motivations- und Verständigungsmuster* an, die die Selektion der Fälle und des Umfangs der Rechtsdurchführung zum Gegenstand mehr oder weniger stillschweigender Vereinbarungen machen und damit sozial absichern.[142] So verzichten amerikanische Kommissionen, die mit der Durchführung der Rassengleichheitsgesetzgebung beauftragt sind, auf den vollen Einsatz ihrer gesetzlichen Kompetenzen, um die betroffenen Kreise zu einer über den Einzelfall hinausgehenden Kooperation zu bewegen.[143] Erst recht liegt es, wenn man bei der Rechtsdurchführung an den Grenzen des Erlaubten operiert, nahe, den Konsens der unmittelbar Mitwirkenden zu suchen, und das wichtigste Tauschgut derjenigen, die für die Rechtsdurchführung sorgen sollen, ist ein partieller Verzicht darauf.[144] Dieser Verzicht kann formal (aber nicht in der tausch-

---

140 Skolnick, a. a. O., bezeichnet unser Problem als Spannungsverhältnis von *law and order* und greift damit auf alteuropäische Problemformeln wie Leben und gutes Leben, Frieden und Gerechtigkeit, Sicherheit und Ordnung zurück, deren Inhalte in bezeichnender, ethisch neutralisierender Weise verändernd. Ähnlich unterscheidet Michael Banton, *The Policeman in the Community.* New York 1964, insbes. S. 6 f, 127 ff, Rollen der Polizei als *law officers* und als *peace officers.*

141 Vgl. oben S. 274.

142 Georg F. Cole, *The Decision to Prosecute.* Law and Society Review 4 (1970), S. 331–343, schlägt vor, sich bei der Analyse von Rechtsdurchsetzungsentscheidungen am organisationssoziologischen Modell tauschförmiger Intersystembeziehungen zu orientieren. Dieses Modell ist allerdings nur in dem Maße realistisch, als die Freiheit, zu tauschen oder nicht zu tauschen, vorausgesetzt werden kann.

143 Vgl. Morroe Berger, *Equality by Statute. The Revolution in Civil Rights.* 2. Aufl. Garden City N. Y. 1967, S. 160 ff; Leon H. Mayhew, *Law and Equal Opportunity,* a. a. O. In der Literatur herrscht eine kritische Würdigung dieser Politik vor, ohne daß die Folgen einer schärferen Erzwingungspraxis angegeben werden könnten. Das Umgekehrte gilt – ein interessanter Beleg für berufliche Vorurteile der Soziologen – für *law enforcement* im Bereich der Kriminalität, wo eher für Zurückhaltung plädiert wird.

144 Aus der amerikanischen Gerichtspraxis siehe an neuerer Literatur zu einer alten Diskussion Donald J. Newman, *Pleading Guilty for Considerations. A Study of Bargaining Justice.* In: Norman Johnston/Leonard Savitz/Marvin E.

förmigen Verwendung) durch legales Ermessen gedeckt sein. Er kann sich auch außerhalb der Legalität bewegen – so wenn es um Motivation zu Spitzeldiensten oder Zeugenaussagen geht. Ein Recht, das sich außerstande sieht, solche Praktiken zu legitimieren,[145] verzichtet damit zugleich auf ihre Regulierung und Kontrolle.

Abstrakter formuliert handelt es sich hierbei um eine Mitdurchsetzung von erforderlichen, aber nicht erzwingbaren Aspekten des Rechtsdurchsetzungsprozesses, die mit einem quasi tauschförmigen Verzicht auf nicht (oder nicht so sehr) erforderliche, aber erzwingbare Aspekte erkauft werden. Diese abstraktere Formulierung deckt auch eine zweite Fallgruppe. Wenn die Rechtsdurchsetzung zugleich mit Aufgaben der Erziehung zu rechtmäßigem Verhalten gekoppelt ist, kommt es zu einem ähnlichen Konflikt der Orientierungen. Erziehung erfordert, nach PARSONS' weithin anerkanntem Modell, Nachsicht gegenüber Verstößen und einen gewissen Sanktionsverzicht, eine elastische, nicht strikt normative Einstellung zu Enttäuschungen, ihre Behandlung nicht als Anlaß zur Empörung, sondern als Anlaß zum Lernen.[146] Und die praktischen Erfahrungen einer erzieherisch orientierten Rechtsdurchführung zeigen, daß die gleichsam blinde Konditionalität der Reaktion zurücktreten muß und eine umsichtig lavierende Praxis ihre Stelle einnimmt, die stets in Gefahr ist, den Gleichheitsgrundsatz zu verletzen und mangels sicherer Kontrolle über Kausalverläufe in persönliche oder politische Willkür auszuarten.[147]

Schließlich muß als weiterer, relativ eigenständiger Selektionsfaktor ein sehr konkretes, milieubezogenes *Kontaktverständnis* genannt werden, das sich in den Erzwingungssystemen herausbildet. An der Front sehen die Dinge anders aus als in den Stäben, die die Einsätze planen. Der Polizist, der mit Ermittlungen wegen Verstößen gegen überholte Unzuchtparagraphen befaßt ist, wird sich mit seinem Verständnis oft eher auf seiten der Täter als auf seiten des Rechts finden. Die Schwierigkeiten, Umstände und Kosten, die mit gewerbepolizeilichen Auflagen verbunden sind, versteht man besser, wenn man den Betrieb sieht; kann ihre Durchführung dann aber nicht durchsetzen, ohne über die Möglichkeiten der Durchführung mitzuberaten – und damit Mitverantwortung für Zustände zu übernehmen,

---

WOLFGANG (Hrsg.), *The Sociology of Punishment and Corrections.* New York 1962, S. 24–32; DERS., *Conviction. The Determination of Guilt or Innocence Without Trial.* Boston–Toronto 1966; DOMINICK R. VETRI, *Guilty Plea Bargaining. Compromises by Prosecutors to Secure Guilty Pleas.* University of Pennsylvania Law Review 112 (1964), S. 865–908; ABRAHAM S. BLUMBERG, *The Practise of Law as Confidence Game. Organizational Co-optation of a Profession.* Law and Society Review 1 (1967), S. 15–39.

145 Vgl. ALFRED R. LINDESMITH, *The Addict and the Law.* Bloomington/Ind. 1965, S. 35 ff.

146 Vgl. TALCOTT PARSONS, *The Social System.* Glencoe/Ill. 1951, insbes. S. 297 ff.

147 Hierzu sind wiederum instruktiv die Beobachtungen von LEON MAYHEW, *Law and Equal Opportunity,* a. a. O.

die nur ‹im wesentlichen› den Intentionen des Gesetzgebers entsprechen.[148] Die Interaktion über Systemgrenzen hinweg tritt damit unter eigene Normen, von denen nicht selten ein *‹flavor of guilt›* [149] ausgeht. Gewiß kann dieses Problem durch Unbestimmtheit der maßgeblichen Vorschriften gemildert werden; aber diese Unbestimmtheit kann nicht allein unter dem Gesichtspunkt der Kontakterleichterung für Grenzstellen gewählt werden, sondern hat ihrerseits Dysfunktionen und Risiken, die unannehmbar erscheinen können.

In all diesen Formen scheint, um einen allgemeinen, zusammenfassenden Gedanken herauszuziehen, in der Rechtsdurchführung eine pragmatisch-selektive, nach Bedarf moralisch neutralisierende Einstellung zur Rechtsnorm sich durchzusetzen. Dieser Befund bestätigt nur, was wir oben [150] als natürliche Einstellung zur Norm in Situationen des täglichen Lebens gekennzeichnet hatten: eine ambivalente Haltung mit der Bereitschaft, die Norm durch konkrete Absicherung im Erwarten von Erwartungen zu modifizieren oder gar beiseite zu schieben. Selbst arbeitsintensive Entscheidungsverfahren und ausgeklügelte, schriftlich fixierte Formulierung von Rechtssätzen kommen um den Tatbestand nicht herum, daß das Recht in Situationen des täglichen Lebens, in elementarer Interaktion von Angesicht zu Angesicht angewandt werden muß und in diesen Lebenssituationen einer besonderen Behandlung unterworfen wird.

Es gibt Autoren [151], die darin eine Einschränkung der ‹Geltung› des Rechts sehen. Wir würden das Problem in möglichen Gefährdungen der Funktion des Rechts sehen, die durch die abstrakte, auf ein Entweder/Oder gestellte Geltungsvorstellung symbolisiert wird. Für normatives Erwarten ebenso wie für dessen Einbau in kongruent generalisierte Erwartungszusammenhänge ist eine hinreichend sichere Vorausschau auf Möglichkeiten der Enttäuschungsabwicklung wesentlich. Diese konzentriert sich auf einen Adressaten in dem Maße, als das Rechtssystem von okkasioneller Rechtsdurchsetzung zu institutioneller und organisierter Vorsorge für die Rechtsdurchsetzung übergeht. Damit steigen die Sichtbarkeit des Problems und die Summierbarkeit der Erfahrungen. Versagt der Durchsetzungsmechanismus

---

148 Siehe hierzu E. J. Foley, *Officials and the Public.* Public Administration 9 (1931), S. 15–22 (19).

149 Diese Formulierung bei Robert L. Kahn/Donald M. Wolfe/Robert P. Quinn/Diedrick J. Snoek, *Organizational Stress. Studies in Role Conflict and Ambiguity.* New York–London–Sydney 1964, S. 113 f. Zur umfangreichen organisationssoziologischen Literatur zu diesem Thema der Grenzstellen vgl. ferner Niklas Luhmann, Funktionen und Folgen formaler Organisation. Berlin 1964, S. 220 ff; W. Richard Scott, *Theory of Organizations.* In: Robert E. L. Faris (Hrsg.), *Handbook of Modern Sociology.* Chicago 1964, S. 485–529 (521 f); R. Bar-Yosef/E. O. Schild, *Pressure and Defenses in Bureaucratic Roles.* The American Journal of Sociology 71 (1966), S. 665–673; und als eine unserem Kontext besonders nahestehende Fallstudie Earl Rubington, *Organizational Stress and Key Roles.* Administrative Science Quarterly 9 (1965), S. 350–369.

150 Vgl. Bd. I, S. 39, 49 ff.

151 zum Beispiel Popitz, a. a. O.

in einem Fall, liegt eine entsprechende Befürchtung für andere Fälle nahe – selbst dann, wenn es um andere Personen und andere Sachverhalte geht, da das Versagen nicht den Umständen, sondern der Organisation zugerechnet wird. Die Nichtdurchführung kann antizipiert werden und könnte sich dann seuchengleich ausbreiten. Statt der Generalisierung von Normen käme eine Generalisierung des Enttäuschungserlebens zustande.

Obwohl es an Hinweisen dieser Art in der Literatur nicht fehlt,[152] bedürften die empirischen Bedingungen, unter denen faktisch mit einer solchen Entwicklung zu rechnen ist, näherer Erforschung. Wir können nur vermuten, daß das Informationsproblem, das die Rechtsdurchführung erschwert, auch die Ausbreitung des Enttäuschungserlebens blockiert. Man ist über das normwidrige Verhalten ebensowenig informiert wie über das Ausbleiben der Sanktionen, und das abstrakte Wissen des Nichtwissens scheint die Entstehung eines ebenso abstrakten Rechtsvertrauens nicht zu behindern. In sehr komplexen Gesellschaften können soziale Systeme nicht mehr durch Auswertung gemeinsamer konkreter Erfahrungen stabilisiert werden, sondern erzeugen durch ihre Komplexität selbst eine Art von abstraktem Systemvertrauen, das als solches unentbehrlich und gegen punktuelle Widerlegung immunisiert ist. Diejenigen, die ihr Enttäuschungserleben generalisieren, bleiben auf symbolischer Aggressivität sitzen und handeln privat, inkonsequent, bizarr, pathologisch, sofern ihnen nicht eine politische Aggregation neuer Ziele gelingt.

Ein anderes allgemeines Problem, das wir angesichts des Wissensstandes ebenso unbestimmt und unbefriedigend behandeln müssen, bezieht sich auf das rechtstechnische Instrumentarium, mit dem die Durchsetzbarkeit des Rechts eingeplant und gesteuert werden könnte. Die Durchsetzung ist ja nicht nur eine Frage der Information und der Überwindung von Widerstand, sondern die Art der benötigten Informationen und die Motivationsstrukturen hängen auch von der Rechtsform ab, die für bestimmte Zwecke gewählt wird. Je nach der Struktur des Programms fallen andere Durchführungsprobleme an. Dafür ein Beispiel: Das Problem der Erhaltung gesellschaftlicher Differenzierung und der Sicherung unpolitischer Handlungsbereiche wird nach der liberalen Rechts- und Verfassungskonzeption im wesentlichen durch die Institution der Grundrechte gelöst bzw. als gelöst betrachtet.[153] Rechtstechnisch wird dafür also die Form des subjektiven Rechts gewählt. Damit wird die Durchführung dieses rechtspolitischen Ziels auf den oben behandelten Beschwerdemechanismus verwiesen; die Erhaltung der Primärdifferenzierung des Gesellschaftssystems wird abhängig von Konstellationen, in denen einzelne sich zur Klage entschließen. Natürlich war diese Problemlösung keine soziologisch überlegte Option. Heute

---

152 Siehe z. B. Montesquieu, *Cahiers* 1716–1755 (hrsg. von Bernard Grasset). Paris 1941, S. 95. Beutel, a. a. O., S. 399 f, behauptet ein entsprechendes ‹*jural law*›.

153 Zu dieser Funktion der Grundrechte vgl. Niklas Luhmann, Grundrechte als Institution. Ein Beitrag zur politischen Soziologie. Berlin 1965.

kann sie aber als solche behandelt und in den Grenzen ihrer Leistungsfähigkeit bedacht werden. Schon im unmittelbaren Funktionsbereich anerkannter Grundrechte gibt es Komplementärprobleme, die sich nicht oder nur schwer in dieser rechtstechnischen Form behandeln lassen – man denke an das Problem der Geldwertstabilität als Komplement zum Eigentumsschutz oder an das Problem der Pressekonzentration als Komplement kultureller oder politischer Grundrechte. Sowohl an den Gesetzgeber als auch an die rechtswissenschaftliche Dogmatik und an die richterliche Rechtsfortbildung würde die Frage zu richten sein, ob und wieweit solche Probleme durch expansive Aktivierung des Grundrechtsgedankens (zum Beispiel durch Auslegung der Grundrechte als allgemeine Wertideen, die die gesamte politische Gemeinschaft binden) gelöst werden können oder ob dafür ein differenzierteres rechtstechnisches Instrumentarium zu entwickeln und mit Verfassungsrang zu versehen wäre. Dabei wäre zum Beispiel an die Errichtung parteipolitisch unabhängiger Organe nach dem Vorbild der Justiz oder der Bundesbank zu denken, denen für bestimmte Problembereiche eine mehr regulative und administrative Rechtsdurchführung delegiert werden könnte.

Überlegungen dieser Art, die Realien der Rechtsdurchsetzung in die Rechtstechnik, ja in die begriffliche Instrumentierung des Rechtsdenkens einbeziehen, liegen der geläufigen juristischen Betrachtungsweise fern.[153a] Ihre Bedeutung ist jedoch unschwer zu erkennen, und sie wird zunehmen in dem Maße, als die Chancen effektiv genutzt werden, die die Positivität des Rechts für sozialplanerische Gestaltung bietet. Die Perspektive programmierender Entscheidungsprozesse erfordert hier eine andere Einstellung als die Perspektive programmierter Entscheidungsprozesse.

9. Kontrolle

Unter Kontrolle soll verstanden werden die kritische Überprüfung von Entscheidungsprozessen mit dem Ziele eines ändernden Eingriffs für den Fall, daß der Entscheidungsprozeß in seinem Verlauf, seinem Ergebnis oder seinen Folgen den Gesichtspunkten der Kontrolle nicht entspricht. Einen Bedarf für diese Funktion der Kontrolle und entsprechende Einrichtungen findet man erst in funktional differenzierten Systemen. Die Entstehung expliziter Kontrollen hängt mit der Umstrukturierung auf funktionale Differenzierung zusammen. Diesen Zusammenhang muß man mitsehen, wenn man den Stellenwert von Kontrolleinrichtungen in heutigen Rechtssystemen begreifen will.

Vorläufer und funktionale Äquivalente für Kontrollen finden sich in segmentären Gesellschaften, aber auch heute noch in funktional wenig

153a Vgl. aber Eugen Huber, Recht und Rechtsverwirklichung. Probleme der Gesetzgebung und der Rechtsphilosophie. Basel 1921.

differenzierten Kleinsystemen (zum Beispiel Dörfern) in der Form *immanenter, in den Entscheidungsprozeß eingebauter Rücksichten auf eigene andere Rollen*, die das Verhalten disziplinieren. Sie setzen voraus, daß dieselben Menschen einander in einer Vielzahl verschiedenartiger Rollen begegnen, so daß funktional-diffuse Sozialbeziehungen entstehen:[154] Man trifft seinen Schwager jeden Tag unter anderen Menschen auf dem Dorfplatz, trifft seinen Schuldner in der Kirche oder bei der Feuerwehrübung. Der Kaufmann ist Mitglied im Kirchenvorstand, was ihm Kunden zuführt, ihn aber auch an der rücksichtslosen Beitreibung von Schulden hindert. Die Frau des Lehrers veranstaltet jährlich einen Wohltätigkeitsbazar, was die Möglichkeit gibt, schlechte Schulleistungen der Kinder zu kompensieren. Unter solchen Umständen läuft die soziale Disziplinierung im wesentlichen nicht über die Androhung von Sanktionen für Normverstöße und auch nicht über die Internalisierung abstrakter Werte, sondern über eine Art ‹Gesetz des Wiedersehens›: über die Rücksicht auf eigene Rollen in anderen Interaktionszusammenhängen. Der Bedarf für Sanktionen und für Gesinnungen ist entsprechend gering (und wenn Sanktionen vorkommen, können sie hart sein, weil sie alle sozialen Beziehungen in Frage stellen). Statt dessen diszipliniert die Vorschau auf Folgen in andersartigen Beziehungen zu einer Art rollendiffuser Moral des Wohlverhaltens im Rahmen überlieferter Sitte – zu dem, was die Griechen in ihrer Frühzeit Ethos nannten.

Ein solches Arrangement motiviert dazu, Enttäuschungen und Kraftproben zu vermeiden (sofern nicht gerade das Entzünden und Durchstehen von Konflikten als besondere Tugend institutionalisiert ist). Man fügt sich auf Grund von Vermutungen und ohne Kommunikation. Dazu genügen ziemlich konkret vorgezeichnete Verhaltenserwartungen. Die Kehrseite dieser Vorzüge ist, daß funktional verschiedenartige Rollen sich nicht ausreichend trennen und spezifizieren lassen. Aus dem Verhalten in einer Rolle werden Rückschlüsse auf andere gezogen: Wer sich wirtschaftlich nicht selbständig zu machen versteht, dem wird die Vernunft des politischen Urteils abgesprochen; wer als Nachbar Hilfe verweigert, findet als Zeuge keinen Glauben.[155] So können sich nur wenige unterscheidbare Rollen entwickeln, und die immobilisieren sich wechselseitig. Das dient der Stabilisierung, solange die Gesellschaft ohne nennenswerte funktionale Differenzierung auskommt.

Eine Gesellschaft, die sich auf höhere Komplexität und funktionale Differenzierung umstellt, muß diese Form eingebauter Rücksichtnahmen auf-

---

154 Vgl. hierzu und zum folgenden Siegfried F. Nadel, *The Theory of Social Structure*. Glencoe/Ill. 1957, S. 63 ff.

155 Siehe auch die Beispiele Nadels für rollendiffuse Sozialbeziehungen: Ein Mann, dem die Erziehung seiner Söhne mißlingt, kann bei den Nupe nicht hoffen, sozialen Rang und politischen Einfluß zu gewinnen. Wer als Bauer faul und erfolglos war, hat bei den Nuba keine Chance, Priester zu werden. Vgl. Siegfried F. Nadel, *A Black Byzantium*. London 1942, S. 64; ders., *The Nuba*. London 1947, S. 442.

geben und Ersatz dafür institutionalisieren. An die Stelle der Rücksicht auf eigene andere Rollen tritt die *Kontrolle durch gegenüberstehende Rollen anderer* – zunächst und am einfachsten die Kontrolle durch den jeweiligen Interaktionspartner, dann auch die Institutionalisierung von besonderen Kontrollrollen, die sich auf diese Funktion spezialisieren und den Interaktionskontext davon entlasten. Dadurch steigen die Kommunikationslast und der Bedarf für abstrakte, explizierbare Kriterien, die ein Erwarten von Erwartungen und zugleich eine Durchführung der Kontrollen ermöglichen. Damit treten neuartige Probleme der Formulierung, der Variation und der Kontrolle solcher Bedingungen der Kontrolle auf. Ein erheblicher Regelungsbedarf kommt auf das Recht zu. Seitenblicke auf eigene andere Rollen werden dadurch weder ausgemerzt noch bedeutungslos, aber auf eine gleichsam *taktische* Ebene reduziert. Funktional spezifizierte Teilsysteme müssen zusehen, daß sie *strukturell* davon unabhängig werden, denn die ‹eigenen anderen Rollen› ihrer Mitglieder sind jetzt von persönlich-individualisierten Konstellationen abhängig und wechseln mit den Personen: Es wäre töricht, zu übersehen und nicht auszunutzen, daß der Minister Müller aus der Gewerkschaftsbewegung stammt und dorthin ‹Beziehungen› hat; es wäre ebenso töricht, das System des Ministeriums strukturell darauf einzustellen.

Entsprechend ändert sich die gesellschaftsadäquate Form der Moral: Der Lehrer *darf* Zensuren nicht davon abhängig machen, wer auf dem Bazar seiner Frau kauft. Der Professor *darf* die Habilitation seines Assistenten nicht davon abhängig machen, daß dieser seine Tochter heiratet. Am greifbarsten wird diese Veränderung in einer Uminterpretation des Gleichheitsgedankens: Nicht mehr auf die Gleichheit der Leistungen im Guten wie im Bösen (auf Reziprozität und Vergeltung) kommt es an, sondern auf die Gleichheit der Anwendung spezifischer Entscheidungsprämissen trotz Wechsels anderer (nunmehr ‹irrelevanter›) Rollenzusammenhänge. Die der einzelnen Interaktion innewohnende konkrete Gerechtigkeit des Ausgleichs wird damit aufgegeben. Gleichheit vor dem Gesetz heißt: Spezifikation und universelle Anwendung von Entscheidungskriterien ‹ohne Ansehen der Person› – ein für archaische Gesellschaften denkbar unmoralisches Entscheidungsprinzip. Und Gerechtigkeit wird jetzt zur gleichmäßigen Durchführung des Rechts um seiner Geltung willen.

Diese sehr allgemeinen und durchgehenden Veränderungen dessen, was im weiten angelsächsischen Sprachgebrauch *social control* heißt, wirken sich auch in den rechtlichen Entscheidungsprozessen aus, sobald sie in der Form des Verfahrens ausdifferenziert und auf ihre eigene Funktion gebracht werden. Der rechtliche Entscheidungsprozeß wird dann zum Gegenstand und zugleich zur Form möglicher Kontrollen. Rechtliche Entscheidungsprozesse können rechtliche Entscheidungsprozesse kontrollieren, Verfahren hinter Verfahren geschaltet werden, sobald genügend Kriterien der Richtigkeit des Entscheidens artikuliert sind. Der organisatorische Rahmen eines solchen Kontrollverhältnisses bietet sich vor allem im hierarchischen Aufbau des gerichtlichen Instanzenzuges an. Im Gegensatz zu älteren, etwa den lehnsstaatlichen Gliederungen der Jurisdiktion, in denen höhere Gerichte andere Fälle entschieden als untere und für eine Streitsache in aller Regel nur eine Instanz zur Verfügung stand, dienen heute höhere Gerichte vor allem (zum Teil sogar nur) der Kontrolle von Entscheidungen unterer Instanzen. Kontrolle besagt hier praktisch: Wiederholung des Entscheidungsvorgangs in allen oder in begrenzten (zum Beispiel auf Rechtsfragen beschränkten) Hinsichten. Der Kontrolle liegen die gleichen Kriterien zugrunde, die auch die Erstentscheidung hätten leiten sollen. Dieser Typus läßt sich sogar ausdehnen auf Gesetzgebungsverfahren und als richterliche Kontrolle gesetzgeberischer Entscheidungen vorsehen, soweit diese als Anwendung von Recht begriffen werden können. In jedem Falle handelt es sich um auf Kontrolle spezifizierte, den Entscheidungsvorgang ganz oder teilweise wiederholende, keine andersartigen Gesichtspunkte ins Spiel bringende (den Selektionsbereich also nicht erweiternde) – um im ganzen also sehr aufwendige Einrichtungen. Ihre Effektivität kann nur im Hinblick auf die Erhaltung der Einheit und Konsistenz des Sinngefüges rechtlicher Normen (und nicht im Hinblick auf die Richtigkeit der Einzelentscheidungen) angemessen beurteilt werden. Man darf vermuten, daß die volle Last der Kontrolle des positiven Rechts nicht allein von diesen dafür eigens bereitgestellten Strukturen und Prozessen getragen werden kann. Und in der Tat: wesentliche weitere Kontrollvorgänge finden sich – weniger sichtbar, aber soziologisch um so interessanter – im unmittelbaren Interaktionskontext des rechtlichen Entscheidungsprozesses.

In die Interaktion selbst eingebaute Kontrollen zeichnen sich dadurch aus, daß sie gleichsam nebenbei und ohne Rechenschaftspflicht ausgeübt werden. Die Interaktion selbst kommt nicht um der Kontrolle willen, sondern aus anderen Gründen, etwa zur Erarbeitung einer Entscheidung zustande. In der Art aber, wie sie strukturiert und durchgeführt wird, liegt eine gewisse Gewähr dafür, daß jeder Teilnehmer durch ein Gegenüber kontrolliert wird und daß dadurch der Ausfall jener elementaren Selbstkontrolle in Rücksicht auf eigene andere Rollen kompensiert wird. Form und Themen solcher Kontrolle wechseln mit dem Interaktionssystem. Man kann im groben unterscheiden zwischen hermeneutischer Kontrolle durch Dialog, professioneller Kontrolle durch Orientierung an Bezugsgruppen und politischer Kontrolle durch den Mechanismus der Politik.

Die konkreteste, sachnaheste dieser Kontrollformen, die *hermeneutische Kontrolle* der Auslegung des Sinnes von Rechtsnormen und der Überzeugungskraft von Argumenten, leitet ihre Notwendigkeit her aus dem Umstand, daß der juristische Entscheidungsprozeß typisch nicht am Ergebnis, sondern nur in seinen Einzelschritten und -argumenten überprüft werden kann. Inspektion des Fabrikats, Gegenrechnung, kurzgeschlossener Vergleich des Urteils mit dem ‹gesunden Rechtsgefühl› scheiden als Kontrollweisen aus. Eine dem Recht adäquate Kontrolle muß den Entscheidungsprozeß begleiten oder ihn wiederholen. Zunächst muß die Selektivität der gesuchten Entscheidung überhaupt aufgehellt und als gemeinsamer Erkenntnisbesitz bewußt gemacht, müssen die natürlichen Urteilsneigungen, auf denen sie beruht, in Frage gestellt werden. Dazu kommt, daß die juristisch-exegetische Gedankenführung, die die Entscheidung auswählt und andere Möglichkeiten eliminiert, keine logisch-zwingende Form annehmen kann, sondern ihre eigentümliche Rationalität darin hat, daß sie ihre Unlogik auf kleine, lokalisierbare Sprünge verteilt. Damit vervielfältigt sich die Komplexität der Entscheidungslage, nämlich die Zahl der erforderlichen Begründungen und mit ihnen auch die Zahl möglicher Einwendungen.[156] Interpretation und Beweisführung werden in einzelne gedankliche Elemente zerlegt, die für die Einsetzbarkeit besserer Teilproblemlösungen offengehalten werden.[157] Alle Kritik hat sich dann der kritisierten Stelle im Argumentationszusammenhang einzufügen, hat den Vorschlag für eine bessere Lösung des dort zu lösenden Problems zu unterbreiten – oder sie muß den Fluß der Sinnverdichtung zur Entscheidung hin passieren lassen. Die spezifische Vernünftigkeit hermeneutischer Vorgehensweise ist also nicht einem System von Regeln zu danken, deren Anwendung das Gewinnen einzig richtiger Ergebnisse ermöglicht. Sie beruht vielmehr darauf, daß der Gedankengang zerlegt wird in eine Vielzahl von Möglichkeiten für Konsens und Dissens und daß er sich im Dialog bewährt.[158] Das schließt die schrittweise vorgehende (nie aber totale) Problematisierung eines Vorverständnisses von Sinn ein, eignet sich aber kaum zu eindringlicher Problematisierung von Systemstrukturen, deren Änderung weitreichende, im Dialog nicht überblickbare Konsequenzen hätte.

Der Dialog, in dem solche Leistungen zu erbringen sind, ist ein verfahrensähnliches Sozialsystem – schon deshalb, weil er den Zeitlauf zu Hilfe nimmt, um Komplexität zu reduzieren. Die Beteiligten müssen aufpassen, sie müssen an den richtigen Stellen das Richtige sagen, oder sie finden sich in kaum mehr auflösbaren Konsensverdichtungen wieder. Sie müssen dem Thema folgen können, müssen sich also auf dem laufenden halten und dürfen sich dabei auf gedanklichen Umwegen nicht allzuweit vom Verhandlungsgegenstand entfernen – weder einer schon geäußerten Meinung zu lange nachhängen, noch zu weit vorausphantasieren, was alles gesagt werden könnte. Darin liegt eine scharfe Beschränkung heuristisch-

156 *«The more reasons, the more possible objections»*, kommentiert Julius Stone, *Social Dimensions of Law and Justice.* Stanford/Cal. 1966, S. 684.

157 Diese ‹sachliche› Auffassung der Hermeneutik unterscheidet sich von einer ‹romantischen›, die das Wesen der hermeneutischen Sinnklärung im Erraten und Zugänglichmachen der beteiligten Subjektivität sieht – siehe z. B. Jürgen Habermas, Erkenntnis und Interesse. Frankfurt/M. 1968, S. 209 f, 225 f u. ö. Vgl. auch Jürgen Habermas/Niklas Luhmann, Theorie der Gesellschaft oder Sozial-Technologie – Was leistet die Systemforschung? Frankfurt 1971, insbes. S. 101 ff, 316 ff.

158 Nahestehend die Auffassung der juristischen Hermeneutik bei Friedrich Müller, Normstruktur und Normativität. Zum Verhältnis von Recht und Wirklichkeit in der juristischen Hermeneutik, entwickelt an Fragen der Verfassungsinterpretation. Berlin 1966, S. 54, 71 f, wo ausdrücklich auf die bessere Kontrollierbarkeit spezifizierter Gedankengänge hingewiesen wird. Vgl. auch Lon L. Fuller, *The Morality of Law.* New Haven–London 1964.

innovativer Möglichkeiten. Der Dialog dient denn auch mehr der Klärung eines als vorliegend angenommenen Sachverhaltes und nicht eigentlich planenden Funktionen. Immerhin können sachkundige, diskussionserfahrene Leute, in unserem Falle also Juristen, auch in der Form des Dialogs sehr viel mehr Möglichkeiten ins Gespräch bringen als andere, die immer in Gefahr sind, den Faden oder die Übersicht zu verlieren oder sich an ungeeigneten Stellen zu heftig oder zu weitläufig zu engagieren und damit die Entfaltung des Themas ebenso wie das System des Dialogs zu stören und selbst zu scheitern.

Die Chancen wechselseitiger Kontrolle, die der Dialog eröffnet, können nur in dessen Systemgrenzen realisiert werden. Dafür bietet die teils schriftliche, teils mündliche gerichtliche Verhandlung besonders günstige Voraussetzungen, und zwar vor allem dann, wenn alle wesentlichen Rollen mit Juristen besetzt sind. Das ergibt eine Konstellation, in der *gleicher* Sachverstand und *gleiches* Geschick in *verschiedenartigen*, funktional differenzierten Rollen zum Zuge kommen. Die Rechtsanwälte kontrollieren einander in der Rolle von Parteivertretern und je für sich die Richter, die wiederum dem Vortrag der Anwälte kritisch zu folgen vermögen. Solch ein Beziehungsnetz diszipliniert sich selbst und scheidet schon durch Antizipation möglicher Gegenzüge und Einwendungen unsachgemäße Argumente aus. Wieweit damit eine effektive Kontrolle über die Entscheidungs*motive* erreicht werden kann, ist eine andere Frage;[159] zumindest aber wird erreicht, daß die Motive sich in das hineinzwängen müssen, was auf Grund des Dialogs als Entscheidung darstellbar ist.

Eine Grenze der Kontrollwirkung des Dialogs findet sich in der geringen Beteiligung gerade der entscheidenden Rollen. Richter partizipieren und engagieren sich im Dialog nur im Konflikt mit anderen Verhaltensforderungen – in einigen Verfahrensordnungen fast nur als Zuschauer, in anderen stärker aktiv, aber durchweg nur an der Aufklärung der Tatsachen beteiligt. Ein Rechtsgespräch vor Gericht gehört zu den Seltenheiten. Die Gründe dafür liegen teils in der Kollegialverfassung und dem Beratungsgeheimnis, die es dem Vorsitzenden bzw. dem Berichterstatter erschweren, vor dem Urteil mit bestimmten Rechtsauffassungen als Wortführer der Gruppe aufzutreten; sie können allenfalls Fragen stellen, die bestimmte Rechtsauffassungen vermuten lassen. Dazu kommt die Gefahr, daß jede richterliche Selbstfestlegung im Laufe des Verfahrens als Voreingenommenheit gedeutet werden könnte – ein Bedenken, das vor allem in angelsächsischen Verfahrenssystemen ernst genommen wird. Aus diesen Gründen ist ein förmlich ausdifferenziertes Kontrollverfahren in der Rechtsmittelinstanz wünschenswert, nicht zuletzt deshalb, weil auf diese Weise der Dialog mit den zunächst schweigenden, dann abwesenden (aber die Akten nach Ent-

159 Dazu für den Fall des Dialogs unter den entscheidenden Richtern bemerkenswert J. Woodford Howard, Jr., *On the Fluidity of Judicial Choice.* The American Political Science Review 62 (1968), S. 43–56. Vgl. auch Walter F. Murphy, *Elements of Judicial Strategy.* Chicago–London 1964, insbes. S. 23 ff.

scheidung des Streites zurückerhaltenden und das Endurteil lesenden!) Richtern der Erstinstanz fortgesetzt werden kann.

Neben der unmittelbaren Interaktion des Dialogs gibt es eine gleichsam generalisierte Form dieser Kontrolle. Sie wird vermittelt durch die allgemeinen Auffassungen der Juristen über Grenzen möglicher Meinungen und möglichen Verhaltens in Rechtsangelegenheiten. Wir nennen diesen Typus *professionelle Kontrolle.*

Professionalisierung beruflicher Arbeit ist ein bemerkenswertes, neuerdings viel diskutiertes [160] Phänomen differenzierter Gesellschaften, das sich durch eine eigentümliche Kombination von Problemen und Problemlösungen auszeichnet. Professionen können sich bilden, wenn gesamtgesellschaftliche Funktionen (hier: die Betreuung des Rechts; in anderen klassischen Fällen: die Betreuung des Seelenheils, der Bildung, der Gesundheit, der physischen Sicherheit gegen Angriff und heute vielleicht auch: hoher finanzieller Risiken) im Interesse sachgemäßer Erledigung auf besondere Rollen, also auf gesellschaftliche Teilsysteme delegiert werden müssen. Dann ist ein doppeltes Problem zu lösen: Einerseits kommen mit der Betreuung gesamtgesellschaftlicher Funktionen typisch hohe Risiken auf die entsprechenden Berufsrollen zu – Risiken des nichteindämmbaren Streites, des Todes, der Angst, des Verfehlens der Wahrheit, für die nun gesamtgesellschaftlich institutionalisierte Formen der Angstbewältigung fehlen. Das für die Einzelrolle untragbare Risiko muß dann abgeschwächt werden, und das geschieht typisch durch eine Umwandlung in Verantwortlichkeit für vermeidbare Fehler. Die Kollegenschaft kann dann die Kontrolle der Definition von Fehlern übernehmen und zum Teil sogar die Absicherung gegen ihre Konsequenzen. Zum anderen verschafft die Spezialisierung diesen Berufsrollen nicht allgemein zugängliches Wissen oder Können. Daraus fließen Chancen für Machtentfaltung im Eigeninteresse und für Zweckrationalität ohne Rücksicht auf Nebenfolgen, deren Ausnutzung im gesellschaftlichen Interesse blockiert werden muß. Der Bezug auf gesamtgesellschaftliche Werte muß in ein engeres, berufliches Ethos umgesetzt und im Einklang mit den besonderen fachlichen Erfordernissen institutionalisiert werden. Diese Umsetzung kommt zustande, soweit sie im Sicherheitsinteresse der Profession liegt – vor allem, wo einzelne in ihren Rollen hohen Risiken ausgesetzt sind und für deren Bestehen eine moralische Grundlage, kollegialen Konsens und erkennbare Grenzen der Toleranz für

---

160 Gute Erörterungen der Tendenz zur Professionalisierung und der Problematik dieses Begriffs findet man bei Joseph Ben-David, *Professions in the Class System of Present-day Societies.* Current Sociology 12 (1963), S. 247–330; Harold L. Wilensky, *The Professionalization of Everyone?* The American Journal of Sociology 70 (1964), S. 137–158; Heinz Hartmann, Unternehmertum und Professionalisierung. Zeitschrift für die gesamte Staatswissenschaft 123 (1968), S. 515–540; Albert L. Mok, Alte und neue Professionen. Kölner Zeitschrift für Soziologie und Sozialpsychologie 21 (1969), S. 770–781. Vgl. auch Howard M. Vollmer/Donald L. Mills (Hrsg.), *Professionalization.* Englewood Cliffs/N. J. 1966.

Fehler im Urteil der Kollegen brauchen. Beides zusammen, Risikoübernahme und Wertübernahme, wird motiviert und gepolstert mit hohem Sozialprestige und überdurchschnittlichen Einkommenschancen, die nicht vom Ausgang des Einzelfalles abhängig sind.

Speziell im Bereich des Rechts hat sich im Juristenstand eine der großen klassischen Professionen entwickelt. Bezugsprobleme dieser Professionalisierung waren verschiedener Art. Eines der ältesten lag in den gesellschaftlich-moralischen Vorbehalten gegen ein finanzielles Interesse des Juristen am Streit, das im Widerspruch zur Funktion des Rechts den Juristen zur Entfachung und Verlängerung von Rechtsstreiten zu motivieren schien. Sowohl die konfuzianische Ethik Chinas als auch das römische Recht hatten bezahlten rechtlichen Rat verboten bzw. die Einklagbarkeit von Forderungen auf Entgelt blockiert, und erst langsam konnte diese Schwierigkeit durch die Vorstellung eines vom Streitverlauf und -ausgang unabhängigen ‹Honorars› unterlaufen werden.[161] Ein anderes Problem geht zurück auf die hohe 50 %ige Enttäuschungsquote der Rechtsstreitigkeiten. Anwälte verlieren durchschnittlich die Hälfte ihrer Prozesse, und diese Erfahrung mußte es ihnen nahelegen, sich nicht zu eng mit den im Streit befangenen Interessen zu liieren, sondern ihre Selbstdarstellung mehr auf das Recht selbst zu gründen – freilich in einer Weise, die das Recht als äußerst schwierig, ungewiß und fallenreich erscheinen läßt und nicht als apodiktisch strahlende Gewißheit, mit der die Richter es vertreten.

Eine von der Profession geschaffene Figur, die diese Schwierigkeiten und die Art ihrer Lösung gut illustriert, ist die ‹herrschende Meinung› [162]. Die h. M. ermöglicht eine ambivalente, den Situationen und dem Rollenkontext sich anpassende Einstellung zum Recht. Sie legitimiert Dissens und das Sich-Verlassen auf Konsens zugleich. Sie erlaubt es, das Recht als gewiß und als ungewiß darzustellen und je nach den Umständen und den Folgen, die auf dem Spiel stehen, die eine oder die andere Stellung zu beziehen. Sie konstituiert eine weite Zone praktisch ausreichender Sicherheit, ohne die Möglichkeit von Gegenargumenten auszuschließen oder mit Achtungsverlust zu strafen. Ein Abweichen von der h. M. kann ‹vertretbar› [163] sein, ist typisch kein Fehler, wohl aber ein von Kollegen zu beurtei-

---

161 Vgl. auch oben Bd. I, S. 180 f.

162 Erstaunlicherweise gibt es zu dieser wichtigen Institution kaum adäquate Literatur. Vgl. immerhin Josef Esser, Herrschende Lehre und ständige Rechtsprechung. In: Dogma und Kritik in den Wissenschaften. Mainzer Universitätsgespräche, Mainz 1961, S. 26–35; Roman Schnur, Der Begriff der ‹herrschenden Meinung› in der Rechtsdogmatik. Festgabe für Ernst Forsthoff, München 1967, S. 43–64. Die Bedeutung des Konsenses der Gelehrten als Argument variiert natürlich stark von Recht zu Recht und kann in nicht positivierten, traditionalen Rechtsordnungen weitaus größer sein. Siehe als bemerkenswertes Beispiel Joseph Schacht, *The Origins of Muhammadan Jurisprudence*. Oxford 1950, S. 82 ff.

163 Zu dieser Kategorie der ‹Vertretbarkeit›, die parallellaufende Funktionen erfüllt, vgl. auch Theodor Viehweg, Topik und Jurisprudenz. München 1953, S. 24 f.

lender Vorgang, der besondere Risiken trägt, besondere Rechtfertigungen (vor allem: von der besonderen Lage des Einzelfalles her) erheischt und nicht einfach aus Unachtsamkeit passieren darf. Die Argumentation mit oder gegen die h. M. setzt einen kollegialen, heute praktisch nur noch literarisch herstellbaren Diskussionszusammenhang voraus, an dessen Grenzen der Bereich des Meinens und Verhaltens beginnt, in dem der einzelne ein persönliches Risiko läuft.

Die Effektivität und die thematische Verdichtung professioneller Kontrollen des Rechts hängen vermutlich von mehreren Umständen ab. Ein wesentlicher Faktor steckt sicher in der Frage, wieweit die vorgestellte Bezugsgruppe der Kollegen eine reale, Sanktionen bereithaltende Mitgliedschaftsgruppe ist.[164] Insofern schafft das Zusammenleben in den Londoner Inns andere Verhältnisse als das verbreitete Nachschlagen und Zitieren des ‹Palandt›. Die große Zahl der Juristen und ihre weit in Wirtschaft, Politik, Organisationswesen und Gerichtsbarkeit auszweigende Tätigkeit lassen heute kein Zentrum der Begegnung mehr zu. Ihre professionelle Beziehung ist durch Organisationszugehörigkeiten gebrochen, ihr Berufsethos durch Organisationsloyalität mediatisiert. Man muß daher annehmen, daß eine noch zu beobachtende Ähnlichkeit von Denkstil und Einstellungen und Restbestände einer professionellen Bindung auf die gemeinsame Universitätsausbildung zurückzuführen sind, die immer noch prägend zu wirken scheint.[165] (Keine andere Studentengruppe diskutiert auf dem Weg zur oder von der Vorlesung oder in der Mensa so eifrig Ausbildungsthemen wie die Juristen ihre Rechtsfragen und Schulfälle.) Über diesen anfänglichen Sozialisierungseffekt hinausgehende spätere professionelle Kontrollen werden kaum effektiv.

Ein weiterer Faktor, der in die gleiche Richtung wirkt, ist das spürbare Absinken des Sinns für juristische Begrifflichkeit, Eleganz der Begründung und Überlegenheit von Argumenten – also derjenigen Kriterien, an die das kollegiale Urteil über ‹gute› und ‹schlechte› Juristen anknüpfen konnte. An deren Stelle treten Kriterien des Erfolgs, die auf das Interesse bestimmter Organisationen bezogen sind und keine Chance haben, professionell allgemein geachtete Standards zu werden.[166] Diese Veränderung mag mit

---

164 Zum Begriff der Bezugsgruppe bereits oben Bd. I, S. 77 f. Zur allgemeinen Hypothese, daß eine Kongruenz von Bezugsgruppe und Mitgliedschaftsgruppe Normkonformität begünstige, vgl. Ralph M. Stogdill, *Individual Behavior and Group Achievement*. New York 1959, S. 115 (mit weiteren Literaturhinweisen) und S. 167 ff.

165 Die Ergebnisse der Untersuchung von Wolfgang Kaupen, Die Hüter von Recht und Ordnung. Die soziale Herkunft, Erziehung und Ausbildung der deutschen Juristen – eine soziologische Analyse. Neuwied–Berlin 1969, stimmen auch in diesem Punkte skeptisch und legen den Akzent eher auf die Gründe der Selbstselektion für das Studium.

166 Vgl. hierzu die Unterscheidung von *‹local and cosmopolitan influentials›* von Robert K. Merton, *Social Theory and Social Structure*. 2. Aufl. Glencoe/Ill. 1957, S. 387 ff, oder von entsprechenden Rollen bei Alvin W. Gouldner, *Cosmo-*

dem weithin zu beobachtenden Schwund der sozialen Funktion von Dogmatiken zusammenhängen. Überdies würden sich heute nur noch Teilgebiete des Rechts für die Darstellung berufseinheitlicher Anforderungen eignen – weder zum Beispiel die massenbetrieblichen Entscheidungen noch jene Materien, die laufend gesetzgeberischer Umformung unterworfen sind. Professionelle Kontrolle ist an hoch generalisierte, durchgehend verwendbare Denkfiguren gebunden, die auf individuelle Fallösungen zugeschnitten werden müssen. Nicht zuletzt ist die Frage berechtigt, ob jene eigentümliche Problemlösung durch professionelle Bindung und Kontrolle durch den heutigen Grad an Differenzierung nicht auch gesamtgesellschaftlich überholt ist und ob es überhaupt noch möglich ist, in dieser Form Sicherheit und Selbstdisziplinierung durch Rücksicht auf die kollegiale Meinung zu verbürgen und gesamtgesellschaftliche Werte in ein rollenspezifisches Ethos umzuprägen. Die Art, wie Krankenschwestern, Unternehmer, Ingenieure, Wirtschaftsprüfer usw. die Statussymbole einer Profession zu übernehmen suchen, bestätigt diesen Verdacht, daß die Form nicht mehr an eine bestimmte Problemkonstellation gebunden ist, sondern nur noch dekorativen oder anspruchsbegründenden Zwecken dient.

Mit der Positivierung des Rechts und der Installierung politischer Prozesse der Vorbereitung von Rechtsetzung taucht eine ganz neue Art von Kontrolle des Rechts auf: die *politische Kontrolle*. Diese Kontrolle wird nicht als solche bezeichnet. Ihr fehlt die institutionelle Anerkennung. Sie wird nicht als formalisierter Arbeitsgang ausdifferenziert, sondern findet sich eingebaut in den Interaktionskontext, der der politischen Entscheidungsvorbereitung dient – gehört also dem hier behandelten Typus an. Von den soeben erörterten hermeneutischen und professionellen Kontrollen unterscheidet sie sich wesentlich dadurch, daß sie in einer *inkongruenten Perspektive* operiert, indem sie Entscheidungen nicht im Hinblick auf ihre Richtigkeit, sondern im Hinblick auf ihre Folgen beurteilt.

Soweit das positive Recht die Form des Konditionalprogrammes annimmt und das programmgemäße Entscheiden damit von der Verantwortung für die Folgen seiner Entscheidungen entlastet, wird die reine Richtigkeitskontrolle unzulänglich. Sie besteht in einer bloßen Nachprüfung der beim Entscheiden anzustellenden Erwägungen, garantiert aber nicht, daß diese Erwägungen zu Ergebnissen führen, die einer laufenden und umfassenden gesetzgeberischen Verantwortung für das Recht entsprechen. Sowohl diese technisch so günstige Form der Programmierung als auch die Unmöglichkeit ausreichender Folgenvoraussicht werden immer wieder zu Entscheidungsproblemen führen, die im Lichte ihrer Auswirkungen korrekturbedürftig sind.

Darin liegt ein Problem, für das sich gegenwärtig noch keine zureichenden institutionellen Lösungen eingespielt haben. Der Jurist zeigt wenig Nei-

politans and Locals. Toward an Analysis of Latent Social Roles. Administrative Science Quarterly 2 (1957–58), S. 281–306, 444–480, die namentlich in der Organisations- und in der Professionsforschung weite Resonanz gefunden hat.

gung, Sachverhalte zur Revision zu melden, die nicht in der Form von ‹Fehlern› oder ‹Normwidersprüchen› auf seinem Bildschirm auftauchen. Er sucht seine Entscheidung im Rahmen des Möglichen mit Rücksicht auf Folgen auszuarbeiten, nicht aber, Änderungen der Gesetze anzuregen. Die Parteipolitik kümmert sich kaum um Einzelfälle der Rechtspflege und hat auch nicht die Hilfsmittel, um die dort anfallenden Erfahrungen systematisch zu sichten und auszuwerten. Sie ist auf eindrucksvoll generalisierbare Anstöße, auf Krisen und Skandale angewiesen, die der Jurist nach Möglichkeit vermeidet. Ohne grundlegende Veränderungen der Bedingungen politischer Rationalität wird sich diese Schwelle der Sensibilität kaum senken lassen. Selbst in der Verwaltungshierarchie funktioniert die Durchgabe der Anwendungsschwierigkeiten bei unpraktikablen Gesetzen von unten nach oben denkbar schlecht, von einer kritischen Überwachung der Außenwirkungen ganz zu schweigen. Am ehesten scheint noch der unmittelbare Kontakt von Interessenverbänden zur Ministerialbürokratie, die am Gesetzgebungsprozeß mitwirkt, einen Kanal für das Durchschleusen politischer Folgenkontrollen zu öffnen. Nach bisherigen Erfahrungen bringt dieser Weg Flickwerk und Kompromisse, kaum aber eine strukturelle Anpassung oder Innovation des Rechts zustande. Mangels einer funktionsfähigen politischen Kontrolle bleiben viele Chancen ungenutzt, die die Positivierung des Rechts an sich bereithält.

Die Schwierigkeiten beruhen letztlich darauf, daß die Positivierung des Rechts zu höherer Komplexität und damit zu größerer Distanz zwischen kontrollierten und kontrollierenden Prozessen führt. Darin liegt ein noch kaum erkannter Vorteil, nämlich die Möglichkeit prinzipiell *vorwurfsfreier* Kontrollen. Nur die Folgen *richtiger* Entscheidungen interessieren den Politiker und Gesetzgeber. Andererseits muß für eben diesen Zweck der politischen Kontrolle ein ganz andersartiges System der Datenverarbeitung eingerichtet werden, das kaum als Nebenprodukt im Kontext anderer Arbeiten anfallen wird. Somit drängt sich der Vorschlag auf, von beiläufiger zu ausdifferenzierter politischer Kontrolle überzugehen – etwa ein Amt für Gesetzgebung zu schaffen, dem jedermann Folgen melden kann, die bei der Anwendung bestehender Gesetze aufgetreten sind, und das diese Informationen als Material für politische Aktivität aufzubereiten hätte.

Im Überblick über die verschiedenen Möglichkeiten der Kontrolle des Rechts wird deutlich, daß auch in dieser Hinsicht die Positivierung überlieferte Institutionen wenn nicht entwurzelt, so doch als zu schwach erweist. Sie können den Zug zu höherer Komplexität nicht, oder allenfalls sehr begrenzt, mitmachen und bleiben stehen. Außerhalb ihres Anwendungsbereichs kommt es zu neuartigen Bedürfnissen, für die institutionalisierbare Lösungen gesucht werden müssen. Weder die förmliche Wiederholung des Entscheidungsganges unter gleichen Kriterien noch die mitlaufenden hermeneutischen und professionellen Kontrollen reichen als Korrektive aus. Ohne abrupt ihren Sinn zu verlieren, bleiben sie als immanente Richtigkeitskontrollen dem gegebenen Recht verpflichtet und schöpfen das Potential für Kritik und Rationalisierung, das mit der Möglichkeit der Gesetzgebung bereitgestellt ist, nicht aus. Ähnlich wie im Bereich wirtschaftlicher Zweckrationalität [167] müssen auch für das Recht neue Kontrollformen entwickelt werden, die sich auf die Ebene der Programmierung, nämlich auf das Entscheiden über Entscheidungen beziehen und für deren Entscheidungsbereich Informationen für sinnvolle Änderung von Programmen beschaffen und auswerten können. Die Gesamtbedingungen einer Rationalisierung des positiven Rechts sind damit freilich auch nicht annähernd erfaßt. Sie lassen sich nicht in der Perspektive einer Kontrolle des gegebenen Rechts bestimmen, sondern erfordern eine Rückwendung des Blicks auf gesamtgesellschaftliche Zusammenhänge.

167 Hierzu näher Niklas Luhmann, Zweckbegriff und Systemrationalität. Über die Funktion von Zwecken in sozialen Systemen. Tübingen 1968, S. 221 ff.

Gesellschaft und Recht hängen auf mehr als eine Weise zusammen. Bisher haben uns im wesentlichen zwei Perspektiven geleitet: Wir haben nach der Funktion des Rechts für das soziale System der Gesellschaft gefragt, und wir haben die Art und Weise, in der diese Funktion erfüllt wird, in Beziehung gesetzt zu verschiedenartigen Gesellschaftsstrukturen, die sich im Prozeß gesellschaftlicher Evolution nacheinander herausgebildet haben. In dieser globalen Betrachtungsweise wurde die Evolution des Gesellschaftssystems als Auslöser sozialen Wandels gesehen und die Veränderungen im Rechtsgefüge als Begleiterscheinung, die durch Umstrukturierungen des Gesellschaftssystems, vor allem seines Differenzierungsmodus, ermöglicht werden und zugleich wichtige institutionelle Errungenschaften des Evolutionsprozesses stabilisieren helfen. In evolutionärer Perspektive ist Recht als unaufgebbares Element der Gesellschaftsstruktur immer Bewirktes und Wirkendes zugleich.

Dabei darf, wie namentlich Karl Renner gezeigt hat,[1] der Wirkungszusammenhang nicht zu eng gesehen werden. Vielmehr gibt es das Phänomen des gesellschaftlichen Wandels trotz unveränderten Bestandes des formulierten Rechts, was sich als Funktionswandel der Rechtsnormen ausdrücken kann, und es gibt Neuformulierungen des Rechts, etwa Kodifikationen, die keinen gesellschaftlichen Wandel bewirken. Das Ausmaß solcher relativen Invarianz von Recht und Gesellschaft kann mit der Komplexität des Gesellschaftssystems und dem Abstraktionsgrad seiner strukturellen Errungenschaften zunehmen. Mit all dem sind wir noch nicht bei dem Problem, um das es in diesem Kapitel geht.

In dem Maße, als das Recht positiviert wird, Rechtsnormen also zum Gegenstand selektiver Entscheidungen werden, kommt eine neue Perspektive hinzu, die selbst als evolutionäre Errungenschaft gewertet werden muß. Die im Recht über das Recht konstituierten Entscheidungsfreiheiten können als Instrument gesellschaftlicher Veränderungen eingesetzt werden.

---

1 Vgl. Die Rechtsinstitute des Privatrechts und ihre soziale Funktion: Ein Beitrag zur Kritik des bürgerlichen Rechts. Neudruck Stuttgart 1965 (zuerst in Marx-Studien Bd. I, Wien 1904, S. 63–192). Auf besseren rechtstheoretischen Grundlagen, nämlich mit Hilfe seines Begriffs der Reinstitutionalisierung (vgl. oben Bd. I, S. 79, Anm. 98) argumentiert auch Paul Bohannan, a. a. O., daß die Rechtsentwicklung immer in gewissem Maße ‹*out of phase*› sei im Verhältnis zur gesellschaftlichen Entwicklung. Eingehende historische Analysen über das Verhältnis von Rechtsentwicklung und Gesellschaftsentwicklung (namentlich Wirtschaftsentwicklung) für einen räumlich-zeitlich begrenzten Bereich verdanken wir den Arbeiten von James William Hurst. Siehe: *The Growth of American Law: The Lawmakers.* Boston 1950; *Law and the Conditions of Freedom in the Nineteenth-Century United States.* Madison 1956; *Law and Social Progress in United States History.* Ann Arbor 1960; *Law and Economic Growth. The Legal History of the Lumber Industry in Wisconsin 1836–1915.* Cambridge/Mass. 1964. Vgl. ferner Lawrence M. Friedman, *Legal Culture and Social Development.* Law and Society Review 4 (1969), S. 29–44.

Sind sie als Freiheiten institutionell gesichert, können ihre Ursachen bei ihrer Ausübung normalerweise außer acht bleiben. Positivität des Rechts impliziert die Freiheit, sich durch Ansatz und Ergebnis von Analysen rational bestimmen zu lassen. Die Gesellschaft wird damit zum Objekt ihres eigenen Rechtsmechanismus; sie wird in einem ihrer Teilsysteme als Ganzes reflektiert.

Allgemein wird heute anerkannt, daß das Recht durch die gesellschaftliche Entwicklung mitbestimmt wird und sie zugleich mitzubestimmen vermag.[2] Damit sind Extremthesen abgewehrt, die niemand vertritt;[3] im übrigen aber ist noch nichts gewonnen. Für die wissenschaftliche Nachkonstruktion dieses Verhältnisses bieten sich verschiedene Formeln an. Das klassische Modell war das einer ‹Trennung von Staat und Gesellschaft›, in dem das Recht als die Form tätigen Staatslebens autonom gesetzt und der Gesellschaft gegenübergestellt wurde. Diese Form der Autonomie mußte jedoch mit dem Gebot der Beschränkung aufs Minimum bezahlt werden. Volle Autonomie ebenso wie minimale Interferenz haben sich als unhaltbar erwiesen. Die im ersten Kapitel erörterten Varianten der klassischen Rechtssoziologie hatten sich mit dieser Lage befaßt. Sie haben jedoch keinen Einfluß auf die Rechtspraxis gewonnen. Vielmehr hat sich in der Praxis des 20. Jahrhunderts ein konkret-politischer Pragmatismus herausgebildet, der gleichsam nach der Formel Wille-Widerstand-Kompromiß zu arbeiten scheint und verhältnismäßig untheoretische wissenschaftliche Begleitanalysen nahelegt. Ihre Ziele findet diese instrumentelle Konzeption der Rechtsetzung teils in der Befriedigung konkret vorgetragener gesellschaftlicher Wünsche und Interessen, teils – und vielleicht überwiegend – nur in Reparaturen am vorhandenen Normensystem.[4] Nicht anders als der Richter

---

2 Siehe z. B. Yehezkel Dror, *Law and Social Change.* Tulane Law Review 33 (1959), S. 787–801; auszugsweise auch in Vilhelm Aubert (Hrsg.), *Sociology of Law.* Harmondsworth, England 1969, S. 90–99; Per Stjernquist, *How Are Changes in Social Behaviour Developed by Means of Legislation?* In: *Legal Essays. Festskrift til Frede Castberg.* Kopenhagen–Stockholm–Göteborg 1963, S. 153–169; Helmut Coing, *Law and Social Development.* In: Raymond Aron/Bert F. Hoselitz (Hrsg.), *Le développement social.* Paris–Den Haag 1965, S. 293–312; William M. Evan, *Law as an Instrument of Social Change.* In: Alvin W. Gouldner/S. M. Miller (Hrsg.), *Applied Sociology. Opportunities and Problems.* New York –London 1965, S. 285–293 (286 f); Philip Selznick, *Law. The Sociology of Law.* International Encyclopedia of the Social Sciences Bd. 9, 1968, S. 50–59 (56); Wolfgang Friedmann, Recht und sozialer Wandel. Frankfurt 1969, S. 13 ff.

3 nicht einmal William G. Sumner – trotz des berühmten Diktums *‹stateways cannot change folkways›*. Dazu vgl. Henry V. Ball/George E. Simpson/Kiyoshi Ikeda, *Law and Social Change. Sumner Reconsidered.* The American Journal of Sociology 67 (1962), S. 532–540.

4 Vgl. dazu die temperamentvolle Kritik von Rudolf Wiethölter, Die GmbH in einem modernen Gesellschaftsrecht und der Referentenentwurf eines GmbH-Gesetzes. In: Probleme der GmbH-Reform. Köln 1969, S. 11–41; ferner etwa Frieder Naschold, Kassenärzte und Krankenversicherungsreform. Zu einer Theorie der Statuspolitik. Freiburg 1967.

arbeitet auch der Gesetzgeber in weitem Umfange mit historischer, nicht mit empirischer Methode.[5]

Vielleicht lassen sich aber die auf Positivität des Rechts gegründeten Freiheiten und Schranken einer gesellschaftsbezogenen Rechtspolitik anders und besser durchdenken. Wir sind von einer evolutionären Theorie der Gesellschaft und des Rechts ausgegangen, die Evolution als Effekt des Fungierens von Mechanismen der Variation, der Selektion und der Stabilisierung auffaßt, deren Zusammenwirken zur Steigerung von Systemkomplexität und zur Stabilisierung von unwahrscheinlichen Errungenschaften führt. *Wenn* diese drei Mechanismen auf kompatiblem Niveau eigener Komplexität fungieren, ist Evolution notwendig; und dafür ist es unerheblich, welche Ursachen diese Mechanismen bewegen und ob sie geplant sind oder nicht. Insofern weist die moderne Evolutionstheorie eher planungsindifferente, wenn nicht planungsfeindliche Züge auf.[6] Sie schließt die Frage nach einem geplanten gesellschaftlichen Wandel jedoch keineswegs aus, sondern gibt ihr gerade bestimmte Konturen jenseits aller klassischen Vorstellungen von Zweckrationalität.

Absehbare Formen der Systemplanung können sich auf die stabilisierende Funktion und ihre Mechanismen beziehen. Von da her wäre die Selektivität zu steuern. Das heißt: Bei der Systemplanung müßte mit System/Umwelt-Modellen gearbeitet werden, die die höhere Komplexität der Systemumwelt und damit die Notwendigkeit laufender Selektion in die Betrachtung einbeziehen und gleichsam mitstabilisieren. Völlig offen ist die Frage der Planung von Variationen erzeugenden Mechanismen, der Planung von Zufall.[7] Deshalb liegt auch eine systemtheoretische Planung von Evolution außerhalb dessen, was wissenschaftlich zur Zeit absehbar ist. Gleichwohl ist erkennbar, daß und unter welchen Bedingungen sich *innerhalb* der evolutionären Mechanismen das Gewicht geplanter im Vergleich zu ungeplanten Verläufen verschiebt.

Die zunehmenden Anforderungen an Planung, die heute zu beobachten

---

5 Zur Kritik siehe bereits BODEN, Über eine experimentelle Methode der Gesetzgebung. Archiv für die gesamte Psychologie 33 (1915), S. 355–372; ferner die Forderung einer experimentellen, erfahrungswissenschaftlich orientierten Jurisprudenz bei FREDERICK K. BEUTEL, *Some Potentialities of Experimental Jurisprudence as a New Branch of Social Science.* Lincoln 1957. Heute wird man die Kritik beibehalten, aber das Wissenschaftsvertrauen weniger hoch ansetzen.

6 So besonders der unseren Überlegungen nahestehende Versuch von DONALD T. CAMPBELL, *Variation und Selective Retention in Socio-Cultural Evolution.* General Systems 14 (1969), S. 69–85. Siehe dazu (unter der eher irreführenden Bezeichnung als *‹collectivistic approach›*) auch AMITAI ETZIONI, *The Active Society. A Theory of Societal and Political Processes.* London–New York 1968, S. 65 ff und passim.

7 Eine Vorstufe dazu ist das Erkennen der Funktionalität von Zufall. Vgl. dazu VILHELM AUBERT, *Chance in Social Affairs.* Inquiry 2 (1959), S. 1–24. Zu den Schwierigkeiten der planmäßigen Erzeugung von Zufälligkeit in sozialen Systemen ferner STAFFORD BEER, Kybernetik und Management. Frankfurt 1962, S. 216 ff.

sind, hängen mit einer Verlagerung des ‹evolutionären Engpasses› zusammen. Innerhalb der drei evolutionären Funktionen des Variierens, Selektierens und Stabilisierens verschiebt sich der Problemschwerpunkt, der die weitere Entwicklung steuert. Lag das Problem archaischer Gesellschaften in der strukturell bedingten Alternativenarmut, also in der geringen Varietät, und lag das Problem der hochkultivierten Gesellschaften in der geringen Leistungsfähigkeit und den Legitimationsschranken ihrer selektiven Verfahren, so scheint heute mehr und mehr die kategoriale Struktur des Rechts derjenige Aspekt zu sein, dessen zu wenig leistungsfähige Fassung die Chancen weiterer Entwicklung formt – natürlich nicht allein formt, aber mitformt.

Die Kategorien des Rechtsdenkens haben eine stabilisierende Funktion, indem sie es ermöglichen, die in Verfahren gewonnenen Entscheidungsergebnisse aufzubewahren und in neuen Situationen wiederzuverwenden. Ihr Abstraktionsstil dient daher zunächst der Erleichterung des Zugriffs auf Sinnablagerungen vergangener Verfahren. Die Schematisierung *neuer* Entscheidungsmöglichkeiten bleibt dabei zunächst ein Nebenprodukt der Abstraktion, die anderen Zwecken dient. Sobald Recht von Rechts wegen änderbar wird, stellt sich die Frage nach dem Orientierungskontext solcher Änderungen jedoch in neuer Weise. Sie kann dann nicht mehr rechtsimmanent, sondern nur noch in bezug auf die Gesellschaft entfaltet werden, muß also in einer Theorie der Gesellschaft ihre Führung gewinnen. Das Recht muß als eine Struktur der Gesellschaft, die Rechtskategorien müssen als Kategorien gesellschaftlicher Planung gesehen werden. Die Sicherung der Kontinuität des Erwartens wird als Teilmoment in den Planungskontext aufgenommen und auf ihn relativiert. Stabilität ist nicht mehr Voraussetzung, Stabilisierung ist das Problem planerischen Entscheidens.

Da es sich um die Orientierung eines dynamischen Instrumentariums an einem in sich dynamischen Tatbestand handelt, genügt es nicht, den strukturellen Aufbau der Gesellschaft zu beschreiben; vielmehr müssen die durch ihn ausgelösten und die durch ihn ermöglichten Prozesse struktureller Veränderung, darunter der Rechtsprozeß selbst, erfaßt werden.[8] Eine dazu befähigte Theorie gesellschaftlichen Wandels, in der auch Möglichkeiten der Entscheidung über den gesellschaftlichen Wandel mitberücksichtigt werden könnten, steht nicht zur Verfügung und ist kurzfristig nicht aufzubauen.[9] Es fehlen die theoretischen Leitlinien für einen Umbau

---

8 In der gleichen Richtung, aber mit andersartigen Konzepten, sucht Amitai Etzioni, a. a. O., eine makrosoziologische Theorie, die eine integrierte Erforschung ungeplanten und geplanten sozialen Wandels leisten kann. Vgl. auch ders., Elemente einer Makrosoziologie. In: Wolfgang Zapf (Hrsg.), Theorien des sozialen Wandels. 2. Aufl. Köln–Berlin 1970, S. 147–176.

9 Selbst die logischen Probleme, deren Lösung der Aufbau einer solchen Theorie über Prozesse mit eingebauter Reflexion voraussetzen müßte, sind völlig ungeklärt. Zum Evolutionsproblem speziell unter dieser Hinsicht Gotthard Günther, Logik, Zeit, Emanation und Evolution. Köln–Opladen 1967; und, im Anschluß an

des formulierten Rechtsgefüges in eine gedankliche Ordnung, die gesellschaftlichen Wandel steuern könnte, und dieser Fehlbestand ist nicht nur als wissenschaftliches Programm, sondern auch als ein faktisches Moment der gegenwärtigen Situation zu sehen: Er läßt die Schwierigkeiten einer Übergangslage erkennen, in der das Recht zwar verfahrensmäßig und sozusagen dogmatisch positiviert ist, aber eine entsprechende Begrifflichkeit nachentwickelt werden muß.

In dieser Lage empfiehlt es sich, zunächst einmal aus einem weiten, sehr heterogenen Einzugsbereich Erfahrungen und Gedanken zusammenzutragen, die Elemente zu einer gesellschaftsbezogenen Rechtspolitik beisteuern können. Wir wissen (1) einiges über gesellschaftsstrukturelle Bedingungen eines steuerbaren sozialen Wandels. Wir können uns ferner (2) das begriffliche Instrumentarium des geltenden Rechts an einigen Beispielen daraufhin ansehen, ob und wie es in den Dienst einer kontrollierten Veränderung gesellschaftlicher Verhältnisse treten kann. Im Anschluß daran werden wir (3) der Frage nachgehen, ob das heutige positive Recht nicht nur in seiner kategorialen Struktur, sondern auch in seiner regionalen politischen Verankerung den Anschluß an die Entwicklungen des Gesellschaftssystems verliert, die deutlich auf die Konstitution einer einheitlichen Weltgesellschaft hinauslaufen. An den Schluß des Kapitels stellen wir (4) die Frage der Planung des Rechts in einem zukunftsoffenen Zeithorizont.

1. Bedingungen eines steuerbaren sozialen Wandels.

Unter ‹sozialem Wandel› wird nicht schlechtweg der Prozeßaspekt menschlichen Zusammenlebens verstanden, nicht die Interaktion in ihrem Verlauf, nicht zum Beispiel der Ablauf eines Rechtsverfahrens, sondern eine Veränderung der Struktur solcher Interaktionen.[10] Unter Struktur verstehen wir die jeweils nicht problematisierten, sinnhaften Voraussetzungen über ein soziales System und sein Verhältnis zur Umwelt, auf die man sich in der Interaktion einläßt. Sinnbezüge, die als Struktur fungieren, werden insoweit als feststehende Prämissen behandelt, was nicht hindert, daß sie sich gleichwohl ändern – sei es bemerkt, sei es unbemerkt, sei es abrupt und durch absichtsvolle Entscheidung, sei es im Laufe eines bewußt miterlebten, als unvermeidlich geltenden Geschehens. Wie bereits mehrfach betont, hängt die Funktion eines strukturgebenden Sinngehalts nicht von absoluter

---

Günther, Walter Bühl, Das Ende der zweiwertigen Soziologie. Soziale Welt 20 (1969), S. 163–180.

Zum Stande der soziologischen Diskussion siehe im übrigen Karl Hermann Tjaden, Soziales System und sozialer Wandel. Untersuchungen zur Geschichte und Bedeutung zweier Begriffe. Stuttgart 1969, zugleich ein Beleg für das vollständige Ignorieren des Rechts als Mechanismus sozialer Veränderung.

10 Siehe an zusammenfassenden neueren Publikationen etwa Wilbert E. Moore, *Social Change*. Englewood Cliffs/N. J. 1963, deutsch: Strukturwandel der Gesellschaft. München 1967; Tjaden, a. a. O.; Wolfgang Zapf (Hrsg.), Theorien des sozialen Wandels, a. a. O. (mit Bibliographie.)

Invarianz ab, sondern nur davon, daß er, wenn er als Struktur fungiert, nicht zugleich verändert wird.

Diesen Gedanken haben wir als Grundlage der Veränderbarkeit des Rechts selbst erörtert. Jetzt geht es um den viel weiteren Rahmen der Struktur des Gesellschaftssystems im ganzen und der Strukturen der in ihm sich bewegenden sozialen Systeme. Die Gesamtheit der in der Gesellschaft als Struktur fungierenden Prämissen läßt sich nicht auf normative Erwartungen, geschweige denn auf das Recht selbst reduzieren.[11] Weder das Differenzierungsprinzip, noch die leitenden Wertgedanken einer Gesellschaft (nicht einmal der Wert der Gerechtigkeit), noch die vielen Selbstverständlichkeiten, noch die als kognitiv ausdifferenzierten Erwartungsstrukturen pflegen im positiven und technischen Sinne juridifiziert zu sein. Die Gesellschaft selbst kann nicht allein von ihrer Rechtsverfassung her begriffen werden. Das Recht ist nur ein strukturelles Moment unter anderen. Deshalb kann ein adäquates Verständnis der Gesellschaftlichkeit des Rechts nicht allein durch Exegese und Interpretation erreicht werden und sich auch nicht in der Durchsetzungsvorsorge erschöpfen. Vielmehr muß die Rechtssoziologie von der Frage der *strukturellen Kompatibilität des Rechts* ausgehen.

In der überblickbaren Gesellschaftsgeschichte wird der Bedeutungsanteil des Rechts als sehr hoch, wenn nicht als konstituierend eingeschätzt. In der Tat scheinen Politik und Recht bis in die neuere Zeit hinein die evolutionär führenden Mechanismen gewesen zu sein. Für diesen Primat war nicht die Form einer Gesellschaftsplanung oder gar einer geplanten Gesellschaftsentwicklung bestimmend gewesen. Vielmehr war er begründet in bestimmten Eigenarten normativer Mechanismen, nämlich in ihrer vergleichsweise hohen Generalisierbarkeit und ihrer leichten Institutionalisierbarkeit, die sie befähigen, riskierte Institutionenbildungen abzustützen. Normatives Erwarten ist kontrafaktisches Erwarten und kann daher im Verhältnis zur Realität leicht ‹überzogen› werden. Für fest behauptete, jedenfalls durchzuhaltende Erwartungen lassen sich zudem leichter Mitengagements und Konsensaussichten beschaffen, läßt sich leichter ein Konformitätsdruck erzeugen[12] als für lernbereite Erwartungen, bei denen der Konsens gleichsam für noch unbestimmte Änderungen miterteilt werden muß. Auf diese Weise

---

11 Für den Versuch, den Strukturbegriff auf normativ stabilisierte Verhaltensmuster (aber nicht allein auf Recht, sondern vor allem auch auf Sprache und andere Kommunikationsmedien) zu beschränken, ist die soziologische Theorie von Talcott Parsons repräsentativ. Vgl. die Nachweise Bd. I, Kap I., Anm. 22 und 23. Der dabei verwendete Normbegriff bleibt jedoch ebenso unklar wie die genaue Funktionsweise und die Tragweite des Normierens für Probleme der Stabilisierung. Selbst im näheren Umkreis von Parsons wird diese Verengung des Strukturbegriffs heute nicht mehr akzeptiert (oder, was auf dasselbe hinausläuft, das Fehlen eines Strukturbegriffs moniert). Vgl. Leon Mayhew, *Action Theory and Action Research.* Social Problems 15 (1968), S. 420–432.

12 Dies belegen die Ergebnisse von Peter M. Blau, *Patterns of Deviation in Work Groups.* Sociometry 23 (1960), S. 245–261 (258 f).

kommt es, wie man in kleinen Gruppen täglich beobachten kann, zu Prozessen ‹moralischer Selbstaufwertung› des je eigenen Systems, die ins Irrealistische gehen,[13] aber auch zu erfolgreicher Abhebung von geläufigen Selbstverständlichkeiten, zu zukunftsreichen Innovationen führen kann. Die bessere Generalisierbarkeit des Wünschbaren und des Normativen [14] tritt so in den Dienst des Aufbaus unwahrscheinlicher Strukturen und absorbiert deren Risiken, ohne daß es zu einer planvollen Entwicklung kommt. Getragen von ungeplant vorliegenden Selbstverständlichkeiten werden normative Strukturen kraft ihrer Eigenart zum Risikoträger der gesellschaftlichen Evolution. Nie ist die Gesellschaft faktisch ein Rechtsinstitut, etwa ein Vertrag; sie wird jedoch als Rechtsverhältnis symbolisiert, solange das Recht ihre riskanten evolutionären Errungenschaften, etwa Herrschaft, Frieden, Verfahren, bindende Verträge, Geld stabilisiert.

Hat sich seitdem, vor dieser Frage stehen wir heute, der Stellenwert der normativen Mechanismen, besonders des Rechts, geändert? Trägt er unter veränderten gesellschaftlichen Bedingungen in anderer Weise zum sozialen Wandel bei? Und wo finden sich dann die strukturkritischen Probleme und die Engpässe weiterer gesellschaftlicher Entwicklung?

Unser Überblick über die Entwicklung des positiven Rechts zeigt, daß trotz Einbaus kognitiver Elemente in den Prozeß der Rechtsetzung die Normativität des Rechts ein dominierendes Strukturmoment bleibt. Sie trägt gegenüber einer kontingenten, möglicherweise abweichenden Realität die ‹Geltung› von Erwartungen, dient also zur Kontingenzausschaltung auf der Ebene des Erwartens und in diesem Sinne nach wie vor zur Absorption von Risiken bei prekären Erwartungen. Die Veränderungen finden sich in dem Systemkontext, der diese Funktion erfordert und die entsprechenden Einrichtungen ausbildet. Hier kommt es zu steigender Komplexität, zu zunehmender funktionaler Differenzierung mit zunehmender Divergenz von Erwartungsprojektionen, zur Abstraktion von Wertgesichtspunkten und vor allem zu steigenden Tempo-Anforderungen im ständigen Wechsel der Erlebnis- und Handlungsfelder. Mit all dem verschieben sich die Problemperspektiven und die strukturellen Kompatibilitäten des Rechts.

In stark vereinfachter Argumentation kann man diesen Umbau der Problemperspektiven auf einen Typenunterschied bringen: Das Problem liegt jetzt weniger in der *Höhe des Erwartungsrisikos*, das man von einem *gegebenen Fundus an Selbstverständlichkeiten aus* im geltenden Recht absorbieren kann. Es verlagert sich in die Frage der *Aufnahmefähigkeit der Gesellschaft* für Recht, das unter *einseitigen* Gesichtspunkten im *Widerspruch zu strukturell bedingten* (also auch berechtigten, zumindest sinnvollen, vertretbaren) *normativen Erwartungshaltungen neu gesetzt wird.*

---

13 Dazu Claude C. Bowman, *Distortion of Reality as a Factor in Morale.* In: Arnold M. Rose (Hrsg.), *Mental Health and Mental Disorder.* London 1956, S. 393–407.

14 Die hierzu verfügbare sozialpsychologische Forschung resümiert Ralph M. Stogdill, *Individual Behavior and Group Achievement.* New York 1959, S. 59 ff.

Nicht mehr die Weite des Horizonts der Rechtfertigungsmöglichkeiten im Anschluß an das Vorhandene ist das Problem, das die Innovationsschwierigkeiten faßt; diese Weite ist nahezu unendlich geworden. Bei weitem nicht alles, was in ihr anschließbar und dadurch möglich ist, läßt sich im sozialen System der Gesellschaft auch unterbringen. Die Widersprüchlichkeit der zugleich benötigten, strukturell verfestigten Orientierungen ist in einem Maße gewachsen, daß das Gesellschaftssystem einen Zustand ansteuert, in dem alles möglich und nichts mehr durchführbar ist – nämlich jede Neuerung juridifizierbar ist, sich aber auf dem Wege der Realisation früher oder später an gleichfalls berechtigten Gegenpositionen aufreibt. Die Problemlage eines solchen Gesellschaftssystems kann nicht mehr durch einen Gegensatz von Bewahrung und Neuerung charakterisiert und in einem entsprechenden Konflikt politisch ausgetragen werden. Wer nur konservativ denkt, wird zu revolutionär vorgehen, weil er das zu Bewahrende selektiv bestimmen muß, und ebenso einseitig konserviert der Revolutionär die immer noch nicht erfüllten Werte einer vergangenen Zeit.[15] Das Problem liegt in der *Vermittlung notwendig einseitiger Neuerungen mit der nicht statisch, sondern dynamisch gegebenen Systemlage unter hinreichend abstrakten, langfristig sinnvollen Kategorien.*

Einen zweiten Gedankengang müssen wir hinzunehmen. Wenn wir die Frage nach den Bedingungen steuerbaren sozialen Wandels durchdenken, stoßen wir auf das sehr viel prinzipiellere Problem, ob und wie sich eine Einzelhandlung überhaupt sinnhaft-intentional auf ein komplexes System beziehen kann. Ist sie und bleibt sie, wenn sie ihren Handlungssinn, ihren Zweck, ihren Gesinnungsgehalt spezifiziert, nicht notwendig Teil im System? ‹Das System› und ‹das Recht› können, sofern diese Begriffe eine Gesamtheit von Sachverhalten bezeichnen, ja nie geändert und auch nie konstant gehalten werden, sondern das ist nur möglich für bestimmte Systemmerkmale, bestimmte Erwartungen, bestimmte Paragraphen.[16] Ebenso problematisch ist es, in bezug auf ‹das System› oder ‹das Recht› Zugehörigkeit bzw. Nichtzugehörigkeit oder Gehorsam bzw. Ungehorsam moralisch zu bewerten. Bei hinreichend komplexen Systemen, besonders gesellschaftlichen, lassen sich Wertbezüge stets für und gegen eine Einzelhandlung herstellen; und zur Disposition steht, da solche Systeme in sich dynamisch sind, nicht die Alternative der Systemerhaltung oder -veränderung, sondern allenfalls die Richtung der systemerhaltenden Veränderung. Nur *Handlungs*intentionen richten sich unter Ja/Nein-Zwang auf

---

15 Hierzu auch Niklas Luhmann, Status quo als Argument. In: Horst Baier (Hrsg.), Studenten in Opposition. Beiträge zur Soziologie der deutschen Hochschule. Bielefeld 1968, S. 73–82.

16 Wir treffen uns hier mit der berechtigten methodologischen Kritik einer lediglich auf den ‹Bestand des Systems› bezogenen funktionalen Theorie. Siehe vor allem Ernest Nagel, *Logic Without Metaphysics.* Glencoe/Ill. 1956, S. 247 ff. Ähnliche Bedenken kleiden sich oft in den Vorwurf einer ‹Reifikation› des Systembegriffs.

solche Dichotomien. Im *System* des Handelns heben sie sich auf in einem Verhältnis wechselseitiger Bedingung: Erhaltung und Veränderung bedingen sich wechselseitig, ebenso wie Werte sich wechselseitig bedingen, da die Bewertung eines Wertes nicht unabhängig vom Erfüllungsstand anderer Werte erfolgen kann.

Bei einer genaueren begrifflichen Analyse stößt man mithin auf eine *logische Diskontinuität zwischen Handlung und System* und damit auf die Notwendigkeit, in mehreren Sinnebenen nebeneinander zu denken. Zugleich wissen wir aber, daß das Leben sich in dieser Hinsicht über die Logik hinwegsetzt und solche Verbindungen doch herstellt. Die Frage ist nur: wie? [17] Wir können unser Thema daher auch in die Fragen kleiden, welche Formen des Überspringens solcher Diskontinuitäten institutionalisierbar sind, wie diese Formen mit Veränderungen der Systemkomplexität variieren und ob sie zur Bewirkung von Strukturänderungen in hochkomplexen Gesellschaften geeignet sind.

In großen, komplexen Sozialsystemen [18] gibt es eine Reihe verschiedener Formtypen, in denen erreicht wird, daß der Sinn von Einzelhandlungen für ein Systemganzes steht. Sie bilden sich im Anschluß an *Grenzprobleme* [19] oder an *generalisierte, das System symbolisierende Sinngehalte* oder in der Form von *Hierarchie*, in der die ‹oberen Teile›, obwohl Teile, repräsentativ für das Ganze handeln können. Innerhalb dieses Formenrepertoires, das man aus den erörterten klassischen Hochkulturen kennt, war Systemrepräsentanz im Handeln institutionalisierbar gewesen, sogar mit Einbau gewisser Möglichkeiten adaptiver Strukturänderung.[20] Diese Lösung war jedoch an (wie immer empirisch bestimmbare) ‹Kapazitätsgrenzen› in den Institutionen gebunden, die heute weit überschritten sind. Angesichts des laufenden und komplex verschränkten Strukturänderungsbedarfs der modernen Gesellschaft ist weder der Kampf gegen gemeinsame Feinde, noch die Rechtfertigung in gemeinsamen Glaubensgrundsätzen, noch hierarchische Herrschaft eine geeignete Form, Handlung auf das Gesellschaftssystem zu beziehen. Kennzeichnend scheint vielmehr, zumindest auf den ersten Blick, die *Nichtinstitutionalisierbarkeit einer direkt intentionalen*

---

17 Diese Problemfassung findet sich für System/Teilsystem-Verhältnisse auch bei ODD RAMSÖY, *Social Groups as System and Subsystem*. New York–London 1963, S. 190 ff.

18 TALCOTT PARSONS spricht von ‹collectivities›, wenn soziale Systeme eine gemeinsame Wertorientierung so ausbilden, daß für das System gehandelt werden kann. (Definitionen des Begriffs und Sprachgebrauch schwanken allerdings.) Siehe z. B. *The Social System*. Glencoe/Ill. 1951, S. 96 ff, und DERS./NEIL J. SMELSER *Economy and Society*. Glencoe/Ill. 1956, S. 15.

19 Dies wiederum ist in mindestens zwei Formen möglich: im *Kampf* gegen ‹Feinde des Systems› oder in der Form von *Eintritts- oder Austrittsentscheidungen* Der letztere Fall ist konstitutiv für die strukturelle Identität von Organisationen Siehe im einzelnen NIKLAS LUHMANN, Funktionen und Folgen formaler Organisation. Berlin 1964.

20 wie wir sie vor allem am Falle des Hierarchiemodells erörtert haben; siehe oben Bd. I, S. 197.

Beziehung von Handlung und System zu sein.* Unter solchen Umständen können Bedingungen steuerbaren gesellschaftlichen Wandels nicht mehr deckungsgleich sein mit dem Sinn des Handelns, das die Gesellschaft verändern will. Sie bestehen auch nicht mehr einfach in einer Art *ius eminens*: in dem Recht, verändernd einzugreifen, um das gemeine Wohl zu fördern. Vielmehr finden sie sich in dem Gesellschaftssystem selbst. Dessen Strukturen können nicht beliebig gebaut sein; sie müssen die Auslösbarkeit von Strukturänderungen ermöglichen, durch welche das System sich Umweltveränderungen anpassen und interne Spannungen umstrukturieren kann. Die systemstrukturellen Komplementärbedingungen des positiven Rechts, ohne welche Positivität als Institution funktionslos wäre, sind in solchen inneren Elastizitäten zu suchen. Dementsprechend müssen die Bedingungen struktureller Kompatibilität des Rechts abstrakter definiert werden. Sie liegen nicht mehr allein in einer harmonischen Übereinstimmung mit den Wertungsgrundlagen der Gesellschaft, die ja selbst disharmonisch geworden sind. Kompatibel ist das Recht in dem Maße, als die Bedingungen seiner Veränderung mit den Bedingungen gesellschaftlichen Wandels in Übereinstimmung gebracht werden können (was impliziert, daß auch die Bedingungen der Nicht-Veränderung integrierbar sind). Mit Bemühungen um eine Ausfüllung dieser Formel nähern wir uns einer Antwort auf die Frage nach den Bedingungen rechtlich steuerbaren sozialen Wandels.

Auf dem Wege dahin stößt man unter anderem auf zwei verschiedene Modellvorschläge, die sich zur Zeit im Stadium theoretischer Abklärung und empirischer Prüfung befinden und uns Anhaltspunkte zu liefern vermögen.[21] Im einen Fall handelt es sich um den Gedanken einer ‹Doppelhierarchie› von Steuerungs- und Konditionierungsprozessen, den TALCOTT PARSONS als Rahmentheorie für Forschungen auf dem Gebiete des sozialen Wandels und der Institutionalisierungsprozesse vorgeschlagen hat und den LEON H. MAYHEW auf dem Gebiet des Rechts weiterbearbeitet. Im anderen Falle ist die ‹Dreistufen-Hypothese› von ADAM PODGÓRECKI gemeint. Eine kurze Vorstellung dieser Forschungsansätze wird zeigen, daß es sich um Vertreter jener neuartigen Problemperspektiven des positiven Rechts handelt, die wir meinen.

Als kybernetische Hierarchie bezeichnet PARSONS das Steuerungsverhältnis des allgemeinen Handlungssystems, das auf einem Gegensatz von Information und Energie beruht.[22] Diejenigen Aspekte, die verhältnismäßig

---

21 Darüber hinaus gibt es namentlich in der *niederländischen* und in der *skandinavischen* Rechtssoziologie einschlägige Forschungen. Vgl. die Berichte von JAN F. GLASTRA VAN LOON und TORSTEIN ECKHOFF in: RENATO TREVES (Hrsg.), *La sociologia del diritto. Problemi e ricerche.* Mailand 1966, englisch übersetzt: RENATO TREVES/JAN F. GLASTRA VAN LOON (Hrsg.), *Norms and Actions. National Reports on Sociology of Law.* Den Haag 1968.

22 In den Veröffentlichungen PARSONS' liegen nur sehr kursorische Darstellungen vor, die voraussetzen, daß Information und Energie klare Begriffe seien, und sogleich zu verschiedenartigen Anwendungen des allgemeinen Schemas übergehen. Für eine frühe Darstellung siehe TALCOTT PARSONS, *Durkheim's Contribution to*

informationsintensiv und energiearm sind, übernehmen durch Ausdifferenzierung in besonderen Teilsystemen, namentlich dem kulturellen System, eine Steuerungsfunktion, während die energiestarken Aspekte die Bedingungen stellen, deren Aktivierung und Mobilisierung das System belebt und in seiner Umwelt erhält. Das Auseinanderziehen dieser Funktionen nach oben bzw. unten und ihre Spezialisierung in besonderen Teilsystemen, deren Vermittlung vom sozialen System und der Persönlichkeit getragen wird, ermöglicht den Aufbau hoher Selektivität im System. Hierarchische Differenzierung erhöht damit die generalisierten Anpassungsfähigkeiten des Systems, bedeutet aber zugleich, daß die Realisierung der kulturellen Wertmuster durch andere Teilsysteme des Aktionssystems mitbedingt, gefiltert, gebremst, abgebogen wird. Für diesen Vermittlungsvorgang steht bei PARSONS heute (nach einer wechselvollen Vorgeschichte) der Begriff der Institutionalisierung.[23] Institutionalisierung erfordert bei zunehmender gesellschaftlicher Komplexität (1) im Bereich der Werte selbst Spezifikationen, (2) im Bereich der sozialen Integration eine ideologische Steuerung des Erlebens durch gemeinsame Formen des Glaubens und der Wahrnehmung der Lebensbedingungen, (3) im Bereich der persönlichen Bedingungen Verfestigung und Befriedigung persönlich-motivierender Interessen und schließlich (4) Jurisdiktion im Sinne eines Zugangs zu ‹letzten Mitteln› physischer Verwirklichung, prototypisch: Zwang.

Daran anknüpfend (und also im Bezugsrahmen von ‹Differenzierung›, ‹Generalisierung›, ‹Spezifikation› und ‹Systemvermittlung›) untersucht LEON H. MAYHEW den Prozeß der Institutionalisierung von Recht.[24] Als Leitproblem dient weniger die Neuheit als die Einseitigkeit der Spezifikation von Werten, die im Rechtsprozeß durchgesetzt werden sollen. Entsprechend erklären sich der Widerstand gegen neues Recht, der hohe Grad von Nicht-

---

the Theory of Integration of Social Systems. In: KURT W. WOLFF (Hrsg.), *Emile Durkheim 1858–1917.* Columbus/Ohio 1960, S. 118–153 (122 ff). Als neuere Formulierungen vgl. DERS., Die jüngsten Entwicklungen in der strukturell-funktionalen Theorie. Kölner Zeitschrift für Soziologie und Sozialpsychologie 16 (1964), S. 30–49 (insbes. 36 f); CHARLES ACKERMAN/TALCOTT PARSONS, *The Concept of ‹Social System› as a Theoretical Device.* In: GORDON J. DIRENZO (Hrsg.), *Concepts, Theory, and Explanation in the Behavioral Sciences.* New York 1966, S. 19–40 (34).

23 Vgl. TALCOTT PARSONS, *An Approach to the Sociology of Knowledge.* Transactions of the Fourth World Congress of Sociology. Mailand 1959, Bd. IV. Neu gedruckt in: DERS., *Sociological Theory and Modern Society.* New York–London 1967, S. 139–165 (142 ff); DERS., *Interaction. Social Interaction.* Encyclopedia of the Social Sciences, Bd. 7. New York 1968, S. 429–441 (437). Zur Klarstellung sei angemerkt, daß dies ein ganz anderer Begriff von ‹Institutionalisierung› ist als der, den wir oben Bd. I, S. 64 ff eingeführt haben.

24 *Law and Equal Opportunity. A Study of the Massachusetts Commission Against Discrimination.* Cambridge/Mass. 1968. Vgl. auch DERS., *Action Theory and Action Research.* Social Problems 15 (1968), S. 420–432; DERS., *Law. The Legal System.* International Encyclopedia of the Social Sciences, Bd. 9. New York 1968, S. 59–66.

durchführung von Gesetzen, das Entgleisen guter Absichten in der Praxis nicht aus der Neuheit als solcher, sondern aus der Multifunktionalität einer gegebenen Ordnung, in die hinein etwas Bestimmtes geändert werden soll. Nicht das Alter oder die pure Faktizität des Vorhandenseins erklären die Schwierigkeiten der Neuerung, sondern die auch berechtigten, auch vertretbaren Gründe des Vorhandenen: seine eigene Funktionalität. Das Postulat der Herstellung von Rassengleichheit etwa, dessen Durchführbarkeit MAYHEW untersucht, gerät im Prozeß der Durchführung in Konflikt mit den Erfordernissen wirtschaftlicher Rationalität – Diskriminierung kann wirtschaftlich rational, ja der Marktlage nach geboten sein – und mit berechtigten Interessen an geschützten Intimbereichen, so in Fragen des Wohnens und der Nachbarschaft. Wenn in diesen Bereichen Freiheit ein systemstrukturelles Erfordernis ist und als Wert geschätzt wird, kann nicht zugleich volle Rassengleichheit erreicht werden. Mann kann klein anfangen, sich mit Kompromissen und Teilerfolgen begnügen und langfristig auf mysteriöse Prozesse der Erziehung oder der von selbst kommenden Nutzenoptimierung hoffen; oder man kann das System als Ganzes verdammen, es zum Beispiel als ‹kapitalistisch› ablehnen, und hoffen, daß mit einer revolutionären Änderung des *Prinzips alles* anders wird. In beiden Fällen zeigt schon eine *Analyse* des Problems, daß die Hoffnungen auf eine Lösung unrealistisch sind, weil sie die strukturellen Probleme des Aufbaus komplexer Sozialsysteme außer acht lassen.

Bevor wir uns auf weitere Überlegungen einlassen, soll ein Blick auf das sozialistische Lager zeigen, daß dort die Probleme weder praktisch noch theoretisch anders liegen, sofern man nur abstrakt genug vergleicht. Auch dort gibt es keine Omnipotenz des Gesetzgebers, die den gesellschaftlichen Wandel in Richtung auf bestimmte Ziele lenken könnte. Auch dort ist der Rechtsetzungsprozeß nur ein Element in einer Vielzahl zusammenwirkender Faktoren.[25] Auch dort muß eine in spezifischen Funktionsrichtungen forcierte Rechtspolitik mit Nachteilen in anderen Hinsichten erkauft werden.[26] Und auch dort beginnt die Theorie, auf Systemvermittlungen bei der Verwirklichung von positivem Recht zu achten. Das lehrt die Rechtssoziologie von ADAM PODGÓRECKI.[27]

---

25 Vgl. zum Beispiel GREGORY J. MASSEL, *Law as an Instrument of Revolutionary Change in a Traditional Milieu. The Case of Soviet Central Asia.* Law and Society Review 2 (1968), S. 179–228.

26 So zum Beispiel die an sich begrüßenswerte Psychologisierung und Psychiatrisierung der Rechtspflege mit Nachteilen in bezug auf ‹rechtsstaatliche› Werte, insbesondere Gleichheit, Berechenbarkeit, Gerechtigkeit. Vgl. dazu HAROLD J. BERMAN, *Law as an Instrument of Mental Health in the United States and Soviet Russia.* University of Pennsylvania Law Review 109 (1961), S. 361–376. Aus ‹westlicher› Sicht zum gleichen Problem ferner VILHELM AUBERT, *Legal Justice and Mental Health.* Psychiatry 21 (1958), S. 101–113, und DERS. mit SHELDON L. MESSINGER, *The Criminal and the Sick.* Inquiry 1 (1958), S. 137–160.

27 In deutscher Übersetzung ist verfügbar: ADAM PODGÓRECKI, Dreistufen-Hypothese über die Wirksamkeit des Rechts (Drei Variable für die Wirkung von Rechtsnormen). In: ERNST E. HIRSCH/MANFRED REHBINDER (Hrsg.), Studien und

Podgórecki sieht die Durchführung gesetzgeberischen Willens gebrochen und gefiltert durch mehrere Variable, nämlich durch das sozioökonomische System (etwa das, was wir Gesellschaft nennen), durch mehr oder minder abweichende rechtliche Subkulturen, die nach eigenen Normauffassungen leben, und durch Persönlichkeitsstrukturen. Je nach diesen Modifikationsprozessen kann ein und derselbe Gesetzestext sehr verschiedene reale Bedeutung gewinnen oder auch seine Bedeutung verändern oder können umgekehrt verschiedene Texte auf ein und denselben Realzustand hinauslaufen. Trotz der verschiedenartigen Bezeichnungen (System, Kultur, Struktur) läßt sich rasch erkennen, daß es sich in allen drei Fällen um (soziale bzw. psychische) Systeme handelt, deren Differenzierung und Interdependenz die gesellschaftliche Realität ausmachen. Eine genaue empirische Erforschung dieser Zusammenhänge wird als Voraussetzung einer rationalen, sozialtechnologischen Rechtspolitik angesehen: Sie «vermittelt die nötigen Hinweise dafür, wie man Personen findet, die die gesetzlichen Anordnungen wirksam erfüllen, und wo mit Widerstand zu rechnen ist».[28] Auch hie ist das Problem nicht ausreichend durchdacht, wie in hochkomplexen Systemen strukturändernde Aktion überhaupt möglich ist; oder, um es noc knapper zu formulieren, wie es möglich ist, durch *eine Handlung* au *komplexe Systeme* ändernd einzuwirken. Daß dies möglich und sinnvol sei, wird vorausgesetzt. Die Positivität des Rechts ist dann nicht meh Element einer Systemstruktur, sondern Änderungsinstrument, die Problem perspektive wird instrumental, die Schwierigkeiten der Durchführung wer den als Widerstände angesehen und in dieser Fassung politisierbar. Die ist keine falsche und keine vermeidbare oder zu vermeidende Auslegun unseres Problems; aber es ist nicht die einzig mögliche und nicht die um fassendste.

Gemeinsam ist den erörterten Forschungsansätzen – und dahin hatte auch die vorausgeschickten grundsätzlicheren Überlegungen geführt –, da die Empfänglichkeit einer Gesellschaft für rechtsförmig veranlaßte Struk turänderungen als eine Frage gesehen wird, auf die es verschiedene (un nicht nur moralische) Antworten geben kann. Es kommt also darauf an diejenigen strukturellen Eigentümlichkeiten einer Gesellschaftsordnung z erkennen, von denen ihre rechtliche Umstrukturierbarkeit abhängt. Dafü müssen wir Begriffe, Diskussionen und Forschungen heranziehen, die i der allgemeinen Soziologie außerhalb jeden Kontaktes mit Rechtsfrage entwickelt worden sind, und zwar (1) die Unterscheidung von zugeschrie benem (*ascribed*) und erworbenem (*achieved*) Status, (2) die Unterschei dung Unifunktionalität und Multifunktionalität, (3) die Unterscheidun

---

Materialien zur Rechtssoziologie. Sonderheft 11 der Kölner Zeitschrift für Sozio logie und Sozialpsychologie. Köln–Opladen 1967, S. 271–283. Vgl. auch ders *Law and Social Engineering*. Human Organization 21 (1962), S. 177–181; ders *Loi et morale en théorie et en pratique*. Revue de l'Institut de sociologie 197 S. 277–293.

28 a. a. O. (1967), S. 282.

instrumenteller und expressiver Orientierungen und (4) Fragen der Systembildungen und Systemdifferenzierung, insbesondere die Unterscheidung von organisierten und elementaren Sozialsystemen.

(1) Das erste Begriffspaar, das für unser Problem der rechtlichen Mobilisierbarkeit sozialer Verhältnisse relevant zu sein scheint, wird als Unterschied von *zugeschriebenen* (*ascribed*) und *erworbenen* (*achieved*) Merkmalen angegeben. In ihrer heute verbreiteten verbalen Fassung stammt diese Unterscheidung von RALPH LINTON.[29] Dem Inhalte nach ist sie jedoch nahezu identisch mit der antiken Unterscheidung von *physis* und *nomos*. Auch damals ging es um einen Ausdruck für neue, die Geschlechterverbände der archaischen Gesellschaft sprengende Mobilität, nur daß der Akzent auf der rechtlich-moralischen Form der Institutionen lag und nicht, wie heute, auf Leistung und Verdienst. Für den soziologischen Gebrauch dieser Kategorien muß ferner klargestellt werden, daß sowohl Zuschreibung als auch Erwerb *soziale* Prozesse sind; daß es also nicht um einen Gegensatz von natürlicher und sozialer Determination von Merkmalen geht, sondern nur um unterschiedliche Formen sozialer Artikulation. Zugeschriebene Merkmale sind solche, die in sozialen Prozessen des Erlebens und Handelns als feststehende Qualitäten behandelt werden. Erworbene oder erwerbbare Merkmale sind solche, die als leistungsabhängig und daher als kontingent angesehen werden. Über die Zuordnung zur einen oder anderen Charakterisierung kann nicht beliebig entschieden werden. Die fortlaufende Interaktion setzt zureichenden Konsens darüber voraus, der durch Institutionalisierung bzw. durch Kommunikation beschafft werden muß. Außerdem korreliert diese Einordnung mit anderen Strukturen des Gesellschaftssystems, denn eine leistungsabhängige Charakterisierung kann nur gewählt werden, wo Leistungen erkennbar und zurechenbar sind.

Bei einer soziologischen Verwendung des Leistungsgedankens kann man sich nicht ohne weiteres auf den Volksbegriff und auch nicht auf die weitverbreitete Hochschätzung von Leistungen stützen, denn das sind Derivate

---

29 *The Study of Man*. New York 1936, S. 115. Weitere Belege für die Verwendung dieser Kategorien bei RALPH DAHRENDORF, Homo Sociologicus. 7. Aufl., Köln–Opladen 1968, S. 54 ff. In der soziologischen Theorie von TALCOTT PARSONS finden sich *zwei* Arten der Fortführung dieser Distinktion. Die eine setzt *ascription* mit Funktionsfusion, also mit Multifunktionalität gleich und macht die besonderen Begriffe LINTONS damit überflüssig – vgl. TALCOTT PARSONS, *Some Considerations on the Theory of Social Change*. Rural Sociology 26 (1961), S. 219–239, und als weitere Ausarbeitung LEON MAYHEW, *Ascription in Modern Societies*. Sociological Inquiry 38 (1968), S. 105–120. Die andere bezeichnet PARSONS heute als Unterschied von Qualität und Leistung; sie betrifft die Frage, ob ein Handelnder den anderen danach charakterisiert, was er ist, oder danach, was er leistet (geleistet hat, leisten wird) – vgl. TALCOTT PARSONS, *The Social System*. Glencoe/Ill. 1951, S. 63 ff; DERS., *Pattern Variables Revisited*. American Sociological Review 25 (1960), S. 467–483. Vgl. dazu auch die berühmte Wettkampf-Entscheidung im Buch XXIII der ‹Ilias› unter dem Gesichtspunkt, wer *aristos ist*; nicht, wer gewonnen hat. Und ähnliche Beobachtungen in den Bostoner Slums bei WILLIAM F. WHYTE, *Street Corner Society*. Chicago 1943.

der sozialen Struktur, die es gerade zu erklären und in ihren Implikationen zu verfolgen gilt.[29a] Abstrakt formuliert, bezeichnet der Begriff der Leistung die intentionale Verkettung zweier selektiver Ereignisse, also eine Ausformulierung des Kontingenzprinzips: Es wird A (und nicht etwas anderes, auch Mögliches) gesetzt, damit B (und nicht etwas anderes, auch Mögliches) eintritt. Mit dem Leistungsprinzip werden mithin kettenförmige Selektivitätsverstärkungen institutionalisiert. Soweit Ereignisse als Leistung gesehen werden, haben sie ihren Sinn nicht in ihrer Eigenart, sondern in dem, was diese Eigenart für die Selektivität anderer Ereignisse bedeutet.

Diese Begriffsfassung macht sichtbar, daß dreierlei zusammenhängt: 1. Das *gesellschaftliche Strukturprinzip der funktionalen Differenzierung* erzeugt einen Überschuß an Möglichkeiten, Selektionszwang, Bedarf für Verstärkung und Integration von selektiven Ereignissen und mit all dem einen *abstrakten, zunächst ziellosen Leistungsdruck.* 2. Eine *Mobilisierung der Merkmale* wird erforderlich, die Ereignisse aus festsitzenden Kombinationen herauslöst und Merkmale *relativ kontextfrei verwendbar* macht, so daß sie sich nach den Selektionserfordernissen *anderer* Ereignisse richten und mit ihnen *variieren* können; die zum Beispiel den Preis einer Ware nicht auf ein gerechtes Verhältnis zu ihrer Qualität bezieht, sondern auf die wechselnden Bedingungen des Marktes. 3. Die Gründe, die die *Beliebigkeit kontingenter Verknüpfungen einschränken*, müssen rekonstruiert werden, insbesondere durch (a) *Wertungen*, die jetzt ‹ideologisch›, das heißt selbst kontingent und umwertbar gesetzt werden müssen;[30] durch (b) Regelungen der *Zurechnung* von Selektionsleistungen, die in der liberalen Ideologie hauptsächlich auf Individuen, heute mehr und mehr auf sogenannte demokratische Prozesse erfolgt; und (c) durch Institutionalisierung von *Sicherheiten*, die der Variation nach Maßgabe fremder Selektionsinteressen entzogen, zumindest bedingt entzogen werden.[31]

Nach diesen Vorerörterungen dürfte einsichtig sein, daß es nicht einfach darum geht, ob und wie durch geeignete Rechtsetzung ‹mehr Leistung› erzielt werden kann. Das mag möglich sein, aber vorgängig ist die Frage zu stellen, wie der Rechtsmechanismus einem Gesellschaftssystem kompatibel sein kann, das sich zunehmend auf Leistungsorientierung hin bewegt, also Merkmalszuschreibungen entwurzelt und nach Maßgabe von Selektionsleistungen bzw. Selektionserfordernissen mobilisiert. Diese Entwicklungsrichtung, die MAINE als Bewegung von Status zu Kontrakt bezeichnet

---

29a So auch CLAUS OFFE, Leistungsprinzip und industrielle Arbeit. Frankfurt 1970.

30 Hierzu NIKLAS LUHMANN, Wahrheit und Ideologie. Der Staat 1 (1962), S. 431–448; DERS., Positives Recht und Ideologie. Archiv für Rechts- und Sozialphilosophie 53 (1967), S. 531–571; beides neu gedruckt in DERS., Soziologische Aufklärung. Köln–Opladen 1970. Vgl. ferner oben Bd. I, S. 93.

31 Ein Derivat dieses strukturell erzeugten Sicherheitsbedarfs ist die verbreitete kulturelle *Bewertung* von Sicherheit, die FRANZ-XAVER KAUFMANN, Sicherheit als soziologisches und sozialpolitisches Problem. Untersuchungen zu einer Wertidee hochdifferenzierter Gesellschaften. Stuttgart 1970, behandelt.

hatte,[32] entwurzelt zugleich die glaubensmäßig festliegenden Anknüpfungspunkte für Rechtspositionen und -argumente und setzt damit die Möglichkeit ebenso wie den Bedarf für rechtlich gesteuerte Variationen frei.

Eine genauere Untersuchung der Formen, in denen der Rechtsmechanismus auf diese gesellschaftliche Lage reagieren kann, stellen wir bis zum nächsten Abschnitt zurück. Zuvor müssen wir durch Einbeziehung weiterer Aspekte den Überblick über gesellschaftliche Bedingungen und Hindernisse rechtlich gesteuerten sozialen Wandels erweitern. Dafür ist vor allem der Grad bedeutsam, in dem eine unifunktionale Spezialisierung gesellschaftlicher Teilsysteme erreicht werden kann.

(2) Die Unterscheidung von *unifunktional* und *multifunktional* bezieht sich auf die Zahl der Funktionen, die, sei es analytisch in einem theoretischen Modell berücksichtigt, sei es von konkreten Systemen (bzw. Strukturen, Prozessen, Symbolen, Handlungen, Gegenständen oder was immer) erfüllt werden.[33] Für uns ist diese Unterscheidung deshalb bedeutsam, weil Rechtsänderungen als Einzelmaßnahmen in mehr oder weniger unifunktionaler, zweckgerichteter Perspektive entschieden werden,[34] aber auf eine durchweg multifunktionale Wirklichkeit auftreffen. Konkrete soziale Interaktionssysteme wie Produktionsbetriebe, Familien, Krankenhäuser, dörfliche Siedlungen, Schulen erfüllen durchweg eine Vielzahl von Funktionen in sehr unterschiedlichen Rangverhältnissen und Bewußtheitsgraden. Diese Multifunktionalität gibt jeder einzelnen Neuerung eine hohe, zumeist unermeßliche Zahl von Folgewirkungen in ganz andersartigen Sachbereichen.[35]

---

32 Vgl. oben Bd. I, S. 14 f. Diese Unterscheidung MAINES gehört im übrigen zu den direkten Vorfahren unserer Dichotomie von zugeschriebenen und erworbenen Merkmalen, vermittelt namentlich durch die Unterscheidung von Gemeinschaft und Gesellschaft von FERDINAND TÖNNIES. Einen Überblick über diese geistesgeschichtlichen Zusammenhänge vermittelt HORACE M. MINER, *Community-Society Continua.* International Encyclopedia of the Social Sciences, Bd. 3 1968, S. 174–180.

33 Vgl. die Verwendung dieses Begriffsschemas bei GABRIEL A. ALMOND, *Introduction. A Functional Approach to Comparative Politics.* In: GABRIEL ALMOND/JAMES S. COLEMAN (Hrsg.), *The Politics of the Developing Areas.* Princeton/N. J. 1960, S. 3–64; TALCOTT PARSONS, *An Outline of the Social System.* In: TALCOTT PARSONS/EDWARD A. SHILS/KASPAR D. NAEGELE/JESSE R. PITTS (Hrsg.), *Theories of Society*, Bd. I. Glencoe/Ill. 1961, S. 30–79, insbes. 53 ff. Bei weitem nicht alle einschlägigen Erörterungen bedienen sich jedoch dieser Begrifflichkeit; siehe als ein Beispiel unter vielen anderen: EMILE DURKHEIM, *Les règles de la méthode sociologique.* 8. Aufl. Paris 1927, S. 110 ff.

34 Darauf beruht die (begrenzte) Berechtigung einer teleologisch-funktionalen Rechtstheorie. Vgl. WERNER KRAWIETZ, Das positive Recht und seine Funktion. Berlin 1967.

35 Bei der Analyse der Folgen der Erfindung des Radios kommen WILLIAM F. OGBURN/S. C. GILFILLAN, *The Influence of Invention and Discovery.* In: *Recent Social Trends in the United States.* New York–London 1933, Bd. I, S. 122–166 (153), auf 150 Gesichtspunkte. Hier liegt im übrigen der Grund, der W. ROSS ASHBY, *Design for a Brain.* 2. Aufl., London 1954, bestimmte, für alle komplexen Systeme ‹Teilfunktionen› zu postulieren, die Kausalitäten unterbrechen und nur einen Teil der Effekte weiterleiten.

Der Gesetzgeber will zum Beispiel einen Anteil aller Kinder am Erbe sichern – und errichtet Hindernisse für das Bevölkerungswachstum.[36] Ähnliches gilt für komplexe rechtliche Institutionen, etwa Eigentum, Unehelichenstatus, Versicherung, Ehescheidung, Aktiengesellschaft, Zwangsversteigerung,[36a] bei denen noch hinzukommt, daß sie für sehr verschiedenartige Systeme verschiedenartige Funktionen erfüllen.[37] Dadurch bekommt jede *spezifische* Rechtsänderung *diffuse* Effekte, die sich einer eindeutigen, aggregierbaren Bewertung entziehen: Sie haben in den verschiedenen Systemreferenzen in bezug auf verschiedene Funktionen teils positive, teils negative, teils kurzfristige, teils langzeitige, teils sichere, teils wahrscheinliche oder mögliche, aber ungewisse Folgen.[38] Solchen Folgenzusammenhängen kann man natürlich nur im Einzelfall nachgehen. Hier interessiert die abstraktere Frage nach den *Funktionen der Multifunktionalität*, denn mit dieser Frage stoßen wir auf die Gründe für die erörterte Problemlage und auf ihre etwaigen Korrelationen mit evolutionär sich verändernden Gesellschaftsstrukturen, besonders mit funktionaler Differenzierung.

Zwei deutlich unterscheidbare Funktionen lassen sich fassen. Einmal steckt in der Multifunktionalität eine gewisse institutionelle Ökonomie: Es werden mit einer Handlung, einer Einrichtung, einer Struktur mehrere Funktionen zugleich erfüllt; man braucht nicht für jede besondere Funktion einen eigenen Träger bereitzustellen.[39] Zum anderen gewährleistet Multi-

---

36 Dieses Beispiel bei Morris C. Cohen, *Positivism and the Limits of Idealism in the Law*. Columbia Law Review 27 (1927), S. 237–250 (245) mit einigen weiteren Ausführungen zum Thema. Für andere Beispiele und den Versuch einer Typisierung der Auslösung von Folgeproblemen durch Recht siehe Arnold M. Rose, *Law and the Causation of Social Problems*. Social Problems 16 (1968), S. 33–43.

36a Die Multifunktionalität rechtlicher Gesetze und Institutionen betont z. B Lon L. Fuller, *Anatomy of the Law*. New York–Washington–London 1968 S. 36 ff.

37 Begriffstechnisch muß also, diese Komplikation kommt noch hinzu, zwischen Multifunktionalität in einem System und Mehrheit von Systemreferenzen (bzw Systemrelativität) unterschieden werden. Zu letzterem eingehend Ramsöy, a. a. O

38 Man lese unter diesem Gesichtspunkt als allerdings rein rechtswissenschaftliche Untersuchungen Gerd Winter, Sozialer Wandel durch Rechtsnormen, erörtert an der sozialen Stellung unehelicher Kinder. Berlin 1969, oder Bernhard Weller, Arbeitslosigkeit und Arbeitsrecht. Untersuchungen der Möglichkeiten zu Bekämpfung der Arbeitslosigkeit unter Einbeziehung der Geschichte des Arbeits und Sozialrechts. Stuttgart 1969. Harold Goldblatt/Florence Cromien, *The Effective Social Reach of the Fair Housing Practices Law of the City of New York* Social Problems 9 (1962), S. 365–370, behandeln das gleiche Problem mit der Begriffsdichotomie *partikularistischer* Effekte einer *universalistisch* angesetzten Gesetzgebung: Was für alle gleich gelten soll, wird in je besonderen Situationen j besonders aufgenommen und verarbeitet.

39 Diesen Gedanken einer Überlastung des Systems mit funktionalen Erfordernissen und des Gebots eines sparsamen Einsatzes von funktionstragenden Organen findet man vor allem in der Theorie des Organismus vertreten. Siehe z. B Andras Angyal, *Foundations for a Science of Personality*. New York 1941 S. 303. In der Theorie sozialer Systeme, besonders organisierter Systeme, bevorzugt man die umgekehrte Sicht auf den gleichen Sachverhalt, nämlich die Formu

funktionalität in näher angebbarer Weise die Stabilität des Systems: Der Ausfall einer bestimmten Funktion macht ein Organ noch nicht obsolet, wenn es zugleich anderen Funktionen dient.

Genau diese Funktionen der Multifunktionalität werden zu Dysfunktionen in dem Maße, als Größe, Komplexität und Strukturänderungsbedarf eines sozialen Systems zunehmen. Dank einer solchen Entwicklung stehen einerseits mehr Funktionsträger, zum Beispiel mehr Handlungen, mehr Menschen-in-Rollen zur Verfügung, so daß die Bedeutung ihrer sparsamen, vielseitigen Verwendung abnimmt. Größe und Komplexität werden als solche zum Stabilisierungsfaktor, und auf Störungen reagiert man weniger durch Festklammern an den noch intakten Funktionsbezügen als vielmehr durch Austausch- und Substitutionsvorgänge, für die Multifunktionalität nun zum Hindernis wird.

Andererseits ist Unifunktionalität – der Fall also, daß *jedes* Element unter nur *einer* Funktion steht und entsprechend leicht geändert werden kann – ein unerreichbarer Grenzfall. Schon die von PARSONS herausgearbeitete Tatsache, daß in differenzierten Systemen alle Einzelleistungen in Teilsystemen erbracht werden müssen, die wiederum alle Einzelfunktionen der Systembildung auf ihrer Ebene erfüllen müssen, wirkt gegenläufig. Das Problem der unabsehbaren Folgenverstreuung nimmt in differenzierten Gesellschaften zu und läßt sich nicht etwa durch Umstrukturierung von multifunktionalen auf unifunktionale Einheiten lösen. Vielmehr bleibt Unifunktionalität eine nur analytische Perspektive von Forschungs- und Entscheidungsprozessen – eine Illusion, wenn man so will, die allerdings gerade durch ihre Sichtverkürzung zu einem dynamisierenden Faktor werden kann. Die Frage kann also nur sein, ob und wie die Gesellschaftsordnung einer sich unifunktional (oder doch an jeweils nur wenigen im Blick stehenden Funktionen) motivierenden rechtspolitischen Praxis entgegenkommt.

Eine Art solchen Entgegenkommens findet man in der Ausbildung und Institutionalisierung von *Primärfunktionen* in Teilsystemen mit der Folge, daß eine Funktion, dann zumeist als ‹Zweck› symbolisiert, den Vorrang vor anderen erhält, als rechtfertigender Grund behandelt wird und als Steuerungskriterium für die Anpassung des Systems benutzt wird – so wie der Produktionsbetrieb primär wirtschaftlichen und nicht familiären, sozialisierenden oder meinungsbildenden, das Gericht primär rechtsprechenden und nicht unterhaltenden oder erzieherischen Funktionen dient. Primärfunktionen – der Begriff stammt von PARSONS [40] – übernehmen eine regula-

---

lierung, daß funktionale Differenzierung (also Auflösung von multifunktionalen Einrichtungen durch Spezialisierung) sich nur bei großen, also trägerreichen Systemen lohne. Die besondere Sparsamkeit der Multifunktionalität hat in der soziologischen Literatur vor allem LEON MAYHEW, *Ascription in Modern Societies*, a. a. O., S. 110 ff, herausgearbeitet.

40 und hat ungefähr den Verwendungszweck, für den auch wir ihn benutzen, ist aber als Begriff noch nicht hinreichend ausgearbeitet. Siehe etwa TALCOTT PARSONS/NEIL J. SMELSER, *Economy and Society*. Glencoe/Ill. 1956, S. 15 f; TALCOTT

tive Funktion im Hinblick auf andere Funktionen, die dadurch zugleich ‹mobilisiert› werden: Im Interesse wirtschaftlicher Rationalität kann ein Wirtschaftsbetrieb davon absehen, untaugliche Familienmitglieder des Eigentümers zu rekrutieren und sich auch in seiner Personalpolitik[41] marktmäßig-mobil orientieren, ohne daß Bestand und Prosperität des Betriebes dadurch alle Funktionen für die Familie des Eigentümers einbüßten.[42] Eine Institutionalisierung funktionaler Primate eröffnet mithin gewisse Freiheiten gegenüber sekundären Funktionen und belastet diese, ohne sie zu annullieren, mit verminderter Bewertung, verminderter Kommunizierbarkeit oder gar verminderter Bewußtheit. Das erleichtert zugleich den rechtlichen Zugriff auf gesellschaftliche Teilsysteme. Unter der Voraussetzung zum Beispiel, daß die Familie ihren funktionalen Schwerpunkt in Funktionen der Nachwuchserzeugung, -aufzucht und -sozialisation hat, kann das Recht die allgemeine Schulpflicht anordnen, ohne die ökonomische Funktion heranwachsender Kinder im Haushalt der Familie (Aufpassen auf kleinere Kinder, Viehhüten, Erntehilfe usw.) und die in kirchlichen Organisationen verfestigten religiösen Interessen mitberücksichtigen oder gar kompensieren zu müssen.[43]

Auf andere Weise erleichtert die Gesellschaft Umstellungen dadurch, daß sie *eindeutige Situationsdefinitionen, spezialisierte Handlungsauslöser*

PARSONS, *‹Voting› and the Equilibrium of the American Political System.* In: EUGENE BURDICK/ARTHUR J. BRODBECK (Hrsg.), *American Voting Behavior.* Glencoe/Ill. 1959, S. 80–120 (116 f). Vgl. auch ohne ausreichende Erläuterung gebrauchte Formulierungen wie *‹overwhelmingly preoccupied with›, ‹primarily oriented to›, ‹predominantly oriented›* bei MARION J. LEVY, JR., *Modernization of the Structure of Societies. A Setting for International Affairs.* 2 Bde. Princeton 1966, passim.

41 und das ist in einem bestimmten Sinne Strukturpolitik. Hierzu NIKLAS LUHMANN, Reform und Information. Theoretische Überlegungen zur Reform der Verwaltung. Die Verwaltung 3 (1970), S. 15–41 (28 f); neu gedruckt in: DERS., Politik und Verwaltung. Opladen 1971.

42 Zu diesem vieldiskutierten Problem vgl. allgemein CLARK KERR/JOHN T. DUNLOP/FREDERICK H. HARBISON/CHARLES A. MYERS, *Industrialism and Industrial Man. The Problems, Labor and Management in Economic Growth.* Cambridge, Mass. 1960, S. 140 ff; sowie als Fallanalysen z. B. C. ROLAND CHRISTENSEN, *Management Succession in Small and Growing Enterprises.* Boston 1953; A. K. RICE *Productivity and Social Organization. The Ahmedabad Experiment.* London 1958, und DERS., *The Enterprise and its Environment. A System Theory of Management Organization.* London 1963; CYRIL SOFER, *The Organization from Within. A Comparative Study of Social Institutions Based on a Sociotherapeutic Approach* Chicago 1961, S. 3 ff.

43 Bei allem moralisch begründeten Erziehungseifer war bei Einführung der allgemeinen Schulpflicht gleichwohl eine gewisse Rücksicht auf die Frage nötig, ob und wann die Kinder «aus der Wirtschaft entbehret werden können». Vgl. die preußische Verordnung betr. das Schulwesen in der Neumark vom 26. Dezember 1736, abgedruckt in: LEONHARD FROESE/WERNER KRAWIETZ (Hrsg.), Deutsche Schulgesetzgebung Bd. I. Brandenburg, Preußen und Deutsches Reich bis 1945 Weinheim–Berlin–Basel 1968, S. 95 ff. Für den klerikalen Widerstand siehe als ein typisches Produkt unter vielen: J. Ev. DIENDORFER, Der staatliche Schulzwang in der Theorie und Praxis. Passau 1868.

und *leicht faßbare Alternativen* bereitstellt. Das geschieht zum Beispiel durch übersichtliche, zweckgerichtete Prozeßverläufe (Straßenverkehr, Krankenbehandlung, Ferienreisen, Ausbildung für einen Beruf, ‹Eheanbahnung› usw.), durch ein entsprechend hohes Maß an Rollendifferenzierung, durch Gewöhnung an ein Leben nach Uhrzeit und Terminen, durch Geldrechnung, durch Organisation, deren Handlungsrahmen durch Kommunikation an die Spitze effektiv geändert werden kann. Fahrpläne, Informationsströme, Einkommenshöhen, Arbeitszeiten, Versicherungspflichten, Steuern, Kreditbedingungen, Examenserfordernisse können nur deshalb durch Rechtsakt geschaffen und geändert werden, weil sie an spezifischen Stellen des sozialen Prozesses faßbar sind und nicht alle neuen Vorschriften für jedermann in jeder Lage bewußt und zur Bedingung seiner moralischen Selbstachtung gemacht werden müssen.[44] Diese Bedingung effektiver Gesetzgebung hat im übrigen ihre spezifischen Gefahren, vor allem die, daß sie zu einer kurzsichtigen, auf einzelne Situationstypen und spezifische Interessen abzielenden Gesetzgebung verführt.

Diese Tendenz verstärkt sich durch die solche Spezialisierungen erst ermöglichenden Zusatzbedingungen der *Indifferenz* und der *Folgenneutralisierung,* die in hohem Maße mitinstitutionalisiert sein müssen. Rollenspezialisierung kann nur forciert werden, wenn die Rollen getrennt werden können. Damit ist nicht nur eine kategoriale und situationsmäßige Unterscheidbarkeit gemeint, sondern die Berechtigung, bei bestimmtem Rollenhandeln *eigene andere Rollen* außer acht zu lassen – zum Beispiel im Betrieb die Tatsache, daß man auch Vater ist; im Urlaub die Tatsache, daß man nur Verkäuferin ist; beim Einkauf die Tatsache, daß man politisch anders wählt als der Ladeninhaber usw.[45] Rollentrennung läuft auf eine

---

44 Eine der besten Analysen dieser Frage ist immer noch JOSEPH A. SCHUMPETER, Die Krise des Steuerstaates. Zeitfragen aus dem Gebiete der Soziologie, Heft 4 (1918). Neu gedruckt in: Aufsätze zur Soziologie. Tübingen 1953, S. 1–71. Als Parallele interessant die Studie von EGON BITTNER, *The Police on Skid-Row. A Study of Peace Keeping.* American Sociological Review 32 (1967), S. 699–715, die zeigt, in welchem Maße eine polizeiliche Gewährleistung öffentlicher Sicherheit und Ordnung eine über die Zeit hinweg strukturierte Lebensführung der Bevölkerung mit einer von der Gegenwart aus abschätzbaren, zugriffsfähigen Zukunft voraussetzt. Viel eindrucksvolles Material findet man ferner in Studien über die sozialen Hindernisse der ökonomisch-technischen Entwicklung von Entwicklungsländern. Siehe namentlich FRED W. RIGGS, *The Ecology of Public Administration.* London 1961; DERS., *Administration in Developing Countries. The Theory of Prismatic Society.* Boston 1964 (mit Rückschlüssen auf *‹legislative helplessness›* S. 232 ff); ferner GUY FOX/CHARLES A. JOINER, *Perceptions of the Vietnamese Public Administration System.* Administrative Science Quarterly 8 (1964), S. 443–481; J. LLOYD MECHAM, *Latin American Constitutions: Nominal and Real.* Journal of Politics 21 (1959), S. 258–275.

45 Als eine theoretische Darstellung des Problems siehe SIEGFRIED F. NADEL, *The Theory of Social Structure.* Glencoe/Ill. 1957. Für den Gesetzgebungsprozeß und seine Beeinträchtigung durch lokale Rollenverflechtungen der Abgeordneten bemerkenswert JAMES D. BARBER, *The Lawmakers. Recruitment and Adaptation to Legislative Life.* New Haven–London 1965. Vgl. auch THEODORE D. KEMPER, *Third Party Penetration of Local Social Systems.* Sociometry 31 (1968), S. 1–29.

Verminderung und Abstraktion der Konsistenzanforderungen an den Einzelmenschen hinaus. Neben dieser auf die Persönlichkeit zugeschnittenen Form der Indifferenz gibt es Mechanismen, die Indifferenz gegen Folgen des Handelns nahelegen oder erlauben. Einen Fall dieser Art haben wir oben bereits erörtert, nämlich den *konditionaler Programmierung*.[46] Ein anderer wäre eine *Gesinnungsmoral*, bei der das Handeln nur als Ausdruck der rechten Gesinnung, nicht als Verursachung von Wirkungen verantwortet werden muß.[47] Heute ist für rechtspolitische Neuerungen vor allem die *Folgendiffusion über den Geldmechanismus* wichtig geworden: Bei Neuerungen können zwar nicht Eingriffe in subjektive Rechte außer acht bleiben, wohl aber alle sonstigen finanziellen Konsequenzen, zum Beispiel die Auswirkungen auf Gewinnmargen einzelner Betriebe oder auf frei verfügbare Überschüsse einzelner Haushalte, *obwohl diese Auswirkungen sehr weittragende strukturverändernde Konsequenzen haben können*. Der Rückgang des Handwerks und der mittelständischen Industrie und die permanente Hilfsbedürftigkeit der Landwirtschaft sind auf diese Weise miterzeugt worden, ohne daß sie von irgend jemandem verantwortet zu werden brauchen. Sie werden vielmehr in der Form *neuer* Probleme, Informationen und Interessen zum Anlaß für *neue* Gesetze. Der Geldmechanismus absorbiert mithin politische Folgeketten und Verantwortungslasten und erleichtert dadurch nicht nur ökonomische, sondern auch rechtspolitische Innovationen.

Ähnliche Innovationserleichterungen scheinen sich aus der Differenz von formulierten (begrifflich oder satzmäßig festgehaltenen) und unformulierten Strukturen zu ergeben.[48] Durch Differenzierung formulierter und nichtformulierter Strukturen wird die Chance, Aufmerksamkeit zu finden, unterschiedlich verteilt. Damit ist noch nicht darüber entschieden, ob die formulierten Strukturen in der Absicht, sie zu erhalten und sich auf sie zu berufen, oder in der Absicht, sie zu verändern, zitiert werden. *Beide* Intentionen lassen sich steigern, wenn es mehr formulierte Strukturen gibt und gleichwohl der Ignoranzbereich groß genug ist, um einen Teil der strukturellen Konsequenzen von Erhaltung *oder* Änderung dem Blick oder doch dem Kommunikationsprozeß zu entziehen.

Zusammenfassend können wir festhalten, daß jede bewußt intendierte Strukturänderung sich dem Problem des unifunktionalen Einwirkens auf multifunktionale Systeme gegenübersieht. Dieses Problem ist schwieriger zu lösen in dem Maße, als die Komplexität der Systeme steigt, deren

---

46 Vgl. S. 231 f.

47 Die Unterscheidung von Gesinnungsmoral und Verantwortungsmoral stammt von Max Weber, Politik als Beruf. 4. Aufl., Berlin 1964.

48 Fast gleichsinnig spricht man oft auch von manifesten und latenten Strukturen. Diese Unterscheidung stellt jedoch auf Bewußtheit ab und bleibt unpräzise in bezug auf die Fragen, wessen Bewußtheit zu wessen Zeit gemeint ist. Gerade in dieser Frage steckt aber ein Problem: Man kann nämlich, da Bewußtheit nur begrenzt zur Verfügung steht, den Bereich manifestbewußter Strukturen nicht wesentlich vermehren, wohl dagegen durch Formulierung den Bereich der *möglicherweise* bewußten (zitierbaren!) Strukturen.

Strukturen geändert werden sollen. Lösungen liegen einerseits in einer Verstärkung des analytischen Potentials von Forschungs- und Planungsprozessen, die es erlauben würden, Änderungen im Hinblick auf eine Mehrheit von Funktionen (also nicht nur zweckspezifisch) zu planen; zum anderen in den Systemstrukturen selbst, die Änderungsintentionen mehr oder weniger entgegenkommen können.

(3) Die bisher behandelten Unterscheidungen von erworbenen und zugeschriebenen Merkmalen und von unifunktionaler Spezialisierung und multifunktionaler Bündelung verdanken ihre Ausprägung einer Auflösung der alten Gesellschaft/Gemeinschaft-Dichotomie. Deren Komponenten werden in der neueren Forschung unter abstrakteren Gesichtspunkten herausdestilliert und auf ihren Zusammenhang hin überprüft. In diesen Kontext fügt sich eine weitere Unterscheidung ein, die aus der Gruppenpsychologie stammt, dann aber von der Soziologie rezipiert wurde und heute sehr breite Verwendung findet: die Unterscheidung von *instrumentellen und expressiven* (oft auch konsumatorisch oder emotional genannten) *Orientierungen.*

Ohne auf die weitläufige Vorgeschichte dieser Begriffsbildung einzugehen,[49] übernehmen wir sie in der abstrakten Fassung, die TALCOTT PARSONS ihr verliehen hat.[50] PARSONS hatte schon in seinen frühesten Veröffentlichungen die Zweckstruktur des Handelns als eine Struktur der Zeitdimension gesehen[51] und konstruiert daher den Unterschied von instrumenteller und expressiver oder konsumatorischer Orientierung auf dieser Achse: Instrumentell orientiert sich, wer befriedigende Zustände der Zukunft anvisiert und nach der Gegenwart, vor allem nach den Handlungen

---

49 In die Vorgeschichte würden zum Beispiel gehören: die rechtssoziologische Unterscheidung restitutiver und repressiver Sanktionen bei DURKHEIM; die handlungstheoretische Unterscheidung zweckrationalen und wertrationalen Handelns bei MAX WEBER; die gruppenpsychologischen Forschungen über die Verteilung von Kommunikationsmustern in Gruppen von BALES und die rollentheoretischen Versuche, instrumentelle und expressive (aufgabenbezogene und sozio-emotionale) Führungsrollen zu trennen. Zur empirischen Forschung unter den letzten beiden Gesichtspunkten findet man einen Zugang bei ROBERT F. BALES, *Personality and Interpersonal Behavior.* London 1970, oder bei PETER J. BURKE, *The Development of Task and Socio-Emotional Role Differentiation.* Sociometry 30 (1967), S. 379 bis 392.

50 Für die Entwicklungsgeschichte der PARSONSschen Begriffe siehe TALCOTT PARSONS/ROBERT F. BALES/EDWARD A. SHILS, *Working Papers in the Theory of Action.* Glencoe/Ill. 1953. Die spätere Verwendung ist am besten zugänglich in TALCOTT PARSONS, *General Theory in Sociology.* In: ROBERT K. MERTON/LEONARD BROOM/LEONARD S. COTTRELL, JR. (Hrsg.), *Sociology Today.* New York 1959, S. 3–38 (5 ff), und neuestens in: DERS., *Some Problems of General Theory in Sociology.* In: JOHN C. MCKINNEY/EDWARD A. TIRYAKIAN (Hrsg.), *Theoretical Sociology. Perspectives and Developments.* New York 1970, S. 27–68 (30 f).

51 Siehe TALCOTT PARSONS, *Some Reflections on ‹The Nature and Significance of Economics›.* The Quarterly Journal of Economics 48 (1934), S. 511–545 (513 ff).

fragt, die sie bewirken können. Expressiv oder konsumatorisch orientiert sich, wer in der Gegenwart einen sich selbst genügenden Ausdruck oder Befriedigung sucht. Schon begrifflich wird durch diese Unterscheidung klargestellt, daß expressives oder konsumatorisches Handeln in der Gegenwart festsitzt, Sinn und Situation gefühlsmäßig verschmelzend; daß dagegen instrumentelles Handeln die Gegenwart, also das Handeln schlechthin als variabel ansetzt. Der Entwurf eines Zeithorizonts und die Eröffnung einer festlegbaren Zukunft machen die faktisch und kompakt durchlebte Gegenwart kontingent, setzen sie einem Vergleich mit anderen Möglichkeiten aus, mobilisieren sie.

Wir kommen auf diese Frage im Abschnitt über Recht, Zeit und Planung unter 4 zurück. Hier geht es zunächst um die Hypothese, daß nur instrumentelles Handeln seinem eigenen Sinnverständnis nach planmäßig variierbar ist.[52] Das bedeutet nicht, daß nicht auch expressives Handeln beeinflußbar und änderbar wäre; solche Eingriffe bleiben jedoch extern, sie können sich nicht auf das eigene Sinnverständnis des Handelnden stützen, ihn nicht an seinen eigenen Zielen fassen. Instrumentelles Handeln konzediert die eigene Änderbarkeit schon selbst und setzt sich mit der Entwicklung von Gesichtspunkten der Selbststeuerung zugleich der Fremdsteuerung aus. Es kann sich einer Änderung nicht qua Änderung, sondern allenfalls unter dem Gesichtspunkt seiner Ziele widersetzen. Daher darf man vermuten, daß Bereiche der Gesellschaft, in denen instrumentelle Orientierungen sich eingebürgert haben und institutionalisiert worden sind, zugleich die relativ höhere Variabilität aufweisen.[53] In der rechtssoziologischen Literatur taucht die nahestehende Hypothese auf, daß emotional fundierte Lebensbereiche, namentlich der Familie, einer rechtspolitischen Änderung stärker widerstreben als Bereiche gefühlsmäßig neutralisierten, instrumentellen Handelns, etwa Wirtschaft und Verkehr.[54]

Die faktische Verteilung von primär instrumentellen und primär expressiven Handlungsbereichen in einer Gesellschaft kommt nicht rein zufällig zustande, sondern hat strukturelle Gründe. Ein Mitspielen, wenn nicht Dominieren, expressiver Komponenten ist immer dann unvermeidbar, wenn Handeln durch Emotionen geschützt wird, die sich nicht über fernliegende Erfolge, sondern nur durch Darstellung ihrer selbst stabilisieren lassen. Das gilt für alle Bereiche personalen Engagements, besonders für Handlungen im Intimbereich oder wo sonst Rückschlüsse auf die Persön-

---

52 Diesen Gedanken verwendet im Hinblick auf die Wirksamkeit strafrechtlicher Sanktionen auch William J. Chambliss, *Types of Deviance and the Effectiveness of Legal Sanctions.* Wisconsin Law Review 1967, S. 703–719.

53 So ausdrücklich und ebenfalls mit Bezug auf die Zeitdimension David E. Apter, *The Political Kingdom in Uganda. A Study in Bureaucratic Nationalism.* Princeton/N. J. 1961, S. 85; ders., *The Politics of Modernization.* Chicago–London 1965, S. 83 ff u. ö.

54 So Dror, a. a. O. (1959) mit Hinweis auf die Schwierigkeiten bei der Modernisierung des Ehe- und Familienrechts in der Türkei und in Israel.

lichkeit nicht vermieden werden können.[55] Daneben gibt es typisch sozialstrukturelle Gründe für Emotionalisierungen. Askriptive und deshalb invariante Merkmale ziehen positive oder negative Gefühle auf sich, weil ihr Träger sich so auch persönlich mit ihnen als seinem Schicksal identifizieren kann. Und auch multifunktionale Institutionen tendieren zur Gefühlsbildung und setzen damit emotionale Selbstbewertung an die Stelle einer rationalen Bilanzierung ihrer unübersehbar-diffusen positiven und negativen Folgen. Unter solchen Bedingungen werden Handlungsgrundlagen vergegenwärtigt und immobilisiert, und Ziele fungieren, wenn überhaupt, nur als Abdeckung oder Rechtfertigung dessen, was ohnehin ist. Instrumentelle Orientierungen bilden sich nicht, wie der begriffliche Gegensatz es nahelegen könnte, in scharfem Kontrast hierzu, sondern eher in einem allmählichen Prozeß der Futurisierung und emotionalen Neutralisierung von Bewertungen in Bereichen, in denen Alternativen zur Gegenwart naheliegen oder doch hinreichend rasch und sicher gelernt werden können.

Gewisse Zusammenhänge zwischen askriptiven, multifunktionalen und emotional-expressiven Sinnbildungen auf der einen und leistungsmäßigen, funktional spezifizierten und instrumentellen Sinnbildungen auf der anderen Seite, wie sie in der Gemeinschaft/Gesellschaft-Dichotomie zusammengefaßt worden waren, lassen sich mithin vermuten. Die analytische Trennung der verschiedenen Aspekte dieser Dichotomie ermöglicht eine bessere empirische Überprüfung solcher Hypothesen. Sie verdeutlicht vor allem, daß und weshalb es keine Entwicklung von Gemeinschaft zu Gesellschaft gibt, sondern die konstituierenden Aspekte dieser Typen unter der Bedingung steigender Systemkomplexität nur andere Verteilungen und Kombinationen suchen. Alle Rechtspolitik muß daher mit dem Fortbestand strukturell bedingter Variabilitätshindernisse rechnen und sie einplanen.[56] Dieses Er-

---

55 Die Grenzen des Intimbereichs können daher schwierige Probleme bei der Durchführung rechtspolitischer Absichten aufwerfen. Das zeigen Bemühungen um Einbeziehung unehelicher Kinder in die Verwandtschaftsbeziehung und die Erbfolge. Ferner ist die amerikanische Gesetzgebung gegen Rassentrennung unter anderem auf dieses Problem aufgelaufen. Der Neger konnte, solange er Sklave oder Bediensteter war, in sozialen Beziehungen also als Nichtperson genommen werden konnte, im Intimbereich geduldet werden; dagegen setzte die Abwehr ein, sobald eine volle und persönliche Intersubjektivität in Aussicht genommen wurde, bei der es unvermeidbar wird, sich mit dem zu befassen, ja sich selbst für das zu halten, was der Neger als *alter ego* wahrnimmt und denkt. Die umweltoffene, leicht zugängliche, soziable Lebensführung des Amerikaners verstärkt dieses Problem und erstreckt es über die Familie im engeren Sinne hinaus in die Nachbarschaft, die Kontaktstätten der Kinder usw.

56 So argumentiert auch Leon Mayhew namentlich in: *Ascription in Modern Societies.* Sociological Inquiry 38 (1968), S. 105–120. Ähnliche Einwände gibt es gegen eine oberflächliche Dichotomie von Traditionalität und Modernität. Zu dieser Diskussion siehe etwa Joseph R. Gusfield, *Tradition and Modernity. Misplaced Polarities in the Study of Social Change.* The American Journal of Sociology 72 (1967), S. 351–362.

fordernis wird noch unabweisbarer hervortreten, wenn wir nach den notwendigen Systemvermittlungen bei der Durchsetzung neuen Rechts fragen. Dann zeigt sich nämlich, daß unterhalb der Ebene organisierter Sozialsysteme immer auch Systeme elementarer Interaktion am Werke sind, die in gewissem Grade ihren eigenen Gesetzen folgen. Diesem Thema müssen wir uns jetzt zuwenden.

(4) Rechtsänderungen haben Erfolg in dem Maße, als es gelingt, Erwartungen und Handlungen effektiv auf andere Normen umzustellen. Dies kann nicht allein durch Umstrukturierung des Gesellschaftssystems und auch nicht allein durch Umformulierung der im politischen Subsystem der Gesellschaft gesetzten Rechtsnormen geschehen. Konkretes Erleben und Handeln beziehen sich stets auf eine Mehrheit von sinnverbindenden und -abgrenzenden Systemen zugleich und lassen sich daher nicht ohne weiteres durch Umstrukturierung eines einzigen Systems ändern. Wie am Beispiel der Rechtssoziologie von Adam Podgórecki gezeigt, muß eine Mehrheit von Systemen zusammenwirken, um neue Strukturen in entsprechendes Verhalten zu übersetzen. Die Frage ist, mit welchen Arten von Systemen man dabei rechnen muß und welche Formen der Effektvermittlung vorkommen.

Schon bei der Frage nach den Arten effektvermittelnder Systeme stoßen wir auf recht komplexe Tatbestände. Bei einem groben Überblick kommen wir mit drei Systemtypen aus. Zunächst ist an die organisch konditionierten *psychischen Systeme* (Persönlichkeiten) zu denken, die als relativ festliegende Strukturen *alle* Erlebnisverarbeitung und Handlungsselektion mitbedingen. Es gibt kein persönlichkeitsfreies Erleben und Handeln (wohl dagegen organisches Verhalten, das nicht durch die Persönlichkeitsstruktur gesteuert wird, sondern gleichsam ‹passiert›).[57] Ferner wird sehr viel sozial relevantes Handeln durch Interaktionssysteme unter Anwesenden gesteuert, die wir *einfache (oder elementare) soziale Systeme* nennen wollen.[57a] Das sind zum Beispiel Verhandlungen, geselliges Beisammensein, gemeinsame Arbeit, gemeinsames Essen, Reisen, Lehren und Lernen usw. Zwischen diese einfachen Sozialsysteme, die bei allen sozialen Kontakten entstehen, und die Gesellschaft im ganzen schieben sich heute zunehmend *organisierte Sozialsysteme*, deren Identität und Strukturselektion durch Bedingungen des Eintretens und Austretens geregelt sind und die dadurch einen Zusammenhang von Interaktionen unter Nichtanwesenden herstellen können, ohne dabei auf die allgemeinen Gesellschaftsstrukturen, auf Selbstverständlichkeiten, Wahrheiten usw. zurückgreifen zu müssen.[58] Während elemen-

---

57 Obwohl auch solches organisches Verhalten rechtlich relevant sein kann, können wir es bei einer Analyse der persönlichen Reaktion auf Rechts*änderungen*, die ja immer über Information läuft, außer acht lassen.

57a Hierzu näher Niklas Luhmann, Einfache Sozialsysteme. Zeitschrift für Soziologie 1 (1972), S. 51–65.

58 Zu diesem Begriff des organisierten Sozialsystems näher Niklas Luhmann, Funktionen und Folgen formaler Organisation. Berlin 1964.

tare Sozialsysteme sich auf Anwesenheit und damit auf Wahrnehmbarkeit der Teilnehmer gründen, benutzen organisierte Sozialsysteme Mitgliedschaft als funktionales Äquivalent für Anwesenheit, können damit über Wahrnehmbarkeitsgrenzen hinausgreifen und unter abstrakteren Strukturen größere Komplexität gewinnen.

Weder Persönlichkeitssysteme noch einfache Sozialsysteme, noch organisierte Sozialsysteme können eine ungebrochene Ausprägung gesamtgesellschaftlicher Strukturen sein – allein schon deshalb nicht, weil sie unter besonderen Selektionsbedingungen operieren, eine eigene Identität und eine eigene Geschichte und eine je besondere Umwelt haben, auf die sie reagieren. Das Gesellschaftssystem ist für solche Systeme nicht Struktur, sondern (mehr oder weniger geordnete) Umwelt und wird daher, bevor gehandelt werden kann, nochmaliger Selektion unterworfen. So kommt es, daß Persönlichkeiten ebenso wie einfache Systeme und Organisationen Rechtsnormen wie Daten behandeln, zu denen es mehrere mögliche Einstellungen geben kann, zwischen denen das System *nach Maßgabe der eigenen Struktur* wählt. Auch zwischen diesen verschiedenartigen Systemen bestehen Spannungsverhältnisse. Es ist keineswegs ausgemacht, daß alle persönlichen Impulse in elementaren Interaktionssystemen angebracht werden können; diese wirken vielmehr durch ihre eigenen Erwartungsstrukturen selektiv auf das, was die Persönlichkeit als eigenes realisieren kann und umgekehrt.[59] Ebensowenig versteht sich von selbst, daß die durch Organisation formalisierten normativen Erwartungen in faktische Interaktion und in persönliches Erleben und Handeln umgesetzt werden können, da auch sie den Filter anderer Systeme durchlaufen müssen.[60] An so komplizierten Verhältnissen müssen alle Theorien scheitern (oder: moralisch werden), die nach wie vor mit dem schlichten Konzept von Herrschaft und Gehorsam oder Ungehorsam zu arbeiten versuchen. Das Problem kann nicht sein, möglichst alle Systeme für möglichst alle Befehle zum Gehorsam zu bringen, denn damit würde alle Differenzierung verwischt und die Gesellschaft regressiv vereinfacht werden. Sondern es geht, wenn man von dem überlieferten Bestand universell adressierter, hauptsächlich strafrechtlicher Unterlassungsnormen absieht, bei Rechtsänderungen darum, je spezifische Adressaten zu Erwartens- bzw. Verhaltensänderungen zu motivieren und im übrigen die Schockwellen der Änderung zu absorbieren.

Eine erste Vermutung könnte sein, daß für die Annahme und Befolgung neuer Gesetze die (moralische) Einstellung zum jeweiligen Gesetz bestim-

---

59 Dies hängt damit zusammen, daß auch die einfachsten Interaktionssysteme ihre Struktur in der Form erwartbarer Erwartungen (siehe Bd. I, S. 31 ff) bilden müssen. Vgl. hierzu HERBERT BLUMER, *Psychological Import of the Group.* In: MUZAFER SHERIF/M. O. WILSON (Hrsg.), *Group Relations at the Crossroads.* New York 1953, S. 185–202 (198).

60 Dies ist ein Hauptthema umfangreicher organisationssoziologischer Forschungen. Siehe als Ausgangspunkt FRITZ J. ROETHLISBERGER/WILLIAM J. DICKSON, *Management and the Worker.* Cambridge/Mass. 1939.

mend sei; es würden dann diejenigen das Gesetz befolgen, die es für richtig halten oder die in sozialen Systemen handeln, in denen andere es für richtig halten, während die Gegner des Gesetzes sich ihm zu entziehen suchten. Empirische Forschungen haben jedoch gezeigt (und durch Nachdenken käme man auch darauf), daß eine solche moralische Gleichung viel zu einfach ist: Einerseits werden Gesetze auch von denen gebrochen, die sie bejahen und für richtig halten; zum anderen vermögen in Kraft gesetzte Gesetze nach und nach auch manche ihrer Gegner zu überzeugen (vor allem, wenn alarmierende Befürchtungen sich nicht realisieren).[61] Deshalb müssen zur Vorbereitung erklärender oder prognostischer Analysen bestimmter empirischer Konstellationen abstraktere Fragestellungen ausgearbeitet werden. Ohne Absicht auf Vollständigkeit seien drei solcher Fragestellungen genannt, und zwar (1) die Frage des *Verhältnisses von Systemstruktur und Systemgeschichte*, (2) die Frage der *Selbststeuerungsfähigkeit von Systemen* und (3) die Frage der *relativen Invarianz von Systemänderungen und Umweltänderungen*. Alle drei Hinsichten dürften für eine rechtlich zentralisierte Steuerbarkeit des Gesellschaftssystems von Bedeutung sein, und in jeder dieser Hinsichten ergeben sich für die verschiedenen Systemtypen andere Sachlagen.

In allen personalen und sozialen Systemen fungiert in gewissem Umfange *Systemgeschichte als Struktur*, das heißt als Prämisse der Erlebnisverarbeitung. Sie kann die Erlebnisverarbeitung steuern in der Form von erfahrungsbewährten, wiederholt benutzten Symbolen, deren Genesis nicht im Bewußtsein gehalten zu werden braucht, die also als Gegenwart erlebt werden; aber auch in der Form einer erinnerten, sozusagen datierbaren Vergangenheit, einer Chronologie von Ereignissen, die durch ihre Lokalisierung in der Vergangenheit der Verfügung entzogen werden – zum Beispiel: ein abgegebenes Versprechen, eine aufgedeckte Lüge, die künftig Vorsicht und Mißtrauen rechtfertigt, eine Einladung, eine Interessenbekundung, eine kränkende Abweisung usw. In beiden Weisen ist Systemgeschichte ein prinzipiell unentbehrliches Hilfsmittel der Vereinfachung von Zukunft; ja, Vergangenheit und Zukunft können als unterschiedliche Zeithorizonte der Gegenwart nur auseinandertreten in dem Maße, als Systemgeschichte unter abstrakteren Gesichtspunkten zur Struktur wird. Das Vergangene wird dann einerseits ‹kapitalisiert›, das heißt als Besitz zur Grundlage künftiger Möglichkeiten gemacht, und andererseits ‹historisiert›, das heißt in den Horizont des Erledigten abgeschoben, an dem man sich nach Maßgabe

61 Siehe z. B. Robert E. Lane, *The Regulation of Businessmen. Social Conditions of Government Economic Control.* New Haven 1954; Harry V. Ball, *Social Structure and Rent-Control Violations.* American Journal of Sociology 65 (1960), S. 598–604; Harry V. Ball/Lawrence M. Friedman, *The Use of Criminal Sanctions in the Enforcement of Economic Legislation. A Sociological View.* Stanford Law Review 17 (1965), S. 197–223 (208 f); Morroe Berger, *Equality by Statute. The Revolution in Civil Rights.* 2. Aufl. Garden City/N. Y. 1967, S. 181 f; John Colombotos, *Physicians and Medicare. A Before-After Study of the Effects of Legislation on Attitudes.* American Sociological Review 34 (1969), S. 318–334.

künftiger Erfordernisse immer wieder orientieren kann, aber nicht muß. Im Zusammenhang mit solchen Veränderungen des Zeitbewußtseins werden dann ‹Kapital› und ‹Bildung› als Werte geschätzt und institutionalisiert.

Wir kommen auf diese Zusammenhänge zwischen Systemstruktur, Recht und Zeitverständnis weiter unten nochmals zurück.[62] Hier geht es zunächst nur um die Einsicht, daß ein gesamtgesellschaftlich angebahntes Verhältnis von Systemstruktur und Zeithorizont sich nicht auf allen Systemebenen gleichermaßen realisieren läßt. Personale Strukturen der Erlebnisverarbeitung beruhen zum Teil auf vorsprachlich entstandenen Symbolbildungen, die sich bewußter Zugänglichkeit, objektivierender Distanznahme, hermeneutischer Auslegung und Re-interpretation entziehen;[63] insoweit ist dann auch Systemgeschichte unverfügbar. Ebenso verwenden Interaktionssysteme unter Anwesenden mangels ausdifferenzierter Strukturen im wesentlichen ihre eigene Situationsgeschichte als Struktursatz; das heißt, sie orientieren sich bei der Reduktion ihrer Komplexität an dem, was vorher gesagt und getan worden ist, und finden dann oft keine Möglichkeit, sich von der faktisch entstandenen Selbstbindung zu lösen.[64] Das Korrektiv liegt hier in der Kurzfristigkeit solcher Systembildungen, die es erlaubt, mit neuen Kontakten jeweils wieder eine neue Systemgeschichte aufzubauen[64a] Auch aus Organisationsanalysen kennen wir den Vorgang, daß im Laufe der Systemgeschichte der weite Rahmen des formalorganisatorisch Möglichen eingeschränkt und die Organisation, um mit Selznick zu sprechen, ‹Institution› wird.[65]

Ohne uns in weitere Einzelheiten zu verlieren, können wir als Pointe festhalten, daß die Abhängigkeit von der systemeigenen Geschichte mit dem Selektionsstil und deshalb mit der besonderen Typik der Systeme zusammenhängt. Zunehmende gesellschaftliche Differenzierung führt daher

---

62 Vgl. S. 343 ff.

63 Vgl. Jürgen Habermas, Der Universalitätsanspruch der Hermeneutik. In: Hermeneutik und Dialektik. Tübingen 1970, Bd. I, S. 73–103.

64 Solche Prozesse interaktiver Selbstverstrickung spielen bei der Entstehung abweichenden Verhaltens eine bedeutsame Rolle; man wird in ihnen auf Positionen gelotst, von denen aus abweichendes Verhalten naheliegt, und wird dann unwiderrufbar entsprechend etikettiert. Vgl. die Literaturhinweise Bd. I, S. 122, Anm. 166. Aber auch rechtlich geregelte Verfahren sind Interaktionssysteme, die eine eigene Geschichte aufbauen, als Struktur weiteren Vorgehens verwenden und unwiderrufbar machen. Vgl. dazu Aaron V. Cicourel, *The Social Organization of Juvenile Justice.* New York–London–Sydney 1968, insbes. die Zusammenfassung S. 328 ff, und Niklas Luhmann, Legitimation durch Verfahren. Neuwied–Berlin 1969, S. 38 ff und passim.

64a Die Voraussetzung einer ‹Ausdifferenzierung aus der allgemeinen Weltgeschichte› ist natürlich von Fall zu Fall in sehr unterschiedlichem Umfang realisierbar. Siehe dazu Sherri Cavan, *Liquor License. An Ethnography of Bar Behavior.* Chicago 1966, insbes. S. 54 f, 79 ff.

65 Vgl. Philip Selznick, *Foundations of the Theory of Organization.* American Sociological Review 13 (1948), S. 25–35; ders., *TVA and the Grass Roots.* Berkeley–Los Angeles 1949; ders., *Leadership in Administration. A Sociological Interpretation.* Evanston/Ill.–White Plains/N. Y. 1957.

zu einer Vervielfältigung von Systemgeschichten, die zwar als Teile einer gemeinsamen Weltgeschichte gesehen werden können, aber die Systeme in sehr unterschiedlichem Maße binden, die in Sinnsedimenten aufgehoben werden und nur zum Teil bewußtseinsfähig, kapitalisierbar oder historisierbar werden. Daraus folgt, daß man mit sehr unterschiedlichen Bedingungen der Mobilisierbarkeit von Strukturen und der Assimilierbarkeit von Neuerungen rechnen muß. Die auf Gesellschaftsebene institutionalisierte strukturelle Variabilität setzt sich nicht ohne weiteres in den übrigen Systemen fort. Andererseits können Systeme außerhalb oder unterhalb der Gesellschaftsebene leichter aufgelöst und neugegründet bzw. strukturwidrig motiviert werden, wenn sie einer Änderung von Rechtsnormen Widerstand entgegensetzen.

Unser nächster Gesichtspunkt betrifft die *Selbststeuerungsfähigkeit von Systemen*. Damit ist die Fähigkeit gemeint, bei *spezifischen* Änderungen der Umwelt *spezifische* Anpassungsentscheidungen herbeizuführen, sowie die Bandbreite der Ereignisse, über die eine solche Anpassung möglich ist. In der *selektiven Spezifikation* solcher Anpassungsprozesse liegt der wichtige Vorteil einer *Minimierung der strukturellen Konsequenzen*, die Umweltänderungen für Systeme haben. Eine rasch fluktuierende, turbulente Umwelt [66] würde den Aufbau hochkomplex strukturierter, umweltabhängiger Systeme unmöglich machen, gäbe es keine Möglichkeiten, im Wege der Selbststeuerung die laufende Anpassung von System und Umwelt selektiv zu behandeln, sei es, daß das System sich selbst, sei es, daß es ausgewählte Merkmale seiner Umwelt ändert.

Eine Fülle von systemtheoretischen Überlegungen hat sich der rationalen Nachkonstruktion solcher Selbststeuerungseinrichtungen zugewandt – zunächst in der Form von Gleichgewichtsmodellen, dann in der Form homöostatischer oder kybernetischer Modelle. Dabei ist zumindest umrißhaft deutlich geworden, daß Selbststeuerung eine höchst voraussetzungsvolle Leistung ist und keineswegs als allgemeine Eigenschaft aller Sozialsysteme unterstellt werden kann.[67] Zu den Voraussetzungen gehören unter anderem: Explizierbarkeit von ‹Sollzuständen› des Systems; hinreichende Spezifizierbarkeit der Grenzen und der Beziehungen zwischen System und Umwelt; Lernfähigkeit, was unter anderem impliziert eine hinreichend rasche Erkennbarkeit von funktional äquivalenten Problemlösungen; ferner bestimmte zeitliche Korrelationen zwischen System und Umwelt, vor allem die, daß das Änderungstempo der Umwelt nicht durchweg höher sein darf als das Änderungstempo des Systems; und nicht zuletzt zentralisierte oder,

---

66 Vgl. dazu die von F. E. Emery/E. L. Trist, *The Causal Texture of Organizational Environments*. Human Relations 18 (1965), S. 21–32, für Organisationen entworfene Umwelttypologie.

67 Diese Erkenntnis wird oft – und recht unglücklich, weil nicht weiterführend – als Ablehnung einer Analogie von Sozialsystem und Organismus bzw. Maschine formuliert. Es käme aber darauf an, die Bedingungen genauer anzugeben, unter denen auch soziale Systeme Selbststeuerungseinrichtungen aufbauen können.

bei ausreichender Isolierung von Teilfunktionen, dezentralisierte Entscheidungsfähigkeit des Systems in dem Sinne, daß *irgendwo* im System getroffene Anpassungsentscheidungen *überall* im System akzeptiert werden. Die Voraussetzungen dafür können in manchen Hinsichten in Familien, vor allem aber in organisierten Sozialsystemen erfüllt werden.

Für rechtspolitische Innovationen bedeutet Selbststeuerung in den betroffenen Systemen keineswegs schon eine Garantie der Befolgung des neuen Rechts. Sie bedeutet nur, daß Neuerungen mit einem minimierten Aufwand an Strukturänderung realisiert werden *können*, ohne daß die strukturellen Konsequenzen bei der Rechtsetzung mitgeplant werden müßten; sie werden nur in die Umwelt der betroffenen Systeme eingeführt in der Annahme, daß diese ihre Struktur den neuen Daten anpassen können und werden, ohne ihre Identität zu verlieren. Die Systeme absorbieren dann die Änderung mit einem gerade noch erforderlichen Aufwand möglichst ohne Gefährdung anderer Errungenschaften.

Ein dritter Gesichtspunkt schließt unmittelbar an. Rechtsänderungen können in dem Maße besser absorbiert werden, als zwischen Systemen und ihren Umwelten ein *Verhältnis relativer Invarianz* besteht, so daß die Systeme indifferent dagegen sein können, ob die Umwelt sich ändert oder nicht. Solche Indifferenz wurde früher allein unter dem Gesichtspunkt der Autarkie oder Selbstgenügsamkeit gedacht. Heute sieht man, namentlich in der Psychologie,[68] den anderen Weg einer Abstraktion struktureller Prämissen, die die Relevanz von Beziehungen zwischen System und Umwelt regulieren. Durch solche Abstraktion kann der Toleranzbereich des Systems gesteigert werden. In dem Maße, als dies erreicht wird, treten durch die eigene Struktur bedingte normative (projektive) Erwartungen an die Umwelt zurück und werden durch kognitive, lernbereite Erwartungen ersetzt.[69] Auch auf Rechtsänderungen kann das System dann kognitiv, also lernend reagieren, obwohl es sich in der Perspektive der Gesellschaft und ihres politischen Systems um normative Erwartungen handelt.

Für die Persönlichkeit sind hier Entwicklungs- und Sozialisationsprozesse involviert, deren Breitenwirkung schwer abschätzbar ist. Einfache Interaktionssysteme haben kaum Chancen, eine abstraktere Struktur und eine eigene Konzeptualisierung ihrer Umwelt zu gewinnen.[70] Im wesent-

68 Vgl. insbes. O. J. Harvey/David E. Hunt/Harold M. Schroder, *Conceptual Systems and Personality Organization*. New York–London 1961.

69 In der rechtssoziologischen Forschung hat Adam Podgórecki, *Loi et morale en théorie et en pratique*. Revue de l'Institut de sociologie 1970, S. 277–293, diesen Gedanken aufgenommen und versucht, die Unterscheidung von moralischem Rigorismus und Toleranz mit anderen Variablen, z. B. Ausbildung und Schichtenzugehörigkeit, zu korrelieren.

70 Abstraktionsleistungen werden bei diesem Systemtypus hauptsächlich dann angeregt, wenn die Zusammenkunft unterbrochen und nach Trennung der Teilnehmer und anderen Systemengagements wieder fortgesetzt wird. Solches Intermittieren gibt Anlaß, die Identität des Systems, die Gründe der Zusammenkunft, Plätze, Zeitpunkte, Themen, Teilnehmer bewußt zu artikulieren. Selbst dann bleibt jedoch die benötigte Abstraktionsleistung vergleichsweise gering.

lichen werden Abstraktionsleistungen durch Organisation getragen. Ebenso wie im Hinblick auf die Trennbarkeit von Struktur und Geschichte und die Selbststeuerungsfähigkeit der Systeme scheint also auch im Hinblick auf die Herstellung unabhängiger Variabilität von System und Umwelt Organisation eine innovationsgünstige Systemform zu sein. Man kann daraus schließen, daß der Organisiertheitsgrad der gesellschaftlichen Subsysteme ein wesentlicher Faktor sein wird, der die Aufnahmefähigkeit für Rechtsänderungen mitbestimmt.

Zusammenfassend sei nochmals die Perspektive verdeutlicht, unter der die vorstehenden Überlegungen standen. Spezifische, zumeist unifunktional geplante Eingriffe in das Rechtsgefüge hochdifferenzierter Gesellschaften können nicht nach dem einfachen Muster elementarer Interaktion als Erwartung und Erfüllung oder als Befehl und Gehorsam begriffen werden. Sie treffen auf ein differenziertes System, das in sich eine Vielzahl verschiedenartiger System/Umwelt-Relationen beherbergt, und setzen entsprechend differenzierte Wirkungsreihen in Lauf. Die erstrebte Änderung spezifischer Verhaltensmuster einzelner Systeme löst, wenn erfolgreich, in diesen Ausgleichsbewegungen aus, und beides zusammen ändert die Umwelt anderer Systeme. Rechtsänderung ist daher einerseits ein Motivationsproblem im Hinblick auf bestimmte, von Fall zu Fall wechselnde Adressaten; sie ist andererseits, als Einwirkung auf die Umwelt anderer Systeme, ein Absorptionsproblem. Man kann annehmen, daß beide Probleme nur zusammen erfolgreich gelöst werden können, da Systeme zu Strukturänderungen nur motiviert werden können, wenn die neuen Verhaltensprämissen als Umweltdaten anderer Systeme sich mit diesen zu erfolgreichen Interaktionsmustern verbinden lassen:[71] Nachtschichten im Betrieb lassen sich nur einführen, wenn das Familienleben darauf eingestellt werden kann; eine Demokratisierung der Entscheidungsprozesse in den Hochschulen nur, wenn die Krankenversorgung in den Universitätskliniken darauf eingestellt werden kann; Rassengleichheit nur, wenn der Personalmarkt und die nachbarschaftlichen Wohngemeinschaften sich darauf einstellen lassen; eine Befehlsverweigerung durch Soldaten bei Verbrechen und Vergehen nur, wenn die Autoritätsstruktur des Militärs darauf eingestellt werden kann[72] – und all dies, ohne lawinenartig anschwellende Folgeprobleme auszulösen. Eine genauere Analyse der Verwirklichungschancen neuen Rechts, für die hier nur einige Fragestellungen vorentworfen

71 Diese Lehre hat vor allem die Organisationssoziologie aus mühsamen Versuchen mit Umschulung und Einführung neuer Methoden durch *einzelne* Mitarbeiter gezogen. Das organisierte Sozialsystem selbst läßt sich nicht durch Einführung neuer Handlungen ändern, sondern nur dadurch, daß der Rollenkontext mit Erwartungen, Gegenerwartungen und Erwartungserwartungen geändert wird. Vgl. z. B. Robert L. Kahn/Donald M. Wolfe/Robert P. Quinn/Diedrick J. Snoek, *Organizational Stress. Studies in Role Conflict and Ambiguity*. New York–London–Sydney 1964.

72 Hierzu bereitet Holger Rosteck auf Grund empirischer Erhebungen eine Veröffentlichung vor.

werden konnten, wird daher mit einer Mehrheit von System/Umwelt-Referenzen arbeiten müssen. Sie wird, solange dafür keine abstrakte logische Technologie zur Verfügung steht, sich an herausgeschnittene, relativ konkrete Konstellationen halten müssen und ihre Begriffe nur als heuristische, nicht als prognostische Instrumente verwenden können.

Alles in allem dürfte die Aufnahmefähigkeit der Gesellschaft für rechtlich ausgelöste Änderungen davon abhängen, daß die *Interdependenzen im Gesellschaftssystem nicht zu hoch sind.* Hinge alles von allem ab, wäre es kaum möglich, durch *bestimmte* Eingriffe *bestimmte* Wirkungen zu erzeugen. Die vorstehend behandelten, recht verschiedenartigen Sachverhalte lassen sich auf einen Nenner bringen, wenn man sie als Formen der *Unterbrechung von Interdependenzen* begreift. Sie verhindern, daß in Akten der Rechtsänderung zu viel zugleich bedacht und bewirkt werden muß. Andererseits steigen in zunehmend komplexen, funktional differenzierten Gesellschaften zugleich die Wechselbeziehungen zwischen den einzelnen Funktionskreisen und Teilsystemen. Unabhängigkeiten und Abhängigkeiten nehmen miteinander zu, und daraus entstehen Kombinationsprobleme auf höheren Ebenen der Systemsteuerung, die nicht beliebig – und schon gar nicht durch ‹Herrschaft› gelöst werden können. Von da her sind Fragen an den kategorialen Apparat des Rechts, an seine Steuerungsbegrifflichkeit zu stellen, vor allem die zentrale Frage, ob und wie Rechtsbegriffe in der Lage sein können, unvermeidlich hohe gesellschaftliche Interdependenzen zu reflektieren und in Entscheidungsprozesse zu übersetzen.

2. Kategoriale Strukturen

Nicht nur die gesellschaftlichen Verhältnisse bieten für ihre Veränderung zugleich Anreize und Blockierungen. Das gleiche gilt für den Rechtsstoff selbst – für die Sinnbestände, formulierten Rechtssätze und die dogmatischen Begriffe, in denen das Recht für wiederholbares Entscheiden aufbewahrt wird.[73] Rechtsstoff hat, im Kontext der evolutionären Mechanismen, zunächst eine stabilisierende Funktion. Die Mechanismen der Variation, Selektion und Stabilisierung fungieren jedoch interdependent. Daher wirken stabilisierte Strukturen immer auch selektiv auf das, was sich ändern kann. Die Entscheidungsverfahren vermitteln diesen Effekt.

Um die Veränderungssteuerung durch vorhandene Rechtsbestände genauer beurteilen zu können, müssen wir eine wichtige Unterscheidung einführen. Der innovierende bzw. Innovation verhindernde Effekt kann sich *direkt* aus dem Recht ergeben, das als festgehaltene Struktur gesellschaftlicher Prozesse Veränderungen auslöst oder blockiert. Gesellschaftliche

73 Vor allem Eugen Huber, Recht und Rechtsverwirklichung. Probleme der Gesetzgebung und der Rechtsphilosophie. Basel 1921, S. 319 ff, hat das vorhandene Recht, das «mit der Gewalt der Gegenwart ausgerüstet» ist, unter diesem Gesichtspunkt als «Reale der Gesetzgebung» behandelt.

Veränderungen können auch, und das ist etwas ganz anderes, durch *Rechtsänderung* vermittelt werden. Diese Komplikation ist unvermeidbar, da wir die Gesellschaftsstruktur nicht mehr mit dem Recht identifizieren können, also Änderung/Nichtänderung auf seiten des Rechts und auf seiten der Gesamtheit gesellschaftlicher Strukturen unterscheiden müssen und infolgedessen Nichtänderung des Rechts mit Änderung anderer gesellschaftlicher Strukturen korrelieren kann und umgekehrt.[74] Hinzu kommt, daß in jeder Struktur Änderbarkeit und Nichtänderbarkeit zusammenhängen, weil die Änderungen abhängen von der Form, in der Nichtgeändertes festgehalten wird. Uns geht es einerseits um die Form, in der jeweils nichtgeändertes Recht festgehalten wird, und zum anderen um die Frage, wie diese Form sich unmittelbar oder über Rechtsänderungen auf eine Veränderung oder Nichtveränderung gesellschaftlicher Strukturen auswirkt. Die Möglichkeiten lassen sich an folgendem Schema ablesen. Diese abstrakt-schematische Dar-

		Gesellschaft	
		Änderung	Nichtänderung
Recht	Änderung	Positives Recht	Kodifikationen
	Nichtänderung	Funktionswandel der Rechtsnormen	starre Zustände geringe Ausdifferenzierung

stellung dient dem Überblick und der gedanklichen Kontrolle. Durch Bezug auf die historische Entwicklung des modernen Rechts und durch einige Beispiele wird das, was gemeint ist, deutlicher vor Augen treten.

Ein Rückblick in die neuzeitliche Rechtsgeschichte zeigt, daß das rechtliche Fundament des industriellen Zeitalters, wenn man von einigen gesellschaftsbewußten Überleitungsmaßnahmen wie dem Abbau ständischer und regionaler Verkehrsschranken und vom Bereich verfassungspolitischer Reformen absieht, nicht im Wege legislativer Planung von Systemzuständen gelegt worden ist. Sehr wesentliche Errungenschaften sind vielmehr auf dem Wege dogmatischer Abstraktion zustande gekommen und zementiert worden. Diese dogmatischen Errungenschaften verdankten ihren Rang und ihre Effektivität als Komponenten einer neuartigen Gesellschaftsstruktur nicht ihrer legislativen Änderbarkeit, sondern ihrer Abstraktion. Es handelte

74 Daß diese Position heute weithin eingenommen wird (ohne daß sie in ihren komplizierten Konsequenzen durchdacht würde), hatten wir oben S. 295, Anm. 2, bereits mit einigen Hinweisen belegt.

sich nicht um den Entwurf und die Normierung bestimmter Verhaltensmodelle, die auf eine Änderung ihrer gesellschaftlichen Parameter durch Anpassung ihrer Struktur reagieren können, also nicht schon um ‹lernendes Recht›. Sondern ihr Erfolg beruhte vor allem darauf, daß relativ unwahrscheinliche, ja ungerechte soziale Beziehungen als Recht behauptet, bewertet und stabilisiert werden konnten. Ihre Abstraktion ließ höhere Komplexität und Variabilität, ließ unwahrscheinlichere Institutionen in der Gesellschaft zu und verlieh diesen Errungenschaften den abstrakten Rechtstitel. Die Abstraktion als solche wurde gewollt und für vernünftig befunden, ohne daß ihre Respezifikation durch den Rechtsmechanismus mitgeplant worden wäre.

Ein erstes Beispiel hierfür kann in der Abstraktion des *Vertragsprinzips* gefunden werden, die, unter bestimmten, als Ausnahme eingebauten Kautelen, der bloßen Übereinstimmung von Willenserklärungen Bindungswirkung verleiht und dieses Prinzip im Hinblick auf teilnahmefähige Personen und Vertragsinhalte möglichst universell setzt. Damit wird der Vertrag, obwohl Rechtsfigur, vom Erfordernis innerer Gerechtigkeit entlastet. Das Recht des Vertrages ist dann außerstande, die Gerechtigkeit des Vertrages zu gewährleisten. Es gewährleistet aber, und darauf kommt es jetzt an, seine *Kompatibilität mit einem ausdifferenzierten Wirtschaftssystem, das sich selbst durch Instabilität der Preise steuert.*[75] Die Entscheidung über Eingehen und Nichteingehen von Verträgen kann ohne Rücksicht auf Konsequenzen für höhere Systemebenen getroffen werden, hat also mehr mögliche und situationsangepaßte Motive zur Verfügung. (Sie ist deswegen, wie man inzwischen sehr wohl weiß, nicht notwendig ‹frei›.) Auf diese Weise kann über Ware und Arbeit bindend, das heißt Zukunft bindend, verfügt werden, ohne daß die erforderliche Labilität des Gesamtsystems dadurch rechtlich blockiert würde. Das Recht ist mit mehr möglichen Zuständen der Wirtschaft vereinbar. Die Strukturprobleme der modernen Gesellschaft werden durch Fluktuieren dieser Zustände, nicht durch Fluktuieren der Rechtsnormen gelöst. So jedenfalls hatte man es sich vorgestellt.[76]

Der Vertrag ‹gilt› jedoch nicht kraft der Freiheit des Willens. Die strukturelle Abstraktheit des Vertragsprinzips braucht daher mit der Kritik der Autonomie des Privatwillens nicht zu fallen; sie läßt sich in geplantes Recht überführen. In der Tat kommt es bereits in weitem Umfange zu dem, was DEGUILLEM glücklich «*collaboration... de la loi et du contrat*» genannt hat.[77] Das Gesetz benutzt den Vertrag, zum Beispiel den Arbeitsvertrag oder den Mietvertrag, als Form, durch deren Regulierung es Wirkungen ver-

---

75 Zur Geschichte des Vertragsrechts unter diesem Gesichtspunkt siehe EMMANUEL GOUNOT, *Le principe de l'autonomie de la volonté en droit privé. Contribution à l'étude critique de l'individualisme juridique.* Paris 1912, insbes. S. 43 ff.

76 Zu den heute geläufigen Korrektiven dieser Vorstellung siehe den Überblick bei WOLFGANG FRIEDMANN, Recht und sozialer Wandel. Frankfurt 1969, S. 99 ff.

77 HENRI DEGUILLEM, *La socialisation du contrat. Etude de sociologie juridique.* Diss. Paris 1944, S. 27.

mittelt, die es nur unter Bedingungen zur Verfügung stellt oder an die es nichtvereinbarte Nebenfolgen anknüpft. Und es kann ohne formalen Eingriff in die Abschlußfreiheit den Verwendungskontext der Vertragsform nach Maßgabe rechtspolitischer Zielsetzungen ändern. Die durch Vertrag erzielbaren Effekte stehen den Beteiligten dann gleichsam nur als verschnürtes Paket zur Verfügung. Die Bedingungen werden geändert, wenn der Gesetzgeber sich andere Effekte wünscht oder wenn er die Erfahrung machen (das heißt lernen!) muß, daß niemand zugreift oder daß die Verschnürung reißt. Auch unterhalb des Gesetzesrechts läßt der Vertrag sich durch Geschäftsformulare als «Auslösemechanismus für den Eintritt formulierter Bedingungen» [77a] benutzen.

Ein anderes Beispiel bietet das Rechtsinstitut des *subjektiven Rechts* im privaten ebenso wie im öffentlichen Recht.[78] An ihm fällt auf, daß eine rein asymmetrische Beziehung ohne Vorsorge für Ausgleich und Reziprozität als Recht gesetzt wird. Auch hier wird von der inneren Gerechtigkeit des einzelnen Rechtsinstituts abgesehen. Dem (subjektiven) Recht der einen Seite muß eine Pflicht der anderen korrespondieren, nicht aber auch noch ein Gegenrecht mit entsprechenden Gegenpflichten.[79] Reziprozität wird natürlich nicht ausgeschlossen. Subjektive Rechte können zu komplexeren Rechtsfiguren zusammengefaßt werden; aber dies sind schon Kombinationen höherer Ordnung, die nicht konstitutiv sind für die Rechtsgeltung. Der Charakter des Rechts als Recht wird also auch hier ohne Rücksicht auf Gerechtigkeit vergeben. Diese Abstraktion macht das Rechtsinstitut unabhängig von typmäßig festliegenden reziproken Interessenkonstellationen, macht es vielfältiger verwendbar, abstrakter (nämlich unabhängig von der Fortdauer der Ausgleichslage) garantierbar und mit all dem kompatibel mit höherer Komplexität und Variabilität der Gesellschaft. Die Kehrseite ist, daß die Motivation und die Ausbalancierung von Rechten und Pflichten nun auf Umwegen vermittelt, durch Systemstrukturen sichergestellt werden müssen – eine Aufgabe, die in der liberalen Konzeption übersehen und für die die analytischen und rechtstechnischen Instrumente nicht mitausgebildet wurden.[80]

77a So formuliert Winfried Brohm, Strukturen der Wirtschaftsverwaltung. Organisationsformen und Gestaltungsmöglichkeiten im Wirtschaftsverwaltungsrecht. Stuttgart 1969, S. 20.

78 Hierzu ausführlicher Niklas Luhmann, Zur Funktion der ‹subjektiven Rechte›. Jahrbuch für Rechtssoziologie und Rechtstheorie 1 (1970), S. 321–330.

79 In der Sprache von Alvin W. Gouldner, *The Norm of Reciprocity*. American Sociological Review 25 (1960), S. 161–178, heißt dies, daß die Beziehung nur Komplementarität, nicht Reziprozität gewährleistet. Daran wird, auch soziologisch, die Künstlichkeit der Figur erkennbar.

80 Eine der Folgen ist, daß die Rechtsdogmatik dieses Jahrhunderts sich auf einen Wiederabbau des subjektiven Rechts hin bewegt, nämlich auf einen Wiedereinbau konkreter, gegenläufiger Pflichten, Rücksichtnahmen, Güterabwägungen, Wertbindungen im Sinne von ‹Eigentum verpflichtet›. Damit wird jedoch das Problem der Ausbalancierung abstrakterer Ordnungsfiguren nicht gelöst, sondern nur die Abstraktionsebene preisgegeben, auf der es sich stellte.

Unser letztes Beispiel liefern uns die *Grundrechte*, die sich des Prinzips der *Freiheit* oder des Prinzips der *Gleichheit* bedienen. Auch dies sind dogmatische Abstraktionen, die, aus überlieferungsmäßig vorliegendem Gedankengut gewonnen, in der Neuzeit radikalisiert und so auf die Spitze getrieben worden sind, daß sie keine mögliche Realität mehr bezeichnen. In diesem universellen und radikalen Sinne sind Freiheit und Gleichheit, soziologisch gesehen, unwahrscheinliche Tatbestände. Ihre Normierung als Rechtsprinzip stellt mithin das Normale als Ausnahme hin und setzt alle Ordnung als Einschränkung von Freiheit und Gleichheit unter Begründungszwang. Die Begründung selbst wird jedoch nicht mehr ausreichend vorstrukturiert – auch insofern fehlt ein Instrumentarium der Systemplanung.

Achtet man auf die Funktion einer so paradoxen Übersteigerung und Entnormalisierung, tritt ihr Zusammenhang mit der funktionalen Differenzierung des Gesellschaftssystems in den Blick. Diese löst die gemeinsamen Glaubensgrundsätze als Beschreibungen einer natürlichen oder wünschenswerten Realität auf, beläßt ihnen jedoch den formalen Charakter der Frage nach dem Grund der Normen, der Aufforderung, je spezifische Funktionen als Begründung der Unfreiheiten oder Ungleichheiten anzugeben. Der eigentlichen Aufgabe des Rechts, dem Richten unter solchen Prätentionen auf funktionale Begründung, fehlt in dieser Dogmatik noch die Orientierung, die kategoriale Struktur, aus der sie ein Richtmaß gewinnen könnte. Die Rechtsprechung, der diese Aufgabe im wesentlichen überlassen wird, behilft sich mit dem Zitieren gegenläufiger Werte, Rechtsgüter oder schutzwürdiger Interessen, die eine Ausnahme von den Regeln der Freiheit und Gleichheit rechtfertigen. So kommt es zu einem an sich vernünftigen Abwägungsopportunismus, der aber als Kasuistik vorgeblich richtiger Entscheidungen eingefroren wird.

Diese Beispiele stehen für eine Vielzahl figurativer und wertmäßiger Abstraktionen, die der rechtsanwendende Entscheidungsprozeß in langer Tradition hervorgebracht und geläutert hat und bei Gelegenheit durch Gesetzgebung kodifizieren ließ. Genetisch stehen sie in direktem Zusammenhang mit erkannten Bedürfnissen gesellschaftlicher Praxis, entwickeln dann aber durch begriffliche Abstraktion und Eigenlogik kategoriale Formen, die sich nicht mehr in Punkt-für-Punkt-Korrelationen auf bestimmte Bedürfnisse beziehen lassen. Ihre Abstraktheit gewinnt so einen Bezug auf unvorhergesehene Situationen, erlaubt Anknüpfung und Festigung neuer Motive, bringt, um eine MARXSCHE Formulierung zu nehmen, die versteinerten Verhältnisse zum Tanzen – aber ohne durchgezeichnete Choreographie. Zugleich führt ihre Festigkeit zu einem ebenfalls unkontrollierbaren, ‹Funktionswandel›, wie KARL RENNER ihn am Falle des Eigentums klassisch beschrieben hat.[81] Dogmatische Figuren dieser Art lassen sich als feststehende Begriffe, gleichsam als Subroutinen möglicher Entscheidungs-

81 Die Rechtsinstitute des Privatrechts und ihre soziale Funktion. Neudruck Stuttgart 1965 (zuerst 1904).

prozesse, in neue Gesetze einbauen: Man formuliert dann, daß ‹der Eigentümer› für etwas zu sorgen habe, daß ‹Verwaltungsakte› anfechtbar seien, daß Neuerungen ‹unbeschadet bestehender Rechte› durchgeführt werden, um sich dann darauf zu verlassen, daß solche Klauseln in den rechtsanwendenden Entscheidungsprozessen ihren Sinn finden werden.

Dabei bleiben jedoch viele Fragen unbeantwortet, die man vom Standpunkt rechtspolitischer Planung gesellschaftlicher Veränderungen aus formulieren könnte. Vor allem trägt die rechtsdogmatische Begrifflichkeit wenig, wenn überhaupt, zur Analyse und ‹Faktorisierung› von Planungsaufgaben bei.[82] Selbst Ansätze zu einem rechtstheoretischen Planungsinstrumentarium auf einem der vorhandenen Dogmatik entsprechenden Abstraktionsniveau sind nicht zu erkennen. Am ehesten haben noch Rechtsvergleicher ein funktionales Problembewußtsein entwickelt, das die dogmatischen Figuren (aber nicht die gesellschaftlichen Verhältnisse) zum Tanzen bringt.[83]

Ein anderer, bewußt provisorischer, bewußt in änderbare Verhältnisse hineingesetzter und mit ihnen änderbarer Normierungsstil hat sich mit wachsender politischer Verantwortung für wirtschaftliche und soziale Verhältnisse besonders seit dem Ersten Weltkrieg entwickelt. Hier gibt es so etwas wie lernendes Recht, freilich auf einer sehr konkreten, zweckbezogenen, interessennahen Stufe begrifflicher Entfaltung, von der aus sich nennenswerte Strukturänderungen nicht planen lassen. Daraus resultiert die bereits erwähnte Tendenz, sich vorzugsweise mit Bedarfsanmeldungen und Funktionsstörungen zu befassen und Anpassungen konkret durch *ad hoc* geplante Akte der Gesetzgebung zu vollziehen: durch Geldabfindungen, Quotenbeschränkungen, Handlungsverbote, Anmeldepflichten, Genehmigungsvorbehalte mit hin und wieder geänderten Bedingungen. «Die Entwicklungstendenz des Rechts zielt», so formuliert GEOFFREY SAWER,[84] «nicht in die Richtung der Generalisierung und formalen Vereinfachung und der damit verbundenen Starrheit, gegen die JHERING und GÉNY protestierten; sie zielt in die Richtung der Komplexität und Spezifikation ohne organisierende

82 Nicht sehr viel besser ist die Lage im Bereich der klassischen Zweck/Mittel-Analyse. Immerhin sind hier ein ausgeprägtes Problembewußtsein und eine Bereitschaft zur Verwendung komplexerer Systemmodelle zu beobachten – vgl. etwa JAMES G. MARCH/HERBERT A. SIMON, *Organizations*. New York–London 1958, insbes. S. 191 ff; und auch NIKLAS LUHMANN, Zweckbegriff und Systemrationalität. Über die Funktion von Zwecken in sozialen Systemen. Tübingen 1968.

83 Vgl. am ausführlichsten JOSEF ESSER, Grundsatz und Norm in der richterlichen Fortbildung des Privatrechts. Tübingen 1956. Aufs Prinzipielle zielende Formulierungen zum Zusammenhang von soziologischer Problemstellung, Rechtsvergleich und Rechtspolitik finden sich häufiger, aber die Ausarbeitung läßt sehr zu wünschen übrig. Siehe z. B. ULRICH DROBNIG, Rechtsvergleichung und Rechtssoziologie. Zeitschrift für ausländisches und internationales Privatrecht 18 (1953), S. 295–309; SPIROS SIMITIS, Die Informationskrise des internationalen Rechts und die Datenverarbeitung. Zeitschrift für Rechtsvergleichung 9 (1969), S. 276–298 (280 ff), mit weiteren Hinweisen.

84 *Law in Society*. Oxford 1965, S. 209.

Begriffe. Vom Standpunkt des Gesetzgebers aus erleichtert das ein Anpassen der Regeln an soziale Situationen, da ja die Gesellschaft selbst äußerst komplex und strukturell beweglich geworden ist. Für den Praktiker bringt dies entweder äußerste Spezialisierung mit sich, die ein breiteres soziales Bewußtsein gefährdet, oder ein Sichverlassen auf Wörterbuchbedeutungen, angestückt durch Bezugnahme auf einen engen Dokumentationszusammenhang und ohne jeden Versuch, den sozialen Zusammenhang zu verstehen.»

Die auffallende Misere des heutigen positiven, namentlich des öffentlichen Rechts liegt in der Zusammenhanglosigkeit großer Normmengen, die situationsweise verfahrensmäßig hergestellt und zu unüberblickbaren Haufen zusammengeschoben werden, ohne daß diesen Beständen gegenüber adäquate Mittel gedanklicher Disposition entwickelt worden wären. So verliert die Komplexität ihre Kontingenz, die Fülle anderer Möglichkeiten rechtlicher Regulierung und gesellschaftlicher Gestaltung ihre praktische Zugänglichkeit. Anlaß zur Besorgnis bietet weniger das Problem der Konsistenz, die Gefahr, daß rechtlich begründete Erwartungen sich in die Quere kommen und blockieren können. Das kommt zwar vor, wird dann aber zumeist als Störung erkennbar und kann durch Entscheidung beseitigt werden. Weniger unmittelbar evident, dafür aber desto weittragender sind die Gefahren für die Disponibilität des Rechts, die in seiner Positivität an sich angelegt ist, die aber nicht so ohne weiteres von selbst eintritt.

Immer deutlicher tritt ferner zutage, daß Planungen, besonders Entwicklungsplanungen, sich an komplexen, multivariablen, roh zusammengezimmerten Modellen orientieren, die den vorhandenen Rechtsstoff auf vielfältige, verstreute, teils direkte, teils indirekte Weise berühren, ohne daß diese Art Planung mit der Maschinerie der Rechtsänderungen integriert werden könnte. Vom Standpunkt der Planung aus wäre jeweils eine Vielzahl von Gesetzen in mehr oder weniger weitreichenden Einzelheiten änderungsbedürftig; aber diese Änderungen können nach Zahl und Tragweite nicht koordiniert, im Gesamtkontext jedes Einzelgesetzes abgewogen und hinreichend rasch bewirkt werden. So bilden sich neben den Gesetzen – FRIDO WAGENER formuliert sogar: «als Gesetzersatz» [85] – Pläne, die als kongruent generalisierte Erwartungen rechtsähnliche Orientierung vermitteln, vor allem Sicherheiten und Prognosemöglichkeiten erschließen, aber nicht juridifiziert werden können. Die sich unter solchen Umständen noch durchsetzenden ordnungspolitischen Intentionen werden durch Gesetze nicht mehr bestimmt oder auch nur zum Ausdruck gebracht, sondern eher behindert und auf Auswege oder Umwege gedrängt, die weder einer abgewogenen legislativen Absicht noch der eigentlichen Konzeption des Planers entsprechen.[86]

---

85 Von der Raumplanung zur Entwicklungsplanung. Deutsches Verwaltungsblatt 85 (1970), S. 93–98 (97).

86 FRITZ SCHARPF, Die politischen Kosten des Rechtsstaates. Tübingen 1970, stellt unter diesem Gesichtspunkt der vergleichsweise zurückhaltenden Gesetzge-

Mit all dem breiten sich Erscheinungen aus, die nicht gewollt sind, wertmäßig nicht gerechtfertigt werden können und zur Legitimation des Rechts nichts beizutragen vermögen. Der chaotische Zustand des Rechts sperrt zwar Neuerungen nicht aus – im Gegenteil! Vom gegebenen Bestand an Vorschriften aus lassen sich jedoch allenfalls konkret naheliegende Alternativen, allenfalls Fortschreibungen des *status quo* aktualisieren. Der Angelpunkt des Auswechselns von Problemlösungen liegt typisch nicht mehr in einer rechtlich konzipierten Problematik, sondern in realen, politisch forcierbaren Interessen. Deren Standpunkt hat, trotz aller Bemühungen um ‹Interessenjurisprudenz›, nicht zureichend in die Rechtsdogmatik eingearbeitet, vor allem nicht zureichend generalisiert werden können. Jene ‹soziologische Jurisprudenz› wird deshalb von der Soziologie aus kaum Unterstützung erhalten können. Die soziologische Analyse ergibt vielmehr einen faktischen Fehlbestand an kategorialen Steuerungsmitteln, der, wenn überhaupt, nur in sehr viel abstrakteren rechtstheoretischen Begriffslagen aufgefüllt werden kann.

Unter den derzeit praktizierbaren kategorialen Formen des Rechts hat sich die Steigerung der sachlichen Komplexität des Rechts vor allem in zwei Richtungen vollzogen: als Zunahme der Zahl und als Zunahme der Verschiedenartigkeit (Varietät) von Entscheidungen. Eine weitere Dimension von Komplexität, die Interdependenz der Entscheidungen, blieb im wesentlichen unverändert gering.[87] Das heißt: Es hängen trotz aller innerdogmatischen ‹Systematisierungsversuche› jeweils nur relativ wenige Entscheidungen derart voneinander ab, daß die einen geändert werden müßten, wenn die anderen sich ändern. Die allen rechtswissenschaftlichen Beteuerungen zuwiderlaufende sehr geringe Interdependenz des Rechts hat bei zunehmender Komplexität gleichsam als Problemausgleich gedient; man konnte bei konstanter Entscheidungslast mehr und verschiedenartigere Entscheidungen zulassen, solange es nicht darauf ankam, wie sie zusammenhängen.[88] Die Verklammerung des Rechtssystems mit einer immer komplexer werdenden Gesellschaft konnte beibehalten werden, weil die Verklammerung von Recht mit Recht nicht nachvollzogen wurde. Mit dieser Art des Ausweichens setzt sich das Recht jedoch zunehmend außerstande, hochgradig interdependente Sozialverhältnisse adäquat abzubilden, ge-

---

bungspraxis in den Vereinigten Staaten, die mehr Details einer administrativen Regelung überläßt, ein günstigeres Zeugnis aus. Siehe andererseits Theodore J. Lowi, *The End of Liberalism. Ideology, Policy and the Crisis of Public Authority.* New York 1969, der seinerseits die rechtstechnischen Schwierigkeiten einer zentralen rechtlichen Regulierung unterschätzt.

87 Mit der Unterscheidung dieser drei Dimensionen von Komplexität folge ich einem unveröffentlichten Seminarpapier von Todd R. La Porte, *Organized Social Complexity. An Introduction and Explication.* Ms. 1969. Vgl. für eine etwas kompliziertere Fassung Andrew S. McFarland, *Power and Leadership in Pluralist Systems.* Stanford/Cal. 1969, S. 16.

88 Hierzu näher Niklas Luhmann, Systemtheoretische Beiträge zur Rechtstheorie. Jahrbuch für Rechtssoziologie und Rechtstheorie 2 (1972) (im Druck).

schweige denn planerisch vorzuzeichnen. Darauf aber kommt es in der heutigen Theorie und Technik der Planung an.[88a] In dieser Lage entsteht jene Divergenz von Recht und Sozialplanung, von der einstweilen nicht abzusehen ist, wie sie überbrückt werden könnte.

3. Rechtsprobleme der Weltgesellschaft

Einen wichtigen, in seiner Bedeutung kaum abschätzbaren Problemkreis haben wir uns für einen besonderen Abschnitt aufbewahrt. Es handelt sich um die zunehmende Diskrepanz zwischen dem Gesellschaftssystem auf der einen Seite, das eine globale Einheit anstrebt, und dem positiven Recht auf der anderen Seite, das innerhalb territorialer Jurisdiktionsgrenzen in Geltung gesetzt wird. Das umfassende Sozialsystem ist faktisch zur einheitlichen, alle Beziehungen zwischen Menschen umgreifenden Weltgesellschaft zusammengewachsen, ohne daß dieser Entwicklung eine politische Einigung der Welt hätte folgen können. Die Rechtsbildung wird nach wie vor lokalen politischen Systemen zugewiesen und durch deren Entscheidungsverfahren gesteuert. Dadurch bahnt sich eine Lage an, in der diejenigen Probleme, die nur auf der Ebene der Weltgesellschaft gelöst werden können, in deren politischen Teilsystemen nicht mehr bzw. nur noch unter lokalem Blickwinkel problematisiert und daher nicht mehr in der Form des Rechts gelöst werden können. Diese Sachlage soll im Folgenden erläutert werden.

Daß eine Weltgesellschaft in vielen wichtigen Hinsichten bereits konstituiert ist, ja daß man heute eigentlich nicht mehr von einer Mehrheit von Gesellschaften sprechen kann, wird auch unter Soziologen im allgemeinen übersehen, weil der Blick durch die klassische Prägung des Gesellschaftsbegriffs auf das politische System fixiert bleibt und eine politische Integration der Gesellschaft für unentbehrlich gehalten wird.[89] Gleichwohl ist der Tatbestand eines über den Erdball laufenden Interaktionszusammenhanges evident. Faktisch sind die universelle Kommunikationsmöglichkeit und, mit periodischen und regionalen Ausnahmen, der universelle

---

88a Vgl. Fritz W. Scharpf, Komplexität als Schranke der politischen Planung. Referat auf der Jahresversammlung der Deutschen Vereinigung für Politische Wissenschaft, Mannheim 1971. Ms. 1971.

89 Einige Beispiele für dieses Zögern, den Begriff Gesellschaft auf die weltweite soziale Realität im ganzen anzuwenden, sind: Kenneth S. Carlston, *Law and Organization in World Society*. Urbana/Ill. 1962 (trotz dieses Titels, siehe S. 66!); Wilbert E. Moore, *Global Sociology. The World as a Singular System*. The American Journal of Sociology 71 (1966), S. 475–482; Herbert J. Spiro, *World Politics. The Global System*. Homewood/Ill. 1966; Leon Mayhew, *Society*. Encyclopedia of the Social Sciences Bd. 14 (1968), S. 577–586 (585); Amitai Etzioni, *The Active Society. A Theory of Societal and Political Processes*. New York 1968; Talcott Parsons, *The System of Modern Societies*. Englewood Cliffs/N. J. 1971, schon im Titel! und explizit S. 1. Auch die ältere Literatur sprach eher von Weltreich oder Weltstaat (in einem utopischen Sinne) als von Weltgesellschaft.

Weltfriede hergestellt. Eine zusammenhängende Weltgeschichte entsteht. Ein gemeinsamer Tod aller Menschen ist möglich geworden. Wirtschaftlicher Verkehr verbindet alle Teile des Erdballs, weltweite Vergleichsmöglichkeiten gehören zur wirtschaftlichen Kalkulation, und die entsprechenden Interdependenzen übertragen Störungen und Krisen. Politische und andere Neuigkeiten werden universell reportiert und beurteilt, und es ist für die daran arbeitenden Organisationen abschätzbar, welche Themen wo Aufmerksamkeit und Resonanz finden. Zumindest in den Städten und auf den Verkehrswegen der Erde formen sich typisch erwartbare Regeln des Verhaltens gegenüber unbekannten Fremden. Und allem voran finden Wissenschaft und Technik mit ihren Möglichkeitshorizonten, Implikationen und faktischen Leistungen überall erwartbare Anerkennung und, nach Möglichkeit, Verwendung. Elektrizität wird als Elektrizität, Geld als Geld, der Mensch als Mensch genommen überall – mit Ausnahmen, die einen pathologischen, rückständigen, gefährdeten Zustand signalisieren. Auf all diesen Gebieten ist ein rapides Zunehmen weltweiter Kohärenzen zu verzeichnen. Das gleiche gilt für politische Macht in der Weise, daß zumindest die großen Mächte es sich nicht mehr leisten können, Verschiebungen in den Machtverhältnissen der kleinen Mächte irgendwo auf dem Erdball zu ignorieren. Dagegen scheint die politische Entscheidungsproduktion und damit die politische Rationalität in engeren Grenzen zurückzubleiben – wie einst die Familie beim Aufbau größerer, hochkultivierter Gesellschaftssysteme.

Für die Beurteilung dieses Weltzustandes sind die Gründe wesentlich, die ihn herbeigeführt haben. Sie liegen im Übergang zur funktionalen Differenzierung des Gesellschaftssystems. In dem Maße, als sich Funktionsbereiche wie Religion, Wirtschaft, Erziehung, Forschung, Politik, Intimbeziehungen, Erholungstourismus, Massenkommunikation zu hoher Eigenständigkeit entfalten, sprengen sie die für alle gemeinsam geltenden territorialen Gesellschaftsgrenzen.[90] Jedes Teilsystem stabilisiert dann nicht nur eigene gesellschaftsinterne Grenzen gegenüber anderen Teilsystemen, sondern fordert aus der abstrakten Perspektive seiner spezifischen Funktion und aus der Eigenlogik seiner Selbsterhaltung und Selbstentfaltung heraus auch jeweils andere Gesellschaftsgrenzen. Entwicklungen in dieser Richtung haben sich bereits in den antiken Hochkulturen abgezeichnet und zu unterschiedlichen Grenzdefinitionen in religiöser und politischer Hinsicht geführt.[91] Für die moderne Gesellschaft ist ein solches Divergieren der Grenzinteressen ihrer Teilsysteme das Normale; es ist, mit anderen Worten,

90 Die Einsicht, daß zunehmende Innendifferenzierung die einheitlichen Außengrenzen eines Systems problematisiert, ist altes soziologisches Gedankengut. Siehe Georg Simmel, Über sociale Differenzierung. Leipzig 1890, oder Guillaume de Greef, *La structure générale des sociétés.* 3 Bde. Brüssel–Paris 1908, insbes Bd. II, S. 245 ff, 299 ff.

91 Vgl. dazu Shmuel N. Eisenstadt, *Religious Organizations and Political Process in Centralized Empires.* The Journal of Asian Studies 21 (1962), S. 271 bis 294, der die Entstehung unterschiedlicher Bezugsgruppen für Religion und für Politik in den antiken Großreichen analysiert.

reiner Zufall, wenn Teilsysteme gleiche Außengrenzen der Gesellschaft postulieren. Innerhalb regionaler Gesellschaften könnte man nicht mehr unterstellen, daß die Gesellschaftsgrenzen identisch und die Gesellschaftsstrukturen verbindlich bleiben, wenn man von politischem Handeln zu wissenschaftlicher Forschung, von ökonomischer Planung zu erzieherischem Handeln oder zur Erholung im Kreise guter Freunde übergeht; denn territoriale Grenzen eignen sich nicht mehr zum Ausschluß von Personen von *allen* diesen Aktivitäten. Nimmt man hinzu, daß mindestens eines der Teilsysteme, nämlich die Wissenschaft, universelle Intersubjektivität als eigenes Strukturprinzip und Leistungskriterium angenommen hat, wird klar, daß es territoriale Gesellschaftsgrenzen nicht mehr geben kann, daß die Mehrheit einander fremd gegenüberstehender Gesellschaften, die allenfalls nachbarschaftliche, nicht aber weltweite Kontakte pflegten, sich aufgelöst hat und daß die Gesamtheit aller Funktionen nur noch in einem globalen System sozialer Interaktion, in der Weltgesellschaft, zusammengefaßt werden kann. Die Konstitution der Weltgesellschaft ist, um diesen wichtigen Punkt zu wiederholen, die Konsequenz des gesellschaftlichen Differenzierungsprinzips – genauer gesagt: die Konsequenz der erfolgreichen Stabilisierung dieses Differenzierungsprinzips. Die wissenschaftlich-ökonomisch-technische Entwicklung und die Positivierung des Rechts sind demgegenüber keine selbständigen Faktoren, sondern sind durch den gleichen Strukturwandel erst ermöglicht worden. Diese These hängt zusammen mit der allgemeinen systemtheoretischen Erkenntnis, daß bei zunehmender struktureller Komplikation Systemgrößen nicht mehr beliebig gewählt werden können und Größenvariationen, das heißt Zunahme oder Abnahme, daher als Anpassungsmodus entfallen und durch strukturelle Elastizität ersetzt werden müssen.[92]

Diese Größenordnung, in der allein Gesellschaft im gegebenen Entwicklungsstand noch möglich ist, hat Bedeutung für die Systemprobleme, die auf gesamtgesellschaftlicher Ebene sich stellen und zu lösen sind. Dabei scheint es sich nicht mehr nur um die klassischen Probleme der europäischen Denktradition, um Frieden und Gerechtigkeit und um Produktion und Verteilung zu handeln, obwohl diese Probleme als Teilsystemprobleme relevant bleiben. Gesellschaftsprobleme waren sie unter der Voraussetzung einer politischen bzw. einer wirtschaftlichen Gesellschaft, das heißt unter der Voraussetzung, daß der Entwicklungsstand der Gesellschaft durch ihr politisches bzw. ihr wirtschaftliches Teilsystem herbeigeführt und gefördert werde. Dieser Problematik überlagert sich jedoch eine neue, sobald alle Gesellschaften zu einer Weltgesellschaft zusammengefaßt sind. Diese Zusammenfassung beseitigt den Pluralismus gesellschaftlicher Formen und Möglichkeiten, auf dem alle bisherige Entwicklung beruhte, sowohl in der Erzeugung von Chancen als auch in der Risikominderung bei Fehlentwicklungen.

92 Siehe z. B. Knut Erik Tranöy, *Wholes and Structures. An Attempt at a Philosophical Analysis*. Kopenhagen 1959.

Schon im Schritt von archaischen Gesellschaften zu hochkultivierten Gesellschaften hatte dieser Trend sich abgezeichnet:[93] Das unübersehbare Experimentierfeld relativ einfacher, relativ voraussetzungsloser, in elementarer Interaktion aufgebauter Formen wurde auf wenige Hochkulturen eingeschränkt, die allein Träger weiterer Entwicklung sein konnten und diese Möglichkeit durch ein gewisses Maß an struktureller Elastizität und interner Varietät, durch Differenzierung der Entwicklungsmechanismen (Variation, Selektion, Stabilisierung), durch ein gewisses Maß an interkultureller Diffusion, aber auch noch durch ihre Vielzahl präsent halten konnten. Durch Konstitution einer einzigen Weltgesellschaft hat dieser Trend gleichsam sein Endziel erreicht: Die Vielheit unabhängiger Möglichkeiten ist als Chancenstreuung ebenso wie als Sicherung gegen Katastrophen oder regressive Entwicklungen entfallen. *Alle* weitere Entwicklung beruht jetzt auf gesellschafts*internen* Strukturen und Mechanismen, insbesondere auf struktureller Elastizität, hoher Varietät, Differenzierung der Entwicklungsmechanismen und intensiver Diffusion von Neuerungen innerhalb der Gesellschaft. Mit dieser Lage haben wir keine Erfahrungen, die zu wissenschaftlich fundierten Aussagen berechtigten. Es ist schon viel erreicht, wenn die Neuartigkeit und historische Unvergleichbarkeit dieser Weltgesellschaft wenigstens wahrgenommen werden, und zwar in Kategorien, die das Anfallen relevanter Erfahrungen ermöglicht.

Aktuell scheinen vor allem diejenigen Probleme zu sein, die sich aus einer unbalancierten Gesamtentwicklung ergeben. Am stärksten fällt auf der unterschiedliche Entwicklungsstand einzelner Regionen des Erdballs, der heute nicht mehr dadurch gerechtfertigt werden kann, daß es sich um verschiedene Gesellschaften handelt, sondern im Rahmen der Weltgesellschaft als historisch bedingter Zufall erscheint. Langfristig problematischer sind diejenigen Unbalanciertheiten, die sich aus der funktionalen Differenzierung ergeben, die also mit dem Strukturprinzip der modernen Gesellschaft zusammenhängen und deshalb nicht als Zufall angesehen und beseitigt werden können. Hierher gehören jene ‹explosiven› Erscheinungen der Bevölkerungsvermehrung, der Aufblähung von Anspruchsniveaus und der Entwicklung von Zerstörungstechniken, die aus einem Vorsprung der Forschung und Technik vor der Entwicklung entsprechender Lebensformen und Institutionen resultieren. Hierher gehört auch jene schon angedeutete ‹Rückständigkeit› der Politik, die die Produktion bindender Entscheidungen in den Grenzen eines territorialen Interessenstandpunktes zurückbehält, weil dies eine Voraussetzung von Vertrauen und Konsens zu sein scheint. Schon der politische Nationalismus hatte politische Zielsetzungen in eine beträchtliche Diskrepanz zu Gesellschaftsproblemen gelenkt, und einstweilen ist nicht zu sehen, wie dies unter dem Konzept der Demokratie, wenn damit effektive Partizipation an Entscheidungen gemeint sein sollte, sich ändern könnte.

93 Vgl. dazu Bd. I, S. 166.

Politik gerät damit, gerade wenn sie auf ihre spezifische Funktion hin ausgerichtet und organisiert wird, in eine beträchtliche Diskrepanz zu weltweiten Erfordernissen anderer Funktionsbereiche. Regionalität, Partizipation und erforderliche Konkretheit kommunikationsfähiger und meinungsbildender Themen der Politik bedingen und bestärken sich wechselseitig und gehen eine Allianz ein, die es praktisch ausschließt, mit Mitteln der Politik strukturell bedingte Probleme der Weltgesellschaft zu lösen. Als selbst ausdifferenziert und funktional spezialisiert wird Politik letztlich außerstande gesetzt, die weltweiten Folgeprobleme funktionaler Differenzierung zu thematisieren; sie nimmt sie nur noch in einem partikularen Zuschnitt, in interessemäßiger Betroffenheit wahr und entscheidet nicht antizipatorisch, sondern reaktiv. Die in den sozialistischen Staaten bereitgehaltene Alternative, welche Differenzierung nur als Arbeitsteilung anerkennt und Politik und Wirtschaft zur dialektischen Einheit eines Steuerungssystems verschmilzt, verlangt in ihrer Konsequenz politische Einung der Weltgesellschaft, ohne daß man abschätzen könnte, wie politische Mechanismen unter dieser Bedingung funktionieren und legitimierbares Recht erzeugen können.

Solange es keinen Weltstaat gibt, fehlt dem System der Weltgesellschaft ein Moment, das die alteuropäische Tradition für wesentlich gehalten hatte und das vor allem von TALCOTT PARSONS auch heute noch als konstitutives Moment des Gesellschaftsbegriffs angesehen wird: die Eigenschaft eines handlungsfähigen sozialen Körpers, einer ‹Kollektivität›.[93a] Schon in der Unterscheidung ‹Staat und Gesellschaft› war dieser Verzicht auf Handlungsfähigkeit enthalten; nur dachte man im 19. Jahrhundert den Staat noch als handlungsfähige Organisation der Gesellschaft und als nach Population und Grenzen mit ihr deckungsgleich. Der Verzicht auf Handlungsfähigkeit auf der Ebene des Gesellschaftssystems impliziert einen Verzicht auf entsprechende Zurechnungs- und Legitimationsmittel sowie den Verzicht auf organisatorische Strukturen, die eine Selektion gesamtgesellschaftlichen Handelns ermöglichen. An deren Stelle ist die Produktion bindender Entscheidungen in den politischen Systemen der Gesellschaft getreten. Man kann darin einen ‹Organisationsmangel› oder eine Unterentwicklung des Charakters als System sehen. Andererseits scheint in dieser Offenheit und strukturellen Unbestimmtheit des Gesellschaftssystems eine wesentliche Entwicklungsbedingung zu liegen – gleichsam eine Kompensation für das Risiko der Tatsache, daß es nur noch eine Gesellschaft gibt. Die Struktur des Gesellschaftssystems muß jetzt ‹schwach› und kompatibel sein mit sehr viel mehr möglichen Zuständen des Systems.

93a Siehe bereits oben S. 302. Wegen dieser *Begriffs*entscheidung ist PARSONS genötigt, statt von Weltgesellschaft von einem globalen *‹system of societies›* zu sprechen und den Gesellschaftsbegriff auf nationalstaatlicher Ebene innerhalb von nur territorial definierten Grenzen festzuhalten. Vgl. zuletzt *The System of Modern Societies.* Englewood Cliffs/N. J. 1971. Dazu kritisch M. H. LESSNOFF, *Parsons' System Problems.* The Sociological Review 16 (1968), S. 185–215 (186, 207).

Es ist nicht Sache einer Rechtssoziologie, diese gesellschaftstheoretische Analyse weiterzuführen. Schon aus den angedeuteten Fragestellungen und aus der offensichtlichen Nichtjuridifizierbarkeit der großen Probleme unseres Zeitalters ergibt sich jedoch die Frage, ob und in welchem Sinne Politik und Recht, die mehr als andere Strukturen Handlungsfähigkeit des Systems implizieren, weiterhin primärer Entwicklungsfaktor oder doch Risikoträger der gesellschaftlichen Entwicklung bleiben werden.

Im Rückblick auf die bisherige Entwicklungsgeschichte von Gesellschaft und Recht tritt diese Funktion normativer Mechanismen als Kategorisierung und Ausweitung tragbarer Unsicherheiten und als Stabilisierung riskanter, unwahrscheinlicher Errungenschaften deutlich hervor. Sie beruhte einerseits auf der Möglichkeit kontrafaktischen Überziehens von Erwartungen, zum anderen auf konditionaler Verknüpfung kontingenter Sachverhalte. Was nicht zu erwarten war, konnte auf diese Weise gleichwohl erwartbar gemacht werden. Anstöße und Voraussetzungen dafür boten die überblickbaren politischen Probleme regionaler Gesellschaften. Schon in der rechtlichen Normativität des Erwartens lag die Möglichkeit, Risiken des Fehlverhaltens zu überstehen, und zugleich die Chance kultureller Innovation. Durch Kombination mit Politik ist diese Leistung immens verstärkt und zum Aufbau sehr komplexer, ‹unnatürlicher›, evolutionär unwahrscheinlicher Erwartungsstrukturen benutzt worden. *Politik und Recht waren bis vor kurzem die wichtigsten Risikoträger gesellschaftlicher Evolution.* Eben diese Leistung hatte die alteuropäische Tradition mit ihrem rechtlich-politischen Gesellschaftsbegriff honoriert. Zugleich blieb diese Leistung der Stabilisierung hochkontingenter Erwartungsstrukturen an konsolidierte politische Systeme gebunden. Es scheint nun, daß gerade diese hoch-, wenn nicht überentwickelte Leistungsfähigkeit rechtlich-politischer Normierung einer Überleitung auf das System der Weltgesellschaft im Wege steht. Festlegung lernunwilliger, kontrafaktischer Erwartungen durch bloße Entscheidung – das ist ein viel zu riskanter, unglaublicher, voraussetzungsvoller Vorgang, als daß man auf einer neu gebildeten Systemebene damit einfach beginnen könnte.

Auch in den Rechtstraditionen selbst, in den begrifflichen und dogmatischen Konzeptionen überstaatlichen Rechts, ist ein Recht der Weltgesellschaft nicht vorbereitet. Das im Anschluß an römische Praxis ausgebildete alte *ius gentium* war zunächst einfach ein Verkehrsrecht für (unterprivilegierte) Fremde. Später wurde es philosophisch interpretiert als ein Recht, das der Mensch als Mensch unabhängig von dem politischen Verbande, dem er angehörte, gleichsam mitbrachte. Es war nach diesem Verständnis ein Recht der Weltgesellschaft als bloßer *societas generis humani*, als bloßer Gemeinsamkeit gewisser Gattungsmerkmale des Menschen, und war insofern politisch nicht disponibel: Naturrecht. Mit der weitergehenden Ausdifferenzierung politischer Systeme, die als Entwicklung des neuzeitlichen Staates beschrieben wird, verliert es seine Bedeutung, da das staatliche Recht innerhalb territorialer Grenzen alle Menschen als Menschen binden bzw. berechtigen kann. Es wird, etwa seit dem 17. Jahrhundert, umgedacht in ein zwischenstaatliches Recht (internationales Recht, Völkerrecht), das nur noch die Staaten in bezug auf das Handeln ihrer Organe verpflichtet und berechtigt. Beschränkt auf die Regulierung der Beziehungen zwischen Staaten, verliert es seine naturrechtliche Begründung, gerät in ein antagonistisches Verhältnis zur Politik und wird thematisch eingeengt auf die wenigen Punkte, die für diese Beziehungen von Bedeutung sind. Es bietet keine Ansatzpunkte für die Transformation von Weltgesellschaftsproblemen in Rechtssätze – eine Diskrepanz, die dadurch verschleiert wird, daß auch die Weltgesellschaft selbst in der Optik dieses Denkens nur das ‹internationale System› sein kann.[94]

Plausibel war dieser Vorstellungszusammenhang nur unter der Voraussetzung, daß die Gesellschaften Regionalgesellschaften blieben. Man konnte allenfalls konzedieren, daß Individuen sich in der Welt begegneten als Forschungsreisende, Händler oder Kapitalisten, daß sie in ihren gesellschaftlichen Interessen aber zu Hause verankert waren *und sie dort politisch zu vertreten wußten*. Das System der Weltgesellschaft wäre nach dieser Konzeption, die das 19. Jahrhundert beherrscht, darauf angewiesen, daß ihre Probleme als Privatinteressen in regionalen politischen Systemen vertreten und durchgesetzt werden. Was diese Kanäle nicht passieren konnte, blieb unartikuliert, jedenfalls rechtlich ungelöst.

Das Ende dieser ‹privaten Welt-Gesellschaft individueller Interessen› hat Gerhart Niemeyer[95] trefflich analysiert. Eine Reintegration von Völkerrecht und Politik, die ihm als Lösung vorschwebt, dürfte indes an den immanenten Eigenarten politisch-rechtlicher Problemlösung scheitern. Nicht weniger fragwürdig sind Versuche zu einer soziologischen Begründung (etwas anderes wäre: soziologische Analyse) der Geltung des Völkerrechts traditioneller Prägung. Auch hierbei kommt allein der politisch-rechtliche Aspekt des gegenwärtigen Zustandes der Weltgesellschaft in den Blick. Das Problem aber liegt, wie wir gesehen haben, gerade in der Nicht-Elargierbarkeit dieses Mechanismus und in seinem Verhältnis zu den Problemen einer anderen Systemebene.

Man könnte deshalb den Verdacht fassen, daß – auf weitere Entwicklungsmöglichkeiten hin gesehen – jene aus den Hochkulturen überlieferte Festlegung auf normative, politisch-rechtliche Mechanismen eine Fehlspezialisierung der Menschheitsentwicklung war, an die sich eine weitere Evo-

94 Vielleicht ist dies auch der Grund, weshalb es keine Soziologie des Völkerrechts gibt. Als Versuche, die jedoch keinen ausreichenden Anschluß an die neueren Theorie- und Methodenentwicklungen der Soziologie finden, siehe Bart Landheer, *Les théories de la sociologie contemporaine et le droit international*. Académie de droit international, Recueil des Cours 1957, II, S. 525–626; ders., *On the Sociology of International Law and International Society*. Den Haag 1966; Karl Berthold Baum, Die soziologische Begründung des Völkerrechts als Problem der Rechtssoziologie. Jahrbuch für Rechtssoziologie und Rechtstheorie 1 (1970), S. 257–274, mit einem Überblick über ältere Ansätze.

95 *Law Without Force. The Function of Politics in International Law*. Princeton–London–Oxford 1941.

lution nicht anschließen läßt; daß wir uns mit ihnen auf Systemebenen festgelegt haben, auf denen die Evolution menschlicher Sozialsysteme zu höherer Komplexität nicht fortgeführt werden wird. Jedenfalls enthüllt die problematische Lage der Weltgesellschaft Aspekte der Unfähigkeit von Politik, die gerade nicht politisch – auch nicht durch ‹Demokratie› – zu kurieren sind. Die Interaktionsfelder, die heute weltweite Kontakte eröffnen und tragen, etwa Forschung und Diffusion technischer Entwicklungen, Wirtschaft und Verkehr, Nachrichtenwesen, Tourismus, diplomatische Verhandlungen, zeigen deutlich einen nicht normativen Erwartungsstil, der teils mit zivilisatorischen Selbstverständlichkeiten rechnet, teils bewußt kognitiv lernfähig artikuliert wird. Gewiß kommen Moralunterstellungen vor, aber sie sind teils ideologischer, das heißt kontingenter Natur, teils Taktik, teils Naivität und jedenfalls nicht tragend für die gesellschaftliche Struktur der Interaktion in weltweiten Kontakten. Die Weltgesellschaft konstituiert sich in primär kognitiven Erwartungseinstellungen.[96] In spekulativer Überziehung dessen, was gegenwärtig schon sichtbar ist, könnte man von einer Verlagerung des evolutionären Primats von normativen auf kognitive Mechanismen sprechen.

Das kann freilich nicht heißen, daß kognitive Erwartungen an die Stelle von normativen treten, diese verdrängend, ersetzend, erübrigend. Wir wissen aus den Überlegungen im zweiten Kapitel, daß eine einseitige Festlegung auf nur kognitive oder nur normative Enttäuschungsabwicklung untragbar hohe Risiken enthielte. Ein Abbau oder eine Rückentwicklung von Recht oder ein ‹Absterben des Staates› zeichnet sich nirgends ab. Zu bedenken wäre aber, ob nicht das Recht selbst sich verändert in dem Maße, als die Weltgesellschaft sich konsolidiert und dem kognitiven Stil menschlicher Kontakte einen Primat zuweist. Diese Möglichkeit kann auf zwei Ebenen ins Auge gefaßt werden: in bezug auf die Positivität des Rechts und in bezug auf die Funktion des Rechts selbst, nämlich auf die Art, wie kongruente Generalisierung von Erwartungen zustande kommt.

Positivität heißt genau dies: Einbau von Lernfähigkeit ins Recht trotz ihres Widerspruchs zur normativen Grundeinstellung. Wir hatten gesehen, daß auf diesem Widerspruch die evolutionären und institutionellen Schwierigkeiten der Positivierung des Rechts beruhen. Entsprechend der Rollenteilung, die mit der Ausdifferenzierung eines Entscheidungsprozesses eingeführt wird, kommen Lernanforderungen auf zwei Seiten ins Spiel: auf seiten derjenigen, die entscheiden, und auf seiten derjenigen, die Entscheidungen erhalten und akzeptieren müssen. Im einen Falle hängt die Lernfähigkeit von den kategorialen Figuren ab, mit deren Hilfe die Entscheidenden Rechtsprobleme erleben und bearbeiten; im anderen Falle geht es um das Problem der Legitimität, das wir oben (Kapitel IV, 7) erörtert hatten. Dieser Einbau kognitiver Mechanismen in die an sich normative Struktur

96 Hierzu auch NIKLAS LUHMANN, Die Weltgesellschaft. Archiv für Rechts- und Sozialphilosophie 57 (1971), S. 1–35.

des Rechts scheint der Entwicklung einer Weltgesellschaft zu entsprechen. Weltweite Strukturbildungen und deren Folgeprobleme, Interaktionszusammenhänge und deren Unbalanciertheiten, ‹regieren› das regional in Geltung gesetzte positive Recht nicht in der Form einer übergreifenden Normierung, eines höherstufigen überstaatlichen und damit überpositiven Rechts, sondern dadurch, daß der Dynamismus der Weltgesellschaft Lernanlässe setzt, vielleicht Lernpressionen ausübt und eine gewisse Nicht-Beliebigkeit von Problemlösungen vorzeichnet. Der Grad an Detailiertheit solcher Lernanforderungen und Lösungsbeschränkungen wird variieren mit der Verdichtung weltgesellschaftlicher Strukturen; er ist weder abstrakt noch in einzelnen Hinsichten konkret voraussehbar, und wir haben allen Grund anzunehmen, daß es für das Verhältnis des Weltgesellschaftssystems zu seinen Teilsystemen nicht nur eine, sondern viele brauchbare Konstellationen gibt. Gegenwärtig aber zeichnet sich zumindest dies deutlich ab: daß die weitere Entwicklung nicht von der Normtreue des positiven Rechts in bezug auf überpositive, gesamtmenschliche Erwartungsvorgaben abhängt, sondern von Problemlösungsfähigkeiten, die als Kapazitäten für Analyse und Entscheidung, für lernende Umstrukturierung und Anpassung von Programmen in das Rechtssystem sowohl kategorial als auch institutionell eingebaut werden müssen.

Der Sinn von Recht wird diesen Wandel zur Positivität, zum Einbau von Lernleistungen nicht unberührt überdauern. Selbstverständlich ändern sich viele Rechtsnormen ihrem Inhalt nach. Diese Ebene ist hier nicht gemeint. Darüber hinaus wird man nämlich vermuten dürfen, daß auch die Art, wie das Recht seine Funktion erfüllt, von jenem Wandel betroffen ist. Von den klassischen Rechtsbegriffen aus – wenn man zum Beispiel Recht als sanktionierten Befehl staatlicher Organe begreift – läßt sich eine Veränderung der Art, wie Recht ist, was es ist, kaum fassen. Rechtsbegriffe der Rechtswissenschaft, die auf ein Entweder/Oder der Geltung zugeschnitten sind, eignen sich nicht dazu, sublime Verschiebungen in der Art, wie Recht seine Funktion erfüllt und als Sinn erlebt wird, aufzudecken. Das Konzept der kongruenten Erwartungsgeneralisierung erlaubt es dagegen, hierzu Hypothesen – wenngleich empirisch höchst ungesicherte und schwer überprüfbare Hypothesen – zu formulieren. Sie beziehen sich auf Verschiebungen im Verhältnis von zeitlicher, sozialer und sachlicher Generalisierung.

Recht kommt nur zustande, wenn Erwartungen in allen drei Dimensionen generalisiert sind. Das bedeutet nicht, daß alle Dimensionen gleiches Gewicht haben und in gleichem Maße die Probleme der jeweiligen Gesellschaft auffangen und repräsentieren. Man kann in den meisten archaischen Gesellschaften ein deutliches Vorwiegen institutionalisierender Mechanismen beobachten. Es kommt vor allem darauf an, angesichts von Rechtsbrüchen oder Rechtsstreit in kleinen sozialen Kreisen Frieden und Einmütigkeit wiederherzustellen; Fragen der sachlichen Konstruktion des Sinnes von Rechtsnormen und Fragen der Festlegung von Zukunft werden nicht bewußt oder treten jedenfalls zurück. Noch im altchinesischen Recht, das in mancher Hinsicht spätarchaische Züge bewahrt hat,[97] findet man diesen Grundzug – deutlich zu erkennen daran, daß bereits der Rechtsstreit als solcher als Ordnungsstörung gesehen wird und Verständigungsbereitschaft (also Verzicht auf an sich bestehende Rechtsansprüche!) als moralisches Gebot ins Recht selbst aufgenommen ist.[98] Recht ist nicht zuerst und vor allem Norm. In anderen, vor allem in den alteuropäischen Hochkulturen, entwickelt sich dagegen im Zusammenhang mit der Institutionalisierung von Verfahren ein Primat der normativen Orientierung des Rechts. In den Vordergrund tritt die Sicherheit des Durchhaltenkönnens von Erwartungen im Enttäuschungsfall und die Sicherheit, *darin* Konsens zu erhalten. Erst diese Sicherheit ermöglicht es, eine relativ offene, kontingente Zukunft zu projizieren und die Lebensführung als eine Kette selektiver Stationen zu organisieren. Von daher kommt unsere Gewohnheit, Recht seinem Wesenskern nach als Norm zu denken und zu definieren. Sinnstrukturen werden dann nur zur Unterscheidung verschiedener Normen herangezogen, und Konsens wird dem Recht ‹erteilt›.

Daß Zeitsicherheit, daß normative, kontrafaktische Stabilisierung des Erwartens ein Erfordernis der modernen Gesellschaft bleiben wird, ist anzunehmen. Mit einem Abbau der Normativität des Rechts ist nicht zu rechnen. Die Frage ist jedoch, ob Normativität bei aller zugestandenen Verhaltensrelevanz den Kontakt zu den Strukturentwicklungen der Weltgesellschaft tragen kann. Zweifel daran kommen auf, wenn man an das Vorwiegen kognitiver Erwartungsstrukturen in weltweit angelegten Interaktionen denkt, wenn man das rasch zunehmende Veränderungstempo in Betracht zieht und wenn man dem Umstand Rechnung trägt, daß die Positivität des Rechts auf ein Mitwirken von Lernprozessen angewiesen ist. Es könnte sein, daß unter dem Druck dieser allmählichen Verschiebung von Wirklichkeiten und Möglichkeiten sich der Brennpunkt des Rechtserlebens stärker in die Sachdimension verlagert. Die sachliche Formulierung des Inhalts von Rechtssätzen und die begrifflich-dogmatische Konstruktion ihrer Zusammenhänge wären dann nicht mehr gleichsam nur Hilfsmittel der Erkenntnis dessen, was als Rechtsnorm gilt. Das Recht nähme die Form von normierten Verhaltensmodellen an, die zur Lösung erkannter Probleme entworfen, in Geltung gesetzt, erprobt und nach Maßgabe von Erfahrungen geändert werden. Die Normativität hätte nur noch die Funktion, die Konstanz des Erwartens zu sichern, solange und soweit sie sinnvoll erscheint. Die moralische und die ideologische Begründung des Rechts würde ersetzt werden durch funktionale Kritik.

97 Vgl. dazu Bd. I, S. 167.

98 Siehe z. B. Jean Escarra, *Le droit chinois. Conception et évolution, institutions législatives et judiciaires, science et enseignement*. Peking–Paris 1936, S. 17 f oder, stärker auf die soziologischen Zusammenhänge eingehend, Sybille van der Sprenkel, a. a. O., insbes. S. 114 ff. Vgl. ferner Dan Fenno Henderson, *Conciliation and Japanese Law. Tokugawa and Modern*. 2 Bde., Seattle–Tokyo 1965, zu Parallelen im japanischen Rechtssystem.

Daß namentlich im Bereiche neu gesetzten Rechts solche Stilveränderungen zu beobachten sind, wird man nicht bestreiten. Ob das Recht sich damit auf die Konstitution und Dynamik eines den Erdball überspannenden einheitlichen Gesellschaftssystems einstellen läßt, ist eine offene Frage. Jedenfalls liegen hier noch kaum bedachte Alternativen zur Vorstellung eines hierarchisch übergeordneten, höherwertigen ‹Weltrechts›, für das sich im heutigen Völkerrecht, mag man es als Gewohnheitsrecht, Machtrecht oder Organisationsrecht begreifen, kaum Ansatzpunkte finden lassen. Die Nutzung jener Möglichkeiten, die rechtliche Verhaltenssteuerung wiederum kognitiv zu steuern und damit faktischen Prozessen gesellschaftlicher Veränderung anzupassen, läuft mehr oder weniger an. Ihre zunehmende Verwirklichung steht vor der Frage, wie in einem offenen Zeithorizont Sinnstrukturen geplant werden können.

4. Recht, Zeit und Planung

Ein enges Verhältnis von Recht und Zeit deutet sich in der zeitüberbrückenden Normativität, ja im Grunde bereits im Charakter des Rechts als Erwartungsstruktur an – deutet sich an, aber ist vorerst undurchsichtig geblieben. Erwartung heißt soviel wie Zukunftshorizont des Bewußtseinslebens, Vorgreifen auf die Zukunft und Übergreifen über das, was faktisch unerwartet passieren könnte. Normativität verstärkt diese Indifferenz gegen unabsehbare Zukunftsereignisse, intendiert diese Indifferenz und versucht damit, die Zukunft festzustellen. Was in der Zukunft geschehen wird, wird zur zentralen Sorge des Rechts.[98a] Wieviel Zukunft man braucht, um gegenwärtig sinnvoll leben zu können, ist nunmehr eine wesentliche evolutionäre Variable, die Einbruchsstelle wechselnder gesellschaftlicher Anforderungen an das Recht.

Der Zeithorizont menschlichen Erlebens und Handelns ist nicht nur ein Korrelat individueller Umsicht, sondern darüber hinaus in seiner allgemeinen Form ein Aspekt der Gesellschaftsstruktur und ändert sich mit ihr. In ihm gründen langfristige und tiefwirkende Zusammenhänge von Recht und Gesellschaft, die in der normalen Bewußtseinslage des täglichen Lebens nicht thematisch werden; die nämlich nicht auf der Ebene liegen, auf der unter Alternativen gewählt werden kann, sondern die diese Ebene gerade erst konstituieren. Bei den anlaufenden Bemühungen um eine rechtsförmige Gesellschaftsplanung läßt man sich implizit auf ein historisch neuartiges Verständnis von Recht, Zeit und Planung ein, das wir bewußt machen und als Planungsgrundlage heranziehen müssen.

Wir hatten oben (Bd. I, S. 152 ff) bereits Anhaltspunkte dafür genannt, daß das archaische Recht erlebt wird als Feststellung von Personen oder

98a So bereits explizit bei Thomas Hobbes. Siehe dazu Bernard Willms, Die Antwort des Leviathan. Thomas Hobbes' Politische Theorie. Neuwied–Berlin 1970, S. 14 f, 105 ff und passim.

Sachen in einem gegenwärtigen, alternativenlos-richtigen Zustand. Die dauerhafte Präsenz aktualen Erlebens, das zunächst Erlebte, trägt die Sinnstrukturen und konkretisiert sie in sich. Zukunft ist nur Kontinuität dieses Gegenwärtigseins, und auch die Vergangenheit wird in konkreten Bindungen an das Gewesene und im Gefühl des Mitlebens der Toten vergegenwärtigt, kann also nicht als etwas Abgeschlossenes und Erledigtes behandelt werden. Von diesem Zeiterleben aus konnte in archaischen Gesellschaften Rechtshandeln nur Reaktion auf in der Enttäuschung fortlebendes Vergangenes sein oder Gestaltung der fortdauernden Gegenwart, nicht aber Bindung eines Erwartens oder Handelns im Hinblick auf eine Zukunft, die auch anders ablaufen könnte. Man muß sogar fragen, ob und wieweit Zukunft überhaupt im Zeithorizont des täglichen Lebens erlebbar war und wieweit sie sich hinter den Grenzen der sichtbaren Welt verbarg als Übermacht möglicher Eingriffe, die das sichere Fortdauern der Gegenwart auf unabsehbare Weise zu unterbrechen vermochte.

Gesellschaften, die die Schwelle zur Hochkultur überschreiten, distanzieren sich von ihrer Vergangenheit und öffnen sich ihrer Zukunft in weit stärkerem Maße, da sie in ihrer Gegenwart mehr Ungewißheiten tragen und absorbieren oder hinausschieben können. Das geschichtlich vorgegebene Recht wird unter Leitvorstellung eines Naturrechts kritisch überprüfbar, aber nicht in jeder Hinsicht abänderbar. Vereinzelt, so namentlich bei den chinesischen Legisten, kommt es auf der Grundlage eines ausgebildeten evolutionären Bewußtseins zur Vorstellung und zur politischen Praxis einer methodischen Gesellschaftsplanung mit rechtlichen Mitteln, die Wirtschaft und Familienstruktur, technische Verbesserungen, soziale Schichtung und administrative Organisation in ihren Gestaltungsbereich einbezieht und bewußt darauf abzielt, menschliche Verhältnisse vom Zufall – das heißt vom Zeitpunkt der Selbstverwirklichung der Natur – unabhängig zu machen. Kontingenz ist die Voraussetzung, Ordnung das Ziel – und ein politisch nicht ausreichend gedecktes Strafrecht das unzulängliche Mittel. Auch in der Vorstellung individueller Schuld an Rechtsbrüchen findet man eine eigentümliche, halbdistanzierte Bindung an Vergangenes: Als Schuld lastet die Vergangenheit auf der Gegenwart, ist in ihr, obwohl längst vergangen, aktuell präsent und verpflichtend; aber Schuld kann schon gesühnt und damit erledigt werden. Schuld impliziert mithin ein Erleben von Zeit, in dem Vergangenes nicht schon von selbst erledigt ist, aber erledigt werden kann; in dem rechtliche Relevanz sich also nicht allein auf die Planung einer möglichkeitsreichen, komplexen und kontingenten Zukunft beziehen kann, sondern auch noch mit der Erledigung einer längst vergangenen Vergangenheit zu tun hat.[98b] Schuld und Sühne werden noch

98b Das bestätigt eine Untersuchung, die zeigt, daß es auch heute bei starker Einschränkung des relevanten Zeithorizontes keine sinnvolle Orientierung am Verschulden mehr gibt: EGON BITTNER, *The Police on Skid-Row. A Study of Peace Keeping*. American Sociological Review 32 (1967), S. 699–715 (insbes. 709 ff).

nicht allein unter dem Gesichtspunkt der ‹Prävention› von der Zukunft her erlebt.

Entsprechend können diese Gesellschaften ihre Zukunft schon unterscheiden vom bloßen Weiterlaufen des gegenwärtigen Lebens und vermögen in ihr naheliegende offene Möglichkeiten zu erkennen, ja sich sogar in Eschatologien eine ‹ganz andere Zukunft› vorzustellen. Im Bereich des Rechts entwickeln sie Verträge mit gegenwärtig verabredeter Bindung der Zukunft – und dies nicht nur im Sinne einer sofort vollzogenen Verfügung, die dann die Zukunft als fortgesetzte Gegenwart bestimmt, sondern im Sinne normativer Verpflichtung zu künftiger Disposition, die auch terminiert, bedingt, abrufbar gestaltet werden kann. Sie schaffen sich in den Grenzen des überlieferten Rechts Möglichkeiten nichtpaktierter Rechtsetzung, nämlich administrativ-bindender Anordnungen und Gesetzgebung. Die Zukunft wird zwar typisch noch nicht als unendlich offene Reihe von Zeitpunkten begriffen, in deren Verlauf alles, was ist, anders werden kann; aber sie wird als Verfügungshorizont der Gegenwart unter Zweckvorstellungen gebracht. Man will eine bestimmte, keine andere Zukunft erreichen und setzt deshalb Folgen des Handelns oder auch die natürliche Fortdauer der gegenwärtigen Welt als positive oder negative Entscheidungsbedingungen in die Gegenwart ein. Die beginnende funktionale Differenzierung der Gesellschaft, der Einbau von Freiheiten in Institutionen und die begriffliche Abstraktion des Rechts bieten die Grundlage dafür, daß eine in begrenztem Umfange schon offene, kontingente Zukunft ausgehalten und genutzt werden kann. Trotzdem stützt die Begründung der normativen Durchhaltbarkeit des Erwartens sich ganz wesentlich noch auf die Vorstellung, daß die Welt in ihren Grundzügen invariant bleibt und die Zukunft nicht alles ändern kann. Die Zukunft bleibt Konsequenz der Gegenwart, deren Wesen und Recht sich aus der Vergangenheit ergibt und nur akzidentelle Variationen zuläßt. Wie anders sollte auch das Festhalten von Erwartungen in einer noch ungewissen Zukunft motivierbar sein?

Die Positivität, das heißt die prinzipielle strukturelle Variabilität des Rechts wird nur begreifbar, wenn man umgekehrt die Gegenwart als Konsequenz der Zukunft sieht, das heißt als Entscheidung. Eine wesentliche Voraussetzung dafür ist mit der Abstraktion der neuzeitlichen Zeitvorstellung geschaffen: Die Zeit kann heute als ein unendliches Schema der Weltkomplexität unabhängig von dem gedacht werden, was in der Zeit besteht oder sich ereignet. Als abstrakte Reihe datierter Zeitpunkte vorgestellt, ist sie von allen eigenen sachlichen und sozialen Relevanzen gereinigt – ist als bloße Zeit weder ein Grund, Feste zu feiern, noch überhaupt ein Kausalfaktor. Darin liegt zugleich die Möglichkeit, die Zukunft abzulösen von den vergangenen Ereignissen und von den in permanent fortschreitender Gegenwart mitlaufenden Beständen. Die Zeit selbst legt, obwohl sich in ihr immer schon eine Geschichte angesammelt hat, die Zukunft nicht fest. Sie läßt sie offen, läßt sie also mit mehr Möglichkeiten in Aussicht stehen, als jemals Gegenwart und dadurch Vergangenheit werden können. Ermöglicht wird die Zukunft durch die Gegenwart der Systeme, deren Zukunft sie ist; als bestimmbare strukturiert wird sie durch Erwartungen, die in der Gegenwart erlebt und in der Dauer des immer gegenwärtigen Erlebens mitgenommen werden. Ihr Reichtum an Möglichkeiten hängt damit ab von den je gegenwärtigen Strukturen der Erlebnisverarbeitung. Zugleich aber erweist sich im Hinblick auf eine offene Zukunft die Gegenwart als Selektion aus anderen Möglichkeiten, die die Zukunft geboten hatte.

In einer wichtigen Hinsicht geht diese Betrachtung über den in der Neuzeit üblich gewordenen Zeitbegriff hinaus. Sie stellt sich die Zeit nicht mehr nur als eine – sei es reale, sei es intersubjektiv konstituierte – Zeitpunktreihe vor, auf der das Erleben vorrückt. Damit soll die Möglichkeit der Datierung nicht geleugnet, wohl aber die Implikation verabschiedet werden, daß alle Zeitpunkte – seien sie künftig, gegenwärtig oder vergangen – das gleiche Potential für Komplexität haben. Eine solche Konzeption verstellt die Eigenart der Zeit: den Unterschied von Zukunft, Gegenwart und Vergangenheit. Zukunft und Vergangenheit unterscheiden sich nicht nur durch die Richtung ihrer relativen (und wechselnden) Distanz vom momentanen Erleben, sondern vor allem durch ihre Offenheit bzw. Nichtoffenheit für andere Möglichkeiten. Die Gegenwart kann deshalb nicht zureichend als derjenige Zeitpunkt charakterisiert werden, in dem sich die (subjektive) Weltgeschichte gerade befindet. Sie ist ihrer Funktion nach Reduktion von Komplexität auf das Maß des Erlebbaren, unvermeidliche und unaufhaltbare Eliminierung anderer Möglichkeiten.

Für eine Interpretation des Phänomens Zeit fehlen dem heutigen Denken brauchbare Ansätze. Mit diesen knappen Bemerkungen kann daher kein ausreichendes Verständnis erreicht werden.[99] Soviel sollte indes erkennbar gemacht werden, daß auch die jeweilige Auslegung der Zeit von Gesellschaftsstrukturen abhängt und sich mit ihnen wandelt.[100] Der Übergang zur durchgehend funktional differenzierten Gesellschaft mit hoher struktureller Variabilität in den Teilsystemen macht die Kontingenz der Welt und die Selektivität auch der Strukturen bewußt. Weder die Zeit noch das Recht können nun länger auf der Basis struktureller Kontinuität einer ‹Natur›, das heißt auf der Basis einer Vergangenheit ohne andere Möglichkeiten begriffen werden. Das ‹Woraus› der Selektion, die Zukunft anderer Möglichkeiten der Gegenwart, übernimmt die Führung des Zeiterlebens und des rechtlichen Entscheidens. Der Zeitlauf kann nun begriffen werden als

99 Auch ein abstraktes Plädoyer für den Zukunftsbezug des Rechts, wie es sich etwa bei Georges Burdeau, *Traité de science politique.* Bd. I, Paris 1949, S. 156 ff zeigt, führt nicht weiter, weil man dem einen ebenso abstrakten Hinweis auf die Unentbehrlichkeit eines Vergangenheitsbezugs entgegensetzen kann.

100 Diese These ist der Soziologie im Prinzip geläufig, wird aber mit ganz unzulänglichen Zeitbegriffen expliziert und im wesentlichen nur auf das ‹Tempo des ‹Zeitflusses› bezogen. Vgl. z. B. Pitirim A. Sorokin/Robert K. Merton, *Social Time. A Methodological and Functional Analysis.* The American Journal of Sociology 42 (1937), S. 615–629; Georges Gurvitch, *The Spectrum of Social Time* Dordrecht 1964.

zwangsläufige Reduktion von Komplexität. Was in die Vergangenheit abgeflossen ist, kann nicht mehr geändert werden. Aber durch Stabilisierung geeigneter Erwartungsstrukturen können die Komplexität der Zukunft und die Selektivität der Gegenwart gesteigert werden, so daß das, was geschieht, nicht einfach passiert, sondern als sinnvolle Auswahl aus mehr Möglichkeiten rationalisiert werden kann. Gegenwart ist dann nicht mehr nur Sinnerfüllung im unmittelbaren Erleben; vielmehr findet sich die Gegenwart unter die Anforderung gestellt, durch geeignete Selektionsverfahren jene Vergangenheiten zu schaffen, die künftig brauchbar sein werden. Man lebt deshalb im Entwurf und in Ausführung von Plänen.

Mit diesem Offenhalten einer überkomplexen Zukunft und mit der Steigerung der Selektivität des je gegenwärtigen Erlebens und Handelns ändert sich die Gegenwärtigkeit des Rechts, das aktuale Rechtserleben. Als Vorbereitung auf die Zukunft, als im Augenblick gerade noch verfügbare Vergangenheit einer Zukunft, die man eigentlich will, tritt die Gegenwart unter ein Recht, das nicht ihr eigenes ist. Sie muß Sinn beherbergen, der nicht unmittelbar überzeugt, der nicht selbstverständlich ist. Sie muß Normen tragen, die undeterminiert bleiben oder, wenn bestimmt, als künftig umdeutbar begriffen werden. Das kann in der Form bewerteter Instrumentalität oder in der Form von Ideologie, in der Form der Bereitstellung von Kapital oder Bildung oder in der Form der Bereitstellung von legitimierten Kompetenzen und Verfahren geschehen. In all dem löst die Zukunft die Vergangenheit als dominierenden Zeithorizont ab. Die Vergangenheit verliert ihre Maßgeblichkeit. Sie wird nur als Kapital oder als historisches Wissen, als Geschichte, in die Zukunft mitgenommen.[100a] Das Recht ist nicht mehr ‹gutes, altes Recht›. Es gilt nicht mehr dank seiner Invarianz, die in der Vergangenheit begründet ist und durch deren Unabänderlichkeit symbolisiert wird. Vielmehr beruht die Geltung des Rechts jetzt auf seiner Funktion. Diese wird auf Zukunft hin interpretiert: im 19. Jahrhundert als Steigerung kompatibler Freiheit oder als Freisetzung von menschlicher Energie im Interesse zivilisatorischen Fortschritts;[101] im 20. Jahrhundert unter dem Drucke von Planungsnotwendigkeiten eher (wenngleich weniger prinzipiell artikuliert) als selektive Struktur, die ihrerseits je gegenwärtige Selektionsleistungen, nämlich Entscheidungen und Erwartung von Entscheidungen ermöglicht.

Die Vergangenheit wird damit nicht abgeschüttelt, sie bekommt aber einen anderen Stellenwert im Rechtsgefüge. Sie bindet nicht mehr durch die Selbstverständlichkeit der Tradition oder durch die Kontinuität der

---

100a Daß gerade in dieser Form, im Ausgang von den Abstraktionsleistungen der Gegenwart, historisches Bewußtsein unentbehrlich ist, zeigen die Marx-Interpretationen von Alfred Schmidt, Geschichte und Struktur. Fragen einer marxistischen Historik. München 1971.

101 Vgl. hierzu mit viel historischem Detail James W. Hurst, *Law and the Conditions of Freedom in the Nineteenth-Century United States*. Madison/Wisc. 1956.

Schuld und auch nicht mehr durch ein konservatives Werturteil in dem Sinne, daß das Alte normalerweise besser sei als das Neue. Aber sie leistet eine Ordnungsvorgabe, die – innerhalb variabler Grenzen – nach wie vor unentbehrlich ist, da niemand alles auf einmal ändern kann. Vergangenheit scheint in der Gegenwart nunmehr als *status quo* der Systeme, von dem jede sinnvolle Änderung ausgehen muß, als nicht mehr zu verhindernder Aspekt der Zukunft. Jede Neuerung muß an schon Vorhandenes, schon Bekanntes, nicht Geändertes anschließen. Solche Anschlüsse könnten bei rational durchkonstruiertem und voll durchsichtigem Recht ebenso wie bei völlig chaotischem Recht nahezu beliebig gewählt werden. Da alles faktisch geltende Recht sich zwischen diesen Extremen hält, ergeben sich Anschlußprobleme, die das limitieren, was als neues Recht geschaffen werden kann. Es wäre zum Beispiel wenig sinnvoll, einen neuen Rechtsstatus des ‹freien und vernünftigen Menschen› zu schaffen, ohne mitzubestimmen, was dies für Eigentum, Ehe, Steuern, Arbeitsprivilegien, Antragsrechte dieses und anderer Menschen bedeutet. Ins Leere und Zusammenhanglose gesetzt, würden Innovationen nichts bedeuten, nichts sein, nichts werden. Das Recht bleibt somit von seiner eigenen Geschichte – und das ist jetzt eine Geschichte von Entscheidungen – abhängig in dem Maße, als der menschlichen Fähigkeit zur Informationsverarbeitung Grenzen gesetzt sind. Durch Abstraktion von Strukturen und durch Ausdifferenzierung und Organisation von Verfahren für Entscheidungsprozesse läßt sich die Änderungsquote des geltenden Rechts beträchtlich steigern. Zugleich wird auf diese Weise immer neues altes Recht produziert, das in den *status quo* eingeht. Mit der Steigerung der Komplexität und Änderbarkeit des Rechts nimmt auf diese Weise zugleich auch das alte Recht zu, auf das bei allen Änderungen Rücksicht zu nehmen ist. Ein Überhang an altem Recht bildet nach wie vor den Vergangenheitshorizont gegenwärtigen Entscheidens, verpflichtet uns aber nicht mehr durch sein Alter, sondern belastet uns nur noch durch seine entscheidungstechnisch unentwirrbare Komplexität.

Man kann nicht behaupten, daß diese Veränderungen im Verhältnis von Recht und Zeit im Recht selbst bereits angemessen reflektiert würden. Das heutige Rechtsdenken lebt in seinen gefühlsmäßigen Verankerungen und in der Dogmatizität seiner Vernünftigkeit weitgehend noch in den Vorstellungsräumen vergangener Hochkulturen. Die Umstellung auf Positivität, die praktisch und politisch, verfahrensmäßig und in der laufenden Erzeugung von Rechtsnormen schon angelaufen ist, steht uns gedanklich noch bevor. Voraussagen über mögliche Formen der Rationalität positiven Rechts sind unter diesen Umständen schwierig. Ganz allgemein fehlen uns ausreichende Kriterien für die Beurteilung der Rationalität von Systemstrukturentscheidungen. Immerhin lassen sich einige Rahmenbedingungen und einige Grundprobleme angeben, wenn man das Prinzip der Positivität überdenkt und die bisherigen Analysen auswertet. Sobald alles Recht entscheidbar geworden ist und entsprechende Verfahren institutionalisiert sind, wird die Übernahme einer neuen Art von Gesamtverantwortung für das geltende Recht unabweisbar. Sie stellt sich mit den Verfahren ein und kann nur noch verkleinert, verteilt, hinausgeschoben oder wegsuggeriert werden. Nicht mehr nur Änderungen und Neuerungen sind dann zu verantworten, sondern auch das Unterlassen von Änderungen. Auch das Nichtentscheiden wird zur Entscheidung. Jeder Änderungswunsch wird antragsfähig, jede Vorschrift überprüfbar, die Begründungen von gestern müssen heute und morgen wieder überdacht werden. Der Begründungsstil selbst gibt eine Fülle von Hinweisen darauf: Man begründet kleine Änderungen als Vorgriff auf große Änderungen, Unterlassungen mit bevorstehenden Reformen, vorläufige Einsetzungen oder Aussetzungen mit Dringlichkeit; das Abwartenkönnen bzw. Nichtabwartenkönnen wird zum Entscheidungsgrund, Zeitfragen zum Gesichtspunkt für die Auswahl von Themen für Rechtsetzung, und die Prioritäten verdrängen die Primate. Damit drängen sich zugleich die kleinen Lösungen vor die großen Lösungen, die kleinen Probleme vor die großen Probleme – immerhin in einer Weise, die die Gesamtverantwortung für das Recht honoriert, aber aufschiebt.

In solchen sich zunächst kleinförmig ankündigenden Tendenzen kommt zur Geltung, daß unter der Bedingung der Positivität des Rechts nicht mehr nur die Sachdimension, sondern zunehmend auch die Zeitdimension zur Darstellung von strukturierter Komplexität in Anspruch genommen werden muß.[102] Das Recht muß nicht nur sachlich einigermaßen konsistent sein, es hat auch im Nacheinander seiner Strukturen und Entscheidungen keine volle Beliebigkeit. Da man nicht alles auf einmal ändern kann, kann die Folge der Änderungen nicht willkürlich gewählt werden. Die einen setzen die anderen voraus. In eine schon vorhandene Rechtsordnung können nicht irgendwelche Änderungen hineingesetzt werden, sondern nur solche, die für vorhandene Problemlösungen – realer oder auch rein dogmatischer Art – funktionale Äquivalente bieten. Änderungen vollziehen sich an vorgegebenen Systemen als Austausch von Problemlösungen oder, falls eine Ersatzlösung sich nicht einrichten läßt, als Strukturänderung, die die Grundlage eines unlösbar gewordenen Problems hinfällig werden läßt. Damit ist zugleich eine gewisse (wenn auch keineswegs eine eindeutig determinierte) zeitliche Ordnung in der Abfolge möglicher Änderungen vorgezeichnet.

Damit ist noch nichts ausgemacht über den Grad an Planung von Änderungen, den eine Gesellschaft verwirklichen kann. Auch innerhalb einer gegebenen Gesellschaft kann von Fall zu Fall und von Handlungsbereich zu Handlungsbereich das Verhältnis von manifesten und latenten Folgen sehr verschieden ausfallen. Insbesondere wäre es verfehlt, die Entwicklung der neuzeitlichen Gesellschaft einfach durch zunehmende Planung zu charakterisieren; vielmehr scheinen sowohl die geplant als auch die ungeplant eintretenden Folgen zuzunehmen, und *darauf* muß die Gesellschaft ihr Recht einstellen. Die Veränderungen der Zeitperspektive, von denen wir ausgegangen sind, zeigen an, daß in der Zeit mehr Raum für Möglichkeiten

---

102 Siehe dazu die biologisch inspirierte Unterscheidung von *complexity in form* und *complexity in time* bei J. W. S. PRINGLE, *On the Parallel between Learning and Evolution*. Behaviour 3 (1951), S. 174–215, insbes. 184 ff.

entsteht und dadurch die Selektivität der Gegenwart gesteigert wird. Sie deuten damit auf ein Problem hin, lassen aber allein noch keine Rückschlüsse darauf zu, durch welche Strukturen und Prozesse dieses Problem in den einzelnen Sinnbereichen gelöst wird.

Die Unabhängigkeit von der Vergangenheit wird nun selbst eine Frage der Zeit – nämlich der Zeit, die für Entscheidungsprozesse zur Verfügung steht. Innerhalb von Organisationen, die solche Prozesse veranstalten, wird Zeit knapp und außerdem noch durch Befristung zerstückelt. Eine chronisch knapp und befristet erlebte Zeit wirkt selektiv in bezug auf Sachziele, die man verfolgen, und Informationen, die man verwerten kann.[103] Sie hält ab von komplizierteren Gedankengängen, also von solchen, die weittragende Strukturänderungen vorbereiten könnten. Die Öffnung der Zeit für mehr Möglichkeiten spiegelt sich in den Organisationen und Verfahren als Zeitdruck.

Mehr Zeit für gedankliche Arbeit ist in den einzelnen Verfahren auch durch Umorganisation in nennenswertem Umfange kaum zu beschaffen. Zeitgewinne lassen sich dagegen – wie man am besten am Beispiel der automatischen Datenverarbeitung erkennen kann – erzielen durch sachliche Ordnung der Informationsverarbeitung, die raschen, zugriffssicheren Vorstellungswechsel gestattet. Die Selektionsleistung der Entscheidungsprozesse hängt vor allem an der Wahl der sie strukturierenden Prämissen, an den Programmen, die nicht nur als determinierende Anleitung des Entscheidens, sondern auch als abstrakte Integrationsmittel und als Gesichtspunkte des Auswechselns von Problemlösungen durchdacht werden müssen. Der Druck knapp gewordener Zeit kann nicht in der Zeitdimension, das heißt durch bloßes Hinausschieben und Vertagen, aufgefangen werden, sondern nur in der Sachdimension, nämlich durch sachliche Ordnung abstrakterer und spezifizierter oder doch spezifizierbarer Entscheidungsprämissen, oder in der Sozialdimension, nämlich durch Stellenvermehrung. Organisierte Entscheidungsprozesse sind mithin diejenigen *sozialen* Institutionen, die einen offenen *Zeithorizont* in Zeitdruck umsetzen und mit einer besseren *sachlichen* Ordnung ihrer Entscheidungsprämissen zu einer Lösung dieses Problems gelangen können.

Die auf Rechtsanwendung abgestellte juristische Dogmatik alten Stils vermittelt ein Vorgefühl des hier Möglichen – man denke etwa an die Art, wie sie es ermöglicht, die Formen der Abwicklung irrtümlicher Leistungen im Zusammenhang zu sehen. Die mit der Positivierung des Rechts verbundenen Chancen vermag sie, wie oben unter 2 erörtert, kaum wahrzunehmen, die mit ihr verbundenen Probleme kaum zu lösen. Dazu bedarf es einer abstrakteren Theorie des Rechts, die problembezogen entworfen werden müßte und die kontrollierbare Variabilität aller ihrer Elemente gewährleistet. Ob von der beginnenden Automation rechtlicher Entschei-

---

103 Hierzu näher Niklas Luhmann, Die Knappheit der Zeit und die Vordringlichkeit des Befristeten. Die Verwaltung 1 (1968), S. 3–30; neu gedruckt in: Ders., Politische Planung. Opladen 1971.

dungsprozesse und von einer in Ansätzen bereits erkennbaren allgemeinen Entscheidungstheorie Impulse für eine Umarbeitung der juristischen Dogmatik in diese Richtung ausgehen werden, bleibt abzuwarten.

Der Planungsstil positiven Rechts braucht nicht die Form einer imperativen Planung anzunehmen. Die Ebene der Planung wird selbst so komplex, daß sie nicht unmittelbar in ein moralisiertes Entweder/Oder guten bzw. schlechten Verhaltens umgedacht werden kann. Imperative Normierung eines bestimmten Verhaltens oder Unterlassens nach dem Muster ‹Du sollst nicht töten› bleibt eine der möglichen Äußerungsformen der Planung. Was aber geplant werden muß, sind nicht Handlungen, sondern Handlungszusammenhänge: Systeme. Solche Systeme können durch Planungen gesteuert, eventuell sogar geschaffen werden. Der Planer kann jedoch nicht das Handeln selbst ersetzen, er kann nur Entscheidungsprämissen für das Handeln anderer setzen und allenfalls einigermaßen voraussehen, in welche Konstellation anderer Entscheidungsprämissen die von ihm gewollten sich einfügen werden. Diese Voraussicht kann ihm dadurch erleichtert werden, daß er sich das Handeln als System denkt, es als System plant und erforscht. Genau das macht ihm zugleich klar, daß der Handelnde sich ‹in seinem System› entscheiden wird in einer Weise, für die die geplanten Entscheidungsprämissen nur ein Moment unter anderen sein werden. Und planwidriges, vor allem rechtswidriges Verhalten ist dann, wie wir bei der Erörterung des Themas Kontrolle gesehen haben,[104] nicht mehr nur schlicht vorwerfbar, sondern darüber hinaus in seinen systembedingten Gründen planerisch bedeutsam.

Damit können und werden sich normalerweise auch die Zeithorizonte von Planung und Alltagshandeln (einschließlich bürokratischer Programmausführung) differenzieren. Der Handelnde kann sich ein gleichsam naives Verhältnis zur Zukunft als Horizont der Folgen seines Handelns bewahren. Der Planer muß, will er seiner Aufgabe gerecht werden, in weiter offenen und zugleich komplex verschachtelten Zeitverhältnissen denken, weil für ihn der jeweilige Zeithorizont des Handelnden als Moment in der geplanten Zukunft hinzukommt.[105] Erst in dieser Einstellung kann man überlegen, wieviel Unsicherheit in bezug auf seine jeweilige Zukunft einem Handelnden zumutbar ist, mit welchen Strategien der Vorsorge und Risikominderung er auf eine zu weit offen gehaltene Zukunft reagieren wird und wie ihn das Recht dabei stützen kann.[106] Der Planer muß sich also in seiner Zukunft

---

104 Vgl. oben S. 292.

105 Siehe hierzu Stefan Jensen, Bildungsplanung als Systemtheorie. Beiträge zum Problem gesellschaftlicher Planung im Rahmen der Theorie sozialer Systeme. Bielefeld 1970, S. 64 ff.

106 Parallel dazu, und im Zusammenhang damit, wäre eine Theorie der Planung von Sozialisations- und Erziehungsprozessen zu entwickeln, die ebenfalls keine fest normierte Dressur, sondern das zu bedenken hätte, was Marion J. Levy *«socialization for an unknown future»* genannt hat. (*Modernization and the Structure of Societies. A Setting for International Affairs.* 2 Bde., Princeton/N. J. 1966, Bd. I, S. 79 ff).

verschiedene Gegenwarten der jeweils Handelnden vorstellen können, die sich als Vergangenheit einer späteren Gegenwart eignen, die eine Zukunft vorbereiten hilft, die er als Planer vergegenwärtigen möchte; er muß mögliche Gegenwarten als unterschiedlich strukturierte Selektionschancen sehen und den Zeitfluß als Abbau und Aufbau von Komplexität im Sinne späterer Möglichkeiten der Selektion begreifen. Programme für die Abwicklung von Fehlleistungen müssen den Fehler zum Beispiel zugleich unter dem Gesichtspunkt einer in der Zukunft zu korrigierenden Vergangenheit und unter dem Gesichtspunkt eines möglichen Fehlers sehen, der für den, dem er passiert, wie für den, der unter seinen Folgen leidet, im gegenwärtigen Zukunftshorizont in Aussicht steht und schon jetzt Vorkehrungen auslöst.

So schwierig die Umsetzung dieser Überlegungen in die vertraute juristische Begrifflichkeit sein mag, eines zumindest machen sie deutlich: daß Positivität des Rechts nicht etwa auf die viel befürchtete Willkürlichkeit des Befehls hinausläuft. Die eigentümliche Problematik des positiven Rechts liegt auf einer ganz anderen Ebene, von der aus sich erst entscheidet, wieviel Belieben und wieviel Bindungen des Handelns in einer Gesellschaft möglich werden. Hohe Komplexität läßt sich nur als strukturierte Komplexität herstellen und erhalten. Diese wiederum ist nur durch ein ausreichendes Maß an Variabilität, das heißt durch Kontingenz und zugriffssichere Austauschbarkeit rechtlich fixierter Problemlösungen zu gewährleisten. Unsere Ausgangsprobleme kehren damit wieder. Die Komplexität und die Kontingenz der Möglichkeiten des Erlebens und Handelns, die im Welthorizont des einzelnen erscheinen und durch die Existenz anderer Welt erlebender und handelnder Menschen ins Bedrohliche und Chancenreiche gesteigert werden, fordern das Recht als Struktur der Problemlösung und finden sich dann im Recht wieder. Sie werden vom Recht als Probleme rezipiert, gleichsam in die Struktur hineingenommen, weil sie so besser und auch unter der Bedingung höherer Komplexität und Kontingenz noch lösbar sind. Man hat es dann nicht mehr mit den Risiken des Verhaltens anderer, sondern mit den Risiken eines rechtlichen Verfahrens zu tun.

Die Form solcher abgeleiteter Problemfassungen variiert mit der Entwicklung der Gesellschaft und ihres Rechts. Diese Entwicklung hat eine – weder logisch notwendige, noch immanent-zwangsläufige, noch historisch-kontinuierliche, wohl aber eine im bisherigen Verlauf der Evolution im großen und ganzen sich durchsetzende – Tendenz, Unwahrscheinliches wahrscheinlich zu machen und damit Systeme von höherer Komplexität zu stabilisieren. Die Stabilisierung solcher Systeme auf einem Niveau höherer Komplexität wird durch bestimmte evolutionäre Errungenschaften möglich, in denen sich kompliziertere strukturelle Voraussetzungen mit höheren Graden der Freiheit verbinden lassen – im Falle des Rechts vor allem durch Institutionalisierung von Verfahren für Entscheidungsprozesse und durch Bildung abstrakterer Formen für die Aufbewahrung, Tradierung und laufende Bearbeitung von Sinn.

Positives Recht entsteht auf älteren Grundlagen erst in unseren Tagen. Erst heute wird die Möglichkeit faßbar, daß Recht kraft seiner Gesetztheit, das heißt kraft seiner Selektivität gelten kann. Was das im einzelnen bedeutet und wie Recht ausgestaltet werden muß, um so gelten zu können, ist noch kaum abzusehen. Positives Recht ist das voraussetzungsvollste, das unwahrscheinlichste Recht, das wir kennen. Unsere Erfahrungen mit ihm sind kurz, problematisch und ungesichert. Sie lassen sich wissenschaftlich nicht zureichend antizipieren, geschweige denn in ihren Konsequenzen ausdenken. Wir wissen nicht einmal, ob wir im täglichen Umgang mit positivem Recht überhaupt lernen – ob unsere begrifflichen Konzepte die Wirklichkeit überhaupt so schematisieren, daß relevante Erfahrungen und Lernerfolge anfallen. Wir haben vielmehr Gründe, dies zu bezweifeln. Noch haben weder die Juristen noch die Soziologen einen zureichenden Begriff des positiven Rechts entwickelt. Der juristische Positivismus, der die Gesetztheit als Geltungsgrund bloß behauptet hatte, hat sich als Sackgasse erwiesen, die klassische Rechtssoziologie als Weg am Problem vorbei. Von einer Theorie positiver Rechtspolitik und von sachgemäßer Planung kann keine Rede sein. Man kann daraus moralisierend auf die Unzulänglichkeit bisheriger Bemühungen schließen. Eine soziologische Theorie des Rechts wird daran den Rang eines säkularen Problems erkennen, das sich nur in dem Maße stabilisierbarer Lösung nähern kann, als man im Rechtsleben selbst es lernt, sich auch zum Recht lernend zu verhalten.

Schluss:

RECHTSSYSTEM UND RECHTSTHEORIE

Die Evolution des Rechts, deren Abfolgen und Ergebnisse wir nachgezeichnet haben, hat zur Ausdifferenzierung eines Rechtssystems geführt, das eine eigene gesellschaftliche Funktion in relativer Autonomie wahrnehmen kann. Bis heute fehlt es jedoch in der Rechtssoziologie an einer systematischen Behandlung dieses Sachverhalts: an einer eigenen soziologischen Theorie der Einheit des Rechtssystems. Auch wenn von Rechtssystem gesprochen wird oder wenn die Autonomie des Rechtssystems als eine besondere und eher exzeptionelle historische Erscheinung behandelt wird,[1] fehlt eine theoretische Klärung der Frage, wie das Rechtssystem seine eigene Einheit konstituieren und erhalten kann. Deshalb bleiben Themen wie ‹Einheit des Rechts› und vor allem systematische Behandlungen des Rechts der Rechtswissenschaft selbst überlassen, und die Rechtssoziologie pflegt eine eher relationale Perspektive, die das Recht in einzelnen Hinsichten zu außerrechtlichen Tatbeständen in Beziehung setzt. Jede darüber hinausgehende Fragestellung scheint Soziologen nicht zu interessieren.[2]

Inzwischen sind jedoch die Forschungen im Bereich der allgemeinen Systemtheorie und in wichtigen ihrer Anwendungsbereiche (zum Beispiel Kybernetik, Theorie lebender Systeme, Erkenntnistheorie) so weit fortgeschritten, daß der Funken überspringen kann. Die wichtigsten Neuerungen sind mit der Aufnahme und Einarbeitung des Begriffs der Selbstreferenz in die Systemtheorie verbunden. Dabei denkt man heute nicht mehr nur an die Selbstprogrammierung von Computern oder an Probleme der Selbstorganisation, denen im Bereich des Rechts etwa die Positivierung des Rechts entsprechen würde. Um Selbstreferenz geht es, mit anderen Worten, nicht nur auf der Ebene der Systemstrukturen. Vielmehr ist von selbstreferentiellen Systemen die Rede, die *jede Art von Einheit*, die sie benötigen und verwenden, *selbst herstellen:* auch die Einheit des Systems selbst und auch die Einheit derjenigen Elemente (zum Beispiel Handlungen), aus denen das System besteht. Man nennt solche Systeme nach ei-

1 Vgl. als Darstellung des Rechtssystems insb. Lawrence M. Friedman, *The Legal System: A Social Science Perspektive,* New York 1975, und zur Würdigung der historischen Relativität eines autonomen Rechtssystems Roberto Mangabeira Unger, *Law in Modern Society: Toward a Criticism of Social Theory,* New York 1976.

2 Vgl. neuerdings Vilhelm Aubert, *In Search of Law: Sociological Approaches to Law,* Oxford 1983, S. 28, im Anschluß an eine Aufzählung einzelner Untersuchungsthemen: ‹. . all these phenomena belong to the ‹legal system› in the sociological sense. Where the borderlines ought to be drawn is not clear, and the question is of limited interest. It seems neither necessary nor fruitful to attempt to offer a sociological definition of law›. Vgl. auch S. 121f.

nem Vorschlag von Humberto Maturana ‹autopoietische‹ Systeme.[3] Ihr Kennzeichen ist: daß sie die operative Einheit ihrer Elemente (also für unseren Bereich: rechtlich relevante Ereignisse und Entscheidungen) durch die Operationen ihrer Elemente selbst herstellen und abgrenzen und daß genau dieser autopoietische Prozeß das ist, was dem System seine eigene Einheit gibt.[4]

Ein autopoietisches System muß, was seine Selbstkontinuierung angeht, als ein rekursiv-geschlossenes System angesehen werden. Was in ihm als Einheit fungiert, kann nicht von außen bezogen werden. In diesem Sinne sind zum Beispiel Leben, Bewußtsein und gesellschaftliche Kommunikation jeweils geschlossene Systeme. Was im jeweiligen System als operatives Element (als Zelle, als Vorstellung, als kommunikative Handlung) fungiert, kann seine Einheit nur in diesem System und nur durch es gewinnen. In Bezug auf die Umwelt hat jede solche Einheit immer aggregierende und selektive Funktionen, die nicht der Umwelt entnommen werden können, sondern deren Komplexität gerade reduzieren müssen. Andererseits setzt gerade dieses rekursive, selbstreferentielle Operieren eine Umwelt voraus. Rein ‹solipsistisch› wäre es nicht möglich, da jede Operation sich an einer Differenz orientieren muß und die Herstellung der Einheit des Systems daher nur in Differenz zur Umwelt erfolgen kann.[5] Ein solches System muß also in der Lage sein, sich an Differenzen zu orientieren; es muß sich selbst im Hinblick auf anderes beobachten können. Es setzt sich damit seiner Umwelt aus.

Diese Theorieentwicklung zwingt mithin dazu, die alte Gegenüberstellung von geschlossenen und offenen Systemen aufzugeben. Die Differenz von Geschlossenheit und Offenheit bezeichnet keinen Gegensatz, sondern ein Steigerungsverhältnis. Offenheit setzt geschlossene Selbstrepro-

---

3 In deutscher Übersetzung jetzt: HUMBERTO R. MATURANA, Erkennen: Die Organisation und Verkörperung von Wirklichkeit: Ausgewählte Arbeiten zur biologischen Epistemologie, Braunschweig 1982. Zur Breite der Diskussion und zu erheblichen internen Kontroversen vgl. auch MILAN ZELENY (Hrsg.), *Autopoiesis: A Theory of Living Organization,* New York 1981, und zu den entsprechenden Entwicklungen in der Logik FRANCISCO J. VARELA, *A Calculus for Selfreference,* International Journal of General Systems 2 (1975), S. 5–24.

4 Entsprechend verklausuliert klingen die genau überlegten Definitionen. Hören wir den Autor selbst: ‹We maintain that there are systems that are defined as unities as network of production of components that (1) recursively, through their interactions, generate and realize the network that produces them; and (2) constitute, in the space in which they exist, the boundaries of this network as components that participate in the realization of the network› (HUMBERTO R. MATURANA, *Autopoiesis,* in: ZELENY a. a. O., S. 21–23 (21).

5 Vgl. HEINZ VON FOERSTER, *On Self-organizing Systems and Their Environments,* in: MARSHALL C. YOVITS/SCOTT CAMERON (Hrsg.), *Self-organizing Systems*, Oxford 1960, S. 31–50; ders., *On Constructing a Reality,* in: WOLFGANG F. E. PREISER (Hrsg.), *Environmental Design Research* Bd. II, Stroudsbourgh Pen. 1973, S. 35–46. Die Theorie der Autopoiesis hat vor allem klar gemacht, daß man hierfür zusätzlich einen Begriff der Beobachtung (bzw. Selbstbeobachtung) braucht, der auf die Konstitution solcher Leitdifferenzen bezogen ist und nicht im Begriff der Autopoiesis selbst schon enthalten ist. Einzelheiten sind derzeit umstritten.

duktion voraus, sie stützt sich geradezu auf Geschlossenheit,[6] und die Frage ist dann, unter welchen Bedingungen in einem solchen Verhältnis der Zugriff auf Komplexität gesteigert werden kann. In diesem Sinne werden selbstreferentielle Systeme in der Kombination von Geschlossenheit und Offenheit evolutionärer Bewährung ausgesetzt.

Im Bereich sozialer Systeme ist nur die Gesellschaft selbst ein operativ geschlossenes System, nämlich ein System, das nur aus Kommunikationen und aus allen Kommunikationen besteht. Es gibt daher keine Kommunikation zwischen der Gesellschaft und ihrer Umwelt. Sobald etwas als Kommunikation realisiert wird, ist es eben damit ein gesellschaftsinterner Vorgang. Er mag externe Bedingungen und Effekte haben (zum Beispiel Veränderungen im Bewußtseinszustand der Beteiligten), aber er ist als Operation eines autopoietischen Systems nur durch vorherige und anschließende Operationen gleicher Art sinnhaft identifizierbar. Die Gesellschaft kann deshalb zwar über ihre Umwelt kommunizieren, aber nicht mit ihrer Umwelt. Sie ist ein offenes System aber auf der Basis rekursiver kommunikativer Geschlossenheit.

Für alle Teilsysteme der Gesellschaft, also auch für das Rechtssystem, gilt dies nicht mit der gleichen Strenge. Sie können nur innerhalb einer schon gesellschaftlich geordneten Umwelt ausdifferenziert werden. Auch in ihrer gesellschaftsinternen Umwelt kommen dann Kommunikationen vor, und so ist es auch möglich, systemeigene Kommunikationen mit den Kommunikationen in der Umwelt zu verknüpfen, zum Beispiel durch Gerichtsentscheidung einen wirtschaftlichen Zahlungsvorgang zu veranlassen. Für alle Teilsysteme muß deshalb ein je besonderer Gesichtspunkt bereitgestellt werden, der die selbstreferentielle Schließung des Systems bei gleichzeitiger Öffnung des Systems ermöglicht. Durch die Wahl solcher Gesichtspunkte wird das Prinzip gesellschaftlicher Differenzierung festgelegt. In traditionalen Gesellschaften war dies ein naturrechtlich abgesichertes Rangprinzip. In der modernen, funktional differenzierten Gesellschaft ist es die Funktion des Teilsystems, das heißt sein Beitrag zur Lösung eines besonderen Problems der Gesellschaft.

Diese allgemeine soziologische Theorie bewährt sich am Falle des Rechtssystems. Das Rechtssystem ist ein *normativ geschlossenes System*. Es produziert die eigenen Elemente als rechtlich relevante Einheiten dadurch, daß es ihnen mit Hilfe ebensolcher Elemente normative Qualität verleiht. Bei solchen Elementen kann es sich um Ereignisse jeder Art (zum Beispiel: Geburt, Tod, Unfälle, Handlungen, Entscheidungen) handeln, die im natürlichen Kontext ihres Vorkommens physisch-chemisch-organisch-bewußtseinsmäßig diffus vorliegen. Ihnen wird auf Grund des normativen Kontextes, in dem sie als ein Element fungieren, von dem anderes abhängt, ein Sonderstatus verliehen, der allein für das Rechtssystem relevant ist. Dieser Status hat normative Qualität im oben S. 40ff. definier-

6 ‹L'ouvert s'appuie sur le fermé›, heißt es bei EDGAR MORIN, *La Méthode* Bd. 1, Paris 1977, S. 201.

ten Sinne: Er berechtigt zur Bildung kontrafaktisch stabilisierter Erwartungen.

Zugleich ist das Rechtssystem ein *kognitiv offenes System*. Es bleibt trotz seiner Geschlossenheit, ja auf Grund seiner Geschlossenheit an seiner Umwelt orientiert. Es kann daher auch und in hohem Maße Lernfähigkeit aufbringen, immer aber bezogen auf die Einheit seiner normativ-geschlossenen Selbstreproduktion. Wenn es zum Beispiel auf Geburt (und damit auf Rechtsfähigkeit) ankommt, kann in kognitiver Einstellung geprüft werden, ob jemand geboren ist oder nicht, und es hat keinen Sinn, auf diese Frage mit einem Soll-Urteil zu reagieren. Und wenn die ärztliche Kunst so weit entwickelt ist, daß man den Geburtszeitpunkt willkürlich bestimmen kann (zum Beispiel schon am Freitag, um das Wochenende zu heiligen), kann man wiederum in kognitiver Einstellung prüfen, ob angesichts dieser Entwicklung der Medizin der normative Zusammenhang von Geburt und Rechtsfähigkeit beibehalten werden soll oder nicht.

Normativ geschlossen also und kognitiv offen[7] – die Differenz der Erwartungseinstellungen dient zugleich zur Differenzierung und zum Simultanprozessieren von Referenzen auf das System und auf seine Umwelt. Das System kann auf diese Weise in Abstimmung mit seiner Funktion diskriminieren, ohne seine Reproduktion damit der Umwelt auszuliefern. Es kann normative Geltung nur in Eigenleistung von Element auf Element übertragen; aber gerade diese autopoietische Geschlossenheit stellt hohe Anforderungen an eine kognitive Einstellung in Bezug auf die Umwelt. Das System sichert seine Geschlossenheit dadurch, daß es in all seinen Operationen Selbstreferenz mitlaufen läßt und davon abhängig macht, ob die von Moment zu Moment produzierten Elemente normative Qualität in Anspruch nehmen können oder nicht. Es sichert seine Offenheit dadurch, daß es die Semantik dieser Reproduktion auf Umweltbedingungen einstellt.

Nimmt man diesen Theorievorschlag an, dann hat das eine Reihe von Konsequenzen für Probleme, die seit langem in der Rechtstheorie diskutiert werden:

(1) Es gibt keinen Import von normativer Qualität aus der Umwelt in das System, und zwar weder aus der Umwelt im allgemeinen (Natur) noch aus der innergesellschaftlichen Umwelt (etwa Religion, Moral). Kein Umweltsinn ist als solcher für das Rechtssystem normativ verbindlich (was natürlich nicht ausschließt, daß normative Erwartungen auch außerhalb des Rechtssystems gebildet werden können). Wenn das Rechtssystem sich auf außerrechtliche Normen bezieht, etwa auf Treu und Glauben oder auf gute Sitten, gewinnen diese Normen erst durch diese Bezugnahme rechtliche Qualität.

---

7 Nicht zufällig erinnert diese Formulierung an die bekannte Definition kybernetischer Systeme als ‹open to energy but closed to information and control› von W. ROSS ASHBY, *An Introduction to Cybernetics*, London 1956, S. 4. Eine andere Quelle ist: J. Y. LETTVIN/H. R. MATURANA/W. S. MCCULLOCH/W. H. PITTS, *What the Frog's Eye Tells the Frog's Brain*, Proceedings of the Institute of Radio Engineers 47 (1959), S. 1940–1951.

(2) Dieses Abgrenzungsproblem zwingt zur Präzisierung der spezifisch rechtlichen Normqualität. Sie liegt in der Funktion kongruenter Generalisierung, und zwar genauer: in der Benutzung von Konflikten und der für sie gegebenen Aussicht auf Obsiegen zum Aufbau eines Netzes von kongruent generalisierten Erwartungen.[8] Auf diese Weise wird die Kombination von Geschlossenheit und Offenheit, von mitlaufender Selbstreferenz und lernender Umweltanpassung, an der gesellschaftlichen Funktion des Rechts orientiert und das Rechtssystem in den Zusammenhang der funktionalen Differenzierung des Gesellschaftssystems eingeordnet.

(3) Die Einheit des Rechtssystems ist als seine autopoietische Reproduktion realisiert. Sie ist nicht ab extra gewährt. Sie ist weder einem Schöpfer noch einem Beobachter zu danken. Sie ist weder auf eine schlechthin allgemeine Grundnorm zurückzuführen, die vorschreibt, daß es Recht geben solle, noch auf eine erkenntnistheoretische Hypothese im Sinne Kelsens und schon gar nicht auf ein bloßes Faktum des Bewußtseins im Sinne von Kants Kritik der praktischen Vernunft. Sie ist nichts anderes als die Geschlossenheit der selbstreferentiellen Reproduktion des Rechtssystems selbst.

(4) Die ‹Geltung› des Rechts besteht demnach nicht in seiner Natur.[9] Sie ergibt sich nicht aus einem ‹Grund›, denn sie wird in jeder Begründung vorausgesetzt. Erst recht kann man sie nicht als bloßen Glauben an die Geltung oder gar als bloße durchschnittliche Befolgung des Rechts charakterisieren, wie dies bei Soziologen, aber auch in den ‹realistischen› Rechtsschulen Skandinaviens und Amerikas üblich ist; denn das führt nur auf die Frage, an was denn geglaubt und als was das Recht befolgt wird. Immerhin weist diese heute übliche Auffassung auf den richtigen Weg: Geltung ist in der Tat nichts anderes als die rekursive Selbstreferenz des Rechts, das Weiterlaufen der Reproduktion von Fall zu Fall mit Aussicht auf ein Weiterlaufen der Reproduktion von Fall zu Fall.

(5) Eine hierarchische Struktur kann im Rechtssystem zwar eingerichtet werden, und dies auf organisatorischer Ebene ebenso wie als Hierarchie von Normqualitäten. Sie bleibt aber eine sekundäre Struktur, die ihrerseits davon abhängt, daß die Selbstkontinuierung des Rechts von Ereignis zu Ereignis vollzogen wird.[10] Man darf sich also nicht vorstel-

8 Vgl. oben S. 94ff., 106ff. Ferner NIKLAS LUHMANN, Konflikt und Recht, in ders., Ausdifferenzierung des Rechts: Beiträge zur Rechtssoziologie und Rechtstheorie, Frankfurt 1981, S. 92–112.

9 So mittelalterliche Lehren, die den Bezug auf Natur nicht nur zur Charakterisierung eines bestimmten Teiles der Gesamtrechtsordnung (Naturrecht im Unterschied zu göttlichem Recht und zu positivem Recht) herangezogen hatten, sondern auch zur Begründung des Rechts schlechthin. Siehe dazu GAINES POST, *Studies in Medieval Legal Thought,* Princeton 1964, S. 494ff.

10 Dies gilt auch für die Auffassung der Einheit des Rechts als eine Art selbstkompensatorisches Verhältnis, die H. L. A. HART, Der Begriff des Rechts, dt. Übers. Frankfurt 1973, ausgearbeitet hat. Danach bestehen in einer basalen Rechtsschicht

len, daß eine oberste Norm oder eine oberste Instanz die Rechtsqualität generiert. Die Autopoiesis ist vielmehr ein *strikt symmetrisch-rekursives Geschehen*, und in dieser Hinsicht sind alle Hierarchien zirkuläre Strukturen: Rechtsentscheidungen gelten auf der Grundlage rechtlicher Regeln, obwohl, ja weil!, Regeln auf der Grundlage von Entscheidungen gelten.[11] Regulierung und Implementation setzen sich wechselseitig als geltungsspendend voraus. *Alle Asymmetrien*, die eingeführt werden, *haben lediglich kognitive Funktionen* und dienen letztlich der Kanalisierung von Einflüssen der Umwelt auf das System. Das gilt auch und gerade im Verhältnis von Gesetzesrecht und richterlicher Entscheidung.

(6) Die laufende Kombination von normativer Geschlossenheit und kognitiver Offenheit, auf die nach dieser Theorie alles ankommt, ist nicht beliebig möglich. Sie bedarf vielmehr besonderer Formen, die bei steigender Komplexität, schärferer Ausdifferenzierung und höherer gesellschaftlicher Autonomie des Rechtssystems stärker in Anspruch genommen werden müssen. Sie liegen in der *Konditionalität* des Rechts und im binären Schematismus von *Recht und Unrecht*.

Konditionierung ist eine ganz allgemeine, für Systembildung in jedem Falle unentbehrliche Ordnungstechnik, die bewirkt, daß Beziehungen zwischen bestimmten Elementen (oder für Beobachter: zwischen Variablen) nur unter bestimmten Bedingungen aktualisiert werden.[12] Das Rechtssystem bringt diese allgemeine Technik in die Sonderform von Konditionalprogrammen[13] und ermöglicht es dadurch, Auslösebedingungen für die Geltung normativer Erwartungen kognitiv zu prüfen. Konditionalität gewinnt hier die Zusatzfunktion der Kombination von Geschlossenheit und Offenheit, und jede Zweckorientierung muß unter diesen Umständen das System von partikularen Umweltbedingungen abhängig machen und destabilisieren.[14]

---

von primären Regeln bestimmte Mängel (Unsicherheit, statischer Charakter, Ineffizienz), in Bezug auf die dann eine zweite Schicht von ganz andersartigen Regeln (Erkenntnisregeln, Änderungsregeln, Entscheidungsregeln) entwickelt wird. Auch dies führt auf ein Selbstreferenzkonzept zurück: die Behandlung *eigener* Mängel mit *eigenen* Mitteln (statt einfach mit Macht oder mit Geld oder mit Appell an Sympathie).

11 Vgl. hierzu TORSTEIN ECKHOFF/NILS KRISTIAN SUNDBY, *The Notion of Basic Norm(s) in Jurisprudence,* Scandinavian Studies in Law 1975, S. 123–151. Siehe auch TORSTEIN ECKHOFF, *Feedback in Legal Reasoning and Rule Systems*, Scandinavian Studies in Law 1978, S. 41–51.

12 Vgl. W. ROSS ASHBY, *Principles of the Self-organizing System,* in: HEINZ VON FOERSTER/GEORGE W. ZOPF (Hrsg.), *Principles of Self-organization,* New York 1962, S. 255–278, neu gedruckt in: WALTER BUCKLEY (Hrsg.), *Modern Systems Research for the Behavioral Scientist: A Sourcebook,* Chicago 1968, S. 108–118 (109).

13 Siehe oben S. 227ff.

14 Sehr umstritten! Wie hier z.B. UNGER a.a.O. S. 86: ‹. . . all such purposive judgments are inherently particularistic and unstable: the most effective means to any given end varies from situation to situation, and the purposes themselves are likely to be complex and shifting›. Vgl. auch a.a.O. S. 194ff.

(7) Korrelativ dazu wirkt die Codierung des Gesamtsystems durch die Differenz von Recht und Unrecht. Die Möglichkeiten der Bewertung werden künstlich gedoppelt, damit jedes Rechtsereignis als entweder rechtmäßig oder rechtswidrig aufgefaßt und diese Differenz konditioniert werden kann. Die Zuteilung von Recht bzw. Unrecht dient weder der Streitschlichtung, die durch ein solches Alles-oder-Nichts-Prinzip eher erschwert wird, noch dem Erreichen von Zwecken; sie geht über solche Ziele gerade hinaus, weist über die Einzelfallregulierung hinaus und vollzieht damit die endlos-rekursive Autopoiesis des Rechts. Man muß bei dieser Betrachtungsweise zugestehen, daß sowohl rechtmäßige als auch rechtswidrige Ereignisse als rechtlich qualifizierte Elemente vom Rechtssystem selbst produziert werden – eine Auffassung, die sowohl in Durkheims Analysen der Funktion des Unrechts für die Erhaltung des Rechtsbewußtseins als auch im sogenannten ‹labeling approach› vorweggenommen ist. Nur darf diese Frage der Konstitution elementarer Einheiten nicht mit Problemen der Motivation oder gar mit Problemen der Kausalität verquickt werden.

Mit diesen Überlegungen ist eine soziologische Theorie des Rechtssystems skizziert, die Strukturen nachzeichnet, die zu erwarten sind, wenn eine funktional differenzierte Gesellschaft ein Rechtssystem an Hand der spezifischen Funktion des Rechts zu hoher Autonomie ausdifferenziert. Vom selben Ausgangspunkt her kann man auch Zugang zu einer Soziologie der Rechtstheorie, der Rechtsdogmatik und der Rechtswissenschaft gewinnen.

Rechtstheorie, Rechtsdogmatik und alle an sie anschließenden Arten ‹wissenschaftlicher› Behandlung des Rechts können soziologisch aufgefaßt werden als *Formen der Selbstbeschreibung des Rechtssystems*. Innerhalb des selbstreferentiellen Systems wird Selbstreferenz dadurch nochmals zur Geltung gebracht, daß das System eine vereinfachende Beschreibung seiner selbst anfertigt – etwa Aussagen über den Sinn des Rechts oder über das Recht der ‹Organe› des Rechtssystems, Recht anzuwenden – und die eigenen Operationen dann an dieser Semantik orientiert. Die soziologische Theorie des Rechts darf nicht mit solchen Selbstbeschreibungen verwechselt werden. Die Soziologie beobachtet und beschreibt das System von außen und sieht dadurch mehr, aber auch weniger, als die Rechtstheorie. Sie vergleicht. Sie legitimiert nicht. Die im Eigenbau produzierten Theorien des Rechtssystems müssen dagegen in Operationen des Systems selbst, vor allem in Entscheidungen über Recht und Unrecht, übersetzt werden können. Sie arbeiten mit einer Sinnverdichtung, die das Recht in einem engeren Horizont dessen, was für das Rechtssystem möglich ist, zusammenzieht und in ihm interpretierbar macht. Damit treten Voraussetzungen in Geltung, auf die die soziologische Theorie sich nicht einlassen würde. Sinnhaft fixierte Denkfiguren, Verwandtschaften und Trennungen, Prinzipien und Argumentationsmittel gewinnen Bedeutung, für die es in der soziologischen Begrifflichkeit keine Entsprechungen gibt, sondern allenfalls Bewunderung für das technische Raffinement und die milieuspezifische Sensibilität einer ‹Profession›. Rechtstheorien sind, mit anderen Worten, auf rechtsdogmatische und fallweise Verwertbarkeit hin angelegt. Sie sind, könnte man auch sagen, ‹praktische Theorien›, wie abstrakt immer sie ausfallen mögen. Sie müssen daher, ohne selbst Rechtsnormen zu sein, die normative Grundstellung des Systems mitvertreten. Sie verweisen also immer auch auf die Einheit des Systems, dem sie dienen, und sind in dieser Hinsicht Reflexionstheorien.

In fast allen ausdifferenzierten Funktionssystemen der modernen Gesellschaft sind entsprechende Reflexionstheorien entwickelt worden.[15] Offenbar korreliert, empirisch gesehen, gesellschaftliche Ausdifferenzierung mit einem gesteigerten Bedarf für Selbstbeobachtung, Selbstbeschreibung und theoretischer Reflexion des Systems im System. Ein Vergleich dieser systemspezifischen Reflexionsbemühungen, die die Semantik und das Selbstverständnis der modernen Gesellschaft tiefgreifend bestimmt haben, könnte auch für die Rechtstheorie wichtige Einsichten über Funktion, Entstehungskontext, historische Variationen und immanente Restriktionen abwerfen. Vor allem stehen alle Reflexionstheorien unter dem Zwang, Sinn und Autonomie ihres Funktionsbereiches zu rechtfertigen; und in allen Fällen versagt dabei die Bezugnahme auf den Sinn eines umfassenden Ganzen. Die Großsymbole wie Natur oder Vernunft, die dies zu leisten hatten, scheinen zu versagen, und sie scheinen abgelöst zu werden durch eine Symbolisierung von Selbstreferenz und durch den Anspruch auf den gesellschaftlichen Primat der jeweils eigenen Funktion.

Eine soziologische Theorie des Rechts ist deshalb nicht schon Rechtstheorie in einem Sinne, den die juristische Dogmatik akzeptieren und übernehmen könnte. Die Soziologie, die die Gesamtgesellschaft, ja alles Soziale zu bedenken hat, wird sich kühle Distanz zur Sonderwelt des Rechts bewahren. Für sie ist die *Einheit* des Rechts nur eine *Differenz* – nämlich die Differenz des Rechtssystems zu dessen Umwelt. Sie liefert eine Außenbeschreibung, nicht eine Selbstbeschreibung des Rechtssystems. Sie arbeitet mit kühneren, abstrakter angesetzten Vergleichen, was die Juristen als Verkennung ihres eigenen gesellschaftlichen Auftrags empfinden werden. Sie arbeitet nicht mit an der Autopoiesis des Rechts, und sie kann eben deshalb diesen Begriff verwenden, um die Tätigkeit der Juristen zu beschreiben und sie als Sonderfall eines sehr allgemeinen Problems selbstreferentieller Systeme dem Vergleich auszusetzen.

Diese Unterschiede muß man im Blick behalten. Man sollte nicht versuchen, sie zu verschleiern oder abzuschwächen. Alle Kommunikation muß von einem Getrennthalten der Perspektiven ausgehen. Gerade wenn man das akzeptiert, gewinnt die Frage nach einer trotzdem gemeinsamen Be-

---

15 Vgl. hierzu auch NIKLAS LUHMANN/KARL EBERHARD SCHORR, Reflexionsprobleme im Erziehungssystem, Stuttgart 1979; NIKLAS LUHMANN, Politische Theorie im Wohlfahrtsstaat, München 1981; NIKLAS LUHMANN, Die Ausdifferenzierung von Erkenntnisgewinn: Zur Genese von Wissenschaft, in: NICO STEHR/VOLKER MEJA (Hrsg.), Wissenssoziologie, Sonderheft 22 der Kölner Zeitschrift für Soziologie und Sozialpsychologie, Opladen 1981, S. 101–139.

grifflichkeit Profil. In der allgemeinen Theorie selbstreferentieller Systeme scheint sich heute ein konzeptueller Apparat anzubieten, der von beiden Seiten benutzt werden kann. Das Rechtssystem kann soziologisch wie rechtstheoretisch als ein System aufgefaßt werden, das seine eigene Einheit konstituiert und laufend zu reproduzieren hat. In diesem Sinne formuliert eine soziologische Theorie selbstreferentieller Systeme, angewandt auf das Rechtssystem, dann auch Struktur- und Problemvorgaben für die Rechtstheorie. Die oben knapp skizzierten Thesen zu Einheit und rekursiver Geschlossenheit, Offenheit, Symmetrie und Asymmetrisierung, Konditionierung, binärer Schematisierung und Funktion des Rechts sind als solche Anregungen für eine auch rechtstheoretisch nutzbare Grundbegrifflichkeit gedacht. Im Unterschied zur Soziologie wird die Rechtstheorie ihre Eigenbeteiligung am autopoietischen Prozeß, ihre Mitwirkung an der normativen Qualifizierung von Regeln und Entscheidungen mitzureflektieren haben; sie geht insofern über die soziologische Analyse des Rechts hinaus, was zugleich ihren Einsichtsradius und die für sie noch vertretbaren Formulierungen einschränkt.

Innerhalb ihres Eigenbereichs wird sich die Rechtstheorie vor allem dadurch auszeichnen, daß sie die Funktion und die Einheit ihres Systems durch Symbolisierung der Kontingenz entzieht. Alles, was Recht als Recht symbolisiert, erhält einen normativ aufgeladenen Ausdruck. In den binären Schematismus eingebracht, kann man dann nicht mehr bestreiten, daß Rechttun und Rechthaben besser ist als Unrechttun bzw. Unrechthaben. Die Frage, warum dies so sei und wie man das begründen könne, wird auf dem Forum der Rechtstheorie genau so wenig gehört wie auf dem Forum der Gerichte. Allerdings hat die rechtstheoretische Reflexion der letzten zweihundert Jahre diese Absicht, Rechtsgeltung fest zu begründen und insoweit Kontingenz auszuschließen, nicht verwirklichen können. Im Gegenteil: Je mehr man die Kontingenz, Willkürlichkeit, Beliebigkeit und historische oder gesellschaftliche Relativität der Rechtsgeltung auszuschließen versuchte, desto mehr hat sich das Bewußtsein dieser Kontingenz gefestigt. Alle *Argumentation* hat letztlich *gegen die Absicht* kontraproduktiv gewirkt.[16] Auch die Rechtstheorie muß sich demnach, sonst würde sie gegen gesellschaftliches, soziologisches und eigenes besseres Wissen operieren, zur Positivität des Rechts bekennen. Nichts anderes besagt und verlangt die Theorie autopoietischer Systeme.

Für den Aufbau einer Rechtstheorie als einer Reflexionstheorie des Rechts ergibt sich daraus eine doppelte Direktive: Der Gedanke der Autopoiesis liefert einerseits die Begründung der Selbstreferenz als eines unausweichlichen, empirisch gegebenen Phänomens, so daß es weder normwidrig noch logisch fehlerhaft ist, mit tautologischen Letztbegründungen zu arbeiten oder mit Symbolen oder Formalismen, die diesen

16 Eine ausführliche Behandlung dieses Punktes bei RAFFAELE DE GIORGI, *Scienza del diritto e legittimazione: Critica dell' epistemologia giuridica tedesca da Kelsen a Luhmann*, Bari 1979 (gekürzte deutsche Fassung: Wahrheit und Legitimation im Recht: Ein Beitrag zur Neubegründung der Rechtstheorie, Berlin 1980).

Sachverhalt – Recht ist, was Recht ist – in Operationen überführen. Er zeigt andererseits aber auch, daß eine solche Grundbedingung nie in Richtung auf Entropie wirkt, daß sie nie zu Zuständen führt, in denen absolute Willkür herrscht und jeder beliebige Anschlußzustand gleich wahrscheinlich ist, sondern daß sie im Gegenteil als Bedingung für den Aufbau von Ordnungen fungiert, die sich selbst unter Beschränkungen setzen. Von Handlung auf System und von Subjekt auf Objekt umgedacht, heißt dies: daß Beschränkungen immer nur als Beschränkungen von Freiheit möglich sind, und daß Freiheit sich selbst ihren Beschränkungen verdankt.

ÜBER DEN VERFASSER

NIKLAS LUHMANN: Geboren 1927 in Lüneburg. 1937–1944 Besuch des humanistischen Gymnasiums in Lüneburg, vorzeitig durch Kriegsdienst abgebrochen. 1946–1949 Studium der Rechtswissenschaft an der Universität Freiburg i. Br. Anschließend juristischer Vorbereitungsdienst und Tätigkeit in der öffentlichen Verwaltung in Niedersachsen, hauptsächlich im niedersächsischen Kulturministerium. 1960–1961 Studium der Verwaltungswissenschaft und der Soziologie an der Harvard-Universität. 1962–1965 Referent am Forschungsinstitut der Hochschule für Verwaltungswissenschaften Speyer. 1966–1968 Abteilungsleiter an der Sozialforschungsstelle in Dortmund. Seit 1968 Ordinarius für Soziologie an der Fakultät für Soziologie der Universität Bielefeld. Seit 1974 Mitglied der Rheinisch-Westfälischen Akademie der Wissenschaften.

BIBLIOGRAPHIE

(AUSWAHL)

1. EINFÜHRUNGEN, GESAMTDARSTELLUNGEN, FORSCHUNGSBERICHTE

AUBERT, VILHELM (Hrsg.), Sociology of Law. Harmondsworth, England 1969

–, In Search of Law. Sociological Approaches to Law. Oxford 1983

BLACK, DONALD, The Behavior of Law. New York 1976

CARBONNIER, JEAN, Rechtssoziologie. (Dt. Übers.) Berlin 1974

DAVIS, F. JAMES/FOSTER, HENRY H., JR./JEFFREY, C. RAY/DAVIS, E. EUGENE, Society and the Law. New York 1962

DIAMOND, A. S., The Evolution of Law and Order. London 1951

EISERMANN, GOTTFRIED, Die Probleme der Rechtssoziologie. Archiv für Verwaltungssoziologie – Beilage zum gemeinsamen Amtsblatt des Landes Baden-Württemberg 2 No. 2 (1965), S. 5–8

EVAN, WILLIAM M. (Hrsg.), Law and Sociology. Glencoe/Ill. 1962

FRIEDMAN, LAWRENCE, Das Rechtssystem im Blickfeld der Sozialwissenschaften. (Dt. Übers.) Berlin 1981

GEIGER, THEODOR, Vorstudien zu einer Soziologie des Rechts. Neuwied–Berlin 1964

GURVITCH, GEORGES, Grundzüge der Soziologie des Rechts. Neuwied 1960

HIRSCH, ERNST E./REHBINDER, MANFRED (Hrsg.), Studien und Materialien zur Rechtssoziologie. Sonderheft 11 der Kölner Zeitschrift für Soziologie und Sozialpsychologie. Köln–Opladen 1967

HORVÁTH, BARNA, Rechtssoziologie. Probleme der Gesellschaftslehre und der Geschichtslehre des Rechts. Berlin 1934

KULCZÁR, KALMÁN, Rechtssoziologische Abhandlungen. Budapest 1980

LÉVY-BRUHL, HENRI, Sociologie du droit. Paris 1961 (Dt. Übers.: Soziologische Aspekte des Rechts. Berlin 1970)

LUHMANN, NIKLAS, Ausdifferenzierung des Rechts. Beiträge zur Rechtssoziologie und Rechtstheorie. Frankfurt 1981

MAYHEW, LEON H., Law. The Legal System. International Encyclopedia of the Social Sciences Bd. 9, 1968, S. 59–66

NAUCKE, WOLFGANG/TRAPPE, PAUL (Hrsg.), Rechtssoziologie und Rechtspraxis. Neuwied–Berlin 1970

NONET, PHILIPPE/SELZNICK, PHILIP, Law and Society in Transition. Toward Responsive Law. New York 1978

OPP, KARL-DIETER, Soziologie im Recht. Reinbek 1973

PODGÓRECKI, ADAM, Law and Society. London 1974

POIRIER, JEAN, Introduction à l'ethnologie de l'appareil juridique. In: DERS. (Hrsg.), Ethnologie générale. Paris 1968, S. 1091–1110

RAISER, THOMAS, Einführung in die Rechtssoziologie. Berlin 1972

ROTTLEUTHNER HUBERT, Rechtstheorie und Rechtssoziologie. Freiburg 1981

RYFFEL, HANS, Rechtssoziologie. Eine systematische Orientierung. Neuwied 1974

SAUERMANN, HEINZ, Die soziale Rechtsrealität. Archiv für angewandte Soziologie 4 (1932), S. 211–237

SAWER, GEOFFREY, Law in Society. Oxford 1965

SCHUR, EDWIN M., Law and Society. A Sociological View. New York 1968

SELZNICK, PHILIP, Law. The Sociology of Law. International Encyclopedia of the Social Sciences Bd. 9, 1968, S. 50–59
SIMON, RITA JAMES (Hrsg.), The Sociology of Law. Interdisciplinary Readings. San Francisco 1968
SOUTO, CLÁUDIO/SOUTO, SOLANGE, Sociologia do direito. São Paulo 1981
STONE, JULIUS, Social Dimensions of Law and Justice. London 1966
TIMASHEFF, NICHOLAS S., An Introduction to the Sociology of Law. Cambridge/Mass. 1939
–, Growth and Scope of Sociology of Law. In: HOWARD S. BECKER/ALVIN BOSKOFF (Hrsg.), Modern Sociological Theory in Continuity and Change. New York 1957, S. 424–449
TRAPPE, PAUL, Zur Situation der Rechtssoziologie. Tübingen 1968
TREVES, RENATO (Hrsg.), La sociologia del diritto. Mailand 1966 (Engl. Übers.: TREVES, RENATO/JAN F. GLASTRA VAN LOON [Hrsg.], Norms and Actions. Den Haag 1968)
–, (Hrsg.), Nuovi sviluppi della sociologia del diritto. Mailand 1968
TREVES, RENATO, Introduzione alla Sociologia del Diritto, 2. Aufl. Torino 1980
UNGER, ROBERTO MANGABEIRA, Law in Modern Society. Toward a Criticism of Social Theory. New York 1976

2. GESCHICHTE UND KLASSIKER DER RECHTSSOZIOLOGIE

DURKHEIM, EMILE, De la division du travail social. 2. Aufl. Paris 1902
–, Leçons de sociologie, physique des mœurs et du droit. Paris 1950
EHRLICH, EUGEN, Grundlegung der Soziologie des Rechts. 3. Aufl. Berlin 1967
–, Recht und Leben. Gesammelte Schriften zur Rechtstatsachenforschung und zur Freirechtslehre. Berlin 1967
GEIS, GILBERT, Sociology and Sociological Jurisprudence. Kentucky Law Review 52 (1964), S. 267–293
HAURIOU, MAURICE, Die Theorie der Institution. (Dt. Übers.) Berlin 1965
KRAFT, JULIUS, Vorfragen der Rechtssoziologie. Zeitschrift für vergleichende Rechtswissenschaft 45 (1930), S. 1–78
Maine, HENRY SUMNER, Ancient Law. Its Connections with the Early History of Society and its Relation to Modern Ideas. 1861. Zit. nach der Ausgabe The World's Classics. London–New York–Toronto 1954
POUND, ROSCOE, Social Control Through Law. New Haven 1942, Neudruck o. O. (Hamden/Conn.) 1968
REHBINDER, MANFRED, Status–Rolle–Kontrakt. Wandlungen der Rechtsstruktur auf dem Wege zur offenen Gesellschaft. In: Festschrift für Ernst E. Hirsch, Berlin 1967, S. 141–169
–, Die Begründung der Rechtssoziologie durch Eugen Ehrlich. Berlin 1967
RENNER, KARL, Die Rechtsinstitute des Privatrechts und ihre soziale Funktion. Ein Beitrag zur Kritik des bürgerlichen Rechts. Neudruck Stuttgart 1965 (zuerst in Marx-Studien Bd. I, Wien 1904, S. 63–192)
ROMANO, SANTI, L'ordinamento giuridico. Neudruck der 2. Aufl. Firenze 1962
TWINING, WILLIAM, Karl Llewellyn and the Realist Movement. London 1973

WEBER, MAX, Rechtssoziologie (Hrsg. JOHANNES WINCKELMANN). Neuwied 1960
WINCKELMANN, JOHANNES, Legitimität und Legalität in Max Webers Herrschaftssoziologie. Tübingen 1952

3. Grundfragen der Rechtsbildung und theoretische Einzelfragen

AUBERT, VILHELM, Legal Justice and Mental Health. Psychiatry 21 (1958), S. 101–113
– /MESSINGER, SHELDON L., The Criminal and the Sick. Inquiry 1 (1958), S. 137 bis 160
BEUTEL, FREDERICK K., Some Potentialities of Experimental Jurisprudence as a New Branch of Social Science. Lincoln 1957 (Dt. Übers.: Die Experimentelle Rechtswissenschaft. Möglichkeiten eines neuen Zweiges der Sozialwissenschaft, Berlin 1971)
BOWMAN, CLAUDE C., Distortion of Reality as a Factor in Morale. In: ARNOLD M. ROSE (Hrsg.), Mental Health and Mental Disorder. London 1956, S. 393–407
COSER, LEWIS A., Some Functions of Deviant Behavior and Normative Flexibility. The American Journal of Sociology 68 (1962), S. 172–181
DROBNIG, ULRICH/REHBINDER, MANFRED (Hrsg.), Rechtssoziologie und Rechtsvergleichung. Berlin 1977
FARNETI, PAOLO, Problemi di analisi sociologica del diritto. Sociologia 1961, S. 33–87
FREY, PETER, Der Rechtsbegriff in der neueren Soziologie. Diss. Saarbrücken 1962
GALTUNG, JOHAN, Expectations and Interaction Processes. Inquiry 2 (1959), S. 213–234
–, Institutionalized Conflict Resolution. Journal of Peace Research 1965, S. 348 bis 397
GESSNER, VOLKMAR, Recht und Konflikt. Eine soziologische Untersuchung privatrechtlicher Konflikte in Mexiko. Tübingen 1976
GIBBS, JACK P., Norms. The Problem of Definition and Classification. The American Journal of Sociology 70 (1965), S. 586–594
–, The Sociology of Law and Normative Phenomena. American Sociological Review 31 (1966), S. 315–325
–, Definitions of Law and Empirical Questions. Law and Society Review 3 (1968), S. 429–446
GLASTRA VAN LOON, J. F./VERCRUIJSSE, E. V. W., Towards a Sociological Interpretation of Law. Sociologia Neerlandica Bd. 3. 2 (1966), S. 18–31
HALL, JEROME, Comparative Law and Social Theory. O. O. (Louisiana State U.P.) 1963
HELDRICH, ANDREAS, Sozialwissenschaftliche Aspekte der Rechtsvergleichung. Zeitschrift für ausländisches und internationales Privatrecht 34 (1970), S. 427–442
HUBERT, RENÉ, Science du droit, sociologie juridique et philosophie du droit. Archives de philosophie du droit et de sociologie juridique, 1931, S. 43–71
HUMPHREYS, LLOYD G., The Acquisition and Extinction of Verbal Expectations in a Situation Analogous to Conditioning, Journal of Experimental Psychology 25 (1939), S. 294–301
LAING, RONALD D. / PHILLIPSON, HERBERT / LEE, A. RUSSELL, Interpersonal Perception. London–New York 1966

LAUTMANN, RÜDIGER, Wert und Norm. Begriffsanalysen für die Soziologie. Köln–Opladen 1969

MACAULAY, STEWART, Non-Contractual Relations in Business. A Preliminary Study. American Sociological Review 28 (1963), S. 55-67

MATZA, DAVID, Delinquency and Drift. New York–London–Sydney 1964

MEAD, GEORGE H., The Psychology of Punitive Justice. The American Journal of Sociology 23 (1918), S. 557–602

POPITZ, HEINRICH, Soziale Normen. Europäisches Archiv für Soziologie 2 (1961), S. 185–198

ROMMETVEIT, RAGNAR, Social Norms and Roles. Explorations in the Psychology of Enduring Social Pressures. Oslo–Minneapolis 1955

SCHANCK, RICHARD L., A Study of a Community and Its Groups and Institutions Conceived of as Behaviors of Individuals. Psychological Monographs, Bd. 43, No. 2, Princeton/N. J. – Albany/N.Y. 1932

SCHEFF, THOMAS J., Being Mentally Ill. A Sociological Theory. Chicago 1966

SCHELSKY, HELMUT, Über die Stabilität von Institutionen, besonders Verfassungen. Kulturanthropologische Gedanken zu einem rechtssoziologischen Thema. Jahrbuch für Sozialwissenschaft 3 (1952), S. 1–21, neu gedruckt in: DERS., Auf der Suche nach Wirklichkeit. Gesammelte Aufsätze. Düsseldorf–Köln 1965, S. 33–55

SCHUMANN, KARL F., Zeichen der Unfreiheit. Zur Theorie und Messung sozialer Sanktionen. Freiburg/Br. 1968

SCHWARTZ, RICHARD D., Social Factors in the Development of Legal Control. A Case Study of Two Israeli Settlements. The Yale Law Journal 63 (1954), S. 471–491

SCOTT, MARVIN B./LYMAN, STANFORD M., Accounts. American Sociological Review 33 (1968), S. 46–62

SPITTLER, GERD, Norm und Sanktion. Untersuchungen zum Sanktionsmechanismus. Olten–Freiburg/Br. 1967

ZIEGERT, KLAUS A., Zur Effektivität der Rechtssoziologie. Die Rekonstruktion der Gesellschaft durch Recht. Stuttgart 1975

4. RECHTE ARCHAISCHER GESELLSCHAFTEN

BARTON, R. F., The Half-Way Sun. Life Among the Headhunters of the Philippines. New York 1930

BERNDT, RONALD M., Excess and Restraint. Social Control Among a Guinea Mountain People. Chicago 1962

BOHANNAN, PAUL J., Justice and Judgment Among the Tiv. London 1957

–, The Differing Realms of the Law. In: DERS. (Hrsg.), Law and Warfare. Studies in the Anthropology of Conflict. Garden City/N.Y. 1967, S. 43–56

BÜNGER, KARL/TRIMBORN, HERMANN (Hrsg.), Religiöse Bindungen in frühen und in orientalischen Rechten. Wiesbaden 1952

EKVALL, ROBERT B., Law and the Individual Among the Tibetan Nomads. American Anthropologist 66 (1964), S. 1110–1115

EPSTEIN, A. L., Juridical Techniques and the Judicial Process. A Study of African Customary Law. Manchester 1954

FALLERS, LLOYD A., Law Without Precedent. Legal Ideas in Action in the Courts of Colonial Busoga. Chicago 1969

GILLIN, J. P., Crime and Punishment Among the Barama River Carib. American Anthropologist 36 (1934), S. 331–344

GLUCKMAN, MAX, The Judicial Process Among the Barotse of Northern Rhodesia. Manchester 1955

–, The Ideas in Barotse Jurisprudence. New Haven–London 1965

GRÄF, ERWIN, Das Rechtswesen der heutigen Beduinen. Walldorf 1952

GUTMANN, BRUNO, Das Recht der Dschagga. München 1926

HASLUCK, MARGARET, The Unwritten Law in Albania. Cambridge/England 1954

HOEBEL, ADAMSON E., The Law of Primitive Man. A Study in Comparative Legal Dynamics. Cambridge/Mass. 1954. (Dt. Übers.: Das Recht der Naturvölker. Olten 1968)

KUPER, HILDA/KUPER, LEO (Hrsg.), African Law. Adaptation and Development. Berkeley–Los Angeles 1965

LEE, DEMETRACOPOULOU D., A Primitive System of Values. Philosophy of Science 7 (1940), S. 355–378

LLEWELLYN, KARL N./HOEBEL, ADAMSON E., The Cheyenne Way. Conflict and Case Law in Primitive Jurisprudence. Norman 1941

MAIR, LUCY, Primitive Government. Harmondsworth 1962

MALINOWSKI, BRONISLAW, Sitte und Verbrechen bei den Naturvölkern. Wien o. J.

–, A New Instrument for the Interpretation of Law – Especially Primitive. The Yale Law Journal 51 (1942), S. 1237–1254

MAUSS, MARCEL, Essai sur le don. Forme et raison de l'échange dans les sociétés archaïques. Neu gedruckt in: DERS., Sociologie et anthropologie. Paris 1950, S. 143–279. (Dt. Übers.: Die Gabe. Frankfurt 1968)

NADEL, SIEGFRIED F., Social Control and Self-Regulation. Social Forces 31 (1953), S. 265–273

POSPISIL, LEOPOLD, Kapauku Papuans and Their Law. Yale University Publications in Anthropology N. 54, 1958. Neudruck o. O. 1964, S. 248 ff

POSPISIL, LEOPOLD, Anthropology of Law. A Comparative Perspective. New York 1971

RADCLIFFE-BROWN, ALFRED R., Primitive Law. Encyclopedia of the Social Sciences. Bd. IX. New York 1933, S. 202–206

RATTRAY, R. S., Ashanti Law and Constitution. Oxford 1929

ROBERTS, SIMON A., Ordnung und Konflikt. Eine Einführung in die Rechtsethnologie. Stuttgart 1981

SCHOTT, RÜDIGER, Die Funktion des Rechts in primitiven Gesellschaften. Jahrbuch für Rechtssoziologie und Rechtstheorie 1 (1970), S. 107–174

THURNWALD, RICHARD, Die menschliche Gesellschaft in ihren ethno-soziologischen Grundlagen. Bd. V, Berlin–Leipzig 1934

5. RECHTE HOCHKULTIVIERTER GESELLSCHAFTEN

BANDYOPADHAYA, NARAYAN CHANDRA, Development of Hindu Polity and Political Theories. Bd. I, Calcutta 1927

BODDE, DERK/MORRIS, CLARENCE, Law in Imperial China. Exemplified by 190 Ch'ing Dynasty Cases. Cambridge Mass. 1967

BONNER, ROBERT J., Lawyers and Litigants in Ancient Athens. The Genesis of the Legal Profession. Chicago 1927

BRUNNER, OTTO, Land und Herrschaft. Grundfragen der territorialen Verfassungsgeschichte Südostdeutschlands im Mittelalter. 3. Aufl., Brünn–München–Wien 1943

BUXBAUM, DAVID C. (Hrsg.), Traditional and Modern Legal Institutions in Asia and Africa. Leiden 1967

CH'Ü T'UNG-TSU, Law and Society in Traditional China. Paris–Den Haag 1961

COHN, BERNARD S., Some Notes on Law and Change in North India. Economic Development and Cultural Change 8 (1959), S. 79–93. Neu gedruckt in: PAUL BOHANNAN (Hrsg.), Law and Warfare. Studies in the Anthropology of Conflict. Garden City/N.Y. 1967, S. 139–159

DRIVER, G. R./MILES, JOHN C., The Assyrian Laws. Oxford 1935

DUYVENDAK, J. J. L., The Book of Lord Shang. A Classic of the Chinese School of Law. London 1928

ESCARRA, JEAN, Le droit chinois. Peking–Paris 1936

GERNET, LOUIS, Droit et société dans la Grèce ancienne. Paris 1955

–, Le temps dans les formes archaïques du droit. Journal de psychologie normale et pathologique 53 (1956), S. 379–406

HAHM, PYONG-CHOON, The Korean Political Tradition and Law: Essays in Korean Law and Legal History. Seoul 1967

HENDERSON, DAN FENNO, Conciliation and Japanese Law. Tokugawa and Modern. 2 Bde. Seattle–Tokyo 1965

JONES, WALTER J., The Law and Legal Theory of the Greeks. An Introduction, Oxford 1956

KASER, MAX, Das altrömische ius. Studien zur Rechtsvorstellung und Rechtsgeschichte der Römer. Göttingen 1949

KUNKEL, WOLFGANG, Herkunft und soziale Stellung des römischen Juristen. 2. Aufl., Graz–Wien–Köln 1967

LINGAT, ROBERT, Les sources du droit dans le système traditionnel de l'Inde, Paris – Den Haag 1967 (Engl. Übers., The Classical Law of India. Berkeley Cal. 1973)

MÜHL, MAX, Untersuchungen zur altorientalischen und althellenischen Gesetzgebung. Klio, Beiheft N. F. 16, Leipzig 1933

NÖRR, DIETER, Zur Entstehung der gewohnheitsrechtlichen Theorie. Festschrift für Wilhelm Felgenträger. Göttingen 1969, S. 353–366

OSTWALD, MARTIN, Nomos and the Beginning of Athenian Democracy. Oxford 1969

ROKUMOTO, KAHEI, Legal Behaviour of the Japanese and the Underlying Notion of Social Norms. In: The Islamic World and Japan. Tokyo. The Japan Foundation 1981, S. 204–229.

ROMILLY, JACQUELINE DE, La loi dans la pensée Grecque des origines à Aristote. Paris 1971

RUBEN, WALTER, Die gesellschaftliche Entwicklung im alten Indien. Bd. II. Die Entwicklung von Staat und Recht. Berlin 1968

SCHACHT, JOSEPH, Zur soziologischen Betrachtung des islamischen Rechts. Der Islam 22 (1935), S. 207–238

–, An Introduction to Islamic Law. Oxford 1964

SZLECHTER, EMILE, La ‹loi› dans la Mésopotamie ancienne. Revue internationale des droits de l'antiquité. 3. série 12 (1965), S. 55–77

VANDERMEERSCH, LÉON, La formation du légisme. Recherches sur la constitution d'une philosophie politique charactéristique de la Chine ancienne. Paris 1965

WIEACKER, FRANZ, Vom römischen Recht. Leipzig 1944

WILSON, JOHN A., Authority and Law in Ancient Egypt. Journal of the American Oriental Society 74 (1954), Supplement S. 1–17

WOLFF, HANS J., Beiträge zur Rechtsgeschichte Altgriechenlands und des hellenistisch-römischen Ägypten. Weimar 1961

6. PROBLEME POSITIVIERTER RECHTSORDNUNGEN

ABEL-SMITH, BRIAN/ZANDER, MICHAEL/BROOKE, ROSALINDE, Legal Problems and the Citizen. A Study in Three London Boroughs. London 1973

ALLEN, CARLETON KEMP, Law in the Making. 6. Aufl., Oxford 1958

ARENS, RICHARD/LASSWELL HAROLD D., In Defense of Public Order. New York 1961

ATKINSON, K. M. T., Athenian Legislative Procedure and Revision of the Laws. Bulletin of the John Rylands Library 23 (1939), No. 1, S. 107–150

BALL, HARRY V., Social Structure and Rent-Control Violations. American Journal of Sociology 65 (1960), S. 598–604

– /FRIEDMAN, LAWRENCE M., The Use of Criminal Sanctions in the Enforcement of Economic Legislation. A Sociological View. Stanford Law Review 17 (1965), S. 197–223

BARRACLOUGH, G., Law and Legislation in Medieval England. Law Quarterly Review 56 (1940), S. 75–92

BERGER, MORROE, Equality by Statute. The Revolution in Civil Rights. 2. Aufl., Garden City/N. Y. 1967

BIERBRAUER, GÜNTER ET AL., Zugang zum Recht. Bielefeld 1978

BLANKENBURG, EHRHARD, Mobilisierung von Recht. Über die Wahrscheinlichkeit des Gangs zum Gericht, die Chance des Erfolgs und die daraus folgenden Funktionen der Justiz. Zeitschrift für Rechtssoziologie 1 (1980), S. 33–64.

BRYNTESON, WILLIAM E., Roman Law and New Law. The Development of a Legal Idea. Revue internationale des droits de l'antiquité. 3. série 12 (1965), S. 203 bis 223

–, Roman Law and Legislation in the Middle Ages. Speculum 41 (1966), S. 420 bis 437

CAPPELLETTI, MAURO ET AL. (Hrsg.), Access to Justice, 4 Bde. Alphen-Milano 1978-79.

COLOMBOTOS, JOHN, Physicians and Medicare. A Before-After Study of the Effects of Legislation on Attitudes. American Sociological Review 34 (1969), S. 318 bis 334

DUSTER, TROY, The Legislation of Morality. Law, Drugs and Moral Judgment. New York–London 1970

ECKHOFF, TORSTEIN/JACOBSON, KNUT DAHL, Rationality and Responsibility in Administrative and Judicial Decision-Making. Kopenhagen 1960

GAGNÉR, STEN, Studien zur Ideengeschichte der Gesetzgebung. Stockholm–Uppsala–Göteborg 1960

KAHRSTEDT, ULRICH, Untersuchungen zu athenischen Behörden. Klio 31 (1938) S. 1–32
KRAUSE, HERMANN, Dauer und Vergänglichkeit im mittelalterlichen Recht. Zeitschrift der Savigny-Stiftung für Rechtsgeschichte, Germ. Abt. 75 (1958), S. 206 bis 251
KUTSCHINSKY, BERL, Law and Education. Some Aspects of Scandinavian Studies into ‹The General Sense of Justice›. Acta Sociologica 10 (1966), S. 21–41
–, Knowledge and Attitudes Regarding Legal Phenomena in Denmark. Scandinavian Studies in Criminology 2 (1968), S. 125–159
LUHMANN, NIKLAS, Grundrechte als Institution. Ein Beitrag zur politischen Soziologie. Berlin 1965
–, Legitimation durch Verfahren. Neuwied–Berlin 1969
MAYHEW, LEON H., Law and Equal Opportunity. A Study of the Massachusetts Commission Against Discrimination. Cambridge/Mass. 1968
MÜHL, MAX, Untersuchungen zur altorientalischen und althellenischen Gesetzgebung. Klio, Beiheft N. F. 16, Leipzig 1933
PLUCKNETT, T. F. T., Legislation of Edward I. Oxford 1949
PODGÓRECKI, ADAM, Law and Social Engineering. Human Organization 21 (1962), S. 177–181
–, The Prestige of Law. Acta Sociologica 10 (1966), S. 81–96
PODGÓGRECKI, ADAM ET AL., Knowledge and Opinion About Law. London 1973
POUND, ROSCOE, The limits of Effective Legal Action. International Journal of Ethics 27 (1917), S. 150–167
SCHARPF, FRITZ, Die politischen Kosten des Rechtsstaats. Tübingen 1970
SCHMIDT, FOLKE/GRÄNTZE, LEIF/ROOS, AXEL, Legal Working Hours in Swedish Agriculture. Theoria 12 (1946), S. 181–196
SPRANDEL, ROLF, Über das Problem des neuen Rechts im frühen Mittelalter. Zeitschrift der Savigny-Stiftung für Rechtsgeschichte, kan. Abt. 79 (1962), S. 117 bis 137

7. Teilbereiche des Rechtssystems

a) Justiz

ABEL, RICHARD, A Comparative Theory of Dispute Institutions in Society. Law and Society Review 8 (1974), S. 217–347
BECKER, THEODORE L., Political Behavioralism and Modern Jurisprudence. A Working Theory and Study in Judicial Decision-Making. Chicago 1964
CARLIN, JEROME E./HOWARD, JAN, Legal Representation and Class Justice. U-C-L-A Law Review 12 (1965), S. 381–437
FEEST, JOHANNES, Die Bundesrichter. Herkunft, Karriere und Auswahl der juristischen Elite. In: WOLFGANG ZAPF (Hrsg.), Beiträge zur Analyse der deutschen Oberschicht. München 1965, S. 95–113
FRIEDMAN, LAWRENCE/REHBINDER, MANFRED (Hrsg.), Zur Soziologie des Gerichtsverfahrens. Jahrbuch für Rechtssoziologie und Rechtstheorie Bd. 4. Opladen 1974
GÖRLITZ, AXEL, Verwaltungsgerichtsbarkeit in Deutschland. Neuwied–Berlin 1970
GROSSMAN, JOEL B./TANENHAUS, JOSEPH (Hrsg.), Frontiers in Judicial Research. New York 1969

HOWARD, WOODFORD, JR., On the Fluidity of Judicial Choice. The American Political Science Review 62 (1968), S. 43–56

KALVEN, JR., HARRY/ZEISEL, HANS, The American Jury. Boston 1966

KAUPEN, WOLFGANG/RASEHORN, THEO, Die Justiz zwischen Obrigkeitsstaat und Demokratie. Neuwied–Berlin 1971

KIRCHHEIMER, OTTO, Politische Justiz. Neuwied 1965

KÜBLER, FRIEDRICH KARL, Der deutsche Richter und das demokratische Gesetz. Archiv für die civilistische Praxis 162 (1963), S. 104–128

LAUTMANN, RÜDIGER, Justiz – die stille Gewalt. Frankfurt 1972

MURPHY, WALTER F., Elements of Judicial Strategy. Chicago–London 1964

NEWMAN, DONALD J., Conviction. The Determination of Guilt or Innocence Without Trial. Boston–Toronto 1966

PACKER, HERBERT L., Two Models of the Criminal Process. University of Pennsylvania Law Review 113 (1964), S. 1–68

RICHTER, WALTER, Zur soziologischen Struktur der deutschen Richterschaft. Stuttgart 1968

ROKUMOTO, KAHEI, Problems and Methodology of Study of Civil Disputes. Law in Japan 5 (1972), S. 97–114; 6 (1973), S. 111–127

ROTTLEUTHNER, HUBERT R., Zur Soziologie richterlichen Handelns. Kritische Justiz 3 (1970), S. 282–306, 4 (1971). S. 60–88

ROTTLEUTHNER, HUBERT, Abschied von der Justizforschung? Für eine Rechtssoziologie ‹mit mehr Recht›. Zeitschrift für Rechtssoziologie 3 (1982), S. 82–119

RÜTHERS, BERND, Die unbegrenzte Auslegung. Zum Wandel der Privatrechtsordnung im Nationalsozialismus. Tübingen 1968

SCHUBERT, GLENDON, Quantitative Analysis of Judicial Behavior. Glencoe/Ill. 1959

– (Hrsg.), Judicial Decision-Making. New York–London 1963

– (Hrsg.), Judicial Behavior. A Reader in Theory and Research. Chicago 1964

–, The Judicial Mind. Evanston 1965

SPITTLER, GERD, Streitregelung im Schatten des Leviathan. Eine Darstellung und Kritik rechtsethnologischer Untersuchungen. Zeitschrift für Rechtssoziologie 1 (1980), S. 4–32

Symposium: Jurimetrics. Law and Contemporary Problems 28 (1963), S. 1–270

Symposium: Social Science Approaches to the Judicial Process. Harvard Law Review 79 (1966), S. 1551–1628

WEISS, MANFRED, Zur Theorie der richterlichen Entscheidungstätigkeit in den Vereinigten Staaten von Amerika. Frankfurt 1971

WEISSLER, ADOLF, Die Geschichte der Rechtsanwaltschaft. Leipzig 1905

WELLS, RICHARD S./GROSSMAN JOEL B., The Concept of Judicial Policy-Making. A Critique. Journal of Public Law (1967), S. 286–310

WINTER, GERD, Sozialer Wandel durch Rechtsnormen. Berlin 1969

ZEISEL, HANS/KALVEN, JR., HARRY/BUCHHOLZ, BERNARD, Delay in the Court. Boston 1959

ZITSCHER, WOLFRAM, Die Beziehungen zwischen der Presse und dem deutschen Strafrichter. Kiel 1968

–, Rechtssoziologische und organisationssoziologische Fragen der Justizreform. Köln–Berlin–Bonn–München 1969

ZWINGMANN, KLAUS, Zur Soziologie des Richters in der Bundesrepublik Deutschland. Berlin 1966

b) Legislative

BARBER, JAMES D., The Lawmakers. Recruitment and Adaptation to Legislative Life. New York–London 1965

HORACK, FRANK E., JR., Cases and Materials on Legislation. 2. Aufl., Chicago 1954

LEMPERT, RICHARD, Strategies in Research Design in the Legal Impact Study. Law and Society Review 1 (1966), S. 111–132

NOLL, PETER, Gesetzgebungslehre. Reinbek 1973

STAMMER, OTTO u. a., Verbände und Gesetzgebung. Köln 1965

WAHLKE, JOHN C./EULAU, HEINZ (Hrsg.), Legislative Behavior. Glencoe/Ill. 1959

– /BUCHANAN, WILLIAM/FERGUSON, LEROY C., The Legislative System. Explorations in Legislative Behavior. New York–London 1962

c) Polizei und Strafvollstreckung

BANTON, MICHAEL, The Policeman in the Community. New York 1964

BITTNER, EGON, The Police on Skid-Row. A Study of Peace-Keeping. American Sociological Review 32 (1967), S. 699–715

BLANKENBURG, ERHARD, Die Selektivität rechtlicher Sanktionen. Eine empirische Untersuchung von Ladendiebstählen. Kölner Zeitschrift für Soziologie und Sozialpsychologie 21 (1969), S. 805–829

BORDUA, DAVID J. (Hrsg.), The Police. Six Sociological Essays. New York–London–Sydney 1967

CICOUREL, AARON V., The Social Organization of Juvenile Justice. New York–London–Sydney 1968

EMPEY, LAMAR T./ERICKSON, MAYNARD L., Hidden Delinquency and Social Status. Social Forces 44 (1966), S. 546–554

FEEST, JOHANNES/LAUTMANN, RÜDIGER (Hrsg.), Die Polizei. Soziologische Studien und Forschungsberichte. Opladen 1971

FEEST, JOHANNES/BLANKENBURG, ERHARD, Die Definitionsmacht der Polizei. Strategien der Strafverfolgung und soziale Selektion. Düsseldorf 1972

GARDINER, JOHN A., Traffic and the Police. Variations in Law-Enforcement Policy. Cambridge/Mass. 1969

GOLDSTEIN, JOSEPH, Police Discretion not to Invoke the Criminal Process. Low-Visibility Decisions in the Administration of Justice. The Yale Law Review 69 (1960), S. 543–594

LAFAVE, WAYNE R., The Police and Nonenforcement of the Law. Wisconsin Law Review 1962, S. 104–137

–, Arrest. The Decision to Take a Suspect into Custody. O. O. 1965

SKOLNICK, JEROME H., Justice Without Trial. Law Enforcement in Democratic Society. New York–London–Sydney 1966

SUDNOW, DAVID, Normal Crimes. Sociological Features of the Penal Code in a Public Defender Office. Social Problems 12 (1965), S. 255–276

WESTLEY, WILLIAM A., Secrecy and the Police. Social Forces 34 (1956), S. 254–257

WILSON, JAMES Q., Varieties of Police Behavior. The Management of Law and Order in Eight Communities. Cambridge/Mass. 1968

d) Anwälte

CARLIN, JEROME E., Lawyers On Their Own. A Study of Individual Practitioners in Chicago. Brunswick/N. J. 1962

–, Lawyers' Ethics. A Survey of the New York City Bar. New York 1966

LADINSKY, JACK, Careers of Lawyers, Law Practice, and Legal Institutions. American Sociological Review 28 (1963), S. 47–54

MAYHEW, LEON/REISS, ALBERT J., JR., The Social Organization of Legal Contacts: American Sociological Review 34 (1969), S. 309–318

O'GORMAN, HUBERT J., Lawyers and Matrimonial Cases, New York 1963

POUND, ROSCOE, The Lawyer From Antiquity to Modern Times. With Particular Reference to the Development of Bar Associations in the United States. St. Paul/Minn. 1953

RÜSCHEMEYER, DIETRICH, Rekrutierung, Ausbildung und Berufsstruktur. Zur Soziologie der Anwaltschaft in den Vereinigten Staaten und in Deutschland. In: DAVID V. GLASS u. a., Soziale Schichtung und soziale Mobilität. Köln 1961, S. 122–144

SMIGEL, ERWIN O., The Wall Street Lawyer. Professional Organization Man? New York–London 1964

e) Juristen

AUERBACH, JEROLD S., Unequal Justice. Lawyers and Social Change in Modern America. London 1976

HELDRICH, ANDREAS/SCHMIDTCHEN, GERHARD, Gerechtigkeit als Beruf. Repräsentativumfrage unter jungen Juristen. München 1982

KAUPEN, WOLFGANG, Die Hüter von Recht und Ordnung. Die soziale Herkunft, Erziehung und Ausbildung der deutschen Juristen – Eine soziologische Analyse. Neuwied–Berlin 1969

LANGE, ELMAR/LUHMANN, NIKLAS, Juristen. Berufswahl und Karrieren. Verwaltungsarchiv 65 (1974), S. 113–162

RÜSCHEMEYER, DIETRICH, Juristen in Deutschland und den USA. Eine vergleichende Untersuchung (Dt. Übers. Stuttgart 1976)

WEYRAUCH, WALTER O., Zum Gesellschaftsbild des Juristen (Dt. Übers. Neuwied 1970)

8. RECHT UND SOZIALER WANDEL

AUBERT, VILHELM, Einige soziale Funktionen der Gesetzgebung. In: HIRSCH/REHBINDER, S. 284–309

–, The Changing Role of Law and Lawyers in Nineteenth- and Twentieth-Century Norwegian Society. In: D. N. MACCORMICK (Hrsg.), Lawyers in Their Social Setting. Edinburgh 1976, S. 1–17

BAMBERGER, MICHAEL A./LEWIN, NATHAN, The Right to Equal Treatment. Administrative Enforcement of Antidiscrimination Legislation. Harvard Law Review 74 (1961), S. 526–589

BERGER, MORROE, Equality by Statute. The Revolution in Civil Rights. 2. Aufl., Garden City/N. Y. 1967

CHAMBLISS, WILLIAM J., A Sociological Analysis of the Law of Vagrancy. Social Problems 12 (1964), S. 67–77

–, Types of Deviance and the Effectiveness of Legal Sanctions. Wisconsin Law Review 1967, S. 703–719

DROR, YEHEZKEL, Law and Social Change. Tulane Law Review 33 (1959), S. 787 bis 801

FRIEDMAN, LAWRENCE M., Legal Rules and the Processes of Social Change. Stanford Law Review 4 (1967), S. 786–840 (806 f)

–, Legal Culture and Social Development. Law and Society Review 4 (1969), S. 29–44

FRIEDMANN, WOLFGANG, Recht und sozialer Wandel. Frankfurt 1969

GOLDBLATT, HAROLD/CROMIEN, FLORENCE, The Effective Social Reach of the Fair Housing Practices Law of the City of New York. Social Problems 9 (1962), S. 365–370

GOOSTREE, ROBERT E., The Iowa Civil Rights Statute. A Problem of Enforcement. Iowa Civil Rights Review 37 (1952), S. 242–248

HURST, JAMES Willard, The Growth of American Law. The Lawmakers. Boston 1950.

–, Law and the Conditions of Freedom in the Nineteenth-Century United States. Madison 1956

–, Law and Social Progress in United States History. Ann Arbor 1960

MASSELL, GREGORY J., Law as an Instrument of Revolutionary Change in a Traditional Milieu. The Case of Soviet Central Asia. Law and Society Review 2 (1968), S. 179–228

PODGÓRECKI, ADAM, Dreistufen-Hypothese über die Wirksamkeit des Rechts. In: ERNST E. HIRSCH/MANFRED REHBINDER (Hrsg.), Studien und Materialen zur Rechtssoziologie. Köln–Opladen 1967, S. 271–283

–, Loi et morale en théorie et en pratique. Revue de l'institut de sociologie 1970, S. 277–293

ROSE, ARNOLD M., Law and the Causation of Social Problems. Social Problems 16 (1968), S. 33–43

SCHRECKENBERGER, WALDEMAR, Sozialer Wandel als Problem der Gesetzgebung. Verwaltungsarchiv 68 (1977), S. 29–44

SCHWARTZ, RICHARD D./MILLER, JAMES C., Legal Evolution and Societal Complexity. The American Journal of Sociology 70 (1964), S. 159–169

STJERNQUIST, PER, How are Changes in Social Behaviour Developed by Means of Legislation? In: Legal Essays. Festskrift til Frede Castberg. Kopenhagen–Stockholm–Göteborg 1963, S. 153–169

SACHREGISTER

Aus dem Programm Sozialwissenschaften

Niklas Luhmann

Soziologische Aufklärung 4

Beiträge zur funktionalen Differenzierung der Gesellschaft
1987. 276 S. Kart.
ISBN 3-531-11835-4

Dieser Band setzt eine Reihe fort, die im Interesse an „soziologischer Aufklärung" gesellschaftstheoretische Grundlagen mit Analysen sehr verschiedenartiger Probleme der modernen Gesellschaft zu vermitteln sucht. Er enthält Aufsätze und Vorträge des Verfassers aus den Jahren 1981-1986, mit denen bisher schwer zugängliche Publikationen sowie unpublizierte Arbeiten im Zusammenhang sichtbar zu machen.

Die Auswahl konzentriert sich auf Arbeiten zu den Funktionssystemen für Politik, Erziehung und Religion. Ihre Themen reichen von soziologischen Analysen des Staatsbegriffs und Problemen der rechtsstaatlichen Demokratie über Fragen der Ausdifferenzierung eines besonderen Systems für Erziehung in Schulen und Universitäten bis hin zu Problemen, die die Kommunizierung der Gottesvorstellung in der modernen Gesellschaft betreffen und die, sei es durch Anpassungszwänge, im Religionssystem ausgelöst sind.

Niklas Luhmann

Soziologische Aufklärung 5

Konstruktivistische Perspektiven
1990. 234 S. Kart.
ISBN 3-531-12094-8

Inhalt: Identität – was oder wie? – Das Erkenntnisprogramm des Konstruktivismus und die unbekannt bleibende Realität – Haltlose Komplexität – Die Weisung Gottes als Form der Freiheit – Gleichzeitigkeit und Synchronisation – Risiko und Gefahr – Gesellschaftliche Komplexität und öffentliche Meinung – Der medizinische Code – Sozialsystem Familie – Glück und Unglück der Kommunikation in Familien: Zur Genese von Pathologien – Ich sehe was, was Du nicht siehst.

Aus konstruktivistischer Sicht behandelt der Autor unterschiedliche philosophische und soziologische Probleme. Sie reichen vom Konzept der ontologischen Weltbeschreibung über theologische Definitionen bis zur gesellschaftlichen Kommunikation und Strukturen innerhalb des Sozialsystems Familie. Die Leitfrage ist durchgehend: Wie beobachten Systeme Systeme?

WESTDEUTSCHER
VERLAG

Postfach 5829 · 6200 Wiesbaden